Regierungsbezirk Pfalz

Königlichbayerisches Kreis-Amtsblatt der Pfalz

Jahrgang 1872

Regierungsbezirk Pfalz

Königlichbayerisches Kreis-Amtsblatt der Pfalz
Jahrgang 1872

ISBN/EAN: 9783741105333

Hergestellt in Europa, USA, Kanada, Australien, Japan

Cover: Foto ©ninafisch / pixelio.de

Manufactured and distributed by brebook publishing software
(www.brebook.com)

Regierungsbezirk Pfalz

Königlichbayerisches Kreis-Amtsblatt der Pfalz

Königlich Bayerisches

Kreis-Amtsblatt

der

Pfalz.

Jahrgang 1872,

I. Abtheilung.

Speier.
Daniel Kranzbühler'sche Buchdruckerei.

Sach-Register.

1872.

C.

D.

E.

F.

G.

H.

Seite

J.

K.

L.

P.

T.

U.

V.

W.

Z.

Namens-Register.

1872.

H.

Seite

J.

K.

L.

M.

S.

T.

U.

Y.

Z.

Königlich Bayerisches Kreis-Amtsblatt der Pfalz.

№ 1. Speier, den 4. Januar 1872.

Inhalt:

pr. den 29. Dezember 1871.

Bekanntmachung,

den Vollzug des Reichsgesetzes vom 11. Juni 1870 über das Urheberrecht an Schriftwerken, Abbildungen, musikalischen Compositionen und dramatischen Werken betr.

Staatsministerien der Justiz,

dann

des Innern beider Abtheilungen.

Zum Vollzuge der §§ 31, 49 und 53 des am 1. Januar 1872 in Bayern in Kraft tretenden Reichsgesetzes vom 11. Juni 1870, betreffend das Urheberrecht an Schriftwerken, Abbildungen, musikalischen Compositionen und dramatischen Werken, werden auf Veranlassung des Reichskanzleramts nachstehend zwei von dieser Stelle erlassene Instruktionen, nämlich

1. über die Zusammensetzung und den Geschäftsbetrieb der Sachverständigenvereine, vom 4. November 1871, und
2. über die Inventarisirung und Stempelung der nach der bisherigen Gesetzgebung rechtmäßig angefertigten Vorrichtungen und Exemplare von Schriftwerken, vom 21. November 1871,

zur allgemeinen Kenntniß gebracht.

Hiebei wird bemerkt, daß die in der Instruction vom 21. November 1871 (Ziffer 2) der „Polizeibehörde" übertragenen Amtshandlungen in Bayern durch die betreffende Distrikts-Polizeibehörde (in München durch die k. Polizeidirection) vorzunehmen sind und die im § 3 und 5 derselben Instruction vorgeschriebene Einbeförderung der angefertigten Verzeichnisse an das k. Staatsministerium des Innern für Kirchen- und Schulangelegenheiten zu erfolgen hat.

München, den 14. Dezember 1871.

Auf Seiner Majestät des Königs Allerhöchsten Befehl:

v. Lutz. v. Pfeufer. Dr. Fäustle.

Durch den Minister:

Der General-Secretär:

Ministerialrath Schebler.

Instruction über die Zusammensetzung und den Geschäftsbetrieb der Sachverständigenvereine. Vom 4. November 1871.

In Gemäßheit der §§ 31 und 49 des Gesetzes vom 11. Juni 1870, betreffend das Urheberrecht an Schriftwerken u. s. w. (Bundesgesetzblatt S. 339), welche lauten:

§ 31.

„In allen Staaten des Norddeutschen Bundes sollen aus Gelehrten, Schriftstellern und anderen geeigneten Personen Sachverständigenvereine gebildet werden, welche auf Erfordern des Richters Gutachten über die an sie gerichteten Fragen abzugeben verpflichtet sind. Es bleibt den einzelnen Staaten überlassen, sich zu diesem Behufe an andere Staaten des Norddeutschen Bundes anzuschließen oder auch mit denselben sich zur Bildung gemeinschaftlicher Sachverständigenvereine zu verbinden.

Die Sachverständigenvereine sind befugt, auf Anrufen der Betheiligten über streitige Entschädigungsansprüche und die Einziehung nach Maßgabe der §§ 18 bis 21 als Schiedsrichter zu verhandeln und zu entscheiden.

Das Bundeskanzleramt erläßt die Instruction über die Zusammensetzung und den Geschäftsbetrieb der Sachverständigenvereine."

§ 49.

„Die Sachverständigenvereine, welche nach Maßgabe des § 31 Gutachten über den Nachdruck musikalischer Compositionen abzugeben haben, sollen aus Componisten, Musikverständigen und Musikalienhändlern bestehen,"

sowie auf Grund des § 11 des Gesetzes vom 22. April 1871, betreffend die Einführung Norddeutscher Bundesgesetze in Bayern (Bundesgesetzblatt S. 87) wird über die Zusammensetzung und den Geschäftsbetrieb der Sachverständigenvereine Folgendes bestimmt:

§ 1.

Die Sachverständigenvereine sind entweder

a) literarische oder

b) musikalische

Sachverständigenvereine. In keinem Bundesstaate darf mehr als ein literarischer und ein musikalischer Sachverständigenverein bestehen.

§ 2.

Jeder Verein besteht aus sieben Mitgliedern, einschließlich des Vorsitzenden. Für den Fall der Verhinderung einzelner Mitglieder wird eine Anzahl Stellvertreter ernannt.

§ 3.

Die Ernennung der Mitglieder und Stellvertreter erfolgt durch die zuständige Centralbehörde, welche auch den Vorsitzenden und dessen Stellvertreter aus der Zahl der Vereinsmitglieder bestimmt. Die Mitglieder und Stellvertreter werden als Sachverständige ein für alle Mal gerichtlich vereidet.

§ 4.

Der litterarische Sachverständigenverein ist berufen, auf Erfordern der Gerichte Gutachten über technische Fragen abzugeben, von welchen

a) der Thatbestand des Nachdrucks von Schriftwerken oder Abbildungen (§§ 1 ff., §§ 43 und 44 des Gesetzes vom 11. Juni 1870)

oder

b) der Thatbestand der unerlaubten Aufführung eines dramatischen Werkes (§§ 50 ff. a. a. O.)

oder

c) der Betrag des durch den Nachdruck oder die unerlaubte Aufführung entstandenen Schadens, beziehungsweise der Bereicherung

abhängt.

Ein Mitglied des Vereins muß als Zeichner, Kupferstecher ꝛc. mit der Anfertigung der im § 43 des Gesetzes vom 11. Juni 1870 erwähnten Zeichnungen und Abbildungen vertraut sein.

§ 5.

Der musikalische Sachverständigen-Verein ist berufen, auf Erfordern der Gerichte Gutachten über technische Fragen abzugeben, von welchen

a) der Thatbestand des Nachdrucks von musikalischen Compositionen (§§ 45 ff. a. a. O.)

oder

b) der Thatbestand der unerlaubten Aufführung eines musikalischen oder dramatisch-musikalischen Werkes (§§ 50 ff. a. a. O.)

oder

c) der Betrag des durch den Nachdruck oder die unerlaubte Aufführung entstandenen Schadens, beziehungsweise der Bereicherung

abhängt.

§ 6.

Das verlangte Gutachten hat der Verein nur dann abzugeben, wenn ihm zuvor von dem requirirenden Gerichte übersendet sind:

1. die gerichtlichen Acten,
2. eine actenmäßige Darstellung des Sach- und Streitverhältnisses, in welcher zugleich die zu begutachtenden Fragen einzeln aufgeführt sind, unter Beifügung der Angabe, ob und eventuell welche Erklärung von den Parteien über jene Darstellung abgegeben oder aus welchen Gründen die Abgabe solcher Erklärung unterblieben ist,
3. die zu vergleichenden Gegenstände, deren Identität durch Anhängung des Gerichtssiegels oder auf andere Art außer Zweifel gestellt und gegen Verwechselung gesichert ist.

Die Darstellung zu 2 verbleibt bei den Acten des Vereins.

§ 7.

Sobald der Antrag auf Erstattung eines Gutachtens von Seiten des Vereins an den Vorsitzenden desselben gelangt ist, ernennt der letztere zwei Mitglieder zu Referenten, welche unabhängig von einander ihre Meinung schriftlich abzugeben und in einer demnächst anzuberaumenden Sitzung des Vereins vorzutragen haben. Nach stattgehabter Berathung erfolgt durch Stimmenmehrheit der Beschluß. Bei Stimmengleichheit gibt die Stimme des Vorsitzenden den Ausschlag.

Handelt es sich um den Nachdruck einer Zeichnung oder Abbildung (§ 43 des Gesetzes vom 11. Juni 1870), so muß einer der beiden Referenten, als Zeichner, Kupferstecher ꝛc., mit der Anfertigung der betreffenden Zeichnungen oder Abbildungen vertraut sein.

§ 8.

Zur Fassung eines gültigen Beschlusses ist die Anwesenheit von wenigstens fünf Mitgliedern, einschließlich des Vorsitzenden und der etwa zugezogenen Stellvertreter, erforderlich. Mehr als sieben Mitglieder dürfen an dem Beschlusse nicht Theil nehmen.

§ 9.

Nach Maßgabe des gefaßten Beschlusses wird das Gutachten ausgefertigt, von den bei der Beschlußfassung anwesend gewesenen Mitgliedern des Vereins unterschrieben und mit dem dem Vereine zu überweisenden Siegel untersiegelt. Die etwaige Verwendung von Stempeln zu dem Gutachten richtet sich nach den Gesetzen der einzelnen Bundesstaaten.

§ 10.

Der Verein ist befugt, an Gebühren für das Gutachten zehn bis Einhundert Thaler zu liquidiren, welche vom requirirenden Gerichte sofort nach Eingang des Gutachtens dem Vorsitzenden des Vereins kostenfrei übersandt werden.

§ 11.

Wenn die betheiligten Parteien in Gemäßheit des § 31 Absatz 2 des Gesetzes vom 11. Juni 1870 einen Sachverständigen-Verein als Schiedsrichter anzurufen beabsichtigen, so haben sie ihre desfallsigen Anträge in beglaubigter Form an den Verein gelangen zu lassen.

Die in den §§ 6 bis 10 enthaltenen Bestimmungen kommen auch in diesem Falle analog in Anwendung.

Berlin, den 4. November 1871.

Das Reichskanzler-Amt.

gez. Eck.

Instruction, betreffend die Inventarisirung und Stempelung der nach der bisherigen Gesetzgebung rechtmäßig angefertigten Vorrichtungen und Exemplare von Schriftwerken.

---

§ 1.

Nach § 58 Absatz 3 und 5 des Gesetzes vom 11. Juni 1870, betreffend das Urheberrecht an Schriftwerken ꝛc. ꝛc. (Bundesgesetzblatt Seite 339), dürfen die beim Inkrafttreten dieses Gesetzes vorhandenen, bisher rechtmäßig angefertigten Vorrichtungen, wie Formen, Platten, Steine, Stereotypabgüsse ꝛc. ꝛc., auch fernerhin zur Anfertigung von Exemplaren benutzt werden, selbst wenn ihre Herstellung nach dem Gesetze vom 11. Juni 1870 untersagt ist; die Vorrichtungen müssen aber amtlich mit einem Stempel versehen werden.

Wer sich daher im Besitze derartiger Vorrichtungen befindet und dieselben noch ferner zur Herstellung von Exemplaren benutzen will, hat die Vorrichtungen bis zum 31. März 1872 einschließlich der Polizeibehörde seines Wohnortes vorzulegen.

§ 2.

Die Polizeibehörde stellt ein genaues Verzeichniß der ihr vorgelegten Vorrichtungen nach dem anliegenden Formular A auf und bedruckt die Vorrichtungen demnächst mit ihrem Dienststempel.

Ob die Herstellung der Vorrichtungen nach der bisherigen Gesetzgebung erlaubt war, hat die Polizeibehörde nicht zu prüfen, dagegen hat dieselbe die Stempelung zu verweigern, wenn sie ermittelt, daß die Vorrichtungen erst nach dem 1. Januar 1872 hergestellt worden sind.

§ 3.

Das Verzeichniß (§ 2) wird bis zum 30. April 1872 von der Polizeibehörde an die zuständige Centralbehörde des betreffenden Bundesstaates im Geschäftswege eingereicht und von der letzteren aufbewahrt. Einer Anzeige, daß bei der Polizeibehörde Vorrichtungen zur Abstempelung überhaupt nicht vorgelegt worden seien, bedarf es nicht.

§ 4.

Nach § 58 Absatz 2 und 5 des Gesetzes vom 11. Juni 1870 dürfen die beim Inkrafttreten dieses Gesetzes vorhandenen Exemplare, deren Herstellung nach der bisherigen Gesetzgebung gestattet war, auch fernerhin verbreitet werden, selbst wenn ihre Herstellung nach dem gegenwärtigen Gesetze untersagt ist; die betreffenden Exemplare von Schriftwerken müssen aber mit einem amtlichen Stempel versehen werden.

Wer sich daher im Besitze derartiger Exemplare von Schriftwerken befindet, hat dieselben bis zum 31. März 1872 einschließlich der Polizeibehörde seines Wohnortes vorzulegen.

§ 5.

Die Polizeibehörde stellt ein genaues Verzeichniß der ihr vorgelegten Exemplare nach dem anliegenden Formulare B auf und bedruckt demnächst jedes einzelne Exemplar mit ihrem Dienststempel.

Die Bestimmungen im § 2 Abs. 2 und im § 3 dieser Instruction finden auch auf die Abstempelung der Exemplare von Schriftwerken Anwendung.

Eine Abstempelung der Exemplare von Abbildungen und musikalischen Compositionen findet nicht statt.

§ 6.

Für die Inventarisirung und Abstempelung der Vorrichtungen und Exemplare werden Kosten nicht erhoben.

Berlin, den 21. November 1871.

Das Reichskanzler-Amt.

gez. Eck.

Inventarium

der bei der unterzeichneten Polizeibehörde zur Abstempelung vorgelegten Vorrichtungen
(Formen, Platten, Steine, Sterreotypabgüsse rc.)

Nr.	Tag der Vorlage.	Name, beziehungsweise Firma des Vorlegenden.	Titel des Schriftwerkes, der Abbildung oder der Composition, auf welche die Vorrichtung sich bezieht.	Nähere Beschreibung (Platte, Form, Stein, Stereotypabguß rc.) der Vorrichtung und deren Größe.

B.

Verzeichniß

der bei der unterzeichneten Polizeibehörde zur Abstempelung vorgelegten Schriftwerke.

Nr.	Tag der Vorlage.	Name, beziehungsweise Firma des Vorlegenden.	Titel des Schriftwerkes.	Zahl der abgestempelten Exemplare.

Ad Nrn. Kab. 21873 D. pr. den 30. Dezember 1871.

(Handkarte der Rheinpfalz von Möhl betr.)

Im Namen Seiner Majestät des Königs.

In Folge höchster Entschließung des k. Staatsministeriums des Innern für Kirchen- und Schulangelegenheiten vom 17. pr. 21. l. M. wird bekannt gegeben, daß die kleine Karte der Rheinpfalz von Dr. Möhl in das Verzeichniß der zum Gebrauche an den deutschen Schulen gebilligten Lehrbücher aufgenommen worden sei.

Speier, den 22. Dezember 1871.

Königlich Bayerische Regierung der Pfalz,
Kammer des Innern.
v. Braun.

Schild.

Nro. 22130 D. pr. den 30. Dezember 1871.

(Testament des Rentners Johann August Ferdinand Wilhelmi von Neustadt a. H. betr.)

Im Namen Seiner Majestät des Königs.

Der am 22. September d. J. verlebte Rentner J. A. F. Wilhelmi in Neustadt hat der protestantischen Kirchengemeinde daselbst ein Legat von 200 fl. ausgesetzt, mit der Bestimmung, daß die alljährlichen Zinsen zur Weihnachtzeit an Arme vertheilt werden.

Diese wohlthätige Verfügung wird hiemit zur öffentlichen Kenntniß gebracht.

Speier, den 29. Dezember 1871.

Königlich Bayerische Regierung der Pfalz,
Kammer des Innern.
v. Braun.

Nro. 21122 D. pr. den 14. Dezember 1871.

(Die Unterhaltung und Herstellung der den Verkehr zu den Eisenbahnstationen vermittelnden Distriktsstraßen betr.)

An
sämmtliche k. Bezirksämter der Pfalz.

Im Namen Seiner Majestät des Königs.

Die k. Bezirksämter empfangen nachstehend Abdruck der mit Zustimmung des Landrathes erfolgten Vertheilung der aus Staatsfonds zur Unterhaltung der bestehenden und zur Erbauung neuer Distriktsstraßen für die Pfalz pro 1871 bewilligten 40,500 fl. mit dem Auftrage, den den einzelnen Distriktsgemeinden zugewiesenen Antheil den betreffenden Distriktsrechnern zur Erhebung und einnahmlichen Verrechnung sofort einzuweisen.

Die k. Kreiskasse der Pfalz ist heute angewiesen worden, die bezeichnete Summe durch Vermittlung der k. Rentämter an die Distriktsgemeinden auszubezahlen.

Gemäß höchster Entschließung des k. Staatsministeriums des Innern vom 9. Juli 1871, Nr. 6760, nebigen Betreffes, hat der gewährte Zuschuß zur Bestreitung von Kosten für Kunstbauten, für Straßenverlegungen und für andere Verbesserungen bei denjenigen Distriktsstraßen Verwendung zu finden, welche die Verbindung der Distrikte mit den Eisenbahnen befördern, zu den Postverbindungen benützt werden, oder den größeren Verkehr mehrerer Distrikte vermitteln.

Die k. Bezirksämter haben den Vollzug dieser hohen Verfügung zu überwachen und die Verwendung der den Distrikten zugetheilten Beiträge bis 15. November 1872 nachzuweisen.

Speier, den 9. Dezember 1871.

Königlich Bayerische Regierung der Pfalz,
Kammer des Innern.
v. Braun.

Regierungs-

Ver-

der aus Staatsfonds pro 1871 zur Unterhaltung der bestehenden

Ordnungs-Nummer.	Distrikts-Gemeinde.	Gesammt-Kosten-Aufwand, a. für sämmtliche Distrikts-straßen.		b. für die besonderen Straßen-kategorien, incl. der Kunstbauten		Summa von Rubrik 3 und 4.		Durchschnitts-Summe.		Steuer-Principale mit Ausschluß der Einkommen-steuer nach Art. 31 des Distrikts-rathsgesetzes.		Procent-Verhältniß der Durchschnitts-summe Rubrik 6 zu dem Steuer-Principale des Distrikts.
1.	2.	3.		4.		5		6.		7		8.
		fl.	kr.	fl.	kr.	fl.	kr.	fl.	kr.	fl.	kr.	
1	Bergzabern	10457	—	9534	—	19991	—	9995	30	42923	55	23,288
2	Annweiler	10913	—	9271	-	20214	—	10107	—	26146	53	38,654
3	Frankenthal	50126	—	50126	—	100252	—	50126	—	38243	57	131,069
4	Grünstadt	46151	—	46151	—	92302	—	46151	-	36001	52	128,190
5	Germersheim	12504	—	12504	—	25008	—	12504	-	41439	27	30,174
6	Kandel	19986	—	19986	—	39972	—	19986	—	53737	44	37,192
7	Homburg	32083	—	32083	—	64166	—	32083	—	15624	35	205,331
8	Landstuhl	13865	—	13865	—	27730	—	13865	—	26435	55	52,447
9	Waldmohr	11331	—	11331	—	22662	—	11331	—	22840	55	49,617
10	Kaiserslautern	25586	—	25586	—	51172	—	25586	—	42765	32	59,828
11	Otterberg	7202	—	7202	—	14404	—	7202		14627	28	49,237
12	Winnweiler	8064	—	8064	—	16128	—	8064	—	17692	22	45,580
13	Kirchheimbolanden	5872	—	5872	-	11744	—	5872	-	28540	47	20,574
14	Obermoschel	8647	—	7889	-	16536	-	8268	—	20925	20	39,512
15	Göllheim	13617	—	12036	—	25653	—	12826	30	20023	25	64,056
16	Rockenhausen	13936	—	13936	—	27872	—	13936	—	16267	51	85,665
17	Kusel	6145	—	5732	—	11877	-	5938	30	29101	3	20,405
18	Lauterecken	7706	—	7104	-	14810	—	7405	-	13424	21	55,162
19	Wolfstein	17695	—	17527	—	35222	—	17611	-	16277	31	108,189
20	Landau	39567	—	39567	—	79134	-	39567	—	65089	17	60,780
21	Edenkoben	9002	—	9002	—	18004	—	9002	—	38231	49	23,546
22	Neustadt	11100	—	8017	—	19117		9558	30	59103	11	16,147
23	Dürkheim	6110	—	5205	—	11315	—	5657	30	47162	51	11,995
24	Pirmasens	26110	—	26110	—	52220	—	26110	—	33506	7	77,923
25	Dahn	14294	—	14294	—	28588	—	14294	—	17603	10	81,202
26	Waldfischbach	12126	—	12126		24252	—	12126	—	20702	18	58,574
27	Speier	12395	—	10480	—	22875	—	11437	30	44035	43	25,452
28	Ludwigshafen	12301		11160	—	23461	—	11730	30	58265	48	20,132
29	Zweibrücken	19466	—	19176	—	38642	—	19321	—	36851	38	52,429
30	Blieskastel	7962	—	7962	—	15924	—	7962	—	17191	31	46,312
31	Hornbach	6435	—	6210	—	12645	—	6322	30	17758	2	35,606
32	St. Ingbert	13968	—	13788	—	27756	—	13878	—	15846	20	87,580
	Summa	512752	—	498896	—	1011648	—	505824	—	995378	47	1841,857

bezirk der Pfalz.

theilung.

und zur Erbauung neuer Distriktsstraßen bewilligten 40,500 fl.

Vertheilung der 40,500 fl.				Durchschnittssumme nach Combination des Verhältnisses der Gesammtdurchschnittsleistung und nach Procenten.		Bemerkungen.
a. nach der Durchschnittssumme Rubrik 6.		b. nach dem Procent-Verhältniß Rubrik 8.				
9.		10.		11.		12.
fl.	kr.	fl.	kr.	fl.	kr.	
800	19	512	4	656	12	
809	14	849	58	829	30	
4013	20	2882	2	3447	45	
3695	12	2818	44	3256	58	
1001	10	663	29	832	19	
1600	14	817	48	1209	1	
2568	49	4514	57	3541	53	
1110	8	1153	14	1131	41	
907	15	1001	1	999	8	
2048	37	1315	32	1682	5	
576	39	1082	31	829	35	
645	40	1002	15	823	58	
470	10	452	24	461	17	
662	—	868	50	765	25	
1026	59	1408	30	1217	44	
1115	49	1883	40	1499	44	
475	29	448	42	462	6	
592	54	1212	56	902	55	
1410	4	2378	56	1894	30	
3168	2	1336	40	2252	21	
720	46	517	45	619	15	
765	18	355	3	560	11	
452	58	263	46	358	22	
2000	34	1713	26	1902	—	
1144	29	1785	32	1465	–	
970	54	1287	58	1129	26	
915	46	559	40	737	43	
939	8	442	42	690	55	
1547	—	1152	52	1349	58	
637	33	1018	21	827	57	
508	11	782	56	644	34	
1111	10	1925	46	1518	28	
40500	—	40500	—	40500	—	

Nro. 20803 D. pr. den 1. Dezember 1871.

(Aenderung der Statuten der National-Viehversicherungs-Anstalt in Cassel betr.)

Im Namen Seiner Majestät des Königs.

Durch höchste Entschließung des k. Staatsministeriums des Handels und der öffentlichen Arbeiten vom 13. September l. J. wurde die von der National-Viehversicherungs-Anstalt zu Cassel in der Generalversammlung vom 12. Juli l. Js. beschlossene Abänderung der Gesellschaftsstatuten auf Grund des Art. 103 des Polizeistrafgesetzbuches und des § 23 der allerhöchsten Verordnung

vom 24. Juni 1862, die Zuständigkeit der Verwaltungsbehörden in Sachen des Polizeistrafgesetzbuches betreffend, genehmigt.

Dies wird mit dem Bemerken zur öffentlichen Kenntniß gebracht, daß ein Abdruck der abgeänderten Statuten der gegenwärtigen Nummer des Kreis-Amtsblattes als Beilage beigegeben ist.

Speier, den 30 November 1871.

Königlich Bayerische Regierung der Pfalz,
Kammer des Innern.
v. Braun.

---

pr. den 22. Dezember 1871.

Fünfter Jahresbericht

des Pfälzischen Vieh-Versicherungs-Vereins zu Speyer vom 1. October 1870 bis 30. September 1871.

Vom 1. October 1870 bis 30. September 1871 berechnet sich das versicherte Capital auf 541,290 fl.

Für diese Summe waren nach Viehgattungen versichert:

	fl.
1128 Stück Pferde mit einem Capital von	240630
2565 „ Rinder „ „ „ „	294333
189 „ Schweine und Ziegen mit	6327
3882 Thiere mit	541290

Rinder waren nach § 26 a gegen Seuchen allein versichert 349 Stück mit 48129 fl.

Die Prämien-Einnahmen berechnen sich:

	fl.	kr.
A. Für die Versicherung der Pferde auf	12621	45
B. „ „ „ „ Rinder „	7630	15
C. „ „ „ „ Schweine und Ziegen auf	889	8
Gesammt-Prämien-Einnahmen	21141	8

Zur Entschädigung kamen in obiger Zeit:

	fl.	kr.
A. 68 Stück Pferde mit baar	8315	53
B. 102 „ Rinder „ „	5844	13
C. 20 „ Schweine und Ziegen	330	26
190 Stück mit einer Baarentschädigung von	14490	32

Der Gesammtverlust absorbirte von der sich auf 21,141 fl. 8 kr. belaufenden Prämien-Einnahme über 68 %; die Gesammtschäden kosteten dagegen von der ganzen Versicherungssumme ca. 2½ %; die Schäden der einzelnen Thiergattungen berechnen sich: A. für Pferde über 3½ %, B. für Rinder über 2 % und C. für Schweine und Ziegen auf ca. 6 % und der Stückzahl nach bei Pferden über 6 %, bei Rindern auf 4 %, bei Schweinen ꝛc. auf 11 %.

Die Krankheiten, welche die Verluste herbeiführten, lassen sich zusammenstellen, wie folgt:

A. Pferde mußten entschädigt werden in Folge von:

Kolik, Magenberstung und Darmentzündung	11 Stück,
Lähme	8 „
Gehirnleiden und Koller	7 „
Zehrung und Wassersucht	7 „
Lungenfäule	6 „
Aeußere Verletzung, Schlag, Sturz	5 „
Hufleiden	6 „
Schlagfluß	3 „
Windrehe, Starrkrampf, Wurm, Rotz, Dampf, je 2 Stück	10 „
Innere Verblutung, Darmstein, Herzleiden, Typhus, Sehnenentzündung je 1 Stück	5 „
	68 Stück,

und zwar im Alter von 1—4 Jahren 1 Stück, von 4—8 Jahren 26 Stück, von 10—14 Jahren 36 Stück und über 14 Jahren 5 Stück; die Durchschnittsversicherungssumme eines Pferdes war 213½ fl., die Durchschnitts-Entschädigungssumme 160 fl., während sie nur 122 fl. beträgt; der Erlös aus verwertheten Pferden entziffert 1324 fl. 37 kr.

B. Rinder nach § 26 b gegen Seuchen und alle Krankheiten versichert, wurden entschädigt:

Wegen Lungenleiden, Tuberkulose	15 Stück,
„ Lungenseuche	9 „
„ Knochenbrüchigkeit	9 „
„ Perlsucht	9 „
„ Zehrung und Wassersucht	16 „
„ Milzbrand	5 „
„ Beinbruch, Sturz	6 „
„ Verschlucken fremder Körper	4 „
„ inneren Geschwüren	4 „
„ Schlagfluß, Vorfall, Blähsucht je 3 Stück	9 „
„ Kalbfieber, Abortus, Fruchthalterentzündung je 2 Stück	6 „
„ Leber- und Gehirnleiden je 2 Stück	4 „
„ Lungen-, Darm- und Euterentzündung, Bauchfellverwachsung und Fallsucht je 1 Stück	5 „
	101 Stück.

Von den gegen Seuchen allein versicherten Rindern § 28 a wurde — 1 Stück, am Milzbrand umgestanden, mit 58 fl. 15 kr. entschädigt:

Die Durchschnitts⸗Versicherungssumme für Rinder beträgt circa 115 fl., also die Durchschnitts Entschädigungssumme 86½ fl., während sie nur 57 fl. entziffert. Der Erlös aus verwertheten Rindern — 2508 fl. 17 kr.

Von 15 Schweinen wurden 8 Stück wegen Bräune, die übrigen wegen Gicht, Lähme ꝛc. entschädigt, 5 Ziegen gingen an Wassersucht, Gebärmutter⸗Entzündung u. s. w. ein.

Nachweis

über Rechnung der einzelnen Abtheilungen nach § 44 des Statutes.

A. Pferde⸗Versicherung.

Einnahmen.

	fl	kr
Uebertrag der Prämien⸗Reserve pro 18[illegible]	853	26
Prämien⸗Einnahme pro 18[illegible] incl. Debitoren	11768	19
	12621	45

Ausgaben.

	fl	kr
Bezahlte Schäden pro 18[illegible] laut Nachweis	8315	53
Antheil zur Tantième à 15 % nach § 23 von 1661 fl. 7 kr.	249	8
Prämien⸗Reserve für 18[illegible]	1411	59
Gesammt⸗Unkosten incl. aller Verwaltungskosten, Beitrag zu den Sectionskosten, Schadenermittlungskosten, Provisionen, Reisekosten, Porti, Druckkosten, Steuern, Gerichtskosten, repartirt	2644	45
	12621	45

B. Rinder⸗Versicherung.

Einnahmen.

	fl	kr
Uebertrag der Prämien⸗Reserve pro 18[illegible]	689	49
Prämien⸗Einnahme pro 18[illegible] incl Debitoren	6940	26
	7630	15

Ausgaben.

	fl	kr
Bezahlte Schäden pro 18[illegible]	5844	13
Antheil zur Tantième à 15 % von 187 fl. 24 kr	28	10
Prämien⸗Reserve für 18[illegible]	159	14
Gesammt⸗Unkosten wie oben repartirt	1598	38
	7630	15

C. Schweine- und Ziegen-Versicherung.

Einnahmen.

	fl.	kr.
Uebertrag der Prämien-Reserve pro 18[illegible]	264	32
Prämien-Einnahme pro 18[illegible]	624	36
	889	8

Ausgaben.

	fl.	kr.
Bezahlte Schäden pro 18[illegible]	339	26
Antheil zur Tantième von 363 fl. 28 kr.	54	30
Prämien-Reserve für 18[illegible]	308	58
Gesammt-Unkosten wie oben repartirt	186	14
	889	8

Bilanz.

Einnahmen.

	fl.	kr.	fl.	kr.
Prämien-Conto (sämmmtliche Prämien)			21141	8
Reservefond-Conto (sämmtliche Reservebeiträge):				
Uebertrag pro 18[illegible]	8096	1		
Erhoben pro 18[illegible]	2045	10	10141	11
Schilder-Conto (für abgegebene Schilder)			108	—
Unkosten-Conto (für erhobene Verwaltungskosten, Statuten, Porti)			1014	35
Gesammt-Einnahmen			32404	54

Ausgaben.

	fl.	kr.	fl.	kr.
Prämien-Conto (bezahlte Schäden)			14499	32
Schilder-Conto (Schilder-Vorrath)			74	54
Unkosten-Conto.				
Reisekosten der Mitglieder des Verwaltungsrathes § 11	7	24		
Gehalt des Directors incl. Bureaukosten	1120	—		
Provision der Haupt- und Bezirksagenten	2762	6		
Beitrag zu den Sectionskosten	72	4		
Schadenregulirungskosten und Protokollgebühren	270	30		
Insertions- und Druckkosten, Buchbinderlöhne	153	22		
Porti 303 fl. 50 kr., Stempeltaxe 70 fl. 5½ kr., Steuern 17 fl. 3½ kr.	390	59		
Organisations- und Reisekosten	650	11		
Gerichtskosten	17	36		
			5444	12

	fl.	kr.	fl.	kr.
Uneinbringliche Prämien u. s. w.			290	—
Tantième der Direction pro $18\frac{69}{70}$ von 2128 fl. 47 kr. à 5 %	106	20		
Tantième der Direction pro $18\frac{70}{71}$ 2211 fl. 59 kr. à 5 %	110	36	216	56
Bezahlte und weil Rückersatz zu erwarten, nicht verrechnete Schadenquittung des Schön in Würzburg			300	—
Kassen-Conto (baares Geld)			2196	24
Ausstände II. Rate bei den Mitgliedern			8814	18
Ausstände baar bei den Haupt- und Unteragenten			5568	38
Gesammt-Ausgaben			32404	54

Zusammenstellung am 30. September 1871.

Activa.

	fl.	kr.
Kassenbestand	2196	24
Quittung von Schön	300	—
Prämien-Ausstände	9362	56
Schilder-Vorrath	74	54
	11954	14

Passiva.

	fl.	kr.	fl.	kr.
Prämien-Reserve	2211	59		
Hiervon Tantième nach § 23 15 %	331	48		
Bleibt Reserve an Prämien pro $18\frac{70}{71}$			1880	11
Reservefond-Uebertrag pro $18\frac{69}{70}$	8096	1		
Reservefond erhoben pro $18\frac{70}{71}$	2045	10		
Tantième der Prämien-Reserve von 2211 fl. 59 kr. à 10 %	221	12		
Zum Abgleichen der Activa dem Reservefond zu gut	1	40		
	10364	3		
Hievon ab die uneinbringlichen Posten	290	—		
Reservefond am 30. September 1871			10074	3
			11954	14

Der Vorstand des Verwaltungsrathes:
Süß.

Die Direction:
F. Walz.

Pfarrei-Verleihung.

Seine Majestät der König haben mittels Allerhöchsten Rescripts vom 9. Dezember 1871 dem Priester Julius Palm, katholischen Pfarrer in Altheim, die Pfarrei Frankenthal, Bezirksamts gleichen Namens, allergnädigst zu übertragen geruhet.

Dienstesnachrichten.

Durch allerhöchste Entschließung vom 8. Dezember v. J., Nr. 13,314, haben Seine Majestät der König allergnädigst geruht, den bisherigen k. Forstamts-Assistenten Friedrich Osterheld zu Elmstein, vom 1. Januar 1872 beginnend, zum provisorischen Oberförster auf das Communalrevier Albersweiler im Forstamte Elmstein zu ernennen.

Durch Beschluß der k. Regierung der Pfalz, Kammer des Innern, vom 20. Dezember 1871, wurde der katholische Schulverweser Emanuel Fuchs von Speierbrunn zum Schulverweser an der katholischen deutschen Schule zu Leimersheim, vom 1. Januar 1872 an, ernannt.

Durch Beschluß der k. Regierung der Pfalz, Kammer des Innern, vom 21. Dezember 1871, wurde der Schulverweser Wilhelm Leipold in Oppau zum Schulverweser an der protestantischen deutschen Schule zu Wachenheim, vom 1. Januar 1872 an, ernannt.

Durch Beschluß der k. Regierung der Pfalz, Kammer des Innern, vom 22. Dezember 1871, wurde der Schuldienst-Exspectant Philipp Rudolph von Münsterappel zum Schulverweser an der protestantischen deutschen unteren Mädchen-Vorbereitungsschule zu Zweibrücken, vom 1. Januar 1872 an, ernannt.

Durch Beschluß der k. Regierung der Pfalz, Kammer des Innern, vom 22. Dezember 1871, wurde der Schuldienst-Exspectant Johannes Roth von Lachen zum Schulverweser an der protestantischen deutschen Schule zu Salzwoog, vom 1. Januar 1872 an, ernannt.

Gewerbsprivilegien-Verleihungen.

Den Nachbenannten wurden Gewerbsprivilegien verliehen und zwar:

unterm 23. November v. J. dem Schuhmachermeister Johann Steis und dem Schneidermeister Gustav Steis in Lindau auf Anfertigung von Schuhen mit Oberleder ohne Naht, für den Zeitraum von 10 Jahren, vom 23. November 1871 anfangend,

unterm 24. November v. J. dem Fabrikanten August Wilke in Braunschweig auf den von ihm erfundenen Flaschenzug mit Bremsvorrichtung, für den Zeitraum von 4 Jahren, vom 24. November 1871 anfangend,

unterm 30. November v. J. dem William Betts in London auf Verbesserungen in den Mitteln, um metallische Kapseln auf Flaschen oder andern Gefäßen zu befestigen, für den Zeitraum von 4 Jahren, vom 30. November 1871 anfangend,

unterm 2. Dezember v. J. dem Ferdinando Tommasi in Paris auf den von ihm erfundenen hydrometrischen Kraft-Erzeuger zum Treiben von hydraulischen Pressen für den Zeitraum von 2 Jahren, vom 2. Dezember 1871 anfangend, und

unterm 6. Dezember 1871 dem Fabrikanten David Hägerich in Nürnberg auf die von ihm erfundenen tragbaren Gaskochöfen — rechauds — zum Kochen, Backen und Wärmen, für den Zeitraum von drei Jahren, vom 6. Dezember 1871 anfangend.

Gewerbsprivilegiums-Verlängerung.

Das dem Functionär der k. Polizeidirection München, August Uhlmann, unterm 21. November 1870 verliehene Privilegium auf eine neue Art der Herstellung von Tafeln für die Straßenbenennung wurde in Folge rechtzeitig nachgesuchter Verlängerung für den Zeitraum von einem Jahre, vom 21. November 1871 anfangend, verlängert.

Einziehung von Gewerbsprivilegien.

Vom k. Staatsministerium des Handels und der öffentlichen Arbeiten wurde die Einziehung des dem Alois Bierling und Ludwig Wohulich in Landshut unterm 16. Mai 1871 verliehenen und unterm 1. Juni 1871 ausgeschriebenen einjährigen Gewerbs-Privilegiums auf die von ihnen erfundene Paralysirmaschine zur sofortigen Hemmung der Wagenräder,

des dem Robert Hasenclever von Stolberg bei Aachen unterm 28. Februar 1870 verliehenen und unterm 4. März 1870 ausgeschriebenen dreijährigen Gewerbsprivilegiums auf ein neues Röstverfahren für Schwefelerze — wegen nicht gelieferten Nachweises über Ausführung dieser Erfindungen in Bayern verfügt.

Anzeige über eine Actiengesellschaft.

Seine Majestät der König haben unterm 18. November v. J. allergnädigst geruht, der Actien-Gesellschaft der pfälzischen Ludwigsbahn die Concession zum Bau und Betriebe einer Eisenbahn von Landau über Rodalben nach Zweibrücken, dann einer an diese Linie unmittelbar anschließenden Zweigbahn von Biebermühle nach Pirmasens zu ertheilen.

Die Allerhöchste Concessionsurkunde wird durch das Kreisamtsblatt der Pfalz bekannt gemacht werden.

Pfälzische Eisenbahnen.

pr. den 21. Dezember 1871.

Betriebs-Ergebniß.

Ergebniß	Personen-Transport.			Güter-Transport.				Kohlen-Transport			Gesammt-Einnahme	
	Frequenz	Einnahme		Centner	Pf	Einnahme		Centner	Einnahme			
		fl.	kr.			fl.	kr.		fl.	kr.	fl.	kr.
im November 1871 .	238504	120723	35	2216273	50	211291	49	1569065	134194	7	466209	31
" " 1870 .	246086	176454	42	1509547	20	147845	10	1364404	114739	15	439039	7
Differenz	7582 weniger.	55731 weniger.	7	700726 mehr.	30	63446 mehr.	39	204661 mehr.	19454 mehr.	52	27170 mehr.	24
in den verflossenen 11 Monaten des Jahres 1871	2903741	1679228	36	22877825	70	1959526	45	18331921	1638488	40	5277244	1
in den gleichen Mon. 1870	2564247	1768078	29	16371959	70	1417154	55	13565493	1199063	52	4384297	16
Differenz	339494 mehr.	88849 weniger.	53	6505866 mehr.	—	542371 mehr.	50	4766428 mehr.	439424 mehr.	48	892946 mehr.	45

Hiezu eine Beilage: Statut der National-Viehversicherungs-Gesellschaft in Cassel.

National-Vieh-Versicherungs-Gesellschaft.

Statut.

I. Grundlage der Gesellschaft.

A. Gründung.

§. 1.

Unter dem Namen

National-Vieh-Versicherungs-Gesellschaft

ist durch gegenwärtiges Statut eine Gesellschaft begründet, welche ihren Mitgliedern nach den Grundsätzen der Gegenseitigkeit Versicherung gegen Verluste in ihrem Viehstande nach Maßgabe der nachstehenden Bedingungen gewährt.

Die Versicherung soll zu keinem Gewinn führen, sondern nur zum Ersatz des dem Versicherten ohne sein Verschulden entstandenen wirklichen Verlustes (vgl. §. 4).

B. Domicil und Aufsichtsbehörde.

§. 2.

Das Domicil der Gesellschaft ist Cassel.

Das Forum der Gesellschaft ist das Königliche Kreisgericht beziehungsweise Amtsgericht I zu Cassel oder das sonst dort zuständige anderweitige Gericht.

Die Staatsregierung übt ihr Aufsichtsrecht durch die Königliche Polizei-Direction daselbst aus. Der Staatsregierung resp. Aufsichtsbehörde steht es zu, einen Commissarius zu ernennen, der die Befugniß hat, den Verwaltungsrath und die General-

D. Zweck.

§. 4.

Die Gesellschaft ersetzt den Schaden, welcher ohne Verschulden des Versicherten durch Tod oder nothwendig gewordenes Tödten der versicherten Thiere entstanden ist, mag der Tod in beiden Fällen durch Seuchen, andere Krankheiten, sonstige Unglücksfälle, soweit solche nicht ausdrücklich im §. 29 ausgenommen werden, herbeigeführt, oder das Tödten nothwendig geworden sein. Eine Entschädigung für Pferde, welche im Laufe des ersten Halbjahres der Versicherungsdauer dummkollerig werden, wird nicht gewährt. Entschädigt wird nur der nach den Bestimmungen dieser Statuten festzustellende Werth des versicherten Thieres zur Zeit der Beschädigung, ausschließlich aller Kur-, Fütterungs- und Verpflegungskosten.

Die Versicherung zerfällt in zwei Hauptabtheilungen und zwar:

I. in Versicherung gegen alle Verluste (vgl. §. 29).
   1. bei Lohnfuhrpferden,
   2. bei andern Pferden,
   3. bei Rindvieh,
   4. bei Schweinen,
   5. bei Schafen.

II. in Versicherung bei größeren Viehbeständen (cf. §. 7, pos. 4)
   6. gegen alle Verluste mit Einschluß der Verluste durch Seuchen, mit Ausnahme von Rinderpest.

Ueber die zulässige Bildung noch anderer Versicherungs-Abtheilungen werden im §. 19 Bestimmungen getroffen.

2. Thiere, welche in ungesunden Ställen stehen.
3. Thiere in oder aus Ställen, worin innerhalb der letzten sechs Monate vor beantragter Versicherung, Rinderpest, Lungenseuche, Milzbrand, Rotz, Wurm, Räude oder Pocken vorgekommen sind.
4. Pferde im Alter unter 12 Monat und über 15 Jahre, Rindvieh im Alter unter 6 Monat, Schweine und Schafe im Alter unter 3 Monat.

§. 7.

Der Versicherungs-Vertrag wird in der Regel auf ein Jahr geschlossen, es kann auch auf kürzere Zeit, jedoch nicht unter 6 Monate, und auf längere Dauer, aber nicht über 5 Jahre versichert werden.

Versicherungen mit außergewöhnlich gefährlichem Risico, sowie Rückversicherungen anderer gleicher Gesellschaften oder kleiner Vieh-Versicherungs-Verbände werden unter besonderen zu vereinbarenden, von der Direction festzusetzenden Bedingungen abgeschlossen.

Der Direction steht das Recht zu, Versicherungs-Anträge ohne Angabe von Gründen abzulehnen.

Zur Versicherung für größere Viehbestände vergl. §. 4 ad II. werden Viehstände im Werthe unter 1000 Thlr.
nicht zugelassen, sofern nicht den Bestimmungen des §. 19 des Statuts zufolge noch andere Versicherungs-Abtheilungen, als die im §. 4 bezeichneten, nach andern Grundsätzen eingerichtet werden.

§. 8.

Jeder, der bei der Gesellschaft einen Versicherungsantrag stellt, verpflichtet sich schon hierdurch und ohne daß es einer weitern Erklärung bedarf, sich dem gegenwärtigen Statut und etwaigen Nachträgen und Abänderungen zu demselben zu unterwerfen.

Die Rechte aus dem Versicherungs-Vertrage sind nicht übertragbar.

§. 9.

Daß bei der National-Vieh-Versicherungs-Gesellschaft ver-

[illegible]

der Direction zu bestimmende Weise festgestellt und vom Antragsteller als Versicherungssumme der durch 10 [illegible] Gesammtwerth jeder Thiergattung des zur Versicherung [illegible] Viehstandes angegeben.

Bei Thieren, welche unter außergewöhnlichem Risico [illegible] zu einer höheren als der im §. 27 angegebenen Maximal-Entschädigung versichert werden, sowie in allen Fällen bei Pferden muß ein Signalement und eine bescheinigte Taxe eingereicht werden.

§. 12.

Der Versicherungsnehmer hat bei Stellung seines Antrages von der angegebenen Versicherungssumme 1% an den Agenten zu zahlen, welche auf den, gemäß §. 32 zu errichtenden Reservefonds, den Antheil an Verwaltungskosten (§. 5), die dem Versicherungsnehmer obliegenden Aufnahmekosten, Gebühren des Thierarztes und die Prämie verrechnet werden. Bei Ablehnung des Antrages wird diese Anzahlung nach Abzug der baaren Auslagen zurückerstattet. Bei nicht erfolgter Einlösung der Police verfällt obiges 1 pCt. der Gesellschaft.

§. 13.

Der Antragsteller ist sechs Wochen an seinen Antrag gebunden.

Im Falle der Annahme des Antrages wird dem Antragsteller eine von der Direction auszustellende Police ertheilt, welche den Anfangspunkt der Versicherung feststellt und einen Auszug des Statuts, sowie sonstige Bestimmungen der Direction auf Grund der Statuten enthält.

Der Inhalt des Antrags, der Police und des Statuts sind für die Beurtheilung des Vertragsverhältnisses maßgebend.

§. 14.

Gegen Aushändigung der Police hat der Versicherte die in der Police nach §. 21 für ein Jahr berechnete Minimal-Versicherungs-Prämie nebst den Policegebühren zu bezahlen. Die Hälfte der Minimalprämie kann die Direction in, mit dem Versicherten zu vereinbarenden, Raten gegen Revers zu zahlen gestatten, und ist hierbei die den Agenten übergebene Instruction

[illegible]

wohnen, das Wort zu ergreifen, Anträge zur Abstimmung zu bringen, auch jederzeit von den Büchern, Rechnungen, Registern und sonstigen Schriftstücken der Gesellschaft Kenntniß, sowie von dem Vermögens- und Kassenzustande Einsicht zu nehmen.

C. Ausdehnung.

§. 3.

Die Thätigkeit der Gesellschaft erstreckt sich auf das Deutsche Reich, und kann auch auf andere Staaten ausgedehnt werden.

E. Allgemeine Verwaltungs-Grundsätze.

§. 5.

Die Beiträge zu den Entschädigungen werden von den Mitgliedern der §. 19 aufgeführten Rechnungsklassen unter sich, die Beiträge zu den allgemeinen Verwaltungskosten dagegen von allen Mitgliedern der Gesellschaft nach Verhältniß ihrer Versicherungssumme aufgebracht.

§. 6.

Von der Versicherung sind ausgeschlossen:
1) Thiere, welche mit innern oder äußern Krankheiten behaftet sind.

... vorgängige Anzeige bei der Direction oder den Agenten ... sei denn, daß nach Signalement versichert wird (§. 11, ...satz). Wenn eine Erhöhung der versicherten Summe, die ... vom Mitgliede beantragt werden kann, beabsichtigt wird, ... ist wie bei einer neuen Versicherung (§. 11) zu verfahren.

Durch eine innerhalb des Versicherungsjahres eintretende Verringerung des versicherten Viehstandes oder dessen Werthes erlangt der Versicherte keinen Anspruch auf theilweisen Erlaß oder Rückzahlung der Prämie.

Bei Versicherung auf längere Zeit kann die Versicherungs-Summe nach Ablauf jedes Versicherungsjahres dem Viehstande entsprechend ermäßigt werden, die Umschreibung der Police ist aber 14 Tage vor Ablauf jedes Versicherungsjahres nachzusuchen, andernfalls bleibt die letzte Versicherungs-Summe in Kraft.

Die für Aenderung oder Nachversicherung zu leistenden Zahlungen werden von der Direction bei Ausfertigung der Policen-Nachträge berechnet und sind erst gegen Aushändigung derselben zu entrichten.

§. 17.

Im Falle des Uebergangs eines versicherten Viehstandes an einen andern Besitzer geht die Versicherung nur mit Genehmigung der Direction auf denselben über. Der bisherige Besitzer bleibt im Falle der nicht erfolgten Genehmigung für alle Verpflichtungen aus dem Versicherungs-Vertrage bis zum Ablauf der Versicherungs-Zeit, resp. des laufenden Rechnungs-Jahres verhaftet. Die Versicherung bleibt jedoch in Kraft, wenn dieselbe ungetheilt auf Erben, welche die Verbindlichkeiten des Erblassers zu erfüllen haben, übergeht.

Wenn aus einem versicherten Viehstande Thiere ein und derselben Gattung eine gemeinsame Stallung oder Weide mit unversichertem Vieh erhalten, so tritt die Entschädigungspflicht der Gesellschaft bis nach eingeholter Genehmigung der Direction außer Kraft. Die Genehmigung zum Weidegang versicherter Pferde mit unversicherten wird hiermit Seitens der Direction ertheilt.

C. Obliegenheiten bei Verlängerungen der Versicherung.

§. 18.

Die Versicherung gilt vom Tage des Ablaufs der Police an auf eine gleiche Zeit prolongirt, wenn nicht drei Wochen vor demselben eine schriftliche Kündigung der Direction direct behändigt, oder von letzterer an den Versicherten erlassen oder zur Post gegeben ist.

Die Revision versicherter Viehstände steht der Direction jeder Zeit und besonders bei stillschweigenden Prolongations-Versicherungen vor Aushändigung der betreffenden Police zu.

D. Versicherungs-Classification und Berechnung der Prämie.

§. 19.

Für die Berechnung der Prämien und Entschädigungen werden 6 gesonderte Abtheilungen gebildet:

A. Für Versicherung gegen alle Verluste gemäß §. 4 ...

... für sich bestehende, auf den Grundsätzen der Gegenseitigkeit beruhende Rechnungsklasse, deren Mitglieder an dem Gewinne und Verluste der andern Abtheilungen keinen Theil haben.

Mit Genehmigung des Verwaltungsrathes ist es der Direction gestattet, außer den vorgenannten, noch anderweite Versicherungsabtheilungen, insbesondere auch von in Vorstehendem nicht aufgeführten Thiergattungen, zu bilden und haben dann auch diese Abtheilungen die vorkommenden Verluste als besondere Rechnungsklassen nach dem Grundsatze der Gegenseitigkeit unter sich zu entschädigen.

Für solche Versicherungs-Abtheilungen kann;

1. der zu versichernde Viehstand für jede einzelne Versicherung auf einen geringeren Werth, als im §. 7 bestimmt, festgestellt werden;
2. es kann eine solche Abtheilung eben so wohl für das Vieh einzelner Landestheile, als für gewisse unter gleichartigen Verhältnissen in verschiedenen Landestheilen gehaltene Viehgattungen gebildet werden;
3. es kann für solche Abtheilungen eine andere als die in §. 21 und §. 32 festgesetzte Prämie eingezogen werden;

alles dies jedoch nur nach den diesfälligen allgemeinen Beschlüssen des Verwaltungsrathes.

Im Uebrigen unterliegen die nach dieser Bestimmung neu zu bildenden Versicherungs-Abtheilungen durchweg den Bestimmungen des Statuts, und tragen zu den allgemeinen Verwaltungskosten gemäß §. 5 nach Verhältniß der Versicherungs-Summen und zum Reservefonds nach §. 32 bei.

§. 20.

Die von den Mitgliedern zu zahlenden Beiträge sind nicht fixirt, werden vielmehr für jede der im §. 19 aufgeführten Abtheilungen durch die Direction im Einvernehmen mit dem Verwaltungsrath festgestellt.

Das aufzubringende Soll wird gebildet:

a) durch die Summe der im abgelaufenen Monat eingetretenen Verluste;
b) durch den Antheil an den allgemeinen Verwaltungskosten, welche nach der Höhe der Versicherungssumme in jeder Abtheilung auf dieselben vertheilt werden.

Zu diesem sich ergebenden Soll haben sämmtliche Mitglieder von je einer Abtheilung nach Verhältniß ihrer Versicherungssumme beizutragen.

Die Direction berechnet allmonatlich das Soll für jede Abtheilung und die hiernach auf die Mitglieder entfallenden Monatsbeiträge. Auf die letztern ist zunächst die bei der Aufnahme von jedem Mitgliede gezahlte Minimalprämie zu verrechnen. Findet die Direction bei den monatlichen Abschlüssen, daß die Minimalprämien zur Bestreitung der Ausgaben der betreffenden Abtheilung für das Versicherungsjahr voraussichtlich nicht ausreichen, so ist von der Direction im Einvernehmen mit dem Verwaltungsrath für das betreffende Versicherungsjahr ein dem Bedürfniß entsprechender Prämienzuschuß bis zur Höhe der Maximalprämie nach §. 32 zu erheben.

einzelnen Abtheilungen etwa ergebenden Ueberschüsse werden als Prämien-Reserve für dieselben im nächsten Monat in Einnahme gestellt. Am Schlusse des Rechnungsjahres werden etwaige Ueberschüsse den Mitgliedern nach Verhältniß der versicherten Summen als Dividenden gutgeschrieben und auf die Prämien des nächsten Jahres verrechnet. Die Dividenden derjenigen Mitglieder, welche die Versicherung nicht fortsetzen wollen, fallen dem Reservefonds zu.

Der Verwaltungsrath ist berechtigt, vorstehende Prämiensätze nach Bedürfniß abzuändern.

Bei Berechnung aller Einnahmen und Ausgaben werden 5 Pfennige und weniger gar nicht, 6 Pfennige und mehr als 1 Silbergroschen in Anschlag gebracht.

§. 22.

Alle Beiträge sind spätestens innerhalb 8 Tagen nach Fälligkeit zu entrichten. Diese tritt für die Prämienzahlungen mit dem Ausfertigungsdatum der Policen und bei fortgesetzten Versicherungen mit Beginn des neuen Versicherungsjahres, bei Nachschüssen mit der Zeit der Absendung der desfallsigen Zahlungsaufforderung Seitens der Direction an die Versicherten ein.

Werden die Beiträge nicht pünktlich und in vorgedachter Zeit gezahlt, so tritt die Entschädigungspflicht der National-Vieh-Versicherungs-Gesellschaft bis zur erfolgten Zahlung außer Kraft, und erst mit dem fünfzehnten Tage, Mittags 12 Uhr, nach Leistung letzterer wieder in Kraft.

Wird wegen Nichtzahlung von Beiträgen der Rechtsweg beschritten, so können diese unter Zugrundelegung des Maximal-Satzes (§. 32) für die ganze Versicherungs-Dauer berechnet und eingeklagt werden.

E. Obliegenheiten bei eingetretenen Krankheiten resp. Todesfällen.

§. 23.

Wenn ein Thier erkrankt, so muß ohne Verzug ein staatlich approbirter Thierarzt zur Behandlung angenommen und nach dessen Rath gewissenhaft verfahren werden. In Eilfällen muß bis zu dessen Ankunft der Besitzer selbst, wenn er Sachkundiger ist, das Nöthige anordnen, andernfalls den Rath Sachkundiger

Werth derselben von 20 Thlr. an aufwärts, 10 pCt., bei verendeten Schafen während der Zeit vom 1. October bis nach der Schur 20 pCt., bei getödteten derselbe Betrag, sofern nicht ein höherer Erlös erzielt worden, in Abzug gebracht, wogegen in allen diesen Fällen das getödtete oder verendete Thier dem Eigenthümer verbleibt.

F. Obliegenheiten bei eingetretenen Todesfällen resp. Schaden-Festsetzung.

§. 24.

Von dem Tode eines versicherten Thieres muß der Versicherte dem Agenten innerhalb 12 Stunden sowie der Direction innerhalb der nächsten 48 Stunden directe Anzeige erstatten, und innerhalb fernerer 48 Stunden noch ein Attest eines approbirten Thierarztes über die Krankheit und den Sectionsbefund auf einem von der Direction dazu bestimmten Formular bei dem Agenten eingereicht sein. Alle Entschädigungs-ansprüche müssen innerhalb 8 Tagen, vom Todestage eines Thieres an gerechnet, bei der Direction eingereicht werden.

In Ermangelung eines approbirten Thierarztes im Orte oder vierstündiger Umgebung hat hinsichtlich der Ausstellung des Krankheits- und Sectionsberichtes die Direction das Nähere zu bestimmen.

Der Versicherte ist verpflichtet, der Direction jeden von ihr geforderten auf den Verlust bezüglichen Nachweis zu liefern, dem betreffenden Thierarzte bestimmte Auskunft über die dem eingetretenen Todesfalle vorausgegangenen Umstände zu ertheilen, sowie den ihm durch den Tod eines Thieres erwachsenen Schaden nicht allein gewissenhaft unter Angabe des Kaufpreises aufzustellen, sondern auch den mit der Werthschätzung beauftragten Personen jede verlangte Auskunft wahrheitsgetreu zu geben.

§. 25.

Nach dem Tode eines Thieres wird sofort durch ein vom Agenten oder der Direction bestimmtes Mitglied der Gesellschaft der Werth, den das Thier vor dem Tode oder dem Eintritt der tödtlichen Krankheit gehabt hat, festgestellt.

Ist der Beschädigte oder die Direction mit dieser Feststellung nicht einverstanden, so wird von ihm und von Seiten der Direction je ein Gesellschaftsmitglied als Taxator bezeichnet,

1. die Abtheilung der zu Lohnfuhren dienenden Pferde;
2. die Abtheilung aller anderen Pferde;
3. die Abtheilung des Rindviehes;
4. die Abtheilung der Schweine;
5. die Abtheilung der Schafe.

B. Für Versicherung größerer Viehbestände gemäß §. 4 ad II.

6. die Abtheilung für Pferde, Rindvieh, Schweine und Schafe gegen alle Verluste mit Einschluß der Verluste durch Seuchen, mit Ausschluß der Rinderpest.

Die Versicherten jeder einzelnen Abtheilung bilden eine für

§. 21.

Als Minimal-Prämie wird jährlich erhoben:

A. bei Versicherung gegen alle Verluste §. 4 ad I.

in der 1. Abtheilung für	Lohnfuhrpferde	.	6	Procent
" " 2. " "	andere Pferde	.	4	"
" " 3. " "	Rindvieh	. . .	3½	"
" " 4. " "	Schweine	. . .	8	"
" " 5. " "	Schafe	. . .	8	"

B. bei Versicherung größerer Viehbestände gemäß §. 4 ad II.

in der 6. Abtheilung 3½ Procent.

Die sich durch die monatlichen Beitragsberechnungen in den

§. 27.

... schädigung beträgt:

... §. 1, 2 Abschnitt, versichert und der Schaden ... festgestellt ist, die volle Summe der Abschätzung; ... darf ... doch in diesen Fällen folgende Sätze nicht überschreiten:

bei Lohnfuhr- und andern

Pferden	pro Stück	250	Thlr.
„ Ochsen	„ „	150	„
„ Kühen	„ „	100	„
„ Schweinen	„ „	50	„
„ Schafen	„ „	10	„

Bezieht sich die Versicherungs-Summe auf mehrere nicht ... Signalement und Taxe versicherte Thiere, so wird der ... alsatz der Entschädigungs-Summe ermittelt durch Thei... der Versicherungs-Summe,

1. durch die zur Zeit des Verlustes im Besitze des Versicherten befindliche Stückzahl derjenigen Abtheilung der Thiergattung, zu welcher das zu entschädigende Thier gehört, wenn die ursprünglich versicherte Stückzahl vermehrt und eine Nachversicherung nicht erfolgt ist,
2. durch die versicherte Stückzahl derjenigen Abtheilung resp. Thiergattung, zu welcher das zu entschädigende Thier gehört, wenn zur Zeit des Verlustes der Versicherte weniger Thiere besitzt, als er versichert hat,

... gemäß §. 11, 3. Abschnitt nach vorher festgestellter ... versichert ist, die volle Versicherungs-Summe, ... die nach §. 25 vorzunehmende Abschätzung keinen ... ingeren Werth des Thieres ergeben hat.

... uf jede Entschädigung wird eine volle Jahresprämie nach ... §. 33 stipulirten Maximalsätzen verrechnet und werden ... §. 23 Schlußsatz angeführten Procentsätze anstatt des ... von der Entschädigung in Abzug gebracht.

§. 28.

Die Entschädigung wird, wenn die im §. 24 und 25 ... en Vorschriften beobachtet sind, durch die Direction fest... und innerhalb 8 Tagen nach dieser Festsetzung ausgezahlt. ... blehnungen der Entschädigungspflicht können durch die ... ion nach vorgängigem Benehmen mit dem Oberthierarzt ... m Justitiar der Gesellschaft ausgesprochen werden. Es ... e deshalbigen Beschlüsse dem Versicherten direct schriftlich ... tigen und haben die Versicherten, welche sich dadurch ... rt erachten, binnen einem Monate nach der Zustellung ... m zuständigen Gerichte Klage zu erheben, widrigenfalls ... schädigungsansprüche zu Gunsten der Gesellschaft erlöschen. ... icht abgehobene Entschädigungen verfallen ein Jahr nach ... setzung unwiderruflich dem Reservefonds (§. 32, 2), ... e in dieser Zeit von dem Versicherten nicht in Empfang ... en sind.

§. 29.

... e Entschädigung wird nicht gewährt,

I. ... der Tod oder die Nothwendigkeit der Tödtung des ... res als unbrauchbar herbeigeführt ist durch:

... Krieg, Aufruhr, Feuer, Blitz, Explosion, Erdbeben, ...

Beiträgen entstandene Krankheit, oder einen stattgehabten Unfall; desgleichen wenn der Tod innerhalb der Quarantainezeit oder während der Zahlungs-Verzögerung von Beiträgen eintritt;

6) wenn das versicherte Thier zur Zeit des Beginns der Versicherung schon an derjenigen Krankheit gelitten hat, in Folge deren der Tod eingetreten ist;

II. auch nicht, wenn

7) der Versicherte wesentliche Umstände, welche für die Annahme der Versicherung Seitens der Gesellschaft, für das von derselben zu übernehmende Risico und für die Feststellung des Schadens maßgebend erscheinen, der Direction oder dem Agenten gegenüber falsch angegeben, verschwiegen oder die ihm im Versicherungsantrage zur Beantwortung gestellten Fragen wahrheitswidrig beantwortet hat;

8) wenn der Versicherte gegen die Bestimmungen der §§. 23 und 24 der Statuten handelt.

Der Entschädigungsanspruch ist in den vorausgeführten Fällen auch dann verwirkt, wenn die Tödtung des Thieres in Gemäßheit des §. 23 des Statuts von der Gesellschaft angeordnet war.

III. Die Direction kann einen Versicherungs-Vertrag aufheben,

a) wenn der Versicherte sich Zuwiderhandlungen gegen eine der vorstehend unter 3, 4 und 6 aufgeführten Bestimmungen hat zu Schulden kommen lassen.

b) wenn im Laufe der Versicherung eine solche Veränderung in den Verhältnissen des Versicherten eintritt, durch welche eine bei dem Versicherungs-Antrage nicht vorgesehene Erhöhung des Risicos bedingt wird.

Die Versicherung hört in beiden Fällen mit dem Tage der schriftlichen Aufkündigung auf, die Beiträge können aber nur bis zum Tage der Aufhebung erhoben werden, und sind, soweit Ueberzahlung vorhanden, verhältnißmäßig rückzuvergüten.

§. 30.

Eine gezahlte Entschädigung unterliegt der Rückforderung, wenn der Gesellschaft nachträglich Thatsachen bekannt werden, welche die Entschädigungspflicht der Gesellschaft aufgehoben hätten, wenn sie zur Zeit des eingetretenen Schadens bekannt gewesen wären.

III. Entscheidung von Streitigkeiten.

§. 31.

In allen Streitigkeiten aus dem Versicherungsverhältnisse zwischen der Gesellschaft und den Mitgliedern ist, mit Ausschluß des Streites über die Höhe der Entschädigungssumme (§. 25), der Rechtsweg zu beschreiten.

Gegen die Seitens der Direction unter Mitwirkung d...

IV. Reservefonds und Dividende.

§. 32.

Zur Deckung unvorhergesehener Ausgaben, sowie zum theilweisen Ersatz ungewöhnlich haher Verluste und zu den Zwecken weiterer Ausdehnung und Gründung der Gesellschaft wird für jede Versicherungs-Hauptabtheilung (§. 4 ad I. II.) je ein Reservefonds gebildet.

Zu obigem Zwecke kann der eine oder andere nur dann in Angriff genommen werden, wenn folgende Maximal-Prämien zur Deckung der Verluste nicht ausreichen:

in der	1.	Abth.	für Lohnfuhrpferde	10%	für das Jahr
"	2.	"	für andere Pferde	8%	" " "
"	3.	"	für Rindvieh	6%	" " "
"	4.	"	für Schweine	12%	" " "
"	5.	"	für Schafe	12%	" " "
"	6.	"	f. größere Viehbestände	6%	" " "

und der Verwaltungsrath nichts anderes bestimmt;

Zu den Reservefonds fließen:

1. der von jedem Mitgliede der Gesellschaft ein für alle Mal — wie §. 12 bedingt — zu zahlende Beitrag, und zwar:
   a) bei Versicherung gegen alle Verluste §. 4 ad I.: 2/3 Procent für Pferde, Rindvieh, Schweine oder Schafe;
   b) bei Versicherung des Viehes größerer Viehbestände gemäß §. 4 ad II.: 1/3 Procent der Versicherungs-Summe und bei Erhöhung derselben von dem Mehrwerthe;
2. die innerhalb eines Jahres nicht abgeholten Entschädigungen (§. 28);
3. etwaige sonstige Ueberschüsse und Einnahmen;
4. die Zinsen für die aus dem Reservefonds angelegten Gelder.

§. 33.

Von jedem Reservefonds verbleibt ein Drittel als Betriebsfond in den Händen der Direction. Der Ueberrest muß nach

Am Jahresschluß hat die Direction eine vollständige [illegible]ventur des Gesellschafts-Vermögens aufzunehmen und nebst Bilanz und Jahresrechnung dem Verwaltungsrath zur Prüfung vorzulegen.

VI. Organisation und Verwaltung.

A. General-Versammlung.

§. 36.

Jedes Mitglied der Gesellschaft, welches mit wenigstens 500 Thlr. versichert und dessen Versicherung zur Zeit der Generalversammlung nicht etwa suspendirt ist, die 7 Mitglieder des Verwaltungsraths, die Directoren und der Ober-Thierarzt der Gesellschaft haben Sitz und Stimme in den General-Versammlungen.

Die Police legitimirt zur Theilnahme.

Eine Vertretung findet nicht statt. Eine ordentliche General-Versammlung wird im März jeden Jahres in Cassel abgehalten.

Die Einladung dazu erfolgt durch den Verwaltungsrath mindestens 14 Tage und höchstens 3 Wochen vorher vermittelst der im §. 49 angeführten Zeitungen, in denen das Versammlungslocal, Tag und Stunde sowie Tagesordnung der Zusammenkunft angegeben ist.

§. 37.

Der Vorsitzende des Verwaltungsraths oder dessen Stellvertreter führt den Vorsitz in der General-Versammlung. In Abwesenheit oder in Behinderung Beider übernimmt das an Jahren älteste Mitglied des Verwaltungsraths den Vorsitz, event. kann ein Jeder sich einen Stellvertreter ernennen.

Gegenstände der Tagesordnung sind:

1. Bericht des Vorsitzenden über den Verlauf und Fortgang der Geschäfte im verflossenen Jahre;
2. die Decharchirung der vom Verwaltungsrathe revi-

2. Operationen, welche nicht zur Heilung von Krankheiten nöthig waren;
3. Zuwiderhandeln gegen die veterinär-polizeilichen Vorschriften:
4. Thierquälerei, grobe Vernachlässigung in der Wartung oder im Gebrauche, sowie ungenügende Beaufsichtigung oder Fahrlässigkeit in ärztlicher Behandlung;
5. durch eine während der 14tägigen Quarantainezeit (§. 26) oder während der Verzögerung der Zahlung von

dungen nicht zulässig.

Einreden gegen die Legitimation des Verwaltungsraths oder der Direction, welche die Gesellschaft auch vor Gericht vertritt, sind ausgeschlossen. Wahlmängel können nie zum Gegenstande einer processualischen Einrede gemacht werden.

---

§. 39.

[illegible] die Verhandlungen der General-Versammlungen wird [illegible]rielles Protokoll aufgenommen, welches vom Vorsitzenden [illegible]igstens drei Mitgliedern vollzogen werden muß.

Die Namen der Anwesenden werden durch ein vom Vor[illegible]den vollzogenes Verzeichniß constatirt. Bei der Abstimmung [illegible]scheidet die absolute Majorität, im Falle der Stimmengleichheit [illegible] die Stimme des Vorsitzenden den Ausschlag.

B. Verwaltungsrath.

§. 40.

Der Verwaltungsrath besteht aus 7 Mitgliedern, von denen [illegible] zugleich Justitiar der Gesellschaft ist. Wenigstens 3 dieser [illegible]glieder müssen in Cassel oder im viermeiligen Umkreise von [illegible]sel ihren Wohnsitz haben.

Diese Mitglieder wählen alljährlich unter sich einen Vor[illegible]enden und dessen Stellvertreter.

Scheidet ein Mitglied des Verwaltungsraths außerordentlich [illegible], so ernennt der Verwaltungsrath bis zur nächsten ordentlichen [illegible]eneral-Versammlung, in welcher die Neuwahl stattfindet, einen [illegible]chfolger.

Der Verwaltungsrath fungirt auf 5 Jahre und kann sich [illegible]ischen durch Selbstwahl ergänzen.

[illegible] Wiederwahl ist zulässig.

[illegible]ie Wahlen werden durch die im §. 49 angeführten [illegible]en bekannt gemacht.

[illegible]ur Gültigkeit eines Beschlusses in den Sitzungen des [illegible]waltungsraths ist die Anwesenheit von 3 Mitgliedern ein[illegible]schließlich des Vorsitzenden erforderlich.

Ist der Vorsitzende und der Stellvertreter abwesend, so [illegible]hrt das an Jahren älteste Mitglied den Vorsitz.

Ueber die Beschlüsse wird ein vom Vorsitzenden und von [illegible]len Anwesenden zu unterzeichnendes Protocoll aufgenommen.

Bei Stimmengleichheit entscheidet die Stimme des Vor[illegible]sitzenden.

Der Verwaltungsrath bezieht für seine Mühewaltung [illegible]ne Remuneration von 2 Procent der Prämieneinnahme, [illegible] der Minimalprämie berechnet.

§. 41.

Der Verwaltungsrath überwacht nöthigenfalls unter Zu[illegible]ziehung von Aushülfs-Beamten die Geschäfte der Gesellschaft, [illegible] kann der Vorsitzende zu jeder Zeit, so oft die Wahr[illegible]nehmung der Geschäfte es erheischt, die Mitglieder zu einer [illegible]sammlung berufen.

Die Berufung muß erfolgen, wenn drei Mitglieder des [illegible]waltungsraths oder die Direction es verlangen.

Dem Verwaltungsrath liegt insbesondere ob:

1. jeden Verwaltungsact dem Statut gemäß vorzunehmen;
2. über Alles zu beschließen, was die Gesellschaft betrifft;
3. von allen Geschäften der Gesellschaft Kenntniß zu nehmen;
4. die Directoren sowie den Gesellschafts Ober-Thierarzt zu erwählen;

und Nachschüsse, sowie die Controlirung der monatlichen Verrechnung derselben;

8. die Prüfung der jährlichen Abschlüsse der Gesellschaft, sowie die Normirung der zu zahlenden Dividenden;
9. der Beschluß über Anlegung der Capitalien;
10. die Genehmigung zur Aufnahme von Darlehn.

C. Die Direction.

§. 42.

Die Direction besteht aus einer oder zwei Personen, die vom Verwaltungsrath erwählt werden und welche in letzterem Falle mit gleichem Range, Rechten und Pflichten sich in die obliegenden Geschäfte gegenseitig zu theilen, und für Verhinderungsfälle einander zu vertreten haben.

§. 43.

Die Direction wird vom Verwaltungsrath mit notarieller Vollmacht versehen. Sie hat die selbstständige Ausführung der Beschlüsse der General-Versammlung und des Verwaltungsraths; sie wohnt den Sitzungen des Verwaltungsraths mit berathender Stimme bei, insoweit nicht das Verhältniß der Direction zur Gesellschaft Gegenstand der Verhandlung ist.

Die Direction vertritt die Gesellschaft in allen Beziehungen, sowohl den Behörden als Privaten gegenüber, namentlich auch in den gegen Mitglieder der Gesellschaft wegen rückständiger Beiträge oder sonstiger Leistungen und Ansprüche, sie mögen Namen haben, wie sie wollen, anzustellenden oder in den gegen die Gesellschaft angestellt werdenden Processen.

Sie ist namentlich befugt, Vollmacht zur Führung der Processe auszustellen, Vergleiche abzuschließen, Eide abzuleisten und Erkenntnisse in Empfang zu nehmen.

§. 44.

Die Direction hat die spezielle Leitung aller Geschäfte und soweit vom Verwaltungsrathe nichts anderes bestimmt wird, auch die Führung der Kasse. Sie stellt die dazu erforderlichen Beamten, Agenten und Thierärzte an, erstattet Berichte über den Geschäftsgang und stellt Anträge an den Verwaltungsrath.

In Kassenangelegenheiten ist zur Rechtsverbindlichkeit von Zeichnungen der Direction die Mitunterschrift des etwa angestellten Rendanten erforderlich.

Die Direction ist ermächtigt, zu ihrer Vertretung in Abwesenheit oder Behinderung einen Bevollmächtigten zur Ausführung einzelner ihrer Befugnisse zu bestellen, jedoch muß derselbe Beamter der Direction sein; als solche sind in diesen Fällen auch die Agenten und Thierärzte der Gesellschaft zu betrachten.

Die weiteren Bestimmungen über die Stellung der Direction, sowie über die Remuneration, welche in einer Tantième bestehen können, sind durch einen abzuschließenden Contract zu vereinbaren. Die Tantième wird von der Versicherungssumme berechnet und ist in dem Etat enthalten.

Ueber eine eventuell zu leistende Caution wird das Nähere vom Verwaltungsrath festgestellt.

§. 45.

[illegible] bezeichneten Zeitraumes

und ohne Anwesenheit desselben darüber Beschluß faßt, ob die Suspension aufzuheben, oder die Entlassung erfolgen soll.

D. Ober-Thierarzt, Thierärzte und Agenten.

§. 46.

Als technischer Rathgeber steht der Direction ein vom Verwaltungsrathe ernannter approbirter Thierarzt erster Klasse mit dem Titel eines Ober-Thierarztes zur Seite. Derselbe muß sein Domicil in Cassel haben und wird von der Gesellschaft besoldet.

Es steht dem Ober-Thierarzt, sofern in einem einzelnen Falle der Verwaltungsrath nichts anderes bestimmt, frei, den regelmäßigen Sitzungen des Verwaltungsraths mit berathender Stimme beizuwohnen.

§. 47.

Zur Vermittelung von Versicherungen Seitens der Viehbesitzer mit der Gesellschaft, stellt die Direction nach Bedürfniß Agenten und Thierärzte an.

Außer denselben kann die Direction sachkundige Personen, womöglich aus der Zahl der Gesellschaftsmitglieder, als Vertrauensmänner, behufs Begutachtung der Versicherungs-Aufnahme und Feststellung von Verlusten (§. 25) bestellen resp. den Agenten zuordnen. Die specielle Function resp. Remuneration der vorgenannten Personen wird durch Instruction festgestellt. Aus statutwidrigen Handlungen oder Veranlassungen der Agenten erwachsen der Gesellschaft keinerlei Verbindlichkeiten.

VII. Auflösung der Gesellschaft.

§. 48.

Wenn die Gesammt-Versicherungssumme der Gesellschaft auf 50,000 Thlr. zurückfallen sollte, so hat der Verwaltungsrath in der nächstfolgenden ordentlichen General-Versammlung

Der Auflösungsbeschluß ist gültig, wenn wenigstens zwei Drittel der anwesenden Mitglieder dafür gestimmt haben.

Wird die Auflösung beschlossen, so hören die bestehenden Versicherungen mit dem Ablauf von 6 Wochen, nachdem der Beschluß durch die im §. 49 angeführten Zeitungen bekannt gemacht ist, auf. Der Beschluß muß innerhalb 8 Tagen nach Fassung desselben bekannt gemacht werden.

Die Liquidation geschieht durch die Direction, welcher die General-Versammlung 2 Liquidatoren zuordnen kann.

Die Schlußrechnung ist innerhalb 6 Monaten, nachdem der Verwaltungsrath dieselbe geprüft hat, einer General-Versammlung zur Abnahme vorzulegen.

Die Vertheilung des Vermögens unter die Mitglieder erfolgt nach denselben Grundsätzen, wie die Vertheilung der Dividende.

VIII. Allgemeine Bestimmungen.

§. 49.

Die Gesellschaft bedient sich als Publications-Organe des Staats-Anzeigers, der Deutschen Versicherungs-Zeitung, der Hessischen Morgenzeitung, des Breslauer Handelsblattes und der Bank- und Handelszeitung.

Die Mitglieder haben das Porto für alle ihre, auf die Versicherung bezüglichen Angelegenheiten, sowie die für thierärztliche Bemühung und beigebrachte Atteste entstandenen Kosten zu tragen.

IX. Uebergangs-Bestimmungen.

§. 50.

Die Kosten zur Gründung und Ausdehnung der Gesell-

Königlich Bayerisches
Kreis-Amtsblatt
der Pfalz.

№ 2. Speier, den 8. Januar 1872.

Inhalt:

pr. den 3. Januar 1872.

Königlich Allerhöchste Verordnung,

die Ausbildung und Verwendung der geprüften Rechtspraktikanten im Justizdienste betr.

Ludwig II.,

von Gottes Gnaden König von Bayern,

Pfalzgraf bei Rhein,

Herzog von Bayern, Franken und in Schwaben rc. rc.

Wir finden Uns bewogen, über die Ausbildung und Verwendung derjenigen praktisch geprüften Rechts-Candidaten, welche sich um Anstellung im Justizdienste bewerben, zu verordnen, was folgt:

§ 1.

Diejenigen Rechtscandidaten, welche sich um Anstellung im Justizdienste als Richter, Staatsanwalt, Gerichtsschreiber, Notar oder Advocat bewerben, haben nach befriedigender Erstehung der zweiten Prüfung bis zur Anstellung die Praxis bei einem Appellationsgericht, einem Bezirksgericht, bei der Staatsanwaltschaft an einem dieser Gerichte, bei einem Stadt- oder Landgericht, einem Advocaten oder Notar fortzusetzen.

Auch können sich dieselben bei einer Kammer des Landtags verwenden lassen.

Die Wahl der Praxis ist den Rechtscandidaten freigegeben, vorbehaltlich der nachfolgenden Bestimmungen.

§ 2.

Die Bewerber um Anstellung im Justizstaatsdienste als Richter, Staatsanwalt oder Gerichtsschreiber haben innerhalb des in § 1 Absatz 1 bezeichneten Zeitraumes mindestens während der ununterbrochenen Dauer eines Jahres gerichtliche Praxis zu nehmen.

Von dieser Gerichtspraxis haben diejenigen, welche sich um eine Anstellung der gedachten Art in den Landestheilen diesseits des Rheines bewerben, mindestens sechs Monate in ununterbrochener Dauer der Beschäftigung in der nichtstreitigen Rechtspflege bei einem Stadt- oder Landgerichte und zwar vorzugsweise im Hypothekenwesen zu widmen.

§ 3.

Die Bewerber um Notariatsstellen müssen mindestens zwei Jahre bei einem Notar gearbeitet haben.

§ 4.

Diejenigen Rechtscandidaten, welche dem Advocatenstand sich widmen wollen, haben mindestens zwei Jahre Praxis bei einem am Sitz eines Bezirksgerichts befindlichen Anwalt zu nehmen.

§ 5.

Die Zahl der bei einem Gericht oder einer Staatsanwaltschaft aufzunehmenden Rechtscandidaten richtet sich nach der Möglichkeit ihrer zweckmäßigen und vollständigen Beschäftigung.

Die Bewilligung zum Eintritt in die Praxis bei den Gerichten und Staatsanwaltschaften wird von dem Amtsvorstand, vorbehaltlich der Aufsicht der vorgesetzten Stellen und Behörden, ertheilt.

§ 6.

Der Eintritt in die Praxis bei einem Anwalt oder Notar ist von dem betreffenden Rechtscandidaten ebenfalls nach der Möglichkeit einer entsprechenden Ausbildung zu bemessen.

Unserem Staatsministerium der Justiz bleibt vorbehalten, einem Rechtscandidaten die Fortsetzung der Praxis bei einem bestimmten Anwalt oder Notar aus besonderen Erwägungen zu untersagen.

§ 7.

Die bei den Gerichten oder Staatsanwaltschaften in Praxis befindlichen Rechtscandidaten können nach Maßgabe der Vorschriften Unseres Staatsministeriums der Justiz zur Geschäftsaushilfe an andere Stellen und Behörden des Justizressorts berufen werden.

Bezüglich der Taggelder und Reisekosten bewendet es bei dem bisherigen Verfahren.

§ 8.

Die bei den Gerichten und Staatsanwaltschaften in Praxis befindlichen Rechtscandidaten können in allen Civil- und Strafsachen verwendet werden, soweit dies gesetzlich zulässig ist.

Insbesondere ist es Unser Wille, daß dieselben durch Verwendung im Sitzungsdienste bei Führung der Urtheilsbücher und in den übrigen Gerichtsschreibereigeschäften Gelegenheit zu ihrer vollständigen Ausbildung erhalten.

§ 9.

Während der Dauer der Praxis bei Gerichten oder Staatsanwälten haben sich die Rechtscandidaten jeder Beschäftigung bei Advocaten und Notaren zu enthalten.

Vertretung oder Verbeiständung von Parteien vor Einzeln- oder Handelsgerichten oder beauftragten Richtern dürfen die Rechtscandidaten während der in Absatz 1 bezeichneten Praxis nur mit Bewilligung ihres Amtsvorstandes übernehmen.

Diese Bewilligung ist nur ausnahmsweise, unter Beschränkung auf den einzelnen Fall, und wenn der Rechtscandidat nicht bei dem Gericht, bei welchem er sich in Praxis befindet, als Bevollmächtigter oder Beistand auftreten will, schriftlich zu ertheilen.

§ 10.

Wenn sich ein bei einem Gericht oder einer Staatsanwaltschaft in Praxis befindlicher Rechtscandidat eine

Uebertretung der in § 9 enthaltenen Vorschriften oder in irgend einer anderen Beziehung ein ordnungswidriges Benehmen zu Schulden kommen läßt, so hat der Amtsvorstand ihn zurechtzuweisen und, wenn die Zurechtweisung fruchtlos bleibt oder ein Verschulden schwererer Art vorliegt, dem Staatsministerium der Justiz zur weiteren Verfügung, gegebenen Falls zur Streichung von der Liste der Bewerber um Anstellung im Justizdienste, Anzeige zu erstatten.

Gleiche Pflicht obliegt den Directoren der Bezirksgerichte bezüglich der in ihrem Bezirksgerichtssprengel in Praxis befindlichen Advocaten-Concipienten und Notariatsgehilfen, falls denselben ein pflicht- oder ehrwidriges Betragen zur Last liegt.

Erlangen die Staatsanwälte Kenntniß von Thatsachen, welche Disciplinareinschreitung gegen einen Rechtscandidaten zu veranlassen geeignet sind, so haben sie diese Thatsachen mit den etwaigen Beweismitteln den Amtsvorständen mitzutheilen.

§ 11.

Gegenwärtige für sämmtliche Regierungsbezirke des Königreichs gültige Verordnung tritt mit dem Tage ihrer Veröffentlichung durch das Regierungsblatt und beziehungsweise das Kreis-Amtsblatt der Pfalz in Wirksamkeit.

Alle entgegenstehenden Bestimmungen, insbesondere die allerhöchste Verordnung vom 3. August 1863 — Regierungsblatt Seite 1281, sind aufgehoben.

Sämmtlichen Accessisten bleibt, so lange sie ihre Praxis bei Justizstellen oder Behörden fortsetzen, ihr bisheriger Titel vorbehalten.

§ 12.

Bezüglich derjenigen Rechtscandidaten, welche die praktische Staatsprüfung im Jahre 1866 oder früher bestanden haben, ist Unser Staatsministerium der Justiz ermächtigt, bei den Anträgen auf Anstellung derselben im Justizstaatsdienste von dem in § 2 bezeichneten Erfordernisse abzusehen.

Hohenschwangau, den 19. Dezember 1871.

Ludwig.

Dr. Fäustle.

Auf Königlich Allerhöchsten Befehl:
der General-Secretär
Ministerialrath Schebler.

No. 173 E. pr. den 6. Januar 1872.

Bekanntmachung,
den Schutz und die Aufrechthaltung der Ordnung des Eisenbahnbetriebes betr.

Staatsministerium des Königlichen Hauses und des Aeußern.

Auf Grund des Artikel 88 des neuen Polizeistrafgesetzbuches vom 1. Januar 1872, werden zum Schutze der Eisenbahnen und des Eisenbahnbetriebes außer den auch fernerweitig gültigen oberpolizeilichen Vorschriften vom 8. März 1863, Rgbl. S. 373—331, Amtsbl. d. Pf. S. 277, bis auf Weiteres nachstehende Anordnungen getroffen:

1. wer die Bahn an andern als an Uebergangsstellen oder eher, als die Schranken von den Bahnbediensteten geöffnet worden sind, als Fußgänger, Reiter oder mit Wägen oder Schubkarren überschreitet;
2. wer sonst die Bahn oder die dazu gehörigen Gräben, Böschungen, Dämme, Brücken oder Tunnels, oder das dazu gehörige und mit Steinen abgegrenzte Vorland unbefugt an verbotenen Stellen oder gegen ausdrückliches Verbot eines Bahnbediensteten betritt, wer daselbst reitet, mit Wägen oder Schubkarren fährt, Vieh treibt oder Gegenstände, wenn auch nur für kurze Zeit, niederlegt;
3. wer an den erlaubten Uebergängen Vieh anders als mit fliegender Geißel über die Bahn treibt, oder

mit Wägen anders als im Schritte und ohne Anhalten darüberfährt;

4. wer als Reiter oder mit Fuhrwerk, Lastthieren oder Viehheerden bei gesperrten Schranken ankommt und von denselben bis zu deren Oeffnung durch einen Bahnbediensteten nicht mindestens zwanzig Schritte sich entfernt hält;

5. wer in dem Falle, daß zwei oder mehrere Fuhrwerke gleichzeitig an einer Uebergangsstelle ankommen, oder sich begegnen, der Bestimmung des Bahnbediensteten über die Reihenfolge der Ueberschreitung der Bahn sich nicht fügt;

6. wer geschlossene Schranken eigenmächtig öffnet, unbefugt Wächterhütten oder Einfriedungen der Bahn oder der Stationshöfe besteigt, Einfriedungen oder sonstige Verschlußanstalten übersteigt oder unter dergleichen Absperrungen durchschlüpft,

ist straffällig.

Diese Vorschriften treten mit dem Tage ihrer Veröffentlichung im Regierungsblatte und beziehungsweise im Kreisamtsblatte der Pfalz für den ganzen Umfang des Königreichs in Wirksamkeit.

München, den 1. Januar 1872.

Auf Seiner Königlichen Majestät Allerhöchsten Befehl:

Graf von Hegnenberg-Dux.

Durch den Minister:

Der General-Secretär:

Ministerialrath Dr. Preßele.

---

pr. den 3. Januar 1872.

Bekanntmachung,

die Auflösung der Zollgrenze in der Pfalz betr.

Staatsministerium des Handels und der öffentlichen Arbeiten.

Seine Majestät der König haben allerhöchst

zu genehmigen geruht, daß vom 1. Januar 1872 ab in Folge der Auflösung der Zollgrenze in der Pfalz:

1. das Hauptzollamt Neuburg a./Rh. mit den Grenzobercontrolen Neulauterburg, Rechtenbach, Kumbach, mit den Nebenzollämtern I. Klasse Schaidt — einschließlich der Zollexpositur zu Weißenburg — Neulauterburg, Schweigen, dann mit den Nebenzollämtern II. Klasse Scheibenhardt, Schweighofen, Set. Germann-Hirschthal und Ludwigswinkel außer Wirksamkeit zu treten, ferner

2. das Hauptzollamt Zweibrücken vorbehaltlich anderweiter Verfügung in der Eigenschaft als Hauptzollamt im Innern fortzubestehen habe, hiegegen

3. die Incorporationen des letzteren, nämlich die Grenzobercontrolen Kröppen, Neuhornbach, Habkirchen, das Nebenzollamt I. Klasse Habkirchen, die Nebenzollämter II. Klasse Eppenbrunn, Kröppen, Hornbach, Peppenkum, Reinheim und Bliesbolzen aufgelöst, endlich

4. die in Wirksamkeit verbleibenden Incorporationen des Hauptzollamtsbezirkes Neuburg a./Rh., nämlich: das Nebenzollamt Landau, die Tabaksteuer-Expositur Rheinzabern und die Uebergangsstelle Maximiliansau dem Bezirke des Hauptzollamtes Zweibrücken zugetheilt werden.

Vorstehende Anordnung wird mit dem Bemerken zur öffentlichen Kenntniß gebracht, daß nach § 1 des Reichsgesetzes vom 17. Juni l. J. (R.-Ges.-Bl. Stück 36) vom 1. Januar 1872 ab ein freier Verkehr zwischen den Staaten des deutschen Zollverbandes und Elsaß-Lothringen eintritt, von welchem nur diejenigen Gegenstände ausgenommen sind, welche einer Controle wegen der Uebergangsabgaben unterliegen.

München, den 23. Dezember 1871.

Auf Seiner Majestät des Königs Allerhöchsten Befehl:

v. Schubert,

Durch den Minister:

Der General-Secretär:

Ministerialrath v. Cetto.

Nro. 266 C. pr. den 3. Januar 1872.

(Den Hebammen-Lehrcurs für 1872 betr.)

Im Namen Seiner Majestät des Königs

Die Eröffnung des Hebammen-Curses zu Würzburg findet wie alljährlich am 1. Februar statt. Die Geldbeträge für Reise, Unterricht, Sustentation, Kästchen und Schröpfen sind nicht geändert worden, und wird auf das Amtsblatt Nr 1 vom Jahre 1867 verwiesen.

Die k. Bezirksämter werden es sich angelegen sein lassen, längstens bis zum 20. Januar die vollständig instruirten Verhandlungen der unterfertigten Stelle vorgelegt zu haben, und es sind wegen der vielen störenden Nachträglichkeiten die k. Bezirksärzte zu erinnern, gleichzeitig mit ihren Gutachten auch des Bedürfnisses oder Nichtbedürfnisses von Kästchen und Schröpfunterricht besonders zu erinnern.

Sämmtliche Schülerinnen haben sich mit ihren Reisevorweisen, welche erst nach Erlegung der bezüglichen Geldmittel von den k. Bezirksämtern ausgestellt werden können, und welchen jede Schülerin zur persönlichen Legitimation bedarf, am 30. Januar Morgens 10 Uhr im k. Regierungsgebäude zu Speier zu sistiren, und von hier aus unmittelbar ihre Reise nach Würzburg fortzusetzen.

Speier, den 3. Januar 1872.

Königlich Bayerische Regierung der Pfalz,
Kammer des Innern.
v. Braun.

Nro. 21979 D. pr. den 2. Januar 1872.

(Die Stipendienverleihung aus der Maximilian II. Stipendienstiftung für kunstgewerbliche Ausbildung betr.)

Im Namen Seiner Majestät des Königs.

Von einer unter dem 16. l. M. an die Direction der Kunstgewerbschule zu Nürnberg ergangenen höchsten Entschließung des k. Staats-Ministeriums des Innern für Kirchen- und Schulangelegenheiten bezeichneten Betreffes folgt im Vollzug des § 13 der Stiftungs-Urkunde (Kreis-Amtsblatt pro 1871 pag. 1383) und unter Hinweis auf die diesseitige Bekanntmachung vom 25. September l. J. gleichen Betreffes nachstehend Abschrift zur Kenntnißnahme.

Speier, den 25 Dezember 1871.

Königlich Bayerische Regierung der Pfalz,
Kammer des Innern.
v. Braun.

Schilt.

Staatsministerium des Innern für Kirchen- und Schulangelegenheiten.

Auf den Bericht vom 28. v. M. bezeichneten Betreffes werden die in der Ministerial-Entschließung vom 18. September l. J. Nr. 7189 für die Kunstgewerbschule Nürnberg vorbehalteren beiden Stipendien à 200 fl.

1. dem Ciseleur und Modelleur Gustav Bühlmayer aus Dinkelsbühl,
2. dem Bildhauer Wilhelm Schmidt aus Schopfloch

verliehen.

Dies wird der Direction der k. Kunstgewerbschule Nürnberg unter Rückschluß der Beilagen mit dem Bemerken eröffnet, daß Zahlungsanweisung an die k. Unterrichts-Stiftungs-Administration erfolgt ist.

München, den 16. Dezember 1871.

Auf Seiner Königlichen Majestät Allerhöchsten Befehl:
v. Lutz.

Durch den Minister:
Der General-Secretär
Ministerialrath v. Bezold.

Nro. 21860 D. pr. den 8. Januar 1872.

(Die Verfolgung der Wölfe betr.)

An

sämmtliche k. Forstämter, k. Bezirksämter und Bürgermeisterämter.

Im Namen Seiner Majestät des Königs.

Da in letzter Zeit in den westlichen Theilen des Kreises Wölfe zum Vorschein gekommen sind, so werden die k. Forstämter beauftragt, der Verordnung der gemeinschaftlichen Landes-Administration vom 12. November 1814 (Amtsbl. S. 133) strenge Folge zu leisten, wobei indessen darauf aufmerksam gemacht wird, daß die Strafbestimmungen der §§ 7 und 8 der gedachten Verordnung durch die neuere Gesetzgebung beseitigt sind. Da erfahrungsgemäß größere Treibjagden auf Wölfe ohne vorherige Abkreisung zu keinem Ergebnisse führen, so ist insbesondere dafür Sorge zu tragen, daß die Waldtheile, in welchen der Aufenthalt von Wölfen zu vermuthen, bei jedem Schneefall sorgfältig abgekreist, und dabei wegen dem Aufgebot der nöthigen Schützen und Treiber schon im Voraus die erforderlichen Maßnahmen getroffen werden.

Die k. Bezirksämter und Bürgermeisterämter werden beauftragt, die k. Forstbeamten kräftig zu unterstützen. Es wird hiebei zugleich in Erinnerung gebracht, daß die Prämie für jeden erlegten Wolf laut Ausschreiben der unterfertigten Stelle vom 11. Juli 1848 (Amtsbl. S. 281) auf 75 fl. erhöht worden ist.

Speier, den 31. Dezember 1871.

Königlich Bayerische Regierung der Pfalz,
Kammer des Innern und der Finanzen.

v. Braun.

v. Meyer.

Metschnabl.

Nro. 23020 D pr. den 2. Januar 1872.

(Untersuchung gegen Alexander Grillo wegen Veruntreuungen und Fälschung betr.)

An

sämmtliche k. Bezirksämter, Bürgermeisterämter, Adjunkten, Polizeicommissäre und Gendarmerie-Stationen des Regierungsbezirkes.

Im Namen Seiner Majestät des Königs.

Die k. Bezirksämter, Bürgermeisterämter, Adjunkten, Polizeicommissäre und Gendarmerie-Stationen des Regierungsbezirkes werden auf das im Abdrucke folgende Reskript des k. Staatsministeriums des Innern aufmerksam gemacht, mit dem Auftrage, die entsprechenden Nachforschungen zu pflegen und ein etwaiges Ergebniß zur Anzeige zu bringen.

Speier, den 29. Dezember 1871.

Königlich Bayerische Regierung der Pfalz,
Kammer des Innern.

v. Braun.

Metschnabl.

Staatsministerium des Innern.

Nach Mittheilung der k. k. österreichisch-ungarischen Gesandtschaft dahier ist ein gewisser Alexander Grillo, welcher sich in der Eigenschaft eines Lehrers der italienischen und französischen Sprache, später als Buchhalter bei Adolph Málesek längere Zeit in Fünfkirchen aufhielt, am 24 October d. J. von dort flüchtig geworden, nachdem er allerlei Veruntreuungen verübt, auf Grund gefälschter Schriftstücke Gelder erhoben und hiedurch einen Gesammtschaden von 1138 fl verursacht hatte.

Die k. Regierung, Kammer des Innern, wird unter Mittheilung einer Personalbeschreibung des Alexander Grillo beauftragt, gegen denselben Spähe zu verfügen und ein etwaiges Ergebniß anher anzuzeigen.

Zwei Photographien des Alexander Grillo sind bei der k. Polizeidirection München hinterlegt.

München, den 21. Dezember 1871.

Auf Seiner Königlichen Majestät Allerhöchsten Befehl:

v. Pfeufer.

Durch den Minister:
Der Generalsecretär
Ministerialrath v. Dubois.

Personsbeschreibung.

Alexander Grillo, ungefähr 40 Jahre alt, italienischer Abstammung, ist mittelgroß, schlank, hat ein längliches blasses Gesicht, dunkelbraune, ober der Stirn schüttere Haare, einen kleinen Kopf, in's grünliche schillernde blaue Augen, einen etwas großen Mund, einen beweglichen Gang bei vorgebeugtem Oberkörper und steter Bewegung der Achseln; derselbe hat ferner einen hellen braunen Schnurr- und Backenbart, welch' letzterer übrigens wieder abgenommen sein dürfte, die Muttersprache desselben ist die italienische, er ist übrigens auch der deutschen und französischen Sprache vollkommen, der ungarischen und serbischen Sprache minder mächtig, spricht sehr schnell und vermag im Gespräche den Blick Anderer nicht zu ertragen. — Sein Aeußeres ist hübsch und einnehmend.

Nro. 22456 D. pr. den 3. Januar 1872.

(Wiederbesetzung der katholischen Pfarrei Eppstein betr.)

Im Namen Seiner Majestät des Königs.

Durch den Tod des bisherigen Pfarrers ist die katholische Pfarrei Eppstein im Amts- und Decanatsbezirke Frankenthal in Erledigung gekommen.

Dieselbe zählt im Hauptorte mit dem eingepfarrten Orte Flomersheim und der Filiale Studernheim 1216 Seelen und erträgt an:

	fl.	kr.
1. Staatsgehalt	232	—

	fl.	kr.
2. Anschlag der Pfarrwohnung.	36	43
3. Ertrag des Pfarrgutes	9	41
4. Ertrag der in Genuß gegebenen Güter .	46	54
5. Geldbezügen von Gemeinden u. Stiftungen	246	39
im Ganzen	571	57

Durch Staatszuschuß wird dieses fassionsmäßige Einkommen auf 800 fl. erhöht.

Bewerber um diese Pfarrei haben ihre Gesuche binnen 5 Wochen, bei Vermeidung der Nichtberücksichtigung, bei der unterfertigten Stelle einzureichen.

Speier, den 31. Dezember 1871.

Königlich Bayerische Regierung der Pfalz,
Kammer des Innern.

v. Braun.

Schild.

Nro. 16 K. pr. den 4. Januar 1872.

(Die Besetzung der Lehrstelle für handelswissenschaftliche Fächer an der Kreisgewerbschule zu Würzburg betr.)

Im Namen Seiner Majestät des Königs.

An der Kreisgewerbschule zu Würzburg kommt die Lehrstelle für handelswissenschaftliche Fächer in Erledigung.

Bewerber um diese Stelle haben ihre Gesuche, belegt mit Nachweisen über genossene Vorbildung und erlangte Befähigung, Alter, Religion und Familie, sowie über tadelloses sittliches und staatsbürgerliches Verhalten

innerhalb 14 Tagen

bei dem k. Rektorate der Kreis-Gewerbschule Würzburg einzureichen.

Der mit dieser Stelle verbundene Functionsbezug besteht in 700 fl. jährlich, welcher mit Einrechnung der normalmäßigen Theuerungs- und Alterszulagen bis zu 1400 fl. steigt.

Zugleich wird noch bemerkt, daß den bereits länger

Zeit wirkenden Lehrern im Falle der Versetzung an die Kreisgewerbschule Würzburg nach Maßgabe der für die Alterszulagen geltenden Scala der Bezug ihres vollen, dem Dienstalter entsprechenden Gehaltes gewährt werden wird.

Würzburg, den 29. Dezember 1871.

Königl. Regierung von Unterfranken u. Aschaffenburg,
Kammer des Innern.
Graf von Luxburg.

Kohlmüller.

Ad Nrm. Exh. 1935 F. pr. den 3. Januar 1872.

(Die Wiederbesetzung der erledigten protestantischen Pfarrstelle zu Vorderweidenthal, Decanats Bergzabern, betr.)

Im Namen Seiner Majestät des Königs

Zur Bewerbung um die bezeichnete Pfarrstelle wird hiermit ein von heute an laufender sechswöchentlicher Termin festgesetzt, innerhalb dessen die Bewerber, bei Vermeidung der Nichtberücksichtigung, ihre mit den vorschriftsmäßigen Belegen zu versehenden Meldungsgesuche bei dem k. protestantischen Decanate Bergzabern einzureichen haben, welches dieselben sodann mit gutachtlichem Berichte anher in Vorlage zu bringen hat.

Die fassionsmäßigen Erträgnisse dieser Pfarrstelle sind folgende:

	fl.	kr.
1. Staatsgehalt	232	—
2. Pfarrwohnung, angeschlagen zu	20	—
3. Reinertrag des Pfarrgutes	57	17
4. Zinsen von Capitalien	2	32
5. Naturalbezüge von Gemeinden u. Stiftungen	54	44
Zusammen	366	33

Die zur Ergänzung der Congrua ad 800 fl. fehlenden 433 fl. 27 kr. werden jährlich aus dem Sustentationsfonde zugeschossen.

Ueberdies hat der Pfarrer die Casualgebühren zu beziehen.

Speier, den 29 Dezember 1871.

Königlich Bayerisches protestantisches Consistorium.
Glaser.

Dimroth.

Ad Nrm. Exh. 1936 F. pr. den 3. Januar 1872.

(Die Wiederbesetzung der erledigten protestantischen Pfarrstelle zu Landstuhl, Decanats Homburg, betr.)

Im Namen Seiner Majestät des Königs.

Zur Bewerbung um die erledigte protestantische Pfarrstelle zu Landstuhl, Decanats Homburg, wird hiermit ein von heute an laufender Termin von sechs Wochen festgesetzt, innerhalb dessen, bei Vermeidung der Nichtberücksichtigung, die mit den vorgeschriebenen Belegen zu versehenden Meldungsgesuche bei dem k. protestantischen Decanate Homburg einzureichen sind, welches dieselben sodann mit gutachtlichem Berichte anher in Vorlage bringen wird.

Die fassionsmäßigen Erträgnisse dieser Pfarrstelle sind folgende:

	fl.	kr.
1. Staatsgehalt	464	—
2. Pfarrwohnung, angeschlagen zu	50	—
Zusammen	514	—

Zur Ergänzung der Congrua ad 1000 fl. werden aus dem Sustentationsfonde jährlich 486 fl. zugeschossen.

Außerdem hat der Pfarrer die Casualien zu beziehen.

Speier, den 29. Dezember 1871.

Königlich Bayerisches protestantisches Consistorium.
Glaser.

Dimroth.

Königlich Bayerisches
Kreis-Amtsblatt der Pfalz.

№ 3. Speier, den 12. Januar 1872.

Inhalt:

Bekanntmachung, das Reglement zum Gesetze über das Postwesen des Deutschen Reichs vom 28. October 1871 betr.

pr. den 30. Dezember 1871.

Bekanntmachung,

das Reglement zum Gesetze über das Postwesen des Deutschen Reichs vom 28. October 1871 betr.

Staatsministerium des Handels und der öffentlichen Arbeiten.

Nachfolgend wird das nach § 50 des Gesetzes über das Postwesen des Deutschen Reichs vom 28. October 1871 (Reichsgesetzblatt Nr. 42) vom Reichskanzler erlassene Postreglement unter dem Anfügen veröffentlicht, daß dasselbe mit dem 1. Januar 1872 im Postverkehre Bayerns mit den übrigen deutschen Bundesstaaten und Elsaß-Lothringen in Kraft tritt und daß die daraus für den innern Postverkehr von Bayern sich ergebenden Aenderungen in der Posttransportordnung besonders werden bekannt gegeben werden.

München, den 12. Dezember 1871.

Auf Seiner Königlichen Majestät allerhöchsten Befehl:

v. Schubert, Staatsrath.

Durch den Minister:
der General-Secretär:
Ministerialrath v. Cetto.

Post-Reglement
vom 30. November 1871.

Auf Grund der Vorschrift des § 50 des Gesetzes über das Postwesen des Deutschen Reichs vom 28. October 1871 wird nachstehendes Reglement, dessen Bestimmungen bei Benutzung der Posten zu Versendungen und Reisen als ein Bestandtheil des zwischen dem Absender oder Reisenden einerseits und der Reichs-Postverwaltung andererseits eingegangenen Vertrages zu erachten sind, zur öffentlichen Kenntniß gebracht.

Erster Abschnitt.
Versendung der Briefe, Gelder und Päckereien.

§ 1.

Allgemeine Beschaffenheit der Postsendungen.

I Die Briefe, Gelder und Päckereien müssen nach den nachfolgenden Bestimmungen gehörig adressirt, bz. gezeichnet (signirt), und haltbar verpackt und verschlossen sein.

II Es beträgt das Maximal-Gewicht:
eines Briefes 250 Grammen,
einer Drucksache ein Pfund,
einer Waarenprobe 250 Grammen,
eines Packets (einer Kiste, eines Fasses u. s. w.) 100 Pfund.

§ 2.

Adresse.

I Die Adresse muß den Bestimmungsort und den Adressaten so bestimmt bezeichnen, daß jeder Ungewißheit vorgebeugt wird.

II Dies gilt auch bei solchen mit „poste restante" bezeichneten Gegenständen, für welche die Post Garantie zu leisten hat. Bei anderen Gegenständen mit dem Vermerk „poste restante" darf, statt des Namens des Adressaten, eine Angabe in Buchstaben oder Ziffern angewendet sein.

§ 3.

Außenseite.

I Außer den, auf die Beförderung oder Bestellung einer Sendung bezüglichen Angaben darf noch der Name oder die Firma des Absenders, sonst aber soll keine, einer brieflichen Mittheilung gleich zu achtende Notiz auf der Außenseite enthalten sein. Wegen der weiter zulässigen Angaben bei Correspondenzkarten, bei Waarenproben und bei Postanweisungen siehe §§ 14, 16 und 18.

II Die Freimarken sind soweit als thunlich in die obere rechte Ecke der Adreßseite zu kleben.

§ 4.

Begleitbrief bei Packeten.

I Der Begleitbrief kann entweder aus einem förmlich verschlossenen Briefe, der weder mit Geld noch mit sonstigen Gegenständen von Werth beschwert sein darf, oder aus einer Correspondenzkarte oder sonstigen bloßen Adresse bestehen, welche aus Cartonpapier oder mindestens aus einem Viertelbogen Papier hergestellt sein muß.

§ 5.

I Auf dem Begleitbriefe muß die äußere Beschaffenheit der Sendung (eine Kiste bloß, eine Kiste in Leinen, ein Faß u. s. w.) bezeichnet und, wenn der Werth angegeben wird, auch die Werthangabe enthalten sein. Wegen der recommandirten Packete siehe § 17 Abs. I. Erfordernisse eines Begleitbriefes.

II Die Begleitbriefe zu Packeten mit Werthangabe müssen mit einem Abdruck desjenigen Petschafts in Siegellack versehen werden, welches zur Versiegelung des Packets benutzt ist.

III Die Begleitbriefe zu Packeten ohne Werthangabe brauchen mit einem Siegel- oder Stempelabdruck überhaupt nicht versehen zu werden.

§ 6.

I Zu einem Begleitbriefe können zwar mehrere Packete gehören, jedoch nicht zugleich Packete mit und ohne solche Werthangabe. Mehrere Packete zu einem Begleitbriefe.

II Gehören mehrere Packete mit Werthangabe zu einem Begleitbriefe, so muß auf demselben der Werth eines jeden Packets besonders angegeben sein.

§ 7.

I Die Bezeichnung (Signatur) eines Packets muß die wesentlichen Angaben der Adresse enthalten, so daß nöthigenfalls das Packet auch ohne den Begleitbrief bestellt werden kann. Bezeichnung.

II Die Signatur muß haltbar sein; dieselbe muß thunlichst unmittelbar auf der Verpackung angebracht werden. Ist solches nicht möglich, so sind Fahnen von Pappe, Pergamentpapier, Holz oder sonstigem festem Material zu benutzen.

III Wenn die Signatur nicht auf die Sendung selbst, sondern auf ein Stück Papier geschrieben wird, muß dieses der ganzen Fläche nach aufgeklebt werden.

§ 8.

I Wenn der Werth einer Sendung angegeben werden soll, so muß derselbe bei Briefen auf der Adresse, und bei anderen Sendungen sowohl auf der Adresse des Begleitbriefes, als auf dem dazu gehörigen Packete bei der Signatur, ersichtlich gemacht werden. Werthangabe.

II Die Angabe des Werths einer Sendung hat in der gesetzlichen Münzwährung zu erfolgen. Der angegebene Betrag soll den gemeinen Werth der Sendung nicht übersteigen. Besteht eine Sendung aus fremden Geldsorten oder aus Goldmünzen, so hat der Aufgeber die Reduction vorzunehmen und danach den Werth der Sendung auf der Adresse auszudrücken.

III Bei der Versendung von courshabenden Papieren und Documenten ist der Courswerth, welchen dieselben zur Zeit der Einlieferung haben, bei der Versendung von hypothekarischen Papieren, Wechseln und ähnlichen Documenten derjenige Betrag anzugeben, welcher zur Erlangung einer rechtsgültigen neuen Ausfertigung des Documents, oder zur Beseitigung der aus dem Verluste entstehenden Hindernisse, die verbriefte Forderung einzuziehen, voraussichtlich zu verwenden sein würde. Ist aus der Werthangabe zu ersehen, daß dieselbe den vorstehenden Regeln nicht entspricht, so kann die Sendung zur Berichtigung zurückgegeben werden. Ist letzteres aber auch nicht geschehen, so darf dennoch aus einer irrthümlich zu hohen Werthangabe ein Anspruch auf Erstattung des entsprechenden Theiles der Versicherungsgebühr nicht hergeleitet werden.

IV Entnahme von Postvorschuß gilt nicht als Werthangabe. Es wird daher für

Sendungen mit Postvorschüssen eine Versicherungsgebühr neben der Postvorschußgebühr nur dann erhoben, wenn neben der Angabe des Vorschusses auf der Sendung ausdrücklich ein Werth angegeben ist.

V Ueber Sendungen mit Werthangabe wird dem Absender ein Einlieferungsschein ertheilt.

§ 9.

I Die Verpackung der Sendungen muß nach Maßgabe der Transportstrecke, des Umfanges der Sendung und der Beschaffenheit des Inhalts haltbar und sichernd eingerichtet sein.

II Bei Gegenständen von geringerem Werthe, welche nicht unter Druck leiden, und nicht Fett oder Feuchtigkeit absetzen, ferner bei Acten- oder Schriftensendungen, genügt bei einem Gewichte bis zu ungefähr sechs Pfund, wenn die Dauer des Transports verhältnißmäßig kurz ist, eine Hülle von Packpapier mit angemessener Verschnürung.

III Auf größere Entfernungen zu versendende, oder schwerere Gegenstände müssen, insofern nicht der Inhalt und Umfang eine andere festere Verpackung erfordern, mindestens in mehrfachen Umschlägen von starkem Packpapier verpackt sein.

IV Sendungen von bedeutenderem Werthe, insbesondere solche, welche durch Nässe, Reibung oder Druck leicht Schaden leiden, z. B. Spitzen, Seidenwaaren ꝛc., müssen nach Maßgabe ihres Werths, Umfangs und Gewichts in genügend sicherer Weise in Wachsleinwand, Pappe, in gut beschaffenen, nach Umständen mit Leinen überzogenen Kisten ꝛc. verpackt sein.

V Sendungen mit einem Inhalte, welcher anderen Postsendungen schädlich werden könnte, müssen so verpackt sein, daß eine solche Beschädigung fern gehalten wird. Fässer mit Flüssigkeiten müssen mit starken Reifen versehen sein. Kleinere mit Flüssigkeiten angefüllte Gefäße (Flaschen, Krüge ꝛc.) sind noch besonders in festen Kisten, Kübeln oder Körben zu verwahren.

VI Wenn in Folge fehlerhafter Verpackung einer Sendung während des Transports eine neue Verpackung nöthig wird, so werden die Kosten dafür von dem Adressaten eingezogen, demselben aber erstattet, wenn der Absender die Entrichtung nachträglich übernimmt.

§ 10.

I Der Verschluß einer jeden Postsendung muß haltbar und so eingerichtet sein, daß ohne Beschädigung oder Eröffnung desselben dem Inhalte nicht beizukommen ist.

II Bei Briefen nach Gegenden unter heißen Himmelsstrichen darf zum Verschluß Siegellack oder ein anderes, durch Wärme sich auflösendes Material nicht benutzt werden.

III Bei Packeten mit Werthangabe hat die Befestigung der Schlüsse stets durch Siegellack mit Abdruck eines ordentlichen Petschafts stattzufinden.

IV Bei Packeten ohne Werthangabe kann von einem Verschluß mittelst Siegel oder Plomben abgesehen werden, wenn durch den sonstigen Verschluß oder durch die Untheilbarkeit des Inhalts selbst die Sendung hinreichend gesichert erscheint. Bei Sendungen, deren Umhüllung aus Packpapier besteht, kann der Verschluß mittelst eines guten Klebestoffs oder mittelst Siegelmarken aus Papier oder einem ähnlichen festeren Material hergestellt werden. Auch bei anderen Packeten können Siegelmarken in Anwendung kommen, sofern diese mit Rücksicht auf das zur Verpackung benutzte Material so beschaffen sind, daß dadurch ein haltbarer Verschluß erzielt wird.

V Bei Reisetaschen, Koffern und Kisten, welche mit Schlössern versehen sind, sowie bei gut bereiften und fest verspundeten Fässern, auch fest vernagelten Kisten, bedarf es ebenfalls keines weitern Verschlusses durch Siegel oder Plomben.

VI Imgleichen können gut umhüllte Maschinentheile, größere Waffen und Instrumente, Kartenkasten, Stücke Wildpret, z. B. Hasen, Rehe x., ohne Siegel- oder Plombenverschluß angenommen werden.

VII In den Fällen hingegen, in welchen die obigen Voraussetzungen nicht zutreffen, und ein hinreichend sicherer Verschluß anderweitig nicht hergestellt ist, muß auch bei Packeten ohne Werthangabe ein Siegel- oder Plombenverschluß stattfinden.

§ 11.

Verpackung und Verschluß der Sendungen mit Werthangabe.

I Briefe mit Werthangabe (Gold, Silber, Papiergeld, Werthpapieren u. s. w.) müssen mit einem haltbaren Kreuzcouvert versehen und mit fünf gleichen Siegeln gut verschlossen sein.

II Geldstücke, welche in Briefen versandt werden, müssen in Papier oder dergleichen eingeschlagen, und innerhalb des Briefes so befestigt sein, daß eine Veränderung ihrer Lage während des Transports nicht stattfinden kann.

III Schwerere Geldsendungen sind in Packete, Beutel, Kisten oder Fässer fest zu verpacken.

IV Sendungen bis zum Gewichte von 4 Pfund, sofern der Werth bei Papiergeld nicht 3000 Thaler oder 5000 Gulden und bei baarem Gelde nicht 300 Thaler oder 500 Gulden übersteigt, dürfen in Packeten von starkem, mehrfach umgeschlagenem und gut verschnürtem Papier eingeliefert werden.

V Bei schwererem Gewichte und bei größeren Summen muß die äußere Verpackung in haltbarem Leinen, in Wachsleinwand oder Leder bestehen, gut umschnürt und vernäht, sowie die Nath hinlänglich oft versiegelt sein.

VI Geldbeutel und Säcke, welche nicht in Fässern u. s. w. versandt werden, können in dem Falle aus einfacher starker Leinwand bestehen, wenn das Geld darin gehörig eingerollt, oder zu Päckchen vereinigt enthalten ist. Anderenfalls müssen die Beutel aus wenigstens doppelter Leinwand hergestellt sein. Die Nath darf nicht auswendig und der Kropf nicht zu kurz sein. Da, wo der Knoten geschürzt ist, und außerdem über beiden Schnur-Enden muß das Siegel deutlich aufgedrückt sein. Die Schnur, welche den Kropf umgibt, muß durch den Kropf selbst hindurch gezogen werden. Dergleichen Sendungen sollen nicht über 50 Pfund schwer sein.

VII Die Geldkisten müssen von starkem Holz angefertigt, gut gefügt und fest vernagelt sein, oder gute Schlösser haben; sie dürfen nicht mit überstehenden Deckeln versehen, die Eisenbeschläge müssen fest und dergestalt eingelassen sein, daß sie andere Gegenstände nicht zerscheuern können. Ueber 50 Pfund schwere Kisten müssen gut bereift und mit Handhaben versehen sein.

VIII Die Geldfässer müssen gut bereift, die Schlußreifen angenagelt und an beiden Böden dergestalt verschnürt und versiegelt sein, daß ein Oeffnen des Fasses ohne Verletzung der Umschnürung oder des Siegels nicht möglich ist.

IX Bei Packeten mit baarem Gelde in größeren Beträgen muß der Inhalt gerollt sein. Gelder in Fässern oder Kisten müssen in Beuteln oder Packeten verpackt sein.

§ 12.

Von der Postbeförderung ausgeschlossene Gegenstände.

I Zur Versendung mit der Post dürfen nicht aufgegeben werden: Gegenstände, deren Beförderung mit Gefahr verbunden ist, namentlich alle durch Reibung, Luftzudrang, Druck oder sonst leicht entzündliche Sachen, sowie ätzende Flüssigkeiten.

II Die Postanstalten sind befugt, in Fällen des Verdachts, daß die Sendungen Gegenstände der obigen Art enthalten, vom Aufgeber die Angabe des Inhalts zu verlangen.

III Diejenigen, welche derartige Sachen unter unrichtiger Angabe oder mit Verschweigung des Inhalts aufgeben, haben — vorbehaltlich der Bestrafung nach den Landesgesetzen — für jeden entstehenden Schaden zu haften.

IV Die Postanstalten können die Annahme und Beförderung von Postsendungen ablehnen, sofern nach Maßgabe der vorhandenen Postverbindungen und Posttransportmittel die Zuführung derselben an den Bestimmungsort nicht möglich ist.

§ 13.

Zur Postbeförderung bedingt zugelassene Gegenstände.

I Flüssigkeiten, desgleichen Sachen, die dem schnellen Verderben und der Fäulniß ausgesetzt sind, unförmlich große Gegenstände, ferner lebende Thiere, können von den Postanstalten zurückgewiesen werden.

II Für dergleichen Gegenstände, wenn dieselben dennoch zur Beförderung angenommen werden, sowie für leicht zerbrechliche Gegenstände und für in Schachteln verpackte Sachen, leistet die Postverwaltung keinen Ersatz, wenn durch die Natur des Inhalts der Sendung oder durch die Beschaffenheit der Verpackung auf dem Transporte eine Beschädigung oder ein Verlust entstanden ist.

III Zündhütchen oder Zündspiegel müssen in Kästen fest von außen und innen verpackt und als solche sowohl auf der Adresse als auf der Sendung selbst declarirt werden. Der Aufgeber ist, wenn er diese Bedingungen nicht eingehalten hat, für den aus etwaiger Explosion entstehenden Schaden haftbar.

IV Die im § 12 Abs. II ausgesprochene Befugniß der Postanstalten, Angabe des Inhalts zu verlangen, tritt auch in solchen Fällen ein, in welchen Grund zu der Annahme vorliegt, daß die Sendungen Flüssigkeiten, dem schnellen Verderben und der Fäulniß ausgesetzte Sachen, lebende Thiere, Zündhütchen oder Zündspiegel enthalten.

§ 14.

Correspondenzkarten.

I Die Vorderseite der Correspondenzkarte ist für die Adresse bestimmt. Die Rückseite kann zu schriftlichen Mittheilungen benutzt werden. Die Adresse und die Mittheilung können mit Tinte, Bleifeder oder farbigem Stifte geschrieben werden; nur muß die Schrift haften und deutlich sein. Die Formulare können auch zu Begleitadressen und Signaturen für Packete, imgleichen zu Postvorschußsendungen verwendet werden.

II Die Correspondenzkarten können auch gegen ermäßigtes Porto (§ 15) als Formulare zu Drucksachen benutzt werden; in diesem Falle müssen die Mittheilungen auf der Rückseite der Correspondenzkarte durch Druck, Lithographie oder sonst auf mechanischem Wege hergestellt sein; sie dürfen keine weitergehenden schriftlichen Einschaltungen oder Zusätze enthalten, als nach § 15 bei Drucksachen gestattet sind.

III Zu den Correspondenzkarten mit Rückantwort werden besonders dazu eingerichtete Formulare verwendet, von denen die zweite Hälfte zur Rückantwort dient; dergleichen Correspondenzkarten können zu Postvorschußsendungen nicht verwendet werden.

IV Formulare zu den Correspondenzkarten können bei allen Postanstalten bezogen werden.

V Die Correspondenzkarten unterliegen dem Frankirungszwange. Für Correspondenzkarten mit Rückantwort muß auch für die Rückantwort das Porto vorausbezahlt werden.

§ 15

Drucksachen.

I Gegen die für Drucksachen festgesetzte ermäßigte Taxe können befördert werden: alle gedruckte, lithographirte, metallographirte, photographirte oder sonst auf mechanischem Wege hergestellte, nach ihrem Format und ihrer sonstigen Beschaffenheit zur Beförderung mit der Briefpost geeignete Gegenstände. Ausgenommen hievon sind die mittelst der Copirmaschine oder mittelst Durchdrucks hergestellten Schriftstücke.

II Die Sendungen können entweder unter der Adresse bestimmter Empfänger, oder als extraordinaire Beilagen solcher Zeitungen und Zeitschriften, die durch die Post debitirt werden, zur Einlieferung gelangen.

III Für die Einlieferung unter der Adresse bestimmter Empfänger gelten die nachfolgend unter IV bis XVII, für die Einlieferung als extraordinaire Zeitungsbeilagen die nachfolgend unter XVIII bis XXI gegebenen Vorschriften.

a) Bei der Einlieferung unter der Adresse bestimmter Empfänger.

IV Die Sendungen müssen offen, und zwar entweder unter Streif- oder Kreuzband, oder umschnürt, oder aber in einfacher Art zusammengefaltet eingeliefert werden. Unter Band (Verschnürung) können auch gebundene oder broschirte Bücher versandt werden. Das Band (Verschnürung) muß dergestalt angelegt sein, daß dasselbe abgestreift und die Beschränkung des Inhalts der Sendung auf Gegenstände, deren Versendung unter Band (Verschnürung) gestattet ist, erkannt werden kann.

V Die Sendungen können auch aus offenen Karten (Geschäfts-Avise, Preiscourante, Familienanzeigen, Bücherbestellungen und dergl. enthaltend) bestehen. Die Karte muß aus einem festen Papier angefertigt sein, und darf in ihrer Größe nicht wesentlich von dem Maß einer Correspondenzkarte abweichen. Wegen Versendung der Correspondenzkarten als Drucksachen siehe § 14 Abs. II.

VI Die Adresse kann auf dem Streif- oder Kreuzbande oder aber auf der Sendung selbst angebracht sein. Der Sendung kann eine innere, mit der äußern übereinstimmende Adresse beigefügt werden.

VII Mehrere Gegenstände dürfen unter einem Bande (Verschnürung) versendet werden, sofern sie von demselben Absender herrühren und überhaupt zur Versendung unter Band (Verschnürung) gegen die ermäßigte Taxe geeignet sind; die einzelnen Gegenstände dürfen aber alsdann nicht mit verschiedenen Adressen oder besonderen Adreß-Umschlägen versehen sein.

VIII Circulare ꝛc. von verschiedenen Absendern dürfen, wenn sie auf ein und demselben Blatte oder Bogen gedruckt, lithographirt oder metallographirt sind, unter einem Bande (Verschnürung) versendet werden.

IX Die Versendung der bezeichneten Gegenstände gegen die ermäßigte Taxe ist unzulässig, wenn dieselben, nach ihrer Fertigung durch Druck u. s. w., irgend welche Zusätze —

mit Ausnahme des Orts, Datums und der Namensunterschrift bz. Firmazeichnung — oder Aenderungen am Inhalte erhalten haben. Es macht dabei keinen Unterschied, ob die Zusätze oder Aenderungen geschrieben oder auf andere Weise bewirkt sind, z. B. durch Stempel, durch Druck, durch Ueberkleben von Worten, Ziffern oder Zeichen, durch Punktiren, Unterstreichen, Durchstreichen, Ausradiren, Durchstechen, Ab- und Ausschneiden einzelner Worte, Ziffern oder Zeichen u. s. w. Anstriche, Durch- und Unterstreichungen, sowie nachträgliche Correcturen bloßer Druckfehler sollen jedoch gestattet sein, soweit diese Zusätze nicht etwa bestimmt sind, eine briefliche Mittheilung zu ersetzen.

X Auf der innern oder äußern Seite des Bandes dürfen Zusätze irgend welcher Art, welche keinen Bestandtheil der Adresse bilden, sich nicht befinden, mit Ausnahme des Namens, der Firma, sowie des Wohnorts des Absenders.

XI Unter die verbotenen Zusätze ist das Coloriren von Modebildern, Landkarten &c. nicht zu rechnen; die Bilder und Karten dürfen aber keine Handzeichnung, sondern müssen durch Holzschnitt, Lithographie, Stahlstich, Kupferstich, Photographie u. s. w. hergestellt sein.

XII Bei Preiscouranten, Courszetteln und Handels-Circularen ist, außer den nach Abs. IX anwendbaren Zusätzen, die handschriftliche Eintragung und Aenderung der Preise, sowie des Namens des Reisenden gestattet.

XIII Den Büchern kann eine den Preis betreffende Rechnung beigefügt werden. Auch ist gestattet, in die Bücher eine Widmung handschriftlich einzutragen.

XIV Den Correcturbogen können Aenderungen und Zusätze, welche die Correctur, die Ausstattung und den Druck betreffen, hinzugefügt, auch kann denselben das Manuscript beigelegt werden. Die bei Correcturbogen erlaubten Zusätze können in Ermangelung des Raumes auch auf besonderen, den Correcturbogen beigefügten Zetteln angebracht sein.

XV Bei den Bücherzetteln ist die Vorderseite nur für die Adresse bestimmt; auf der Rückseite ist die handschriftliche Eintragung des Werks &c. (Bücher, Zeitschriften, Bilder und Musikalien), sowie das Durchstreichen oder Unterstreichen der Vordrucke gestattet.

XVI Drucksachen müssen frankirt sein. Zur Frankirung sind thunlichst Postwerthzeichen zu verwenden.

XVII Unfrankirte oder unzureichend frankirte Sendungen zum Gewichte über 250 Grammen bis 1 Pfund, sowie Sendungen von diesem Gewichte, welche den Versendungs-Bedingungen nicht entsprechen, sind an den Absender zurückzugeben, bzw. als unbestellbar zu behandeln.

b) Bei der Einlieferung als extraordinaire Zeitungsbeilagen.

XVIII Als extraordinaire Zeitungsbeilagen im Sinne gegenwärtigen Reglements sind solche dem Abs. I entsprechende Drucksachen anzusehen, welche nicht nach Format, Papier, Druck oder sonst Bestandtheile derjenigen Zeitung oder Zeitschrift bilden, mit der die Versendung erfolgen soll. Die betreffenden Drucksachen dürfen nicht mit der Zeitung oder Zeitschrift in einem und demselben Verlage gedruckt sein, noch darf der Verleger für deren Inhalt Insertions-Gebühren erhoben haben.

XIX Die Versendung extraordinairer Beilagen mit Zeitungen und Zeitschriften, welche durch die Post debitirt werden, geschieht nur auf jedesmaligen Antrag des Verlegers nach Maßgabe der von der Postverwaltung näher festzusetzenden Bestimmungen.

XX Die als extraordinaire Zeitungsbeilagen zu versendenden Drucksachen dürfen einzeln nicht über einen Bogen stark, auch nicht geheftet, brochirt oder gebunden sein, sondern müssen, wenn sie aus mehreren Blättern bestehen, in der Bogenform zusammenhängen. Die Postanstalten sind zur Zurückweisung solcher Beilagen befugt, welche nach Größe und Stärke des Papiers oder nach ihrer sonstigen Beschaffenheit zur Beförderung in den Zeitungspacketen nicht geeignet erscheinen.

XXI In der Zeitung, mit welcher die Versendung erfolgen soll, muß an einer in die Augen fallenden Stelle angegeben sein, daß bei der betreffenden Nummer eine extraordinaire Zeitungsbeilage, welche zugleich kurz zu bezeichnen ist, mit zur Versendung gelange.

§ 16.

Waarenproben (Waarenmuster).

I Gegen die für Waarenproben (Waarenmuster) festgesetzte ermäßigte Taxe werden nur wirkliche Waarenproben zugelassen, die an sich keinen eigenen Kaufwerth haben. Flüssigkeiten, Glasgefäße, scharfe Instrumente und dergl., sind zu einer derartigen Versendung als Waarenproben nicht geeignet.

II Hinsichts der Verpackung gilt als Bedingung, daß der Inhalt der Sendungen als in Waarenproben bestehend leicht erkannt werden kann. In der Regel wird zwischen der Verpackung unter Band (Kreuz- oder Streifband), z. B. für Leinen-, Tuch-, Tapeten- rc. Proben, und der Verpackung in Säckchen, z. B. für Getreide-, Kaffee-, Sämerei- und ähnliche Proben, zu wählen sein. Die Säckchen müssen zugebunden oder zugeschnürt, dürfen aber weder zugeklebt noch mittelst der Umschnürung versiegelt sein. Bei Anwendung solcher Säckchen oder ähnlicher Behälter muß die Adresse — auf festem Papier oder anderem geeigneten Stoffe von zweckentsprechender Größe — gehörig haltbar angehängt sein.

III Die Adresse muß, außer dem Namen des Adressaten und des Bestimmungsorts, den Vermerk „Proben" („Muster") enthalten. Auf der Adresse dürfen außerdem angegeben sein:
der Name oder die Firma des Absenders,
die Fabrik- oder Handelszeichen, einschließlich der nähern Bezeichnung der Waare,
die Nummern und
die Preise.

IV Soweit die Versendung unter Band erfolgt, dürfen diese Angaben, statt auf der Adresse, bei oder an jeder Probe für sich angebracht sein.

V Außer den vorstehenden Angaben dürfen die Sendungen keine handschriftlichen Mittheilungen oder Vermerke irgend welcher Art enthalten.

VI Es ist nicht gestattet, der Waarenprobe einen Brief beizuschließen oder anzuhängen, oder unter einem Bande anderweite besondere Sendungen unter Band, die wiederum für sich förmlich adressirt sind, zu vereinigen. Dagegen ist die Vereinigung von Drucksachen und von Waarenproben durch einen und denselben Absender zu einem Versendungs-Gegenstande bis zum Gewichte von 250 Grammen gestattet; die Drucksachen müssen in diesem Falle den Bestimmungen des § 15 entsprechen.

VII Die Sendungen müssen frankirt sein. Zur Frankirung sind thunlichst Postwerthzeichen zu verwenden.

§ 17.

Recommandirte Sendungen.

I Briefe, Correspondenzkarten, Drucksachen und Waarenproben, sowie Packete ohne Werthangabe, können unter Recommandation abgesandt werden und müssen in diesem Falle von dem Absender mit der Bezeichnung „Recommandirt" versehen werden; bei Packeten ohne Werthangabe muß diese Bezeichnung auf dem Begleitbriefe und auf dem Packete angegeben sein. Die Wirkung der Recommandation in Bezug auf Garantie erstreckt sich in diesem Falle stets nur auf das Packet und nicht zugleich auch auf den Begleitbrief.

II Ueber eine recommandirte Sendung wird dem Absender ein Einlieferungsschein ertheilt.

III Wünscht der Absender eines recommandirten Briefes u. s. w. eine von dem Adressaten auszustellende Empfangsbescheinigung (Rückschein) zu erhalten, so muß ein solches Verlangen durch die Bemerkung: „Gegen Rückschein" auf der Adresse ausgedrückt sein, auch muß der Absender sich namhaft machen oder die Person oder Poste restante-Chiffre bezeichnen, an welche der Rückschein auszuhändigen ist.

IV Eine Werthangabe ist bei recommandirten Sendungen nicht zulässig.

§ 18.

Postanweisungen.

I Die Postverwaltung übernimmt es, die Versendung von Geldern bis zum Betrage von fünfzig Thalern oder sieben und achtzig und einem halben Gulden einschließlich im Wege der Postanweisung zu bewirken.

II Die Einzahlung des Betrages erfolgt durch den Absender bei der Postanstalt des Aufgabeorts und die Auszahlung an den Adressaten durch die Postanstalt am Bestimmungsorte.

III Formulare zu den Postanweisungen können bei allen Postanstalten bezogen werden.

IV Die Angabe des Geldbetrages auf der Postanweisung hat in der Regel in der Thalerwährung zu erfolgen, kann jedoch auch in Gulden stattfinden, wo diese Währung landesüblich ist. Die Thaler- oder Guldensumme muß in Zahlen und in Buchstaben ausgedrückt sein.

V Der der Postanweisung angefügte Coupon kann vom Absender zu schriftlichen Mittheilungen jeder Art benutzt werden.

VI Die Postanweisungen unterliegen dem Frankirungszwange.

VII Ueber den eingezahlten Betrag wird dem Aufgeber ein Einlieferungsschein ertheilt.

VIII Das Verfahren der Recommandation findet bei dem Postanweisungsverkehr keine Anwendung.

IX Die Auszahlung des angewiesenen Betrages erfolgt, nachdem der Adressat die auf der Postanweisung befindliche Quittung vollzogen hat, gegen Rückgabe der Postanweisung. Der der Postanweisung angefügte Coupon kann von dem Adressaten zurückbehalten werden.

X Findet die Auszahlung in einer andern Währung statt, als derjenigen, auf welche die Postanweisung lautet, so ist die Reduction des eingezahlten Betrages von der Postanstalt thunlichst genau, jedoch mit der Maßgabe zu bewirken, daß bei der Auszahlung Bruchpfennige oder Bruchkreuzer unberücksichtigt bleiben

XI Die Erhebung des Geldbetrages bei der Postanstalt am Bestimmungsorte muß spätestens innerhalb 14 Tage, vom Tage der Aushändigung der Postanweisung an den Adressaten gerechnet, erfolgen. Andernfalls wird die Rückzahlung des Geldes an den Aufgeber eingeleitet, oder, sofern derselbe nicht zu ermitteln ist, das für unbestellbare Sendungen vorgeschriebene Verfahren zur Anwendung gebracht.

XII Stehen der Postanstalt am Bestimmungsorte die erforderlichen Geldmittel augenblicklich nicht zur Verfügung, so kann die Auszahlung erst verlangt werden, nachdem die Beschaffung der Mittel erfolgt ist.

XIII Wenn dem Adressaten eine Postanweisung abhanden gekommen ist, so hat derselbe der Postanstalt am Bestimmungsorte von dem Verluste rechtzeitig Mittheilung zu machen. Von der Ankunfts-Postanstalt wird alsdann bei etwaiger Vorlegung der vom Adressaten als verloren angegebenen Anweisung die Zahlung bis auf Weiteres ausgesetzt. Es ist Sache des Adressaten, durch Vermittlung des Absenders bei der Aufgabe-Postanstalt die Uebersendung eines vom Absender auszufertigenden Duplicats der fraglichen Postanweisung behufs Erhebung des eingezahlten Betrages zu erwirken. Bei der Einlieferung des Duplicats muß der bei der Aufgabe der abhanden gekommenen Postanweisung ertheilte Einlieferungsschein von dem Aufgeber vorgelegt werden. Die Uebersendung des Duplicats von dem Aufgabe- nach dem Bestimmungsorte erfolgt kostenfrei.

§ 19.

Depeschen-Anweisungen.

I Auf Postanweisungen eingezahlte Beträge können auf Verlangen des Absenders durch die Postanstalt am Aufgabeorte auf telegraphischem Wege der Postanstalt am Bestimmungsorte zur Auszahlung überwiesen werden, wenn sowohl am Aufgabe- als auch am Bestimmungsorte eine dem öffentlichen Verkehr dienende Telegraphenstation sich befindet.

II Im Falle ein solches Verlangen ausgesprochen wird, liegt die Ausfertigung des Telegramms, vermittelst dessen die Ueberweisung erfolgt, der Postanstalt des Aufgabeorts ob. Wünscht der Absender durch dieses Telegramm weitere, auf die Verfügung über das Geld bezügliche Mittheilungen zu machen, so muß er diese der Postanstalt am Aufgabeorte schriftlich übergeben, welche sie in das abzulassende Telegramm mit aufnimmt.

III Die Postanstalt des Bestimmungsorts hat gleich nach Empfang der Ueberweisungs-Depesche dieselbe dem Adressaten durch einen expressen Boten zuzustellen. Die Auszahlung des angewiesenen Betrages erfolgt gegen Rückgabe der mit der Quittung des Empfängers versehenen Ueberweisungs-Depesche.

IV Die Telegraphenstationen können ermächtigt werden, in Vertretung der Postanstalten Beträge auf Postanweisungen, welche auf telegraphischem Wege überwiesen werden sollen, von den Absendern entgegenzunehmen oder am Bestimmungsorte auszuzahlen.

§ 20.

Postvorschußsendungen.

I Die Postverwaltung übernimmt es, Beträge bis zu fünfzig Thalern oder sieben und achtzig und einem halben Gulden einschließlich von dem Adressaten einzuziehen und an den Absender auszuzahlen.

II Nachnahmen von Transport-Auslagen und Spesen, welche auf Sendungen haften, sind auch zu einem höherem Betrage als 50 Thaler oder 87½ Gulden zulässig.

III Sendungen, auf welchen ein Postvorschuß haftet, müssen auf der Adresse den Vorschußbetrag mit den Worten:

„Vorschuß von . . . .“

enthalten. Die Angabe des Vorschußbetrages hat in der Regel in der Thalerwährung zu erfolgen, kann jedoch auch in Gulden stattfinden, wo diese Währung landesüblich ist. Die Thaler- oder Guldensumme muß in Zahlen und in Buchstaben ausgedrückt sein.

IV Die Entnahme von Postvorschüssen auf recommandirte Sendungen ist nur bei Packeten ohne Werthangabe gestattet.

V Sofern nicht bei Einlieferung der Sendung die Zahlung des Vorschusses erfolgt, erhält der Absender bei der Aufgabe eine Bescheinigung, daß der Betrag des Vorschusses ausgezahlt werden solle, sobald die Sendung von dem Adressaten eingelöst worden sei.

VI Eine Vorschußsendung darf nur gegen Berichtigung des Vorschußbetrages ausgehändigt werden. Findet die Einziehung des Vorschußbetrages in einer andern Währung statt, als derjenigen, in welcher der Vorschuß entnommen ist, so ist die Reduction des Vorschußbetrages von der Postanstalt thunlichst genau, jedoch mit der Maßgabe zu bewirken, daß bei der Einziehung Bruchpfennige oder Bruchkreuzer auf volle Pfennige oder Kreuzer abgerundet werden. Eine Vorschußsendung muß spätestens 14 Tage, nach dem Eingange, der Postanstalt am Aufgabeort zurückgesandt werden, wenn sie innerhalb dieser Frist nicht eingelöst wird. Dieses gilt auch von Vorschußsendungen mit dem Vermerke „poste restante".

VII Die Zurückgabe der nicht eingelösten Vorschußsendung erfolgt an den legitimirten Absender, unter Einforderung der im Abs. V erwähnten Bescheinigung. Ist es eine Sendung mit Werthangabe, so kommen noch die Vorschriften des § 41 in Anwendung.

VIII Erst durch die Einlösung einer Vorschußsendung erwächst der Aufgabe-Postanstalt die Verbindlichkeit zur Auszahlung des Vorschußbetrages. Von der erfolgten Einlösung muß der Postanstalt am Aufgabeorte mit nächster Post Nachricht gegeben werden, und diese zahlt hierauf den Vorschußbetrag an denjenigen aus, welcher die nach Absatz V ertheilte Bescheinigung zurückgibt. Die Postanstalt ist berechtigt, aber nicht verpflichtet, die Legitimation desjenigen zu prüfen, welcher den Schein vorlegt.

IX Wird eine Vorschußsendung, auf welche der Betrag des Vorschusses an den Absender gezahlt worden ist, von dem Adressaten nicht eingelöst, so muß der Absender den erhobenen Betrag zurückzahlen.

X Die Postvorschußgebühr ist auch dann zu entrichten, wenn der Adressat die Vorschußsendung nicht einlösen sollte.

XI Eine Vorausbezahlung des Portos und der Gebühr ist nicht nothwendig; doch kann die Zahlung nicht getrennt erfolgen.

§ 21.

Postmandate.

I Die Postverwaltung übernimmt es, die Einziehung von Geldern bis zum Betrage von fünfzig Thalern oder von sieben und achtzig und einem halben Gulden einschließlich durch Postmandate zu bewirken.

II Dem Mandate ist das einzulösende Papier (die quittirte Rechnung, der quittirte Wechsel, der Coupon ꝛc.) zur Aushändigung an denjenigen, welcher Zahlung leisten soll, beizufügen.

III Das Mandat ist vom Absender durch Angabe seines Namens und Wohnorts, des Namens und Wohnorts des Schuldners, sowie des einzuziehenden Betrages auszufüllen. Die Thaler- oder Guldensumme muß in Zahlen und in Buchstaben ausgedrückt sein.

IV Zu schriftlichen Mittheilungen an den Schuldner ist das Postmandat, welches im Falle der Einziehung des Betrages in den Händen der Post verbleibt, nicht zu benutzen.

V Einem Postmandate können mehrere Quittungen, Wechsel, Coupons ꝛc. zur gleichzeitigen Einziehung von demselben Schuldner beigefügt werden; die Gesammtsumme des einzuziehenden Betrages darf jedoch den im Abs. I bezeichneten Betrag nicht übersteigen.

VI Die Vereinigung mehrerer Postmandate zu einer Sendung ist nicht statthaft.

VII Der Auftraggeber hat das Postmandat nebst dessen Anlage unter verschlossenem Couvert an die Adresse der Postanstalt, welche die Einziehung bewirken soll, recommandirt abzusenden. Der Brief ist mit der Aufschrift „Postmandat“ zu versehen.

VIII Die Postmandate unterliegen dem Frankirungszwange.

IX Ueber den Postmandatbrief wird dem Auftraggeber ein Einlieferungsschein ertheilt.

X Die Postverwaltung haftet für die Beförderung des Postmandatbriefes wie für einen recommandirten Brief, für den eingezogenen Betrag aber in demselben Umfange wie für die auf Postanweisungen eingezahlten Beträge. Eine weitergehende Garantie, insbesondere für rechtzeitige Vorzeigung oder rechtzeitige Rücksendung des Postmandats nebst Anlage, wird nicht geleistet; auch übernehmen die Postanstalten weder die Protesterhebung, noch die Erfüllung anderer im Wechselrechte vorgeschriebener Formen bezüglich der ihnen zur Einziehung übergebenen Wechsel.

XI Die Einziehung des Betrages erfolgt gegen Vorzeigung des Postmandats und Aushändigung der quittirten Rechnung (des quittirten Wechsels). Die Zahlung ist entweder sofort an den Postboten oder, wenn der Auftraggeber nicht die sofortige Rücksendung verlangt hat, binnen sieben Tagen nach der Vorzeigung des Postmandats bei der einziehenden Postanstalt zu leisten. Erfolgt die Zahlung innerhalb dieser Frist nicht, so wird das Postmandat vor der Rücksendung dem Adressaten nochmals zur Zahlung vorgezeigt. Verlangt der Auftraggeber die sofortige Rücksendung nach einmaliger vergeblicher Vorzeigung, so ist solches durch den Vermerk „Sofort zurück“ auf der Rückseite zu bezeichnen. Theilzahlungen werden nicht angenommen.

XII Der eingezogene Betrag, nach Abrechnung der tarifmäßigen Postanweisungsgebühr, wird dem Auftraggeber von der einziehenden Postanstalt mittelst Postanweisung übermittelt.

XIII Wird der Adressat nicht ermittelt, oder leistet er, auch bei der zweiten Vorzeigung des Postmandats, nicht Zahlung, so wird das Postmandat mit der Quittung (Wechsel) dem Auftraggeber mittelst recommandirten Briefes kostenfrei zurückgesandt.

§ 22.

Durch Expressen zu bestellende Sendungen.

I Sendungen, welche sogleich nach der Ankunft dem Adressaten besonders zugestellt werden sollen, müssen auf der Adresse einen Vermerk tragen, welcher unzweideutig das Verlangen ausdrückt, daß die Bestellung an den Adressaten sogleich nach der Ankunft durch besondern Boten erfolgen solle. Hieher sind beispielsweise folgende Vermerke zu rechnen:

„durch Expressen zu bestellen“, „per express“, „per express zu bestellen“, „per express zu befördern“, durch besondern Boten zu bestellen“, „sofort zu bestellen.“

Bezeichnungen, wie cito, citissimo; dringend, eilig ꝛc., sind nicht als das Verlangen der Expreßbestellung ausdrückend anzusehen.

II Recommandirte Briefpostgegenstände werden den Expreßboten stets mitgegeben.

III Packete ohne Werthangabe bis zum Gewichte von 5 Pfund, sowie Sendungen mit

Werthangabe bis zum Betrage von 50 Thalern oder 87½ Gulden und bis zum Gewichte von 5 Pfund werden dem Adressaten durch Expreßboten in die Wohnung bestellt, soweit nicht etwa zollamtliche Vorschriften entgegenstehen. Bei Expreß-Postanweisungen werden die Geldbeträge dem Expreßboten stets mitgegeben. Bei Sendungen mit Werthangabe von mehr als 50 Thaler oder 87½ Gulden, sowie bei Packeten im Gewichte von mehr als 5 Pfund, erstreckt sich die Verpflichtung der Postverwaltung zur expressen Bestellung in die Wohnung des Adressaten nur auf den Ablieferungsschein oder den Begleitbrief.

IV Mit der Annahme von Briefen und sonstigen Sendungen zur expressen Bestellung an Adressaten, die im Orts- oder im Landbestellbezirke der Aufgabe-Postanstalt wohnen, sowie von solchen Briefen und sonstigen Sendungen, die vom Aufgabeorte durch expresse Boten nach anderen Postorten gesandt werden sollen, haben die Postanstalten sich nicht zu befassen.

V Auf Verlangen der Absender kann jedoch die expresse Bestellung von Postsendungen, welche einer Postanstalt von weiterher zugehen und nach einem andern Postorte gerichtet sind, stattfinden, wenn die Entfernung zwischen den beiden Postanstalten nicht über zwei Meilen beträgt. Die Adressen derartiger Sendungen müssen, unter Angabe des eigentlichen Bestimmungsorts, den Vermerk enthalten: von (Bezeichnung des Ortsnamens der Postanstalt, von welcher aus die Expreßbestellung erfolgen soll) durch Expressen zu bestellen.

VI Die Gebühr für die expresse Bestellung kann vorausbezahlt oder deren Zahlung dem Adressaten überlassen werden. In allen Fällen muß jedoch der Absender für die Berichtigung der Bestellgebühr haften.

§ 23.

Briefe mit Behändigungsschein (Insinuations-Documents).

I Wünscht der Absender eines gewöhnlichen oder recommandirten Briefes über die erfolgte Bestellung eine postamtliche Bescheinigung zu erhalten, so muß dem Briefe ein gehörig ausgefüllter Behändigungsschein (Insinuations-Document) äußerlich beigefügt und auf der Adresse vermerkt werden: „Mit Behändigungsschein." Auf die Außenseite des zusammengefalteten Behändigungsscheins ist vom Absender des Briefes die für die Rücksendung erforderliche Adresse zu setzen. In Betreff der Bestellung rc. der Briefe mit Behändigungsschein siehe § 36.

§ 24.

Behandlung reglementswidrig beschaffener Sendungen.

I Sendungen, welche nicht den vorstehenden Bestimmungen gemäß adressirt, signirt, verpackt und verschlossen sind, können dem Absender zur vorschriftsmäßigen Adressirung, Signirung, Verpackung und Verschließung zurückgegeben werden.

II Verlangt jedoch der Einlieferer, der ihm geschehenen Bedeutung ungeachtet, die Beförderung der Sendung in ihrer mangelhaften Beschaffenheit, so muß solche insoweit geschehen, als aus den gerügten Mängeln ein Nachtheil für andere Postgüter oder eine Störung der Ordnung im Dienstbetriebe nicht zu befürchten ist, der Einlieferer auch auf Ersatz und Entschädigung verzichtet und diese Verzichtleistung auf der Adresse durch die Worte: „Auf meine Gefahr" ausdrückt und unterschreibt. Wird über die Sendung ein Einlieferungsschein ertheilt, so hat die Postanstalt über die Verzichtleistung des Absenders auf dem Scheine einen Vermerk zu machen.

III Ist aber auch die Annahme der Sendung wegen mangelhafter Beschaffenheit nicht beanstandet worden, so hat dennoch der Absender alle die Nachtheile zu vertreten, welche erweislich aus einer vorschriftswidrigen Adressirung, Signirung, Verpackung und Verschließung hervorgegangen sind. Ebenso hat der Absender den Schaden zu ersetzen, welcher durch die Beförderung von Gegenständen entsteht, die von der Postbeförderung ausgeschlossen (§ 12) oder zur Postbeförderung nur bedingt zugelassen (§ 13) sind.

§ 25.

I Die Einlieferung der mit der Post zu befördernden Sendungen muß bei den Postanstalten an der Annahmestelle geschehen. Ort der Einlieferung.

II In die Briefkasten können nur gewöhnliche unfrankirte Briefe, insofern sie nicht dem Frankirungszwange unterliegen, ingleichen solche gewöhnliche Briefe, Correspondenzkarten, Drucksachen oder Waarenproben, für welche das Porto durch Postwerthzeichen entrichtet ist, gelegt werden. Es ist auch gestattet, dergleichen Gegenstände den Conducteuren, Postillonen und Postfußboten (Beförderern der Botenposten), wenn dieselben sich unterwegs im Dienst befinden, zu übergeben.

III Den Landbriefträgern dürfen auf ihren Bestellungsgängen zur Abgabe bei der Postanstalt ihres Stationsorts oder zur Bestellung unterwegs die nachbezeichneten Gegenstände übergeben werden:

gewöhnliche oder recommandirte Briefe, Correspondenzkarten, Briefe mit Behändigungsschein, Drucksachen und Waarenproben, Postanweisungen,
Sendungen mit Werthangabe, } im Einzelnen bis zum Werth- bz. Postvorschuß-
Postvorschußsendungen } betrage von 50 Thalern oder 87½ Gulden.

Eine Verpflichtung zur Annahme von Packetsendungen liegt den Landbriefträgern nicht ob.

IV Insofern in einzelnen Bezirken die Mitgabe von Postsendungen in keinem weitern Umfange, als im Abs. II und im Abs. III angegeben, gestattet ist, bewendet es vorerst bei den desfallsigen besonderen Bestimmungen.

V Die Ertheilung eines Einlieferungsscheins über die von Landbriefträgern angenommenen Sendungen mit Werthangabe (§ 8 Abs. V), recommandirten Sendungen (§ 17 Abs. II) und Postanweisungen (§ 18 Abs. VII) erfolgt erst durch die Postanstalt; der Landbriefträger ist verpflichtet, den Einlieferungsschein dem Absender, wenn möglich, beim nächsten Bestellungsgange zu überbringen. Dieselben Grundsätze gelten auch in Betreff der bei Sendungen mit Postvorschuß nach § 20 Abs. V Anwendung findenden Bescheinigungen.

§ 26.

I Die Einlieferung muß während der Dienststunden der Postanstalten und, wenn die Versendung des eingelieferten Gegenstandes mit der nächsten dazu geeigneten Post erfolgen soll, noch vor der Schlußzeit dieser Post geschehen. Zeit der Einlieferung.

II Die Dienststunden der Postanstalten für den Verkehr mit dem Publikum sind im Allgemeinen: a) Dienststunden.

1. in dem Sommer-Halbjahr (vom 1. April bis letzten September) von 7 Uhr Morgens bis 1 Uhr Mittags,
2. in dem Winter-Halbjahr (vom 1. October bis letzten März) von 8 Uhr Morgens bis 1 Uhr Mittags, und
3. zu allen Jahreszeiten von 2 Uhr Nachmittags bis 8 Uhr Abends.

Die Ober-Postdirectionen sind jedoch ermächtigt, nach Maßgabe der bestehenden Postverbindungen und der sonstigen örtlichen Verhältnisse die Dienststunden unter Festhaltung der Gesammtdauer auf andere Zeiten zu verlegen, oder auch eine Ausdehnung oder Beschränkung der Dienststunden eintreten zu lassen.

III An Sonntagen fallen die Dienststunden von 9 Uhr Morgens bis 5 Uhr Nachmittags aus. An solchen gesetzlichen Festtagen, welche nicht auf einen Sonntag treffen, werden die Dienststunden in der Weise beschränkt, daß in der Zeit von 9 Uhr Morgens bis 5 Uhr Nachmittags, sowohl des Vormittags als auch des Nachmittags, zwei Stunden ausfallen, in der Zwischenfrist aber mindestens während zwei Stunden der Dienstverkehr mit dem Publikum ununterbrochen stattfindet. Die ausfallenden Stunden werden für jede Postanstalt durch die vorgesetzte Ober-Postdirection besonders bestimmt. Die Ober-Postdirectionen können in Fällen eines vorübergehenden außerordentlichen Verkehrsbedürfnisses die Beschränkung der Dienststunden an Sonn- und gesetzlichen Festtagen zeitweise ganz oder zum Theil aufheben.

IV Insofern bei einer Postanstalt eine Einrichtung besteht, welche von den vorstehenden, in Bezug auf die Dienststunden, sei es an den Sonn- und gesetzlichen Festtagen, sei es an den Wochentagen, als Norm gültigen Bestimmungen abweicht, kann es dabei bis auf Weiteres sein Bewenden behalten.

V Die in Bezug auf die Dienststunden der Postanstalten Seitens der Ober-Postdirectionen getroffenen Festsetzungen müssen zur Kenntniß des Publikums gebracht werden.

b) Schlußzeit.

VI Die Schlußzeit tritt ein:

1. Für Briefe, Correspondenzkarten, Drucksachen oder Waarenproben, über welche dem Absender ein Einlieferungsschein nicht zu ertheilen ist:

   eine viertel bis halbe Stunde vor dem planmäßigen Abgange oder Weitergange der Post.

   Bei Postanstalten auf den Eisenbahnhöfen tritt für die bezeichneten Gegenstände die Schlußzeit erst fünf Minuten vor dem planmäßigen Abgange des betreffenden Zuges ein; auch können diese Gegenstände, wenn sie sonst dazu geeignet sind, bis unmittelbar vor dem Abgange des Zuges in die an den Eisenbahn-Postwagen angebrachten Briefkasten gelegt werden.

2. Für alle anderen Gegenstände:

   eine Stunde vor dem planmäßigen Abgange oder Weitergange der Post.

VII In denjenigen Fällen, wo die ordnungsmäßige Bearbeitung der Sendungen innerhalb der vorstehend bestimmten kurzen Schlußzeiten wegen besonderer örtlicher Verhältnisse nicht ausführbar sein sollte, können die Ober-Postdirectionen eine angemessene Verlängerung der Schlußzeiten eintreten lassen.

VIII In jedem Falle werden bei Posttransporten auf Eisenbahnen die Schlußzeiten um so viel verlängert, als erforderlich ist, um die Gegenstände von der Postanstalt nach dem Bahnhofe zu transportiren und auf dem Bahnhofe selbst überzuladen.

IX Bei Posten, die außerhalb der gewöhnlichen Dienststunden abgehen, bildet der Ablauf der Dienststunden die Schlußzeit, insofern nicht, nach Maßgabe des Abganges der Post, die Schlußzeit nach den vorstehenden Festsetzungen früher eintritt.

X Die an den Dienstlocalen der Postanstalten befindlichen Briefkasten müssen bei Eintritt der Schlußzeit jeder Post und zu den außerhalb der gewöhnlichen Dienststunden abgehenden Posten auch nach vor deren Abgang geleert werden. Bei Sendungen, welche in Briefkasten fern vom Postdienstlocal gelegt werden, ist auf Mitbeförderung mit der zunächst abgehenden Post nur insoweit zu rechnen, als die Sendungen nach der gewöhnlichen Zeit der Leerung der Kasten vor Schluß der betreffenden Posten zum Postdienstlocal gelangen.

§ 27.

Frankirungsvermerk. Nicht oder ungenügend mit Postwerthzeichen frankirte Briefe, welche dem Frankirungszwange unterliegen.

I Briefe u. s. w., auf deren Adresse der Frankirungsvermerk (frei, franco, fr. ꝛc.) durchstrichen, radirt oder abgeändert ist, sind bei der Annahme zurückzuweisen. Wenn derartig beschaffene Briefe, oder Briefe mit dem Frankirungsvermerke, für welche das Porto durch Postwerthzeichen nicht entrichtet worden ist, im Briefkasten vorgefunden werden, so wird die Ungültigkeit des Frankirungsvermerks amtlich bescheinigt, und die Briefe werden als unfrankirt behandelt.

II Wenn Briefe, welche dem Frankirungszwange unterliegen, von den Absendern unfrankirt oder ungenügend frankirt in die Briefkasten gelegt worden sind, so werden diese Briefe am Aufgabeorte zurückbehalten und dem zu ermittelnden Absender behufs der Frankirung zurückgegeben.

§ 28.

Einlieferungsschein.

I In allen denjenigen Fällen, in welchen nach den vorangegangenen Bestimmungen die geschehene Einlieferung durch einen von der Postanstalt zu ertheilenden Einlieferungsschein zu bescheinigen ist, darf sich der Einlieferer nicht entfernen, ohne den Einlieferungsschein in Empfang genommen zu haben, widrigenfalls und insofern die geschehene Einlieferung nicht aus den Büchern oder Karten ersichtlich ist, dieselbe für nicht geschehen erachtet werden muß. In Betreff der Einlieferungsscheine über die von Landbriefträgern eingesammelten Sendungen gelten die Vorschriften im § 25 Abs. V.

§ 29.

Speditionsweg.

I Wie die Postsendungen zu spediren sind, wird von der Postbehörde bestimmt.

§ 30.

Zurückforderung von Postsendungen durch den Absender.

I Die zur Post eingelieferten Sendungen können von dem Absender vor deren Zustellung an den Adressaten zurückgenommen werden.

II Die Zurücknahme kann erfolgen am Orte der Aufgabe oder am Bestimmungsorte, ausnahmsweise auch, insofern dadurch keine Störung des Expeditionsdienstes herbeigeführt wird, an einem unterwegs gelegenen Umspeditionsorte.

III Die Zurückgabe geschieht an denjenigen, welcher den Einlieferungsschein, wenn aber ein solcher nicht ertheilt ist, ein von derselben Hand, von welcher die Original-Adresse der Sendung geschrieben ist, geschriebenes Duplicat der Adresse abgibt.

IV Ist die Sendung bereits abgegangen, so hat derjenige, welcher dieselbe zurückfordert, den Gegenstand bei der Postanstalt des Abgangsorts schriftlich so genau zu bezeichnen, daß derselbe unzweifelhaft als der reclamirte zu erkennen ist. Die gedachte Postanstalt fertigt das Reclamationsschreiben aus.

V Soll die Zurückforderung auf telegraphischem Wege geschehen, so darf eine desfallsige Depesche nicht abgesandt, oder derselben Folge gegeben werden, wenn nicht die Postanstalt des Aufgabeorts amtlich bescheinigt hat, daß der Absender sich als zur Zurückforderung berechtigt bei derselben legitimirt habe; daß dies geschehen, muß in der Depesche bemerkt sein.

VI Ist die Sendung noch nicht abgegangen, so wird von der Postanstalt das Franco bei Rückgabe des Couverts erstattet.

VII Ist die Sendung bereits abgesandt, so hat der Absender das Porto u. s. w. wie für eine gewöhnliche Retoursendung nach Maßgabe der wirklich zurückgelegten Beförderungsstrecke zu entrichten.

§ 31.

Aushändigung von Postsendungen an die Adressaten an Umspeditionsorten.

I Auf Verlangen eines gehörig legitimirten Adressaten kann, sofern im einzelnen Falle keine dem Beamten bekannten Bedenken entgegenstehen, die Aushändigung einer Sendung an den Ersteren auch an einem Umspeditionsorte stattfinden, wenn dadurch keine Störung des Expeditionsdienstes herbeigeführt wird.

II Das Porto wird nach Maßgabe der wirklich stattgehabten Beförderung berechnet. Eine Erstattung von Porto für frankirte Sendungen findet nicht statt.

§ 32.

Herstellung des Verschlusses und Eröffnung der Sendungen durch die Postbeamten.

I Hat das Siegel oder der anderweite Verschluß einer Sendung sich gelöst, so wird derselbe von dem Postbeamten unter Beidrückung des Postsiegels und Hinzufügung der Namens-Unterschrift des betreffenden Postbeamten wieder hergestellt.

II Ist durch die gänzliche Lösung des Siegels oder anderweitigen Verschlusses einer Sendung mit baarem Gelde oder mit geldwerthen Papieren die Herausnahme des Gegenstandes der Sendung möglich geworden, so wird vor Herstellung des Verschlusses erst festgestellt, ob der angegebene Betrag der Sendung noch vorhanden ist.

III Bei Postanstalten, bei welchen zwei oder mehrere Beamte zugleich im Dienste anwesend sind, wird zur Herstellung des Verschlusses und bzw. zur Feststellung des Inhalts sofort ein zweiter Beamter als Zeuge hinzugerufen. Ist ein zweiter Beamter nicht im Dienste, jedoch ein Postunterbeamter zugegen, so wird dieser als Zeuge hinzugezogen.

IV Hat nach den vorstehenden Bestimmungen ein anderweiter Verschluß der Sendung stattgefunden, so ist — wenn es sich um Briefe mit Werthangabe oder um Packete mit oder ohne Werthangabe handelt — bei Ankunft der Sendung am Bestimmungsorte der Adressat davon in Kenntniß zu setzen und zu ersuchen, zur Eröffnung der Sendung in Gegenwart eines Postbeamten im Postbüreau innerhalb der zu bestimmenden Frist sich einzufinden. Leistet der Adressat diesem Ersuchen keine Folge, oder verzichtet derselbe ausdrücklich auf Eröffnung der Sendung, so ist mit deren Bestellung und Aushändigung nach Maßgabe der folgenden Vorschriften zu verfahren. Etwaige Erinnerungen, welche der erschienene Adressat bei Eröffnung der Sendung gegen deren Inhalt erhebt, sind in die Verhandlung aufzunehmen, durch welche der Befund festgestellt wird.

V Die Postbeamten müssen sich jeder über den Zweck der Eröffnung hinausgehenden Einsicht der Sendung enthalten, auch muß über die geschehene Eröffnung eine Verhandlung aufgenommen werden, in welcher die Veranlassung der Maßregel, der Hergang bei derselben und der Erfolg anzugeben sind.

VI Sendungen mit Drucksachen oder mit Waarenproben (§§ 15 und 16) zum Zwecke der Controle zu öffnen und einzusehen, sind die Postbeamten auch ohne weiteres Verfahren befugt.

§ 33.

Umfang der Verbindlichkeit der Postverwaltung in Ansehung der Bestellung, sowie Umfang der Annahme von Gegenständen nach dem Bestellbezirke der Aufgabe-Postanstalt.

I Die Verbindlichkeit der Postverwaltung, die angekommenen Gegenstände den Adressaten ins Haus senden (bestellen) zu lassen, erstreckt sich:

1. auf gewöhnliche und recommandirte Briefe oder Correspondenzkarten,
2. auf gewöhnliche und recommandirte Drucksachen oder Waarenproben,
3. auf Postanweisungen,
4. auf die Anlagen zu den Postmandaten,
5. auf Begleitbriefe zu gewöhnlichen Packeten,
6. auf Ablieferungsscheine über Sendungen mit Werthangabe und über recommandirte Packete.

II Soweit die Postverwaltung die Bestellung nicht übernimmt, müssen Briefe mit Werthangabe, Packete mit Werthangabe, sowie recommandirte Packete nebst ihren Begleitbriefen und ferner die Geldbeträge auf Grund des Ablieferungsscheins (der Postanweisung), gewöhnliche Packete dagegen auf Grund des behändigten Begleitbriefes, von der Post abgeholt werden.

III An Einwohner im Orts- oder Landbestellbezirke der Aufgabe-Postanstalt werden Postsendungen in gleichem Umfange wie an Adressaten im Bereiche anderer Postorte angenommen. Wegen der Ausnahme in Betreff der Expreßsendungen siehe § 22 Abs. IV.

§ 34.

Zeit der Bestellung.

I Die Postbehörde bestimmt, wie oft täglich und in welchen Fristen die Ortsbriefträger die eingegangenen Briefe u. s. w. zu bestellen, und an welchen Tagen die Landbriefträger Bestellungen nach Orten, an welchen sich Postanstalten nicht befinden, zu bewirken haben.

II Die nach dem Verlangen der Absender „durch Expressen" zu bestellenden Gegenstände (§ 22) müssen in allen Fällen, auch wenn sie zur Nachtzeit eintreffen, ohne Verzug bestellt werden, sofern nicht vom Absender oder Adressaten ein Anderes ausdrücklich bestimmt ist.

III Sendungen mit dem Vermerk auf der Adresse: „poste restante" werden bei der Postanstalt des Bestimmungsorts einstweilen aufbewahrt (§ 40 Abs. I Punkt 3 und 4) und dem Adressaten behändigt, wenn sich derselbe zur Empfangnahme meldet und auf Erfordern legitimirt.

§ 35.

An wen die Bestellung geschehen muß.

I Die Bestellung durch die Postanstalten erfolgt an den Adressaten selbst oder an dessen legitimirten Bevollmächtigten. Der Adressat, welcher einen Dritten zur Empfangnahme der an ihn zu bestellenden Gegenstände bevollmächtigen will, muß die Vollmacht schriftlich ausstellen und in dieser die Gegenstände genau bezeichnen, zu deren Empfangnahme der Bevollmächtigte befugt sein soll. Insofern die Landesgesetze nicht eine besondere Form der Vollmachten vorschreiben, muß die Unterschrift des Machtgebers unter der Vollmacht, wenn deren Richtigkeit nicht ganz außer Zweifel steht, wenigstens von einem Beamten, welcher zur Führung eines amtlichen Siegels berechtigt ist, unter Beidrückung desselben, beglaubigt sein, und es muß die Vollmacht bei der Postanstalt, welche die Bestellung ausführen läßt, niedergelegt werden.

II Ist außer dem Adressaten noch ein Anderer, wenn auch nur zur nähern Bezeichnung der Wohnung des Adressaten, auf der Adresse genannt, z. B. an A bei B, so ist dieser zweite Adressat auch ohne ausdrückliche Ermächtigung als Bevollmächtigter des Adressaten zur Empfangnahme von gewöhnlichen Briefen, Correspondenzkarten, Drucksachen und Waarenproben anzusehen. Ist ein Gasthof als Wohnung des Adressaten auf der Adresse angegeben, so kann die Bestellung dieser Gegenstände an den Gastwirth auch in dem Falle erfolgen, wenn der Adressat noch nicht eingetroffen ist.

III Wird der Adressat oder dessen nach den vorstehenden Bestimmungen legimirter Bevollmächtigter in seiner Wohnung nicht angetroffen, oder wird dem Briefträger oder Boten der Zutritt zu ihm nicht gestattet, so erfolgt die Bestellung

der gewöhnlichen Briefe, Correspondenzkarten, Drucksachen und Waarenproben, sowie der Begleitbriefe zu gewöhnlichen Packeten (§ 33 Abs. 1) bz. der Packete selbst

an einen Haus- oder Comtoirbeamten, ein erwachsenes Familienglied oder sonstigen Angehörigen oder an einen Dienstboten des Adressaten bz. des Bevollmächtigten desselben. Wird Niemand angetroffen, an den hiernach die Bestellung geschehen kann, so erfolgt dieselbe an den Hauswirth oder an den Wohnungsgeber oder an den Portier des Hauses.

IV Die Behändigung an dritte Personen ist unzulässig, wenn es sich um die Bestellung von

1. recommandirten Sendungen (§ 17),
2. Postanweisungen (§ 18),
3. Depeschen-Anweisungen (§ 19),
4. Ablieferungsscheinen (§ 33 Abs. 1)

handelt, vielmehr müssen diese Gegenstände stets an den Adressaten oder dessen legitimirten Bevollmächtigten selbst bestellt werden.

Lautet die Adresse:

„An A. zu erfragen bei B."
„An A. abzugeben bei B."
„An A. im Hause des B."
„An A. wohnhaft bei B."
„An A. logirt bei B."

so muß die Bestellung jedesmal an den zuerst genannten Adressaten (A.) erfolgen.

Lautet die Adresse:

„An A. zu Händen des B."
„An A. abzugeben an B."
„An A. aux soins de B."
„An A. care of B."

so muß die Bestellung jedesmal an den zuletzt genannten Adressaten (B.) erfolgen,

Wenn die Adresse lautet: „An A. per adresse des B" so darf die Bestellung sowohl an den zuerst genannten Adressaten (A.), als auch an den zuletzt genannten Adressaten (B.) stattfinden.

V Die Bestellung recommandirter Sendungen darf nur gegen Empfangsbekenntniß geschehen, und hat der Adressat oder dessen Bevollmächtigter zu diesem Behufe den Ablieferungsschein zu unterschreiben.

VI Die Postmandate dürfen nur dem Adressaten oder dessen legitimirten Bevollmächtigten vorgezeigt werden. Bei Benennung mehrerer Personen erfolgt die Vorzeigung nur an den zuerst genannten Adressaten oder dessen legitimirten Bevollmächtigten.

VII Die Bestellung der Postsendungen an Militärpersonen oder an Zöglinge von Erziehungsanstalten, Pensionaten &c. erfolgt auf Grund der mit den Militärbehörden oder den Vorstehern der Erziehungsanstalten getroffenen besonderen Abkommen an die von den Militärbehörden bz. den Anstaltsvorstehern beauftragten Personen.

VIII In Betreff der Behändigung von Expreßsendungen gelten dieselben Bestimmungen, welche bezüglich der im gewöhnlichen Wege zur Bestellung gelangenden Sendungen maßgebend sind.

§ 36.

Bestellung der Schreiben mit Behändigungsschein.

I In Betreff der Bestellung von außergerichtlichen Schreiben mit Behändigungsschein gelten folgende Bestimmungen:

1. Die Insinuationen sollen in der Behausung derjenigen, an welche sie zu bewirken sind, und bei Handelsleuten in ihren Läden und Schreibstuben geschehen.
2. Die Insinuation muß an den, auf dem Schreiben benannten Adressaten erfolgen. Wird der bezeichnete Adressat nicht persönlich angetroffen, so sind gewöhnliche Schreiben mit Behändigungsschein
   a) einem seiner erwachsenen Angehörigen,
   b) in deren Ermangelung einem seiner Dienstboten,
   c) wenn es an dergleichen Personen fehlt, und das Schreiben an einen Haus- oder Grundeigenthümer gerichtet ist, dem Verwalter oder Administrator, oder dem Pächter des Landgutes des Adressaten, endlich
   d) in Ermanglung aller dieser Personen
   dem Hauswirth

   zu insinuiren.

   Die Zustellung darf nicht an unerwachsene Kinder, an Miether oder an Fremde geschehen.

   Bei recommandirten Briefen mit Behändigungsschein darf die Behändigung nur an den Adressaten selbst oder dessen legitimirten Bevollmächtigten erfolgen.

   Den Personen, an welche statt des Adressaten insinuirt wird, ist zu empfehlen, das Schreiben dem Adressaten ungesäumt zuzustellen.
3. Der bestellende Bote muß den Behändigungsschein dem Adressaten oder in dessen Abwesenheit derjenigen Person, an welche nach den Bestimmungen unter 2 die Insinuation auszuführen ist, vorlegen und durch Namensunterschrift den Empfang des Schreibens anerkennen lassen.
4. Verweigert der Adressat, oder in dessen Abwesenheit eine der unter Nr. 2 zu a bis d bezeichneten Personen die Bescheinigung des Empfanges, so ist dies von dem bestellenden Boten auf dem Behändigungsscheine unter specieller Angabe des Grundes zu vermerken.
5. Wird die Annahme des Schreibens aus dem Grunde verweigert, weil der Adressat die etwa zum Ansatz gekommenen Beträge an Porto, Insinuationsgebühr &c. nicht zahlen will, so hindert dieser Umstand allein die Aushändigung an den Adressaten nicht.

Wird die Annahme dagegen aus einem anderen Grunde verweigert, oder tritt der Fall ein, daß Niemand von den unter Nr. 2 zu a bis d bezeichneten Personen angetroffen wird: so sind die von Behörden oder Notaren ausgehenden Schreiben an die Stuben- oder Hausthür des Adressaten zu befestigen, die von Privatpersonen ausgehenden Schreiben aber als unbestellbar zu erachten und zurückzusenden. Bevor der bestellende Bote die Befestigung an die Thür bewirkt, muß er sich davon überzeugen, daß die Wohnung, an deren Thür die Befestigung erfolgen soll, dem Adressaten wirklich (als Miether, Nutznießer oder Eigenthümer rc.) gehört.

II In Betreff der Bestellung von gerichtlichen Schreiben mit Behändigungsschein bewendet es bei den hierüber bestehenden besonderen Bestimmungen.

III Die Porto- bez. sonstigen Beträge für ein Schreiben mit Behändigungsschein müssen sämmtlich entweder von dem Absender oder von dem Adressaten entrichtet werden. Will der Absender die Gebühren tragen, so zahlt er bei der Einlieferung des Schreibens zunächst nur das tarifmäßige Porto für die Beförderung des Schreibens nach dem Bestimmungsorte, die anderen Beträge werden erst auf Grund des vollzogen zurückkommenden Behändigungsscheins von dem Absender eingezogen. Falls die Insinuation nicht ausgeführt werden kann, kommt nur das tarifmäßige Porto für die Beförderung des Schreibens nach dem Bestimmungsorte zum Ansatz.

§ 37.

Berechtigung des Adressaten zur Abholung der Briefe u. s. w.

I Wenn Jemand die im § 33 Abs. I bezeichneten Gegenstände nicht auf die im § 35 bestimmte Weise sich zusenden lassen, sondern von der Postanstalt selbst abholen oder abholen lassen will, so kommen die Bestimmungen im § 48 des Gesetzes über das Postwesen des Deutschen Reichs zur Anwendung.

II Der Adressat, welcher von der Befugniß, seine Postsendungen abzuholen oder abholen zu lassen, Gebrauch machen will, muß solches in einer schriftlichen Erklärung aussprechen und diese Erklärung, in welcher die abzuholenden Gegenstände genau bezeichnet sein müssen, bei der Postanstalt niederlegen. Die schriftliche Erklärung muß auf gleiche Weise beglaubigt sein, wie die Vollmacht im Falle des § 35 Abs. I. Die Aushändigung erfolgt alsdann innerhalb der für den Geschäftsverkehr mit dem Publikum festgesetzten Dienststunden (§ 26).

III Insoweit die Postverwaltung die Bestellung von Packeten ohne Werthangabe oder von Sendungen mit Werthangabe übernommen hat, sind bezüglich der Bestellung

a) die gewöhnlichen Packete und die dazu gehörigen Begleitbriefe,
b) die recommandirten Packete nebst den dazu gehörigen Begleitbriefen und Ablieferungsscheinen,
c) die Sendungen mit Werthangabe nebst den etwaigen Begleitbriefen und die dazu gehörigen Ablieferungsscheine

als eine zusammengehörige Sendung anzusehen.

IV Die mit den Posten ankommenden gewöhnlichen Briefe, Correspondenzkarten, Drucksachen und Waarenproben müssen für die abholenden Correspondenten eine halbe Stunde nach der Ankunft zur Ausgabe gestellt werden. Eine Verlängerung dieser Frist ist nur mit Genehmigung der obersten Postbehörde zulässig.

V Bei recommandirten Sendungen, sowie bei Sendungen mit Werthangabe wird zunächst nur der Ablieferungsschein, bei gewöhnlichen Packeten der Begleitbrief an den Abholer verabfolgt. Bei Postanweisungen wird zunächst nur die Postanweisung ohne den Betrag dem Abholer ausgehändigt.

VI Die Bestellung erfolgt jedoch, der abgegebenen Erklärung des Adressaten ungeachtet, durch Boten der Postanstalt:

1. wenn der Absender es verlangt und dieses Verlangen auf der Adresse, z. B. durch den Vermerk

   „durch Expressen zu bestellen" ꝛc.,

   ausdrücklich ausgesprochen hat (§ 22.);
2. wenn es auf die Bestellung von Briefen mit Behändigungsschein ankommt (§ 36);
3. wenn der Adressat nicht am Tage nach der Ankunft, oder wenn er außerhalb des Ortsbestellbezirks der Postanstalt wohnt, nicht innerhalb der nächsten drei Tage den zu bestellenden Gegenstand abholen läßt.

§ 38.

Aushändigung der Sendungen nach erfolgter Behändigung der Begleitbriefe und der Ablieferungsscheine, sowie Auszahlung baarer Beträge.

I Die Aushändigung der gewöhnlichen Packete, soweit dieselben dem Adressaten nicht in die Wohnung bestellt werden, erfolgt während der Dienststunden in der Postanstalt an denjenigen, welcher sich zur Abholung meldet und den zu dem Packete gehörigen Begleitbrief vorzeigt. Der Begleitbrief wird zum Zeichen der erfolgten Aushändigung des Packets mit dem dazu bestimmten Stempel der Postanstalt bedruckt.

II Recommandirte Sendungen, Sendungen mit Werthangabe, sowie die zu den recommandirten Packeten und zu den Packeten mit Werthangabe gehörigen Begleitbriefe, ferner bei Postanweisungen die auszuzahlenden Geldbeträge werden, insofern die Abholung von der Post erfolgt (§ 37.), an denjenigen ausgehändigt, welcher der Postanstalt den mit dem Namen des Empfangsberechtigten unterschriebenen Ablieferungsschein bez. die unterschriebene Postanweisung überbringt und aushändigt.

III Eine Untersuchung über die Aechtheit der Unterschrift und des etwa hinzugefügten Siegels unter dem Ablieferungsscheine ꝛc., sowie eine weitere Prüfung der Legitimation desjenigen, welcher diesen Schein oder den Begleitbrief überbringt, liegt der Postanstalt nach § 49 des Gesetzes über das Postwesen des Deutschen Reiches nicht ob.

IV Wo die Postverwaltung die Bestellung von Packeten ohne Werthangabe oder von Sendungen mit Werthangabe übernommen hat, kommen die obigen Bestimmungen nicht zur Anwendung, vielmehr erfolgt alsdann die Aushändigung der gewöhnlichen Packete nach Maßgabe der Vorschriften im § 35 Abs. IV, wogegen die Bestellung der Sendungen mit Werthangabe, der recommandirten Packete und der Postanweisungsbeträge an den Adressaten oder an dessen legitimirten Bevollmächtigten gegen Quittung desselben stattfindet.

§ 39.

Nachsendung der Postsendungen.

I Hat der Adressat seinen Aufenthalts- oder Wohnort verändert, und ist sein neuer Aufenthalts- oder Wohnort bekannt, so werden ihm gewöhnliche und recommandirte Briefe, Correspondenzkarten, Drucksachen und Waarenproben, ferner Postanweisungen nachgesendet, wenn er nicht eine andere Bestimmung getroffen hat. Dasselbe gilt von den Postmandaten nebst ihren Anlagen.

II Bei Packeten, bei Briefen mit Werthangabe, sowie bei Briefen mit Postvorschüssen, erfolgt die Nachsendung nur auf Verlangen des Absenders, oder, bei vorhandener Sicherheit für Porto und Auslagen, auch des Adressaten. Der Adressat ist, wenn nicht schon der Absender die Nachsendung verlangt hat, von dem Vorliegen einer Sendung amtlich und portofrei in Kenntniß zu setzen.

§ 40.

I Postsendungen sind für unbestellbar zu erachten:

1. wenn der Adressat am Bestimmungsorte nicht zu ermitteln, und die Nachsendung nach den Vorschriften im § 39 nicht möglich oder nicht zulässig ist;
2. wenn die Annahme verweigert wird;
3. wenn die Sendung mit dem Vermerke „poste restante“ versehen ist, und nicht binnen 3 Monaten, vom Tage des Eintreffens an gerechnet, von der Post abgeholt wird;
4. wenn es sich um eine Sendung mit Postvorschuß handelt, auch wenn sie mit „poste restante“ bezeichnet ist, und die Sendung nicht innerhalb 14 Tage nach ihrer Ankunft am Bestimmungsorte eingelöst wird;
5. wenn bei Postanweisungen innerhalb 14 Tage nach ihrer Bestellung oder Abholung der Geldbetrag nicht in Empfang genommen wird;
6. wenn die Sendung Loose oder Anerbietungen zu einem Glücksspiele enthält, an welchem der Adressat nach den für ihn geltenden Landesgesetzen sich nicht betheiligen darf, und wenn eine solche Sendung sofort nach geschehener Eröffnung durch den Adressaten an die Post zurückgegeben wird.

II Bevor in dem Falle zu 1 eine mit einem Begleitbriefe versehene Sendung deßhalb als unbestellbar angesehen wird, weil mehrere dem Adressaten gleichbenannte Personen im Orte sich befinden, und der wirkliche Adressat nicht sicher zu unterscheiden ist, muß der Begleitbrief nach dem Aufgabeorte zurückgesandt werden, um den Absender, wenn derselbe an der äußern Beschaffenheit des Begleitbriefes erkannt oder sonst auf geeignete Weise ermittelt werden kann, zur näheren Bezeichnung des Adressaten zu veranlassen.

III Alle anderen Postsendungen sind, wenn sie als unbestellbar erkannt worden, ohne Verzug nach dem Aufgabeorte zurückzusenden. Nur bei Sendungen, die einem schnellen Verderben unterliegen, muß, sofern nach dem Ermessen der Postanstalt des Bestimmungsorts Grund zu der Besorgniß vorhanden ist, daß das Verderben auf dem Rückwege eintreten werde, von der Rücksendung abgesehen werden, und die Veräußerung des Inhaltes für Rechnung des Absenders erfolgen.

IV In allen vorgedachten Fällen ist der Grund der Zurücksendung oder eintretenden Falls, daß und weshalb die Veräußerung erfolgt sei auf dem Begleitbriefe zu vermerken.

V Die zurückzusendenden Gegenstände dürfen nicht eröffnet sein. Eine Ausnahme hiervon tritt nur ein bezüglich der Briefe, welche von einer mit dem Adressaten gleichnamigen Person irrthümlich eröffnet wurden, und bezüglich der im Abs. I unter 6 bezeichneten Briefe. Bei irrthümlicher Eröffnung von Briefen durch gleichnamige Personen ist übrigens, sofern dies möglich ist, eine von diesen Personen selbst unter Namensunterschrift auf die Rückseite des Briefes niederzuschreibende bezügliche Bemerkung beizubringen.

VI Die Eröffnung des Begleitbriefes zu einem Packete durch den Adressaten bz. seinen Bevollmächtigten ist der Annahme der Sendung gleich zu achten.

§ 41.

Behandlung unbestellbarer Postsendungen am Aufgabeorte.

I Die nach Maßgabe des § 40 unbestellbaren und deshalb nach dem Abgangsorte zurückgehenden Sendungen werden an den Absender zurückgegeben.

II Bei der Bestellung und Behändigung einer zurückgekommenen Sendung an den ermittelten Absender wird nach den für die Bestellung und Aushändigung einer Sendung an den Adressaten gegebenen Vorschriften verfahren. Der über eine Sendung dem Absender ertheilte Ablieferungsschein muß bei der Wiederaushändigung der Sendung zurückgegeben werden.

III Kann die Postanstalt am Abgangsorte den Absender nicht ermitteln, so wird der Brief an die vorgesetzte Oberpostdirection eingesandt, welche denselben mittelst Stempels als unbestellbar zu bezeichnen und durch Eröffnung den Absender zu ermitteln hat. Die mit der Eröffnung beauftragten, zur Beobachtung strenger Verschwiegenheit besonders verpflichteten Beamten nehmen Kenntniß von der Unterschrift und von dem Orte, müssen jedoch jeder weiteren Durchsicht sich enthalten. Der Brief wird hiernächst mit einem Dienstsiegel, welches die Inschrift trägt: „Amtlich eröffnet durch die Oberpostdirection in N.“, wieder verschlossen.

IV Wird der Absender ermittelt, verweigert derselbe aber die Annahme, oder läßt innerhalb 14 Tage nach Behändigung des Begleitbriefes oder des Ablieferungsscheins oder der Postanweisung die Sendung bz. den Geldbetrag nicht abholen, so können die Gegenstände zum Besten der Postarmen- oder Unterstützungskasse verkauft werden.

V Briefe und die zum Verkauf nicht geeigneten werthlosen Gegenstände können nach Ablauf der Frist vernichtet werden.

VI Ist der Absender nicht zu ermitteln, so werden gewöhnliche Briefe und die zum Verkaufe nicht geeigneten werthlosen Gegenstände nach Verlauf von drei Monaten, vom Tage des Eingangs derselben bei der Oberpostdirection gerechnet, vernichtet; dagegen wird

1. bei recommandirten Sendungen, ferner bei Briefen mit Werthangabe, oder bei Briefen, in denen sich bei der Eröffnung Gegenstände von Werth vorgefunden haben, ohne daß dieser angegeben worden ist, sowie bei Postanweisungen;
2. bei Packeten mit oder ohne Werthangabe

der Absender öffentlich aufgefordert, innerhalb vier Wochen die unbestellbaren Gegenstände in Empfang zu nehmen. Die zu erlassende öffentliche Aufforderung, welche eine genaue Bezeichnung des Gegenstandes unter Angabe des Abgangs- und Bestimmungsorts, der Person des Adressaten und des Tages der Einlieferung enthalten muß, wird durch Aushang bei der Postanstalt des Abgangsorts und durch einmalige Einrückung in ein dazu geeignetes amtliches Blatt bekannt gemacht.

VII Inzwischen lagern die Sendungen auf Gefahr des Absenders, und nur Sachen, welche dem Verderben ausgesetzt sind, können sofort verkauft werden.

VIII Bleibt die öffentliche Aufforderung ohne Erfolg, so werden die Sachen verkauft.

IX Sind unbestellbare Sendungen in einem fremden Postgebiete zur Post gegeben, so werden sie dorthin zurückgeschickt, und es bleibt das weitere Verfahren der fremden Postanstalt überlassen.

§ 42.

Entrichtung des Portos und der sonstigen Gebühren.

I Für alle durch die Post zu versendenden Gegenstände, denen nicht die Portofreiheit ausdrücklich zugestanden ist, müssen das Porto und die sonstigen Gebühren nach Maßgabe des Tarifs entrichtet werden.

II Insofern das Gegentheil nicht ausdrücklich bestimmt ist, können die Postsendungen nach der Wahl des Absenders frankirt oder unfrankirt zur Post eingeliefert werden.

III Ist das Franco am Abgangsorte zu niedrig erhoben und berechnet worden, so wird das tarifmäßige Ergänzungsporto vom Adressaten erhoben. Der Adressat kann in solchem Falle, und wenn die Sendung nicht aus fremdem Postgebiete herrührt, die Ausfolgung derselben ohne Portozahlung verlangen, insofern er den Absender namhaft macht und das Couvert oder die Begleitadresse oder eine Abschrift davon zurückzunehmen gestattet. Der fehlende Betrag wird alsdann vom Absender eingezogen.

IV Sind gewöhnliche Briefe, Correspondenzkarten, Waarenproben, sowie Drucksachen bis zum Gewichte von 250 Grammen vom Absender durch Postwerthzeichen ungenügend frankirt, so wird der fehlende Betrag bz. auch das Zuschlagporto ebenfalls dem Adressaten als Porto angesetzt. Die Verweigerung der Nachzahlung des Portos gilt in diesem Falle für eine Verweigerung der Annahme des Briefes 2c.

V Sendungen, welche mit Postwerthzeichen einer fremden Postverwaltung frankirt aufgeliefert werden, sind als unfrankirt zu behandeln und die Postwerthzeichen als ungültig zu bezeichnen.

VI Wird die Annahme eines Gegenstands von dem Adressaten verweigert, oder kann der Adressat nicht ermittelt werden, so ist der Absender, selbst wenn er den Gegenstand der Sendung nicht zurücknehmen will, verbunden, das tarifmäßige Porto und die Gebühren zu zahlen.

VII Für Sendungen, welche erweislich auf der Post verloren gegangen sind, wird kein Porto gezahlt und das etwa gezahlte erstattet. Dasselbe gilt von solchen Sendungen, deren Annahme wegen vorgekommener Beschädigung vom Adressaten verweigert wird, insofern die Beschädigung von der Postverwaltung zu vertreten ist.

VIII Hat der Adressat die Sendung angenommen, so ist er, sofern in Vorstehendem nicht ein Anderes bestimmt ist, zur Entrichtung des Portos und der Gebühren verpflichtet, und kann sich davon durch spätere Rückgabe der Sendung nicht befreien. Die Staatsbehörden sind jedoch befugt, auch nach erfolgter Annahme und Eröffnung portopflichtiger Sendungen die Brief-Couverts zu dem Zwecke an die Postanstalt zurückzugeben, das Porto von dem Absender nachträglich einzuziehen.

§ 43.

Tarifbestimmungen.

I Die zu dem ersten Abschnitte gehörigen, reglementarisch zu treffenden Tarifbestimmungen, soweit dieselben in dem gesammten Umfange des Postgebiets gleichmäßig Anwendung finden, sind in der anliegenden Zusammenstellung enthalten. Rücksichtlich der sonstigen zu diesem Abschnitte gehörigen, reglementarisch zu treffenden Tarifbestimmungen bewendet es bis auf Weiteres bei den bestehenden Verhältnissen.

Zweiter Abschnitt.

Estafettenbeförderung.

§ 44.

Estafettenbeförderung.

I In Bezug auf die Beförderung von Sendungen durch Estafette kommen folgende Bestimmungen in Anwendung:

a) Annahme.

II Briefe und andere Gegenstände können zur estafettenmäßigen Beförderung nur bei solchen Postanstalten eingeliefert werden, welche an Orten mit Estafetten-Station sich befinden, oder welche an Eisenbahnen liegen, deren Züge zur Beförderung der eingelieferten Sendung zweckmäßig benutzt werden können. Sendungen, welche ausschließlich auf der Eisenbahn zu befördern sind, werden zur estafettenmäßigen Beförderung nicht angenommen.

b) Gewicht und Beschaffenheit der Depeschen.

III Mit Estafetten werden überhaupt nur Gegenstände bis zum Gesammtgewicht von 20 Pfund befördert. Briefe bis zum Gewichte von 250 Grammen müssen mit haltbarem Papier couvertirt, schwerere Briefe und Packete aber in Wachsleinwand verpackt, auch müssen die Briefe und Packete in einem solchen Format zur Post eingeliefert werden, daß sie in der Estafettentasche Raum finden.

IV Die Adresse muß der Vorschrift des § 2 entsprechen.

V Eine Werthangabe ist bei Estafettensendungen nicht zulässig.

VI Ueber die Estafettensendung erhält der Absender einen Einlieferungsschein.

c) Beförderungsmittel.

VII Die Beförderung geschieht zu Pferde oder mittelst eines Kariols. Eisenbahnzüge werden, insofern der Absender nicht eine andere Beförderungsweise verlangt hat, benutzt, wenn berechnet werden kann, daß die Estafettendepeschen mit denselben ihren Bestimmungsort eher oder wenigstens ebenso früh erreichen, als bei der Beförderung zu Pferde.

d) Bestellung am Bestimmungsorte.

VIII Die durch Estafette eingegangenen Gegenstände müssen ohne Verzug bestellt werden, sofern vom Absender oder Adressaten nicht ein Anderes bestimmt ist. Sie müssen derjenigen Person behändigt werden, an welche die Adresse lautet. Wird dies durch besondere Umstände verhindert, so kann die Aushändigung an Haus- und Comptoirbeamte oder erwachsene Familienglieder des Adressaten geschehen. Der Empfänger muß den Ueberbringer quittiren und die Stunde des Empfanges bescheinigen.

e) Zahlungssätze für Estafetten, welche zu Pferde oder mittelst Kariols befördert werden.

IX Für jede Depesche rc. ist das tarifmäßige Porto und für jede Estafette außerdem eine Expeditionsgebühr von 15 Sgr. zu entrichten.

X Nur die Postanstalt des Absendungsorts, oder wenn die Estafette aus einem fremden Postgebiete kommt, die zuerst berührte Poststation ist zur Ansetzung der Expeditionsgebühr berechtigt.

XI Die Zahlung für ein Estafettenpferd erfolgt nach demselben Satze, welcher für ein Courierpferd feststeht (siehe § 59 Abs. 1).

XII Das etwaige Chausseegeld, sowie die sonstigen Communications-Abgaben werden nach den betreffenden, zur öffentlichen Kenntniß gebrachten Tarifen erhoben.

XIII Die Rittgebühren werden nach der wirklichen postmäßigen Entfernung berechnet.

XIV Bei Estafetten nach Orten unter zwei Meilen erfolgt die Berechnung der tarifmäßigen Gebühren nach denselben Grundsätzen, welche bezüglich der Extraposten rc. nach Orten unter zwei Meilen im § 59 vorgeschrieben sind.

XV Wünscht der Absender einer Estafette, welche nur bis zur nächsten Station oder nach einem Orte geht, der ohne Pferdewechsel erreicht werden kann, die Rückbeförderung der Antwort durch den Postillon, welcher die Estafette überbracht hat, so ist dieses zulässig, wenn der Postillon den Rückritt innerhalb sechs Stunden nach seiner Ankunft und nicht vor Ablauf von soviel Stunden, als die Tour Meilen hat, antreten kann. Der Absender der Depesche muß seinen Wunsch aber gleich bei Aufgabe derselben der Postanstalt zu erkennen geben. Für den Rückritt wird dann nur die Hälfte der reglementsmäßigen Rittgebühren gezahlt.

XVI Die Erhebung des Chausseegeldes und der sonstigen Communications-Abgaben geschieht im Falle der Rückbenutzung (Abs. XV) sowohl für die Tour als für die Retour. Die Expeditionsgebühr ist dagegen nur einmal zu entrichten.

XVII Für die Bestellung einer jeden mit Estafette eingehenden Sendung werden am Bestimmungsorte 5 Sgr. erhoben.

f) Zahlungssätze für Estafetten, welche auf der Eisenbahn befördert werden.

XVIII Für die streckenweise estafettenmäßige Beförderung von Sendungen auf Eisenbahnen werden, wenn wegen mangelnder Postbegleitung ein besonderer Begleiter zur Sicherung der Sendung mitgegeben werden muß, außerdem erhoben:

a) das tarifmäßige Personengeld für die Hinreise des Begleiters auf einem Platze dritter Klasse, oder wenn mit dem betreffenden Zuge Personen in der dritten Klasse nicht befördert werden, auf einem Platze zweiter Klasse,
b) das tarifmäßige Personengeld für die Rückreise des Begleiters auf einem Platze dritter Klasse,
c) die Diäten des Begleiters für jeden angefangenen Tag, welcher zur Hinreise des Begleiters und zur Rückreise desselben mit dem nächsten Zuge erforderlich ist.

g) Berechnung der Bruchmeilen und der Bruchpfennige.

XIX Nach den für eine Meile bestimmten Sätzen ist im Verhältniß für die überschießenden Fünftel- ꝛc. Meilen die Zahlung zu leisten. Die überschießenden Bruchpfennige werden bei den einzelnen Beträgen für volle Pfennige gerechnet. Eine weitere Abrundung findet nicht statt.

h) Berichtigung der Kosten.

XX Der Absender einer Depesche muß sämmtliche Kosten, mit Ausnahme des Bestellgeldes, bei der Absendung bezahlen. Können dieselben von der absendenden Postanstalt nicht genau angegeben werden, so muß ein angemessener Geldbetrag hinterlegt und die Feststellung des Kostenbetrages bis zur Rückkunft des Estafettenpasses ausgesetzt werden.

XXI In den Gebieten mit anderer als der Thaler- und Silbergroschen-Währung sind die sich ergebenden Beträge in die im die landesübliche Münzwährung möglichst genau umzurechnen. Ergeben sich hierbei Bruchtheile, so erfolgt die Erhebung mit dem nächst höheren darstellbaren Betrage.

Dritter Abschnitt.

Beförderungen der Personen auf den ordentlichen Posten.

§ 45.

Meldung zur Reise.

1 Die Meldung zur Reise mit den ordentlichen Posten kann stattfinden:

a) bei den Postanstalten, oder

b) bei den unterwegs belegenen Haltestellen*), welche von den Oberpostdirectionen öffentlich bekannt gemacht werden.

II Bei den Postanstalten kann die Meldung frühestens acht Tage vor dem Tage der Abreise und spätestens vor dem Schlusse der Post für die Personenbeförderung geschehen. a) Bei den Postanstalten.

III Der Schluß der Post für die Personenbeförderung tritt ein:

wenn im Hauptwagen oder in den bereits gestellten Beichaisen noch Plätze offen sind: fünf Minuten, und

wenn dieses nicht der Fall ist, sondern die Gestellung von Beichaisen erforderlich wird: fünfzehn Minuten

vor der festgesetzten Abgangszeit der betreffenden Post.

IV Die Meldung muß innerhalb der für den Geschäftsverkehr mit dem Publikum bestimmten Dienststunden (§ 26) geschehen, kann aber, wenn die Post außerhalb der Dienststunden abgeht, auch noch gegen die Zeit der Abfertigung der betreffenden Post erfolgen. Uebrigens darf die Meldung — über die gewöhnliche Schlußzeit der Post für die Personenbeförderung — ausnahmsweise unmittelbar bis zum Abgange der Posten noch stattfinden, soweit dadurch die pünktliche Absendung derselben nach dem Ermessen der Postanstalt nicht verzögert wird.

V Erfolgt die Meldung bei einer Postanstalt mit Station, so kann die Annahme nur dann wegen mangelnden Platzes beanstandet werden, wenn zu der betreffenden Post Beichaisen überhaupt nicht gestellt werden, und die Plätze im Hauptwagen schon vergeben, oder auf den Unterwegs-Stationen bei Ankunft der Post schon besetzt sind, oder wenn auf der betreffenden Station nur eine beschränkte Gestellung von Beichaisen stattfindet.

VI Erfolgt die Meldung bei einer Postanstalt ohne Station, so findet die Annahme nur unter dem Vorbehalt statt, daß in dem Hauptwagen und in den etwa mitkommenden Beichaisen noch unbesetzte Plätze vorhanden sind.

VII Bei solchen Posten, zu welchen Beichaisen überhaupt nicht gestellt werden, können Plätze nach einem vor der nächsten Station belegenen Zwischenorte nur insoweit vergeben werden, als sich bis zum Abgange der Post zu den vorhandenen Plätzen nicht Personen gemeldet haben, welche bis zur nächsten Station oder darüber hinaus reisen wollen. Doch kann der Reisende einen vorhandenen Platz sich dadurch sichern, daß er bei seiner Meldung sogleich das Personengeld bis zur nächsten Station bezahlt.

VIII Die Meldung an Haltestellen kann nur dann berücksichtigt werden, wenn noch unbesetzte Plätze im Hauptwagen oder in den Beichaisen offen sind. Der Reisende muß an diesen Haltestellen, wenn die Post anhält, ohne Aufenthalt der Post, sofort einsteigen. Gepäck von solchen Reisenden kann nur insoweit zugelassen werden, als dasselbe ohne Belästigung der anderen Passagiere im Personenraum leicht untergebracht werden kann. Die Packräume des Wagens dürfen dabei nicht geöffnet werden, auch ist jedes längere Anhalten der Post unstatthaft. b) An Haltestellen.

IX Wünschen Reisende sich die Beförderung mit der Post von einer Postanstalt ohne Station oder von einer Haltestelle ab zu sichern, so müssen sie sich bei der vorliegenden Postanstalt mit Station melden, von dort ab einen Platz nehmen und das Personengeld dafür erlegen.

---

*) Anmerk. Soweit die Haltestellen noch nicht überall regulirt sind, bewendet es bis dahin bei den bestehenden Verhältnissen.

§ 46.

Personen, welche von der Reise mit der Post ausgeschlossen sind.

I Von der Reise mit der Post sind ausgeschlossen:

1. Kranke, welche mit epileptischen oder Gemüthsleiden, mit ansteckenden oder Ekel erregenden Uebeln behaftet sind,
2. Personen, welche durch Trunkenheit, durch unanständiges oder rohes Benehmen, oder durch unanständigen oder unreinlichen Anzug Anstoß erregen,
3. Gefangene,
4. Erblindete Personen ohne Begleiter, und
5. Personen, welche Hunde oder geladene Schießwaffen mit sich führen.

§ 47.

Passagierbillet.

I Geschieht die Meldung zur Reise bei einer Postanstalt, so erhält der Reisende gegen Entrichtung des Personengeldes das Passagierbillet.

II Bei durchgehenden Posten kann die Abfahrtszeit nur mit Rücksicht auf die Zeit des Eintreffens der anschließenden Posten oder Eisenbahnzüge angegeben werden, und es liegt dem Reisenden ob, die möglichst frühe Abgangszeit zur Richtschnur zu nehmen.

III Die Nummer des Passagierbillets richtet sich nach der Reihenfolge, in welcher die Meldung zur Mitreise geschehen ist; doch steht es Jedermann frei, bei der Meldung unter den im Hauptwagen noch unbesetzten Plätzen sich einen bestimmten Platz zu wählen.

IV Personen, die sich an Haltestellen gemeldet haben und aufgenommen worden sind, können ein Passagierbillet erst bei der nächsten Postanstalt ausgestellt erhalten, und haben bei dieser Postanstalt oder, wenn sie nicht so weit fahren, an den Conducteur oder Postillon das Personengeld zu entrichten.

§ 48.

Grundsätze der Personengeld-Erhebung.

I Das Personengeld wird erhoben, entweder

a) nach der von dem Reisenden mit der Post zurückzulegenden Entfernung, unter Anwendung des für den Cours pro Meile angeordneten Satzes, oder
b) nach dem für einen bestimmten Cours angeordneten Localsatze.

II Das Personengeld kommt bei der Meldung bis zum Bestimmungsorte zur Erhebung, sofern dieser auf dem Course liegt und sich daselbst eine Postanstalt befindet.

III Will der Reisende seine Reise über den Cours hinaus oder auf einem Seitencourse fortsetzen, so kann das Personengeld nur bis zu dem Endpunkte oder bis zu dem Uebergangspunkte des Courses erlegt werden; der Reisende kann auch nur bis zu diesen Punkten das Passagierbillet erhalten und muß sich dort wegen Fortsetzung der Reise von Neuem melden und einen Platz lösen, sofern nicht wegen Durcherhebung des Personengeldes Einrichtungen getroffen worden sind.

a) Bei Reisen nach Zwischenorten.

IV Für Plätze, welche bei einer Postanstalt zur Reise bis zu einem zwischen zwei Stationen auf dem Course gelegenen Orte (Zwischenorte) genommen werden, kommt, gleichviel, ob sich in diesem Zwischenorte eine Postanstalt befindet, oder nicht, das Personengeld nach der wirklich zurückzulegenden Meilenzahl, als Minimum jedoch der Betrag von 3 Sgr. bez. 11 Kr., zur Erhebung.

V Für die Beförderung von Haltestellen ab wird, sofern die dort zugehenden Personen sich nicht etwa einen Platz von der vorliegenden Station ab gesichert haben, das Personengeld nach Maßgabe der wirklichen Entfernung bis zur nächsten Station, oder, wenn die Reisenden schon vorher an einem Zwischenorte abgehen, bis zu diesem erhoben. In diesem Falle kommt jedoch als Minimum der Betrag von 3 Sgr. bz. 11 Kr. zur Erhebung.

b) Bei Reisen von Haltestellen aus.

VI Wollen an Haltestellen zugegangene Personen mit derselben Post von der nächsten Station ab weiter befördert werden, so haben sie dort den Platz für die weitere Reise zu lösen.

VII Für ein Kind in dem Alter unter und bis zu drei Jahren wird ein Betrag nicht erhoben. Dasselbe darf jedoch keinen besonderen Wagenplatz einnehmen, sondern muß auf dem Schooße einer erwachsenen Person, unter deren Obhut es reist, mitgenommen werden.

c) Für Kinder.

VIII Für ein Kind in dem Alter über drei Jahre ist das volle Personengeld zu erheben, und ein besonderer Platz zu bestimmen. Nehmen jedoch Familien einen der abgeschlossenen Wagenräume oder auch nur eine Sitzbank ganz ein, so kann ein Kind bis zum Alter von 8 Jahren unentgeltlich, zwei Kinder aber können für das Personengeld für nur eine Person befördert werden, insofern die betreffenden Personen mit den Kindern sich auf die von ihnen bezahlten Sitzplätze beschränken. Diese Vergünstigung kann nur für den Hauptwagen unbedingt, für Beichaisen aber nur insoweit zugestanden werden, als auf Beibehaltung der ursprünglichen Plätze zu rechnen ist.

IX Die bei der Berechnung des Personengeldes sich ergebenden Bruchtheile eines Silbergroschens werden auf ¼, ½, ¾ oder ganze Silbergroschen abgerundet. In den Gebieten mit anderer als der Thaler- und Silbergroschen-Währung erfolgt die Berechnung nach der landesüblichen Münzwährung. Stellen sich hierbei Bruchtheile heraus, so erfolgt die Erhebung mit dem nächst höheren darstellbaren Betrage.

§ 49.

Erstattung von Personengeld.

I Die Erstattung von Personengeld an die Reisenden findet stets statt, wenn die Postanstalt die durch die Annahme des Reisenden eingegangene Verbindlichkeit ohne dessen Verschulden nicht erfüllen kann. Die Erstattung von Personengeld soll auch dann zulässig sein, wenn der Reisende an der Benutzung der Post aus irgend einem andern Grunde verhindert ist und die Erstattung mindestens 15 Minuten vor dem planmäßigen Abgange der Post beantragt.

II Die Erstattung erfolgt, gegen Rückgabe des Passagierbillets und gegen Quittung, mit demjenigen Betrage des Personengeldes, welcher von dem Reisenden für die mit der Post noch nicht zurückgelegte Strecke erhoben worden ist.

§ 50.

Verbindlichkeit der Reisenden in Betreff der Abreise.

I Die Passagiere müssen vor dem Posthause oder an den sonst dazu bestimmten Stellen den Wagen besteigen und an diesen Stellen zu der im Passagierbillet bezeichneten Abgangszeit sich zur Abreise bereit halten, auch das Passagierbillet zu ihrer Legitimation bei sich führen, widrigenfalls sie es sich selbst beizumessen haben, wenn aus dem Grunde, weil sie sich auf das vom Postillon gegebene Signal zur Abfahrt nicht gemeldet haben, oder weil sie sich zur Mitreise nicht legitimiren können, ihre Ausschließung von der Mit- oder Weiterreise erfolgt und sie des bezahlten Personengeldes verlustig gehen. Haben dergleichen Reisende Reisegepäck auf der Post, so wird solches bis zu der Postanstalt, auf welche das Passagierbillet lautet, befördert, und bis zum Eingange der weitern Bestimmung von Seiten der zurückgebliebenen Personen aufbewahrt.

§ 51.

Plätze der Reisenden.

I Die Ordnung der Plätze im Hauptwagen ergibt sich aus den Nummern über den Sitzplätzen.

II In Absicht auf die Folge der Plätze in den Beichaisen gilt als Regel, daß zuerst die Eckplätze des Kabriolets, der Vorderbank und der Rückbank, dann in derselben Reihenfolge die Mittelplätze kommen.

III Geht unterwegs ein Reisender ab, so rücken die nach ihm folgenden Personen sämmtlich um eine Nummer in dem Hauptwagen und in den Beichaisen vor. Leistet ein Reisender bei einem unterwegs eintretenden Wechsel in den Plätzen auf das Vorrücken Verzicht, um den bei seiner Anmeldung gewählten oder ihm ertheilten bisherigen Platz zu behalten, so ist ihm dies, sobald er seinen ursprünglichen Platz im Hauptwagen hat, unbedingt, wenn sich jedoch der Platz in einer Beichaise befindet, nur so lange gestattet, als nach Maßgabe der Gesammtzahl der Reisenden noch Beichaisen gestellt werden müssen. Der erledigte Platz geht alsdann auf den in der Reihenfolge der Billets zunächst kommenden Reisenden über, dergestalt, daß bei weiterer Verzichtleistung der zuletzt eingeschriebene Reisende verpflichtet ist, den sonst ledig bleibenden Platz einzunehmen. Ein Reisender, welcher auf das Vorrücken verzichtet hat, kann bei einer spätern Veränderung in der Personenzahl und namentlich, wenn die Beichaisen ganz eingehen, auf die frühere Reihenfolge keinen Anspruch machen, sondern nur nach der freiwillig beibehaltenen Nummer vorrücken.

a) Bei dem Zugange auf einer unterwegs gelegenen Postanstalt.

IV Die bei einer unterwegs gelegenen Postanstalt hinzutretenden Personen stehen den vom Course kommenden und weiter eingeschriebenen Reisenden in der Reihenfolge der Plätze nach. Läßt sich ein mit der Post ankommender Reisender zu derselben Post weiter einschreiben, so verliert er den bis dahin eingenommenen Platz, und muß den letzten Platz nach den dort hinzutretenden und bereits vor ihm angenommenen Reisenden einnehmen.

b) Bei dem Uebergange auf einen andern Cours.

V Die Reisenden, welche von einem Course auf einen andern übergehen, stehen den für den letzten Cours bereits eingeschriebenen Reisenden hinsichtlich des Platzes nach. Etwaige Abweichungen hiervon bei Coursen mit fremden Postanstalten, sowie bei solchen Coursen, wo eine Durcherhebung des Personengeldes stattfindet, richten sich nach den für solche Course gegebenen besonderen Bestimmungen.

c) Bei Reisen nach Zwischenorten.

VI Reisende, welche die Post nach einem zwischen zwei Stationen belegenen Orte benutzen wollen, müssen, sobald durch ihren Abgang unterwegs eine Beichaise eingehen kann, allen bis zur nächsten Station eingeschriebenen Reisenden nachstehen und die Plätze in der Beichaise einnehmen.

d) Bei Reisen von Haltestellen aus.

VII Reisende, welche von den Conducteuren oder Postillonen unterwegs an Haltestellen aufgenommen worden sind, stehen bei der Weiterreise über die nächste Station hinaus den bei dieser zutretenden Reisenden hinsichtlich des Platzes nach.

VIII Ueber Differenzen zwischen den Reisenden wegen der von ihnen einzunehmenden Plätze hat der expedirende Beamte der Postanstalt nach den vorangeschickten Grundsätzen zu entscheiden. Beruhigen sich die Reisenden bei dieser Entscheidung nicht, so steht ihnen frei, die nochmalige Erörterung der Differenz bei dem Vorsteher der Postanstalt nachzusuchen, sofern solches, ohne den Lauf der Post zu verzögern, thunlich ist. Der getroffenen Entscheidung haben sich die betreffenden Reisenden, vorbehaltlich der Beschwerde, zu unterwerfen.

§ 52.

I Jedem Reisenden ist die Mitnahme seines Reisegepäcks insoweit unbeschränkt gestattet, als die einzelnen Gegenstände zur Versendung mit der Post geeignet sind (vergl. §§ 1, 12 und 13). Reisegepäck.

II Kleine Reisebedürfnisse, welche ohne Belästigung der anderen Passagiere in den Netzen und Taschen des Wagens oder zwischen den Füßen und unter den Sitzen untergebracht werden können, dürfen die Reisenden unter eigener Aufsicht bei sich führen.

III Andere Reise-Effecten müssen der Postanstalt zur Verladung übergeben werden. Die directe Uebergabe derselben von den Reisenden an Conducteure und Postillone ist an Orten, an welchen sich Postanstalten befinden, unzulässig. Das Reisegepäck muß, wenn dafür ein bestimmter Werth angegeben wird, den für andere mit der Post zu versendende Werthgegenstände gegebenen Bestimmungen entsprechend verpackt, versiegelt und signirt sein; die Signatur muß, außer dem Worte: „Passagiergut", den Namen des Reisenden, den Ort, bis zu welchem die Einschreibung erfolgt ist, und die Werthangabe enthalten. Bei Reisegepäck ohne Werthangabe bedarf es einer Signatur nicht.

IV Das Reisegepäck, soweit dasselbe nicht aus kleinen Reisebedürfnissen besteht, muß spätestens 15 Minuten vor der Abfahrt der betreffenden Post, unter Vorzeigung des Passagierbillets, bei der Postanstalt eingeliefert werden. Erfolgt die Einlieferung später, so hat der Reisende auf die Mitbeförderung des Gepäcks nur dann zu rechnen, wenn durch dessen Annahme und Verladung der Abgang der Post nicht verzögert zu werden braucht. Soweit Reisende von einer Post auf die andere oder von einem Bahnzuge auf die Post unmittelbar übergehen, wird das Gepäck stets umexpedirt, so lange es überhaupt noch möglich ist, den Reisenden zu der Weiterfahrt mit der Post, ohne Versäumniß, anzunehmen.

V Der Reisende erhält über das eingelieferte Reisegepäck eine Bescheinigung (Gepäckschein). Der Reisende hat den Gepäckschein aufzubewahren. Die Auslieferung des Reisegepäcks erfolgt nur gegen Rückgabe des Gepäckscheins.

§ 53.

I Jedem Reisenden ist auf das der Post übergebene Passagiergepäck ein Freigewicht von 30 Pfund bewilligt. Wo auf einzelnen Posten ein höheres Freigewicht auf Reisegepäck zugestanden ist, behält es bei den desfallsigen besonderen Bestimmungen sein Bewenden. Ueberfrachtporto und Versicherungsgebühr.

II Für das Mehrgewicht des Reisegepäcks ist bei der Einlieferung Ueberfrachtporto zu entrichten; dasselbe beträgt, nach Maßgabe derjenigen Entfernung, welche der Personengeld-Erhebung zum Grunde gelegt wird, für jede 5 Pfund und jede Meile 2 Pfennige. Dabei werden Gewichtsbeträge unter 5 Pfund für 5 Pfund und Entfernungen unter einer Meile für eine Meile gerechnet.

III Wird der Werth des Passagiergepäcks angegeben, so wird die Versicherungsgebühr für jedes Stück selbstständig erhoben. Hierbei werden die Abstufungen und Sätze der Versicherungsgebühr in Anwendung gebracht, welche für Postsendungen mit Werthangabe gelten.

IV Ist das Passagiergut mehrerer Reisenden, welche ihre Plätze auf ein Billet genommen haben, zusammengepackt, so ist bei Ermittelung des Ueberfracht-Portos das Freigewicht für die auf dem Billet vermerkte Anzahl von Personen nur dann von dem Gesammtgewichte des Gepäcks in Abzug zu bringen, wenn die Personen zu ein und derselben Familie, oder zu ein und demselben Hausstande gehören.

V Die Erstattung von Ueberfracht-Porto und etwaiger Versicherungsgebühr regelt sich nach denselben Grundsätzen, wie die Erstattung von Personengeld.

VI Die bei der Berechnung des Ueberfracht-Portos und der Versicherungsgebühr sich ergebenden Bruchtheile eines Silbergroschens werden auf ¼, ½, ¾ oder ganze Silbergroschen abgerundet. In den Gebieten mit anderer als der Thaler- und Silbergroschen-Währung sind die sich ergebenden Beträge in die landesübliche Münzwährung möglichst genau umzurechnen. Stellen sich hierbei Bruchtheile heraus, so erfolgt die Erhebung mit dem nächst höheren darstellbaren Betrage.

§ 54.

Disposition des Reisenden über das Reisegepäck unterwegs.

I. Dem Reisenden kann die Disposition über das der Post übergebene Reisegepäck nur während des Aufenthalts an Orten, wo sich eine Postanstalt befindet, und gegen Rückgabe oder Hinterlegung des Gepäckscheins gestattet werden.

II Reisende nach Zwischenorten müssen ihr Reisegepäck bei der vorliegenden Postanstalt in Empfang nehmen, von wo ab die Postverwaltung dafür Garantie nicht mehr leistet.

§ 55.

Passagierstuben.

I Bei den Postanstalten werden nach Bedürfniß Passagierstuben unterhalten. Der Aufenthalt in den Passagierstuben ist den Reisenden gestattet:

1. am Abgangsorte: eine Stunde vor der Abgangszeit,
2. auf der Reise mit derselben Post: während der Abfertigung auf jeder Station,
3. an den Endpunkten der Reise: eine Stunde nach der Ankunft, und
4. beim Uebergange von einer Post auf die andere: während 3 Stunden.

II Personen, welche die Reisenden bis zur Post begleiten, oder welche die Ankunft der Post erwarten wollen, kann der Aufenthalt in den Passagierstuben nur ausnahmsweise und in geringer Zahl gestattet werden.

Beschwerdebuch.

III Beschwerden, welche die Reisenden nicht unmittelbar bei einer Postbehörde anbringen wollen, können in ein Beschwerdebuch eingetragen werden. Dieses Buch befindet sich im Postbüreau und wird den Reisenden auf Verlangen jederzeit vorgelegt.

§ 56.

Verhalten der Reisenden auf den Posten.

I Jeder Reisende steht unter dem Schutze der Postbehörden.

II Andererseits ist es die Pflicht eines jeden Reisenden, sich in die zur Aufrechthaltung des Anstandes, der Ordnung und der Sicherheit auf den Posten und in den Passagierstuben getroffenen Anordnungen zu fügen.

III Das Rauchen in den inneren Räumen der Postwagen ist nur gestattet, wenn sich in demselben Raume Personen weiblichen Geschlechts nicht befinden, und die anderen Mitreisenden ihre Zustimmung zum Rauchen gegeben haben.

IV Passagiere, welche die für Aufrechthaltung des Anstandes, der Ordnung und der Sicherheit auf den Posten und in den Passagierstuben getroffenen Anordnungen verletzen, können von der betreffenden Postanstalt, unterwegs von dem Conducteur, von der Mit- oder Weiterreise ausgeschlossen und aus dem Postwagen entfernt werden. Erfolgt die Ausschließung unterwegs, so haben dergleichen Reisende ihr Reisegepäck bei der nächsten Postanstalt abzuholen. Sie gehen des gezahlten Personengeldes und des Ueberfracht-Portos verlustig.

§ 57.

I Trinkgelder u. s. w. an den Conducteur oder an den Postillon sind nicht zu zahlen. Trinkgeld.

Vierter Abschnitt.

Extrapost- und Courierbeförderung.

§ 58.

I Die Gestellung von Extrapost- und Courierpferden kann nur auf den Straßen verlangt werden, auf welchen die Postverwaltung es übernommen hat, Reisende mit Extrapost- und Courierpferden zu befördern. Allgemeine Bestimmungen.

II Auf diesen Straßen erstreckt sich die Verpflichtung der Posthalter zur Gestellung von Extrapost- und Courierpferden nur auf die Beförderung von Reisenden mit ihrem Gepäck.

III Ausnahmsweise können jedoch auch zu Fuhren, bei welchen die Beförderung von Gegenständen die Hauptsache ist, Extrapost- und Courierpferde gestellt werden, sofern die Gegenstände von einer Person begleitet und beaufsichtigt werden, und ihr Transport überhaupt ohne Gefahr und Nachtheil bewerkstelligt werden kann.

IV Die Posthalter sind nicht verpflichtet, zu den eigenen oder gemietheten Pferden der Reisenden Vorspannpferde herzugeben.

§ 59.

I An Vergütung für die Pferde ist auf die Meile zu zahlen: Zahlungssätze.

für ein Extrapostpferd . . . . 15 Sgr. a) Für die Pferde.

für ein Courierpferd . . . . 20 Sgr.

II Das Wagengeld beträgt ohne Unterschied der Gattung des Wagens b) Wagengeld.

oder Schlittens pro Meile . . . . 7½ Sgr.

III Für diese Zahlung muß der Posthalter für seine Station zugleich die zur Befestigung des Reisegepäcks etwa erforderlichen Stricke herleihen.

IV Größere als viersitzige Wagen oder Schlitten herzugeben, sind die Posthalter nicht verpflichtet.

V Die Befugniß, Stationswagen zur Weiterreise über den Punkt hinaus zu benutzen, wo der nächste Pferdewechsel stattfindet, können Reisende nur durch ein Privat-Abkommen mit dem Posthalter erlangen, welcher den Wagen herzugeben sich bereit finden läßt, und dessen Sorge es überlassen bleibt, die Rückbeförderung des ledigen Wagens auf seine Kosten zu bewirken.

VI Die Wagenmeistergebühr oder das Schmiergeld beträgt für jeden Extrapost- oder Courierwagen auf jeder Station 2½ Sgr. c) Wagenmeistergebühr.

VII Auf Relais und anderen Punkten, als den wirklichen Stationen, findet die Erhebung der Wagenmeistergebühr nicht statt.

d) Schmiergeld.

VIII An Schmiergeld ist zu zahlen 2½ Sgr. für jeden Wagen, und zwar auch dann, wenn der Reisende das Material selbst hergibt.

IX Das Schmiergeld wird nur gezahlt, wenn wirklich geschmiert und der Wagen nicht von der Post gestellt ist.

e) Erleuchtungskosten.

X Auf Verlangen der Reisenden sind die Posthalter verpflichtet, die Wagen zu erleuchten.

XI Für die Erleuchtung zweier Laternen werden 2 Sgr. für jede Stunde der reglementsmäßigen Beförderungszeit erhoben. Ueberschießende Minuten werden für eine halbe Stunde gerechnet.

XII Die Erleuchtungskosten müssen stationsweise da, wo die Erleuchtung verlangt wird, von den Reisenden vor der Abfahrt mit den anderen Gebühren berichtigt werden.

f) Chausseegeld und sonstige Communications-Abgaben.

XIII Das etwaige Chausseegeld, sowie die sonstigen Communications-Abgaben werden nach den betreffenden, zur öffentlichen Kenntniß gebrachten Tarifen erhoben.

g) Postillonstrinkgeld.

XIV Das Postillonstrinkgeld beträgt bei einer Bespannung

mit 2 Pferden auf die Meile	5	Sgr.
mit 3 oder 4 Pferden auf die Meile	7½	„
mit mehr Pferden für jeden Postillon auf die Meile . .	7½	„

XV Unentgeltlich hergegebene Mehrbespannung kommt bei Berechnung des Chausseegeldes und Postillonstrinkgeldes nicht in Betracht.

h) Rückbenutzung einer Extrapost.

XVI Extrapostreisende, die sich am Bestimmungsorte ihrer Reise nicht über sechs Stunden aufhalten, haben, wenn sie mit den auf der Tourreise benutzten Pferden bz. Wagen einer Station die Rückfahrt bis zu dieser Station bewirken wollen, und sich vor der Abfahrt darüber erklären, für die Rückfahrt nur die Hälfte der nach den Sätzen unter a, b, c und g sich ergebenden Beträge zu entrichten, als Minimum jedoch für die ganze Fahrt die Kosten für eine Tourbeförderung von 2 Meilen.

XVII Eine Entschädigung für das sechsstündige Stillager des Gespannes und des Postillons ist nicht zu zahlen.

XVIII Der Antritt der Rückfahrt darf erst nach Ablauf von so viel Stunden, als die Station Meilen hat, erfolgen.

XIX Will der Reisende auf der Rückfahrt eine andere Straße nehmen, als auf der Tourfahrt, so wird die ganze Fahrt als eine Rundreise angesehen, auf welche vorstehende Bestimmungen nicht Anwendung finden.

XX Bei Courierreisen finden die Vergünstigungen für die Rückfahrt nicht statt.

i) Vorausbestellung von Extrapost- oder Courierpferden.

XXI Reisende können durch Laufzettel Extrapost- oder Courierpferde vorausbestellen. Die Wirkung der Pferdebestellung beschränkt sich auf 24 Stunden, für welche der Reisende auch bei gänzlich unterbliebener Benutzung der Pferde nur das Wartegeld zu zahlen verbunden ist. In dem Laufzettel muß Ort, Tag und Stunde der Abfahrt, die Zahl der Pferde und die Reiseroute mit Benennung der Stationen angegeben, auch bemerkt werden, ob die Reise im eigenen Wagen erfolgt, oder ob ein offener, ein ganz- oder halbverdeckter Stationswagen verlangt wird, sowie ob und mit welchen Unterbrechungen die Reise stattfinden soll. Die Abfassung solcher Laufzettel ist Sache des Reisenden. Die Postverwaltung hält sich an denjenigen, welcher den Laufzettel unterschrieben hat. Ist der Reisende nicht am Orte ansässig, oder sonst nicht hinlänglich bekannt, so muß er seinen Stand und Wohnort angeben, und erforderlichen Falls sich legitimiren.

XXII Für Beförderung eines Laufzettels mit den Posten behufs Vorausbestellung von Extrapost- oder Courierpferden ist eine Gebühr nicht zu entrichten.

XXIII Jeder Extrapostreisende, welcher sich an einem unterwegs gelegenen Orte länger als eine halbe Stunde aufhalten will, ist verpflichtet, hiervon der betreffenden Postanstalt vor der Abfahrt Nachricht zu geben. h) Wartegeld. Beim Aufenthalt der Reisenden unterwegs.

XXIV Dauert der Aufenthalt über eine Stunde, so ist von der fünften Viertelstunde an ein Wartegeld von 2½ Sgr. pro Pferd und Stunde zu entrichten.

XXV Ein längerer Aufenthalt als 24 Stunden darf nicht stattfinden.

XXVI Für vorausbestellte Pferde ist, wenn von denselben nicht zu der Zeit Gebrauch gemacht wird, zu welcher die Bestellung erfolgt ist, pro Pferd und Stunde ein Wartegeld von 2½ Sgr. auf die Zeit des vergeblichen Wartens Bei verspäteter Abfahrt.

a) bei weiterher kommenden Reisenden von der siebzehnten Viertelstunde an gerechnet,

b) bei im Orte befindlichen Reisenden von der fünften Viertelstunde an gerechnet,

zu entrichten.

XXVII Benutzt ein im Orte befindlicher Reisender die bestellten Extrapost-Pferde nicht, so hat derselbe, wenn die Abbestellung vor der Anspannung erfolgt, keine Entschädigung, wenn dagegen die Pferde zur Zeit der Abbestellung bereits angespannt waren, den Betrag des reglementsmäßigen Extrapost- rc., Wagen- und Trinkgeldes für eine Meile, sowie die ganze Wagenmeistergebühr als Entschädigung zu entrichten. l) Abbestellung von Extraposten rc.

XXVIII Der Reisende kann verlangen, daß ihm auf langen oder sonst beschwerlichen Stationen auf vorhergegangene schriftliche Bestellung Pferde und Wagen entgegengesandt und möglichst auf der Hälfte des Weges, insofern dort ein Unterkommen zu finden ist, aufgestellt werden. Für die Beförderung solcher Bestellungen mit den Posten ist eine Gebühr nicht zu entrichten. m) Entgegensendung von Extrapostpferden und Wagen.

XXIX Die Bestellung muß die Stunden enthalten, zu welchen die Pferde und Wagen auf dem Relais bereit sein sollen. Trifft der Reisende später ein, so ist von der siebzehnten Viertelstunde an das reglementsmäßige Wartegeld zu zahlen.

XXX Für die Beförderung der Reisenden wird erhoben:

1. das reglementsmäßige Extrapost- rc., Wagen- und Trinkgeld,
   a) wenn die Entfernung von einem Pferdewechsel zum andern mehr als 2 Meilen beträgt, nach der wirklichen Entfernung,
   b) wenn solche weniger als 2 Meilen beträgt, nach dem Satze für 2 Meilen,
2. die einfache Wagenmeistergebühr, welche von der Postanstalt am Stations-Abgangsorte der Extrapost zu berechnen ist.

Für das Hinsenden der ledigen Pferde und Wagen wird,

1. wenn mit denselben die Fahrt nach derjenigen Station, wohin die Pferde gehören, zurückgelegt wird, keine Vergütung gezahlt.

Geht aber

2. die Fahrt nach irgend einem andern Orte, gleichviel, ob auf einer Postroute oder außerhalb derselben, so müssen entrichtet werden:
   a) für das Hinsenden der ledigen Pferde und Wagen von der Station bis zum

Orte der Abfahrt die Hälfte des reglementsmäßigen Extrapost- ꝛc., Wagen- und Trinkgeldes nach der wirklichen Entfernung,

b) für die Beförderung des Reisenden der volle Betrag dieser reglementsmäßigen Gebühren,

c) für das Zurückgehen der ledigen Pferde und Wagen von dem Orte ab, wohin die Extrapost ꝛc. gebracht worden ist, bis zu der Station, zu welcher die Pferde gehören, die Hälfte des reglementsmäßigen Extrapost- ꝛc., Wagen- und Trinkgeldes für denjenigen Theil des Rückweges, der übrig bleibt, wenn die Entfernung abgerechnet wird, auf welcher die Extrapost- ꝛc. Beförderung stattgefunden hat.

n) Extraposten ꝛc. nach Orten unter 2 Meilen.

XXXI Für Extraposten ꝛc. nach Orten unter 2 Meilen werden die Gebühren für eine Entfernung von 2 Meilen erhoben.

o) Extraposten ꝛc., welche über eine Station hinaus benutzt werden.

XXXII Wenn die Reise an einem Orte endigt, welcher nicht über eine Meile hinter oder seitwärts einer Station liegt, so hat der Reisende nicht nöthig, auf der letzten Poststation die Pferde zu wechseln, vielmehr müssen ihm auf der vorletzten Station die Pferde gleich bis zum Bestimmungsorte gegen Entrichtung der reglementsmäßigen Sätze für die wirkliche Entfernung, jedoch mindestens für 2 Meilen, gegeben werden.

XXXIII Geht die Fahrt von einer Station bez. von einem Eisenbahn-Haltpunkte ab und über eine Station hinaus, welche nicht über eine Meile vom Abfahrtsorte entfernt liegt, so kann über diese Station ohne Pferdewechsel ebenfalls gegen Entrichtung der reglementsmäßigen Sätze für die wirkliche Entfernung, jedoch mindestens für 2 Meilen, hinausgefahren werden.

p) Berechnung der Fünftelmeilen und der Bruchpfennige, sowie Umrechnung.

XXXIV Wegen Berechnung der Fünftelmeilen und der Bruchpfennige, sowie wegen Umrechnung der Beträge an Extrapost- ꝛc. Gebühren in den Gebieten mit anderer, als der Thaler- und Silbergroschen-Währung gelten die Vorschriften im § 44 Abs. XIX und XXI.

q) Ausnahmsweise Anwendung anderer als der oben angegebenen Tarifsätze.

XXXV Auf denjenigen Stationen, wo der Posthalter auf Grund seines Postfuhrcontractes für die Beförderung von Extraposten und Courieren höhere als die oben angegebenen Vergütungssätze beanspruchen kann, sind bis zum Ablaufe des Contractes die in demselben stipulirten Vergütungssätze bei der Berechnung und Erhebung des Extrapost- ꝛc. Geldes zur Anwendung zu bringen.

r) Extrapostarif.

XXXVI In dem Postbüreau einer jeden zur Gestellung von Extrapost- oder Courierpferden bestimmten Station befindet sich ein Extrapostarif, dessen Vorlegung der Reisende verlangen, und aus welchem derselbe den, für jede Station zu zahlenden Betrag des Postgeldes und aller Nebenkosten ersehen kann.

§ 60.

Zahlung und Quittung.

I Die Gebühren für die Extrapost- oder Courierreisen müssen, mit Ausschluß des Trinkgeldes, welches erst nach zurückgelegter Fahrt dem Postillon gezahlt zu werden braucht, in der Regel stationsweise vor der Abfahrt entrichtet werden.

II Jedem Reisenden muß über die gezahlten Extrapost- ꝛc. Gelder und Nebenkosten unaufgefordert eine Quittung ertheilt werden. Der Reisende muß sich auf Erfordern über die geschehene Bezahlung der Extrapost- ꝛc. Gelder und Nebenkosten durch Vorzeigung der Quittung legitimiren, und hat solche daher zur Vermeidung von Weitläufigkeiten bis zu dem Orte bei sich zu führen, bis wohin die Kosten bezahlt sind. Unterläßt er solches, so hat er unter Umständen zu gewärtigen, daß in zweifelhaften Fällen seine Beförderung bis zur Aufklärung über die Höhe des eingezahlten Betrages unterbrochen oder nochmalige Zahlung von ihm verlangt wird.

III Die Entrichtung der Extrapost- rc. Gelder für alle Stationen einer gewissen Route auf einmal bei der Abfahrt am Abgangsorte ist nur auf solchen Coursen statthaft, auf welchen wegen der Vorausbezahlung hierauf berechnete Einrichtungen bestehen.

IV Macht der Reisende von einer solchen Vergünstigung Gebrauch, so hat derselbe für die Besorgung der Kassen-, Buch- und Rechnungsführung, und zwar für jeden Transport, welcher die Ausstellung eines besonderen Begleitzettels erfordert, eine gleichzeitig mit dem Extrapostgelde zu erhebende Rechnungsgebühr zu zahlen. Dieselbe beträgt für Extraposten und Couriere 10 Sgr.

V Im Fall der Vorausbezahlung werden das Extrapost- rc. Geld und sämmtliche Nebenkosten, als Wagengeld, Wagenmeistergebühr, Chaussee-, Damm-, Brücken- und Fährgeld von der Postanstalt am Abgangsorte für alle Stationen, soweit der Reisende solches wünscht, voraus erhoben; das Postillonstrinkgeld jedoch nur dann, wenn dessen Vorausbezahlung von dem Reisenden gewünscht wird. Das Schmiergeld und die Erleuchtungskosten werden da bezahlt, wo der Wagen des Reisenden wirklich geschmiert wird, bz. wo der Posthalter auf Verlangen des Reisenden für Erleuchtung des Wagens sorgt.

VI Findet der Reisende sich veranlaßt, unterwegs die ursprünglich beabsichtigte Route vor der Ankunft in dem Orte, bis wohin die Vorausbezahlung stattgefunden hat, zu verlassen, oder auf einer Zwischenstation zurückzubleiben, ohne die Reise bis zum Bestimmungsorte fortzusetzen, oder hält sich der Reisende auf einer Zwischenstation länger als 72 Stunden auf, so wird das zu viel bezahlte Extrapostgeld rc. ohne Abzug, jedoch mit Ausnahme der Rechnungsgebühr, dem Reisenden von derjenigen Postanstalt, wo derselbe seine Reise ändert oder einstellt, bz. sich länger als 72 Stunden aufhält, gegen Rückgabe der ihm ertheilten Quittung und gegen Empfangsbescheinigung über den betreffenden Betrag erstattet.

§ 61.

I Die Bespannung richtet sich nach der Beschaffenheit der Wege und der Wagen, sowie nach dem Umfange und der Schwere der Ladung. Bespannung.

II Findet der Wagenmeister oder der Posthalter die von dem Reisenden bestellte Anzahl Pferde für eine normalmäßige Beförderung nicht ausreichend, so ist solches zunächst dem expedirenden Beamten und von diesem dem Reisenden vorzustellen. Kommt keine Vereinigung zu Stande, so steht dem Vorsteher der Postanstalt die Entscheidung zu und bei dieser behält es, unbeschadet des sowohl dem Reisenden als auch dem Posthalter zustehenden Rechtes der Beschwerdeführung bei der Oberpostdirection, sein Bewenden.

III Bei sechs und mehr Pferden müssen zwei Postillone gestellt werden. Bei fünf Pferden hängt es von dem Wunsche des Reisenden ab, ob ein oder zwei Postillone gestellt werden sollen.

IV Der Posthalter darf sich mit dem Reisenden nicht in Erörterungen und Streitigkeiten einlassen, sondern hat seine etwaigen Bedenken und Erinnerungen bei dem expedirenden Beamten anzubringen.

§ 62.

Abfertigung.
a) Bei vorausbestellten Extraposten und Courieren.

I Sind die Pferde bz. Wagen vorausbestellt worden, so müssen sie dergestalt bereit gehalten werden, daß zur bestimmten Zeit abgefahren werden kann.

II Für weiterher kommende Reisende müssen die Pferde schon vor der Ankunft aufgeschirrt stehen, und auf Stationen, auf welchen die Posthalterei über 200 Schritte vom Posthause entfernt liegt, in der Nähe des letzteren aufgestellt werden.

III Die Abfertigung muß, sofern der Reisende sich nicht länger aufhalten will, bei solchen vorausbestellten Extraposten innerhalb 10 Minuten, bei Courieren innerhalb 5 Minuten erfolgen. Wird ein Stationswagen verwendet, so tritt diesen Fristen noch so viel Zeit hinzu, als zur ordnungsmäßigen Aufpackung und Befestigung des Reisegepäcks erforderlich ist.

b) Bei nicht vorausbestellten Extraposten und Courieren.

IV Sind Pferde und Wagen nicht vorausbestellt worden, so müssen Extraposten, wenn der Reisende einen Wagen mit sich führt, innerhalb einer Viertelstunde, und wenn ein Stationswagen gestellt werden muß, innerhalb einer halben Stunde, Courierreisende dagegen, welche einen Wagen mit sich führen, innerhalb 10 Minuten, und wenn ein Stationswagen gestellt wird, innerhalb 20 Minuten weiter befördert werden.

V Auf Stationen, die auf Nebenrouten liegen, auf welchen selten Extraposten und Couriere vorkommen, und wo zu deren Beförderung Postpferde nicht besonders unterhalten werden können, müssen die Reisenden sich denjenigen Aufenthalt gefallen lassen, welcher zur Beschaffung der Pferde nothwendig ist.

c) Reihenfolge.

VI Couriere gehen hinsichtlich der Abfertigung den Extraposten vor.

§ 63.

Beförderungszeit.

I Die Beförderung muß innerhalb der Fristen, welche durch die oberste Postbehörde für die Beförderung der Extraposten und Couriere allgemein vorgeschrieben sind, erfolgen.

II Eine, jene Beförderungsfristen enthaltende Tabelle muß sich in dem Büreau einer jeden zur Gestellung von Extrapost- oder Courierpferden bestimmten Station befinden und dem Reisenden auf Verlangen zur Einsicht vorgelegt werden.

a) Beförderungszeit bei nicht normalmäßiger Bespannung.

III Hat auf Verlangen des Reisenden zwischen diesem und dem Posthalter (durch Vermittelung der Postanstalt) eine Einigung dahin stattgefunden, daß der Reisende durch eine geringere Anzahl von Pferden befördert wird, als nach dem Umfange der Ladung, sowie nach der Beschaffenheit der Wege und der Wagen eigentlich erforderlich waren, so kann derselbe auf das Einhalten der normalmäßigen Beförderungszeit keinen Anspruch machen.

b) Anhalten unterwegs.

IV Beträgt der zurückzulegende Weg nicht über 3 Meilen, so darf der Postillon ohne Verlangen des Reisenden unterwegs nicht anhalten. Bei größerer Entfernung ist ihm zwar gestattet, zur Erholung der Pferde einmal anzuhalten, jedoch darf dies nicht über eine Viertelstunde dauern. Auf diesen Aufenthalt ist bei Feststellung der Beförderungsfrist gerücksichtigt worden, und es muß daher einschließlich desselben die vorgeschriebene Beförderungszeit eingehalten werden. Während des Anhaltens darf der Postillon die Pferde nicht ohne Aufsicht lassen.

§ 64.

Postillon.
a) Montirung.

I Der Postillon muß mit der vorschriftsmäßigen Montirung bekleidet und mit dem Posthorn versehen sein.

II Die Hülfsvorspänner haben zu ihrem Ausweis ein von der obersten Postbehörde festgesetztes Abzeichen zu tragen.

III Bei zweispännigem Fuhrwerk gebührt dem Postillon ein Sitz auf dem Wagen. Ist kein Platz für ihn, so muß der Reisende ein drittes Pferd nehmen. Bei ganz leichtem Fuhrwerk und wenn der leichte Wagen etwa nur mit einem Reisenden besetzt ist, der kein umfangreiches Gepäck mit sich führt, kann jedoch bei kurzen Stationen eine zweispännige Beförderung auch dann stattfinden, wenn ein Postillon vom Sattel fahren muß. b) Sitz des Postillons.

IV Bei drei- und vierspännigem Fuhrwerk muß der Postillon vom Sattel fahren, wenn ihm der Reisende keinen Platz auf dem Wagen gestattet.

V Bei einer Bespannung mit mehr als vier Pferden muß stets lang gespannt und vom Sattel gefahren werden, insofern nicht der Reisende das Fahren vom Bocke verlangt

VI Das Wechseln der Pferde darf, wenn eine Extrapost einer Post begegnet, gar nicht, bei sich begegnenden Extraposten aber nur mit ausdrücklicher Einwilligung der beiderseitigen Reisenden geschehen. c) Wechseln mit den Pferden.

VII Der durch das Wechseln entstehende Aufenthalt muß bei der Fahrt wieder eingeholt werden.

VIII Das Trinkgeld erhält derjenige Postillon, welcher den Reisenden auf die Station bringt.

IX Der Reisende hat zu bestimmen, ob, bei der Ankunft auf der Station, beim Posthause oder bei einem Gasthause oder bei einem Privathause vorgefahren werden soll. Wird nicht beim Posthause vorgefahren, so muß der Postillon, wenn der Reisende es verlangt, die Pferde zur Weiterreise bestellen. d) Vorfahren beim Post- oder Gasthause.

X Dem Postillon allein gebührt es, die Pferde zu führen. Wenn der Reisende oder dessen Leute an dem Postillon Thätlichkeiten verüben, so hat der Postillon die Befugniß, sogleich auszuspannen. Dasselbe gilt, wenn der Reisende die Pferde durch Schläge antreiben sollte. e) Führung der Pferde.

§ 65.

I Sofern der Extrapost- ꝛc. Reisende Anlaß zur Beschwerde hat, steht ihm die Wahl zu, dieselbe in den Begleitzettel einzutragen, oder sich dazu des Beschwerdebuchs (§ 56 Abs. III) zu bedienen. Beschwerden.

§ 66.

I Gegenwärtiges Reglement tritt am 1. Januar 1872 in Kraft.

II Für den innern Postverkehr der Königreiche Bayern und Württemberg findet dasselbe nicht Anwendung.

Berlin, den 30. November 1871.

Der Reichskanzler.

Fürst v. Bismarck.

Tarifbestimmungen.

§ I.

Correspondenzkarten.

Die Gebühr für Correspondenzkarten beträgt ohne Unterschied der Entfernung pro Stück 1 Sgr. bz. 3 Kr. Für Correspondenzkarten mit bezahlter Rückantwort kommt der Satz von 2 Sgr. bz. 6 Kr. in Anwendung.

Unzureichend frankirte Correspondenzkarten, deren sofortige Rückgabe an den Einlieferer nicht möglich ist, werden wie unzureichend frankirte gewöhnliche Briefe behandelt.

Bei der Verwendung der Correspondenzkarten als Formulare zu Drucksachen (§ II.) beträgt das Porto 1/3 Sgr. bz. 1 Kr.

§ II.

Drucksachen.

Das Porto für Drucksachen, welche unter der Adresse bestimmter Empfänger zur Post gegeben werden, beträgt bis zum Gewichte von 250 Grammen ohne Unterschied der Entfernung für je 40 Grammen oder einen Theil davon: 1/3 Sgr. bz. 1 Kr., als Maximum jedoch 2 Sgr. oder 7 Kr.; für derartige Drucksachen über 250 Grammen bis 1 Pfund kommt, ohne Unterschied der Entfernung und des Gewichts, der Satz von 3 Sgr. bz. 11 Kr. in Anwendung.

Dieses Porto kommt für Drucksachen unter Band (Streif- oder Kreuzbandsendungen) oder unter Verschnürung, ferner für Drucksachen, welche in einfacher Art zusammengefaltet und mit Adressen versehen, endlich für solche gedruckte Mittheilungen aller Art zur Anwendung, welche in Form offener Karten an bestimmte Empfänger versandt werden.

In Betreff der Versendung von Drucksachen mit Waarenproben zusammen siehe § III.

Für Drucksachen bis zum Gewichte von 250 Grammen, welche unter der Adresse bestimmter Empfänger zur Post gegeben werden, ist, wenn sie den Bestimmungen des Reglements nicht entsprechen, das volle tarifmäßige Porto für unfrankirte Briefe, jedoch unter Anrechnung der etwa verwendeten Postwerthzeichen, zu entrichten.

Für unzureichend frankirte, an bestimmte Empfänger gerichtete Drucksachen bis zum Gewichte von 250 Grammen wird ebenfalls das volle tarifmäßige Porto für unfrankirte Briefe, unter Anrechnung der verwendeten Postwerthzeichen, in Ansatz gebracht.

Das Porto für Drucksachen, welche in den durch das Reglement vorgeschriebenen Formen als extraordinaire Beilagen solcher Zeitungen und Zeitschriften, die durch die Post debitirt werden, zur Einlieferung gelangen, beträgt für jedes einzelne Beilage-Exemplar 1/18 Sgr. bz. 7/36 Kr. mit der Maßgabe, daß, wenn bei Berechnung des Gesammtbetrages dieser mit kleineren Bruchgroschen als ½ abschließt, dafür ½ Sgr., und wenn bei Berechnung des Gesammtbetrages dieser mit Bruchkreuzern abschließt, dafür 1 Kr. erhoben wird.

§ III.

Waarenproben (Waarenmuster).

Für Waarenproben (Waarenmuster), welche entweder für sich allein oder mit gedruckten Sachen versandt werden, beträgt das Porto ohne Unterschied der Entfernung für je 40 Grammen oder einen Bruchtheil davon: ¼ Sgr. bz. 1 Kr., als Maximum jedoch 2 Sgr. oder 7 Kr.

Für Waarenproben (Waarenmuster), welche den Bestimmungen des Reglements nicht entsprechen, ist das volle tarifmäßige Porto für unfrankirte Briefe, jedoch unter Anrechnung der etwa verwendeten Postwerthzeichen, zu entrichten.

Für unzureichend frankirte Waarenproben (Waarenmuster) wird ebenfalls das volle tarifmäßige Porto für unfrankirte Briefe, unter Anrechnung der verwendeten Postwerthzeichen, in Ansatz gebracht.

§ IV.

Recommandirte Sendungen.

Für recommandirte Sendungen wird, außer dem betreffenden Porto, eine Recommandationsgebühr von 2 Sgr. oder 7 Kr. ohne Rücksicht auf die Entfernung und das Gewicht erhoben.

Für die Beschaffung des Rückscheins ist eine weitere Gebühr von 2 Sgr. oder 7 Kr. vom Absender im Voraus zu entrichten.

§ V.

Postanweisungen.

Die Gebühr für Zahlungen mittelst Postanweisung beträgt:

bei einer Zahlung unter und bis zu 25 Thalern oder 43¾ Gulden einschließlich: 2 Sgr. oder 7 Kr.,

bei einer Zahlung über 25 Thaler oder 43¾ Gulden bis zu 50 Thalern oder 87½ Gulden einschließlich: 4 Sgr. oder 14 Kr.

ohne Unterschied der Entfernung.

Für die bei der Abgabe- (Distributions-) Postanstalt eingelieferten Postanweisungen bis zum Betrage von 50 Thalern oder 87½ Gulden kommt sowohl im Falle der Bestellung durch die Orts- oder Landbriefträger, als auch im Falle der Abholung, ohne Rücksicht darauf, ob der Geldbetrag dem Adressaten mit überbracht wird, der Satz von 2 Sgr. oder 7 Kr. in Anwendung.

§ VI.

Depeschen-Anweisungen.

Der Aufgeber hat zu entrichten:

a) die Postanweisungsgebühr,
b) die Gebühr für das Telegramm,
c) das Expreßbestellgeld für Besorgung der Depesche am Aufgabeorte vom Postbureau bis zur Telegraphen-Station, wenn die Telegraphen-Station sich nicht im Postgebäude mit befindet;

außerdem kommt, insofern die Anweisung nicht poste restante adressirt ist,

d) das Expreßbestellgeld für die Bestellung am Bestimmungsorte zur Erhebung, diese Gebühr kann von dem Absender oder von dem Adressaten eingezogen werden (siehe §§ 19 und 22 des Reglements).

§ VII.

Postvorschüsse.

Für Vorschußsendungen ist, außer dem nachstehend bezeichneten Porto bz. der betreffenden tarifmäßigen Versicherungsgebühr, eine Postvorschußgebühr zu entrichten, welche beträgt:

für jeden Thaler oder Theil eines Thalers: ½ Sgr., im Minimum aber 1 Sgr.,
für jeden Gulden oder Theil eines Guldens: 1 Kr., im Minimum aber 3 Kr.

An Porto für Vorschußsendungen sind zu erheben:

a) für Vorschußbriefe (Correspondenzkarten, Drucksachen und Waarenproben), ohne Unterschied des Gewichts:

bis 5 geographische Meilen . . .	1½	Sgr.
über 5 bis 15 geographische Meilen .	2	„
„ 15 „ 25 „ „ .	3	„
„ 25 „ 50 „ „ .	4	„
„ 50 geographische Meilen . .	5	„

b) für Vorschußpackete das betreffende Porto für das Packet, worin das Porto für den Begleitbrief bereits einbegriffen ist.

§ VIII.

Postmandate.

Die Gebühr für die Einziehung von Geldern durch Postmandate beträgt, einschl. des Portos und der Recommandations-Gebühr, ohne Rücksicht auf die Höhe des Betrages, 5 Sgr. bz. 18 Kr. Für die Uebermittelung des eingezogenen Betrages wird die tarifmäßige Postanweisungsgebühr erhoben. Wird der Betrag nicht eingezogen, so kommt, außer der bei der Aufgabe entrichteten Gebühr, eine weitere Gebühr nicht in Anwendung.

§ IX.

Schreiben mit Behändigungsschein.

Für die bei anderen Postanstalten eingelieferten Schreiben mit Behändigungsschein werden erhoben:

1. das tarifmäßige Porto für den Hinweg des Schreibens,
2. eine Insinuations-Gebühr
   a) von 1 Sgr. bz. 4 Kr., wenn die Absendung von einer Staats- oder Communalbehörde, oder von einem Notar erfolgt,
   b) von 2 Sgr. oder 7 Kr., wenn die Absendung von Privatpersonen erfolgt,
3. das tarifmäßige Porto für die Rücksendung des Behändigungsscheins.

Wird die Recommandation verlangt, so tritt dem tarifmäßigen Porto zu 1 die Recommandations-Gebühr von 2 Sgr. oder 7 Kr. hinzu.

Falls die Insinuation nicht ausgeführt werden kann, kommt nur das tarifmäßige Porto für die Beförderung des Schreibens nach dem Bestimmungsorte bz. die Recommandations-Gebühr in Ansatz.

Für die an Adressaten im Orts- oder Landbestellbezirke der Aufgabe-Postanstalt gerichteten Briefe mit Behändigungsschein kommen in Ansatz:

A. Nach dem Ortsbestellbezirke:

1. die tarifmäßige Bestellgebühr für Briefe im Ortsbestellbezirke der Aufgabe-Postanstalt,
2. eine Insinuationsgebühr nach den vorbezeichneten Sätzen.

Für recommandirte Schreiben mit Behändigungsschein tritt eine Recommandations-Gebühr von 1 Sgr. bez. 4 Kr. hinzu.

B. Nach dem Landbestellbezirke:

1. ein Landbriefbestellgeld von ½ Sgr. bz. 2 Kr.,
2. eine Insinuationsgebühr nach den vorbezeichneten Sätzen.

Für recommandirte Schreiben mit Behändigungsschein tritt eine Recommandations-Gebühr von 1 Sgr. bz. 4 Kr. hinzu.

Falls die Insinuation nicht ausgeführt werden kann, kommt nur das tarifmäßige Bestellgeld und bz. die Recommandations-Gebühr in Ansatz.

§ X.

Laufschreiben wegen Postsendungen.

Die Gebühr für den Erlaß eines Laufschreibens bezüglich eines zur Post gelieferten Gegenstandes beträgt 2 Sgr. oder 7 Kr.

Für Laufschreiben wegen gewöhnlicher Briefe, Correspondenzkarten, Drucksachen oder Waarenproben soll diese Gebühr erst nachträglich und nur in denjenigen Fällen erhoben werden, in welchen die richtig erfolgte Aushändigung der Sendung an den Adressaten festgestellt wird.

Für Laufschreiben wegen anderer Gegenstände ist die Gebühr vor dem Erlaß des Laufschreibens zu entrichten; die Rückerstattung erfolgt, wenn sich ergibt, daß die Reclamation durch Verschulden der Post herbeigeführt worden ist.

Für Laufschreiben, welche portofreie Gegenstände betreffen, wird eine Gebühr nicht erhoben.

§ XI.

Zeitungs-Ueberweisungsgebühr.

Wenn ein Abonnent, welcher eine Zeitung bei einer Postanstalt bezieht, im Laufe des Abonnements die Ueberweisung der Zeitung auf eine andere Postanstalt verlangt, so erfolgt dieselbe gegen eine Ueberweisungsgebühr von 5 Sgr. bz. 18 Kr.

Die Ueberweisungsgebühr kommt eben so oft in Ansatz, als der Abonnent im Laufe des Abonnementstermins die Distributions-Postanstalt gewechselt zu sehen wünscht. Insofern jedoch die Zeitung wieder nach dem Orte überwiesen wird, wo das Abonnement ursprünglich stattgefunden hat, ist für die deßfallsige Ueberweisung eine nochmalige Gebühr nicht zu erheben.

§ XII.

Zeitungsbestellgeld.

Für die Abtragung der im Abonnementswege bezogenen Zeitungen und Zeitschriften sind sowohl nach dem Ortsbestellbezirke als auch nach dem Landbestellbezirke für jedes Exemplar jährlich zu entrichten:

a) bei Zeitungen, welche wöchentlich einmal oder seltener bestellt werden . . . . . . 5 Sgr. bz. 18 Kr.,
b) bei Zeitungen, welche zwei- oder dreimal wöchentlich bestellt werden . . . . 10 Sgr. oder 35 Kr.,
c) bei Zeitungen, welche mehrmals, aber nicht öfter als einmal täglich bestellt werden . . . 15 Sgr. bz. 53 Kr.,

d) bei Zeitungen, welche zweimal täglich bestellt werden . . . . 20 Sgr. oder 1 Gulden 10 Kr.,

e) für die amtlichen Verordnungsblätter . . 5 Sgr. bz. 18 Kr.

Das Zeitungsbestellgeld wird für denjenigen Zeitraum im Voraus erhoben, für welchen die Vorausbezahlung für die betreffende Zeitung 2c. berichtigt ist. Die Zahl der Bestellungen richtet sich danach, wie oft Gelegenheit zur Bestellung vorhanden ist.

§ XIII.

Für die expresse Bestellung von Postsendungen sind zu entrichten:

I. Bei gewöhnlichen und bei recommandirten Briefen, Correspondenzkarten, Drucksachen und Waarenproben, sowie bei Vorschußbriefen:

a) wenn die Bestellung im Ortsbestellbezirke der Postanstalt erfolgt, für jede Sendung 2½ Sgr. bzw. 9 Kr.,

b) wenn die Bestellung im Landbestellbezirke der Postanstalt erfolgt, für jede Sendung pro Meile 7½ Sgr. bzw. 27 Kr., und für jede Fünftelmeile 1½ Sgr. bzw. 6 Kr., im Ganzen jedoch nicht unter 4 Sgr. oder 14 Kr. für jede Bestellung.

II. Bei Briefen mit Werthangabe, bei Packeten und bei Postanweisungen: in allen Fällen, in welchen die Sendungen selbst durch Expressen bestellt werden, der doppelte Betrag der unter I. a. bzw. I. b. bezeichneten Sätze. Dasselbe findet statt, wenn die Geldbeträge der Postanweisungen zugleich mit überbracht werden. Wenn nur die Scheine bzw. die Begleitbriefe oder die Postanweisungen ohne die Geldbeträge zur expressen Bestellung gelangen, so kommt der einfache Betrag des unter I. a. bzw. I. b. bezeichneten Expreßbestellgeldes zur Anwendung.

Bei der gleichzeitigen Abtragung mehrerer Gegenstände an denselben Adressaten durch Expressen ist nur für einen Gegenstand das Bestellgeld zu entrichten, bei Verschiedenartigkeit der Gegenstände für denjenigen, welcher dem höchsten Satze unterliegt; ist das Bestellgeld vorausbezahlt, so tritt eine Erstattung nicht ein. Die Entrichtung des Bestellgeldes für nur einen Gegenstand tritt auch in denjenigen Fällen ein, in welchen ein und dieselbe Person mehrere durch Expressen zu bestellende Sendungen an ein und denselben Adressaten, unter Vorausentrichtung des Expreßbestellgeldes, gleichzeitig einliefert. Es wird dabei vorausgesetzt, daß die Einlieferung nicht durch die Briefkasten, sondern an der Annahmestelle der Postanstalt erfolgt.

§. XIV.

Für nachzusendende Packete, für nachzusendende Briefe mit Werthangabe und für nachzusendende Briefe mit Postvorschuß wird das Porto und bzw. auch die Versicherungsgebühr von Bestimmungsort zu Bestimmungsort zugeschlagen. Für andere Gegenstände findet ein neuer Ansatz nicht statt.

Recommandationsgebühr (§ IV), Gebühr für Postanweisungen (§ V) und Postvorschußgebühr (§ VII) werden bei der Nachsendung nicht noch einmal angesetzt.

§ XV.

Für zurückzusendende Packete, für zurückzusendende Briefe mit Werthangabe und für zurückzusendende Briefe mit Postvorschuß ist das Porto bzw. auch die Versicherungsgebühr für die

Hin- und für die Rücksendung zu entrichten. Für andere Gegenstände findet ein neuer Ansatz nicht statt.

Recommandationsgebühr (§ IV), Gebühr für Postanweisungen (§ V) und Postvorschußgebühr (§ VII) werden bei der Rücksendung nicht noch einmal angesetzt.

§ XVI.

Porto-Contogebühr.

In Fällen, in welchen das Porto gestundet wird, ist dafür eine Contogebühr zu erheben. Dieselbe beträgt:

a) bei einer monatlichen Summe bis zu 50 Thalern einschl.:
   1 Sgr. für jeden Thaler oder Theil eines Thalers, im Minimum aber monatlich 5 Sgr.;
   bei einer monatlichen Summe bis zu 50 Gulden einschl.:
   2 Kr. für jeden Gulden oder Theil eines Guldens, im Minimum aber monatlich 18 Kr.;

b) bei einer monatlichen Summe über 50 Thaler:
   für die ersten 50 Thaler die Gebühr nach obiger Festsetzung für Thaler-Beträge unter a bemessen, und für den über 50 Thaler hinaus gestundeten Betrag: ½ Sgr. für jeden Thaler oder Theil eines Thalers;
   bei einer monatlichen Summe über 50 Gulden:
   für die ersten 50 Gulden die Gebühr nach obiger Festsetzung für Gulden-Beträge unter a bemessen, und für den über 50 Gulden hinaus gestundeten Betrag: 1 Kr für jeden Gulden oder Theil eines Guldens.

In denjenigen Fällen, in welchen auf Antrag eines Correspondenten zur Vermittelung der Abgabe der für ihn eingehenden bzw. der Einlieferung der von ihm abzusendenden gewöhnlichen Briefpostgegenstände und Zeitungen mit den durchgehenden Posttransporten verschlossene Taschen befördert werden, ist für diese Vermittelung eine Gebühr von 5 Sgr. für den Monat zu erheben.

§ XVII.

Nebengebühr für die von den Landbriefträgern eingesammelten, zur Weitersendung bestimmten Gegenstände.

Für die von den Landbriefträgern auf ihren Bestellungsgängen eingesammelten recommandirten Briefe, Correspondenzkarten, Drucksachen und Waarenproben, sowie für Packete, Postanweisungen und Briefe mit Werthangabe kommt, wenn diese Gegenstände zur Weitersendung durch die Postanstalt des Stationsorts des Landbriefträgers nach einer andern Postanstalt bestimmt sind, außer den tarifmäßigen Porto- und sonstigen Gebühren, eine Nebengebühr von ½ Sgr. bz. 2 Kr., welche im Voraus entrichtet werden muß, zur Erhebung.

§ XVIII.

Verkauf von Postwerthzeichen.
a) Freimarken.
b) Franco-Couverts.

Die Freimarken werden von den Postanstalten zu dem Nennwerthe des Stempels an das Publikum abgelassen.

Der Verkaufspreis der Franco-Couverts à 1 Sgr. stellt sich allgemein, ohne Rücksicht auf die besondere landesübliche Münzwährung, auf 13 Silberpfennige pro Stück; die in der Guldenwährung rechnenden Postanstalten erheben für je 3 Stück 10 Kr.

Vom Publikum können fertige Briefcouverts bei der Königlich Preußischen Staatsdruckerei in Berlin behufs Abstempelung mit den Postfrankirungszeichen eingeliefert werden.

Die Abstempelung erfolgt in zwei Werthsorten zu 1 und 2 Silbergroschen. Die anderen Bedingungen, unter welchen die Staatsdruckerei die Abstempelung der Couverts übernimmt, sind im Wesentlichen folgende:

1. Die Einlieferung der zum Abstempeln bestimmten Couverts, sowie die Rücknahme abgestempelter Couverts kann nur durch Personen in Berlin erfolgen. Auswärtige müssen sich daher einer in Berlin wohnenden Mittelsperson bedienen.
2. Das geringste Quantum von Couverts, welches zum Abstempeln in einer Werthsorte angenommen wird, beträgt zehntausend Stück; außerdem ist mit Rücksicht auf unvermeidlichen Ausschuß jedesmal eine Zugabe von 3 Procent beizufügen.
3. Das Couvertpapier muß weiß oder doch so wenig gefärbt sein, daß die Farbe der Werthstempel nicht beeinträchtigt wird.
4. Vor der Entnahme der abgestempelten Couverts ist, außer dem Betrage der Werthstempel, der Kostenbetrag für das Abstempeln mit 17½ Sgr. pro 1000 Stück zu berichtigen.

e) Gestempelte Streifbänder.

Bei einzelnen größeren Postanstalten werden gestempelte Streifbänder zu ⅓ Sgr. bz. zu 1 Kr. zum Verkauf gestellt. Der Absatz findet nur in Partien zu je 100 Stück statt, und zwar mit einem Zuschlage von 3½ Sgr. bz. von 13 Kr. pro 100 Stück. Der Preis beträgt hiernach:

für 100 Streifbänder à ⅓ Sgr. . . . . 36 Sgr. 10 Pf.,
für 100 Streifbänder à 1 Kr. . . . . 1 Gulden 53 Kr.

§ XIX.

Verkauf von Formularen zu Correspondenzkarten, zu Postanweisungen, zu Postmandaten oder zu Postbehändigungsscheinen.

Bei Entnahme der mit Freimarken beklebten Formulare zu Correspondenzkarten oder zu Postanweisungen ist nur der Betrag der Freimarken zu entrichten; das Formular selbst wird unentgeltlich geliefert. Nicht mit Freimarken beklebte Formulare zu Correspondenzkarten oder zu Postanweisungen werden nur in der nachbezeichneten Anzahl verabfolgt:

Correspondenzkarten zu je 5 Stück für ½ Sgr.,
Correspondenzkarten mit bezahlter Rückantwort zu je 5 Stück für ½ Sgr.,
Postanweisungen zu je 5 Stück für ½ Sgr.

Formulare zu Postmandaten, sowie Formulare zu Postbehändigungsscheinen, können bei den Postanstalten zum Preise von ½ Sgr. für 5 Stück bezogen werden

Königlich Bayerisches

Kreis-Amtsblatt der Pfalz.

№ 4. Speier, den 17. Januar 1872.

Inhalt:

Nro. 21504 D. pr. den 10. Januar 1872.

(Die vom Landrathe der Pfalz in der Kreis-Armen- und Krankenanstalt Frankenthal für weibliche Individuen zur Erlernung einer kunstgerechten Krankenwart eröffneten 4 Freiplätze betr.)

Im Namen Seiner Majestät des Königs.

Der Mangel einer vollständig unterrichteten, moralisch und technisch zuverlässigen, weiblichen Krankenwart, welche im Lohndienste zur Hand ist, macht sich in der Pfalz sowohl bei privaten Bedürfnissen der Familien, als für das Allgemeine bei größeren Epidemien und, wie im Vorjahre, bei Kriegsfällen dringlich bemerkbar.

Auf Anregung des Landrathes hat die unterfertigte Stelle bereits im vorigen Jahre Schritte gethan, um geeignete weibliche Individuen zu gewinnen, welche zu diesem edlen, wohlthätigen Berufe der Nächstenliebe Lust und Kräfte in sich fühlen, und zum zeitweisen Eintritte in das Kreis-Armenhaus Frankenthal, als die geeignetste Bildungs- und Unterrichtsstätte bereit sind. Diese Schritte blieben jedoch ohne Erfolg.

Bei seiner diesjährigen Versammlung kam der Landrath auf diesen Gegenstand abermals mit dem Ansuchen an die königl. Regierung zurück, auf daß sie das angestrebte gemeinnützige Ziel im Auge behalten und nach Kräften fördern möge. Um durch Erleichterung des zeitlichen Eintritts solcher Eleven die baldigste Realisation des allgemeinen Zweckes sicherer zu stellen, hat derselbe in jener Anstalt 4 Freiplätze für weibliche Zöglinge bewilligt. Dadurch ist bei freier Station eine ganz kostenfreie Ausbildung zu jenem heilsamen Berufe ermöglicht.

Zur Ausführung werden nunmehr folgende Anordnungen erlassen:

1. In den praktischen Unterrichts- und Uebungscurs am Kreis-Armenhause zu Frankenthal können, be-

ginnend vom 1. Februar 1872, je 4 weibliche Eleven mit unentgeltlicher Wohnung und Verpflegung eintreten, unter der Verpflichtung, zugleich als Aushilfe der ständigen Krankenwart unter Leitung, Aufsicht und Anweisung des ärztlichen Hauspersonals und der zuständigen Oberwärterin nach den Gesetzen der Anstalt zu dienen.

2. Die Dauer der Unterrichtszeit in einem solchen Curse wird vorläufig auf 4 Monate gestellt, nach dessen Vollendung ein zweiter beginnt, so daß im Jahre 12 Schülerinen an die Reihe kommen. — Eine Entlassung ist jederzeit zulässig, sei es wegen offenbarer Untauglichkeit zu diesem Berufe, oder aus disciplinären Gründen, in Folge Beschlusses der Anstalts-Verwaltung benehmlich mit dem Hausarzte, — dem ärztlichen Vorstande des Curses. —

3. Die Schülerinen erhalten während dieser Zeit die sachdienliche praktische Anleitung zur Beobachtung der Kranken ohne Unterschied des Leidens, Alters und Geschlechtes bezüglich jener Momente, welche ein besonderes Interesse für den Rapport an den behandelnden Arzt haben, und zum geschickten und anständigen Andiehandgehen in ihren körperlichen Bedürfnissen und ärztlichen Verordnungen, ferner in den ersten Nothhilfen, kleineren Verbänden und Manipulationen, z. B. Schröpfen, Blutegel-, Vesicator-, Senfteigsetzen, zu welchem Behufe ein öfterer Wechsel der Dienstsäle für die Einzelnen stattfindet. Sie wohnen ferner allen größeren Operationen in der Anstalt bei, und werden zur Ueberwachung ihrer Folgen mit geeigneten Instructionen angewiesen.

4. Am Schlusse des jeweiligen Curses erhalten sie ein von dem Hausarzte ausgestelltes, von der Hausverwaltung mit Siegel contrasignirtes Zeugniß auf Grund der mittlerweile über ihre Leistungsfähigkeit gemachten Wahrnehmungen mit der Note I „vorzüglich" oder Note II „brauchbar". Name und Noten werden im Amtsblatte veröffentlicht.

5. Die Aufnahme in jeden einzelnen Lehrcurs von 4-monatlicher Dauer geschieht durch die Verwaltung des Kreis-Armenhauses, welcher spätestens 6 Tage vor dem Beginne die schriftliche Meldung, begleitet von den erforderlichen Zeugnißbelegen, einzusenden ist, und von welcher dann die Einberufung oder anderer Bescheid mittelst der zuständigen Gemeindebehörde erfolgt. Fallen auf einen und denselben Curs mehr als 4 Meldungen zu den Freiplätzen, so zählen sie nach der Ancienneität erst für den nächstfolgenden Curs.

6. Die erforderlichen Zeugnißbelege, ohne welche keiner Meldung Folge gegeben werden kann, sind:

a) ein Geburtsschein, in dem das Alter zur Aufnahme in den Curs nicht unter 21 Jahren stehen und das vierzigste nicht überschreiten soll. Die letztere Grenze kann bis zum sechs und vierzigsten unter besonders empfehlenden Umständen, wie namentlich im Falle eines arbeitsamen, ehrenhaften Wittwenstandes ausgedehnt werden.

b) Zeugniß des Bürgermeisteramtes über unbescholtenen Lebenswandel und Vermögensverhältnisse.

c) Das Schulentlassungs-Zeugniß.

d) Zeugniß des k. Bezirksarztes in Hinsicht auf körperliche Gebrechen, äußeres Benehmen und intellectuelle Fähigkeiten.

Alle diese Zeugnisse sind kostenfrei auszustellen. —

Aus obigen Punktationen erhellt, daß sich für das weibliche Geschlecht durch Ausübung der erlangten Krankenwart ein selbstständiger und ehrenhafter Erwerbszweig eröffnet, in Einkünften lohnender als viele Hebammenstellen, zu welchen sich in neuerer Zeit meistens eine Ueberzahl von Bewerberinen drängt.

Voraussichtlich ist zu erwarten, daß in Städten und zu städtischem Dienste dieser Aufruf am ersten Anklang finden werde, und in diesem Falle würde es wesentlich zur Förderung dieses wohlthätigen Unternehmens dienen, wenn die städtischen Gemeindebehörden durch das Auswerfen eines mäßigen jährlichen Sustentationsbeitrages (ähnlich wie im Hebammendienste) zur Ermunterung der ersten Bewerberinnen beitragen wollten.

Die k. Bezirksämter haben durch geeignete, baldigste Veröffentlichung in den Localblättern, vornehmlich der in Ziffern aufgezählten Punktationen, auf möglichste Verbreitung der Kenntnißnahme hinzuwirken.

Speier, den 9. Januar 1872.

Königlich Bayerische Regierung der Pfalz,
Kammer des Innern.
v. Braun.

---

pr. den 8. Januar 1872.

Bekanntmachung,
den Vollzug der §§ 23 bis 26 des Strafgesetzbuches für das Deutsche Reich betr.

Staatsministerien der Justiz und des Innern, dann Kriegsministerium.

Zum Vollzuge der §§ 23 bis 26 des Strafgesetzbuches für das Deutsche Reich wird über die vorläufige Entlassung von Sträflingen, sowie über deren Beaufsichtigung ꝛc., Folgendes bestimmt:

§ 1.

Die vorläufige Entlassung ist zulässig:

bei den vom 1. Januar 1872 an zu einer längeren Zuchthaus- oder Gefängnißstrafe verurtheilten Personen, dann gemäß Artikel 41 des Gesetzes vom 26. Dezember 1871, den Vollzug der Einführung des Strafgesetzbuches für das Deutsche Reich in Bayern betr., bei denjenigen Sträflingen, welche auf Grund der bisherigen, seit dem 1. Juli 1862 geltenden Strafgesetzgebung zu einer Strafe der vorgedachten Art verurtheilt wurden, gleichviel ob diese Strafe auf einer Festung zu erstehen ist oder nicht.

Dagegen findet solche vorläufige Entlassung nicht statt:

1. gemäß § 23 des Strafgesetzbuches für das Deutsche Reich bei den zu Festungshaft Verurtheilten, dann
2. gemäß Artikel 42 des Gesetzes vom 26. Dezember 1871, den Vollzug der Einführung des Strafgesetzbuches für das Deutsche Reich in Bayern betr., bei jenen Personen, deren Aburtheilung noch auf Grund des Strafgesetzbuches von 1813 erfolgt ist.

§ 2.

Die vorläufige Entlassung kann von dem Gefangenen niemals als ein Recht in Anspruch genommen werden. Sie hat vielmehr den Charakter einer Vergünstigung, welche von den betreffenden Strafanstaltsvorständen nur dann zu beantragen ist, wenn bei ihnen, in Würdigung aller einschlagenden Momente, die feste und begründete Ueberzeugung besteht, daß der Gefangene in der That als vollkommen und nachhaltig gebessert und demnach der fraglichen besonderen Berücksichtigung als würdig angesehen werden könne.

§ 3.

Der Gefangene, welchem hienach die vorläufige Entlassung zu Theil werden soll, muß sich während der vorangegangenen Strafhaft der Anstaltsordnung entsprechend betragen und zugleich in seinem Gesammtverhalten denjenigen Ernst an den Tag gelegt haben, welcher als eine Gewähr dafür angesehen werden kann, daß er die ihm durch die vorläufige Entlassung gebotene Gelegenheit zum Wiederbeginne eines ehrenhaften und gesetzmäßigen Lebenswandels nicht mißbrauchen werde.

Auf den Umstand allein, daß der Gefangene zu disziplinarischer Einschreitung keinen Anlaß gegeben hat, darf der Entlassungsantrag niemals gegründet werden.

Andererseits werden vereinzelte leichtere Verstöße gegen die Hausordnung, falls dieselben nicht auf üblen Willen zurückzuführen sind, bei sonst zufriedenstellendem Gesammtverhalten den Antrag nicht unbedingt ausschließen dürfen.

Gesuche auf vorläufige Entlassung von Gefangenen, welche bereits früher wegen Verbrechens oder Vergehens abgestraft wurden, sind besonders strenge zu prüfen und zwar namentlich dann, wenn strafbare Handlungen derselben in Betracht kommen, bei welchen erfahrungsgemäß wie z. B. bei Angriffen auf fremdes Eigenthum, Grund zu einer erhöhten Befürchtung der abermaligen Rückfälligkeit besteht.

§ 4.

Außer der Führung des Gefangenen während der Dauer der Strafhaft sind die Lebensverhältnisse in Betracht zu ziehen, denen derselbe nach der Entlassung entgegengeht. Insbesondere ist zu prüfen, ob und in welcher Art derselbe an dem Orte, nach welchem die Entlassung erfolgen soll (Unterkunftsort), Unterkommen und Gelegenheit zu ehrlichem Erwerbe zu finden Aussicht hat.

Die Strafanstaltsvorstände sind verpflichtet, in dieser Beziehung sorgfältige und eingehende Erhebungen zu pflegen, alles sonst Erforderliche zu vermitteln und insbesondere sich mit den betreffenden Polizei- und Gemeindebehörden, sowie nach Ermessen mit achtbaren Privatpersonen an dem Unterkunftsorte oder in der Nähe desselben, beziehungsweise mit den Vereinen zur Obsorge für entlassene Sträflinge in Verbindung zu setzen.

Die Entlassung ist nicht in Antrag zu bringen, wenn die Verhältnisse, in welche der Gefangene an dem Unterkunftsorte eintreten würde, zu der Besorgniß Anlaß geben, daß derselbe dadurch in ein ungeordnetes oder verbrecherisches Leben werde zurückgeführt werden.

§ 5.

Die Stellung des Entlassungsantrages steht dem Strafanstaltsvorstande nach vorgängiger Anhörung der

übrigen Conferenzbeamten — Verwalter, Hausarzt, Hausgeistliche und Hauslehrer — zu.

Der Antrag auf vorläufige Entlassung eines von einem bürgerlichen Strafgerichte verurtheilten Gefangenen ist

a) in den Landestheilen diesseits des Rheins an den Staatsanwalt bei demjenigen Bezirksgerichte, welchem der Strafvollzug obliegt,

b) in der Pfalz an den mit dem Strafvollzuge befaßten Beamten der Staatsanwaltschaft

zu richten und nach Maßgabe der §§ 2 bis 4 dieser Bekanntmachung eingehend zu motiviren.

Bezüglich der von einem Militärstrafgerichte abgeurtheilten Gefangenen, welche zum Zwecke des Strafvollzuges an die bürgerlichen Behörden überwiesen sind, geht dieser Antrag an den Oberstaatsanwalt beim Generalauditoriate in München.

Dem Antrage sind die Personalakten des Gefangenen und ein Auszug aus dem Conferenzprotokolle, sowie ein Zeugniß des Hausarztes über Gesundheit und Arbeitsfähigkeit beizufügen.

§ 6.

Der im § 5 bezeichnete Beamte der Staatsanwaltschaft hat über den Antrag des Strafanstaltsvorstandes unter Beifügung einer kurzen gutachtlichen Aeußerung die Entscheidung des Staatsministeriums der Justiz, beziehungsweise des Kriegsministeriums unmittelbar einzuholen, welche sodann durch Vermittlung des betreffenden Beamten der Staatsanwaltschaft der Strafanstalts-Verwaltung zugefertigt wird.

Die Vorlage der Untersuchungsakten ist in der Regel nicht erforderlich.

§ 7.

Ist die vorläufige Entlassung von dem zuständigen Ministerium genehmigt worden, so ist dieselbe von dem

Strafanstalts-Vorstande unverzüglich zur Ausführung zu bringen, insofern diesem nicht etwa in der Zwischenzeit Umstände bekannt geworden sind, welche dem Antrage auf Entlassung entgegengestanden haben würden.

In diesem Falle hat der Strafanstalts-Vorstand dem betreffenden Beamten der Staatsanwaltschaft zur weiteren Veranlassung sofort Anzeige zu machen.

§ 8.

Die Strafanstalts-Vorstände werden ermächtigt, Gesuche um Bewilligung der vorläufigen Entlassung nach vorgängiger Anhörung der übrigen Conferenzbeamten durch abweisenden Bescheid zu erledigen, wenn sie ihnen zur Befürwortung nicht geignet erscheinen.

Eine abweisende Erledigung des Gesuches findet in dem Falle nicht statt, wenn dasselbe von dem betreffenden Ministerium oder durch die Staatsanwaltschaft dem Strafanstalts-Vorstande zur Aeußerung zugefertigt worden ist.

Im Falle der Gesuchsteller sich bei dem in Gemäßheit des Absatz 1 ergangenen abweisenden Beschride nicht beruhigt, ist das in den §§ 5 bis 7 vorgeschriebene Verfahren einzuhalten.

§ 9.

Bei Ausführung der Entlassung kommen die nachfolgenden Bestimmungen zur Anwendung:

1. dem Gefangenen wird zu Protokoll eröffnet, daß er in Gemäßheit der §§ 23 und folgende des Strafgesetzbuches für das Deutsche Reich nur mit Vorbehalt des Widerrufes entlassen werde, und daß er die Wiedereinlieferung zur Abbüßung des bei der Entlassung unvollstreckt gebliebenen Theils der urtheilsmäßigen Strafzeit zu gewärtigen habe, falls er bis zum Ablaufe der letzteren sich einer schlechten Führung schuldig machen, oder den ihm nach Ziffer 2 dieses Paragraphen ertheilten Verhaltungs-Vorschriften zuwiderhandeln sollte.

2. Zu seiner Legitimation wird dem Gefangenen ein Entlassungsausweis mit Reiseroute nach dem Unterkunftsorte in Form der Beilage A behändigt, auf dessen Rückseite die Vorschriften für sein Verhalten abgedruckt sind.

   Das Duplikat des Entlassungsausweises wird mit der Entlassungsverhandlung (Ziff. 1) den bei der Anstaltsregistratur verbleibenden Personalakten des Gefangenen einverleibt.

3. In Bezug auf die Abrechnung mit dem Gefangenen über sein „Depositum", sowie wegen etwaiger Gewährung von Reise-Unterstützung an denselben kommen die für die Entlassung der Gefangenen nach verbüßter Strafe bestehenden Vorschriften der Hausordnungen mit der Maßgabe zur Anwendung, daß dem vorläufig Entlassenen von dem für ihn asservirten Gelde niemals ein höherer als derjenige Betrag baar ausbezahlt werden darf, dessen derselbe zur Reise nach dem Unterkunftsorte auf der vorgeschriebenen Route unumgänglich bedarf. Der Rest des asservirten Geldes wird auf Kosten des Gefangenen an die Distriktspolizeibehörde des Unterkunftsortes oder an den betreffenden Verein zur Obsorge für entlassene Sträflinge abgesandt, welche zu weiteren Zahlungen an denselben nur insoweit ermächtigt sind, als sie die Ueberzeugung von der Angemessenheit der beabsichtigten Verwendung gewinnen können.

4. Von der erfolgten Entlassung wird Seitens der Strafanstaltsverwaltung

   a) bezüglich der Gefangenen, welche von einem in den Landestheilen diesseits des Rheins gelegenen bürgerlichen Strafgerichte oder von einem Militärstrafgerichte verurtheilt sind, demjenigen Gerichte, welchem der Strafvollzug obliegt,

b) bezüglich der Gefangenen, welche von einem in der Pfalz gelegenen bürgerlichen Strafgerichte verurtheilt sind, dem mit dem Strafvollzuge befaßten Beamten der Staatsanwaltschaft

Nachricht gegeben und zugleich unter Beigabe einer Abschrift des Entlassungsausweises der Distriktspolizeibehörde, sowie der Ortspolizeibehörde des Unterkunftsortes Mittheilung gemacht.

Trifft der Gefangene innerhalb der vorgeschriebenen Frist an dem Unterkunftsorte nicht ein, so ist nach Maßgabe des § 13 dieser Bekanntmachung zu verfahren.

§ 10.

Der vorläufig entlassene Gefangene tritt mit dem Tage der Entlassung und bis zum Ablaufe der in dem Straferkenntnisse festgesetzten Strafzeit unter speziell-polizeiliche Controle, welche den Zweck hat, ihn fortdauernd und in wirksamer Weise an dem Mißbrauche der ihm durch die Entlassung zu Theil gewordenen Vergünstigung abzuhalten, welche aber nicht in der Weise ausgeübt werden soll, daß der Entlassene dadurch in seinem Fortkommen behindert, oder der öffentlichen Verachtung ausgesetzt wird.

§ 11.

Die Controle wird durch die Ortspolizeibehörde des Unterkunfts- beziehungsweise jedesmaligen Aufenthalts-Ortes (§ 12), in München durch die k. Polizeidirection, unter Aufsicht der denselben vorgesetzten Behörden ausgeübt.

Die Polizeibehörden haben dabei die in § 10 aufgestellten allgemeinen Grundsätze zu beobachten, übrigens aber nach eigenem pflichtmäßigen Ermessen zu verfahren. Die Distriktspolizeibehörden, in München die k. Polizeidirection, sind namentlich befugt, dem Entlassenen, soweit dies erforderlich scheint, vorübergehend noch andere Beschränkungen als diejenigen aufzuerlegen, welche in Gemäßheit des § 39 Ziffer 1 und 3 des Strafgesetzbuchs hinsichtlich der nach verbüßter Strafe unter Polizeiaufsicht gestellten Personen zulässig sind.

Die Auferlegung derartiger besonderer Beschränkungen erfolgt mittelst protokollarischer Eröffnung an den Entlassenen.

§ 12.

Kraft der gegenwärtigen Bekanntmachung unterliegt der Entlassene der besonderen Beschränkung, daß er ohne Erlaubniß weder den Unterkunfts- oder späteren Aufenthalts-Ort auf länger als 48 Stunden verlassen, noch an einem anderen Orte auf länger als 48 Stunden Aufenthalt nehmen darf. Die eine wie die andere Erlaubniß ist von demselben persönlich, unter Vorzeigung des Entlassungsausweises bei der Ortspolizeibehörde nachzusuchen, und von dieser im Falle der Gewährung unter gleichzeitiger Anzeige an die Distriktspolizeibehörde schriftlich zu ertheilen.

Die Erlaubniß ist zu untersagen, wenn Grund zu der Annahme vorliegt, daß der Entlassene dieselbe zur Verübung neuer Gesetzesübertretungen mißbrauchen, oder dadurch einem ungeordneten Leben werde zugeführt werden.

Von dem Abgange eines Entlassenen an einen neuen Aufenthaltsort ist der Ortspolizeibehörde daselbst durch die Ortspolizeibehörde des bisherigen Aufenthaltsortes Nachricht zu geben.

§ 13.

Vorläufig entlassene Strafgefangene, welche sich ohne ortspolizeiliche Erlaubniß von dem Unterkunfts- oder späteren Aufenthalts-Orte auf länger als 48 Stunden entfernen, oder von der erhaltenen Erlaubniß, sich an einen anderen Ort begeben zu dürfen, nicht in der vorgeschriebenen Weise Gebrauch machen, sind auf Anzeige der Ortspolizeibehörde durch die Distriktspolizeibehörde steckbrieflich zu verfolgen. Auch ist in diesem Falle, wegen des etwaigen Widerrufes der Entlassung, sogleich nach § 14 dieser Bekanntmachung zu verfahren.

§ 14.

Zeigt ein vorläufig entlassener Gefangene sich arbeitsscheu, oder trunkfällig, oder gibt derselbe in anderer Weise durch ungeordnetes Verhalten Anstoß, so ist, falls eine sogleich durch die Orts- oder die Distriktspolizeibehörde zu erlassende erste Verwarnung erfolglos bleibt, Seitens der Distriktspolizeibehörde gemäß § 24 des Strafgesetzbuchs der Widerruf der Entlassung bei den in § 5 dieser Bekanntmachung bezeichneten Justizbehörden in Antrag zu bringen, welche letztere hierüber an das Staatsministerium der Justiz, beziehungsweise an das Kriegsministerium zu berichten haben.

Dasselbe findet statt, wenn der Entlassene mit übelberüchtigten Personen Umgang pflegt, oder bei denselben Wohnung nimmt, oder wenn er einen bestimmten Lebenserwerb nicht nachzuweisen vermag.

Erachtet in den vorangeführten Fällen die Orts- oder Distriktspolizeibehörde aus dringenden Gründen des öffentlichen Wohles die einstweilige Festnahme des Entlassenen gemäß § 25 Abs. 2 des Strafgesetzbuchs für erforderlich, so hat sie dieselbe unter gleichzeitiger Anzeige an die vorstehend bezeichneten Justizbehörden zu veranlassen und bis zur endgiltigen Entscheidung über den Widerruf aufrecht zu erhalten.

§ 15.

Gefangene, deren Entlassung widerrufen worden ist, werden mittelst Schubtransportes in die Strafanstalt, aus welcher ihre vorläufige Entlassung erfolgt ist, zurückgesandt.

Bei Berechnung der noch zu verbüßenden Strafzeit sind der zweite Absatz des § 24 und der dritte Absatz des § 25 des Strafgesetzbuchs zu beachten.

§ 16.

Die durch die steckbriefliche Verfolgung, sowie durch die einstweilige Festnahme eines Entlassenen, beziehungsweise im Falle des Widerrufes der Entlassung durch den Rücktransport desselben in die Strafanstalt entstehenden Kosten sind als Kosten der Strafvollstreckung zu behandeln und demgemäß — eventuell unter Vorbehalt der Rückforderung aus dem Vermögen des Gefangenen — aus der Anstaltskasse zu erstatten.

§ 17.

Ueber den Zu- und Abgang vorläufig entlassener Gefangener, über die denselben auferlegten besonderen Beschränkungen, sowie über deren Führung und den etwaigen Widerruf der Entlassung sind von den Orts- und Distriktspolizeibehörden fortlaufende Verzeichnisse nach Vorschrift der Beilage B zu führen, welche im Dezember jeden Jahres der k. Regierung, Kammer des Innern, vorzulegen sind.

Die Regierungen haben auf Grund der Verzeichnisse im Laufe des Januar jeden Jahres dem Staatsministerium des Innern über die Zahl der in ihren Bezirken vorhandenen vorläufig entlassenen Gefangenen, sowie über die Erfahrungen Bericht zu erstatten, welche in Bezug auf dieselben im Laufe des verflossenen Jahres gemacht worden sind.

§ 18.

Die Strafanstaltsverwaltungen haben über die vorläufigen Entlassungen ein besonderes, mit festem Einbande versehenes Verzeichniß (Beilage C) zu führen, in welchem außer den persönlichen Verhältnissen des Gefangenen die Bezeichnung des Reates, die zuerkannte Strafe, der Beginn der Strafzeit, der Tag der Einlieferung, die

Entlassungsentschließung, der Tag der Entlassung, die Angabe der beabsichtigten Beschäftigung in der vorläufigen Freiheit und der Tag der Wiedereinlieferung, sowie etwaige besondere Bemerkungen einzutragen sind.

Die in den Conferenzen nach §§ 5—8 dieser Bekanntmachung zu pflegenden Verhandlungen einschlüssig derjenigen, welche die von dem Strafanstaltsvorstande abgewiesenen Gesuche betreffen, sind in einem eigenen, mit festem Einbande versehenen Protokollbuche (Beilage D)

unter kurzer Angabe der hiebei geltend gemachten, wesentlichen Motive zu beurkunden.

München, den 1. Januar 1872.

Auf Seiner Majestät des Königs Allerhöchsten Befehl:

Frhr. v. Pranckh. v. Pfeufer.

Dr. Fäustle.

Durch den Minister:

Der General-Secretär:

Ministerialrath Schebler.

Beilage A.

Entlassungs-Ausweis.

Signalement:

Unterschrift:

Vorzeig(er/erin) dieses, d(er/ie) nebenstehend signalisirte (Vor- und Zuname) aus (Heimathsort), Bezirksamts . . . ., von dem Bezirksgerichte (Militärbezirksgerichte, Schwurgerichtshofe) X unterm (Tag des Urtheils) wegen (Verbrechens, Vergehens des (der) . . . .) zur (Zuchthaus-, Gefängniß-) Strafe von . . Jahren . . Monaten . . Tagen verurtheilt und am . . ten . . . . 18 . . zur Strafverbüßung eingeliefert, ist auf Grund der Entschließung des k. (Staats-/Kriegs-) Ministeriums (der Justiz) in Gemäßheit des § 23 des Strafgesetzbuches für das deutsche Reich unter dem heutigen Tage aus der Strafhaft vorläufig entlassen worden.

D(er/ie)selbe hat sich über (Route) nach . . . . . (Unterkunftsort), Bezirksamts . . . ., zu begeben, woselbst (er/sie) binnen . . Tagen einzutreffen und nach vorgängiger Meldung bei der Ortspolizeibehörde: (Polizeidirection, Bürgermeister) Aufenthalt zu nehmen hat.

Die gegen d(en/ie) (Vor- und Zuname) festgesetzte Strafe läuft, falls ein Widerruf der Entlassung nicht erfolgt, am . . ten . . . . 18 . . ab.

. . . ., den . . ten . . . . . . 18 . .

Königliche Verwaltung de(s) . . . .

(L. S.)

vertatur.

Verhaltungs-Vorschriften

für vorläufig entlassene Strafgefangene.

1. Der vorläufig entlassene Strafgefangene steht unter spezieller polizeilicher Controle und hat sich allen Maßregeln unweigerlich zu fügen, welche die Orts- oder Distrikts-Polizeibehörde des Unterkunfts- und beziehungsweise jedesmaligen Aufenthaltsortes zur Ausübung der letzteren vorzuschreiben für angemessen erachtet.

2. Der Entlassene hat sich bei der Ortspolizeibehörde des Unterkunfts- und jedes späteren Aufenthaltsortes sofort nach seiner Ankunft daselbst zu melden. Derselbe darf weder ohne Erlaubniß der Ortspolizeibehörde des Unterkunfts- oder späteren Aufenthaltsortes diesen auf länger als 48 Stunden verlassen, noch an einem anderen Orte ohne Erlaubniß der dortigen Ortspolizeibehörde auf länger als 48 Stunden Aufenthalt nehmen.

Die eine wie die andere Erlaubniß ist von demselben persönlich unter Vorzeigung des Entlassungsausweises bei der Ortspolizeibehörde, in München bei der k. Polizeidirection, nachzusuchen.

3. Entlassene Gefangene, welche an dem Unterkunftsorte innerhalb der vorgeschriebenen Frist nicht eintreffen oder sich ohne ortspolizeiliche Erlaubniß auf länger als 48 Stunden von demselben oder von dem späteren Aufenthaltsorte entfernen oder von der erhaltenen Erlaubniß, sich an einen anderen Ort begeben zu dürfen, nicht in der vorgeschriebenen Weise Gebrauch machen, haben sofortige steckbriefliche Verfolgung und nach Lage der Umstände den Widerruf der Entlassung zu gewärtigen. Dieser Widerruf kann auch erfolgen, wenn der Entlassene ohne ortspolizeiliche Erlaubniß einen neuen Aufenthalt nimmt.

4. Der Widerruf ist außer in den vorstehend bezeichneten Fällen zu gewärtigen, wenn der Entlassene

a) eine schlechte Führung pflegt, insbesondere sich arbeitsscheu oder trunkfällig zeigt oder durch sonstiges ungeordnetes Verhalten Anstoß gibt,

b) mit übelberüchtigten Personen Umgang pflegt, oder bei denselben Wohnung nimmt, oder

c) einen bestimmten Lebenserwerb nicht nachzuweisen vermag.

Beilage. B.

Fortlaufende Nummer	Des Entlassenen			Reat, wegen welchen derselbe verurtheilt ist.	Strafe, zu welcher derselbe verurtheilt ist.	Unterkunfts- und jedesmaliger Aufenthaltsort.	Zeit der Ankunft.			Beschäftigung.	Besondere Beschränkungen, welche dem Entlassenen auferlegt sind.	Zeit des Abganges.			Verhalten.	Widerruf der Entlassung.	Bemerkungen.
	Vor- und Zuname.	Stand	Heimath, Gemeinde und Behörde.				Jahr.	Mon.	Tag.			Jahr.	Mon.	Tag.			

Beilage C.

Fortlaufende Nummer.	Des Entlassenen			Reat.	Strafe.	Beginn der Straf-zeit.			Ein-lieferung.			Entlassungs-Entschließung.	Ent-lassung.			Angabe der beabsichtigten Beschäftigung in der vorläufigen Frei-heit.	Wieder-einliefe-rung.			Besondere Be-merkungen.
	Vor- und Zuname.	Stand.	Heimath.			Jahr.	Mon.	Tag.	Jahr.	Mon.	Tag.		Jahr.	Mon.	Tag.		Jahr.	Mon.	Tag.	

Beilage D.

[illegible]	Des Sträflings		Gutachten. (Begutachtet, nicht begutachtet.)	Kurze Motivirung des Gutachtens.	Nummer des Verzeichnisses. Beilage C.
	Vor- und Zuname.	Ziffer im Grundbuche.			
				Datum und Unterschrift der Conferenz-Beamten.	

Ad Nrm. Kab. 210 J. pr. den 8. Januar 1872.

(Die Annahme der französischen Fünffrankenstücke betr.)

Im Namen Seiner Majestät des Königs.

Zufolge der höchsten Entschließungen vom 31. October 1860 Nr. 13785 und 24. November 1861 Nr. 13906 dürfen die französischen Fünffrankenstücke Silbermünze von den k. Staatskassen und Aemtern um den Betrag von 2 fl. 20 kr. per Stück an Zahlungsstatt angenommen und müssen in gleichem Betrage wieder ausgegeben werden, insoferne sie nicht auffallend abgeschliffen sind oder Spuren einer gewaltsamen Beschädigung an sich tragen.

Diese Bestimmungen haben bis jetzt keine Aenderung erlitten, was hiemit bekannt gegeben wird.

Speier, den 4. Januar 1872.

Königlich Bayerische Regierung der Pfalz,
Kammer der Finanzen.
v. Braun.
v. Meyer.
Wöscher.

Nro. 22321 D. pr. den 2. Januar 1872.

(Untersuchung gegen den vormaligen Sectionschef Sigmund Szalay zu Pest, wegen Wechselfälschung betr.)

An
sämmtliche k. Bezirksämter, Bürgermeisterämter, Adjunkten, Polizeicommissäre und Gendarmerie-Stationen des Regierungsbezirkes.

Im Namen Seiner Majestät des Königs.

Mit Bezug auf das Ausschreiben in Nr. 86 des Kreisamtsblattes werden die k. Bezirksämter, Bürgermeisterämter, Adjunkten, Polizeicommissäre und Gendarmerie-Stationen des Regierungsbezirkes auf das im

Abdrucke folgende Rescript des k Staatsministeriums des Innern aufmerksam gemacht.

Speier, den 29. Dezember 1871.

Königlich Bayerische Regierung der Pfalz,
Kammer des Innern.
v. Braun.
Metschnabl.

Staatsministerium des Innern.

Im Nachgange zu der Ministerial-Entschließung vom 6. d. M., Nr. 13563, wird der k. Regierung, Kammer des Innern, nachstehend die von der k. k. österreichisch-ungarischen Gesandtschaft übermittelte Personalbeschreibung des Sigmund Szalay zur weiteren Verfügung mitgetheilt.

Derselbe ist 54 Jahre alt, von mittlerer Statur, starkem Körperbau, hat kastanienbraune, in's Graue übergehende Haare, Schnurr- und Backenbart, längliches Gesicht, braune Augen, proportionirte Nase, großen Mund, regelmäßige Zähne, sonst keine besonderen Kennzeichen und trug Civilkleider. Sein Anzug war im Allgemeinen vernachlässigt.

München, den 21. Dezember 1871.

Auf Seiner Königlichen Majestät Allerhöchsten Befehl:
v. Pfeufer.
Durch den Minister:
Der General-Secretär
Ministerialrath v. Dubois.

Nro. 420 B. pr. den 13. Januar 1872.

(Erledigung einer Musiklehrerstelle am k. Schullehrer-Seminar zu Straubing betr.)

Im Namen Seiner Majestät des Königs.

Am k. Schullehrer-Seminar zu Straubing ist die Stelle eines Musiklehrers, mit welcher bisher ein Anfangsgehalt von 800 fl., nebst 100 fl. Theuerungszulage und 100 fl. Miethzinsbeitrag verbunden war, erledigt.

Geeignete Bewerber haben ihre Gesuche mit verschlossenen Qualificationslisten-Extrakten und sonstigen Zeugnissen belegt, binnen 3 Wochen von heute an bei der unterfertigten Stelle einzureichen, und hiebei insbesondere den Nachweis zu liefern, daß sie im Stande sind, auch in Blasinstrumenten entsprechenden Unterricht zu ertheilen.

Landshut, den 2. Januar 1872.

Königliche Regierung von Niederbayern,
Kammer des Innern.
v. Lipowsky.

Caudinus.

Nro 271 E. pr. den 10. Januar 1872

(Die Erledigung der Stelle eines Präfecten und ersten Seminarlehrers am Schullehrerseminare Eichstätt betr.)

Im Namen Seiner Majestät des Königs.

An dem katholischen Schullehrerseminare zu Eichstätt ist die Stelle eines Präfecten und ersten Seminarlehrers in Erledigung gekommen.

Mit derselben ist der Bezug von

700 fl. Hauptgeldgehalt,
200 fl. Theuerungszulage, dann
freie Wohnung, Beheizung und Beleuchtung im Seminargebäude verbunden.

Bewerber um diese Stelle haben ihre mit den vorschriftsmäßigen Qualificationszeugnissen belegten Gesuche

bis 20. Januar 1872

bei der k. Inspection des Schullehrerseminars Eichstätt einzureichen und hiebei neben entsprechender allgemeiner Bildung eine gründliche theoretische und praktische Befähigung im Gebiete des höheren Volksschullehrerfaches nachzuweisen.

Die Concurrenz um diese erledigte Stelle wird Geistlichen und Laien in gleicher Weise eröffnet.

Ansbach, den 27. Dezember 1871.

Königliche Regierung von Mittelfranken,
Kammer des Innern.
v. Feder.

Breyer.

---

pr. den 29. Dezember 1871.

Bekanntmachung,

die Organisation der deutschen Reichsconsulate in Italien betr.

Zufolge der im Reichsgesetzblatt-Nr. 48 Seite 409 sub Nr. 748 publicirten Ernennungen der General-Consuln, Consuln und Vice-Consuln des Deutschen Reiches in Italien, sind die k. Consulate zu Genua, Neapel und Messina, sowie das k. General-Consulat zu Venedig auf Grund des Artikels 56 der Deutschen Reichsverfassung aufgehoben worden.

---

pr. den 29. Dezember 1871.

Bekanntmachung,

die Organisation der deutschen Reichs-Consulate in Rußland betr.

Zufolge der im Reichsgesetzblatt Nr. 39 Seite 338 und 339 sub Nr. 704 und Nr. 48 Seite 410 sub Nr. 749 publicirten Ernennungen der deutschen Reichsconsuln in Rußland, sind sämmtliche bisherigen k. General-Consulate und Consulate in Rußland auf Grund des Artikels 56 der Deutschen Reichsverfassung aufgehoben worden.

Dienstesnachrichten.

Seine Majestät der König haben Sich unterm 6. Dezember l. Js. in Folge der Auflösung des Staatsministeriums des Handels und der öffentlichen

Arbeiten allerhöchst bewogen gefunden, von den Beamten desselben

1. den Ministerialrath Michael von Suttner, den Oberzollrath Max Joseph Eggensberger, den Oberinspector Carl Oswald, den Geheimen Registrator Christ. Röder, den Oberzollassessor Franz Felser, den Regierungsassessor Kraft Freiherrn von Crailsheim und den Kanzleisecretär Johann Adam Merey
an das Staatsministerium des königlichen Hauses und des Aeußern,

2. den Ministerialdirector Eduard von Wolfanger, die Ministerialräthe Andreas von Rüßler, Franz Xaver Richard Messerschmidt, Adolph von Cetto, den Oberregierungsrath Adolph Ries, den Archiver Joseph Schaumberger, die Geheimen Secretäre Georg Scheuerlin, Otto Schmalix, Franz Tretter und den Kanzleisecretär Conrad Bergmann
an das Staatsministerium des Innern,

3. den Regierungsrath Carl Zeitlmann, den Ministerial-Rechnungscommissär Gottlieb Holler und den Kanzleisecretär Nicolaus Fritz an das Staatsministerium des Innern für Kirchen- und Schulangelegenheiten in gleicher Eigenschaft zu versetzen.

Seine Majestät der König haben Sich allergnädigst bewogen gefunden, unterm 17. Dezember v. J. in Folge der Auflösung des Staatsministeriums des Handels und der öffentlichen Arbeiten den Ministerial-Assessor Mathäus Jodlbauer an das Staatsministerium des Innern in gleicher Eigenschaft zu versetzen.

Seine Majestät der König haben Sich allergnädigst bewogen gefunden, unterm 26. Dezember v Js. dem Rathe der Kammer des Innern der Regierung der

Pfalz, Heinrich Wand, Titel und Rang eines Regierungs-Directors tax- und stempelfrei zu verleihen.

Zufolge höchster Entschließung des k. Staatsministeriums des Handels und der öffentlichen Arbeiten vom 24. Dezember 1871 wurde die an der Gewerbschule zu Landau i/Pf. zur Zeit erledigte Lehrstelle für praktische Mechanik, vom 1. Januar 1872 an, in widerruflicher Weise dem vom dortigen Stadtrathe hiefür präsentirten, dermalen in der Maschinenbau-Actien-Gesellschaft „Vulcan“ zu Königsberg i/Pr. beschäftigten Techniker Friedrich Juch aus Schweinfurt, und zwar vorerst in der Eigenschaft eines Lehramts-Verwesers, übertragen.

Durch Beschluß der k. Regierung der Pfalz, Kammer des Innern, vom 25. Dezember 1871, wurden die Schullehrer Heinrich Hanful von Rockenhausen und Valentin Schneider von Waldfischbach zu Schulverwesern an der katholischen Schule zu Kaiserslautern, vom 1. Jenner 1872 an, mit den an diese Stellen geknüpften Gehaltsbezügen, ernannt.

Durch Beschluß k. Regierung der Pfalz, Kammer des Innern, vom 25. Dezember 1871, wurde der katholische Schulverweser Johannes Mayer von Rockenhausen zum Schullehrer und der katholische Schulverweser Georg Grimm in Annweiler zum Schulverweser an der katholischen deutschen Schule in Rockenhausen, vom 1. Januar 1872 an, ernannt.

Durch Beschluß k. Regierung der Pfalz, Kammer des Innern, vom 25. Dezember 1871, wurde der Schulverweser Eduard Helter von Heiligenstein zum Lehrer an der katholischen Schule in Herxheimweyher, vom 1 Januar 1872 an, ernannt.

Königlich Bayerisches

Kreis-Amtsblatt der Pfalz.

№ 5. Speier, den 19. Januar 1872.

Inhalt:

Ad Num. Kab. 552 K. pr. den 10. Januar 1872.

Bekanntmachung,

die Einführung des Betriebs-Reglements für die Eisenbahnen Deutschlands in Bayern betr.

Staatsministerium des Königlichen Hauses und des Aeußern.

Nachstehend wird das auf den bayerischen Eisenbahnen am 1 Januar l. J. in Kraft getretene Betriebs-Reglement für die Eisenbahnen Deutschlands, enthaltend die Bestimmungen für die Beförderung von Personen, Reisegepäck, Leichen, Fahrzeugen und Thieren, sowie von Gütern, veröffentlicht.

Spezialbestimmungen haben neben diesem Reglement nur Geltung, wenn sie in die bezüglichen Tarife aufgenommen sind, mit den Festsetzungen dieses Reglements nicht im Widerspruch stehen, dieselben vielmehr nur ergänzen, oder wenn sie dem Publikum günstigere Bedingungen gewähren.

München, den 4. Januar 1872.

Auf Seiner Königlichen Majestät Allerhöchsten Befehl:

Graf von Hegnenberg-Dux.

Durch den Minister:
der General-Secretär:
Ministerialrath Dr. Preßele.

A.

Beförderung von Personen, Reisegepäck, Leichen, Fahrzeugen und lebenden Thieren.

I. Allgemeine Bestimmungen.

§ 1.

Pflichten des Dienstpersonals.

Das bei den Eisenbahnen angestellte Dienstpersonal ist zu einem bescheidenen und höflichen, aber entschiedenen

Benehmen gegen das Publikum, sowie ferner verpflichtet, sich innerhalb der ihm angewiesenen Dienstgrenzen gefällig zu bezeigen.

Dasselbe hat die ordnungsmäßigen Dienstleistungen unentgeltlich zu verrichten; es ist ihm strenge untersagt, für solche vom Publikum ein Geschenk anzunehmen.

Dem Dienstpersonal ist das Rauchen während des dienstlichen Verkehrs mit dem Publikum verboten.

§ 2.

Rechte des Dienstpersonals.

Den Anordnungen des in Uniform befindlichen oder mit Dienstabzeichen versehenen Dienstpersonals ist das Publikum Folge zu leisten verbunden.

§ 3.

Entscheidung von Streitigkeiten.

Streitigkeiten zwischen dem Publikum und dem Dienstpersonal entscheidet auf den Stationen der Stationsvorsteher, während der Fahrt der Zugführer.

§ 4.

Beschwerdeführung.

Beschwerden können bei den Dienst-Vorgesetzten mündlich oder schriftlich angebracht, auch in das auf jeder Station befindliche Beschwerdebuch eingetragen werden.

Die Verwaltung hat auf alle Beschwerden zu antworten, welche unter Angabe des Namens und des Wohnorts des Beschwerdeführenden erfolgen. Beschwerden über einen Dienstthuenden müssen dessen thunlich genaue Bezeichnung nach dem Namen, der Nummer oder einem Uniform-Merkmale enthalten.

§ 5.

Betreten der Bahnhöfe und der Bahn.

Das Betreten der Bahnhöfe und der Bahn außerhalb der bestimmungsmäßig dem Publikum für immer oder zeitweilig geöffneten Räume ist Jedermann, mit Ausnahme

der dazu nach den Bestimmungen des Bahnpolizei-Reglements befugten Personen, untersagt.

§ 6.

Beschränkung der Verpflichtung zum Transporte.
Zahlungsmittel.

Die Beförderung von Personen, Thieren und Sachen findet nicht statt, wenn außergewöhnliche Hindernisse oder höhere Gewalt entgegenstehen, oder die vorhandenen Transportmittel nicht ausreichen.

Als Zahlungsmittel ist überall das auf den Nachbarbahnen gesetzlichen Kurs besitzende Gold- und Silbergeld, mit Ausschluß der Scheidemünze, zu dem von der Eisenbahnverwaltung festgesetzten und bei jeder Expedition durch Anschlag publizirten Kurse anzunehmen, insoweit dieser Annahme ein gesetzliches Verbot überhaupt nicht entgegensteht.

II. Besondere Bestimmungen.

a) Beförderung von Personen.

§ 7.

Fahrpläne. Extrafahrten. Abfahrtszeit.

Die Personenbeförderung findet nach Maßgabe der öffentlich bekannt gemachten und auf allen Stationen ausgehängten Fahrpläne statt, aus denen auch zu ersehen ist, welche Wagenklassen die einzelnen Züge führen.

Extrafahrten werden nur nach dem Ermessen der Verwaltung gewährt.

Für den Abgang der Züge sind die auf den Bahnhöfen befindlichen Stations-Uhren maßgebend.

§ 8.

Fahrpreise.

Die Fahrpreise bestimmt der auf allen Stationen ausgehängte Tarif.

§ 9.

Billetverkauf. Zurücknahme gelöster Billets.

Der Verkauf der Fahrbillets (Fahrkarten) kann auf Stationen von geringer Frequenz nur innerhalb der letzten halben Stunde, auf Stationen mit größerer Frequenz aber innerhalb einer Stunde vor Abgang desjenigen Zuges, mit welchem der Reisende befördert sein will, und wenn zwischen zwei nach derselben Richtung abgehenden Zügen eine noch kürzere Zwischenzeit liegt, jedoch nur innerhalb dieser Frist verlangt werden. Diejenigen, welche bis 5 Minuten vor Abgang des Zuges noch kein Billet gelöst, haben auf Verabfolgung eines solchen keinen Anspruch.

Das zu entrichtende Fahrgeld ist abgezählt bereit zu halten, damit Aufenthalt durch Geldwechseln vermieden werde.

Die Fahrbillets geben Anspruch auf die entsprechende Wagenklasse, soweit in dieser Plätze vorhanden sind, resp. beim Wechseln der Wagen vorhanden bleiben. Ist dies nicht der Fall, so können die Billets gegen Erstattung des dafür gezahlten Betrages zurückgegeben oder gegen Billets anderer Klassen, in welchen noch Plätze vorhanden sind, unter Ausgleichung des Preisunterschiedes umgetauscht werden.

Jedenfalls haben die mit durchgehenden Billets ankommenden Reisenden den Vorzug vor den neu Hinzutretenden.

§ 10.

Fahrbillets und Gültigkeit derselben. Fahrpreis-Ermäßigung für Kinder.

Das Fahrbillet bezeichnet die Stationen, von und bis zu welchen die Fahrt verlangt worden; ferner das Fahrgeld für die Wagenklasse, welche der Reisende benutzen will; endlich die Zeit oder den Zug, wofür das Billet gilt. Die Zeit oder der Zug, wofür jedes Fahrbillet gültig, ist durch Abstempelung darauf ausgedrückt, so daß jeder Käufer sofort zu prüfen im Stande ist, ob das Billet auf die von ihm beabsichtigte Fahrt lautet.

Den Reisenden ist gestattet, während der Fahrt auf einer Zwischenstation auszusteigen, um mit einem am nämlichen oder am nächstfolgenden Tage nach der Be-

stimmungsstation abgehenden, zu keinem höheren Tarifsatze fahrenden Zuge dahin weiter zu reisen. Solche Reisenden haben jedoch auf der betreffenden Zwischenstation sofort nach dem Verlassen des Zuges dem Stationsvorsteher ihr Billet vorzulegen und dasselbe mit dem Vermerke der verlängerten Gültigkeit versehen zu lassen. Die Ausantwortung des Gepäcks auf der Aussteigestation kann in solchem Falle nicht beansprucht werden.

Kinder unter 10 Jahren werden zu ermäßigten Fahrpreisen befördert.

Finden Zweifel über das Alter der Kinder statt, so entscheidet der Ausspruch des bei der Revision anwesenden obersten Beamten.

Für Kinder, die noch getragen werden müssen u[illegible] ihre Stelle auf ihrer Angehörigen Plätzen mitfinde[illegible] erfolgt keine Zahlung.

§ 11.

Umtausch gelöster Fahrbillets.

Ein Umtausch gelöster Fahrbillets gegen Billets höherer Klassen ist den Reisenden bis 10 Minuten vor Abgang des Zuges gegen Nachzahlung der Preisdifferenz unverwehrt, soweit noch Plätze in den höheren Klassen vorhanden sind. Unterwegs auf Zwischen-Stationen kann ein Uebergehen auf Plätze einer höheren Klasse nur gegen Zukauf eines Billets auf die Bestimmungsstelle, durch dessen Preis einschließlich desjenigen für das bereits gelöste Billet der Fahrpreis für die höhere Klasse mindestens gedeckt wird, beansprucht werden.

Der Umtausch eines schon gelösten Billets höherer Klasse gegen ein solches niedrigerer Klasse ist nur in dem im § 9 gedachten Falle zulässig.

§ 12.

Anweisung der Plätze.

Einzelne bestimmte Plätze werden nicht verkauft und können im Voraus nicht belegt werden.

Das Dienstpersonal ist berechtigt und auf Verlangen

der Reisenden verpflichtet, denselben ihre Plätze anzuweisen. Allein reisende Damen sollen auf Verlangen möglichst nur mit Damen in ein Coupé zusammengesetzt werden. In jedem Zuge muß sich mindestens je ein Damen-Coupé für die Reisenden der zweiten und dritten Wagenklasse befinden.

Bei den nach Amerikanischem System gebauten Württembergischen Wägen findet die letztere Bestimmung nur mit den durch dieses System gebotenen Modifikationen Anwendung.

:§ 13.

Ausschluß belästigender Personen von der Fahrt.

Personen, welche wegen einer sichtlichen Krankheit oder aus anderen Gründen durch ihre Nachbarschaft den Mitreisenden augenscheinlich lästig werden würden, können von der Mit- und Weiterreise ausgeschlossen werden, wenn sie nicht ein besonderes Coupé bezahlen. Etwa bezahltes Fahrgeld wird ihnen zurückgegeben, wenn ihnen die Mitreise nicht gestattet wird. Wird erst unterwegs wahrgenommen, daß ein Reisender zu den vorstehend bezeichneten Personen gehört, so muß er an der nächsten Station, sofern kein besonderes Coupé bezahlt und für ihn bereit gestellt werden kann, von der Weiterbeförderung ausgeschlossen werden. Das Fahrgeld, sowie die Gepäckfracht werden ihm für die nicht durchfahrene Strecke ersetzt.

Für den Fall, daß ein Reisender ein besonderes Coupé bezahlt, kann er darin so viele Begleiter mitnehmen, daß das Coupé voll besetzt wird.

§ 14.

Wartesäle. Billet- und Gepäck-Expeditionen. Billet-Kontrole.

Die Wartesäle sind spätestens eine Stunde, die Billet- und Gepäck-Expeditionen auf Stationen mit größerer Frequenz gleichfalls spätestens eine Stunde, auf Stationen mit geringerer Frequenz mindestens eine halbe Stunde vor Abgang eines jeden Zuges zu öffnen.

Das vom Reisenden gelöste Billet ist auf Verlangen bei dem Eintritt in den Wartesaal, sowie beim Einsteigen in den Wagen vorzuzeigen. Während der Fahrt muß der Reisende das Billet bis zur Abnahme desselben bei sich behalten.

Der Reisende, welcher ohne gültiges Fahrbillet betroffen wird, hat für die ganze von ihm zurückgelegte Strecke und wenn die Zugangsstation nicht sofort unzweifelhaft nachgewiesen wird, für die ganze, vom Zuge zurückgelegte Strecke das Doppelte des gewöhnlichen Fahrpreises, mindestens aber den Betrag von 2 Thalern zu entrichten. Derjenige Reisende jedoch, welcher in einen Personenwagen einsteigt und gleich beim Einsteigen unaufgefordert dem Schaffner oder Zugführer meldet, daß er wegen Verspätung kein Billet mehr habe lösen können, hat, wenn er überhaupt noch zur Mitfahrt zugelassen wird, worauf er keinen Anspruch hat, einen um 10 Sgr. erhöhten Fahrpreis zu zahlen.

Wer die sofortige Zahlung verweigert, kann ausgesetzt werden.

§ 15.

Einsteigen in die Wagen.

Das Zeichen zum Einsteigen in die Wagen wird durch zwei unterschiedene Schläge auf die Glocke gegeben.

§ 16.

Versäumung der Abfahrtszeit.

Nachdem das Abfahrtszeichen durch die Dampfpfeife der Lokomotive gegeben, kann Niemand mehr zur Mitreise zugelassen werden. Jeder Versuch zum Einsteigen und jede Hülfeleistung dazu, nachdem die Wagen in Bewegung gesetzt sind, ist verboten und strafbar.

Dem Reisenden, welcher die Abfahrtszeit versäumt hat, steht ein Anspruch weder auf Rückerstattung des Fahrgeldes, noch auf irgend eine andere Entschädigung zu.

§ 17.

Verhalten auf den Zwischenstationen. Oeffnen und Schließen der Wagenthüren.

Bei Ankunft auf einer Station wird der Name derselben und da, wo ein bestimmter Aufenthalt stattfindet, die Dauer desselben ausgerufen. Sobald der Wagenzug stillsteht, werden nach der zum Aussteigen bestimmten Seite die Thüren derjenigen Wagen geöffnet, welche für die bis zu dieser Station Reisenden bestimmt sind. Die Thüren der übrigen Wagen werden nur auf Verlangen geöffnet.

Wer auf den Zwischenstationen seinen Platz verläßt, ohne denselben zu belegen, muß sich, wenn derselbe inzwischen anderweitig besetzt ist, mit einem anderen Platze begnügen.

§ 18.

Außergewöhnliches Anhalten auf freier Bahn.

Sollte wegen eingetretener Hindernisse außerhalb einer Station längere Zeit angehalten werden müssen, so ist das Aussteigen der Reisenden nur dann gestattet, wenn der Zugführer die ausdrückliche Bewilligung dazu ertheilt. Die Reisenden müssen sich dann sofort von dem Bahngeleise entfernen, auch auf das erste Zeichen mit der Dampfpfeife ihre Plätze wieder einnehmen.

Das Zeichen zur Weiterfahrt wird durch ein dreimaliges Ertönen der Dampfpfeife gegeben. Wer beim dritten Ertönen der Dampfpfeife noch nicht wieder eingestiegen ist, geht des Anspruchs auf die Mitreise verlustig.

§ 19.

Verhalten während der Fahrt und beim Ein- und Aussteigen.

Während der Fahrt darf sich Niemand seitwärts aus dem Wagen biegen, gegen die Thüre anlehnen oder auf die Sitze treten.

Die Reisenden dürfen zum Ein- und Aussteigen die Wagenthüren nicht selbst öffnen, sie müssen vielmehr das

Oeffnen dem Dienstpersonal überlassen und dürfen nicht ein- und aussteigen, bevor der Zug völlig stillsteht.

Jeder Reisende muß sich entfernt von den Fahrgeleisen und Maschinen halten, und Niemand darf den Bahnhof in einer anderen als der angewiesenen Richtung verlassen.

§ 20.

Beschädigung der Wagen.

Für Zertrümmern von Fenstern besteht eine Entschädigungstaxe, und werden die darin festgesetzten Beträge vorkommenden Falls durch das Dienstpersonal von dem Schuldigen sofort eingezogen. Dieser darf jedoch Vorzeigung der Taxe verlangen. Auch ist die Eisenbahnverwaltung befugt, für Beschmutzen des Innern der Wagen, Zerreißen der Gardinen u. s. w. eine Entschädigung zu fordern und von dem Schuldigen sofort einziehen zu lassen.

§ 21.

Verspätung der Züge. Unterbrechung der Fahrt.

Verspätete Abfahrt oder Ankunft der Züge begründen keinen Anspruch gegen die Eisenbahnverwaltung.

Eine ausgefallene und unterbrochene Fahrt berechtigt nur zur Rückforderung des für die nicht durchfahrene Strecke gezahlten Fahrgeldes.

§ 22.

Mitnahme von Hunden ꝛc. Tabakrauchen. Mitnahme feuergefährlicher Gegenstände.

Hunde und andere Thiere dürfen in den Personenwagen nicht mitgeführt werden. Ausgenommen hiervon sind jedoch kleine Hunde, welche auf dem Schooße getragen werden, sofern gegen deren Mitnahme von den Mitreisenden desselben Coupés Einspruch nicht erhoben wird.

Das Tabakrauchen ist in allen Wagenklassen gestattet; in der I. Wagenklasse jedoch nur unter Zustimmung aller in demselben Coupé Mitreisenden, insofern nicht besondere Rauch-Coupés dieser Klasse im Zuge vorhanden sind. In jedem Personenzuge müssen Coupés zweiter und wo thunlich auch dritter Klasse für Nichtraucher vorhanden sein. Die Tabakspfeifen müssen mit Deckeln versehen sein.

Feuergefährliche Gegenstände, sowie alles Gepäck, welches Flüssigkeiten und andere Gegenstände enthält, die auf irgend eine Weise Schaden verursachen können, insbesondere geladene Gewehre, Schiesspulver, leicht entzündbare chemische Präparate und andere Sachen gleicher Eigenschaft dürfen weder als Reisegepäck aufgeliefert, noch in den Personenwagen mitgenommen werden. Das Eisenbahn-Dienstpersonal ist berechtigt, sich in dieser Beziehung die nöthige Ueberzeugung zu verschaffen. Der Zuwiderhandelnde haftet für allen aus der Uebertretung des obigen Verbots an dem fremden Gepäck oder sonst entstehenden Schaden und verfällt außerdem in die durch das Bahnpolizei-Reglement bestimmte Strafe. Der Lauf eines mitgeführten Gewehrs muß nach oben gehalten werden.

§ 23.

Ausschluß trunkener oder renitenter Personen von der Fahrt.

Wer die vorgeschriebene Ordnung nicht beobachtet, sich den Anordnungen des Dienstpersonals nicht fügt, oder sich unanständig benimmt, wird ohne Anspruch auf den Ersatz des bezahlten Fahrgeldes von der Mit- und Weiterreise ausgeschlossen. Namentlich dürfen trunkene Personen zum Mitfahren und zum Aufenthalt in den Wartesälen nicht zugelassen und müssen ausgewiesen werden, wenn sie unbemerkt dazu gelangten.

Erfolgt die Ausweisung unterwegs, oder werden die betreffenden Personen zurückgewiesen, nachdem sie ihr Gepäck bereits der Expedition übergeben haben, so haben sie keinen Anspruch darauf, daß ihnen dasselbe anderswo, als auf der Station, wohin es expedirt worden, wieder verabfolgt wird.

b) Beförderung des Reisegepäcks.

§ 24.

Begriff des Reisegepäcks.

Als Reisegepäck wird in der Regel nur, was der Reisende zu seinem und seiner Angehörigen Reisebedürfnisse mit sich führt, namentlich Koffer, Mantel und Reisesäcke, Hutschachteln, kleine Kisten und dergleichen, befördert; größere kaufmännisch verpackte Kisten, Tonnen, sowie andere nicht zu den Reisebedürfnissen zu rechnenden Gegenstände können ausnahmsweise zugelassen werden. Gegenstände, welche von der Beförderung als Frachtgut ausgeschlossen sind, dürfen auch als Reisegepäck nicht aufgegeben werden.

§ 25.

Art der Verpackung. Entfernung älterer Post- und Eisenbahnzeichen.

Reisegepäck, welches nicht sicher und dauerhaft verpackt ist, kann zurückgewiesen werden. Die Gepäckstücke müssen von älteren Post- und Eisenbahnzeichen befreit sein. Ist dies nicht der Fall und findet in Folge dessen eine Verschleppung des Gepäcks statt, so kommt die Eisenbahn für den daraus erwachsenen Schaden nicht auf.

§ 26.

Einlieferung des Gepäcks.

Die Mitnahme des Gepäcks, welches nicht spätestens 15 Minuten vor Abgang des Zuges unter Vorzeigung des Fahrbillets in die Gepäck-Expedition eingeliefert ist, kann nicht beansprucht werden.

Wird ausnahmsweise und unter Vorbehalt späterer Expedirung in dringenden Fällen Gepäck auch unexpedirt mitgenommen, so wird solches bis zum Zeitpunkt der Expedirung als zum Transport aufgegeben nicht angesehen.

Dasselbe gilt für die Annahme von Reisegepäck auf Haltestellen.

Die Gepäckfracht muß sofort, bei Vermeidung des Nachtheils, daß die Beförderung unterbleibt, berichtigt werden.

§ 27.

Mitnahme von Handgepäck.

Kleine leicht tragbare Gegenstände können, wenn die Mitreisenden dadurch nicht belästigt werden, von den

Reisenden in den Wagen mitgeführt werden, sofern Zoll- und Steuervorschriften solches gestatten. Für solche in den Wagen mitgenommene Gegenstände werden Gepäckscheine nicht ausgegeben; sie sind von den Reisenden selbst zu beaufsichtigen.

Unter denselben Voraussetzungen ist Reisenden IV. Klasse auch die Mitführung von Handwerkszeug, Tornistern, Tragelasten in Körben, Säcken, Kiepen ꝛc. und anderen Gegenständen, welche Fußgänger bei sich führen, nach Entscheidung des Stationsvorstandes gestattet.

§ 28.

Gepäckscheine und Auslieferung des Gepäcks.

Gegen Einlieferung des Gepäcks, wobei die Vorzeigung des Fahrbillets verlangt werden kann, erhält der Reisende einen Gepäckschein. Dem Inhaber dieses Scheins, dessen Legitimation die Verwaltung zu prüfen nicht verpflichtet ist, wird das Gepäck nur gegen Rückgabe des Scheins, welche die Bahnverwaltung von jedem weiteren Anspruche befreit, ausgeliefert.

Der Inhaber des Gepäckscheins ist berechtigt, nach Ankunft des Zuges, zu welchem das Gepäck zum Transport aufgegeben ist, am Bestimmungsorte die sofortige Auslieferung des Gepäcks nach Ablauf der zur ordnungsmäßigen Ausladung und Ausgabe, sowie zur etwaigen steueramtlichen Abfertigung erforderlichen Zeit, im Local der Gepäckexpedition zu verlangen. Will derselbe die sofortige Auslieferung des Gepäcks nicht erwarten, so kann er dasselbe innerhalb 24 Stunden nach dessen Ankunft in bestimmten Expeditionsstunden gegen Rückgabe des Scheins in der Gepäckexpedition abfordern oder abfordern lassen. Wird das Gepäck innerhalb 24 Stunden nicht abgeholt, so ist für dasselbe das vorgeschriebene Lagergeld zu entrichten.

In Ermangelung des Gepäckscheins ist die Verwaltung zur Aushändigung des Gepäcks nur nach vollständigem Nachweise der Empfangsberechtigung gegen

Ausstellung eines Reverses und nach Umständen gegen Sicherheit verpflichtet.

§ 29.

Haftpflicht der Eisenbahn für Reisegepäck.

Die Eisenbahn haftet von dem Zeitpunkte der Aushändigung des Gepäckscheins ab für die richtige und unbeschädigte Ablieferung der Gepäckstücke, und zwar im Allgemeinen nach den in Abschnitt B. (Beförderung von Gütern) enthaltenen Bedingungen und Abreden, soweit solche auf die Beförderung von Reisegepäck anwendbar sind, insbesondere aber nach folgenden Grundsätzen:

a) ist von dem Reisenden ein höherer Werth nicht deklarirt, so wird im Falle des Verlustes oder der Beschädigung der wirklich erlittene Schaden vergütet, dieser kann jedoch in einem höheren Betrage als mit zwei Thalern für jedes Pfund nach Abzug des Gewichts des unversehrten Inhalts des blos beschädigten Gepäckstückes nicht beansprucht werden;

b) ist von dem Reisenden ein höherer Werth deklarirt, so wird mit der Gepäckfracht ein Frachtzuschlag erhoben, welcher für jede, wenn auch nur angefangene 20 Meilen, die das Gepäck von der Absende- bis zur Bestimmungsstation zu durchlaufen hat, im Minimum $\frac{1}{10}$ Thlr. beträgt und 2 pro Mille der ganzen deklarirten Summe nicht übersteigen darf.

   Die Werthdeklaration hat nur dann eine rechtsverbindliche Wirkung, wenn sie von der Expedition der Abgangsstation im Gepäckschein eingeschrieben ist.

c) Die Verwaltung ist von jeder Verantwortlichkeit für Reisegepäck frei, wenn es nicht innerhalb dreier Tage nach Ankunft des Zuges (§ 28) auf der Bestimmungsstation abgefordert wird.

Der Reisende, welchem das Gepäck nicht überliefert werden würde, kann verlangen, daß ihm auf dem Gepäckschein Tag und Stunde der geschehenen Abforderung des Gepäcks von der Gepäck-Expedition bescheinigt werde.

Für den Verlust und die Beschädigung von Reisegepäck, welches von dem Reisenden nicht zum Transport aufgegeben worden ist, insbesondere für den Verlust und die Beschädigung der in den Wagen mitgenommenen Gegenstände (§§ 20, 27), wird nur Gewähr geleistet, wenn ein Verschulden der Bahnverwaltung oder ihrer Leute nachgewiesen ist.

§ 30.

In Verlust gerathene Gepäckstücke.

Fehlende Gepäckstücke werden erst nach Ablauf von acht Tagen nach der Ankunft des Zuges, zu welchem dieselben aufgegeben sind, auf der Bestimmungsstation des Reisenden als in Verlust gerathen betrachtet, und ist der Reisende erst dann befugt, mit Ausschluß aller weiteren Entschädigungsansprüche desselben, die Zahlung der im § 29 bestimmten Garantiesumme zu fordern. Außerdem kann der Reisende bei Empfangnahme der Entschädigung sich vorbehalten, das in Verlust gerathene Gepäckstück, falls es sich später wieder finden möchte, binnen 4 Wochen nach erhaltener Nachricht hiervon gegen Rückerstattung des erhaltenen Schadensersatzes — und zwar am ursprünglichen Bestimmungsorte — frachtfrei abzunehmen. Im Falle eines solchen Vorbehaltes ist ihm eine Bescheinigung über die Anmeldung desselben auszustellen.

§ 31.

Haftpflicht der Eisenbahn für versäumte Lieferungszeit.

Die Haftpflicht der Eisenbahn für Versäumung der Lieferungszeit (§ 28) richtet sich nach folgenden Bestimmungen:

1. Der für Versäumung der Lieferungszeit zu leistende Ersatz des nachzuweisenden Schadens, sobald solcher überhaupt eintritt, kann nur im Betrage von $\frac{1}{10}$ Thaler für jedes Pfund des ausgebliebenen Gepäcks und jeden angefangenen Tag der Versäumniß bis dahin, daß das Gepäck als in Verlust gerathen anzusehen ist (§ 30), beansprucht werden. Will der

Reisende die Höhe des wegen verspäteter Lieferung zu leistenden Schadensersatzes als die Höhe des Interesses an der rechtzeitigen Lieferung sich sichern, so hat er die desfallsige Erklärung mindestens ½ Stunde vor Abgang des Zuges, mit welchem die Beförderung geschehen soll und nach den Betriebsvorschriften geschehen kann, in der Gepäck-Expedition abzugeben. Sie hat nur dann rechtsverbindliche Wirkung, wenn sie von dieser im Gepäckschein vermerkt ist. Die hierfür zu entrichtende Vergütung darf 2 pro Mille der angegebenen Interesse-Summe für jede angefangenen 20 Meilen, welche das Gepäck von der Absende- bis zur Bestimmungsstation zu durchlaufen hat, mit einem Minimalbetrage von 10 Sgr. und unter Abrundung der zu entrichtenden Beträge auf ganze Groschen nicht übersteigen. Dagegen wird den Reisenden als Schadensersatz für die verspätete Lieferung derjenige Betrag desselben von der Eisenbahn geleistet, welcher innerhalb des deklarirten Betrages nachgewiesen werden kann.

2. Die Eisenbahn ist von der Haftung für den Schaden, welcher durch Versäumung der Lieferungszeit entstanden ist, befreit, sofern sie beweist, daß sie die Verspätung durch Anwendung der Sorgfalt eines ordentlichen Frachtführers nicht habe abwenden können.

§ 32.

Gepäckträger.

Auf denjenigen Stationen, wo sich Gepäckträger befinden, können die Reisenden sich derselben, jedoch ohne Verantwortlichkeit der Verwaltung, für den von der Eisenbahn nicht übernommenen Transport des Gepäcks nach und von den Localen der Gepäck-Expeditionen bedienen. Die Gepäckträger sind durch die Dienstabzeichen erkennbar und mit einer gedruckten Dienstanweisung versehen, welche sie, sowie die gedruckte Gebührentaxe, im Dienste bei sich führen und auf Verlangen vorzeigen müssen.

§ 33.

Zurückgelassene Gegenstände.

Alle im örtlichen Bezirk der Bahnverwaltung oder in den Wagen zurückgelassenen, an die Eisenbahn abgelieferten Gegenstände werden mindestens 3 Monate lang aufbewahrt. Erst nach Ablauf dieser Frist wird mit denselben nach Maßgabe der bei den einzelnen Bahnen darüber bestehenden Bestimmungen verfahren.

Gegenstände, welche dem Verderben ausgesetzt sind, können bestmöglichst verkauft werden, sobald deren Verderben zu befürchten steht, und wird in diesem Falle der Erlös bis zum Ablauf der festgesetzten Frist zur Disposition des Berechtigten gehalten.

c) Beförderung von Leichen.

§ 34.

Beförderungs-Bedingungen.

Die Beförderung einer Leiche wird nur mit einem Begleiter, welcher ein Fahrbillet zu lösen hat, und in einem besonders dazu gemietheten verschließbaren Güterwagen zugelassen.

Die Leiche muß in einem luftdicht verschlossenen Kasten sich befinden, und kann Vorausbezahlung der Fracht verlangt werden.

Es wird vorausgesetzt, daß die zur Beförderung erforderliche polizeiliche Erlaubniß nachgewiesen ist.

d) Beförderung von Equipagen und anderen Fahrzeugen

§ 35.

Annahme und Beförderung. Einlieferungszeit.

Equipagen und andere Fahrzeuge werden nur auf und nach den zu deren Annahme bestimmten Stationen zur Beförderung angenommen. Sie müssen zwei Stunden vor Abgang des Zuges angemeldet und spätestens eine Stunde vorher zur Expedition ausgeliefert werden. Auf Zwischenstationen kann auf eine sichere Beförderung derselben mit dem vom Versender gewünschten Zuge nur

dann gerechnet werden, wenn sie 24 Stunden vorher angemeldet worden.

Equipagen und andere Fahrzeuge mit den Eil- und Schnellzügen zu befördern, ist die Eisenbahn nicht gehalten.

§ 36.

Auslieferung.

Nach Ankunft auf der Bestimmungsstation wird gegen Rückgabe der etwa ertheilten Quittung die Equipage oder das Fahrzeug ausgeliefert und muß spätestens innerhalb 2 Stunden abgeholt werden, wenn die Ankunft bis Abends 6 Uhr erfolgt. Trifft dagegen der Zug auf der Bestimmungsstation erst später ein, so läuft diese Frist erst von Morgens 6 Uhr des folgenden Tages an. Für jede Stunde längeren Verweilens ist die Verwaltung ein Standgeld zu fordern berechtigt.

§. 37.

Belassung von Reisegepäck ꝛc. in den Equipagen.

Den Begleitern der Equipagen und Fahrzeuge steht es frei, Bagage und Reisegepäck in denselben zu belassen, sofern nicht Zoll- und Steuervorschriften entgegenstehen (siehe § 38).

§ 38.

Haftpflicht der Eisenbahn für Fahrzeuge.

Die Eisenbahn haftet für die beförderten Equipagen und Fahrzeuge nach den für den Güterverkehr geltenden Bedingungen und Abreden, soweit sie auf den Gegenstand anwendbar sind. Sie haftet aber nicht für denjenigen Schaden, welcher aus der Gefahr entstanden ist, deren Abwendung durch die von ihr vorgeschriebene oder von dem Versender freiwillig übernommene Begleitung bezweckt wird.

Dabei gilt als bedungen, daß bei Verfolgung von Entschädigungs-Ansprüchen für Verlust und Beschädigung der der Schadensberechnung nach den geltenden gesetzlichen Bestimmungen zu Grunde zu legende Werth den vom Aufgeber declarirten Werth nicht übersteigen soll.

Eine solche Werthangabe ist nur für die Equipage oder für das Fahrzeug selbst, nicht für die darin befindlichen Gegenstände (§ 37) zulässig.

In Bezug auf letztere haftet die Eisenbahn nicht den Schaden, welcher aus der Gefahr entstanden ist, deren Abwendung durch die Begleitung bezweckt wird, für Schäden anderer Art aber nur, wenn ein Verschulden der Bahnverwaltung oder ihrer Leute nachgewiesen ist.

Ist Werthangabe gewählt, so wird der im Tarif angegebene Transportpreis der Equipage oder des Fahrzeuges um einen bestimmten Satz erhöht. Dieser Satz darf 1 pro Mille der für jedes Fahrzeug deklarirten ganzen Summe für jede angefangenen 20 Meilen der ganzen Transportstrecke mit einem Minimalbetrage von 1/6 Thlr. und Abrundung des zu entrichtenden Betrages auf ganze Groschen nicht übersteigen. Ist Werthangabe nicht erfolgt, so gilt als bedungen, daß der nach den gesetzlichen Bestimmungen zu ermittelnde und zu ersetzende Werth jedes Fahrzeuges, einschließlich der darin befindlichen Gegenstände, weder in Verlust, noch in Beschädigungsfällen den Betrag von 300 Thlrn. übersteigen soll.

Die Angabe eines höheren Werths als 300 Thlr. für eine unter Begleitung versendete Equipage hat nur dann eine rechtsverbindliche Wirkung, wenn sie von der Expedition der Abgangsstation im Transportscheine vermerkt ist; die Angabe eines höheren Werths der ohne Begleitung versendeten Equipagen erfolgt nach den für Frachtgüter gegebenen Vorschriften (Abschnitt B. § 23).

§ 39.

Lieferungszeit.

Der Transport begleiteter Equipagen und anderer Fahrzeuge, welche mit den Personenzügen befördert werden, geschieht mit dem Zuge bis zur Bestimmungsstation, zu welchem sie aufgegeben sind; sofern sie aber unterwegs aus einem Zuge in einen andern übergeben müssen, brauchen sie erst mit dem nächstfolgenden Personenzuge einzutreffen.

Die Lieferungszeit für alle anderen Equipagen und Fahrzeuge ist die für gewöhnliches Gut vorgesehene.

Die Haftpflicht für den durch Versäumung dieser Lieferfrist entstandenen Schaden erstreckt sich der Regel nach nicht weiter, als auf Zahlung von höchstens 10 Thlrn. für jede ausgebliebene Equipage und jeden angefangenen Tag der Versäumniß. Die Deklaration eines höheren Interesses der rechtzeitigen Lieferung begleiteter Equipagen und anderer Fahrzeuge hat nur dann eine rechtsverbindliche Wirkung, wenn sie von der Expedition der Abgangsstation im Transportscheine vermerkt ist; für Equipagen ohne Begleitung erfolgt die Deklaration nach den für Frachtgüter gegebenen Vorschriften.

In beiden Fällen wird ein Frachtzuschlag erhoben, welcher für jede Meile und für jede angefangenen 20 Thlr. der ganzen deklarirten Summe ½ Pf. unter Abrundung auf volle Silbergroschen mit einem Minimalsatze von 3 Sgr. nicht übersteigen darf.

e) Beförderung von lebenden Thieren.

§ 40.

Annahme. Ein- und Ausladen. Ausschließung kranker und wilder Thiere.

Lebende Thiere werden nur auf und nach den zu deren Annahme bestimmten Stationen zur Beförderung angenommen. Der Absender oder Empfänger muß das Ein- und Ausladen in die Wagen und aus denselben, sowie die zur Befestigung der Thiere erforderlichen Mittel und das Anbinden selbst besorgen oder besorgen lassen, sich auch von der sicheren Anlegung der Thiere selbst überzeugen.

Kranke Thiere und solche, welche aus Orten kommen, wo eine Viehseuche herrscht, werden zur Beförderung nicht angenommen.

Zum Transport wilder Thiere ist die Eisenbahn nicht verpflichtet.

Bei der Beförderung anderer lebender Thiere ist die

Eisenbahnverwaltung Begleitung zu fordern berechtigt. Die Begleiter haben — sofern der Stationsvorstand nicht Ausnahmen zuläßt — ihren Platz in den betreffenden Viehwagen zu nehmen und die Beaufsichtigung des Viehes während des Transports zu bewirken. Bei kleinem Vieh, insbesondere Geflügel, wenn es in tragbaren, gehörig verschlossenen Käfigen (luftigen und hinlänglich geräumigen Behältern) aufgegeben wird, bedarf es der Begleitung nicht.

§ 41.

Beförderung von Hunden.

Die Beförderung der Hunde geschieht in abgesonderten Behältnissen.

Der Transportpreis muß bei der Aufgabe des Hundes gegen Lösung eines Scheines bezahlt werden, gegen dessen Zurücklieferung nach beendigter Fahrt der Hund verabfolgt wird. Hunde, welche nach Ankunft auf der Station nicht sofort abgeholt werden, zu verwahren, ist die Verwaltung nicht verpflichtet. Diese Bestimmungen finden jedoch nur auf solche Hunde Anwendung, welche als Begleiter von Passagieren mit Personenzügen befördert werden, anderenfalls gelten für die Beförderung von Hunden ebenfalls die allgemeinen Vorschriften der §§ 40 und 43.

§ 42.

Beförderung von Pferden.

Mit welchen Zügen und in welcher Zahl die Beförderung von Pferden stattfindet, hängt von dem Ermessen der Eisenbahn ab.

Die Pferde müssen wenigstens eine Stunde vor Abgang der Züge zur Einbringung in die Wagen bereit stehen. Wenn der Zug in der Nacht oder des Morgens früh vor 7 Uhr abgeht, müssen die Pferde bis 8 Uhr Abends angemeldet werden.

Auf die Versendung von Zwischenstationen ab kann mit Sicherheit nur im Falle vorheriger Verständigung mit dem Stationsvorstande gerechnet werden.

Bei der Ankunft am Bestimmungsorte werden die Pferde gegen Rückgabe der etwa ausgestellten Beförderungsscheine ausgeliefert, das Abführen derselben muß spätestens eine Stunde nach der Ankunft auf dem Bahnhofe geschehen.

Mit Ablauf dieser Frist ist, selbst wenn die Pferde im Freien auf dem Bahnhofe stehen bleiben, die Eisenbahnverwaltung ein Standgeld zu erheben berechtigt.

Der Fahrpreis der Pferde ist am Abgangsorte zu entrichten.

§ 43.

Beförderung von anderen Thieren.

Die Quantität der gleichzeitig zu befördernden sonstigen Thiere, sowie die Züge, mit welchen sie zu befördern, bestimmt die Eisenbahn. Namentlich hängt die Mitnahme einzelner Stücke davon ab, ob passlicher Raum vorhanden ist, und kann daher im Voraus nicht zugesichert werden.

Der Fahrpreis ist am Absendungsorte zu erlegen.

Die Thiere müssen zwei Stunden vor Abgang des Zuges auf den Bahnhof gebracht und, wenn der Zug in der Nachtzeit oder des Morgens vor 7 Uhr abgeht, bis 8 Uhr Abends vorher angemeldet werden. Bei der Ankunft an dem Bestimmungsorte werden die Thiere gegen Rückgabe der Beförderungsscheine ausgeliefert; das Ausladen und Abtreiben muß spätestens zwei Stunden nach Ankunft auf dem Bahnhofe geschehen. Nach Ablauf dieser Frist ist, sofern dem Vieh ein fernerer Aufenthalt auf dem Bahnhofe gestattet wird, die Eisenbahnverwaltung berechtigt, ein Standgeld zu erheben.

§ 44.

Haftpflicht der Eisenbahn für Thiere.

Die Haftpflicht der Eisenbahn für Verlust und Beschädigung zur Beförderung übernommener Hunde, Pferde, und sonstiger lebender Thiere richtet sich nach den für den Güterverkehr im Abschnitt B. enthaltenen Vertrag.

bedingungen, soweit solche auf den Transport von Thieren anwendbar sind.

Die Eisenbahn haftet aber nicht für den Schaden, welcher aus der mit dem Transporte der Thiere für dieselben verbundenen besonderen Gefahr entstanden ist; sie leistet daher insbesondere keinen Ersatz, wenn der Verlust oder die Beschädigung durch Entspringen, Fallen, Stoßen, Ersticken oder aus sonstigen Ursachen beim Einladen, Ausladen, während des Transportes oder beim Aufenthalt auf dem Bahnhofe entstanden ist. Auch haftet sie nicht für den Schaden, welcher aus der Gefahr entstanden ist, deren Abwendung durch die (§ 40) geforderte Begleitung bezweckt wird. Dahin sind alle Gefahren zu rechnen, welche nicht aus einer von der Eisenbahn zu vertretenden Beschädigung des zum Transport benutzten Fahrzeuges entstehen, namentlich auch diejenigen, welche durch gehörige Beaufsichtigung, Wartung und Fütterung der Thiere während des Transportes abgewendet werden könnten.

Tritt Ersatzpflichtigkeit ein, so bilden, sowohl in Verlust- wie in Beschädigungsfällen, der vom Aufgeber deklarirte Werth, falls aber eine solche Werthangabe nicht erfolgt ist, die folgenden Beträge die Maximal-Entschädigungssätze:

150	Thlr.	für ein Pferd,
70	„	„ einen Mastochsen,
50	„	„ ein Haupt Rindvieh,
6	„	„ ein Kalb,
20	„	„ ein Mastschwein,
8	„	„ ein mageres Schwein,
2	„	„ ein Ferkel,
4	„	„ ein Schaf oder eine Ziege,
2	„	„ einen Hund,
10	„	„ den Centner sonstiger Thiere.

Ist Werthangabe gewählt, so ist neben dem tarifmäßigen Transportpreise ein Zuschlag zu bezahlen, welcher 1 pro Mille der ganzen deklarirten Summe für jede angefangenen 20 Meilen der ganzen Transportstrecke mit einem Minimalbetrage von $^1/_{30}$ Thlr. und Abrundung des zu entrichtenden Betrages auf ganze Groschen nicht übersteigen darf.

Die Angabe eines höheren Werthes hat nur dann eine rechtsverbindliche Wirkung, wenn sie entweder auf dem Transportscheine durch die Expedition der Abgangsstation oder (in solchen Fällen, wo die Beförderung mittelst Frachtbriefs erfolgt) auf der Rückseite des Frachtbriefes an der dazu bestimmten Stelle durch den Versender mit Buchstaben eingetragen ist.

§ 45.

Lieferungszeit.

Die Lieferungszeit ist, je nachdem die Beförderung mit Personen- oder mit Güterzügen geschieht, die für Eilgut oder für gewöhnliches Gut, und berechnet sich nach den im Abschnitte B. enthaltenen Bestimmungen, welche auch für die Folgen versäumter Lieferungszeit maßgebend sind.

Die Auslieferung von Pferden und Hunden, welche mit Personenzügen befördert werden, kann jedoch in der § 28 Alinea 2 für Gepäck bestimmten Frist verlangt werden. Die Deklaration eines höheren Interesses der rechtzeitigen Lieferung hat nur dann eine rechtsverbindliche Wirkung, wenn sie entweder auf dem Transportscheine durch die Expedition der Abgangsstation oder (in solchen Fällen, wo die Beförderung mittelst Frachtbriefes erfolgt) auf der Rückseite des Frachtbriefes an der dazu bestimmten Stelle durch den Versender mit Buchstaben eingetragen ist.

In beiden Fällen wird ein Frachtzuschlag erhoben, welcher für jede Meile und für jede angefangenen 20 Thaler der ganzen deklarirten Summe $^1/_4$ Pf., unter Abrundung auf volle Silbergroschen, mit einem Minimalsatze von 3 Sgr. nicht übersteigen darf.

B.

Beförderung von Gütern.

§ 1.

Der Transport von Gütern erfolgt von und nach allen für den Güterverkehr eingerichteten Stationen, ohne daß es behufs des Uebergangs von einer Bahn auf die andere einer Vermittelungsadresse bedarf.

§ 2.

Uebernahme der Güter.

Die Eisenbahn ist nicht verpflichtet, Gut zum Transport zu übernehmen, welches nicht ordnungsmäßig oder gar nicht verpackt ist, ungeachtet seine Natur nach dem Ermessen der Eisenbahn eine Verpackung zum Schutze gegen Verlust oder Beschädigung auf dem Transporte erfordert. Dergleichen Gut kann ausnahmsweise befördert werden, wenn der Absender das Fehlen oder den mangelhaften Zustand der Verpackung durch eine mit seiner Unterschrift versehene, auf dem Frachtbriefe zu wiederholende Erklärung anerkennt.

Für die von dem Versender hinsichtlich des Fehlens, oder des mangelhaften Zustandes der Verpackung abzugebende Erklärung ist der Wortlaut durch ein Formular vorgeschrieben (cfr. Anlage A.), welches in den Expeditionen bereit gehalten wird.

§ 3.

Von der Beförderung ausgeschlossene oder nur bedingungsweise zugelassene Gegenstände.

I. Von der Beförderung sind ausgeschlossen:

1. Alle solche Gegenstände, deren Form, Umfang, Gewicht oder sonstige Beschaffenheit nach dem Urtheile des expedirenden Beamten den Transport mit den Eisenbahnzügen nicht zuläßt.
2. Alle postzwangspflichtigen Gegenstände, sowie Dokumente, Edelsteine, ächte Perlen und Pretiosen.
3. Alle der Selbstentzündung oder Explosion unterworfenen Gegenstände, z. B. Schießpulver und Schießbaumwolle, Zündschnüre, mit Ausnahme der unter II. A. 6 genannten, geladene Gewehre, Knallsilber, Knallquecksilber, Knallgold, Feuerwerkskörper, Pyropapier (sogen. Düpplerschanzenpapier), Nitro-Glycerin (Sprengöl), pikrinsaure Salze (Pikringelb, Anilingelb rc.) Natronsalpeter, Patent-Sprengpulver (Dynamit) und alle Präparate, in deren Mischung sich Phosphor in Substanz befindet, ferner Zündblättchen (amorces).

II. Bedingungsweise werden zum Transport zugelassen:

A.

1. Aether, Naphta, Hoffmannsgeist (Hoffmannstropfen), Collodium, Schwefelkohlenstoff (Schwefelalkohol), Holzgeist in rohem und rektifizirtem Zustande, Alkohol und Sprit.
2. Grünkalk.
3. Chlorsaures Kali und reine Pikrinsäure.
4. Mineralsäuren aller Art und Oelsatz von der Oelraffinerie, Aetznatronlauge, Sodalauge und Aetzkalilauge, sowie die Gefäße, in denen solche transportirt worden sind, ferner in Ballons zur Beförderung kommende Firnisse, Firnißfarben, Säfte, ätherische und fette Oele, Weingeist und andere unter Nr. 1 nicht genannte Spirituosen, desgleichen Crem.
5. Terpentinöl, Theeröl (Hydrocarbür), Mineralöl, Kamphin, Photogène, Pinolin, leichtes Steinkohlenöl (Benzin); Ligroin (Petroleum-Naphta), Mineralschmieröl und ähnliche Substanzen, sowie die Gefäße, in denen solche transportirt sind; alle übelriechenden Oele, desgl Salmiakgeist.
6. Reib- und Streichzünder (als Lichtchen, Hölzchen, Schwämmchen), Sicherheitszünder (Zündschnüre), wenn sie aus einem dünnen dichten Schlauche bestehen, in dessen Innern eine verhältnißmäßig ge-

ringe Menge Schießpulver enthalten ist. Bucher'sche Feuerlöschdosen in blechernen Hülsen.

7. Phosphor.
8. Wolle und wollene Abfälle, Tuchtrümmer, Spinnerei-, Baumwollen- und Baumwollengarnabfälle, Flachs, Hanf, Werg, Lumpen und ähnliche derartige Gegenstände, wenn sie gefettet sind, sowie Kunstwolle, Mungo- oder Shoddy-Wolle, Weber- oder Harnischlitzen, Geschirrlitzen.
9. Petroleum in rohem oder gereinigtem Zustande, auch Petroleum-Aether (Naphta), sowie leere Gefäße, in welchen diese Gegenstände transportirt sind.
10. Petarden für Knall-Haltesignale auf den Eisenbahnen.
11. Zündhütchen, Zündspiegel und Metallpatronen.
12. Gold- und Silberbarren, Platina, Geld und geldwerthe Papiere.
13. Gemälde und andere Kunstgegenstände.
14. Arsenikalien, nämlich arsenige Säure (Hüttenrauch), gelbes Arsenik (Rauschgelb, Auripigment), rothes Arsenik (Realgar), Scherbenkobalt (Fliegenstein) u. s. w. und andere Giftstoffe.
15. Kienruß.
16. Hefe, sowohl flüssige als feste.

Alle unter 1 bis 16 genannten Gegenstände werden zum Transporte nur angenommen, wenn ihnen besondere andere Gegenstände nicht umfassende Frachtbriefe beigegeben sind.

Im Einzelnen ist zu beachten:

Zu Nr. 1. Aether, Naphta, auch Hoffmannsgeist (Hoffmannstropfen) und Collodium dürfen nur in doppelten Verschlüssen und zwar dergestalt zur Versendung kommen, daß die gläsernen Flaschen, in denen sich die Stoffe befinden, in starken Holzkisten, mit Kleie oder Sägemehl eingefüttert sind.

Für die Beförderung von Schwefelkohlenstoff (Schwefelalkohol) gelten folgende Vorschriften:

a) Befindet sich Schwefelkohlenstoff in cylindrischen aus Zink gefertigten Gefäßen, welche oben und unten durch aufgelöthete eiserne Reifen verstärkt sind, so werden diese nur dann zum Transporte angenommen, wenn jedes einzelne Gefäß ein Gewicht von höchstens 70 Pfund hat.
b) Eine Gewichts-Beschränkung findet dagegen hinsichtlich solcher mit Schwefelkohlenstoff gefüllten Gefäße, welche aus starkem Eisenblech gefertigt, gehörig vernietet und in den Nähten gut verlöthet sind, nur insoweit statt, als das Gewicht des einzelnen Gefäßes 10 Centner nicht übersteigen darf.
c) Die Gefäße aus Zinkblech müssen in geflochtenen Körben eingeschlossen sein.
d) In Glasgefäßen, die in Blechbüchsen mit Kleie oder Sägemehl eingefüttert sind, wird auch Schwefelkohlenstoff zum Transporte zugelassen.
e) Die Beförderung des Schwefelkohlenstoffs findet in allen Fällen nur auf ganz offenen Wagen ohne Decktuch statt.

Holzgeist in rohem und rectificirtem Zustande, Alkohol und Sprit werden nur in Fässern oder Blechgefäßen zugelassen.

Zu Nr. 2. Grünkalk wird nur auf offenen Wagen befördert.

Zu Nr. 3. Das chlorsaure Kali muß sorgfältig in Papier verpackt sein und müssen die Packete in hölzerne Fässer oder Kisten eingeschlossen werden. Die Beförderung von reiner Pikrinsäure erfolgt nur gegen eine von einem geeigneten Chemiker auszustellende Bescheinigung über die Reinheit und Ungefährlichkeit der aufgegebenen Pikrinsäure.

Zu Nr. 4. Die Ballons, in denen Mineralsäure (Schwefelsäure — Vitriolöl — Salzsäure, Salpetersäure — Scheidewasser) rc. verschickt werden, müssen wohl verpackt und in besondere mit starken Vorrichtungen zum bequemen Handhaben versehene Gefäße (wozu auch geflochtene Körbe dienen können) eingeschlossen sein. Die Annahme zum Transport kann abgelehnt werden, wenn die Verpackung nicht mit Sorgfalt ausgeführt ist, und die Kisten resp. Gefäße nicht mit Vorrichtungen zum bequemen Handhaben versehen sind.

Mineralsäuren müssen stets getrennt verladen, dürfen also mit anderen Chemikalien nicht in einen und denselben Wagen gebracht werden. Die Zusammenladung mit Petroleum und anderen mineralischen Leuchtstoffen ist gestattet, jedoch soll Petroleum, soweit thunlich, allein verladen werden.

Zu Nr. 5. Hydrocarbür oder Substanzen ähnlicher Art werden bei Versendungen in Blechgefäßen oder Glasballons ohne Korbumflechtung nur dann zur Beförderung übernommen, wenn diese Gefäße in Körbe verpackt sind. Die Beförderung von Terpentinöl und aller sonstigen übelriechenden Oele findet nur in offenen Wagen statt.

Zu Nr. 4 und 5. Ballons mit Mineralsäure (Schwefelsäure, Salzsäure, Salpetersäure rc.), sowie Ballons mit Theeröl (Hydrocarbür), Mineralöl, Camphin, Photogen, Pinolin, leichtem Steinkohlenöl (Benzin) und ähnlichen Substanzen werden, wenn die einzelnen Kolli nicht über 1½ Centner schwer sind, zur Frachtberechnung nach dem wirklichen Gewichte angenommen. Bei Versendung von Ballons über 1½ Centner kann die Eisenbahnverwaltung die Bezahlung der Fracht für 40 Centner verlangen und das Auf- und Abladen der Ballons ist vom Versender beziehungsweise Empfänger zu besorgen. Die Letzteren haben folglich keine Befugniß, hinsichtlich der fraglichen Ballons desfallsige, für andere Güter zulässige Requisitionen an die Eisenbahn zu richten. Falls das Abladen solcher Ballons Seitens der Empfänger nicht binnen spätestens drei Tagen nach der Ankunft auf der Empfangsstation resp. nach der Avisirung der Ankunft erfolgt, ist die Eisenbahn berechtigt, die Ballons, unter Hinzurechnung der entstandenen Wagenstrafmiethe, zurückzusenden (s. § 16).

Zu Nr. 6. Die Reib- und Streichzünder, sowie die Sicherheitszünder und Zündschnüre, müssen in Behältnissen von starkem Eisenblech oder mindestens in sehr festen hölzernen Kisten von nicht über 1,0 Kubikmeter Größe sorgfältig und dergestalt fest verpackt sein, daß der Raum der Kisten völlig ausgefüllt ist. Die Kisten sind äußerlich deutlich mit dem Inhalt zu bezeichnen.

Bucher'sche Feuerlöschdosen werden nur in 12 bis 20 Pfund enthaltenden Kistchen, welche inwendig mit Papier verklebt und außerdem in gleichfalls ausgeklebten großen Kisten eingeschlossen sind, zum Transporte zugelassen.

Zu Nr. 7. Phosphor muß mit Wasser umgeben, in Blechbüchsen, welche höchstens 12 Pfund fassen und verlöthet sind, in starke Kisten mit Sägemehl fest verpackt sein. Die Kisten müssen außerdem gehörig in graue Leinwand emballirt sein, an zwei ihrer oberen Kanten starke Handhaben besitzen, dürfen nicht mehr als 150 Pfund wiegen und müssen äußerlich als „Phosphor enthaltend" und mit dem Zeichen „Oben" versehen sein.

Zu Nr. 8. Werden Gegenstände der hier genannten Art zum Versandt aufgegeben, so muß aus dem Frachtbriefe ersichtlich sein, ob sie gefettet sind oder nicht. Ist Ersteres der Fall, so werden sie nur auf offenen Wagen und gegen Revers des Versenders verladen, so daß gegen Naßwerden derselben keine Garantie geleistet wird. Fehlt die desfallsige Bezeichnung, so wird angenommen, daß die betreffenden Gegenstände gefettet sind und die Verladung danach bewirkt.

Zu Nr. 9. Petroleum und Petroleum-Aether (Naphta) wird nur zur Beförderung angenommen in besonders guten, dauerhaften Fässern oder in Blechbüchsen, welche in mit Sägemehl oder Kleie ausgefüllten Kisten verpackt sind, oder in sorgfältig verlötheten Gefäßen aus starkem Weißblech von quadratischer Grundform bei einer Länge und Breite von etwa 21 Centimeter und einer Höhe von etwa 31 Centimeter, welche zu je zwei in einer Kiste aus mindestens 1,3 Centimeter starken Brettern dergestalt verpackt sind, daß ein Rütteln der Gefäße nicht möglich ist. Während des Transportes etwa schadhaft gewordene Blechgefäße werden sofort ausgeladen und mit dem noch vorhandenen Inhalte für Rechnung des Versenders bestmöglichst verkauft. Die Beförderung geschieht nur auf offenen Wagen. Auf eine Abfertigung im Zollansageverfahren, welche eine feste Bedeckung und Plombirung der Wagendecken erforderlich machen würde, wird die Beförderung nicht übernommen.

Zu Nr. 10. Die Petarden müssen fest in Papierschnitzeln, Sägemehl oder Gyps verpackt oder auf andere Weise so fest und getrennt gelegt sein, daß die Blechkapseln sich weder selbst untereinander, noch einen anderen Körper berühren können; die Kisten, in denen die Verpackung geschieht, müssen von mindestens 2,6 Centimeter starken gespundeten Brettern angefertigt, durch Holzschrauben zusammengehalten, vollständig dicht gemacht und mit einer zweiten dichten Kiste umgeben sein; dabei darf die äußere Kiste keinen größeren Raum als 0,06 Kubikmeter haben.

Die Annahme zur Beförderung erfolgt nur dann, wenn die Frachtbriefe mit einer amtlichen Bescheinigung über die vorschriftsmäßig ausgeführte Verpackung versehen sind.

Zu Nr. 11. Zündhütchen, Zündspiegel und Metallpatronen müssen sorgfältig in festen Kisten oder Fässern verpackt und jedes Kollo muß mit einem besonderen, die Bezeichnung „Zündhütchen 2c." enthaltenden Zettel beklebt sein.

Zu Nr. 12. Unter welchen Bedingungen Gold- und Silberbarren, Platina, Edelmetall, gemünztes und Papiergeld zum Transport angenommen werden, bestimmen die besonderen Vorschriften jeder einzelnen Eisenbahn.

Zu Nr. 13. Die Beförderung von Gemälden und andern Kunstgegenständen ist die Eisenbahnverwaltung zu übernehmen nur dann verpflichtet, wenn in den Frachtbriefen keine Werthangabe enthalten ist.

Zu Nr. 14. Arsenikalien, nämlich arsenige Säure (Hüttenrauch), gelbes Arsenik (Rauschgelb, Auripigment),

rothes Arsenik (Realgar), Scherbenkobalt (Fliegenstein) 2c. werden nur dann zum Eisenbahntransporte angenommen, wenn sie in doppelten Fässern oder Kisten verpackt sind. Die Böden der Fässer müssen mit Einlagereifen, die Deckel der Kisten mit Reifen oder eisernen Bändern gesichert werden. Die inneren Fässer oder Kisten sind von starkem, trockenem Holze zu fertigen und inwendig mit Leinwand oder ähnlichen dichten Geweben zu verkleben.

Auf jedem Kollo muß in leserlichen Buchstaben mit schwarzer Oelfarbe das Wort „Arsenik (Gift)" angebracht sein.

Andere giftige Metallpräparate (giftige Metallfarben, Metallsalze 2c.), wohin insbesonders Quecksilberpräparate, als: Sublimat, Kalomel, weißes und rothes Präcipitat, Zinnober, Kupfersalze und Kupferfarben, als: Kupfervitriol, Grünspan, grüne und blaue Kupferpigmente, Bleipräparate, als: Bleiglätte (Massikot), Mennige, Bleizucker und andere Bleisalze, Bleiweiß und andere Bleifarben, Zinn und Antimonasche gehören, dürfen nur in dichten, von festem trockenen Holze gefertigten, mit Einlagereifen resp. Umfassungsbändern versehenen Fässern oder Kisten zum Transporte aufgegeben werden. Die Umschließungen müssen so beschaffen sein, daß durch die beim Transporte unvermeidlichen Erschütterungen, Stöße 2c., ein Verstauben der Stoffe durch die Fugen nicht eintritt.

Zu Nr. 15. Kienruß wird nur in kleinen, inwendig mit Wasserglas getränktem Papier verklebten Gefäßen zur Beförderung zugelassen.

Zu Nr. 16. Hefe, sowohl flüssige als feste, wird nur in Gefäßen zugelassen, die nicht luftdicht verschlossen sind.

B.

Heu, Rohr (exkl. span. Rohr), Borke, Stroh (auch Reis- und Flachsstroh), und Torf werden im unverpackten Zustande nur in *bedeckten* Wagen, und wenn außerdem Versender und Empfänger das Auf- und Abladen selbst besorgen, zum Transport zugelassen. Auch haben Versender auf Verlangen der Verwaltung die Bedeckung dieser und der Artikel Gyps, Kalkäscher, Traß und Holzkohlen selbst zu beschaffen.

C.

Für solche Gegenstände, deren Verladung oder Transport nach dem Ermessen der übernehmenden Verwaltung besondere Schwierigkeit verursacht, kann die Beförderung von jedesmal zu vereinbarenden, besonderen Bedingungen abhängig gemacht werden.

D.

Welche Güter nur unter Begleitung angenommen werden, ist aus diesem Reglement zu ersehen.

Wer unter falscher oder ungenauer Declaration die vom Transport gänzlich ausgeschlossenen oder nur unter Beobachtung gewisser Bedingungen zugelassenen Gegenstände zur Beförderung aufgibt, hat neben den durch Polizeiverordnungen oder durch das Strafgesetzbuch festgesetzten Strafen, auch wenn ein Schaden nicht geschehen ist, für jedes Pfund solcher Versandtstücke eine schon durch die Auslieferung verwirkte Conventionalstrafe von zwei Thalern zu erlegen und haftet außerdem für allen etwa entstehenden Schaden. Die Conventionalstrafe kann nach Befinden der Umstände von dem Versender oder von dem Empfänger des Gutes eingezogen werden.

§ 4.

Abschluß des Frachtvertrages

Der Frachtvertrag wird durch die Ausstellung des Frachtbriefes Seitens des Absenders und durch die zum Zeichen der Annahme erfolgende Aufdrückung des Expeditionsstempels Seitens der Expedition der Absendestation geschlossen. Die Aufdrückung des Expeditionsstempels erfolgt erst nach geschehener vollständiger Auslieferung des in demselben Frachtbriefe declarirten Gutes. Mit diesem Zeitpunkte ist der Frachtvertrag als abgeschlossen zu betrachten und gilt die Uebergabe des Gutes als geschehen.

§ 5.

Frachtbriefe.

Jede Sendung muß von dem vorgeschriebenen gedruckten, von der Eisenbahnverwaltung gestempelten Frachtbriefe begleitet sein. Es gelten dafür folgende einzelne Bestimmungen:

1. Für die vom Versender und Empfänger auf- und abzuladenden Güter und für die unter Zoll- oder Steuerkontrole stehenden Waaren sind besondere, andere Gegenstände nicht umfassende Frachtbriefe beizugeben.

2 Der nach § 4 abgestempelte Frachtbrief gilt als Beweis über den Vertrag zwischen der Eisenbahnverwaltung und dem Absender, jedoch macht bei Gütern, deren Auf- und Abladen, nach Bestimmung des Tarifs oder besonderer Vereinbarung mit dem Absender, von diesem oder dem Empfänger besorgt wird, die Angabe des Gewichts oder der Menge des Gutes in dem Frachtbriefe keinen Beweis gegen die Eisenbahn. Auf Verlangen des Absenders ist der Stempel der Expedition der Absendestation (§ 4), welcher für das Datum der Aufgabe des Gutes allein maßgebend ist, in seiner Gegenwart dem Frachtbriefe aufzudrücken.

Die Annahme von Frachtbriefen, welche von den Bestimmungen dieses Reglements abweichende Vorschriften enthalten, kann verweigert werden. Frachtbriefe, mit welchen das Gut vor der Aufgabe zur Eisenbahn durch andere Frachtführer befördert worden, werden auch als Beilagen zu den Eisenbahn-Frachtbriefen nicht angenommen.

3 In dem Frachtbriefe sind die Güter, nachdem Ort und Datum der Frachtbrief-Ausstellung angegeben worden, nach Zeichen, Nummern, Anzahl, Verpackungsart, Inhalt und Bruttogewicht der Frachtstücke (Kolli), die Güter aber, welche nach den besondern Vorschriften der annehmenden Eisenbahn

nicht nach Gewicht angenommen werden, nach dem Inhalte dieser Vorschriften deutlich und richtig zu bezeichnen.

Der Frachtbrief muß die Unterschrift des Absenders oder eine gedruckte beziehungsweise gestempelte Zeichnung seines Namens, sowie die deutliche und genaue Bezeichnung des Empfängers und des Bestimmungsortes enthalten.

Führen vom Absendungs- nach dem Bestimmungsorte verschiedene Wege, so muß die Adresse im Frachtbriefe den Transportweg bestimmt angeben. Ist dies nicht der Fall, so wählt die Versandt-Expedition auf Gefahr des Versenders denjenigen Weg, der ihr am zweckmäßigsten erscheint.

Die sorgfältig und deutlich zu gebenden äußeren Bezeichnungen der einzelnen Kolli müssen mit den desfallsigen Angaben im Frachtbriefe genau übereinstimmen.

4. Der Versender bürgt für die Richtigkeit der Angaben des Frachtbriefes und trägt alle Folgen, welche aus unrichtigen, undeutlichen oder ungenauen Angaben im Frachtbriefe entspringen.

Die Eisenbahn-Expedition ist befugt, die Uebereinstimmung des Frachtbriefes mit den betreffenden Gütern auch nach dem Inhalte in Gegenwart des Absenders oder Empfängers oder deren Bevollmächtigten, oder nöthigenfalls in Gegenwart von mindestens zwei Zeugen, zu prüfen und verifiziren zu lassen.

Bei unrichtiger Angabe des Gewichts oder Inhaltes kann eine jede Eisenbahn, außer der Nachzahlung der etwa verkürzten Fracht vom Abgangs- bis zum Bestimmungsorte, eine Konventionalstrafe nach Maßgabe ihrer besonderen Vorschriften von dem Versender oder Empfänger erheben.

5. Wünscht der Absender eine Bescheinigung der erfolgten Uebergabe von Gütern an die Eisenbahn, so hat derselbe, sofern nicht die besonderen Vorschriften einzelner Verwaltungen die Ausstellung eigener „Aufnahmsscheine" gestatten, zwei gleichlautende Exemplare des Frachtbriefes einzureichen, deren eins ihm von der Eisenbahn-Expedition mit der Bezeichnung „Duplikat" vollzogen zurückgegeben wird.

Dieses Duplikat hat nicht die Wirkung des das Gut begleitenden Frachtbriefes oder eines Ladescheines.

6. Die Ausstellung von Ladescheinen findet nicht statt.

7. Bei Versendungen von Gütern nach Orten, welche an einer Eisenbahn nicht gelegen oder nach Eisenbahnstationen, welche für den Güterverkehr nicht eingerichtet sind, soll der Versender wegen des Weitertransportes auf dem Frachtbriefe die Eisenbahnstation bezeichnen, von welcher der Adressat den Weitertransport zu besorgen hat (cfr. §§ 16 und 20).

8 Das Formular zum Frachtbriefe ist in den Anlagen B. und C. vorgeschrieben und auf allen Stationen zu den in den Tarifen angezeigten Preisen käuflich zu haben.

9. An Orten, wo mehrere Verwaltungen Güterexpeditionen haben, sind die von der einen Verwaltung gestempelten Frachtbriefe auch von den andern als gültig anzuerkennen.

§ 6.

Zoll- und Steuervorschriften.

Der Absender ist verpflichtet, bei Gütern, welche vor der Ablieferung an den Empfänger einer zoll- oder steueramtlichen Behandlung unterliegen, die Eisenbahn in den Besitz der deshalb erforderlichen Begleitpapiere bei Uebergabe des Frachtbriefes zu setzen. Der Eisenbahn liegt eine Prüfung der Nothwendigkeit oder Richtigkeit oder Zulänglichkeit der Begleitpapiere nicht ob, und sie, beziehungsw. ihre Nachfolger im Transporte, sind für ein bei Annahme von Gut ohne Begleitpapiere oder mit unzulänglichen Papieren etwa vorgekommenes Verschulden nicht verantwortlich. Dagegen haftet der Absender der Eisenbahn für alle Strafen und Schäden, welche dieselbe wegen Unrichtigkeit oder Unzulänglichkeit oder Mangels der Begleitpapiere treffen.

Würde auf ausdrücklichen, im Frachtbriefe gestellten Antrag der Versender die Eisenbahn, wenn die vorschriftsmäßigen Deklarationen und Legitimationspapiere beigefügt sind, die zoll- und steueramtliche Behandlung der Güter vermitteln und Eingangs-, Ausgangs- und Durchgangs-Abgaben, sowie andere öffentliche Abgaben und Gebühren, soweit sie vorschriftsmäßig und nicht am Abgangs- oder Bestimmungsorte zu entrichten sind, vorschießen, so übernimmt sie dadurch keine Verantwortlichkeit. Die Eisenbahn ist durch einen solchergestalt gestellten Antrag nicht verpflichtet, die Vermittelung zu übernehmen, und ist befugt, dieselbe einem Spediteur zu übertragen, wenn keine Mittelsperson im Frachtbriefe genannt ist.

Sollte der Absender eine solche Abfertigung der Güter beantragt haben, wie sie in dem gegebenen Falle gesetzlich nicht zulässig ist, so wird angenommen, daß er damit einverstanden sei, wenn die Eisenbahn diejenige Abfertigung veranlaßt, welche sie nach ihrem Ermessen für sein Interesse am vortheilhaftesten erachtet. Würde die Eisenbahn die mittelst Frachtbriefes an den Grenzen des betreffenden Zollgebietes ihr übergebenen Güter ohne von dem Versender extrahirte zollamtliche Begleitpapiere zur Beförderung an den Bestimmungsort oder an die für die Abgabe der Zolldeklaration zulässige Zollstelle übernehmen, so ist beziehungsweise Absender und Empfänger für alle Schäden und Nachtheile gegen die Eisenbahn verantwortlich und regreßpflichtig, welche aus Unrichtigkeiten, Fehlern und Versäumnissen der Frachtbrief-Deklaration des Versenders der Eisenbahn als Frachtführerin bei der ihr obliegenden Abgabe einer nach Maßgabe der Deklaration im Frachtbriefe auszufertigenden und zu vollziehenden Zolldeklaration erwachsen möchten.

Der Absender hat die zur zoll- und steueramtlichen Behandlung beigefügten Begleitpapiere auch im Frachtbriefe zu verzeichnen. Für Begleitpapiere, welche im Frachtbriefe nicht verzeichnet sind, wird von der Eisenbahn keine Haftung übernommen.

§ 7.

Berechnung der Frachtgelder.

So lange und soweit keine gemeinschaftlichen Frachttarife publizirt sind, wird die Fracht nach den aus den publizirten Tarifen der einzelnen Bahnen beziehungsweise der Verbände zusammenzustoßenden Beträgen berechnet. Außer den in den Tarifen angegebenen Sätzen an Frachtvergütung, für Ueberlieferung, Umexpedition und etwaige Umladung darf nichts erhoben werden. Baare Auslagen der Eisenbahnen (z. B. Transit-, Ein- und Ausgangs-Abgaben, Kosten für Ueberführung, nöthig werdende Reparaturkosten an den Gütern, welche diese in Folge ihrer eigenen äußeren oder inneren Beschaffenheit und Natur zu ihrer Erhaltung während ihres Transportes bedingen) sind zu ersetzen.

Wenn einzelne Eisenbahnen die Güter von der Behausung des Absenders abholen, aus Schiffen löschen lassen, sowie an die Behausung des Empfängers oder an irgend einen anderen Ort, z. B. nach Packhöfen, Lagerhäusern, Revisionsschuppen, in Schiffe u. s. w., bringen lassen, so sind auch die aus den Tarifen zu ersehenden Vergütungen hierfür zu ersetzen.

Die Fracht wird nach Zollgewicht (den Centner zu 100 Pfund gleich 50 Kilogramm), bei denjenigen Gütern aber, welche ohne Gewichtsermittelung übernommen werden, nach Maßgabe der darüber in den Tarifen und besonderen Vorschriften der einzelnen Eisenbahnen enthaltenen Bestimmungen, nach Tragkraft der Wagen oder nach Raum-Inhalt oder Raum-Maß berechnet. Die Ermittelung des Gewichts geschieht entweder durch wirkliche Verwiegung auf den Bahnhöfen oder durch Rechnung nach den in den Tarifen angegebenen Normalsätzen. Bei Kollogütern hat dieselbe stets auf der Aufgabestation stattzufinden. Sendungen unter ½ Centner werden höchstens für ½ Centner, das darüber hinausgehende Gewicht wird nach Zehntel-Centnern berechnet, so daß jedes angefangene Zehntel für ein volles Zehntel gilt. Durch diese Gewichts-Berechnung soll jedoch die Erhebung der in den Tarifen einzelner Eisenbahnen vorgeschriebenen Minimalbeträge des Frachtgeldes nicht ausgeschlossen werden.

Dem Aufgeber wird überlassen, bei der Feststellung des Gewichtes gegenwärtig zu sein. Verlangt derselbe, nachdem diese Feststellung Seitens der Eisenbahnverwaltung bereits erfolgt ist und vor der Verladung der Güter, eine anderweite Ermittelung des Gewichts in seiner oder seines Beauftragten Gegenwart, so ist die Eisenbahnverwaltung berechtigt, dafür ein im Tarif bestimmtes Wägegeld zu erheben.

Alle in einem Frachtbriefe enthaltenen Gegenstände desselben Frachtsatzes bilden eine Abfertigungs-Position zur Berechnung des Frachtgeldes. Verpackte Gegenstände von einem Gewichte bis zu 20 Pfund können jedoch jeder besonders zur Berechnung gezogen werden.

Die zu erhebende Fracht wird mit ganzen Groschen beziehungsweise Kreuzern abgerundet, so daß Beträge bei der Thalerwährung unter ½ Groschen gar nicht, von ½ Groschen ab aber für einen Groschen, und bei der Guldenwährung Bruchkreuzer für volle Kreuzer gerechnet werden.

Wenn nach den besonderen Vorschriften der einzelnen Eisenbahnen Güter von den Versendern selbst zu verladen sind, so dürfen die Versender die Wagen nur bis zu der an denselben vermerkten Tragfähigkeit beladen. Für Ueberladung kann die Eisenbahn, vorbehaltlich sonstiger Entschädigung, eine in den besonderen Vorschriften festzustellende Konventionalstrafe erheben.

§ 8.

Zahlung der Fracht.

Die Frachtgelder werden bei der Aufgabe des Gutes berichtigt oder auf den Empfänger zur Zahlung angewiesen. Die Eisenbahn kann jedoch eine sofortige Berichtigung der Frachtgebühren fordern, namentlich für

Gegenstände, welche nach dem Ermessen der annehmenden Eisenbahn dem schnellen Verderben unterliegen oder die Fracht nicht sicher decken.

§ 9.

Nachnahme und Provision.

Nach dem Ermessen der Eisenbahn können die auf Gütern bei ihrer Aufgabe auf die Bahn haftenden Spesen, deren Spezifizirung verlangt werden kann, nachgenommen werden. Solche Nachnahmen werden dem Aufgeber baar verabfolgt, wenn die Zahlung derselben von Seiten des Adressaten geschehen ist.

Auch Vorschüsse auf den Werth des Gutes werden bis auf Höhe von 100 Thlrn. unter denselben Bedingungen wie Spesennachnahmen zugelassen, wenn dieselben nach dem Ermessen des expedirenden Beamten durch den Werth des Gutes sicher gedeckt werden.

Für jede aufgegebene Nachnahme, gleichviel ob dieselbe verabfolgt oder in Folge anderweiter Disposition ganz oder theilweise zurückgezogen ist, wird die durch den Tarif der Aufgabestation bestimmte Provision berechnet. Von den Eisenbahnen im Falle des Weitertransports von einer Bahn auf die andere nachgenommene Frachtgelder sind jedoch provisionsfrei.

Für baare Auslagen (§ 7), welche ebenfalls nachgenommen werden können, darf die im Tarife der die baaren Auslagen vorschießenden Eisenbahn bestimmte Provision für Nachnahme erhoben werden.

Als Bescheinigung über die Auslegung von Nachnahmen auf Güter dient in der Regel der abgestempelte Frachtbrief oder die anderweit gestattete Form der Bescheinigung über Aufgabe von Gütern (cfr. § 6 Nr. 6), jedoch werden auf Verlangen noch besondere Nachnahmescheine, und zwar gebührenfrei ertheilt.

§ 10.

Annahme der Güter.

Die Eisenbahn ist nicht verpflichtet, Güter zum Transporte eher anzunehmen, als bis die Beförderung geschehen kann, namentlich also nicht, insofern die regelmäßigen Transportmittel der Bahn zur Ausführung des nachgesuchten Transportes nicht genügen.

§ 11.

Auflieferung der Güter und Beförderung.

Das Gut muß in den festgesetzten Expeditionszeiten aufgeliefert, beziehungsweise von dem Absender verladen werden, und wird, je nach der Deklaration des Absenders, in Eilfracht oder in gewöhnlicher Fracht befördert (§ 14).

An Sonn- und Festtagen wird gewöhnliches Frachtgut nicht angenommen und am Bestimmungsorte dem Adressaten nicht verabfolgt.

Eilgut wird auch an Sonn- und Festtagen, aber nur in den ein für alle Mal bestimmten, durch Aushang in den Expeditionslokalen und beziehungsweise auch in einem Lokalblatte bekannt gemachten Tageszeiten angenommen und ausgeliefert.

Das Eilgut muß mit einem auf rothem Papier gedruckten Frachtbriefe (Anlage C.) aufgegeben werden und wird vorzugsweise und schleunig befördert.

Die gewöhnlichen Frachtgüter, welche mit einem Frachtbriefe nach Anlage B. aufzugeben sind, werden soviel wie möglich nach der Reihenfolge ihrer Auflieferung befördert.

Die Gestellung der Wagen für solche Güter, deren Verladung der Absender selbst besorgt, muß für einen bestimmten Tag nachgesucht und die Verladung in der von der Absendestation zu bestimmenden Frist vollendet werden.

Diese Frist wird durch Anschlag in den Güterexpeditionen und beziehungsweise auch durch Bekanntmachung in einem Lokalblatte zur allgemeinen Kenntniß gebracht.

§ 12.

Lieferungszeit. Berechnung derselben.

Jede Bahn publizirt Lieferfristen. Durch Zusammenrechnung der Lieferfristen der einzelnen bei dem Transporte betheiligten Bahnen ergibt sich die Lieferungszeit für die ganze Transportstrecke. Sie beginnt mit der auf die Abstempelung des Frachtbriefes (§§ 4 und 5) folgenden Mitternacht und ist gewahrt, wenn innerhalb derselben das Gut dem Empfänger (oder denjenigen Personen, an welche nach § 19 die Ablieferung gültig geschehen kann), an die Behausung oder an das Geschäftslokal zugeführt ist, oder, falls eine solche Zuführung nicht zugesagt ist, wenn innerhalb der gedachten Frist nach erfolgter Ankunft des Gutes am Bestimmungsorte schriftliche Nachricht von dieser Ankunft für den Empfänger zur Post gegeben oder ihm auf andere Weise wirklich zugestellt ist.

Es werden für den Bereich jeder Verwaltung folgende Maximal-Lieferfristen festgestellt:

A. Für gewöhnliche Frachtgüter:

Für einen Transport bis zu 20 Meilen 2 Tage; bei größeren Entfernungen für je angefangene weitere 20 Meilen einen Tag mehr.

B. Für Eilgüter:

Für einen Transport bis zu 20 Meilen 24 Stunden; bei größeren Entfernungen für je angefangene weitere 20 Meilen 12 Stunden mehr.

In den ad A und B gedachten Fristen dürfen höchstens noch je weitere 24 resp. 12 Stunden hinzutreten:

a) wenn die Beförderung durch einen Zug bewirkt wird, welcher auf einer Zwischenstation fahrplanmäßig übernachtet;
b) wenn das Gut nicht auf dem directen Curs verbleibt, sondern auf einen andern Curs übergeht, oder einen nicht überbrückten Flußübergang zu passiren hat, oder endlich auf dem Transport aus dem Bereich einer Verwaltung in den Bereich einer andern anschließenden Verwaltung übergeht.

Der Lauf der Lieferfristen ruht für die Dauer steueramtlicher Abfertigungen. Der Verwaltung wird vorbehalten, für Messen und andere Zeiten außergewöhnlichen Verkehrs Zuschlagsfristen festzusetzen und zu publiciren.

Für Güter, welche Bahnhof restante gestellt sind, ist die Lieferfrist gewahrt, wenn das Gut innerhalb derselben auf der Bestimmungsstation zur Abnahme bereitgestellt ist.

§ 13.

Zeitweilige Verhinderung des Transports.

Wird der Antritt oder die Fortsetzung des Bahntransportes durch Naturereignisse oder sonstige Zufälle zeitweilig verhindert, so ist der Absender nicht gehalten, die Aufhebung des Hindernisses abzuwarten; er kann vielmehr vom Vertrage zurücktreten, muß alsdann aber die Eisenbahn, sofern derselben kein Verschulden zur Last fällt, wegen der Kosten zur Vorbereitung des Transportes und der Kosten der Wiederausladung durch eine (in den besonderen Vorschriften festgesetzte) Gebühr entschädigen und außerdem die Fracht für die von dem Gute etwa schon zurückgelegte Transportstrecke berichtigen.

§ 14.

Avisirung und Ablieferung des Gutes.

Die Eisenbahn ist verpflichtet, am Bestimmungsorte dem durch den Frachtbrief bezeichneten Empfänger den Frachtbrief und das Gut auszuliefern. Nachträglichen Anweisungen des Absenders wegen Zurückgabe des Gutes oder Auslieferung desselben an einen anderen als den im Frachtbriefe bezeichneten Empfänger hat die Eisenbahn so lange Folge zu leisten, als sie Letzterem nach Ankunft des Gutes am Bestimmungsorte den Frachtbrief noch nicht übergeben hat. Der Absender hat in diesem Falle auf Erfordern das ihm etwa ausgestellte Frachtbrief-Duplikat (§ 5 Nr. 5) oder den Aufnahmeschein zurückzugeben.

Die Eisenbahn ist nicht verpflichtet, andere Anweisungen als diejenigen, welche auf der Aufgabestation erfolgt sind, zu beachten.

Ist dem Empfänger nach Ankunft des Gutes am

Bestimmungsorte der Frachtbrief bereits übergeben, so hat die Eisenbahn nur die Anweisungen des bezeichneten Empfängers zu beachten, widrigenfalls sie demselben für die Ladung verhaftet ist.

Bei denjenigen Gütern, welche die Eisenbahn nicht selbst dem Empfänger an seine Behausung oder an sein Geschäftslokal zuführen läßt, wird dem Adressaten nach Ankunft der transportirten Güter schriftliche Nachricht von der erfolgten Ankunft der Güter durch Boten, per Post oder durch sonst übliche Gelegenheit zugesendet.

Wo die Verwaltung es für angemessen erachtet, werden von derselben besondere Rollfuhr-Unternehmer zum An- und Abfahren der Güter innerhalb des Stationsortes oder von und nach seitwärts belegenen Ortschaften bestellt, auf welche der § 18 des Reglements Anwendung findet.

Die Taxe für die dem Rollfuhr-Unternehmer zu zahlende Gebühr wird in den betreffenden Güter-Expeditionen zur Einsicht aushängen.

Diejenigen Empfänger, welche sich ihre Güter selbst abholen oder sich anderer, als der von der Bahnverwaltung bestellten Fuhrunternehmer bedienen wollen, haben dies der betreffenden Güter-Expedition rechtzeitig vorher, jedenfalls noch vor Ankunft des Gutes und auf Erfordern der Güter-Expedition unter glaubhafter Bescheinigung der Unterschrift schriftlich anzuzeigen.

Ausgeschlossen von der Selbstabholung sind diejenigen Güter, welche nach steueramtlichen Vorschriften oder aus anderen Gründen nach Packhöfen oder Niederlagen der Steuerverwaltung gefahren werden müssen. Güter, welche Bahnhof restante gestellt sind oder den Adressaten durch die Bahnverwaltung zugeführt werden, werden nicht avisirt.

Nach geschehener Zahlung der etwa noch nicht berichtigten Fracht und der auf den Gütern haftenden Auslagen und Gebühren erfolgt gegen Einlieferung der vorschriftsmäßig vollzogenen Empfangsbescheinigung und Vorzeigung des quittirten Frachtbriefes die Auslieferung des Guts in den Expeditionslokalen (auf den Güterböden) und die Stellung der Wagen zur Entladung auf den Entladungsplätzen, und zwar mit folgenden näheren Zeitbestimmungen:

1. Die Güter sind binnen 24 Stunden nach Zusendung der Benachrichtigung während der vorgeschriebenen Geschäftsstunden abzunehmen.

   Bahnhof restante gestellte Güter, sowie Güter derjenigen Empfänger, welche sich die Avisirung schriftlich ein für alle Mal verbeten haben, sind binnen einer durch den Tarif festzustellenden Frist, welche nicht unter 24 Stunden nach Ankunft des Guts betragen darf, abzunehmen.

2. Die Fristen, binnen welcher die von dem Versender selbst verladenen Güter durch die Empfänger auszuladen und abzuholen sind, werden durch die besonderen Vorschriften jeder Verwaltung festgesetzt und auf jeder Station durch Aushang in den Expeditionslokalen, beziehungsweise auch durch Bekanntmachung in einem Lokalblatte zur allgemeinen Kenntniß gebracht.

3. Zwischenfallende Sonn- und Festtage werden überall nicht mitgerechnet.

4. Wegen nicht erfolgter Ankunft eines Theils der in demselben Frachtbriefe verzeichneten Sendung, wovon jeder Theil ohne Zusammenhang mit dem Ganzen einen allgemeinen Verbrauchswerth hat, kann die Annahme des angekommenen Theils und die Zahlung des verhältnißmäßigen Frachtbetrages vom Adressaten nicht verweigert werden, unbeschadet der auf Grund der §§ 17 ff. von ihm zu erhebenden Entschädigungs-Ansprüche.

Eilgüter werden, sofern außergewöhnliche Verhältnisse nicht eine längere Frist unvermeidlich machen, binnen zwei Stunden nach der Ankunft avisirt resp. binnen sechs Stunden dem Adressaten in seine Behausung zugeführt.

Die Avisirung resp. Zuführung der später als 6 Uhr Abends angekommenen Eilgüter kann erst am folgenden Morgen verlangt werden.

§ 15.

Lagergeld und Konventionalstrafe.

1. Wer ohne die im § 13 erwähnten Veranlassungen die von ihm zur Beförderung aufgelieferten Güter aus den Lagerräumen oder den Wagen der Eisenbahn vor deren Abfahrt zurücknimmt, hat auf Verlangen der Eisenbahnverwaltung außer den Auf- und Abladegebühren für jeden Tag vom Augenblicke der Auslieferung, der Tag sei blos angebrochen oder verstrichen, ein Lagergeld zu entrichten.

Wird vom Absender die Zurückgabe eines Gutes auf einer Zwischenstation der Transportstrecke verlangt, und geht die Verwaltung auf dieses Verlangen ein, so ist neben der tarifmäßigen Fracht für die von dem Gute zurückgelegte Bahnstrecke das tarifmäßige Reugeld zu zahlen.

Bei einer nach und nach stattfindenden Auslieferung der in demselben Frachtbriefe declarirten Sendungen, oder wenn Güter mit unvollständigen oder unrichtigen Frachtbriefen aufgeliefert sind und deshalb bis zum Eingange der vervollständigten oder berichtigten Frachtbriefe liegen bleiben müssen, kann die Eisenbahn, wenn die Auslieferung nicht innerhalb 24 Stunden vollbracht und eine Verzögerung des Auslieferungsgeschäfts ersichtlich ist, beziehungsweise, wenn innerhalb jener Zeit die Vervollständigung und Berichtigung der Frachtbriefe nicht erfolgt ist, von den aufgelieferten Gütern nach Ablauf jener 24 Stunden bis zur vollständig vollbrachten Auslieferung der ganzen Frachtbrief-Sendung, beziehungsweise bis zur Vervollständigung und Berichtigung der Frachtbriefe, ein Lagergeld erheben lassen. Eine Konventionalstrafe, für welche auf Verlangen bei Bestellung der Wagen eine den Betrag der Strafe für eine Lagerversäumniß ausgleichende Kaution zu erlegen ist, kann die Eisenbahn ebenfalls von demjenigen einziehen, welcher Eisenbahnwagen zum Transporte von Gütern, deren Verladung der Versender zu besorgen hat, bestellt, und welcher nicht in der durch die besonderen Vorschriften (cfr. § 11 am Schluß) zu bestimmenden Frist die Beladung ordnungsmäßig bewirkt und die Güter zur Abfertigung bringt, auch ist im letzteren Falle die Eisenbahn nach Ablauf jener Frist befugt, das Geladene von dem Wagen auf Kosten des Bestellers wieder zu entfernen, das Entladene auf Gefahr desselben und gegen ein Lagergeld lagern zu lassen und den Eisenbahn-Wagen der Verfügung des Bestellers zu entziehen.

3. Wer Frachtgüter innerhalb der vorgeschriebenen Frist nicht abnimmt, hat gleichfalls Lagergeld zu bezahlen.

4. Wenn aus den vom Versender beladenen Wagen die verladenen Güter nicht innerhalb der im § 14 Nr. 2 vorgeschriebenen Zeit ausgeladen und abgeholt sind, so ist die Eisenbahn zu dieser Ausladung auf Kosten des Empfängers resp. Versenders, jedoch ohne Uebernahme irgend einer Garantie, ermächtigt und kann durch die besonderen Vorschriften zugleich eine konventionelle Entschädigung als Lagergeld oder als Wagen-Strafmiethe festsetzen.

5. Bei Gütern, deren Empfänger nicht hat benachrichtigt werden können, beginnt die Berechnung des Lagergeldes und der Wagen-Strafmiethe nach Ablauf der in den besonderen Vorschriften bestimmten Fristen.

6. Ueber die Höhe und über die Art und Weise der Berechnung dieser konventionellen Lagergelder und Wagen-Strafmiethen enthält der Tarif für die Güterbeförderung die näheren Bestimmungen.

§ 16.

Verfahren bei Ablieferungs-Hindernissen.

Güter, deren Ab- oder Annahme verweigert oder nicht rechtzeitig bewirkt wird, und Güter, deren Abgabe nicht thunlich geworden, sowie solche, welche unter der Adresse „Bahnhof restante“ länger als die durch die besonderen Vorschriften nachgelassene Frist nach der Ankunft ohne geschehene Meldung des Empfängers daselbst gelagert haben, lagern auf Gefahr und Kosten der Versender. Auch hat die Eisenbahn das Recht, solche Güter unter Nachnahme ihrer darauf haftenden Kosten und Auslagen in ein öffentliches Lagerhaus oder einem ihr als bewährt bekannten Spediteur für Rechnung und Gefahr dessen, den es angeht, auf Lager zu übergeben und sie da zur Disposition des Versenders zu stellen. Nicht minder soll es der Eisenbahn zustehen, solche Güter den Versendern unter Erhebung der Fracht und Rückfracht, des Lagergeldes und etwaiger baarer Auslagen wieder zuzuführen, sofern der Versender auf Benachrichtigung der Eisenbahn innerhalb 14 Tage vom Abgang dieser Benachrichtigung eine andere Disposition für Ablieferung der Güter nicht ertheilt.

Die Eisenbahn ist berechtigt, Güter, deren Bestimmungsort nicht an der Eisenbahn gelegen ist, mittelst eines Spediteurs oder einer anderen Gelegenheit nach dem Bestimmungsorte auf Gefahr und Kosten des Versenders weiterbefördern zu lassen, wenn nicht wegen sofortiger Weiterbeförderung der Güter vom Absender oder Empfänger Verfügung getroffen ist. Dasselbe gilt von Gütern, deren Bestimmungsort eine nicht für den Güterverkehr eingerichtete Eisenbahnstation ist.

Die vorstehende Bestimmung findet keine Anwendung, soweit die Verwaltung Rollfuhr-Unternehmer zur Beförderung der Güter nach seitwärts belegenen Orten bestellt hat (cfr. § 14).

Der Versender erklärt sich durch die Aufgabe des Gutes auch damit einverstanden, daß die Eisenbahn Güter, deren An- und Abnahme verweigert oder nicht rechtzeitig bewirkt, oder deren Abgabe nicht thunlich ist, wenn sie dem schnellen Verderben ausgesetzt sind, oder nur die Fracht, nicht aber auch die Rückfracht sicher decken, oder endlich solche Güter, deren angebotene Zurücknahme durch den Versender bei verweigerter Abnahme Seitens des Adressaten, oder im Falle, daß der Adressat nicht zu ermitteln ist, unterbleibt, ohne weitere Förmlichkeit bestmöglich verkauft, um sich für die Fracht und Auslagen bezahlt zu machen, und den Ueberschuß dem Absender überweist.

Das Gleiche gilt für den Fall, daß der Versender nicht zu ermitteln ist.

Herrenlose Güter, welche sich im örtlichen Bezirk der Eisenbahn vorfinden, unterliegen ebenfalls den Bestimmungen des Abschnitts A. § 33.

§ 17.

Haftpflicht im Allgemeinen.

Wenn eine Eisenbahn das Gut mit einem Frachtbriefe übernimmt, nach welchem der Transport durch mehrere, sich an einander anschließende Eisenbahnen zu bewirken ist, so haften als Frachtführer für den ganzen Transport nicht sämmtliche Eisenbahnen, welche das Gut mit dem Frachtbriefe übernommen haben, sondern nur die erste und diejenige Bahn, welche das Gut mit dem Frachtbriefe zuletzt übernommen hat; eine der übrigen in der Mitte liegenden Eisenbahnen kann nur dann als Frachtführer in Anspruch genommen werden, wenn ihr nachgewiesen wird, daß der Schaden, dessen Ersatz gefordert wird, auf ihrer Bahn sich ereignet hat.

Der den Eisenbahnen unter einander zustehende Rückgriff wird dadurch nicht berührt.

§ 18.

Haftpflicht der Eisenbahn für ihre Leute.

Die Eisenbahn haftet für ihre Leute und für andere Personen, deren sie sich bei Ausführung des von ihr übernommenen Transportes bedient.

§ 19.

Umfang und Zeitdauer der Haftpflicht.

Die Eisenbahn haftet für den Schaden, welcher durch Verlust oder Beschädigung des Gutes seit dem nach § 4

festzustellenden Zeitpunkte der Empfangnahme bis zur Ablieferung entstanden ist, sofern sie nicht beweist, daß der Verlust oder die Beschädigung durch höhere Gewalt (vis major) oder durch die natürliche Beschaffenheit des Gutes, namentlich durch inneren Verderb, Schwinden, gewöhnliche Leckage und dergleichen, oder durch äußerlich nicht erkennbare Mängel der Verpackung entstanden ist. Der Ablieferung an den Adressaten steht die Ablieferung an Packhöfe, Lagerhäuser, Revisionsschuppen u. s. w. und im Falle des § 16 die Ablieferung in ein öffentliches Lagerhaus oder an einen Spediteur gleich.

Als in Verlust gerathen ist das Gut erst vier Wochen nach Ablauf der Lieferungszeit zu betrachten. Durch Annahme des Gutes Seitens des im Frachtbriefe bezeichneten Empfängers oder seiner Leute oder derjenigen Personen, an welche die Ablieferung nach Vorstehendem gültig erfolgen kann, und durch Bezahlung der Fracht erlischt jeder Anspruch gegen die Eisenbahn. Nur wegen Verlustes oder Beschädigungen, welche bei der Ablieferung äußerlich nicht erkennbar waren, kann die Eisenbahn auch nach der Annahme und nach Bezahlung der Fracht in Anspruch genommen werden, jedoch nur, wenn die Feststellung des Verlustes oder der Beschädigung ohne Verzug nach der Entdeckung nachgesucht und der Anspruch spätestens innerhalb 4 Wochen bei der Eisenbahn-Verwaltung schriftlich angemeldet worden ist, und wenn bewiesen wird, daß der Verlust oder die Beschädigung während der Zeit seit der Empfangnahme bis zur Ablieferung entstanden ist.

Außerdem erlöschen alle Ansprüche wegen gänzlichen Verlustes, wegen Verminderung und Beschädigung des Gutes nach einem Jahre von dem Ablaufe des Tages an gerechnet, an welchem die Ablieferung hätte bewirkt sein müssen, und, sofern das Gut angenommen, die Fracht aber nicht bezahlt ist, alle Ansprüche wegen Verminderung oder Beschädigung des Gutes nach einem Jahre von dem

Ablaufe des Tages an, an welchem die Ablieferung geschehen ist.

In allen Verlust- und Beschädigungsfällen haben die Eisenbahnverwaltungen die eingehendsten Recherchen anzustellen und auf Erfordern den Berechtigten aktenmäßige und genaue Mittheilungen über das Resultat der Nachforschungen zu geben.

Durch die Zahlung der Entschädigungssumme Seitens der Eisenbahn und deren ohne Vorbehalt geschehene Annahme Seitens des Entschädigungsberechtigten gehen dessen Rechte auf das in Verlust gerathene Gut, auch wenn es später wieder aufgefunden wird, auf die Eisenbahn über. Der Entschädigungsberechtigte kann sich jedoch bei Empfangnahme der Entschädigungssumme vorbehalten, das in Verlust gerathene Gut, wenn es später wieder aufgefunden wird, binnen 4 Wochen nach erhaltener Nachricht hervon gegen Rückerstattung der erhaltenen Entschädigungssumme abzunehmen.

Der Transport von dem Orte, wo das Gut wieder aufgefunden worden, bis zu dem im Frachtbriefe angegebenen ursprünglichen Bestimmungsort hat in diesem Falle für den Empfangsberechtigten kostenfrei zu erfolgen.

Bei einem solchen Vorbehalt ist dem Entschädigungsberechtigten eine Bescheinigung über die Anmeldung desselben auszustellen.

Jedes Recht aus dem Vorbehalte erlischt, wenn dasselbe nicht innerhalb der gestellten Frist wirklich ausgeübt wird.

§ 20.

Beschränkung der Haftpflicht für Güter, welche nicht nach Eisenbahn-Stationen bestimmt sind.

Wird Gut mit einem Frachtbriefe zum Transport übernommen, in welchem als Ort der Ablieferung ein nicht an einer anschließenden Eisenbahn liegender Ort

bezeichnet ist, so besteht die Haftpflicht der Eisenbahnen als Frachtführer nicht für den ganzen Transport, sondern nur für den Transport bis zu dem Orte, wo der Transport mittelst Eisenbahn enden soll. In Bezug auf die Weiterbeförderung treten nur die Verpflichtungen des Spediteurs ein.

In Ansehung der von der Bahnverwaltung eingerichteten Rollfuhren nach seitwärts belegenen Orten (cfr. § 14) besteht die Haftpflicht der Eisenbahn auch für den Transport bis zu dem Bestimmungsorte des Gutes.

§ 21.

Beschränkung der Haftpflicht bei Angabe mehrerer Bestimmungsorte.

Ist von dem Absender auf dem Frachtbriefe bestimmt, daß das Gut an einem an einer Eisenbahn Deutschlands liegenden Orte abgegeben werden oder liegen bleiben soll, so gilt, ungeachtet im Frachtbriefe ein anderweiter Bestimmungsort angegeben ist, der Transport als nur bis zu jenem ersteren, an der Bahn liegenden Orte übernommen, und die Eisenbahn ist nur bis zur Ablieferung an diesen Ort verantwortlich.

§ 22.

Besondere Beschränkung in der Haftpflicht.

1. Die Eisenbahn haftet in Ansehung der Güter, welche vermöge ihrer eigenthümlichen natürlichen Beschaffenheit der besonderen Gefahr ausgesetzt sind, gänzlichen oder theilweisen Verlust oder Beschädigung, namentlich Bruch, Rost, inneren Verderb, außergewöhnliche Leckage, Selbstentzündung u. s. w. zu erleiden, nicht für den Schaden, welcher aus dieser Gefahr entstanden ist, insbesondere also nicht

a) überhaupt: bei gefährlichen Substanzen, als: Schwefelsäure, Scheidewasser und anderen ätzenden, sowie bei leicht entzündlichen Gegenständen;

b) für den Bruch: bei leicht zerbrechlichen Sachen, als: Möbeln und Hausgeräth, Glas, Eisenguß, leeren oder gefüllten Krügen, Flaschen und Glasballons, Zucker in losen Broden u. s. w.;

c) für Leckage, d. h. Dringen der Flüssigkeiten durch die Fugen des Gebindes ohne äußerliche Beschädigung;

d) für das Verderben: bei Flüssigkeiten und anderen Gegenständen, welche leicht in Gährung oder Fäulniß übergehen oder durch Frost oder Hitze leiden;

e) für das Einrosten: bei Metallwaaren;

f) für Gewichtsverluste: bei frischen und gesalzenen Fischen, Austern und Südfrüchten.

2. Die Eisenbahn haftet in Ansehung derjenigen Güter, welche in unbedeckten Wagen transportirt werden, nicht für den Schaden, welcher aus der mit dieser Transportart verbundenen Gefahr entstanden ist. Welche Güter die Eisenbahn bei Anwendung einer ermäßigten Tarifklasse in unbedeckten Wagen zu transportiren befugt ist, bestimmt der Tarif, und gibt der Absender sein Einverständniß mit dieser Beförderungsart zu erkennen, falls er nicht bei der Aufgabe durch schriftlichen Vermerk auf dem Frachtbriefe die Beförderung des betreffenden Gutes in bedeckten oder mit Decken versehenen Wagen ausdrücklich verlangt. Die Eisenbahn ist jedoch in diesem Falle berechtigt, einen Zuschlag zu der tarifmäßigen Fracht zu erheben.

3. Die Eisenbahn haftet in Ansehung derjenigen Güter, welche, ungeachtet ihre Natur eine Verpackung zum Schutze gegen Verlust oder Beschädigung auf dem Transporte erfordert, nach Erklärung des Absenders auf dem Frachtbriefe unverpackt oder mit mangelhafter Verpackung aufgegeben sind, nicht für den Schaden, welcher aus der mit dem Mangel der Verpackung oder mit der

mangelhaften Beschaffenheit der Verpackung verbundenen Gefahr entstanden ist.

4. Die Eisenbahn haftet in Ansehung derjenigen Güter, deren Auf- und Abladen nach Bestimmung des Tarifs oder nach Vereinbarung mit dem Absender von diesem oder dem Empfänger besorgt wird, nicht für den Schaden, welcher aus der mit dem Auf- und Abladen oder mit mangelhafter Verladung verbundenen Gefahr entstanden ist. Dagegen haften der Absender beziehungsweise der Empfänger für den Schaden, welcher durch das Auf- oder Abladen oder bei Gelegenheit desselben den Fahrzeugen der Eisenbahn zugefügt ist.

5. Die Eisenbahn haftet in Ansehung begleiteter Güter nicht für den Schaden, welcher aus der Gefahr entstanden ist, deren Abwendung durch die Begleitung bezweckt wird.

6. In allen vorstehend unter 1 bis 5 gedachten Fällen wird bis zum Nachweise des Gegentheils vermuthet, daß ein eingetretener Schaden, wenn er aus der Seitens der Eisenbahn nicht übernommenen Gefahr entstehen konnte, aus derselben wirklich entstanden ist.

7. Die vorstehend unter 1 bis 5 bedungenen Befreiungen treten nicht ein, wenn nachgewiesen wird, daß der Schaden durch Schuld der Bahnverwaltung oder ihrer Leute entstanden ist.

8. Gewichtsmängel werden nicht vergütet, soweit für die ganze durchlaufene Strecke das Fehlende bei trockenen Gütern nicht mehr als ein Prozent, bei nassen Gütern, denen geraspelte und gemahlene Farbehölzer, Rinden, Wurzeln, Süßholz, geschnittener Tabak, Fettwaaren, Seifen und harte Oele, frische Früchte, frische Tabaksblätter, Schafwolle, Häute, Felle, Leder, getrocknetes und gebackenes Obst, Thierflechsen, Hörner und Klauen, Knochen (ganz und gemahlen), getrocknete Fische, Hopfen und frische Kitte (andere dahin zu rechnende Gegenstände müssen in den besonderen Vorschriften namhaft gemacht sein)

gleich behandelt werden sollen, nicht mehr als zwei Prozent des im Frachtbriefe angegebenen, beziehungsweise durch die Absende-Station festgestellten Gewichtes beträgt. Dieser Prozentsatz wird, im Falle mehrere Stücke zusammen auf einen Frachtbrief transportirt worden sind, für jedes Stück besonders berechnet, wenn das Gewicht oder das Maaß der einzelnen Stücke im Frachtbriefe verzeichnet oder sonst erweislich ist.

Die vorstehend gedachte Befreiung von der Haftpflicht tritt nicht ein, wenn und soweit nachgewiesen wird, daß der Verlust nach den Umständen des Falles nicht in Folge der natürlichen Beschaffenheit des Gutes entstanden ist, oder daß der angenommene Prozentsatz dieser Beschaffenheit oder den sonstigen Umständen des Falles nicht entspricht. Es bleibt jedoch den einzelnen Verwaltungen vorbehalten, bei solchen Gütern, welche vom Versender selbst verladen oder vom Empfänger abgeladen werden, höhere Prozentsätze als zwei Prozent nach Maßgabe der Beschaffenheit der einzelnen Artikel festzusetzen, bis zu welchen eine Vergütung für Gewichtsmängel nicht stattfinden soll.

§ 23.

Geldwerth der Haftung.

Eine der Eisenbahn nach den Bestimmungen der vorstehenden Paragraphen zur Last fallende Entschädigung ist in ihrem Geldwerthe nach folgenden Grundsätzen zu bemessen:

1. Im Falle des gänzlichen oder theilweisen Verlustes wird bei der Schadenberechnung der von dem Beschädigten nachzuweisende gemeine Handelswerth, und in Ermangelung eines solchen der gemeine Werth, welchen Güter gleicher Beschaffenheit zur Zeit und am Orte der bedungenen Ablieferung gehabt haben würden, nach Abzug der in Folge des

Verlustes etwa ersparten Zölle, Frachten und Unkosten zum Grunde gelegt.

2. Zum Zwecke der Entschädigungsberechnung wird jedoch der gemeine Handelswerth, beziehungsweise der gemeine Werth nicht höher als 20 Thaler pro Centner angenommen, insofern ein höherer Werth nicht ausdrücklich auf dem Frachtbriefe an der dazu bestimmten Stelle mit Buchstaben deklarirt ist.

3. Im Falle einer höheren Werthdeklaration bildet die deklarirte Summe den Maximalsatz der zu gewährenden Entschädigung. In diesem Falle hat der Versender neben der tarifmäßigen Fracht einen Zuschlag zu entrichten, welcher $\frac{1}{10}$ pro Mille der ganzen deklarirten Summe für jede angefangenen 20 Meilen, welche das Gut innerhalb der einzelnen Bahn, resp. des einzelnen Verbandes zu durchlaufen hat, mit einem Minimalbetrage von $\frac{1}{10}$ Thaler und unter Abrundung des zu erhebenden Betrages auf ganze Groschen nicht übersteigen darf.

4. Bei Beschädigung von Gütern wird die durch die Beschädigung entstandene Werthverminderung nach Verhältniß des gemäß der Bestimmung ad 1 zu ermittelnden Werthes zu dem ad 2 und 3 erwähnten Maximalsatze vergütet.

§ 24.

Haftpflicht für Versäumung der Lieferungszeit.

Die Eisenbahn haftet für den Schaden, welcher durch Versäumung der Lieferungszeit (§ 12) entstanden ist, sofern sie nicht beweist, daß sie die Verspätung durch Anwendung der Sorgfalt eines ordentlichen Frachtführers nicht habe abwenden können.

Durch Annahme des Gutes Seitens des im Frachtbriefe bezeichneten Empfängers oder seiner Leute, oder denjenigen Personen, an welche die Ablieferung nach § 19 gültig erfolgen kann, und durch Bezahlung der Fracht erlöschen alle Ansprüche aus Versäumung der Lieferungszeit. Ist das Gut nicht angenommen, oder die Fracht nicht bezahlt, so erlöschen sie nach einem Jahre. Diese Frist beginnt mit dem Ablaufe des Tages, an welchem die Ablieferung geschehen ist, und, wenn sie überhaupt nicht erfolgt ist, mit dem Ablaufe der Lieferungszeit.

§ 25.

Geldwerth der Haftung für Versäumung der Lieferungszeit.

Der von der Eisenbahn zu leistende Ersatz des durch Versäumung der Lieferungszeit entstandenen, von dem Entschädigungsberechtigten nachzuweisenden Schadens wird, im Falle die Versäumniß nicht mehr als 24 Stunden beträgt, den Betrag der halben Fracht, im Falle längerer Versäumniß als 24 Stunden, den Betrag der ganzen Fracht nicht übersteigen.

Will der Versender einen darüber hinausgehenden Schadenersatz sich sichern, so hat er einen bestimmten

Betrag als sein Interesse an der rechtzeitigen Lieferung durch Eintragung in die dazu bestimmte Rubrik des Frachtbriefes zu deklariren. Diese Deklaration muß behufs ihrer Gültigkeit in der gedachten Rubrik mit Buchstaben eingetragen und mit dem schriftlichen Visum der Versandt-Güter-Expedition versehen sein.

Hat der Versender einen bestimmten Betrag als das Interesse der rechtzeitigen Lieferung in dieser Form ausdrücklich angegeben, so ist die Eisenbahn auch über den Betrag der Fracht hinaus bis höchstens zu dem Betrage der deklarirten Summe, den nachgewiesenen Schaden zu vergüten verpflichtet.

Es wird in diesem Falle jedoch ein Frachtzuschlag erhoben, welcher für je 3 Thlr. der deklarirten Summe — angefangene 3 Thlr für voll gerechnet — für die
ersten 20 Meilen . . . . $^1/_{12}$ Gr.,
für die folgenden 30 Meilen . . . . $^1/_{24}$ „
für jede weiteren folgenden 50 Meilen . . . $^1/_{24}$ „
nicht übersteigen darf. Angefangene 20 resp. 30 und 50 Meilen werden für voll gerechnet.

Ueberschießende Pfennige sind auf volle Silbergroschen abzurunden. Der geringste Frachtzuschlag beträgt 1 Sgr.

C.

Schlußbestimmung.

Das Betriebs-Reglement wird durch das Regierungsblatt veröffentlicht. Jede Eisenbahnverwaltung hat Exemplare desselben für das Publikum bereit zu halten und denselben gegen Erstattung der Kosten zu überlassen. Abänderungen des Reglements bleiben vorbehalten und werden solche außer durch das Regierungsblatt auch von den Eisenbahnverwaltungen in je einem am Sitze derselben erscheinenden öffentlichen Blatte gültig publicirt.

Anlage A.

Die Güter-Expedition der ______________________________

Eisenbahn zu ______________________________ hat auf ______________

______________ Ersuchen folgende Güter, welche laut Frachtbrief vom heutigen Tage in nachstehender Weise bezeichnet sind, zur Eisenbahn-Beförderung

nach ______________________________ von ______________________________

angenommen, nämlich:

____

____

____

______________ erkenne ______ hierbei ausdrücklich an, daß diese Güter unverpackt ______

______________ mit mangelhafter Verpackung, nämlich ______________________

____

____

____

____

____

____

aufgegeben sind, und daß dieses auf dem Frachtbriefe von ______________________

anerkannt ist.

______________________ den ____ten ______________________ 18____

____

Anlage B.
Frachtbrief-Formular.

Stempel der Verwaltung.

Frachtgut.

______________ den ______________ 187

Sie empfangen die nachstehend verzeichneten Güter auf Grund der in dem Reglement für den Vereins-Güterverkehr auf den Bahnen

des Vereins Deutscher Eisenbahn-Verwaltungen,

sowie der in den besonderen Reglements der betreffenden Bahnen, beziehungsweise der Verbände enthaltenen und $\frac{\text{mir}}{\text{uns}}$ bekannten Bestimmungen, welche für diese Sendung in Anwendung kommen.

Zeichen.	№	Anzahl.	Art der Verpackung.	Inhalt.	Wirkliches Bruttogewicht in Zollpfund.	Abgerundetes zur Berechnung zu ziehendes Gewicht.		Deklarirter Werth der einzelnen Positionen.	Erklärung wegen der zoll- und steueramtlichen Behandlung, etwaige Bezeichnung einer Mittelsperson etc. Bezeichnung der beigeschlossenen Steuer- und Zolldokumente und sonstigen Beilagen. Angabe etwaiger Bleiverschlüsse.
						Zoll-Ctr.	1/10 Ctr.		

Wiege-Stempel: Unterschrift: Stempel der Abgangs-Station:

Frankirt.			Nota.	Einheits-Frachtsatz pro Ctr.	Zu erheben: Th.	G.	Pf	Fl.	Kr.
			Nachnahme . . .						
			Provision						
			Fracht bis						
			Frachtzuschlag . .						
			Fracht bis						
			Frachtzuschlag . .						
			Fracht bis						
			Frachtzuschlag . .						
			Fracht bis						
			Frachtzuschlag . .						
			Fracht bis						
			Frachtzuschlag . .						
			Zusammen . .						

Stempel der Empfangs-Station.

No. des Wagens ______

No. der Frachtkarte ______

Pos. ______

Herrn ______

in ______

Station ______ der ______ Eisenbahn

über

Die deklarirte Gesammtwerthsumme (§ 23 Nr. 2 u. 3 des Vereins-Regl.) beträgt: siehe vorletzte Kolumne der Vorderseite.

Spezifikation der Nachnahme.	Betrag.	

Gesammt-Nachnahme in Buchstaben:

Stempel der Bahnen.

Die deklarirte Summe des Interesses an der rechtzeitigen Lieferung (§ 25.) beträgt:

Anlage C.
Frachtbrief-Formular.

Papier von **rother Farbe** (dunkel-rosa).

Stempel der Verwaltung.

Eilgut.

____________________ den ________________ 187

Sie empfangen die nachstehend verzeichneten Güter auf Grund der in dem Reglement für den Vereins-Güterverkehr auf den Bahnen

des Vereins Deutscher Eisenbahn-Verwaltungen,

sowie der in den besonderen Reglements der betreffenden Bahnen, beziehungsweise der Verbände enthaltenen und $\frac{\text{mir}}{\text{uns}}$ bekannten Bestimmungen, welche für diese Sendung in Anwendung kommen.

Zeichen.	№	Anzahl.	Art der Verpackung	Inhalt.	Wirkliches Brutto-gewicht in Zoll-pfund.	Abgerundetes, zur Berechnung zu ziehendes Gewicht.		Dekla-rirter Werth der einzelnen Positionen.	Erklärung wegen der zoll- und steueramtlichen Behandlung, etwaige Bezeichnung einer Mittelsperson etc. Bezeichnung der beigeschlossenen Steuer- und Zolldokumente und sonstigen Beilagen. Angabe etwaiger Bleiverschlüsse.
						Zoll-Ctr.	[illegible]		

Wiege-Stempel: Unterschrift: Stempel der Abgangs-Station:

Frankirt.	Note.	Einheits-Frachtsatz pr. Ct.	Zu erheben: Th.	Gr.	Pf.	Fl.	Kr.
	Nachnahme . . .						
	Provision						
	Fracht bis						
	Frachtzuschlag .						
	Fracht bis						
	Frachtzuschlag . .						
	Fracht bis						
	Frachtzuschlag . .						
	Fracht bis						
	Frachtzuschlag . .						
	Fracht bis						
	Frachtzuschlag . .						
	Zusammen . .						

Stempel der Empfangs-Station.

No. des Wagens

No. der Frachtkarte

Pos.

Herrn

in

Station der Eisenbahn

über

Die deklarirte Gesammtwerthsumme (§ 23 Nr. 2 u. 3 des Vereins-Regl.) beträgt: siehe vorletzte Kolumne der Vorderseite.

Spezifikation der Nachnahme.	Betrag.

Gesammt-Nachnahme in Buchstaben:

Stempel der Bahnen.

Die deklarirte Summe des Interesses an der rechtzeitigen Lieferung (§ 25) beträgt:

Königlich Bayerisches Kreis-Amtsblatt der Pfalz.

№ 6. Speier, den 22. Januar 1872.

Inhalt:

pr. den 12. Januar 1872.

Königlich Allerhöchste Verordnung,

die Zuständigkeit der Verwaltungsbehörden in Sachen des Strafgesetzbuchs für das Deutsche Reich und des Polizeistrafgesetzbuchs betr.

Ludwig II.,

von Gottes Gnaden König von Bayern, Pfalzgraf bei Rhein, Herzog von Bayern, Franken und in Schwaben rc. rc.

Wir finden Uns bewogen, im Hinblicke auf Art. 1 Abs. III und Art. 2 Ziff. 2 und 10 des Polizeistrafgesetzbuchs über die Ausübung der im Strafgesetzbuche für das Deutsche Reich und im Polizeistrafgesetzbuche für Bayern den Verwaltungsbehörden vorbehaltenen Zuständigkeit zu verordnen, was folgt:

I. Zum Strafgesetzbuche für das Deutsche Reich.

§ 1.

Die in § 38 Abs. II der höheren Landespolizeibehörde vorbehaltene Befugniß wird durch die Distriktspolizeibehörden, in München durch die Polizeidirection, ausgeübt und zwar:

1. bezüglich Angehöriger des bayerischen Staates oder solcher Personen, welche in Bayern eine vorläufige Heimat besitzen, durch die Distriktspolizeibehörde der Heimat des Verurtheilten, oder wenn derselbe außerhalb seiner Heimat einen ständigen Aufenthaltsort hat, durch die Distriktspolizeibehörde des letzteren;

2. bezüglich Angehöriger anderer deutscher Staaten und bezüglich der Ausländer, welche keine vorläufige Heimat in Bayern besitzen, wenn der Verurtheilte einen ständigen Aufenthaltsort in Bayern hat, durch die Distrikts-

polizeibehörde des letzteren, außerdem durch die Distrikts-polizeibehörde des Ortes, an welchem er seine Strafe erstanden hat, oder wenn im Strafurtheile die erkannte Strafe durch die erlittene Untersuchungshaft als getilgt erklärt wurde, durch die Distriktspolizeibehörde des Ortes der Verurtheilung.

§ 2.

Die Erlaubniß, Risse von Festungen oder einzelnen Festungswerken aufzunehmen oder zu veröffentlichen (§ 360 Ziff. 1), kann nur durch das Kriegsministerium erlangt werden.

§ 3.

Zum Erlasse eines Verbotes der Aufsammlung von Vorräthen von Waffen oder Schießbedarf (§ 360 Ziff. 2) sind die Distriktspolizeibehörden, in München die Polizeidirection, zuständig.

§ 4.

Die Errichtung von Aussteuer-, Sterbe- oder Wittwenkassen oder anderen dergleichen Gesellschaften oder Anstalten, welche bestimmt sind, gegen Zahlung eines Einkaufsgeldes oder gegen Leistung von Geldbeiträgen beim Eintritte gewisser Bedingungen oder Fristen, Zahlungen an Capital oder Renten zu leisten (§ 360 Ziff. 9), ist nur mit Genehmigung der Kreisregierung, Kammer des Innern, in deren Bezirk die Errichtung stattfindet, zulässig.

Sind derartige Kassen oder Anstalten außerhalb Bayerns errichtet, so bedürfen sie zur Ausdehnung ihres Geschäftsbetriebs auf Bayern der Genehmigung Unseres Staatsministeriums des Innern.

Die Errichtung oder der Betrieb von Versicherungsanstalten in Bayern ist, insoferne nicht bezüglich einzelner derartiger Anstalten etwas Besonderes bestimmt ist, von der Genehmigung Unseres Staatsministeriums des Innern abhängig.

§ 5.

Zur Erlassung der in § 361 Ziff. 6 vorbehaltenen Anordnungen sind die Distriktspolizeibehörden, in München die Polizeidirection, zuständig.

§ 6.

Die Vollstreckung der in § 361 Ziff. 8 erwähnten Frist steht den Distriktspolizeibehörden, beziehungsweise exponirten Bezirksamtsassessoren, in München der Polizeidirection, zu.

§ 7.

Die in § 362 Abs. II der Landespolizeibehörde vorbehaltene Befugniß wird durch die Distriktspolizeibehörden, in München durch die Polizeidirection, ausgeübt, und zwar:

1. bezüglich derjenigen Personen, welche in Bayern eine wirkliche oder vorläufige Heimat besitzen, durch die Distriktspolizeibehörde der Heimat,

2. bezüglich anderer Personen, wenn der Verurtheilte einen ständigen Aufenthaltsort in Bayern besitzt, durch die Distriktspolizeibehörde des letzteren, außerdem durch die Distriktspolizeibehörde des Ortes, in welchem der Verurtheilte seine Strafe erstanden hat, oder wenn im Strafurtheile die erkannte Strafe durch die erlittene Untersuchungshaft als getilgt erklärt wurde, durch die Distriktspolizeibehörde des Ortes der Verurtheilung.

Diese Behörden sind auch befugt, Ausländer (Nichtangehörige des Deutschen Reiches) gemäß § 362 Abs. III aus dem Bundesgebiete zu verweisen.

§ 8.

Zur Ertheilung der in § 367 Ziff. 8 vorgesehenen Erlaubniß sind die Distriktspolizeibehörden, beziehungsweise exponirten Bezirksamtsassessoren, in München die Polizeidirection, zuständig.

§ 9

Das Feilhalten oder Mitsichführen von Schußwaffen, welche in Stöcken oder Röhren oder in ähnlicher Weise verborgen sind (§ 367 Ziff. 9) ist nur mit Bewilligung der Distriktspolizeibehörden, in München der Polizeidirection, zulässig.

§ 10.

Die in § 367 Ziff. 11 vorgesehene polizeiliche Zuständigkeit in Bezug auf das Halten und die Behandlung gefährlicher wilder oder bösartiger Thiere wird von den Distriktspolizeibehörden, beziehungsweise exponirten Bezirksamtsassessoren, in München von der Polizeidirection, ausgeübt.

§ 11.

Die in § 367 Ziff. 13 erwähnte Aufforderung hat von den Distriktspolizeibehörden, beziehungsweise den exponirten Bezirksamtsassessoren, in München von der Localbaucommission, auszugehen.

§ 12.

Zum Erlasse der in § 367 Ziff. 14 vorgesehenen Anordnungen sind die Distriktspolizeibehörden und beziehungsweise exponirten Bezirksamtsassessoren, in dringenden Fällen die Ortspolizeibehörden zuständig; in München ist, soweit es sich um die Aufstellung oder Instandhaltung von Baugerüsten handelt, die Localbaucommission, in allen übrigen Fällen die Polizeidirection, zuständig.

§ 13.

Die nach § 369 Ziff. 1 erforderliche polizeiliche Erlaubniß wird durch die Ortspolizeibehörden, in München durch die Polizeidirection, ertheilt.

II. Zum Polizeistrafgesetzbuche.

§ 14.

Die in Art. 10 der Polizeibehörde vorbehaltene Befugniß wird durch die Distriktspolizeibehörden, beziehungsweise exponirten Bezirksamtsassessoren und in dringenden Fällen durch die Ortspolizeibehörden, in München durch die Polizeidirection, ausgeübt.

§ 15.

Zur Veranstaltung öffentlicher Lustbarkeiten und dergl. — Art. 32 — ist, insoweit nicht für einzelne Arten derselben andere Bestimmungen bestehen, die Erlaubniß der Ortspolizeibehörde, in München der Polizeidirection, erforderlich.

§ 16.

Die zuständige Polizeibehörde in den durch Art. 38 vorgesehenen Fällen ist die Ortspolizeibehörde, in München die Polizeidirection.

§ 17.

Die Bewilligung, fremde Kinder unter acht Jahren gegen Bezahlung in Pflege oder Erziehung zu nehmen — Art. 41 — wird von den Distriktspolizeibehörden, beziehungsweise den exponirten Bezirksamtsassessoren, in München von der Polizeidirection, ertheilt.

§ 18.

Eine Reiseroute oder eine Reisezeit nach Art. 45 zwangsweise vorzuschreiben, sind zuständig:

I. Für die Landestheile diesseits des Rheins:

1. in München die Polizeidirection;

2. in den anderen, einer Kreisregierung unmittelbar untergeordneten Städten die Magistrate;

3. in den übrigen Polizeibezirken die Bezirksämter, beziehungsweise die exponirten Bezirksamtsassessoren. Zugleich sind diejenigen Beamten oder Bediensteten, welche mit der Vertretung der Staatsanwaltschaft bei den nicht an dem Sitze eines Bezirksamts oder exponirten Bezirksamtsassessors befindlichen Landgerichten betraut sind, zuständig, anstatt des Bezirksamts, Personen, welche ihnen oder den Landgerichten vorgeführt worden sind, eine Reiseroute oder Reisezeit in den eine solche Maßnahme begründenden Fällen zwangsweise vorzuschreiben.

II. Für die Pfalz:

1. die Bezirksämter,

2. die Ortspolizeibehörden an den Sitzen derjenigen Landgerichte, an welchen sich nicht zugleich auch ein Bezirksamt befindet.

Außerdem sind die Vorstände der Zuchthäuser, sowie der Gefangenanstalten und Arbeitshäuser zuständig, den zur Entlassung kommenden Personen eine Reiseroute oder Reisezeit zwangsweise vorzuschreiben.

§ 19.

Die in Art. 65 vorgeschriebene Anzeige ist an die Ortspolizeibehörde zu erstatten.

§ 20.

Sanitätspolizeiliche Maßregeln im Sinne des Art. 66 Abs. II zu treffen, steht den Distriktspolizeibehörden, beziehungsweise den exponirten Bezirksamts-Assessoren, in München der Polizeidirection, zu.

§ 21.

Die Befugniß, über die Art der Reinigung der in Art. 67 Abs. I bezeichneten Gegenstände Vorschriften zu ertheilen, sowie die Vernichtung solcher Gegenstände anzuordnen, ist den Distriktspolizeibehörden, beziehungsweise den exponirten Bezirksamts-Assessoren, in München der Polizeidirection, zugewiesen.

Zum Erlasse der in Art. 67 Abs. II vorgesehenen Anordnungen sind Unser Staatsministerium des Innern, dann die Kreisregierungen, Kammern des Innern, und die Distriktspolizeibehörden, sowie in dringenden Fällen die Ortspolizeibehörden zuständig, in München sind die Polizeidirection und der Magistrat nach Maßgabe der über den Wirkungskreis dieser Behörden in Bezug auf die Gesundheitspolizei bestehenden Bestimmungen zum Erlasse solcher Anordnungen competent.

§ 22.

Die in Art. 78 erwähnten polizeilichen Zuständigkeiten werden von den Distriktspolizeibehörden, beziehungsweise den exponirten Bezirksamts-Assessoren, in München von der Polizeidirection, ausgeübt.

§ 23.

Wegen Unterbringung der in Art. 80 bezeichneten Personen in einer Irrenanstalt oder wegen deren sonstiger Verwahrung Anordnung zu treffen, steht der Distriktspolizeibehörde der Heimat der betreffenden Person, in München der Polizeidirection zu. Hat die betreffende Person in Bayern keine wirkliche oder angewiesene Heimat, so ist die Distriktspolizeibehörde des Aufenthaltsortes zuständig.

§ 24.

Die in Art. 81 Abs. II vorgesehene Befugniß kommt den Distriktspolizeibehörden der Heimat der verwahrlosten Person, in München der Polizeidirection, zu. Hat die betreffende Person in Bayern keine wirkliche oder angewiesene Heimat, so ist die Distriktspolizeibehörde des Aufenthaltsortes zuständig.

§ 25.

Die berechtigte Polizeibehörde für die in Art. 105 bezeichneten Fälle ist die Distriktspolizeibehörde, beziehungsweise der exponirte Bezirksamts-Assessor.

In München steht diese Berechtigung in den Fällen des § 367 Ziff. 13 und 15, dann § 368 Ziff. 3, sowie des Art. 101 der Localbaucommission zu; in den Fällen des § 367 Ziff. 14 ist die Polizeidirection und Localbaucommission und in den Fällen des § 368 Ziff. 4 die Localbaucommission und der Magistrat nach Maßgabe der über den Wirkungskreis dieser Behörden bestehenden allgemeinen Bestimmungen zuständig.

§ 26.

Die in Art. 106 Abs IV und V vorgesehene Befugniß wird von den Orts- oder Distriktspolizeibehörden, in München von der Polizeidirection, ausgeübt.

§ 27.

Die Genehmigung der Eröffnung von Privat-Heil- oder Entbindungs-Anstalten oder von Bade-Anstalten

(Art. 129) wird durch die Kreisregierung, Kammer des Innern, ertheilt.

§ 28.

Die Bewilligung zur Errichtung einer Leih-Anstalt (Art. 139) wird von der Kreisregierung, Kammer des Innern, ertheilt.

§ 29.

Zur Errichtung einer Sparkassa (Art. 140) ist die Bewilligung der Kreisregierung, Kammer des Innern, erforderlich.

§ 30.

Zu Einschreitungen nach Art. 155 Abs. III sind die Distrikts- oder Ortspolizeibehörden, in München die Polizeidirection, berufen.

§ 31.

Zuständig zum Erlasse der in Art. 156 Ziff. 1 erwähnten Aufforderung sind die Distriktspolizeibehörden, in München der Magistrat.

§ 32.

Die in Art. 158 Abs. II den Polizeibehörden zugewiesene Zuständigkeit wird von den Distriktspolizeibehörden, in München von der Polizeidirection, ausgeübt.

III. Allgemeine Bestimmungen.

§ 33.

Die Zuständigkeit zur Erlassung der gesetzlich statthaften polizeilichen Anordnungen, Gebote oder Verbote an einzelne Personen oder in bestimmten Fällen richtet sich, soweit nicht das Gesetz oder gegenwärtige Verordnung hierüber maßgibt nach den über die Zuständigkeit der Behörden bestehenden allgemeinen Normen oder den zu den einzelnen Paragraphen oder Artikeln des Strafgesetzbuchs, beziehungsweise Polizeistrafgesetzbuchs, besonders erlassenen Verordnungen oder Polizeivorschriften.

§ 34.

Gegenwärtige Verordnung tritt am 8. Januar 1872 im ganzen Umfange des Königreichs in Kraft.

Die Verordnungen vom 24. Juni 1862, die Zuständigkeit der Verwaltungsbehörden in Sachen des Polizeistrafgesetzbuchs betr., dann die Verordnung vom 10. Dezember 1862, die als gemeingefährlich allgemein verbotenen Waffen betr., sowie die Verordnung vom 29. März 1863, die Verhängung der Polizeiaufsicht oder der Verwahrung in einer Polizeianstalt anstatt der Landesverweisung betr., werden aufgehoben.

Hohenschwangau, den 4. Januar 1872.

Ludwig.

v. Pfeufer. v. Schubert,
Staatsrath.

Auf Königlich Allerhöchsten Befehl:
der General-Secretär
Ministerialrath v. Dubois.

---

pr. den 12. Januar 1872.

Königlich Allerhöchste Verordnung,

polizeiliche Vorschriften über Ausübung und Behandlung der Jagden im Regierungsbezirke der Pfalz betr.

Ludwig II.,

von Gottes Gnaden König von Bayern,
Pfalzgraf bei Rhein,
Herzog von Bayern, Franken und in Schwaben rc. rc.

Wir finden Uns bewogen, mit Rücksicht auf Art. 2 Ziff. 11 des Gesetzes vom 26. Dezember 1871, den Vollzug der Einführung des Strafgesetzbuches für das Deutsche Reich in Bayern betreffend, auf Grund des Art. 14 Abs. 2 Ziff. 5 und Abs. 4 jenes Gesetzes über Ausübung und Behandlung der Jagden im Regierungsbezirke der Pfalz zu verordnen, was folgt:

§ 1.

Die Vorschriften in den §§ 1 bis 21 der Verordnung vom 5. October 1863 (Regierungsblatt Nr. 51) sind vorbehaltlich der nachstehenden Modificationen auch in der Pfalz anwendbar.

§ 2.

An die Stelle des § 14 Abs. 2 und des § 20 treten folgende Bestimmungen:

a) (§ 14 Abs. 2.) Die Aufrichtung von Selbstgeschossen, Schlageisen oder Fußangeln bemißt sich nach der Vorschrift des § 367 Ziff. 8 des Strafgesetzbuches für das Deutsche Reich.

b) (§ 20.) Den Ortspolizeibehörden bleibt vorbehalten, hinsichtlich des Markt- und Straßenverkehrs mit Wildpret auf Grund des Art. 146 Abs. 1 und 2 des Polizeistrafgesetzbuches für Bayern vom 26. Dezember 1871 besondere Vorschriften zu erlassen.

§ 3.

Gegenwärtige Verordnung tritt mit dem Tage ihrer Bekanntmachung durch das Regierungsblatt, beziehungsweise Kreisamtsblatt der Pfalz, im Regierungsbezirke der Pfalz in Wirksamkeit.

Hohenschwangau, den 4. Januar 1872.

Ludwig.

v. Pfeufer.

Auf Königlich Allerhöchsten Befehl:
Der General-Secretär:
Ministerialrath v. Dubois.

Königlich Allerhöchste Verordnung,

polizeiliche Vorschriften über Ausübung und Behandlung der Jagden betr.

Maximilian II.,
von Gottes Gnaden König von Bayern,
Pfalzgraf bei Rhein,
Herzog von Bayern, Franken und in Schwaben ꝛc. ꝛc.

Wir finden Uns bewogen, auf Grund des Art. 229 des Polizeistrafgesetzbuches über Ausübung und Behandlung der Jagden zu verordnen, was folgt:

§ 1.

Die Jagden sollen pfleglich behandelt und Gefährdungen ihrer nachhaltigen Benützung beim Jagdbetriebe ferne gehalten werden.

Der Wildstand darf jedoch in keinem Jagdbezirke eine der Land- oder Forstwirthschaft schädliche Ausdehnung gewinnen.

§ 2.

Jeder Jagd-Ausübungsberechtigte hat die festgesetzte Hege und Hegezeit zu beobachten.

§ 3.

Die Hegezeit wird nach den verschiedenen Wildgattungen in nachstehender Weise bestimmt:

A. Für Haarwild:

für Hirsche vom 15. October bis 24. Juni, für Alt- und Schmalthiere vom 6. Januar bis 15. September,

für Dammböcke vom 30. October bis 24. Juni,

für Dammgeisen vom 6. Januar bis 1. October,

für Gemswild vom 30. November bis 25. Juli,

für Rehböcke vom 2. Februar bis 1. Juni,

für Waldhasen vom 2. Februar bis 15. September,

für Dächse vom 1. Januar bis 15. September,

für Biber vom 2. Februar bis 1. October,

für Murmelthiere vom 31. October bis 15. August;

B. Für Federwild:

für Fasanen vom 1. März bis 1. September,

für Auer- und Birkhähne vom 2. Februar bis 1. August, mit Ausnahme jedoch der Balzzeit,

für Hasel-, Schnee- und Steinhühner vom 2. Februar bis 1. August,

für Wildenten vom 1. März bis 30. Juni,

für Waldschnepfen und Bekassinen vom 15. April, — im Hochgebirge vom 1 Mai bis 1. Juli,

für das auf den Mösern brütende Federwild, dann für Wildtauben, Ziemer, Drosseln vom 1. April bis 1. Juni.

§ 4.

Das Schießen und Fangen von Rehgeisen, Wildkälbern, Gems- und Rehkitzen, sowie der Auer- und Birkhennen ist zu keiner Zeit gestattet.

Rehkitzböcke dürfen vom 1. Januar an zu den jagdbaren Böcken gerechnet werden.

§ 5.

Wenn der Jagd-Ausübungsberechtigte bei dem Dasein eines schädlichen Rehstandes eine Verminderung der vorhandenen Rehgeißen eintreten zu lassen für nothwendig oder wünschenswerth erachtet, so hat derselbe die Erlaubniß zur Erlegung solcher Stücke bei der einschlägigen Distriktspolizeibehörde nachzusuchen, welche hierüber das Gutachten des betreffenden Forstamts einzuziehen und im Falle der Bewilligung des Gesuches die geeignete Schußzeit und Stückzahl festzusetzen hat.

§ 6.

Die Feldjagd auf Hasen, Feldhühner, Wachteln und Lerchen ist vom 2. Februar an geschlossen.

Der Zeitpunkt ihrer Eröffnung wird in jedem Regierungsbezirke alljährlich mit Rücksicht auf den früheren oder späteren Eintritt der Ernte von der Kreisregierung innerhalb des Zeitraumes vom 15. August bis 15. September besonders bestimmt und durch das Kreis-Amtsblatt bekannt gemacht.

Der Anfang der Hasenjagd darf innerhalb dieses Zeitraumes auf einen späteren Termin als den für die Eröffnung der übrigen Feldjagd festgesetzten, verlegt werden.

§ 7.

Dem Jagd-Ausübungsberechtigten kann bei einem geschlossenen Jagdbezirke von wenigstens 3000 Tagwerken das Erlegen junger Hasen während der Hegezeit für den eigenen Hausbedarf von der Distriktspolizeibehörde auf Verlangen dann zugestanden werden, wenn dasselbe ohne Beschädigung der Feldfrüchte thunlich und die Nachhaltigkeit der Jagd dadurch nicht gefährdet ist.

§ 8.

Der Anfang der Feldjagd überhebt den Jagd-Ausübungsberechtigten nicht der Verpflichtung, die noch ungeräumten Felder und unabgelesenen Weinberge nicht zu betreten.

Unter diesem Verbote sind jedoch die Gras- und Kleeflächen, sowie die Kartoffel-, Kraut- und Rübenfelder, vorbehaltlich des Ersatzes des etwa angerichteten Schadens nicht inbegriffen.

§ 9.

Das Schießen oder Fangen der Feldhühner bei tiefem Schnee ist unbedingt verboten.

§ 10.

Das Ausheben der Nester und Nestbrut des Federwildes ist untersagt.

Eine Ausnahme kann jedoch mit besonderer Bewilligung der betreffenden Kreisregierung, Kammer des Innern, dann stattfinden, wenn zu wissenschaftlichen oder Unterrichtszwecken oder zum Zwecke der Fortpflanzung einzelner Federwildarten von dem Jagd-Ausübungsberechtigten oder mit dessen Zustimmung von einem Dritten darum nachgesucht wird.

§ 11.

Vierzehn Tage nach dem Eintritte der Hegezeit darf kein Wild, gleichviel ob es vom In- oder Auslande kommt, zum Verkaufe gebracht werden.

Dieser Termin kann für den Absatz des Wildprets auf Verlangen des Besitzers von der Distriktspolizeibehörde auf weitere 14 Tage verlängert werden, wenn beim Schlusse der Schußzeit ein großer Vorrath noch vorhanden und diese Thatsache genügend nachgewiesen ist.

§ 12.

Die Bestimmungen der §§ 1 mit 11 finden auf umzäunte Wildparke und Fasanerien keine Anwendung.

Auch dürfen die Raubthiere und das in den §§ 3, 4 und 6 nicht namentlich aufgeführte Haar- und Federwild zu jeder Zeit erlegt und verkauft werden.

§ 13.

Das Abhalten von Treibjagden beim Mondscheine, dann in den Waldungen während der Monate April, Mai und Juni ist verboten.

§ 14.

Zum Jagdbetriebe dürfen keine hochbeinigen, weitjagenden Hunde gebraucht, keine Schießbaumwolle oder keine vergiftete Köder, sowie keine Fang- und Fallgruben und keine Schlingen, — jene für den Fang von Zugvögeln ausgenommen — angewendet werden.

Die Aufrichtung von Selbstgeschossen, Schlageisen oder Fußangeln bemißt sich nach der Bestimmung des Art. 149 des Polizeistrafgesetzbuches.

§ 15.

Zur Jagd auf Edel-, Damm- und Gemswild ist nur der Gebrauch mit Kugel geladener Gewehre gestattet.

§ 16.

Beim Tragen und bei Benützung der Jagdgewehre soll mit der erforderlichen Vorsicht zu Werke gegangen werden.

Zu dem Ende wird angeordnet:

a) daß Jagdgewehre, wenn bei der Jagdausübung damit öffentliche Plätze, Straßen und Wege betreten werden, wohl versichert gehalten und mit aufwärts gerichteter Mündung getragen und

b) daß dieselben Vorschriften beobachtet werden, wenn bei Treibjagden der Schütze von seinem Jagdstande abtritt und sich anderen Personen nähert.

c) Bei Treibjagden das angeschlagene Schießgewehr in die Richtung der Schützen- oder Treiberlinie zu bringen, sowie auf gegebenes Zeichen über die Annäherung der Treiber oder über Beendigung des Bogentriebes noch in den Bogenkreis zu schießen, ist untersagt.

§ 17.

In den Jagdrevieren aufsichtslos umherstreifende Hunde dürfen von dem Jagd-Ausübungsberechtigten oder dem von ihm aufgestellten Jagdaufseher getödtet werden.

§ 18.

Ergibt sich in einem Jagdbezirke ein der Land- oder Forstwirthschaft nachtheiliger Wildstand, so hat der zur Jagdausübung Berechtigte denselben in der von der Distriktspolizeibehörde vorgeschriebenen Zeit und in dem von ihr bestimmten Maße abzumindern.

Dasselbe gilt auch bei Ueberhandnahme schädlicher Raubthiere.

§ 19.

Beschwerden, welche gegen die mit Bezugnahme auf §§ 5, 7, 11 und 18 erlassenen polizeilichen Verfügungen gerichtet werden, sind innerhalb 14 Tagen an die einschlägige Kreisregierung, Kammer des Innern, als zweite und letzte Instanz zu bringen.

§ 20.

Den Ortspolizeibehörden bleibt vorbehalten, hinsichtlich des Markt- und Straßenverkehrs mit Wildpret auf Grund des Art. 202 Abs. 2 und 3 des Polizeistrafgesetzbuches besondere Vorschriften zu erlassen.

§ 21.

Gegenwärtige Verordnung, durch welche die Bestimmungen der Verordnung vom 6. Dezember 1857, polizeiliche Vorschriften über Behandlung der Jagden betreffend, ihrem ganzen Inhalte nach aufgehoben werden, tritt mit dem Tage ihrer Verkündigung durch das Regierungsblatt in den Regierungsbezirken diesseits des Rheins in Wirksamkeit.

München, den 5. October 1863.

M a x.

v. Neumayr.

Auf Königlich Allerhöchsten Befehl:
Der General-Secretär
Ministerialrath v. Epplen.

Königlich Bayerisches

Kreis-Amtsblatt der Pfalz.

№ 7. Speier, den 25. Januar 1872.

Inhalt:

pr. den 16 Januar 1872.

Königlich Allerhöchste Verordnung,

den Vollzug der Festungshaft betr.

Ludwig II.,

von Gottes Gnaden König von Bayern,

Pfalzgraf bei Rhein,

Herzog von Bayern, Franken und in Schwaben ꝛc. ꝛc.

Wir finden Uns bewogen, im Hinblicke auf Artikel 29 des Gesetzes vom 26. Dezember 1871, den Vollzug der Einführung des Strafgesetzbuches für das Deutsche Reich in Bayern betreffend, zu verordnen, was folgt:

Die Festungshaft, welche auf Grund der von dem 1. Januar 1872 an geltenden Strafgesetzgebung von den bürgerlichen Strafgerichten erkannt werden wird, ist in der Festung Rosenberg zu vollziehen.

Hohenschwangau, den 31. Dezember 1871.

Ludwig.

Frhr. v. Pranckh. Dr. Fäustle.

Auf Königlich Allerhöchsten Befehl:
Der General-Secretär:
Ministerialrath Schebler.

---

pr. den 16. Januar 1872

Bekanntmachung,

die Sicherheit und Bequemlichkeit auf öffentlichen Wegen, Straßen und Plätzen betr.

Staatsministerium des Innern.

Auf Grund des § 366 Ziffer 10 des Strafgesetzbuches für das Deutsche Reich und gemäß Artikel 2 Ziffer 6 des Polizeistrafgesetzbuches für Bayern vom 26. Dezember 1871 werden zur Erhaltung der Sicherheit und Bequemlichkeit auf den öffentlichen Wegen, Straßen und Plätzen nachstehende Anordnungen erlassen:

§ 1.

Es ist verboten, auf Brücken, die ganz oder theilweise aus Holz oder Eisen hergestellt sind, anders als im Schritte zu reiten oder zu fahren.

§ 2.

Das Fahren mit mehreren aneinander gehängten Wägen auf öffentlichen Straßen oder Wegen ist nur mit Bewilligung der Distriktspolizeibehörde, in München der k. Polizeidirection, gestattet.

Das Aneinanderhängen zweier Wägen bei landwirthschaftlichen Fuhrwerken bedarf jedoch keiner Erlaubniß.

§ 3.

Mit Ausnahme von Nothfällen und insoweit durch oberpolizeiliche Vorschriften der k. Kreisregierungen, Kammern des Innern, für bestimmte Gegenden eine Ausnahme nicht zugelassen ist, dürfen auf öffentlichen Straßen oder Wegen nicht mehr als zwei Schlitten an dem Haupt- oder Vorschlitten angebracht werden; jeder angebrachte Schlitten aber muß so befestigt werden, daß derselbe das Geleise des vorhergehenden Schlittens einhalten muß.

§ 4.

Bei dem Bergabfahren an jenen Stellen, wo solches durch obrigkeitlichen Anschlag geboten ist, sind Fuhrwerke durch Einlegung des Radschuhes, durch Anwendung von

Radsperrschleifen oder Bremsvorrichtungen und bei Glatteis durch Anbringung von Eisketten zu hemmen.

§ 5.

Personen, welche die Leitung eines Fuhrwerkes übernommen haben, dürfen sich weder durch Schlafen noch durch sonstiges Verschulden in eine Lage bringen, daß sie ihre Gespanne nicht mehr zu leiten im Stande sind.

§ 6.

Wege, Brücken und Stege, welche dem öffentlichen Verkehre gewidmet sind, sowie die zur Verhütung von Unglücksfällen erforderlichen Geländer und sonstigen Sicherungsmittel an solchen Wegen, Brücken und Stegen müssen von den hiezu Verpflichteten in sicherem Zustande erhalten werden. Desgleichen sind bei eingetretenen Beschädigungen solcher Wege, Brücken und Stege, oder bei Hemmungen des Verkehrs auf denselben die von der Polizeibehörde angeordneten oder sonst nöthigen Warnungs- und Leitungszeichen von den hiezu Verpflichteten auszustecken.

§ 7.

Die Benützung von Straßen oder Wegstrecken, welche von der zuständigen Behörde durch aufgeworfene Gräben, aufgestellte Tafeln oder sonstige Zeichen als gesperrt oder verboten erklärt sind, ist untersagt.

Die Befugniß, Straßen oder Wegstrecken als gesperrt oder verboten zu erklären, steht zu:

a) bei Staatsstraßen der Distriktspolizeibehörde, beziehungsweise der einschlägigen Baubehörde;
b) bei Distriktsstraßen der Distriktspolizeibehörde;
c) in allen übrigen Fällen der Ortspolizeibehörde, — in München der Polizeidirection, und in den Fällen des § 18 Absatz 2 der Allerhöchsten Verordnung vom 2. October 1869 „die Ausscheidung der Zuständigkeiten der Polizeidirection, des Magistrates und der Localbaucommission München bezüglich der Polizei- und Distriktsverwaltung betreffend", — dem Magistrate.

§ 8.

Es ist verboten, auf den abgegrenzten Fußbänken öffentlicher Straßen, oder auf den Trottoirs der Straßen in Städten, Märkten oder Dörfern zu reiten, zu fahren oder größere Lasten fortzubewegen.

§ 9.

Bezüglich des Ausweichens der Reiter, Fuhrwerke und Viehheerden auf öffentlichen Straßen, Wegen und Plätzen bleibt die Ministerialbekanntmachung vom 23. Juni 1862 — Regierungsblatt S. 1465 ff., Amtsbl. d. Pf. S. 983 — in Kraft.

§ 10.

Den Kreisregierungen, Kammern des Innern, sowie den Distrikts- und Orts-Polizeibehörden bleibt vorbehalten, in Gemäßheit des Artikels 2 Ziffer 6 des Polizeistrafgesetzbuches für Bayern vom 26. Dezember 1871 weitere polizeiliche Vorschriften zu erlassen, soweit es die Verhältnisse erfordern oder räthlich machen.

§ 11.

Gegenwärtige Vorschriften treten mit dem Tage ihrer Verkündung durch das Regierungsblatt, beziehungsweise das Kreisamtsblatt der Pfalz, für den ganzen Umfang des Königreiches in Wirksamkeit.

München, den 4. Januar 1872.

Auf Seiner Königlichen Majestät Allerhöchsten Befehl:

v. Pfeufer.

Durch den Minister:
Der Generalsecretär
Ministerialrath v. Dubois.

---

pr. den 16. Januar 1872.

Bekanntmachung,
die Umgestaltung der Gefangenanstalt Ebrach in ein Zuchthaus betr.

Staatsministerium der Justiz.

Nachdem die Gefangenanstalt Ebrach in ein Männerzuchthaus umgestaltet ist, wird hiemit bekannt gegeben, daß die Verwaltung dieser Strafanstalt im Hinblicke auf die Allerhöchste Verordnung vom 17. Juni 1862, die Benennung der Verwaltungen der Straf- und Polizeianstalten betreffend (Regierungsblatt vom Jahre 1862 Seite 1387, Amtsbl. d. Pf. S. 1013), von nun an die Benennung „Königliche Verwaltung des Zuchthauses Ebrach" zu führen hat.

München, den 4. Januar 1872.

Auf Seiner Majestät des Königs Allerhöchsten Befehl:

Dr. Fäustle.

Durch den Minister:
der General-Secretär:
Ministerialrath Schebler.

Nro. 1281 E. pr. den 18. Januar 1872.

(Den Concurs über das Vermögen der sächsischen Hypothekenbank zu Leipzig betr.)

Im Namen Seiner Majestät des Königs.

Von einer höchsten Entschließung des k. Staatsministeriums des Innern, Abtheilung für Landwirthschaft, Handel und Gewerbe vom 12. l. M. bezeichneten Betreffes, folgt nachstehend Abdruck zur allgemeinen Kenntniß.

Speier, den 17 Januar 1872.

Königlich Bayerische Regierung der Pfalz,
Kammer des Innern.
v. Braun.

Staatsministerium des Innern,

Abtheilung für Landwirthschaft, Handel und Gewerbe.

Durch die Eröffnung des Concurses über das Vermögen der sächsischen Hypothekenbank in Leipzig sind bayerische Staatsangehörige insofern betroffen, als die von dieser Anstalt emittirten Pfandbriefe in Bayern vielfach verbreitet sind.

Bei der Auseinandersetzung der Gantmasse finden die Rechte der Pfandbriefbesitzer nur dann Berücksichtigung, wenn diese bei dem Concursgerichte rechtzeitig angemeldet werden.

Einem Antrage des k. sächsischen Ministeriums der Justiz entsprechend wird demgemäß bekannt gemacht,

1. daß die Anmeldung der Pfandbriefe möglichst bald und spätestens am Tage des Anmeldetermins, den 17. Februar 1872, bei dem Concursgerichte (k. Gerichtsamte im Bezirksgerichte Leipzig) zu erfolgen habe,
2. daß eine nachträgliche Anmeldung nach k. sächsischen Gesetzen unbedingt unstatthaft und Wiedereinsetzung in den vorigen Stand gegen eine Versäumniß ausgeschlossen sei,
3. daß daher bei unterlassener oder auch nur verspäteter Anmeldung die Inhaber von Pfandbriefen aller ihrer Rechte an die Concursmasse verlustig gehen,
4. daß der Anmeldung die Pfandbriefe im Original beizufügen seien, sowie
5. daß alle diejenigen, welche sich als Inhaber von Pfandbriefen anmelden, in Leipzig einen Bevollmächtigten zu bestellen haben, und daß zu empfehlen sei, sich zur Anmeldung der Ansprüche und sonstigen Wahrung der Rechte eines dortigen Rechtsanwaltes zu bedienen.

Um den Inhabern von Pfandbriefen die Wahrung ihrer Rechte zu erleichtern, hat sich die bayerische Handelsbank in München bereit erklärt, für die Vertretung derjenigen zu sorgen, welche die erwähnten Pfandbriefe bis

längstens 12. Februar d. J. bei der bayerischen Handelsbank in München gegen Empfangsbescheinigung einreichen und sich damit einverstanden erklären, daß die auf diese Vertretung erwachsenden Kosten nach Verhältniß der Betheiligung übernommen werden.

Dies ist durch das Kreis-Amtsblatt alsbald zu veröffentlichen.

München, den 12. Januar 1872.

Auf Seiner Königlichen Majestät Allerhöchsten Befehl:

v. Pfeufer.

Durch den Minister:
Der General-Secretär
Ministerialrath v. Dubois.

Nro. 1296 K. pr. den 19 Januar 1872.

(Die Constituirung eines pfälzischen Dampfkessel-Revisionsvereins betr.)

Im Namen Seiner Majestät des Königs.

Zur möglichsten Verhütung von Kessel-Explosionen mittelst periodischer Untersuchungen, zur Einführung aller gegenwärtigen und künftigen Verbesserungen im rationellen Betriebe der Dampfmaschinen, in Feuerungs-Anlagen, Ersparniß von Brennmaterial, Anstellung von Indicator-Versuchen an Dampfmaschinen ꝛc. ꝛc. hat sich kürzlich auf Anregung der unterfertigten Stelle mit dem Sitze in Kaiserslautern unter der Bezeichnung „pfälzischer Dampfkessel-Revisionsverein" ein Verein von Dampfkesselbesitzern aus der Pfalz gebildet, der seine Thätigkeit über den ganzen Regierungsbezirk ausdehnen will.

Gegen die Statuten dieses Vereines wurde von Seiten des k. Staatsministeriums des Handels und der öffentlichen Arbeiten eine Erinnerung nicht geltend gemacht und da dieser Verein bereits eine hinlängliche Anzahl von Mitgliedern besitzt, um auf dessen Fortbestehen und gedeihliche Entwickelung rechnen zu können, so hat die bezeichnete höchste Stelle im Einvernehmen mit dem höchsten Staatsministerium des Innern auf ein bezügliches Bittgesuch des Vereinsvorstandes mit Entschließung vom 19. Dezember 1871 Nr. 14780 ausgesprochen, daß die höchste Entschließung vom 24. Januar 1871 Nr. 15760 „die Gründung eines bayerischen Dampfkessel-Revisions-Vereines betr.“, auch auf den neugegründeten pfälzischen Revisionsverein in Anwendung gebracht werde.

Indem die unterfertigte Stelle diese zuletzt bezeichnete höchste Entschließung zur allgemeinen Kenntnißnahme nachstehend im Abdrucke folgen läßt, bemerkt sie noch, daß sie mit Entschließung vom Heutigen den von dem Vereinsvorstande in Vorschlag gebrachten Maschinentechniker Eduard Chateau in widerruflicher Weise als Prüfungscommissär für den Regierungsbezirk der Pfalz in Ansehung der Dampfkessel und Dampfapparate der Vereinsmitglieder unter den in dem nachstehenden höchsten Erlasse näher bezeichneten Bedingungen ernannt hat.

Speier, den 18. Januar 1872.

Königlich Bayerische Regierung der Pfalz,
Kammer des Innern.
v. Braun.

Staatsministerium des Handels und der öffentlichen Arbeiten.

Zur möglichsten Verhütung von Kessel-Explosionen durch periodische Untersuchungen, zur Einführung aller gegenwärtigen und künftigen Verbesserungen im rationellen Betriebe der Dampfmaschinen, in Feuerungs-Anlagen, Ersparniß an Brennmaterial, Anstellung von Indicator-Versuchen an Dampfmaschinen ꝛc. hat sich im verflossenen Jahre auf Anregung des polytechnischen Vereines mit dem Sitze in München unter der Bezeichnung „Bayerischer Dampfkessel-Revisionsverein“ eine nach dem Gesetze vom 29. April 1869 anerkannte Vereinigung gebildet, welche

vorerst ihre Thätigkeit auf das diesrheinische Bayern beschränkt.

In einer Vorstellung vom 6. Juli v. J. ist von diesem Vereine, welcher bereits eine erhebliche Anzahl von Dampfkesselbesitzern als Mitglieder besitzt, die Bitte gestellt worden, den Verein beziehungsweise dessen Organe zur Vornahme gesetzlich giltiger Kesselprüfungen und Revisionen im Sinne der bestehenden Vorschriften in der Art zu concessioniren, daß

1. Atteste der Vereinsorgane über vorgenommene Druckproben gesetzliche Giltigkeit haben,
2. die Mitglieder des Vereines von wiederholten amtlichen Untersuchungen und Proben der ihnen angehörigen Kessel und Dampfapparate befreit bleiben.

Da die Erfüllung dieses Wunsches die Vorbedingung eines wirksamen Bestandes und einer weiteren Entwicklung und Ausdehnung des Vereines bildet und überdies für die möglichste Vereinigung der Control-Thätigkeit in Ansehung der Dampfkessel und Dampfapparate in Eine hiefür besonders aufgestellte geeignete Persönlichkeit Zweckmäßigkeitsgründe sprechen, glaubt das unterfertigte k. Staatsministerium der von dem genannten Vereine gestellten Bitte im Einverständnisse mit dem k. Staatsministerium des Innern, selbstverständlich in widerruflicher Weise, eine Folge geben zu sollen und erhält daher die k. Regierung, Kammer des Innern, unter Bezug auf § 4 der Allerhöchsten Verordnung vom 7. August 1864, dann unter Anlage eines Exemplars der Vereinsstatuten sowie einer bezüglichen Denkschrift den Auftrag, den von dem Vereine gemäß §§ 8 und 16 der Statuten zur Erfüllung der Vereinszwecke aufgestellten Techniker nach Prüfung der beizubringenden Befähigungsnachweise auf speziellen Antrag der Vereinsvertretung als Prüfungscommissär für den Regierungsbezirk in Ansehung der Dampfkessel und Dampfapparate der Vereinsmitglieder zu ernennen.

Hiebei wird bestimmt, daß

1. der Vereins-Prüfungscommissär bezüglich seiner Thätigkeit sich genau nach den bestehenden allgemeinen Vorschriften in Betreff der Sicherheitsmaßregeln bei der Anlage und dem Gebrauche von Dampfkesseln und Dampfapparaten, z. B. den Allerhöchsten Verordnungen vom
   7. August 1864 — Amtsbl. pag 1113 u. ff. und
   12. Februar 1865 — Amtsbl. S. 245 u. ff.
   zu richten hat,
2. bei den wiederholten Untersuchungen und Proben die Vorschrift des § 31 Abs. 2 der Allerhöchsten Verordnung vom 12. Februar 1865 bezüglich der Tragung der Commissionskosten durch die Staatskasse keine Anwendung finde, diese Kosten vielmehr gleichfalls den betheiligten Dampfkesselbesitzern beziehungsweise dem Vereine zur Last fallen,
3. von dem Vereine in München der Localbaucommission, außerdem der Distrikts-Polizeibehörde ein Verzeichniß der Dampfkesselanlagen der Vereinsmitglieder im Bezirke unter genauer Bezeichnung der Oertlichkeit vorzulegen ist, und von denselben Aenderungen und Zugänge diesen Behörden binnen längstens 14 Tagen zur Anzeige zu bringen sind,
4. der Verein alljährlich einen Bericht über seine Controlthätigkeit, welcher namentlich eine Aufführung der geprüften und revidirten Dampfkesselanlagen, der hiebei befundenen Mängel und der Art und Weise der erfolgten Abstellung derselben enthalten soll, an das unterfertigte k. Staatsministerium einzusenden hat.

Hienach ist das Weitere zu verfügen.

München, den 24. Januar 1871

Auf Seiner Königlichen Majestät Allerhöchsten Befehl:

v. Schlör.

Durch den Minister:

Der General-Secretär:

Ministerialrath v. Getto.

Ad Nrm. Exh. 426 J. pr. den 16. Januar 1872.

(Wiederbesetzung der Steuer- und Gemeinde-Einnehmerei Landau betr.)

Im Namen Seiner Majestät des Königs.

Die durch das Ableben des Einnehmers Baum in Erledigung gekommene Steuer- und Gemeinde-Einnehmerei I. Klasse zu Landau wird mit einer Cautionspflicht von 2420 fl. nach den Bestimmungen vom 18. November 1853 (Kreis-Amtsblatt Seite 850) zur Bewerbung hiemit ausgeschrieben.

Speier, den 11. Januar 1872.

Königlich Bayerische Regierung der Pfalz,
Kammer des Innern und der Finanzen

v. Braun.

v. Meyer.

Wöscher.

Ad Nrm. Exh. 276 J. pr. den 16. Januar 1872.

(Die Wiederbesetzung der Einnehmerei Pirmasens betr.)

Im Namen Seiner Majestät des Königs.

Die durch das Ableben des Einnehmers Kleinkopf in Erledigung gekommene Einnehmerei I. Klasse zu Pirmasens, k. Bezirksamts und Rentamts Pirmasens, wird zur Bewerbung nach den Bestimmungen vom 18. November 1853 (Kreis-Amtsblatt Seite 850) hiemit ausgeschrieben.

Im Falle der beabsichtigten Lostrennung der Gemeinde Vinningen reduciren sich die Erträgnisse der Einnehmerei Pirmasens bei einer Cautionspflicht von 9110 fl. auf jährliche 2800 fl. bis 3000 fl. Mit Einschluß der Gemeinde Vinningen beträgt die Caution 9800 fl.

Speier, den 11. Januar 1872.

Königlich Bayerische Regierung der Pfalz,
Kammer des Innern und der Finanzen.

v. Braun.

v. Meyer.

Wöscher.

Ad Nrm. Kab. 55 G. pr. den 10. Januar 1872.

(Die Wiederbesetzung der erledigten protestantischen Pfarrstelle zu Kriegsfeld, Decanats Kirchheimbolanden, betr.)

Im Namen Seiner Majestät des Königs.

Zur Bewerbung um die bezeichnete Pfarrstelle wird hiermit ein von heute an laufender Termin von 6 Wochen festgesetzt, innerhalb dessen, bei Vermeidung der Nichtberücksichtigung, die mit den vorgeschriebenen Belegen versehenen Meldungsgesuche bei dem k. protestantischen Decanate Kirchheimbolanden zu Zell einzureichen sind, welches dieselben sodann mit gutachtlichem Berichte anher zu Vorlage bringen wird.

Die fassionsmäßigen Erträgnisse dieser Pfarrstelle sind folgende:

	fl.	kr.
1. Staatsgehalt	232	—
2. Pfarrwohnung, angeschlagen zu	37	23
3. Reinertrag des Pfarrgutes	487	39
4. Zinsen von Kapitalien	27	56
Zusammen . .	784	58

Die zur Congrua ad 800 fl. fehlenden 15 fl. 2 kr. werden jährlich aus dem Sustentationsfonde zugeschossen.

Ueberdies hat der Pfarrer die Casualgebühren zu beziehen.

Speier, den 6. Januar 1872.

Königlich Bayerisches protestantisches Consistorium.

Glaser.

Dimroth.

Ad Nrm. Kab. 56 G. pr. den 10. Januar 1872.

(Die Wiederbesetzung der erledigten protestantischen Pfarrstelle zu Schönau, Decanats Pirmasens, betr.)

Im Namen Seiner Majestät des Königs.

Die rubrizirte Pfarrstelle wird hiermit zur Bewerbung ausgeschrieben. Die Bewerber um dieselbe

haben ihre mit den vorgeschriebenen Belegen versehenen Gesuche innerhalb 6 Wochen von heute an, bei Vermeidung der Nichtberücksichtigung, bei dem k. Decanate Pirmasens einzureichen, welches dieselben sodann mit gutachtlichem Berichte anher in Vorlage bringen wird.

Die fassionsmäßigen Erträgnisse dieser Pfarrstelle sind folgende:

	fl.	kr.
1. Staatsgehalt	232	—
2. Pfarrwohnung, angeschlagen zu	20	—
3. Reinertrag des Pfarrgutes	—	12
Zusammen . .	252	12

Zur Ergänzung der Congrua ad 800 fl. werden aus dem Sustentationsfonde jährlich 547 fl. 48 kr. zugeschossen.

Außerdem hat der Pfarrer die Casualgebühren zu beziehen.

Ferner hat der jeweilige Pfarrer zufolge einer Stiftung des zu Schönau verlebten Freiherrn und Reichsrathes Ludwig von Gienanth in Gemäßheit Testamentes vom 31. Januar 1846 den Genuß einer jährlichen Rente von 200 fl. und zweier Grundstücke, eines Ackers und einer Wiese, deren jährlicher Ertrag nach dem Katasteranschlage 42 fl. 6 kr. ausmacht. Der Genuß dieser Liegenschaften ist unentgeltlich; nur hat der Nutznießer die Steuern und Umlagen zu tragen. Beide Legate dürfen nach der ausdrücklichen Bestimmung des Testamentes in die Pfarrfassion nicht eingerechnet werden.

Speier, den 6. Januar 1872.

Königlich Bayerisches protestantisches Consistorium.

Glaser.

Dimroth.

Ad Nro. Kab. 57 G. pr. den 10. Januar 1872.

(Die Wiederbesetzung der erledigten protestantischen Pfarrstelle zu Thaleischweiler, Decanats Pirmasens, betr.)

Im Namen Seiner Majestät des Königs.

Die nebenbezeichnete Pfarrstelle wird andurch mit einem 6wöchentlichen, von heute an laufenden Termine, innerhalb dessen, bei Vermeidung der Nichtberücksichtigung, die mit den vorgeschriebenen Belegen versehenen Meldungsgesuche bei dem k. Decanate Pirmasens einzureichen sind, zur Bewerbung ausgeschrieben.

Nach Ablauf des angegebenen Termines hat das k. protestantische Decanat Pirmasens die eingelaufenen Bewerbungsgesuche nebst Beilagen mit gutachtlichem Berichte anher vorzulegen.

Die fassionsmäßigen Erträgnisse dieser Pfarrstelle sind folgende:

	fl.	kr.
1. Staatsgehalt	282	—
2. Pfarrwohnung, angeschlagen zu	20	—
3. Reinertrag des Pfarrgutes	114	4
Zusammen . .	366	4

Zur Ergänzung der Congrua ad 800 fl. werden aus dem Sustentationsfonde jährlich 433 fl. 56 kr. zugeschossen.

Außerdem hat der Pfarrer die Casualgebühren zu beziehen.

Speier, den 6. Januar 1872.

Königlich Bayerisches protestantisches Consistorium.

Glaser.

Dimroth.

Nro. 107 K. pr. den 18. Januar 1872.

(Die erledigte Bezirksarztesstelle I. Klasse in Hemau betr.)

Die Bezirksarztesstelle I. Klasse in Hemau ist in Erledigung gekommen; Bewerber um dieselbe haben ihre

vorschriftsmäßig belegten Gesuche bei der unterfertigten Stelle bis zum 28. Januar l. J. einzureichen.

Speier, den 14. Januar 1872.

Königlich Bayerische Regierung der Pfalz,

Kammer des Innern.

v. Braun.

Nro. 1375 K. pr. den 19. Januar 1872.

(Die erledigte Bezirksarztesstelle I. Klasse in Scheinfeld betr.)

Die Bezirksarztesstelle I. Klasse in Scheinfeld ist in Erledigung gekommen; Bewerber um dieselbe haben ihre vorschriftsmäßig belegten Gesuche bei der unterfertigten Stelle bis zum 31. Januar d. J. einzureichen.

Speier, den 17. Januar 1872.

Königlich Bayerische Regierung der Pfalz,

Kammer des Innern.

v. Braun.

Metschnabl.

Pfarrei-Verleihungen.

Seine Majestät der König haben Sich allergnädigst bewogen gefunden, unterm 31. Dezember v. J.

die protestantische I. Pfarrstelle zu Landau, Decanats gleichen Namens, dem bisherigen Pfarrer zu Haßloch, Decanats Neustadt, Christian Kalbfuß,

die protestantische Pfarrstelle zu Tiefenthal, Decanats Dürkheim, dem bisherigen Pfarrer in Weidenthal, Decanats Neustadt, Wilhelm Christian Theodor Federschmidt, und

die protestantische Pfarrstelle zu Laumersheim, Decanats Frankenthal, dem bisherigen Pfarrer in Heuchelheim, Decanats Bergzabern, Friedrich Daum, zu verleihen.

Königlich Bayerisches

Kreis-Amtsblatt der Pfalz.

№ 8. Speier, den 26. Januar 1872.

Inhalt:

pr. den 18. Januar 1872.

Königlich Allerhöchste Verordnung,

die Urlaubsbewilligungen für die Civilstaatsdiener, hier Reisen in das Ausland betr.

Ludwig II.,

von Gottes Gnaden König von Bayern, Pfalzgraf bei Rhein,

Herzog von Bayern, Franken und in Schwaben rc. rc.

Wir finden Uns allergnädigst bewogen, die bestehenden Vorschriften, wornach Civilstaatsdiener zu Reisen in das Ausland eine specielle Bewilligung nachzusuchen haben, unbeschadet der über das Urlaubswesen geltenden sonstigen Bestimmungen, aufzuheben.

Hohenschwangau, den 7. Januar 1872.

Ludwig.

Graf v. Hegnenberg-Dux. v. Pfretzschner. v. Lutz. v. Pfeufer. Dr. Fäustle.

Auf Königlich Allerhöchsten Befehl:

Der General-Secretär:

Ministerialrath Schebler.

pr. den 18. Januar 1872.

Bekanntmachung,

Maßregeln gegen die Rinderpest betr.

Staatsministerium des Innern.

Nachdem das Gesetz des Norddeutschen Bundes vom 7. April 1869, Maßregeln gegen die Rinderpest betr., und die hiezu ergangene Instruction vom 26. Mai 1869 inhaltlich des Reichsgesetzes vom 2. November 1871 im Königreiche Bayern vom 1. Januar 1872 an in Kraft getreten ist (Kreis-Amtsblatt d. Pf. 1871 S. 2007), wird zur Erzielung eines gleichmäßigen Vollzuges unter Bezugnahme auf § 7 des oben angeführten Gesetzes vom 7. April 1869 und auf Art. 2 Ziff. 1 des Polizeistrafgesetzbuches für Bayern vom 26. Dezember 1871 Nachstehendes verfügt:

I. Maßregeln beim Ausbruche der Rinderpest im Auslande.

Die Anordnung der in dem ersten Abschnitte der Instruction vom 26. Mai 1869 behandelten Maßregeln, insbesondere der Einfuhr-Verbote und sonstigen Verkehrsbeschränkungen, die ausnahmsweise zulässige Gestattung der Ein- und Durchfuhr von Viehtransporten, sowie die Verfügung der vollständigen Grenzsperre unter Bildung eines militärischen Cordons, wird veranlaßten Falls von dem Staatsministerium des Innern ausgehen.

In den deßfalls ergehenden Entschließungen wird immer besonders bemerkt werden, in welchen Beziehungen die etwa weiter erforderlichen oberpolizeilichen Vorschriften und sonstigen Anordnungen von den Kreisregierungen, Kammern des Innern, zu erlassen sind.

II. Maßregeln beim Ausbruche der Rinderpest im Inlande.

§ 1.

Sobald in einem Orte des Inlandes ein der Rinderpest verdächtiger Krankheits- oder Todesfall an Rindvieh

vorkommt oder in einem Orte innerhalb acht Tagen zwei Erkrankungs- oder Todesfälle unter verdächtigen Erscheinungen sich in Einem Viehbestande ereignen, hat die Ortspolizeibehörde in ortsüblicher Weise bekannt zu machen:

1. daß Jeder, der zuverlässige Kunde davon erlangt, daß ein Stück Vieh an der Rinderpest krank oder gefallen ist, oder daß auch nur der Verdacht einer solchen Krankheit vorliegt, ohne Verzug der Ortspolizeibehörde Anzeige davon zu erstatten habe;

2. daß der Besitzer die kranken Thiere nicht schlachten oder tödten und etwa gefallene Thiere nicht verscharren oder sonst beseitigen darf, ehe die Natur der Krankheit festgestellt ist, und daß bis dahin todte Thiere so aufzubewahren sind, daß das Hinzukommen von Menschen und Thieren abgehalten wird;

3. daß im Unterlassungsfalle Strafe nach § 328 des Strafgesetzbuches für das Deutsche Reich und überdieß für den Viehbesitzer der Verlust des Anspruches auf Entschädigung für die ihm gefallenen oder getödteten Thiere zu erwarten ist.

Außerdem hat die Ortspolizeibehörde schleunigst die Anzeige hievon an die Distriktspolizeibehörde zu erstatten und zugleich vorläufig

a) die Sperre des betreffenden Gehöftes oder Standortes zu verfügen und namentlich dafür zu sorgen, daß die gefallenen, kranken oder verdächtigen Thiere nicht mit anderen Thieren und unberufenen Personen in Berührung kommen;

b) den Weidebetrieb und die gemeinschaftliche Viehtränke einzustellen;

c) das Wegbringen von Rindvieh und andern Wiederkäuern aus dem Orte zu verbieten.

§ 2.

Die Distriktspolizeibehörde hat sofort unter Beiziehung des Thierarztes den Fall an Ort und Stelle zu untersuchen; das Ergebniß dieser Untersuchung ist protokollarisch aufzunehmen.

Kann die sichere Feststellung der Krankheit nur mittelst Zerlegung eines Thieres geschehen, so ist in Ermanglung eines Cadavers die sofortige Tödtung eines der Krankheit verdächtigen Thieres, nachdem dessen Werth vorher ordnungsmäßig abgeschätzt worden ist, von der Distriktspolizeibehörde auf Antrag des Thierarztes zu verfügen.

§ 3.

Wird durch diese Untersuchung der Verdacht der Rinderpest nicht vollständig gehoben, so hat die Distriktspolizeibehörde eine vorläufige Sperre des Gehöftes oder Standortes auf so lange anzuordnen, bis der Verdacht völlig beseitigt oder der Ausbruch der Krankheit festgestellt ist. (§ 15 der Instruction.)

§ 4.

Wird die Krankheit als Rinderpest constatirt, so hat die Distriktspolizeibehörde

1. die Art der Einschleppung durch sorgfältige Untersuchung zu ermitteln,

2. sofort den Ausbruch der Seuche der vorgesetzten Kreisregierung, Kammer des Innern, sowie den benachbarten Distriktspolizeibehörden mitzutheilen und öffentlich bekannt zu machen,

3. sodann für den Seuchenort die in den §§ 18 und 19 der Instruction vorgesehenen Anordnungen zu treffen;

4. endlich zur Unterdrückung und Verhinderung der Weiterverbreitung der Seuche folgende Maßregeln zu ergreifen:

a) Absperrung des Standortes oder Gehöftes, oder

b) Sperre des Ortes oder der Markung,

c) Anordnung von Sicherheitsmaßregeln in dem den Seuchenort unmittelbar umgebenden Grenzbezirke,

d) Tödtung und Beseitigung aller an der Rinderpest erkrankten oder derselben verdächtigen Thiere;

e) Reinigung und Desinficirung der die Seuche möglicherweise verschleppenden Personen und Sachen, sowie des von der Seuche heimgesucht gewesenen Stalles oder Standortes.

§ 5.

Die Absperrung des Gehöftes, in welchem die Seuche ausgebrochen ist, richtet sich nach § 20 der Instruction.

Die Ermächtigung zum Eintritt in das abgesperrte Gehöfte wird von der Distriktspolizeibehörde oder von dem Ortscommissär und wo ein solcher nicht aufgestellt ist, von der Ortspolizeibehörde ertheilt.

In gleicher Weise ist mit der Absperrung der Standorte zu verfahren, wenn Rindvieh oder andere Wiederkäuer auf der Weide, im Pferch oder in anderen eingehegten Räumen, auf der Wanderung, bei Eisenbahntransporten, in vereinzelten Viehhütten, Schafhäusern oder unter anderen ähnlichen Umständen von der Rinderpest befallen sind.

§ 6.

Die Ortssperre ist unter Beobachtung der §§ 24 und 25 der Instruction als beschränkte (relative) oder unbeschränkte (absolute) anzuordnen, je nachdem nur einige wenige oder mehrere Standorte oder Gehöfte von der Seuche ergriffen sind.

Die Ortscommissäre (§ 22 der Instruction) werden von der Distriktspolizeibehörde bestimmt, wo ein solcher Commissär nicht aufgestellt ist, können die ihm zukommenden Befugnisse und Obliegenheiten der Ortspolizeibehörde übertragen werden.

§ 7.

Die beschränkte Ortssperre wird nach Maßgabe des § 21 der Instruction vollzogen.

Die Genehmigung zur Entfernung aus dem abgesperrten Orte ist bei dem Ortscommissär, beziehungsweise bei der Ortspolizeibehörde, zu erholen.

Das Ein-, Aus- und Durchfuhr-Verbot hat sich insbesondere auch auf thierische Rohstoffe, Wolle und Kleider zu erstrecken.

§ 8.

Die unbeschränkte Ortssperre kann nur mit Genehmigung der vorgesetzten Kreisregierung, Kammer des Innern, verfügt werden.

Sie wird nach Vorschrift der §§ 23 und 36 der Instruction vollzogen.

§ 9

Die Markungssperre wird unter den Voraussetzungen des § 32 der Instruction angeordnet und nach §§ 33 und 34 vollzogen.

§ 10.

Für die in der Umgebung des Seuchenortes anzuordnenden Sicherheitsmaßregeln wird der Seuchengrenzbezirk in einem Umkreise von mindestens 3 Meilen vom Seuchenorte durch die Kreisregierung, Kammer des Innern, festgestellt.

In diesem Bezirke haben die Distriktspolizeibehörden durch öffentliche Bekanntmachung sogleich auf die Anzeigepflicht (§ 1 dieser Entschließung) hinzuweisen, und die in den §§ 10, 17 und 35 der Instruction erwähnten Anordnungen zu erlassen.

§ 11.

Die Tödtung und Beseitigung des erkrankten oder verdächtigen Viehes richtet sich nach den §§ 26—31 der Instruction.

Die Tödtung wird von der Distriktspolizeibehörde angeordnet und nach ordnungsmäßiger Schätzung des Werthes der zu tödtenden Thiere unter thierärztlicher Leitung mit möglichst geringem Blutverluste ausgeführt.

Als verdächtig sind insbesondere alle die Viehstücke anzusehen, welche mit seuchekranken im gleichen Stalle oder Standorte oder in derselben Heerde sich befanden oder mit solchen Thieren in derartige Berührung gekommen sind, daß hieraus eine Ansteckung erfolgt sein kann.

Wenn das Vieh eines Gehöftes sich in verschiedenen Ställen befindet, so können diejenigen, in welchen die

Seuche noch nicht zum Ausbruche gekommen ist, falls sie gehörig abgesperrt erhalten werden können, bis auf Weiteres mit der Ausleerung verschont werden; dagegen dürfen ausnahmsweise Ställe benachbarter Gehöfte, welche von dem Seuchestalle des anderen Gehöftes nicht gehörig abgesperrt werden können, durch Tödtung des darin befindlichen Viehes ausgeleert werden, wenn auch dasselbe noch gesund erscheint, soferne diese Maßregel eine wirksame, auf keine andere Weise zu erzielende Beschränkung der Rinderpest verspricht.

Schafe und Ziegen oder andere Wiederkäuer, welche mit rinderpestkrankem Rindviehe in Berührung gekommen sind, müssen von diesem sofort getrennt und von allen anderen Thieren so lange abgesondert werden, bis die Seuche als erloschen erklärt und unter thierärztlicher Aufsicht die Desinfection derselben vorgenommen worden ist.

Wenn der Ausbruch der Seuche unter diesen Thieren amtlich festgestellt ist, so ist bezüglich derselben wie bei pestkrankem Rindviehe zu verfahren.

Zu der Tödtung soll in der Regel der von der Distriktspolizeibehörde zu bestimmende Vergrabungsplatz (§ 27 der Instruction) gewählt werden; Thiere, welche den Weg dahin nicht zurücklegen können, sind im Stalle zu tödten.

Die Vorschriften über das Verfahren (§§ 27 bis 29 der Instruction) finden auch bei den an der Seuche gefallenen Thieren Anwendung. Das Verscharren hat unter thierärztlicher Aufsicht zu geschehen.

Die auf dem Transporte lebender oder todter Thiere besudelten Stellen (§ 29 Abs. 1 und § 30 Abs. 1 der Instruction) sind mit Chlorkalk zu bestreuen.

An dem Wasenplatze ist eine Desinfectionsbude zu errichten, um die erforderliche Desinfection nach Anleitung des folgenden § 12 vornehmen zu können. Pferde, welche zum Transporte von Cadavern benützt wurden, sind zu reinigen, insbesondere ihre Hufe mit einer Desinfectionsflüssigkeit zu bestreichen.

Nach Aufhebung der Sperre wird der Wasenplatz vermittelst Dornen, Steinen, Einfriedung möglichst sicher abgeschlossen und darf ohne Erlaubniß der Distriktspolizeibehörde nicht wieder aufgedeckt werden.

Die Schließung und Versiegelung der geleerten Ställe (§ 31 der Instruction) geschieht durch den Ortscommissär unter Mitwirkung eines Thierarztes.

§ 12.

Personen werden desinficirt, wenn sie einen abgesperrten Hof oder Standort oder eine abgesperrte Feldmark verlassen oder wenn sie bei dem Verscharren des getödteten oder gefallenen Viehes beschäftigt waren (§ 11 Abs. 9 dieser Entschließung).

Die näheren Vorschriften über die Vornahme der Desinfection der Personen sind von den Kreisregierungen, Kammern des Innern, zu erlassen.

§ 13.

Die Desinfection der Gehöfte erfolgt auf Anordnung der Distriktspolizeibehörde nach Maßgabe der §§ 38—41 der Instruction.

Namentlich ist auch das Holz des Fachwerkes an den Wänden der Ställe mit Kalk zu bewerfen und zu verputzen; die Umfassungsmauern des abgegrabenen Fußbodens und dieser selbst sind mit Kalkmilch zu begießen; steinerne Krippen (Futtertröge), Standposten, wenn sie in gutem Zustande sind, mit heißer Lauge abzubürsten, dann mit Chlorkalkauflösung zu überstreichen, gesprungene Gegenstände dieser Art aber zu entfernen, die Stützmauern der Krippen gründlich auszubessern und frisch mit Kalkmörtel zu bewerfen.

Miststätten, Güllengruben, Güllenrinnen sind wie die Ställe und ihr Fußboden zu behandeln.

Die Räume, in denen Rauchfutter oder Streumaterial gelagert war, sind wo möglich mit Chlor auszuräuchern, jedenfalls aber gehörig zu durchlüften.

Auf Streumaterial selbst findet der § 43 der Instruction Anwendung.

Der Hofraum ist von allen vorfindlichen, möglicherweise inficirten Stoffen gründlich zu säubern, die Erde an verfänglichen Gegenständen abzuschürfen und zu vergraben; diese Stellen selbst sind mit Chlorkalk zu bestreuen.

Geräthe und Geschirre, welche mit rinderpestkranken oder verdächtigen Thieren in Berührung gekommen sind, oder welche zum Ausfahren von Cadavern gefallener oder getödteter Thiere, von inficirten Stoffen, wie von Dünger, Rauchfutter, Streumaterialien, ausgehobener Erde und dergleichen benützt wurden, sind, wenn geringwerthig, zu verbrennen, andernfalls ist das Holzwerk und das Eisen derselben gründlich gleich dem Stallgeräthe zu reinigen und zu desinficiren.

In ähnlicher Weise, wie die Ställe, sind andere inficirte Standorte zu reinigen und zu desinficiren.

Schließlich ist es rathsam, auch die auf dem Gehöfte befindlichen Wohnräume einer Reinigung zu unterziehen, indem dieselben bei verschlossenen Fenstern und Thüren mit Chlorgas durchräuchert und hierauf einige Stunden durchlüftet werden.

§ 14.

Die zur Unterdrückung der aufgetretenen Rinderpest getroffenen Maßregeln sind, vorbehaltlich der besonderen Bestimmungen in den §§ 45 und 46 der Instruction, außer Wirksamkeit zu setzen, wenn die Seuche amtlich als erloschen erklärt ist.

Die Seuche ist von der Distriktspolizeibehörde als erloschen zu erklären, wenn ein und zwanzig Tage nach dem letzten verdächtigen Falle oder nach der letzten Tödtung im Seucheorte kein neuer verdächtiger Erkrankungsfall vorgekommen ist, die erforderlichen Desinfectionen ausgeführt sind und auch bei der wiederholten Besichtigung des gesammten Viehstandes nach diesem Zeitraum kein solcher Fall ermittelt wurde.

Die in den §§ 45 und 46 der Instruction vorbehaltene Erlaubniß wird von der Distriktspolizeibehörde ertheilt.

Verseucht gewesene und desinficirte Ställe sind vor der Wiederbesetzung einer wiederholten desinficirenden Räucherung zu unterwerfen.

Das Erlöschen der Seuche ist sofort der vorgesetzten Kreisregierung, Kammer des Innern, anzuzeigen und öffentlich bekannt zu machen.

§ 15.

Die Entschädigung für die getödteten und die gefallenen Thiere wird nach Maßgabe der §§ 3 und 4 des Reichsgesetzes vom 7. April 1869 geleistet.

Die Schätzung hat durch ein unbetheiligtes Gemeindeglied, einen Thierarzt und einen weiteren Sachverständigen zu erfolgen.

Die Distriktspolizeibehörde hat diese Schätzer zu bestellen und zu verpflichten.

Die Schätzer haben der Abgabe ihres Gutachtens den gemeinen Werth der Thiere, d. h. den Werth, welchen dieselben ohne Rücksicht auf die ausgebrochene Seuche vor der Tödtung nach den in der Gegend bestandenen Preisen mit Rücksicht auf den Gebrauchszweck, das Alter und den Ernährungszustand gehabt haben würden, zu Grund zu legen.

Das gleiche Verfahren findet auch hinsichtlich des Ersatzes für vernichtete Sachen (§§ 40, 41, 43 und 44 der Instruction) statt.

Was die Enteignung von Plätzen betrifft, so ist, im Falle eine Zwangsabtretung von Grundeigenthum nothwendig werden sollte, nach Maßgabe des Gesetzes vom 17. November 1837 (Amtsblatt S. 571) zu verfahren.

Hinsichtlich der Geltendmachung der Ersatzansprüche an die Reichskasse wird besondere Entschließung erfolgen.

§ 16.

Die Kreisregierungen, Kammern des Innern, sind ermächtiget, im Falle des Ausbruches der Rinderpest im Inlande die zum Vollzuge der Instruction vom 26. Mai 1869 etwa weiter erforderlichen oberpolizeilichen Vorschriften und sonstigen Anordnungen zu erlassen.

Im Falle die Rinderpest in einem Regierungsbezirke zu größerer Verbreitung gelangen sollte, hat die Kreisregierung, Kammer des Innern, die obere Leitung der zur Unterdrückung, sowie zur Verhütung einer Weiterverbreitung der Seuche nöthigen Maßregeln einem Regierungs-Commissär zu übertragen, welchem ein Sachverständiger beizugeben ist.

Sobald die Rinderpest im Inlande auftritt, hat die Kreisregierung, Kammer des Innern, hievon sofort an das Staatsministerium des Innern Anzeige zu erstatten; letzteres wird, wenn die Seuche gleichzeitig über mehrere Regierungsbezirke sich verbreitet, erforderlichen Falles behufs einer einheitlichen Leitung der durchzuführenden Maßregeln einen Ministerial-Commissär aufstellen.

München, den 6. Januar 1872.

Auf Seiner Königlichen Majestät Allerhöchsten Befehl:

v. Pfeufer.

Durch den Minister:
Der General-Secretär:
Ministerialrath v. Dubois.

Bekanntmachung,

Maßregeln gegen die Rinderpest betr.

Staatsministerium des Innern.

Zur Verhütung einer Verschleppung der Rinderpest aus Oesterreich-Ungarn nach Bayern wird auf Grund des Art. 2 Ziff. 1 des Polizeistrafgesetzbuches für Bayern vom 28. Dezember 1871 und mit Rücksicht auf das Reichsgesetz vom 2. November 1871, beziehungsweise auf das Gesetz des Norddeutschen Bundes vom 7. April 1869 und die hiezu ergangene Instruction vom 26. Mai 1869 (Amtsblatt 1871 S. 2007), dann unter Bezugnahme auf die Bekanntmachung vom 6. d. M. verfügt, was folgt:

1. Rindvieh der Steppenraçen (ungarisches, podolisches und galizisches Rindvieh, sowie überhaupt alles

Rindvieh von der grauen Race) ist von der Ein- und Durchfuhr ausgeschlossen.

2. Aus Mähren und Galizien, in welchen Ländern zur Zeit die Rinderpest herrscht, dürfen überdies bis auf Weiteres nicht ein- und durchgeführt werden:

Rindvieh aller Art, Schafe und Ziegen, ferner frische (auch gefrorene) Rindshäute, Hörner und Klauen, Fleisch, Knochen, Talg, wenn letzterer nicht in Fässern sich befindet, ungewaschene Wolle, welche nicht in Säcken verpackt ist, und Lumpen.

Schweine aus den genannten österreichischen Kronländern dürfen nur in Etagewagen ein- und durchgeführt werden.

3. Aus den übrigen zur Zeit seuchefreien Ländern von Oesterreich-Ungarn dürfen vorbehaltlich der Bestimmung unter Ziff. 1 Rindvieh, Schafe und Ziegen, dann die unter Ziff. 2 aufgeführten Rohstoffe von diesen Thieren unter folgenden Bedingungen ein- und durchgeführt werden:

a) Die Einbringung darf nur an jenen Orten erfolgen, welche von den Kreisregierungen, Kammern des Innern, möglichst nahe an der Grenze hiefür bestimmt sind oder werden;

b) an diesen Eintrittsorten muß bei jedem Transporte von Thieren durch amtliche Zeugnisse der unverdächtige Gesundheitszustand der einzuführenden Thiere, dann weiter nachgewiesen werden, daß dieselben aus einem seuchefreien Kronlande stammen und nur durch seuchefreie Kronländer gekommen sind.

Bezüglich der obenbezeichneten thierischen Rohstoffe muß gleichfalls der Nachweis geliefert werden, daß sie aus einem seuchefreien Kronlande stammen und auf dem Transporte nur durch seuchefreie Kronländer gekommen sind;

c) an den Eintrittsorten hat ein Thierarzt den unverdächtigen Gesundheitszustand der Thiere festzustellen und die Ursprungszeugnisse zu prüfen.

4. Die Vorschriften unter Ziff. 3 haben auf die aus Tirol und Vorarlberg kommenden Transporte der obenbezeichneten Thiere und thierischen Rohstoffe eine Anwendung nicht zu finden.

5. Treffen Transporte ohne die in Ziff. 3 vorgeschriebenen Zeugnisse an den bestimmten Eintrittsorten ein, so sind dieselben zurückzuweisen.

6. Werden Transporte angehalten, welche die Eintrittsorte umgangen haben, so sind die betreffenden Thiere soweit möglich sofort zu tödten und zu verscharren, Menschen und sonstige Gegenstände auf kürzestem Wege wieder über die Grenze zurückzubringen, wo möglich ohne Ortschaften zu passiren.

Giftfangende Sachen sind zu vernichten oder zu desinficiren.

Die erforderlichen Anordnungen sind von der Distrikts-Polizeibehörde zu treffen und insoweit nöthig unter Aufsicht und Leitung eines Thierarztes durchzuführen.

7. Hinsichtlich der Desinfection der Eisenbahnwagen sind die Vorschriften in § 6 des obenanführten Gesetzes vom 7. April 1869, beziehungsweise in dem vierten Abschnitte der zu jenem Gesetze ergangenen Instruction vom 26. Mai 1869 maßgebend.

Die zur Ausführung der vorstehenden Bestimmungen etwa weiter erforderlichen oberpolizeilichen Vorschriften und sonstigen Verfügungen sind von den Kreisregierungen, Kammern des Innern, zu erlassen.

München, den 8. Januar 1872.

Auf Seiner Königlichen Majestät Allerhöchsten Befehl:

v. Pfeufer.

Durch den Minister:
der General-Secretär:
Ministerialrath v. Dobeil.

pr. den 8. Januar 1872.

Bekanntmachung,

das Juliusspital in Würzburg betr.

Seine Majestät der König haben Sich allerhöchst bewogen gefunden, unterm 17. Dezember l. J. in Bezug auf die Organisation des k. Oberpflegamts des Juliusspitals in Würzburg unter theilweiser Abänderung der Ziffern 4 und 5 der Allerhöchsten Entschließung vom 7. März 1838, das Juliusspital zu Würzburg betreffend, zu verfügen, was folgt:

Das k. Oberpflegamt des Juliusspitals in Würzburg bildet wie bisher die oberste Verwaltungsbehörde dieser Stiftung.

Dasselbe besteht mit collegialer Verfassung

1. aus einem Director als Vorstand,

2. aus zwei Räthen als Mitgliedern mit entscheidender Stimme, und zwar

a) aus einem rechtskundigen Mitgliede, zugleich Hauptcassier,

b) aus dem jeweiligen Pfarrer des Juliusspitals,

3. aus einem Secretär und einem Registrator.

In Verhinderung oder Abwesenheit des Directors vertritt der rechtskundige Rath dessen Stelle; im Uebrigen richtet sich das Rangverhältniß unter den beiden Räthen nach ihrem Dienstesalter.

Dem k. Oberpflegamte sind ein Bautechniker, ein Revisor, zwei Kanzlisten, ein Diurnist und ein Diener beigegeben.

München, den 21. Dezember 1871.

Auf Seiner Königlichen Majestät allerhöchsten Befehl:

v. Pfeufer.

Durch den Minister:
Der General-Secretär:
Ministerialrath v. Dubois.

Nro. 568 C.

pr. den 10. Januar 1872.

(Den Vollzug des Kriegsdienstgesetzes vom 9. November 1867, hier die Dauer der Dienstzeit der Wehrpflichtigen im Heere betr.)

An
sämmtliche k. Bezirksämter.

Im Namen Seiner Majestät des Königs.

Die k. Bezirksämter werden auf die im Abdruck folgenden Entschließungen des k. Staatsministeriums des Innern und des Kriegsministeriums vom 23. und 29. Dezember v. J. und auf die ebenfalls im Abdrucke folgende Entschließung des k. Kriegsministeriums vom 23. Dezember v. J. behufs Kenntnißnahme und Beachtung aufmerksam gemacht.

Speier, den 10. Januar 1872.

Königlich Bayerische Regierung der Pfalz,
Kammer des Innern.
v. Braun.

Schilb.

Staatsministerien des Innern und Kriegsministerium.

Seine Majestät der König haben durch allerhöchste Entschließung d. d. Hohenschwangau den 9. ds. für den Vollzug der Bestimmungen der nachbenannten Gesetze, nämlich:

a) des Reichsgesetzes vom 24. November 1871 über die Einführung des Gesetzes des Norddeutschen Bundes, betreffend die Verpflichtung zum Kriegsdienste, vom 9. November 1867, in Bayern (Amtsblatt 1871 S. 2009) und

b) des Gesetzes des Norddeutschen Bundes, betreffend die Verpflichtung zum Kriegsdienste, vom 9. November 1867 (Amtsblatt 1871 S. 2057)

bezüglich der Dauer der Militärdienstpflicht im Heere Nachstehendes zu verfügen geruht:

1. Alle Wehrpflichtige, welche am 1. Januar 1872 ihre Dienstzeit in der activen Armee und Reserve noch nicht zurückgelegt haben, sind zur Uebernahme eines vierten Dienstjahres in der Reserve verpflichtet und treten erst nach Vollendung dieses vierten Reserve-Dienstjahres in die Landwehr; denselben obliegt demnach einschlüssig der fünfjährigen Dienstverpflichtung in der Landwehr eine Gesammtmilitärdienstzeit von zwölf Jahren.
2. Diejenigen Wehrpflichtigen dagegen, welche nach den bisherigen Bestimmungen mit dem 1. Januar 1872 bereits in die Landwehr überwiesen sind, werden von obiger Bestimmung hinsichtlich der Dienstzeit-Verlängerung nicht berührt und sind daher nach Vollendung einer eilfjährigen Gesammtdienstzeit mit Abschied zu entlassen.
3. Die Bestimmungen der Artikel 6 und 87 des Wehrverfassungs-Gesetzes vom 30. Januar 1868 bleiben für alle jene Wehrpflichtige, welche die darin bezeichneten Verbindlichkeiten vor dem 1. Januar 1872 bereits übernommen, beziehungsweise erfüllt haben, in Kraft.
4. Mannschaften der Cavalerie, welche sich nach dem 1. Januar 1872 freiwillig zu einer vierjährigen activen Dienstzeit verpflichten, haben nur drei Jahre in der Reserve und drei Jahre in der Landwehr zu dienen; — die von diesem Zeitpunkte an nach Vollendung ihrer Dienstzeit in der activen Armee fortdienenden Mannschaften der reitenden Artillerie sind als Capitulanten zu behandeln.
5. Mannschaften, welche nach Vollendung ihrer dreijährigen activen Dienstzeit sich freiwillig zum Weiterdienen in der activen Armee verpflichtet haben oder verpflichten, ist die Capitulationszeit an der dieselben nach obigen Bestimmungen treffenden Reserve- beziehungsweise Landwehr-Dienstzeit in Abrechnung zu bringen.

Bei Capitulanten, welche am 1. Januar 1872 noch reservepflichtig sind, hat diese Guttrechnung sohin an der siebenjährigen Dienstzeit im stehenden Heere, beziehungsweise zwölfjährigen Gesammtdienstzeit, bei Capitulanten dagegen, welche am 1. Januar 1872 nur noch landwehrpflichtig sind, an einer eilfjährigen Gesammtdienstzeit stattzufinden.

Dieses zur Wissenschaft und Darnachachtung.

München, den 23. Dezember 1871.

Auf Seiner Königlichen Majestät Allerhöchsten Befehl:

Frhr. v. Pranckh. v. Pfeufer.

Durch den Minister:
Der General-Secretär
v. Gönner.

(Den Vollzug des Kriegsdienstgesetzes vom 9. November 1867, hier die Dauer der Dienstzeit der einjährig Freiwilligen im Heere betr.)

Staatsministerium des Innern und Kriegsministerium.

Seine Majestät der König haben für den Vollzug des Gesetzes des Norddeutschen Bundes, betreffend die Verpflichtung zum Kriegsdienste, vom 9. November 1867, bezüglich der Dauer der Militärdienstpflicht der einjährig Freiwilligen unterm 28. ds. allerhöchst zu bestimmen geruht:

1. Einjährig Freiwillige, welche sich am 1. Januar 1872 noch in Ableistung der einjährigen activen Dienstzeit befinden, wie jene Wehrpflichtige, welche als einjährig Freiwillige in der bayerischen Armee zugelassen waren und am 1. Januar 1872 bereits in die Reserve überwiesen sind, haben ein viertes Reservedienstjahr — demnach eine Gesammtmilitärdienstzeit von 10 Jahren — zu übernehmen.
2. Vom 1. Januar 1872 ab zum einjährig Freiwilligendienst zugelassene Wehrpflichtige sind wie bisher

nach einjähriger activer Dienstzeit in die Reserve zu beurlauben, in welcher dieselben sodann den Rest ihrer nunmehrigen siebenjährigen Dienstzeit im stehenden Heere abzuleisten, demnach sechs Jahre zu verbleiben haben.

3. Für Wehrpflichtige, welche als einjährig Freiwillige in der bayerischen Armee zugelassen waren und am 1. Januar 1872 bereits in die Landwehr überwiesen sind, findet eine Verlängerung der bisherigen Gesammtdienstzeit von eilf Jahren nicht statt.

Hiernach ist das Weitere zu verfügen.

München, den 29. Dezember 1871.

Auf Seiner Königlichen Majestät Allerhöchsten Befehl:

Frhr. v. Pranckh. v. Pfeufer.

Durch den Minister:
Der General-Secretär
v. Gönner.

(Den Vollzug des Kriegsdienstgesetzes vom 9. November 1867, hier die Dauer der Dienstzeit der Wehrpflichtigen im Heere betr.)

Kriegsministerium.

Nachstehendes erging an die beiden General-Commandos, das Artillerie- und Genie-Corps-Commando:

„Die im Verordnungsblatte Nr. 67 (Amtsbl. S. 296) unterm Heutigen erlassenen allerhöchsten Bestimmungen im ausgesetzten Betreffe sind allen im präsenten Dienste oder in der Controle der Landwehr-Bezirks-Commandos stehenden Mannschaften, letzteren bei den nächsten Controlversammlungen, bekannt geben zu lassen. Dabei ist jenen, welche nunmehr um ein Jahr länger in der Reserve zu dienen verpflichtet sind, ausdrücklich zu bemerken, daß für dieselben der ohnehin auf die Dauer ihrer Angehörigkeit der bewaffneten Macht bereits abgelegte Diensteid unverändert wirksam bleibe.

Weiters ergeht der Auftrag, die unterhabenden Heeres-Abtheilungen anzuweisen, die Bücher und Listen

hiernach durchgehends ungesäumt zu berichtigen und in den Militärpässen die erforderlichen Einträge vorzunehmen, den Vollzug dieser Vorschriften selbst aber zu überwachen.“

Dieses wird für gleichmäßige Nachachtung und einschlägige Verfügung hiermit eröffnet.

München, den 23. Dezember 1871.

Auf Seiner Königlichen Majestät allerhöchsten Befehl:

Frhr. v. Pranckh.

Durch den Minister:
Der General-Secretär
v. Gönner.

Nro. 1691 E. pr. den 24. Januar 1872.

(Den vermißten Unteroffizier Johann Komm vom k. preußischen 1. Infanterie-Regimente betr.)

An
sämmtliche k. Bezirksämter und Bürgermeisterämter des Regierungsbezirks.

Im Namen Seiner Majestät des Königs.

Der Unteroffizier Johann Komm vom k. preußischen Grenadier-Regimente Kronprinz (1. Ostpreußisches) Nr. 1 aus Rathswalde, Kreis Labiau, ist am 31. August 1870 in ein nicht bekanntes Spital verbracht worden und soll Privatnachrichten zufolge in einem Lazarethe der Pfalz gestorben sein.

Die sämmtlichen k. Bezirksämter und Bürgermeisterämter werden beauftragt, die bezüglichen Nachforschungen zu pflegen und ein etwaiges Ergebniß innerhalb vierzehn Tagen der unterfertigten Stelle anzuzeigen.

Speier, den 23. Januar 1872.

Königlich Bayerische Regierung der Pfalz,
Kammer des Innern.
v. Braun.

Nro. 1751 E. pr. den 24. Januar 1872.

(Die Handelslehrerstelle an der Gewerbschule in Landshut betr.)

Im Namen Seiner Majestät des Königs von Bayern.

Die Lehrstelle für die handelswissenschaftlichen Fächer an der Gewerbschule Landshut ist in Erledigung gekommen.

Bewerber um diese Stelle haben ihre Gesuche, in welchen der Tag und das Jahr der Geburt, die Heimath, Confession und Familienverhältnisse anzugeben sind, unter Beifügung der Nachweise über die Art ihrer Vorbildung, über bestandene Prüfungen und erlangte Noten, über deren bisherige Verwendungen und Berufsstellungen, über allenfallsige literarische Leistungen, sowie über sittliches und staatsbürgerliches Verhalten

innerhalb 3 Wochen

bei dem k. Rectorate der Gewerbschule Landshut einzureichen.

Der mit dieser Stelle verbundene Functionsbezug besteht in dem Anfangsgehalte von 700 fl. jährlich, welcher mit den normalmäßigen Alters- und Theuerungszulagen bis zu 1400 fl. steigt.

Nebstdem genießt der Handelslehrer für Unterricht in der mit der Gewerbschule verbundenen Fortbildungsschule und in Fachabtheilungen derselben Functionsbezüge, welche sich bisher auf circa 300 fl. belaufen haben.

Bereits länger wirkenden Lehrern kann die Gewährung des nach dem Dienstalter ihnen zukommenden Gehaltes in Aussicht gestellt werden.

Landshut, den 15. Januar 1872.

Königliche Regierung von Niederbayern,
Kammer des Innern.
v. Lipowsky.

Landinus.

Ad Nrm. Exh. 89 G. pr. den 13. Januar 1872.

(Eine theologische Preisaufgabe betr.)

Im Namen Seiner Majestät des Königs.

Nach der letztwilligen Verfügung des vormaligen k. Lycealprofessors Carl Wilhelm Rom zu Speier soll, alternirend mit einem Stipendium für Theologiestudirende von 50 fl. eine theologische Preisaufgabe zur Erwerbung des nämlichen Betrags für alle Candidaten der Pfalz, welche ihre theologische Aufnahmsprüfung mit Erfolg bestanden haben, ausgeschrieben werden.

Als Preisaufgabe für das Jahr 1872 wird hiermit ausgeschrieben:

„Eine Abhandlung über den Communismus nach „seinen Grundideen, seinen Gefahren und den „Heilmitteln dagegen“.

Diejenigen protestantischen Pfarramtscandidaten der Pfalz, welche sich um diesen Preis bewerben wollen, werden aufgefordert, ihre Arbeiten, mit einem Motto versehen, bis zum 1. Januar 1873 an das k. Consistorium zu Speier einzusenden. Jeder Arbeit ist in einem verschlossenen, das gleiche Motto tragenden Couvert der Name des Verfassers beizufügen.

Speier, den 10. Januar 1872.

Königlich Bayerisches protestantisches Consistorium.
Glaser.

Dimroth.

Nro. 1086 E. pr. den 17. Januar 1872.

Bekanntmachung,
den Vollzug des Tabaksteuergesetzes betr.

Im Namen Seiner Majestät des Königs.

Da mit dem 1. Januar dieses Jahres die an der früheren Zoll-Linie bestandenen pfälzischen Grenzzollämter aufgelöst wurden, so wird wegen derjenigen tabakbauenden Gemeinden, welche denselben als Hebestellen zugetheilt waren, Nachstehendes verfügt:

1.

Der k. Steuerexpositur Rheinzabern werden zugewiesen die Gemeinden:

Neuburg a. Rh.,
Wörth,
Pforz,
Hagenbach,
Berg mit
Neulauterburg,
Büchelberg,
Scheibenhardt.

2.

Dem k. Nebenzollamte Landau werden zugewiesen die Gemeinden:

Schaidt,
Winden,
Barbelroth,
Freckenfeld,
Minfeld,
Hergersweiler,
Steinfeld,
Niederotterbach,
Kapsweyer,
Schweighofen.

Demnach sind von den Tabakpflanzern der oben genannten Gemeinden die Tabaksteuern für das vorige Erntejahr, soweit dies noch nicht geschehen, desgleichen in der Folge bei der Steuerexpositur Rheinzabern beziehungsweise bei dem Nebenzollamte Landau einzuzahlen.

Ebenso werden künftig von diesen Hebestellen die Formulare zu den Anmeldungen über die mit Tabak bebauten Grundflächen an die betreffenden Bürgermeisterämter verabfolgt werden, von welchen dieselben nach vollzogener Anmeldung an eben diese Hebestellen zurückzusenden sind.

München, den 11. Januar 1872.

Königliche General-Zoll-Administration.
v. Meixner.

Böhm.

---

pr. den 22. Januar 1872.

(Taxbehandlung portopflichtiger Dienstschreiben betr.)

Im Namen Seiner Majestät des Königs.

Nach § 1 des Gesetzes über das Post-Taxwesen im Gebiete des Deutschen Reiches vom 28. October 1871 werden im gegenseitigen Postverkehre der deutschen Bundesstaaten portopflichtige Dienstbriefe mit dem Zuschlagporto nicht belegt, wenn die Eigenschaft derselben als Dienstsache durch eine von der Reichs-Postverwaltung festzustellende Bezeichnung auf dem Couvert vor der Postaufgabe erkennbar gemacht worden ist.

Nachdem inhaltlich Bekanntmachung des Staats-Ministeriums des Handels und der öffentlichen Arbeiten vom 23. Dezember 1870 (Amtsbl. 1870 S. 20) die gleiche Tax-Ermäßigung für den innern Verkehr Bayerns bereits besteht, haben die für den Wechselverkehr erlassenen Ausführungsbestimmungen im Interesse eines gleichheitlichen Verfahrens vom 1. Januar 1872 an auch für den inneren bayerischen Verkehr Anwendung zu finden und werden dieselben im Nachstehenden zur Darnachachtung bekannt gegeben:

1. Die portopflichtigen unfrankirten Schreiben von öffentlichen Behörden, Beamten, sowie Geistlichen in Ausübung dienstlicher Functionen, sind mit dem Zuschlag-Porto von 3 kr. nicht zu belegen, wenn sie
   a) nach einem Orte Deutschlands gerichtet,
   b) auf der Adresse mit der Bezeichnung „portopflichtige Dienstsache“ versehen und
   c) mit dem amtlichen Siegel verschlossen sind.

2. Von dem Erforderniß des Verschlusses mittels eines amtlichen Siegels oder Stempels wird nur dann abgesehen, wenn der Absender sich nicht im Besitze eines amtlichen Siegels oder Stempels befindet, und auf der Adresse unter die Bezeichnung „portopflichtige Dienstsache" die Bemerkung „die Ermangelung eines Dienstsiegels" mit Unterschrift des Namens und Beisetzung des Amts-Charakters bescheinigt.
3. Damit die Bezeichnung „portopflichtige Dienstsache" gleichmäßig in die Augen falle, ist dieselbe oben links in der Ecke auf der Adreß-Seite der portopflichtigen Dienst-Briefe niederzuschreiben.

Milde Stiftungen, Privat-Vereine und Gesellschaften sind zur Anwendung der Bezeichnung „portopflichtige Dienstsache" nicht befugt.

München, den 19. Dezember 1871.

General-Direction der k. Verkehrs-Anstalten.
Post-Abtheilung.
Hocheder.

Baumann.

Le Sage.

---

pr. den 24. Januar 1872.

(Erledigte Lehrstelle.)

Die Lehrstelle für Realien an der königlichen Gewerbschule Landau (Pfalz) ist erledigt.

Bewerber um diese Stelle, mit welcher der normalmäßige Anfangsgehalt von 700 fl., eine Theuerungszulage von 200 fl. und eine Dienstesfezennienzulage von 125 fl. verbunden ist, wollen ihre Gesuche binnen 3 Wochen bei dem königlichen Rectorate der Gewerbschule einreichen.

Die Gesuche sollen in duplo — auf Stempel und freiem Papier — an Seine Majestät den König gerichtet sein.

In den Gesuchen müssen Tag und Jahr der Geburt, Heimath, Confession und die Familienverhältnisse angegeben, ferner entsprechend nachgewiesen werden, die Art der Vorbildung, die bestandenen Prüfungen und erlangten Noten, die bisherigen Verwendungen und Berufsstellen, das sittliche und staatsbürgerliche Verhalten, sowie allenfallsige literarische Leistungen.

Landau, den 17. Januar 1872.

Das Bürgermeisteramt. Das k. Rectorat der Gewerbschule.
Dr. Eichhorn. L. Sutter.

Pfarrei-Verleihung.

Seine Majestät der König haben Sich allergnädigst bewogen gefunden, unterm 29. November v. J. die erledigte protestantische Pfarrstelle zu Dielkirchen, Decanats Obermoschel, dem bisherigen Pfarrer in St. Julian, Decanats Kusel, Johann Georg Friedrich Schwab, zu verleihen.

Dienstesnachrichten.

Seine Majestät der König haben Sich allergnädigst bewogen gefunden, unterm 26. November v. J. die erledigte Stelle eines Rechnungscommissärs der k. Regierungsfinanzkammer der Pfalz dem functionirenden Rechnungsrevisor der genannten Regierungsfinanzkammer, Ludwig Arnsperger, in provisorischer Diensteseigenschaft zu übertragen.

Seine Majestät der König haben vermöge allerhöchster Entschließung d. d. Hohenschwangau den 31. Dezember vorigen Jahres allergnädigst geruht:

1. den Untersuchungsrichter und Bezirksgerichtsrath Georg Reissel in Frankenthal auf allerunterthänigstes Ansuchen vom Untersuchungsrichterdienste zu entheben und

2. die Function des Untersuchungsrichters für den Bezirk Frankenthal dem Bezirks- und Handelsgerichtsrathe Carl Casimir Hönes in Frankenthal auf die Dauer von 3 Jahren zu übertragen.

Gemäß höchster Entschließung vom 10. präs. 15. Januar l. Js. haben Seine Majestät der König vermöge allerhöchster Entschließung d. d. Hohenschwangau den 5. Januar l. Js. die von dem Notär Friedrich Zöller in Speier allerunterthänigst erbetene Entlassung aus dem Amte allerhöchst zu genehmigen und denselben seiner Stelle allergnädigst zu entheben geruht.

Gemäß höchster Entschließung vom 14. Januar l. J. wurde der zum I. Untergerichtschreiber am Bezirksgerichte Landau vorgeschlagene stellvertretende Gerichtsschreiber Erhard Carl in Landau in dieser Eigenschaft zur dienstlichen Verwendung zugelassen und bestätigt.

Durch Beschluß k. Regierung der Pfalz, Kammer der Finanzen, vom 2. Januar 1872, wurde der bisherige Forstgehilfe Gustav Hessert zu Neuhäusel, k. Forstamts Zweibrücken, vom 16. Januar 1872 beginnend, aus dienstlichen Rücksichten auf die beim Reviere Carlsberg, Forstamts Zweibrücken, erledigte Forstgehilfenstelle in gleicher Diensteseigenschaft versetzt.

Durch Beschluß k. Regierung der Pfalz, Kammer des Innern, vom 29. Dezember 1871, wurde der katholische Schulverweser Johann Gerstle von Bindersbach zum Schullehrer an der deutschen Schule zu Ranschbach, vom 16. Januar 1872 an, ernannt.

Durch Beschluß der k. Regierung der Pfalz, Kammer des Innern, vom 3. Januar 1872, wurde der katholische Schulverweser Heinrich Merkel von Bundenthal zum Schulverweser an der deutschen Schule in Merzalben, vom 16. Januar 1872 an, ernannt.

Durch Beschluß der k. Regierung der Pfalz, Kammer des Innern, vom 3 Januar 1872, wurde der katholische Schulverweser Valentin Stork von Rodalben zum Schullehrer an der deutschen Schule zu Schauerberg, vom 16. Januar 1872 an, ernannt.

Durch Beschluß der k. Regierung der Pfalz, Kammer des Innern, vom 3. Januar 1872, wurde die arme Schulschwester Catharina Röder von Meckenheim zur Schulverweserin an der katholischen deutschen Schule zu St. Ingbert, vom 1. Januar 1872 an, ernannt.

Durch Beschluß k. Regierung der Pfalz, Kammer des Innern, vom 6. Januar 1872, wurde der Lehrer Carl Oberlinger in Otterbach zum Lehrer an der protestantischen deutschen Mädchenschule zu Hornbach, vom 15 Januar 1872 an, ernannt.

Durch Beschluß der k. Regierung der Pfalz, Kammer des Innern, vom 6. Januar 1872, wurde der Schuldienstexspectant Friedrich Scherer von Nanzweiler zum Schulverweser an der protestantischen deutschen Schule zu Großkarlbach, vom 15. Januar 1872 an, ernannt.

Durch Beschluß k. Regierung der Pfalz, Kammer des Innern, vom 7. Januar 1872, wurde der Schuldienstexspectant Heinrich Lützel von Schifferstadt zum Schulverweser an der neu errichteten protestantischen deutschen Schule zu Rheingönnheim, vom 15. Januar 1872 an, ernannt.

Durch Beschluß k. Regierung der Pfalz, Kammer des Innern, vom 10. Januar 1872, wurde der katholische Schuldienstexspectant Michael Maulbecker von Knittelsheim zum Schulverweser an der deutschen Schule in Walsheim, Bezirksamts Zweibrücken, vom 1. Januar 1872 an, ernannt.

Durch Beschluß der k. Regierung der Pfalz, Kammer des Innern, vom 11. Januar 1872, wurde der Schuldienstexspectant Jacob Eigner von Reckenhausen zum Lehrer an der israelitischen Schule zu Oberlustadt, vom 15. Januar 1872 an, ernannt.

Durch Beschluß der k Regierung der Pfalz, Kammer des Innern, vom 11. Januar 1872, wurde der Schuldienstexspectant Michael Neurohr zum Schulverweser an der deutschen Schule zu Roßbach, vom 1. Februar 1872 an, ernannt.

Durch Beschluß der k. Regierung der Pfalz, Kammer des Innern, vom 12. Januar l. J., wurden die Schulverweser Georg Schwager und Johann Georg Griebe zu Oggersheim zu Schullehrern an der dortigen deutschen Schule ernannt.

Königlich Allerhöchste Genehmigung zur Annahme einer fremden Decoration.

Seine Majestät der König haben Sich unterm 10. Dezember v. J. allergnädigst bewogen gefunden, dem Kaufmann Carl Culmann aus Landau in der Pfalz, bisherigem großherzoglich badischen Consul in Odessa, die Bewilligung zur Annahme und zum Tragen des ihm von Seiner Königl. Hoheit dem Großherzoge von Baden verliehenen Ritterkreuzes I. Klasse des großherzoglich badischen Ordens vom Zähringer Löwen zu ertheilen.

Verschiedene Nachrichten.

Das Staatsministerium des Innern, Abtheilung für Landwirthschaft, Handel und Gewerbe, hat mit Entschließung vom 10. Januar 1872 behufs entsprechender Durchführung der 3. pfälzischen Industrie-Ausstellung

einen Zuschuß von 1000 fl. aus Centralfonds für Industrie bewilligt.

Durch Entschließung der k. Regierung der Pfalz, Kammer des Innern, vom 4. Januar d. J. ist zur Erhaltung der Ruine Trifels ein Unterstützungsbeitrag von 120 fl., ferner dem Vereine zur Erhaltung der Rosenthaler Klosterruine ein solcher von 70 fl. bewilligt worden.

Für das Studienjahr 18$\frac{71}{72}$ haben aus Kreisfonds Stipendien erhalten, und zwar im Betrage von je 150 fl. die Polytechniker Ferdinand Merkel von Speier und Adolph Gleizes von Landau und der Hospitant Johann Zepp von Oberndorf; dann im Betrage von je 100 fl. die Polytechniker Ludwig Bößhenz von Grünstadt, Ludwig Stempel von da, Julius Hensel von Dürkheim, Johann Kisser von Sembach und Friedrich Rünnewolff von Speier.

Die Respicienz über die selbstständigen, d. h. mit einer Gewerbschule nicht in Verbindung stehenden gewerblichen Fortbildungsschulen wurde für das laufende Jahr übertragen:

1. für Annweiler und Pirmasens dem k. Rector der Gewerbschule zu Landau Ludwig Culler,
2. für Edenkoben und Dürkheim dem k. Rector der Gewerbschule zu Neustadt Dr. Theodor Hugel,
3. für Frankenthal und Grünstadt dem k. Rector der Gewerbschule zu Speier Dr. Franz Keller,
4. für Otterberg und Obermoschel dem k. Rector der Kreisgewerbschule zu Kaiserslautern August Rohe und
5. für Hornbach, Blieskastel und St. Ingbert dem k. Rector der Gewerbschule Zweibrücken Johann Marzall.

Die mit 1200 fl. für das Jahr 1872 zur Verfügung stehenden Universitätsstipendien aus Kreisfonds wurden, vorbehaltlich des Allerhöchsten Landraths-Abschiedes, in nachstehender Weise vertheilt:

I. protestant. Theologen (Credit 200 fl.)

1. Werle, Johann, von Herschberg .	100	fl.
2. Häge, Adolf, von Lambrecht .	50	„
3. Stempel, Theodor, von Contwig .	50	„
	200	fl.

II. katholische Theologen (Credit 200 fl.).

1. Krapp, Georg, aus Speier . .	50	fl.
2. Burkhard, Jacob, von Horbach .	50	„
3. Matheis, Wilhelm, von Rodalben .	50	„
4. Breitling, Eugen, von Speier .	50	„
	200	fl.

III. Medizíner (Credit 400 fl.).

1. Lynder, Otto, von Speier . .	100	fl.
2. Deffner, August, von Zweibrücken .	100	„
3. Straub, Georg, von Lauwersheim .	50	„
4. Osthof, Carl, von Klingenmünster .	50	„
5. Emmerich, Rudolf, in Speier . .	50	„
6. Harz, Adam, von Rockenhausen . .	50	„
	400	fl.

IV. Juristen (Credit 200 fl.).

1. Bahn, Julius, von Otterberg . .	50	fl.
2. Dümmler, Eugen, von Obermoschel .	50	„
3. Engel, Otto, von Nerzweiler . .	50	„
4. Krieger, Theodor, von Speier . .	50	„
	200	fl.

V. Philosophen (Credit 200 fl.).

1. Brittner, Dr. August, von Landau .	50	fl.
2. Orschiedt, Hermann, von Contwig .	50	„
3. Weigand, Georg, von Speier . .	50	fl.
4. Waldschmitt, Otto, von Albersweiler	50	„
	200	fl.

Gewerbsprivilegien-Verleihungen.

Den Nachgenannten wurden Gewerbsprivilegien verliehen, und zwar:

unterm 14. Dezember v. J. den Brüdern Guillaume und Paul Vivien in Honfleur, auf Bereitung der von ihnen erfundenen chemischen Composition zur Conservirung von Holz und Metall, für den Zeitraum von zwei Jahren, vom 14. Dezember 1871 anfangend, dann

unterm 16. Dezember v. J. dem Heinrich Pollack in Hamburg, als Rechtsnachfolger des H. C. Schmidt in Bielefeld, auf einen selbstthätigen Faltenbrechapparat an Nähmaschinen, für den Zeitraum von zwei Jahren, vom 16. Dezember 1871, und

dem Bahnhofverwalter Carl Bauer in Maximiliansau, auf die von ihm erfundenen Zähl- resp. Reductionsuhren für den Zeitraum von zwei Jahren, vom 16. Dezember 1871 anfangend.

Einziehung eines Gewerbsprivilegiums.

Vom k. Staatsministerium des Handels und der öffentlichen Arbeiten wurde die Einziehung des dem Fabrikanten Heisen und Comp. zu Annaberg in Sachsen unterm 9. Dezember 1870 verliehenen und unterm 22. Dezember 1870 ausgeschriebenen vierjährigen Gewerbsprivilegiums auf die von ihm erfundenen Skelett-Corsets, wegen nicht gelieferten Nachweises über Ausführung dieser Erfindung in Bayern, verfügt.

Königlich Bayerisches Kreis-Amtsblatt der Pfalz.

№ 9. Speier, den 29. Januar 1872.

Inhalt:

pr. den 20. Januar 1872.

Königlich Allerhöchste Verordnung,

die Hausordnung für die Arbeitshäuser betr.

Ludwig II.,

von Gottes Gnaden König von Bayern,
Pfalzgraf bei Rhein,
Herzog von Bayern, Franken und in Schwaben rc. rc.

Nachdem an die Stelle der bisherigen Polizeianstalten in Folge der Bestimmungen des § 362 Abs. II des Strafgesetzbuches für das Deutsche Reich Arbeitshäuser getreten sind, so finden Wir Uns auf Grund des Art. 38 des Gesetzes vom 26. Dezember 1871, „den Vollzug der Einführung des Strafgesetzbuches für das Deutsche Reich in Bayern betr.", bewogen, zu verordnen, was folgt:

§ 1.

Unsere Verordnung vom 12. Juni 1862, „die Hausordnung für die Polizeianstalten betr.", sammt der Zusatzverordnung vom 11. Februar 1868, wird als Hausordnung für die Arbeitshäuser mit nachstehenden Abänderungen und Zusätzen erklärt.

§ 2.

In § 4 Abs I der Hausordnung vom 12. Juni 1862 ist statt „auf Art. 42 und 143 des Strafgesetzbuches" zu setzen: „auf § 122 des Reichsstrafgesetzbuches."

§ 3.

Nach § 7 Abs. II ist einzuschalten:

Bei jugendlichen Gefangenen muß vorzugsweise auf zweckmäßige Erziehung Bedacht genommen werden.

§ 4.

Am Schlusse des § 9 ist beizusetzen:

Gefangene unter 16 Jahren sind in gesonderten Abtheilungen der Arbeitshäuser oder in eigenen Arbeitshäusern unterzubringen, und von der Berührung mit älteren Gefangenen ferne zu halten.

§ 5.

Am Schlusse des § 23 ist beizusetzen:

Auf Grund hausärztlichen Gutachtens sind die Abtrittvorrichtungen periodisch zu desinficiren.

§ 6.

Nach § 42 ist als § 42 a einzuschalten:

Die §§ 38 bis 42 finden auf jugendliche Personen und auf die Arbeitshäuser für solche unter folgenden näheren Bestimmungen Anwendung:

1. Alle Gefangenen sind schulpflichtig, eine Dispensation vom Schulbesuche findet nicht statt.

2. An dem Zeichnungsunterrichte haben alle männlichen Gefangenen Theil zu nehmen, welche demselben von dem Vorstande im Einverständnisse mit dem Hausgeistlichen zugewiesen werden.

3 Die erste und zweite Classe erhält neun, die dritte sechs Schulstunden in der Woche.

§ 7.

Am Schlusse des § 47 ist beizusetzen:

In den Anstalten für jugendliche Personen ist eine Unterweisung durch Mitgefangene ausgeschlossen.

§ 8.

Am Schlusse des § 50 ist beizusetzen:

Gefangene in Arbeitshäusern für jugendliche Personen, sowie Gefangene unter 16 Jahren erhalten keinen Arbeitsverdienst; denselben darf jedoch ein monatliches Geschenk, welches als Arbeitsverdienst zu behandeln ist und den Betrag von 15 kr. nicht übersteigen darf, bei guter und fleißiger Arbeit in Verbindung mit Wohlverhalten ertheilt werden.

§ 9.

Absatz 4 des § 68 wird aufgehoben.

§ 10.

Nach § 69 ist als § 69a einzustellen:

Die §§ 61 bis 69 finden auf Gefangene unter 16 Jahren unter folgenden näheren Bestimmungen Anwendung:

1. Bei denselben darf der einfache und der geschärfte Arrest die Dauer von 14 Tagen nicht übersteigen und ist Dunkelarrest nur bis zur Dauer von drei Tagen zulässig. Als Schärfung des Dunkelarrestes darf nur Schmälerung der Kost angewendet werden.

Alle Arreststrafen gegen diese Gefangenen sind nur mit größter Vorsicht und besonderer Berücksichtigung der Individualität in Anwendung zu bringen.

2. Die Anlegung von Fesseln ist bei Gefangenen unter 16 Jahren nicht zulässig.

3. Der Verhängung einer Disciplinarstrafe gegen Gefangene unter 16 Jahren hat, insoferne es sich nicht um eine ganz geringfügige oder um eine unaufschiebliche Strafeinschreitung handelt, jederzeit ein Benehmen des Vorstandes mit dem Hausgeistlichen und nach Umständen mit dem Hauslehrer vorauszugehen. Bei unverschieblichen Strafeinschreitungen hat dieses Benehmen in kürzester Zeit nachträglich während des Strafvollzuges zu erfolgen.

4. Die Disciplinarerkenntnisse werden den Gefangenen jederzeit von dem Vorstande selbst eröffnet.

§ 11.

Dem § 73 ist beizusetzen:

Bei Gefangenen unter 16 Jahren ist die Belegung mit Fesseln auch als vorbeugende Maßregel ausgeschlossen.

Die Anlegung der Zwangsjacke ist bei denselben nur zulässig, wenn der Hausarzt deren Anwendung in einem Falle ausdrücklich begutachten sollte.

§ 12.

Vorstehende Verordnung tritt mit dem Tage ihres

Erscheinens im Regierungsblatte, beziehungsweise im Kreisamtsblatte der Pfalz, in Wirksamkeit.

Hohenschwangau, den 7. Januar 1872.

Ludwig.

v. Pfeufer.

Auf Königlich Allerhöchsten Befehl:
Der General-Secretär:
Ministerialrath v. Dubois.

---

pr. den 20. Januar 1872.

Königlich Allerhöchste Verordnung,

die Organisation der Bergbehörden betr.

Ludwig II.,

von Gottes Gnaden König von Bayern,

Pfalzgraf bei Rhein,

Herzog von Bayern, Franken und in Schwaben rc. rc.

Wir finden Uns allergnädigst bewogen, unter theilweiser Abänderung der Bestimmungen in den §§ 2 und 3 Unserer Allerhöchsten Verordnung vom 16. Juni 1869 — die Organisation der Bergbehörden betreffend — zu verordnen, was folgt:

§ 1.

Mit dem 1. Februar 1872 wird ein viertes Bezirksbergamt mit dem Sitze in Unserer Kreishauptstadt Regensburg errichtet.

§ 2.

Der Geschäftskreis dieses Bezirksbergamtes wird auf die vom Bezirksbergamte Bayreuth abzutrennenden Regierungsbezirke der Oberpfalz und von Regensburg, dann von Mittelfranken erstreckt.

Hohenschwangau, den 9. Januar 1872.

Ludwig.

v. Pfeufer.

Auf Königlich Allerhöchsten Befehl:
der General-Secretär
Ministerialrath v. Dubois.

pr. den 20. Januar 1872.

Königlich Allerhöchste Verordnung,

die Kundmachung von polizeigerichtlichen Contumacialurtheilen in der Pfalz betr.

Ludwig II.,

von Gottes Gnaden König von Bayern,

Pfalzgraf bei Rhein,

Herzog von Bayern, Franken und in Schwaben rc. rc.

Wir finden Uns bewogen, in Gemäßheit des Art. 132 des Gesetzes vom 26. Dezember vorigen Jahres, „den Vollzug der Einführung des Strafgesetzbuches für das Deutsche Reich betreffend“, zu verordnen, was folgt:

1. Zum Zwecke der auf Betreiben der Staatsanwaltschaft erfolgenden Kundmachung von polizeigerichtlichen Contumacialurtheilen in der Pfalz haben sich die Gerichtsschreiber bei der Ausfertigung, die Gerichtsvollzieher bei der Zustellung der bezüglichen Strafurtheile des beiliegenden Formulars zu bedienen.

2. Der Oberstaatsanwalt an Unserem Appellationsgerichte der Pfalz hat im Benehmen mit Unserer Regierung, Kammer der Finanzen, der Pfalz, den gleichmäßigen Vollzug gegenwärtiger Verordnung einzuleiten und zu überwachen.

Hohenschwangau, den 12. Januar 1872.

Ludwig.

v. Pretzschner. Dr. Fäustle.

Auf Königlich Allerhöchsten Befehl:
Der General-Secretär:
Ministerialrath v. Schebler.

Aus

aus dem Urtheilsregister des kgl. Landgerichts

Nr. des Urtheils-Registers.	Vor- und Zuname, Gewerbe und Wohnort des (der) Verurtheilten.	Bezeichnung des Polizeigerichts.	Tag des Urtheils.	Anschuldigung, wegen welcher Verurtheilung erfolgt ist.

Zur Beglaubigung.
Der königl. Gerichtsschreiber.
(Siegel.) Unterschrift.

ung

. . . . Geschäftsjahr 187 .

Ausgesprochene Freiheitsstrafe.	Geldstrafe.		Betrag der Gerichtskosten.		Gesammtbetrag der schuldigen Geldstrafe sammt Kosten.		Zustellung.
	fl.	kr.	fl.	kr.	fl.	kr.	

Der k. Gerichtsvollzieher.

pr. den 20. Januar 1872

Königlich Allerhöchste Verordnung,

die Verhütung von Feuersgefahren betr.

Ludwig II.,

von Gottes Gnaden König von Bayern, Pfalzgraf bei Rhein, Herzog von Bayern, Franken und in Schwaben rc. rc.

Wir finden Uns bewogen, mit Rücksicht auf § 368 Ziff. 8 des Strafgesetzbuches für das Deutsche Reich auf Grund des Art. 2 Ziff. 14 des Polizeistrafgesetzbuches für Bayern vom 26. Dezember 1871 bezüglich der Verhütung von Feuersgefahren zu verordnen, was folgt:

§ 1.

Dienstherrschaften, Arbeitgebern und Familienhäuptern ist verboten, feuergefährliche Handlungen ihrer Dienstleute oder Arbeiter, Familienglieder oder Hausgenossen zu dulden; desgleichen ist verboten, Kindern, Blödsinnigen, Wahnsinnigen oder Betrunkenen Feuer, Licht oder leicht entzündliche Stoffe anzuvertrauen.

§ 2.

Kaminkehrer und deren Gehilfen haben in den ihnen angewiesenen Bezirken die Reinigung der Kamine rechtzeitig und gründlich vorzunehmen und bei der Wahrnehmung feuergefährlicher Zustände sofort Anzeige bei der Ortspolizeibehörde zu machen.

§ 3.

Die zur Feuerbeschau zugezogenen Sachverständigen haben die ihnen obliegende Untersuchung mit der erforderlichen Sorgfalt vorzunehmen und die wahrgenommenen Mängel der Wahrheit gemäß anzugeben.

§ 4.

Wer in seiner Wohnung oder in einem dazu gehörigen Gebäude oder Hofraum einen ausgebrochenen Brand wahrnimmt, hat alsbald die öffentliche Hilfe anzurufen.

Jede zur Entdeckung von Feuersbrünsten dienstlich verpflichtete Person hat von einem von ihr wahrgenommenen Brande sofort die ihr obliegende Anzeige zu erstatten.

§ 5.

Hinsichtlich der Bestimmung der Lehrtermine (§ 368 Ziff. 4 des Strafgesetzbuches für das Deutsche Reich), sowie hinsichtlich der Festsetzung der Lehrlöhne verbleibt es bei den Vorschriften Unserer Verordnung vom 27. Februar 1869 (Reggs.-Blatt S. 297 und 298, Amtsbl. d. Pf. S. 417).

§ 6.

In § 14 Ziff. 3 der angeführten Verordnung vom 27. Februar 1869 wird das Allegat „Art. 172 und 173 des Strafgesetzbuches" durch § 2 und § 3 gegenwärtiger Verordnung und in § 15 der erstenwähnten Verordnung wird das Allegat „Art. 172 des Polizeistrafgesetzbuches" durch § 2 gegenwärtiger Verordnung ersetzt.

§ 7.

Im Uebrigen hat es bei den Vorschriften der Verordnungen vom 27. Juni 1862, vom 31. Dezember 1867 und vom 24. Februar 1871, die Verhütung von Feuersgefahren betr.
(Reggsblatt von 1862, Nr. 33, Amtsbl. d. Pf. S. 1104, Reggsblatt von 1868, Nr. 1, Amtsbl. d. Pf. S. 25, Reggsblatt von 1871, Nr. 14, Amtsbl. d. Pf. S. 403), bis auf Weiteres sein Verbleiben.

§ 8.

Den Ortspolizeibehörden bleibt vorbehalten, in Gemäßheit des Art. 2 Ziff. 14 des Polizeistrafgesetzbuches für Bayern vom 26. Dezember 1871 weitere ortspolizeiliche Vorschriften zu erlassen, soweit es die örtlichen Verhältnisse erfordern oder räthlich machen.

§ 9.

Gegenwärtige Verordnung tritt mit dem Tage ihrer Bekanntmachung durch das Regierungsblatt, beziehungsweise durch das Kreis-Amtsblatt der Pfalz, für den ganzen Umfang des Königreiches in Wirksamkeit.

Hohenschwangau, den 10. Januar 1872.

Ludwig.

v. Pfeufer.

Auf Königlich Allerhöchsten Befehl:
Der General-Secretär
Ministerialrath v. Dubois.

Bekanntmachung,

die Besetzung des Senates zur Entscheidung der Competenzconflicte zwischen den Gerichten und Verwaltungsbehörden betr.

Staatsministerium der Justiz.

Im Hinblicke auf Artikel 1 des Gesetzes vom 28. Mai 1850, „die Competenzconflicte betreffend", und unter Bezugnahme auf die Ausschreibung des k. Staatsministeriums der Justiz vom 7. August 1868 (Regierungsblatt S. 1515, Amtsbl. d. Pf. S. 1523) wird hiemit bekannt gemacht:

I.

Seine Majestät der König haben allerhöchst geruht, den Ministerialräthen Andreas von Kähler im Staatsministerium des Innern und Wilhelm von Engerer im Staatsministerium der Finanzen die von ihnen bisher bekleidete Function ständiger Mitglieder des zur Entscheidung der Competenzconflicte zwischen Gerichten und Verwaltungsbehörden bestimmten Senates des obersten Gerichtshofes und ebenso den Ministerialräthen Ludwig von Pummerer im Staatsministerium der Finanzen und Dr. Otto Freiherrn von Völderndorff-Waradein im Staatsministerium des Königlichen Hauses und des Aeußern die von ihnen bekleidete Function stellvertretender Mitglieder des genannten Senates auf weitere drei Jahre zu übertragen, ferner als drittes ständiges Mitglied dieses Senates den Ministerialrath Gustav von Bezold im Staatsministerium des Innern für Kirchen- und Schulangelegenheiten, bisher stellvertretendes Mitglied des Senates, endlich als drittes stellvertretendes Senatsmitglied den Ministerialrath Philipp Heckenlauer im Staatsministerium des Innern für die nämliche Zeitdauer zu berufen.

II.

Von der Plenarversammlung des obersten Gerichtshofes sind zu Mitgliedern des bezeichneten Senates auf die Dauer von drei Jahren gewählt worden:

A. Für Competenzconflicte in den Landestheilen diesseits des Rheins:

a) als ständige Senatsmitglieder die Oberappellationsgerichtsräthe:

1. Ludwig Braun,
2. Dr. Anton von Langlois,
3. Joseph Schmitt;

b) als stellvertretende Mitglieder die Oberappellationsgerichtsräthe:

1. Dr. Wilhelm Rosenkranz,
2. Johann Baptist Dirrigl,
3. Carl Hettich.

B. Für Competenzconflicte in der Pfalz:

a) als ständige Senatsmitglieder die Oberappellationsgerichtsräthe:

1. Goswin von Hörmann,
2. Carl Damm,
3. Theodor Schuler;

b) als stellvertretende Senatsmitglieder die Oberappellationsgerichtsräthe:

1. Friedrich Künßberg,

2. Carl August Decrignis,

3 Carl Heinrich Schmidt.

München, den 12. Januar 1872.

Auf Seiner Majestät des Königs Allerhöchsten Befehl:

Dr. Fäustle.

Durch den Minister:
Der Generalsecretär
Ministerialrath v. Schebler.

---

pr. den 11. Januar 1872.

Bekanntmachung,

die Wahl eines neuen Centralausschusses zur Verwaltung des Advocaten-Wittwen- und Waisen-Pensionsfonds für die Jahre 1872 bis 1874 betr.

Staatsministerium der Justiz.

In Folge der von den Advocaten des Königreiches vorgenommenen Neuwahl besteht der Centralausschuß zur Verwaltung des Advocaten-Wittwen- und Waisen-Pensionsfondes, dann des Fondes zur Unterstützung arbeitsunfähig gewordener vermögensloser Advocaten für die Geschäftsperiode vom 1. Januar 1872 bis 31. Dezember 1874 aus folgenden in München wohnenden Advocaten, nämlich:

1. Dr. Sigmund Henle, Hofrath, Vorstand,
2. Franz Hagen, Cassacontroleur,
3. Adolph von Auer, Schriftführer,
4. Johann Paul Lunglmayer } ordentliche
5. Dr. Edmund Jahrsdörfer } Ausschußmitglieder,
6. Ludwig Renner } Ergänzungsmitglieder.
7. Dr. Julius Rau }

München, den 28. Dezember 1871.

Auf Seiner Majestät des Königs Allerhöchsten Befehl:

Dr. Fäustle.

Durch den Minister:
der General-Secretär:
Ministerialrath Schebler.

Nro. 1580 E. pr. den 23. Januar 1872.

(Den Bayerischen Verein zur Pflege und Unterstützung im Felde verwundeter und erkrankter Krieger betr.)

Staatsministerium des Königlichen Hauses und des Aeußern.

Die mittelst Entschließung vom 25. Juli 1871 Nr. 9366 dem Centralausschusse, den Kreisausschüssen und Zweigvereinen des Vereines zur Pflege und Unterstützung im Felde verwundeter und erkrankter Krieger und den sämmtlichen diesem Vereine affiliirten Hilfs- und Wohlthätigkeits-Vereinen eingeräumte Portofreiheit auf den kgl. Posten wird nach berichtlichem Antrage vom 8. l. Mts. andurch zurückgezogen, wovon dem Centralausschusse des genannten Vereines und den k. Postanstalten Kenntniß zu geben ist.

München, den 15. Januar 1872.

Auf Seiner Majestät des Königs Allerhöchsten Befehl:

Graf von Hegnenberg-Dux.

Durch den Minister:
Der General-Secretär
Ministerialrath Dr. Preßele.

Nro. 1725 E. pr. den 25. Januar 1872.

(Den Vollzug des § 362 Abs. II. des Reichsstrafgesetzbuches betr.)

An

sämmtliche k. Bezirksämter und die Verwaltung des k. Arbeitshauses in Kaiserslautern.

Im Namen Seiner Majestät des Königs.

Nachstehendes Ausschreiben des k. Staatsministeriums des Innern wird hiemit zur öffentlichen Kenntniß gebracht und werden die k. Bezirksämter und die Verwaltung des

l. Arbeitshauses in Kaiserslautern zum entsprechenden Vollzug angewiesen.

Speier, den 24. Januar 1872.

Königlich Bayerische Regierung der Pfalz.
Kammer des Innern.
v. Braun.

Staatsministerium des Innern.

Zum Vollzuge des § 362 Abs. II des Reichsstrafgesetzbuches wird Nachstehendes eröffnet:

I. Die bisherigen Polizeianstalten werden als Arbeitshäuser im Sinne des § 362 Abs. II des Reichsstrafgesetzbuches erklärt.

II. Die Stellung und Organisation der Arbeitshäuser, sowie die dienstlichen Verhältnisse ihrer Beamten bleiben dieselben wie jene der Polizeianstalten.

Allerhöchster Anordnung zufolge führen diese Beamten fortan den ihnen bisher als Beamte der Polizeianstalten zukommenden Titel als Beamte der einschlägigen Arbeitshäuser.

Die bisher bezüglich der Polizeianstalten ergangenen allgemeinen Anordnung bleiben bis auf weiteres aufrecht erhalten und finden Anwendung auf die Arbeitshäuser, insoweit dieselben nicht durch § 361 und 362 des Reichsstrafgesetzbuches, die einschlägigen Bestimmungen des Gesetzes vom 26 Dezember 1871, den Vollzug der Einführung des Strafgesetzbuches für das deutsche Reich in Bayern betr., und die auf Grund desselben zu erlassenden Verordnungen, endlich die gegenwärtige Entschließung modifizirt und ersetzt werden.

III. Unter Landespolizeibehörde im Sinne des § 362 Abs. II des Reichsstrafgesetzbuches ist im Hinblicke auf § 7 der Allerh. Verordnung vom 4. Januar 1872 (Reggsbl. S. 26 ff., Amtsbl. d. Pf. S. 249) die einschlägige Distriktspolizeibehörde zu verstehen.

IV. Wird in einem richterlichen Urtheile erkannt, daß die verurtheilte Person nach verbüßter Strafe der Landespolizeibehörde zu überweisen sei, so wird der staatsanwaltschaftliche Beamte bei dem betreffenden Gerichte sofort nach eingetretener Rechtskraft des Urtheils Mittheilung an die Distriktspolizeibehörde machen und zugleich bekannt geben, bis zu welchem Zeitpunkte die in Haft befindliche Person ihre Strafe abgebüßt und an die Verwaltungsbehörde abgegeben werden wird.

V. Die Verbüßung einer nach dem 1. Januar 1872 gerichtlich zuerkannten Haftstrafe im Arbeitshause ist nicht zulässig.

VI. Nach verbüßter Strafe wird der Verurtheilte an die betreffende Polizeibehörde unter Beobachtung der einschlägigen polizeilichen Einrichtungen, insbesondere der Bestimmungen über das Schubwesen abgegeben, soferne die einschlägige Polizeibehörde nicht noch während der Dauer des Strafvollzuges an den staatsanwaltschaftlichen Beamten die Mittheilung macht, daß sie von der ihr nach § 362 Abs. II des Reichsstrafgesetzbuches eingeräumten Befugniß einen Gebrauch zu machen nicht gesonnen sei.

VII. Die Arbeitstüchtigkeit einer jeden Person, welche der Polizeibehörde überwiesen wird, muß durch ein gründliches Urtheil des betreffenden öffentlichen Arztes festgestellt sein, welches der staatsanwaltschaftliche Beamte während der Strafhaft erholen und der Polizeibehörde mittheilen wird

VIII. Die Distriktspolizeibehörde faßt mit thunlichster Beschleunigung Beschluß darüber, und zwar nach Maßgabe der über die Einschaffung in eine Polizeianstalt bisher bestehenden Direktiven, ob die betreffende Person in ein Arbeitshaus zu verbringen sei, und bestimmt zugleich die Dauer der Verwahrung.

Die Anwendung der in § 362 Abs. II des Reichsstrafgesetzbuches eingeräumten Befugniß, die betreffenden Personen zu öffentlichen Arbeiten zu verwenden, hat vorläufig zu unterbleiben, bis die über die Gelegenheit hiezu eingeleiteten Erhebungen abgeschlossen sind, und weitere Direktiven erfolgen werden.

IX. Die Distriktspolizeibehörde ist befugt, auf Antrag der Verwaltung des Arbeitshauses mit Berücksichtigung des bisherigen Verhaltens der verwahrlosten Person während der Detention im Zusammenhalte mit der Vergangenheit derselben, ihren bewiesenen Neigungen und allen sonstigen von Belang erscheinenden Verhältnissen die ursprünglich festgesetzte Detentionsdauer nachträglich abzukürzen oder, jedoch nicht über das gesetzliche Maximum von zwei Jahren, zu verlängern.

Gegen den Beschluß der Distriktspolizeibehörde auf Verlängerung der Verwahrung steht der hievon betroffenen Person binnen 14 Tagen, von der erfolgten protokollarischen Eröffnung des Beschlusses an, der Rekurs an die der Distriktspolizeibehörde vorgesetzte Kreisregierung, Kammer des Innern, zu.

X. Der Landespolizeibehörde überwiesene Ausländer (Nichtangehörige des deutschen Reiches) sind in der Regel aus dem Bundesgebiete zu verweisen.

XI. Schließlich werden die Verwaltungsbehörden auf die Bestimmungen des Art. 50 und 51 des Einführungsgesetzes vom 26. Dezember 1871 mit dem Bemerken hingewiesen, daß die nunmehrigen Arbeitshäuser auch als Detentionslocale für die nach Maßgabe dieser Gesetzesbestimmungen zu behandelnden Personen zu benützen sind.

XII. Von Seite des k. Staatsministeriums der Justiz werden die staatsanwaltschaftlichen Beamten im Sinne der Ziff. IV, VI und VII der gegenwärtigen Entschließung angewiesen und verständigt werden.

Hienach ist das Weitere zu verfügen.

München, den 15. Januar 1872.

Auf Seiner Königlichen Majestät Allerhöchsten Befehl:

v. Pfeufer.

Durch den Minister:

Der General-Secretär

Ministerialrath von Dubois.

Nro. 185 B. pr. den 6. Januar 1872

(Niederlegung der Hauptagentur des Auswanderungs-Agenten M. S. Bustelli in Aschaffenburg für das Expedientenhaus A. Strauß in Antwerpen und Rotterdam betr.)

Im Namen Seiner Majestät des Königs.

Nachstehendes Ausschreiben der k. Regierung von Unterfranken und Aschaffenburg, Kammer des Innern, wird hiermit unter Hinweisung auf das Ausschreiben gleichen Betreffes in Nr. 43 des Kreis-Amtsblattes von 1869 zur öffentlichen Kenntniß gebracht.

Hiermit wird zugleich die Bestätigung zurückgenommen, welche den von M. S. Bustelli, als bisherigem Hauptagenten des neben bezeichneten Hauses Strauß, für die Pfalz aufgestellten Unteragenten durch die unterfertigte Stelle seiner Zeit ertheilt worden ist.

Speier, den 6. Januar 1872.

Königlich Bayerische Regierung der Pfalz,

Kammer des Innern.

v. Braun.

Im Namen Seiner Majestät des Königs von Bayern.

Nach Anzeige des Auswanderungs-Hauptagenten Matthäus Sebastian Bustelli in Aschaffenburg vom 19. l. Mts. hat derselbe die Hauptagentur für das von ihm bisher vertretene Expedientenhaus Adolph Strauß zu Antwerpen und Rotterdam niedergelegt und somit aufgehört, Hauptagent der genannten Firma für Bayern zu sein und dieselbe bei Annahme und Beförderung von Auswanderern nach überseeischen Ländern zu vertreten.

Dieses wird unter Bezug auf das Ausschreiben vom 29. April 1869 (Kreis-Amtsblatt S. 750) mit dem Beifügen bekannt gegeben, daß hiermit auch die den von M. S. Bustelli für das genannte Expedientenhaus aufgestellten Unteragenten im diesseitigen Regierungsbezirke ertheilte Bestätigung zurückgenommen ist.

Würzburg, den 22. Dezember 1871.

Königl. Regierung von Unterfranken u. Aschaffenburg,
Kammer des Innern.
Bei Verhinderung des Königl. Regierungs-Präsidenten:
Der Königl. Regierungs-Director
v. Buchner.

Kohlmüller.

Nro. 872 E. pr. den 15. Januar 1872.

(Einen in der Donau bei Floridsdorf nächst Wien aufgefundenen männlichen Leichnam betr.)

An
sämmtliche k. Bezirksämter und Bürgermeisterämter des Regierungsbezirkes.

Im Namen Seiner Majestät des Königs.

Mit Bezug auf das im Abdruck folgende Rescript des k. Staatsministeriums des Innern werden die k. Bezirksämter und Bürgermeisterämter beauftragt, die geeigneten Nachforschungen anzustellen und ein etwaiges Ergebniß zur Anzeige zu bringen.

Speier, den 14. Januar 1872.

Königlich Bayerische Regierung der Pfalz,
Kammer des Innern.
v. Braun.

Staatsministerium des Innern.

Beiliegend folgt der Abdruck eines von der k. k. österreichisch-ungarischen Gesandtschaft dahier am 28. v. Mts. mitgetheilten Obductionsactes, wonach am 11. November v. Js. in der Nähe von Floridsdorf bei Wien der Leichnam eines unbekannten Mannes aus der Donau ans Land geschwemmt wurde, welcher offenbar ertrunken ist. Da bei der Leiche die Kriegsdenkmünze für den jüngsten Feldzug gegen Frankreich vorgefunden wurde, scheint der Verunglückte dem deutschen Heere und einem der deutschen Staaten angehört zu haben.

Damit nun eventuell die Identität der Person des Verunglückten hergestellt werden kann, sind die Districts-Polizeibehörden durch das Kreis-Amtsblatt von dem Inhalte dieser Entschließung und deren Beilage in Kenntniß zu setzen und zur gleichmäßigen Anordnung weiterer Nachforschungen in den einzelnen Gemeindebezirken zu veranlassen.

München, den 5. Januar 1872.

Auf Seiner Königlichen Majestät Allerhöchsten Befehl:
v. Pfeufer.

Durch den Minister:
Der General-Secretär
Ministerialrath v. Dubois.

Protocoll,

aufgenommen vom k. k. Polizeicommissariate zu Floridsdorf, vom 13. November Nachmittags 3 Uhr.

Gegenwärtig die Gefertigten.

Gegenstand ist sanitätspolizeiliche Obduction eines am 11. November Abends auf der schwarzen Lackenau aus der Donau angeschwemmt gefundenen unbekannten männlichen Leichnams im Alter von 24 bis 28 Jahren und dem Arbeiterstande angehörig.

A. Aeußere Besichtigung.

1. Der Körper ist groß, stark gebaut, das Kopfhaar braun, die Augen grau, die Stirne hoch, die Nasenspitze und ein Theil der Nasenflügel von Fischen angefressen: der Schnurr- und Kinnbart lichtbraun, die Zähne vollzählig, der Hals lang, der Brustkorb gewölbt, die Brust mit Haaren stark besetzt, der Bauch mäßig aufgetrieben, die Extremitäten steif, stark ausgewässert, der Rücken mit

rothblauen Todtenflecken besetzt, — die Leiche mag drei Tage im Wasser gelegen sein und zeigt sonst nirgends Verletzungen.

B. Innere Besichtigung.

2. Die Kopfhaut blutreich, das Schädeldach dickwandig, die harte Hirnhaut blutreich, die sichelförmigen Blutbehälter mit dunklem flüssigem Blut gefüllt, die Hirnsubstanz verhältnißmäßig blutreich, die weichen Hirnhäute blutreich, in den Seitenkammern ½ Quentchen röthlichen Serum's; das kleine Gehirn mäßig blutreich, am Grunde des Gehirns etwas weniger dunklen flüssigen Blutes.

3. Die Luftröhre mit wässerigem Schaume gefüllt, beide Lungen frei, ihre Substanz sehr blutreich, dunkel gefärbt, das Herz normal, in den Kammern viel dunkles flüssiges Blut enthaltend, im Herzbeutel eine kleine Quantität lichten Serum's enthalten.

4. Die Leber groß, Farbe bläulich-braun, die Substanz blutreich, die Gallenblase mit gelber Galle gefüllt; die Milz normal, der Magen mit Schleim und Wasser gefüllt; die Schleimhaut stark angewulstet wie bei Branntweintrinkern; die Gedärme, das Netz und Gekröse und die Nieren normal.

Gutachten.

Aus diesem Befunde geht hervor, daß der Obduzirte am Stickflusse in Folge Ertrinkens gestorben sei und läßt sich dies aus der Ueberfüllung der Lungen und des Herzens mit dunklem flüssigem Blute nachweisen. Die Leiche kann nach christkatholischem Gebrauche beerdigt werden.

Floridsdorf, den 13. November 1871.

Dominik Pollak, p. k. k. Oberdarzt. Dr. Ferstel, m. p.
Bauer, k. k. Kzl. Prkt. Joh. Puwein, Gmdth.

Nro. 696 E. pr. den 13. Januar 1872.

(Aufruf zur Gründung einer Heilstätte für invalide Offiziere in Dresden betr.)

Im Namen Seiner Majestät des Königs.

Nachstehende Entschließung des k. Staatsministeriums des Innern vom 5. Januar l. J. wird hiermit zur öffentlichen Kenntniß gebracht.

Speier, den 12. Januar 1872.

Königlich Bayerische Regierung der Pfalz,
Kammer des Innern.
v. Braun.

Staatsministerium des Innern.

Seine Majestät der König haben allergnädigst zu gestatten geruht, daß der von der Kaufmannsfrau Marie Simon zu Dresden vorgelegte Aufruf zur Gründung einer Heilstätte für invalide Offiziere vom November v. J. durch die bayerische Presse verbreitet werde.

Die k. Regierung, Kammer des Innern, hat hienach unter Rückempfang der Beilagen des Berichts vom 30. November v. J. das Weitere zu verfügen.

München, den 5. Januar 1872.

Auf Seiner Königlichen Majestät Allerhöchsten Befehl:
v. Pfeufer.

Durch den Minister:
Der General-Secretär
Ministerialrath v. Dubois.

---

pr. den 15. Januar 1872.

Bekanntmachung,

die XIV. Verloosung des Militär-Anlehens von 1855 betr.

Gemäß der Bekanntmachung vom 12. vor. Mts. (Regierungsblatt 1871 S. 1893—1894, Amtsbl. d. Pf. S. 2095) wurde heute die XIV. Verloosung des

Militär-Anlehens von 1855 zu 4½ Procent vorgenommen und es sind hiebei die Zahlen

27. 53. 64. 69.

zum Zuge gekommen.

Nach dem Verloosungsplane vom 23. September 1856 (Regierungsblatt S. 932—934, Amtsbl. d. Pfalz S. 1177) sind alle jene Obligationen dieses Anlehens, sowohl zu 1000 fl., als zu 500 fl. und 100 fl. — Cat. Lit. A, B und C — zur Heimzahlung bestimmt, deren Cataster-Nummer mit einer der gezogenen Zahlen endet, z. B. sämmtliche Obligationen mit

Nr. 27. 127. 227. 327. 427. 527. 627.
727. 827. 927. 1027. 1127. 1227. u. s. w.
Nr. 53. 153. 253. 353. 453. 553. 653.
753. 853. 953. 1053. 1153. 1253. u. s. w.

Ueber den Vollzug der Heimzahlung wird Nachstehendes bemerkt:

1. Die sämmtlichen Obligationen des besagten Anlehens sind au porteur (auf den Inhaber) ausgestellt, und tragen sowohl auf den Obligationen, als auf den Zinscoupons die Bezeichnung:

Militär-Anlehen von 1855.

(Hiebei wird ausdrücklich bemerkt, daß sich die gegenwärtige Verloosung des Militär-Anlehens auch nur auf die Militär-Anlehens-Obligationen von 1855 bezieht, indem sowohl das 4½ procentige Militär-Anlehen von 1859, als auch das 4 procentige Militär-Anlehen von 1861 zur Zeit noch von der Verloosung ausgenommen bleiben.)

2. Die zur Rückzahlung bestimmten Capitalsbeträge treten vom **1. April 1872** aus der Verzinsung. Die Rückzahlung beginnt jedoch sogleich, und es werden hiebei die Zinsen in vollen Monatsraten, nämlich stets bis zum Ablauf des Monats, in welchem die Rückzahlung erfolgt, in keinem Falle aber über den 31. März 1872 hinaus, vergütet.

3. Die Zahlung dieser Obligationen erfolgt bei der k. Staatsschulden-Tilgungs-Hauptcasse in München, dann bei den k. Specialcassen Augsburg, Nürnberg und Würzburg, ferner bei der k. Bank in Nürnberg und deren Filialen, sowie bei dem Bankhause M. A. von Rothschild und Söhne in Frankfurt a. M. und vermittlungsweise auch bei sämmtlichen k. Oberaufschlagämtern, Kreiscassen und Rentämtern.

4. Bei Erhebung der betreffenden Capitalien sind mit den Obligationen sämmtliche nicht bereits fällige Zinscoupons nebst der Coupons-Anweisung (Talon) zu übergeben.

5. Bezüglich der vinculirten Obligationen findet die Zahlung in der Regel nur bei der k. Staatsschuldentilgungs-Hauptcasse in München statt; ausnahmsweise kann aber auf den Wunsch der Betheiligten die Zahlung auch durch die k. Specialcassen Augsburg, Nürnberg und Würzburg und durch sämmtliche k. Oberaufschlagämter, Kreiscassen und Rentämter vermittelt werden.

Im Uebrigen wird hinsichtlich der Bezahlung vinculirter Obligationen auf die deßfallsigen Bestimmungen in Ziff. III., IV. und V. der Bekanntmachung vom Heutigen, die Verloosung der 4 und 4½ % Eisenbahn-Schuld betreffend — welche Bestimmungen hier gleiche Anwendung zu finden haben, — verwiesen.

6. Eine Wiederanlage der heimzuzahlenden Capitalien findet zur Zeit nicht statt.

München, den 3. Januar 1872.

Kgl. Bayer. Staatsschulden-Tilgungs-Commission.

Frhr. v. Lobkowitz.

Diebel, Secretär.

---

pr. den 15. Januar 1872.

Bekanntmachung,

die Verloosung der 4- und 4½procentigen Eisenbahnschuld betr.

Gemäß Ausschreibung vom 12. d. M. (Regierungsbl. S. 1894 und 1896, Amtsbl. d. Pf. S. 2096) hat heute die XX. Verloosung der 4procentigen und die XVII. Verloosung der 4½procentigen Eisenbahn-Anlehen stattgefunden, und es sind hiebei nach Verhältniß des zu verloosenden Capitalsbetrages:

I. bei der Eisenbahnschuld zu 4 Procent:
an porteur 38 Hauptserien und Endnummern,
auf Namen 19 " " "

II. bei der Eisenbahnschuld zu $4^1/_2$ Procent:
an porteur 53 Hauptserien und Endnummern,
auf Namen 5 " " "

gezogen worden.

Nach dem Ergebnisse dieser Verloosungen und den hiebei zum Zuge gekommenen Hauptserien und Endnummern sind gemäß dem Verloosungsplane die sämmtlichen Obligationen der betreffenden Schuldgattungen zur baaren Heimzahlung bestimmt, welche die in dem nachstehenden Verzeichnisse aufgeführten rothgeschriebenen Commissions-Cataster-Nummern tragen.

(Hiebei wird bemerkt, daß sich die gegenwärtige Verloosung sowohl der 4- als der 4½procentigen Eisenbahnschuld nur auf die älteren Eisenbahn-Anlehens-Obligationen mit ganzjährigen Zinscoupons bezieht, indem das 4- und 4½procentige Eisenbahn-Anlehen mit halbjährigen Zinscoupons zur Zeit noch von der Verloosung ausgenommen bleibt.)

Die verloosten Obligationen treten mit dem 1. **April 1872** außer Verzinsung; mit der Rückzahlung der betreffenden Capitalien wird jedoch sogleich begonnen und der Zins hiebei in vollen Monatsraten bis zum Schlusse des Erhebungs-Monats, in keinem Falle aber über den 31. März 1872 hinaus, vergütet.

Hinsichtlich des Vollzuges der Heimzahlung wird Nachstehendes bestimmt:

I. Die Zahlung der verloosten Obligationen auf den Inhaber (an porteur) erfolgt bei der k. Eisenbahnbau-Dotations-Hauptkasse in München, dann bei den k. Specialkassen Augsburg, Nürnberg und Würzburg, ferner bei der k. Bank in Nürnberg und deren Filialen, sowie bei dem Bankhause M. A. v. Rothschild und Söhne in Frankfurt a. M. und vermittlungsweise auch bei sämmtlichen k. Oberaufschlagämtern, Kreiskassen und Rentämtern.

II. Bezüglich der auf Namen lautenden oder vinculirten Obligationen findet die Zahlung in der Regel nur bei der k. Eisenbahnbau-Dotations-Hauptkasse in München statt; ausnahmsweise kann aber auf den Wunsch der Betheiligten die Zahlung auch durch die k. Specialkassen Augsburg, Nürnberg und Würzburg, und durch sämmtliche k. Oberaufschlagämter, Kreiskassen und Rentämter vermittelt werden.

III. Bei Obligationen, welche auf Pfarreien, kirchliche Pfründen und Stiftungen, dann Unterrichts-Stiftungen (mit Ausnahme der unter gemeindlicher Verwaltung stehenden Localschulfonds) lauten, haben die Vertreter derselben vorerst je nach den bestehenden Competenz-Verhältnissen die Ermächtigung zur Geld-Empfangnahme entweder von dem betreffenden k. Bezirksamte als Distrikts-Polizeibehörde oder von der k. Kreisregierung, Kammer des Innern, resp. von dem k. protestantischen Consistorium, oder von dem k. Staatsministerium des Innern für Kirchen- und Schulangelegenheiten beizubringen.

IV. Die Bezahlung der vinculirten oder sonst einer Dispositionsbeschränkung unterliegenden Obligationen kann erst nach der von Seite der Gläubiger beigebrachten unbedingten und legalen Beseitigung jener Vinculirungen oder Beschränkungen erfolgen.

V. Von selbst versteht sich hiebei, daß, im Falle durch vorerwähnte Vermittlungen, Devinculirungen u. s. w. Zögerungen in der Baarzahlung der verloosten Obligationen herbeigeführt werden sollten, deßhalb die Zinsensistirung vom 1. April 1872 an nicht aufgehoben werden, sondern der Hinderungsursachen ungeachtet mit dem genannten Tage einzutreten hat, daher von den Gläubigern für die rechtzeitige Beseitigung allenfallsiger Zahlungshindernisse Sorge zu tragen ist.

VI. Eine Wiederanlage der heimzuzahlenden Capitalien findet zur Zeit nicht statt.

München, den 8. Januar 1872.

Kgl. Bayer. Staatsschulden-Tilgungs-Commission.

Frhr. v. Lobkowitz.

Diebel, Secretär.

(Die Verloosungs-Verzeichnisse liegen bei.)

---

pr. den 25. Januar 1872.

(Wiederbesetzung der an der k. Gewerbschule Neustadt an der Haardt erledigten Zeichnungslehrerstelle betr.)

An diesseitiger Gewerbschule ist die Lehrstelle für den Zeichnungs-Unterricht in Erledigung gekommen.

Bewerber um diese Stelle, mit welcher der normamäßige Anfangsgehalt von 700 fl., entsprechende Dienstalterszulage und z. Z. eine Theuerungszulage von 200 fl. verbunden sind, haben ihre Gesuche binnen 3 Wochen bei der Gemeindeverwaltung Neustadt a. H., welcher das Präsentationsrecht eingeräumt ist, einzureichen.

Die Gesuche haben folgende Angaben zu enthalten: Tag und Jahr der Geburt, Heimath, Confession, Familienverhältnisse, Art der Vorbildung, bestandene Prüfungen und dabei erlangte Noten, bisherige Verwendungen und Berufsstellungen, etwaige besondere literarische und graphische Leistungen. Dem Gesuche ist ferner ein Zeugniß über moralische und staatsbürgerliche Integrität beizulegen.

Der Zeichnungslehrer der Anstalt hat gegen eine Remuneration von 80 fl. in 2 wöchentlichen Stunden

Unterricht an der mit der Anstalt verbundenen gewerblichen Fortbildungsschule zu ertheilen.

Neustadt a. d. Haardt, den 24. Januar 1872.

Das Bürgermeisteramt. Das k. Rectorat der Gewerbschule.

Ferd. Maucher. Dr. Th. Hugel.

Verleihung der Würde lebenslänglicher Reichsräthe der Krone Bayern.

Seine Majestät der König haben Sich vermöge allerhöchsten offenen Decrets, d. d. Hohenschwangau den 20. Dezember v Js., allergnädigst bewogen gefunden, den k. Universitätsprofessor Dr. Joseph von Pözl in München und

den Großhändler Wilhelm von Neuffer zu Regensburg zu lebenslänglichen Reichsräthen der Krone Bayern zu ernennen.

Pfarrei-Verleihungen.

Seine Majestät der König haben Sich allergnädigst bewogen gefunden, unterm 19. Dezember v. Js. die erledigte protestantische Pfarrstelle zu Weingarten, Decanats Germersheim, dem bisherigen Pfarrer zu Kirchheim an der Eck, Decanats Frankenthal, Johann Jacob Wischan, zu verleihen.

Seine Majestät der König haben Sich allergnädigst bewogen gefunden, unterm 4. Januar l. J. die protestantische Pfarrstelle Herxheim am Berg, Decanats Dürkheim, dem bisherigen Pfarrer in Ruchheim, Decanats Speier, Friedrich Ludwig Maurer, und

die II. protestantische Pfarrstelle zu Grünstadt, Decanats Frankenthal, dem Pfarramtscandidaten Heinrich Ruf von Hornbach zu verleihen.

Seine Majestät der König haben mittelst Allerhöchsten Rescripts vom 5. Januar 1872 dem Priester Ludwig Philipp die Pfarrei Weilerbach, k. Bezirksamts Kaiserslautern, Allergnädigst zu übertragen geruht.

Dienstesnachrichten.

Durch Beschluß der k. Regierung der Pfalz, Kammer des Innern, vom 9. Januar 1872, wurde die Wahl des bisherigen Gemeinderathsmitgliedes Peter Cappel von Ulmet zum Bürgermeister der Bürgermeisterei Ulmet bestätigt.

Durch höchste Entschließung des k. Staatsministeriums der Finanzen vom 31. Dezember 1871, Nr. 15696, wurde die erledigte Forstwartei Mittelbexbach, im Reviere Waldmohr, Forstamts Zweibrücken, in einen Waldaufsichtsposten umgewandelt.

Ordens-Verleihungen.

Seine Majestät der König haben wegen hervorragender Thätigkeit auf dem Gebiete der freiwilligen Hilfeleistung für die Armee das Verdienstkreuz für die Jahre 18¾ am großen Bande zu verleihen geruht:

Ihrer Majestät der Deutschen Kaiserin und Königin von Preußen,

Ihrer Majestät der Königin von Württemberg,

Ihrer Majestät der Königin der Belgier,

Ihrer Majestät der Königin Elisabeth von Preußen,

Ihrer Majestät der Königin Amalia von Griechenland,

Ihrer Kaiserlich und Königlichen Hoheit der Kronprinzessin des Deutschen Reiches und Kronprinzessin von Preußen,

Ihrer Königlichen Hoheit der Großherzogin von Baden,

Ihrer Königlichen Hoheit der Großherzogin von Sachsen-Weimar,

Ihrer Königlichen Hoheit der Kronprinzessin von Sachsen,

Ihrer Königlichen Hoheit der Prinzessin Wilhelm von Baden,

Seiner Großherzoglichen Hoheit dem Prinzen Carl von Baden,

Ihrer Königlichen Hoheit der Prinzessin Carl von Hessen,

Ihrer Königlichen Hoheit der Prinzessin Ludwig von Hessen,

Ihrer Hoheit der Herzogin von Sachsen-Meiningen,

Ihrer Hoheit der Herzogin von Sachsen-Coburg-Gotha,

Seiner Hoheit dem Prinzen Hermann von Sachsen-Weimar,

Ihrer Durchlaucht der Herzogin Florestina von Urach,

Ihrer Durchlaucht der Fürstin Battenberg.

Seine Majestät der König haben Sich mit allerhöchster Entschließung vom 29. Dezember v. Js. allergnädigst bewogen gefunden, nachstehende Ordens-Verleihungen vorzunehmen:

das Comthurkreuz des Verdienstordens vom hl. Michael dem Appellationsgerichtsdirector in Zweibrücken, Wilhelm von Körner;

das Ritterkreuz des Verdienstordens der bayerischen Krone dem Regierungsdirector in Speier, Maximilian von Delamotte;

das Ritterkreuz I. Klasse des Verdienstordens vom hl. Michael dem Bezirksarzte Dr. Ludwig Bopp zu Landau in der Pfalz.

Verzeichniß

der

in Gemäßheit der am 3. Januar 1872 stattgefundenen Verloosungen der Eisenbahn-Anlehen zu 4 und 4½ Procent zur Heimzahlung bestimmten Eisenbahn-Anlehens-Obligationen.

I.

XX[te] Verloosung der Eisenbahn-Anlehen zu 4 Procent mit ganzjährigen Coupons.

A. Obligationen auf den Inhaber (au porteur),

(wozu auch die vinkulirten und die mit Namens-Einschreibungen versehenen au porteur-Obligationen gehören.)

Rothgeschriebene Commissions-Kataster-Numern:

56	991	1924	3314	4623	6295	7424	8651	10140
91	1024	1952*	3406	4723	6335	7524	8739*	10192
156	1052*	2087	3414	4823	6395	7624	8751	10240
191	1124	2187	3506	4923	6435	7724	8839*	10292
256	1152*	2287	3514	5075	6495	7824	8851	10340
291	1224	2387	3606	5175	6535	7924	8939*	10392
356	1252*	2487	3614	5275	6595	8039*	8951	10440
391	1324	2587	3706	5375	6635	8051	9009	10492
456	1352*	2687	3714	5475	6695	8139*	9109	10540
491	1424	2787	3806	5575	6735	8151	9209	10592
556	1452*	2887	3814	5675	6795	8239*	9309	10640
591	1524	2987	3906	5775	6835	8251	9409	10692
656	1552*	3006	3914	5875	6895	8339*	9509	10740
691	1624	3014	4023	5975	6935	8351	9609	10792
756	1652*	3106	4123	6035	6995	8439*	9709	10840
791	1724	3114	4223	6095	7024	8451	9809	10892
856	1752*	3206	4323	6135	7124	8539*	9909	10940
891	1824	3214	4423	6195	7224	8551	10040	10992
956	1852*	3306	4523	6235	7324	8639*	10092	11050

Rothgeschriebene Commissions-Kataster-Numern:

11055	12505	14949	16153	17720	20135	21785	22967	24190
11150	12605	15044	16219*	17820	20235	21881	23064	24267
11155	12705	15069	16253	17920	20335	21885	23096	24290
11250	12805	15144	16319*	18094	20435	21981	23164	24367
11255	12905	15169	16353	18194	20535	21985	23196	24390
11350	13065	15244	16419*	18294	20635	22001	23264	24467
11355	13165	15269	16453	18394	20735	22067	23296	24490
11450	13265	15344	16519*	18494	20835	22101	23364	24567
11455	13365	15369	16553	18594	20935	22167	23396	24590
11550	13465	15444	16619*	18694	21081	22201	23464	24667
11555	13565	15469	16653	18794	21085	22267	23496	24690
11650	13665	15544	16719*	18894	21181	22301	23564	24767
11655	13765	15569	16753	18994	21185	22367	23596	24790
11750	13865	15644	16819*	19013	21281	22401	23664	24867
11755	13965	15669	16853	19113	21285	22467	23696	24890
11850	14049	15744	10919*	19213	21381	22501	23764	24967
11855	14149	15769	16953	19313	21385	22567	23796	24990
11950	14249	15844	17020	19413	21481	22601	23864	
11955	14349	15869	17120	19513	21485	22667	23896	
12005	14449	15944	17220	19613	21581	22701	23964	
12105	14549	15969	17320	19713	21585	22767	23996	
12205	14649	16019*	17420	19813	21681	22801	24067	
12305	14749	16053	17520	19913	21685	22867	24090	
12405	14849	16119*	17620	20035	21781	22901	24167	

B. Obligationen auf Namen zu 4 Procent.

Rothgeschriebene Commissions-Kataster-Numern:

18	1162	3158	4369*	6405	8538	9804	10847	11924
90*	1262	3172*	4469*	6505	8638	9843	10932	11942
118	1362	3258	4569*	6605	8738	9904	10947	12038
190*	1462	3272*	4669*	6705	8838	9943	11024	12138
218	1562	3358	4769*	6805	8938	10032	11042	12238
290*	1662	3372*	4869*	6905	9004	10047	11124	12338
318	1762	3458	4969*	7094	9043	10132	11142	12438
390*	1862	3472*	5005	7194	9104	10147	11224	12538
418	1962	3558	5105	7294	9143	10232	11242	12638
490*	2002	3572*	5205	7394	9204	10247	11324	12738
518	2102	3658	5305	7494	9243	10332	11342	12838
590*	2202	3672*	5405	7594	9304	10347	11424	12938
618	2302	3758	5505	7694	9343	10432	11442	13096
690*	2402	3772*	5605	7794	9404	10447	11524	13196
718	2502	3858	5705	7894	9443	10532	11542	13296
790*	2602	3872*	5805	7994	9504	10547	11624	
818	2702	3958	5905	8038	9543	10632	11642	
890*	2802	3972*	6005	8138	9604	10647	11724	
918	2902	4069*	6105	8238	9643	10732	11742	
990*	3058	4169*	6205	8338	9704	10747	11824	
1062	3072*	4269*	6305	8438	9743	10832	11842	

II.

XVII[te] Verloosung der Eisenbahn-Anlehen zu 4½ Procent mit ganzjährigen Coupons.

A. Obligationen auf den Inhaber (au porteur),

(wozu auch die vinkulirten und die mit Namens-Einschreibungen versehenen au porteur-Obligationen gehören.)

Rothgeschriebene Commissions-Kataster-Numern:

51	1017	3003*	4022*	5061	6042*	7013	8075	9056
75	1117	3082	4100	5066	6044	7019	8085	9089
151	1217	3103*	4122*	5161	6142*	7113	8175	9156
175	1317	3182	4200	5166	6144	7119	8185	9189
251	1417	3203*	4222*	5261	6242*	7213	8275	9256
275	1517	3282	4300	5266	6244	7219	8285	9289
351	1617	3303*	4322*	5361	6342*	7313	8375	9356
375	1717	3382	4400	5366	6344	7319	8385	9389
451	1817	3403*	4422*	5461	6442*	7413	8475	9456
475	1917	3482	4500	5466	6444	7419	8485	9489
551	2078	3503*	4522*	5561	6542*	7513	8575	9556
575	2178	3582	4600	5568	6544	7519	8585	9589
651	2278	3603*	4622*	5661	6642*	7613	8675	9656
675	2378	3682	4700	5666	6644	7619	8685	9689
751	2478	3703*	4722*	5761	6742*	7713	8775	9756
775	2578	3782	4800	5766	6744	7719	8785	9789
851	2678	3803*	4822*	5861	6842*	7813	8875	9856
875	2778	3882	4900	5866	6844	7819	8885	9889
951	2878	3903*	4922*	5961	6942*	7913	8975	9956
975	2978	3982	5000	5968	6944	7919	8985	9989

Rothgeschriebene Commissions-Kataster-Numern:

10015	11820	13810	16448	18266	21077	22901	25681	27709
10036	11920	13844	16548	18366	21177	22979	25781	27763
10115	12069	13910	16648	18466	21277	23062	25881	27809
10136	12169	13944	16748	18566	21377	23162	25981	27863
10215	12269	14058	16848	18666	21477	23262	26058	27909
10236	12369	14158	16948	18766	21577	23362	26158	27963
10315	12469	14258	17003*	18866	21677	23462	26258	28026
10336	12569	14358	17074	18966	21777	23562	26358	28036
10415	12669	14458	17103*	19014	21877	23662	26458	28126
10436	12769	14558	17174	19114	21977	23762	26558	28136
10515	12869	14658	17203*	19214	22001	23862	26658	28226
10536	12969	14758	17274	19314	22079	23962	26758	28236
10615	13010	14858	17303*	19414	22101	24083	26858	28326
10636	13044	14958	17374	19514	22179	24183	26958	28336
10715	13110	15024	17403*	19614	22201	24283	27009	28426
10736	13144	15124	17474	19714	22279	24383	27063	28436
10815	13210	15224	17503*	19814	22301	24483	27109	28526
10836	13244	15324	17574	19914	22379	24583	27163	28536
10915	13310	15424	17603*	20005	22401	24683	27209	28626
10936	13344	15524	17674	20105	22479	24783	27263	28636
11020	13410	15624	17703*	20205	22501	24883	27309	28726
11120	13444	15724	17774	20305	22579	24983	27363	28736
11220	13510	15824	17803*	20405	22601	25081	27409	28826
11320	13544	15924	17874	20505	22679	25181	27463	28836
11420	13610	16048	17903*	20605	22701	25281	27509	28926
11520	13644	16148	17974	20705	22779	25381	27563	28936
11620	13710	16248	18066	20805	22801	25481	27609	29001
11720	13744	16348	18166	20905	22879	25581	27663	29059

Rothgeschriebene Commissions-Kataster-Numern:									
29101	29659	30219	30784	31668	32733	33811	34482*	35081*
29159	29701	30284	30819	31768	32833	33911	34565	35181*
29201	29750	30319	30884	31868	32933	34065	34582*	35281*
29259	29801	30384	30919	31968	33011	34082*	34665	35381*
29301	29859	30419	30984	32033	33111	34165	34682*	35481*
29359	29901	30484	31068	32133	33211	34182*	34765	35581*
29401	29959	30519	31168	32233	33311	34265	34782*	35681*
29459	30019	30584	31268	32333	33411	34282*	34865	
29501	30084	30619	31368	32433	33511	34365	34882*	
29559	30119	30684	31468	32533	33611	34382*	34965	
29601	30184	30719	31568	32633	33711	34465	34982*	

B. Obligationen auf Namen zu 4½ Procent.

Rothgeschriebene Commissions-Kataster-Numern:								
7	307	607	907	1434	2042	2342	2642	2942
57	357	657	957	1534	2048	2348	2648	2948
107	407	707	1034	1634	2142	2442	2742	
157	457	757	1134	1734	2148	2448	2748	
207	507	807	1234	1834	2242	2542	2842	
257	557	857	1334	1934	2248	2548	2848	

Die mit * bezeichneten Serien- oder Hauptkataster-Numern sind nach dem Verloosungsplane an die Stelle der bereits bei früheren Verloosungen gezogenen Endnumern getreten.

Sämmtliche gezogene Kapitalien treten mit dem **1. April 1872** außer Verzinsung.

München, den 3. Januar 1872.

Königl. bayer. Staats-Schuldentilgungs-Commission.

Freiherr von Lobkowitz.

Diebel, Secretär.

Königlich Bayerisches

Kreis-Amtsblatt der Pfalz.

№ 10. Speier, den 30. Januar 1872.

Inhalt:

Nro 2045 E. pr. den 27. Januar 1872.

(Die praktische Concursprüfung der zum Staatsdienste adspirirenden Rechtscandidaten im Jahre 1872 betr.)

Im Namen Seiner Majestät des Königs.

Unter Bezugnahme auf das Ausschreiben vom 5 September 1864 (Kreis-Amtsbl. v. J. 1864 S. 1165) wird ein Rescript der k. Staatsministerien der Justiz, des Innern, dann der Finanzen vom 17. Januar l. Js. Nr. 436 zur Kenntniß gebracht.

Speier, den 27. Januar 1872.

Königlich Bayerische Regierung der Pfalz,
Kammer des Innern.
v. Braun.

Metschnabl.

Staatsministerien der Justiz, des Innern, dann der Finanzen.

Mit allerhöchster Genehmigung Seiner Majestät des Königs werden die k. Kreisregierungen, Kammern des Innern, in Erweiterung der ihnen durch das Ministerial-Ausschreiben vom 27. August 1864 Nr. 13,470 ertheilten Befugniß ermächtigt, die im Jahre 1869 theoretisch geprüften Rechtspraktikanten, welche durch Einreihung in das Heer und deren Folgen an der Vollendung der vorgeschriebenen Amtspraxis gehindert wurden, im Wege der Dispensation zur praktischen Concursprüfung im Mai des Jahres 1872 zuzulassen.

Denjenigen Candidaten, welche sich dem höheren Finanzdienste widmen wollen, und um die Zulassung zur Bearbeitung des praktischen Falles aus der Finanzverwaltung nachsuchen, ist hiebei die Ergänzung der Rennamtspraxis auf zwölf Monate noch vor Aushändigung der Finanz-Concurs-Note aufzuerlegen.

Die k. Regierung, Kammer des Innern, hat die erhaltene Ermächtigung durch das Kreis-Amtsblatt geeignet zur Offenkunde zu bringen.

München, den 17. Januar 1872.

Auf Seiner Königlichen Majestät allerhöchsten Befehl:

v. Pfretzschner. v. Pfeufer.

Dr. Fäustle.

Durch den Minister:

der General-Secretär:

Ministerialrath v. Dubois.

Ad Nrm Kab. 1366 E. pr. den 24. Januar 1872.

(Die Besetzung der Beschälstationen im Jahre 1872 betr.)

Im Namen Seiner Majestät des Königs.

Für das Jahr 1872 werden nachfolgende Beschälstationen bestimmt und mit der beigefügten Zahl von Beschälhengsten des pfälzischen Landgestütes bestellt:

1.	Pirmasens mit	4	Hengsten.
2.	Bergzabern „	4	„
3.	Kandel „	4	„
4.	Offenbach „	4	„
5.	Speier „	3	„
6.	Haßloch „	3	„
7.	Mutterstadt „	3	„
8.	Lambsheim „	3	„
9.	Kirchheim „	3	„
10.	Winnweiler „	3	„
11.	Landstuhl „	4	„
12.	Eichelscheid „	3	„
13.	Zweibrücken „	9	„
	Summa	50	Hengste.

Die Beschälzeit beginnt mit dem 1. März und endigt mit dem 15. Juni laufenden Jahres.

Das Sprunggeld beträgt für den Hengst Vaillant auf der Station Zweibrücken fünf Gulden, für alle übrigen zwei Gulden.

Der Beschälwärter hat 30 kr. (dreißig Kreuzer) Trinkgeld zu empfangen.

Mutterpferde, welche Nichtpfälzern angehören, sowie solche, welche mit Krankheiten behaftet sind, bleiben den bestehenden Vorschriften gemäß auf allen Stationen ausgeschlossen.

Die betreffenden k. Bezirksämter werden für die rechtzeitige Verbreitung dieser Bekanntmachung in den Gemeinden, wie bisher, sorgen und wegen der Respizienz auf den Beschälstationen, benehmlich mit der k. Gestüts-Direction, die nöthigen Anordnungen treffen.

Speier, den 22. Januar 1872.

Königlich Bayerische Regierung der Pfalz,

Kammer des Innern.

v. Braun.

Schild

Ad Nr. 19401 D. pr. den 3. Januar 1872.

(Gesuch der Lebensversicherungs-Gesellschaft „Germania" in New-York um Zulassung zum Geschäftsbetrieb in Bayern.)

Im Namen Seiner Majestät des Königs.

Die Lebensversicherungs-Gesellschaft „Germania" in New-York hat um die Bewilligung zum Geschäftsbetriebe in Bayern nachgesucht, welche unter nachfolgenden Bedingungen durch das vormalige k. Staatsministerium des Handels und der öffentlichen Arbeiten ertheilt wurde:

1. Die ertheilte Bewilligung kann zu jeder Zeit ohne Angabe eines Grundes wieder zurückgezogen werden.

2. Die Gesellschaft ist nicht befugt, Aenderungen ihrer Statuten ohne Genehmigung des k. Staatsministeriums des Innern vorzunehmen und nach denselben in Bayern zu verfahren.

3. Die Veröffentlichung der Concession, der Statuten und der etwaigen Aenderungen derselben erfolgt in den Kreisamtsblättern sämmtlicher Kreisregierungen auf Kosten der Gesellschaft, derselben ist jedoch gestattet, so viele Exemplare der Statuten den Kreisregierungen zu übergeben, als nothwendig sind, um sie anstatt des Abdruckes der betreffenden Auflage des Kreisamtsblattes als Beilage anfügen zu können.

4. Die Gesellschaft hat wenigstens an einem Orte in Bayern eine Hauptniederlassung mit einem Geschäftslocale und einem dort wohnhaften Hauptagenten zu begründen. Letzterer unterliegt der Bestätigung des k. Staatsministeriums, während bezüglich der Aufstellung der Agenten die Bestimmungen der generalisirten Ministerial-Entschließung vom 21. März 1865, Nr. 3185, zur Anwendung kommen.

5. Die Gesellschaft hat sich gleichmäßig allen jenen Anordnungen zu unterziehen, welche in den §§ 3, 5, 25, 31, 32, 34—37 der allerhöchsten Verordnung vom 10. Februar 1865 bezüglich der Mobiliar-Feuerversicherungs-Gesellschaften getroffen sind, und außerdem jährlich wenigstens einmal ihren Hauptrechnungsabschluß nebst Bilanz in einer der hiezu bezeichneten bayerischen Zeitungen zu veröffentlichen.

6. Die von der Gesellschaft zu leistende Geschäfts-Caution wird auf 25,000 fl. festgesetzt, welche bei der bayerischen Hypotheken- und Wechselbank entweder baar, oder in bayerischen Staatspapieren, oder mit Zinsengarantie versehenen Actien zu hinterlegen ist.

Nachdem nunmehr der Generalbevollmächtigte genannter Gesellschaft für Europa, Hermann Rose in Berlin, die gestellten Bedingungen anzunehmen sich bereit erklärt, die bedungene Geschäfts-Caution von 25,000 fl. bei der bayerischen Hypotheken- und Wechselbank geleistet und einen Hauptagenten für den Geschäftsbetrieb in Bayern in der Person des Versicherungs-Inspectors Ludwig Jung in München bevollmächtigt hat, steht dem Beginne des Geschäftsbetriebes dieser Gesellschaft in Bayern ein Hinderniß nicht mehr im Wege.

Die Statuten sind gegenwärtiger Nummer des Kreisamtsblattes in besonderem Abdrucke beigefügt.

Speier, den 3. Januar 1872.

Königlich Bayerische Regierung der Pfalz,
Kammer des Innern.
v. Braun.

Nro. 1367 K. pr. den 23. Januar 1872.

(Die Rinderpest in Elsaß-Lothringen betr.)

Im Namen Seiner Majestät des Königs.

Die unterzeichnete Stelle bringt nachstehend eine Verordnung des Oberpräsidenten von Elsaß-Lothringen, Maßregeln gegen die Rinderpest betr., vom 12. l. M. zur allgemeinen Kenntniß.

Speier, den 19. Januar 1872.

Königlich Bayerische Regierung der Pfalz,
Kammer des Innern.
v. Braun.

Verordnung,

Schutzmaßregeln gegen die Rinderpest betr.

Da in den nördlichen und östlichen Gegenden Frankreichs die Rinderpest herrscht, so verordne ich kraft der mir von Seiner Majestät dem Kaiser übertragenen Vollmacht des General-Gouverneurs von Elsaß-Lothringen und in Ausführung des Gesetzes, Maßregeln gegen die Rinderpest betreffend, vom 7. April 1869, sowie der hierzu erlassenen Instruction vom 26. Mai 1869 (Gesetzblatt für Elsaß-Lothringen vom Jahre 1871, S. 403 ff.) was folgt:

Art. 1.

Die Einfuhr und Durchfuhr von Rindvieh, Schafen und Ziegen über die französische Grenze nach Elsaß-Lothringen ist verboten.

Art. 2.

Ebenso ist verboten die Einfuhr und Durchfuhr von Rindshäuten, Hörnern und Klauen, frischem Rindfleisch, Knochen, Talg, wenn letzteres nicht in Fässern, Heu, Stroh, sofern sie nicht als Verpackungsmittel dienen, Dünger, ungewaschener Wolle und Lumpen.

Art. 3.

Wird die angeordnete Sperre durchbrochen, so sind die der Sperre unterworfenen Thiere, soweit möglich, sofort zu tödten und zu verscharren.

Giftfangende Sachen sind zu vernichten oder zu desinficiren.

Art. 4.

Innerhalb einer Entfernung von 25 Kilometern von der französischen Grenze ist die Abhaltung von Rindvieh- und Schafmärkten nur mit Erlaubniß der Präfecten gestattet.

Art. 5.

Wer im Inlande Rindvieh, Schafe oder Ziegen in eine Gemeinde einführt oder aus einer solchen ausführt, muß mit einem Erlaubnißscheine versehen sein, welcher von der Ortspolizeibehörde des Herkunftsortes ausgestellt ist und die Bescheinigung enthält, daß in dem Herkunftsorte seit 4 Wochen keine ansteckende Krankheit unter den genannten Vieharten geherrscht hat. In dem Erlaubnißscheine ist die Dauer der Giltigkeit, welche 8 Tage nicht übersteigen darf, genau zu bezeichnen, ebenso Geschlecht, Farbe und etwaige Abzeichen der Thiere.

Der Inhaber des Erlaubnißscheines ist verpflichtet, denselben innerhalb 24 Stunden nach Ankunft des Viehes am Bestimmungsorte der Ortspolizeibehörde daselbst auszuhändigen.

Art. 6.

Zuwiderhandlungen gegen vorstehende Verordnung werden gemäß Art. 471 des Code pénal bestraft, soweit nicht die in § 328 des Strafgesetzbuches angedrohte Strafe Platz greift.

Gleicher Strafe unterliegen die Zuwiderhandlungen gegen die in den §§ 4 und 5 des obengenannten Gesetzes vom 7. April 1869, sowie die in den §§ 11, 12, 16, 19 und 21 der Instruction vom 26. Mai 1869 enthaltenen Bestimmungen.

Der § 328 des Strafgesetzbuches lautet:

„Wer die Absperrungs- oder Aufsichts-Maßregeln oder Einfuhrverbote, welche von der zuständigen Behörde zur Verhütung des Einführens oder Verbreitens von Viehseuchen angeordnet worden sind, wissentlich verletzt, wird mit Gefängniß bis zu Einem Jahre bestraft.

Ist in Folge dieser Verletzung Vieh von der Seuche ergriffen worden, so tritt Gefängnißstrafe von Einem Monat bis zu zwei Jahren ein."

Straßburg, den 12. Januar 1872.

Der Ober-Präsident von Elsaß-Lothringen:

v. Möller.

Nro. 1606 K. pr. den 27. Januar 1872.

(Verloosung bei Gelegenheit der Pferde- und Rindviehmärkte zu Mannheim im Jahre 1872 betr.)

Im Namen Seiner Majestät des Königs.

Nachstehende Entschließung des k. Staatsministeriums des Innern und der Finanzen wird zur öffentlichen Kenntniß gebracht.

Speier, den 24. Januar 1872.

Königlich Bayerische Regierung der Pfalz, Kammer des Innern.

v. Braun.

Metschnabl.

Staatsministerien des Innern und der Finanzen.

Seine Majestät der König haben allergnädigst zu genehmigen geruht, daß die Loose der Ausspielungen, welche der landwirthschaftliche Bezirksverein zu Mannheim anläßlich der daselbst in den Monaten April und Mai 1872 stattfindenden Viehmärkte veranstaltet, im Regierungsbezirke der Pfalz stempelfrei abgesetzt werden.

Die k. Regierung, Kammer des Innern, hat hiernach das Weitere zu verfügen und die Beilagen des Berichtes vom 17. v. M. anruhend zurück zu empfangen.

München, den 16. Januar 1872.

Auf Seiner Königlichen Majestät Allerhöchsten Befehl:

v. Pfretzschner. v. Pfeufer.

Durch den Minister:
Der General-Secretär
Ministerialrath v. Dubois.

Nro. 1173 E. pr. den 27. Januar 1872.

(Ersatzgeschäft pro 1872, hier den Wehrpflichtigen Jakob Joseph betr.)

An

sämmtliche k. Bezirksämter und Bürgermeisterämter des Regierungsbezirkes.

Im Namen Seiner Majestät des Königs.

Die k. Bezirksämter und Bürgermeisterämter werden auf das nachstehend abgedruckte Ausschreiben der k. Regierung der Oberpfalz und von Regensburg, Kammer des Innern, aufmerksam gemacht mit dem Auftrage, die geeigneten Nachforschungen zu pflegen und ein etwaiges Ergebniß dem Stadtmagistrate Regensburg mitzutheilen.

Speier, den 25 Januar 1872.

Königlich Bayerische Regierung der Pfalz,
Kammer des Innern.
v. Braun.

Im Namen Seiner Majestät des Königs.

Nach berichtlicher Anzeige des Stadtmagistrates Regensburg wurde am 19. Februar 1851 zu Regensburg geboren: Jakob Joseph, illegitim der Walburga Jakob, Baderstochter zu Weltenburg, und des Joseph Mayer, Arzt von Merkingen, in Württemberg.

Der Betreffende ist am 1. l. M. wehrpflichtig geworden.

Die nach seinem dermaligen Aufenthalte gepflogenen Recherchen haben ein Resultat bisher nicht ergeben.

Die obengenannten Behörden werden daher angewiesen, über den Aufenthalt, beziehungsweise das Ableben des Jakob Joseph Nachforschungen anzuordnen und ein etwaiges sachdienliches Ergebniß sofort dem Stadtmagistrat Regensburg mitzutheilen.

Regensburg, den 8. Januar 1872.

Königl. Regierung der Oberpfalz und von Regensburg.
Kammer des Innern.
v. Pracher, Präsident.

Klotz.

---

pr. den 27. Januar 1872.

(Die erledigte Bezirksarztesstelle I. Klasse in Erlangen betr.)

Die Bezirksarztesstelle I. Klasse in Erlangen ist in Erledigung gekommen. Bewerber um dieselbe haben ihre vorschriftmäßig belegten Gesuche bei der unterfertigten Stelle bis zum 8. Februar l. Js. einzureichen.

Speier, den 28. Januar 1872.

Königlich Bayerische Regierung der Pfalz,
Kammer des Innern.
v. Braun.

---

pr. den 17. Januar 1872.

Verleihungs-Urkunde.

Auf Grund der Muthung vom 21. August 1871 wird der Gemeinde Dürkheim in der Pfalz unter dem Namen

Saline Philippshall

das Bergwerks-Eigenthum in dem in der Gemarkung von Dürkheim, k. Bezirksamts Neustadt, im Regierungsbezirke der Pfalz und im Bezirke des k. Bezirksbergamtes Zweibrücken gelegenen Felde, welches einen Flächeninhalt von 133,300 (einhundert drei und dreißig tausend dreihundert) Quadratmeter oder 13 (dreizehn) Hectaren 33 (drei und dreißig) Aren hat, und dessen Grenzen auf den gegenwärtiger Urkunde beigehefteten vier Steuerkatasterblättern S. W. I. 9 D, I. 10 C, II. 9 A und II. 10 B mit rother Farbe eingetragen und mit den Buchstaben A, B, C und D bezeichnet sind, zur Gewinnung der in dem Felde vorkommenden

Soolquellen

nach dem Berggesetze für das Königreich Bayern vom 20. März 1869 und dem Gesetze über die Abgaben von den Bergwerken vom 6. April desselben Jahres hiedurch verliehen.

Urkundlich ausgefertigt.

Zweibrücken, den 15. Januar 1872.

Königlich Bayerisches Bezirksbergamt.

(L. S.) **Bockhart,**

Königl. Bergamtmann.

Verleihungs-Urkunde
für die
Saline Philippshall
auf der
Gemarkung von Dürkheim.

Nr. 68. Registrirt zu Zweibrücken den fünfzehnten Januar 1872 für zwanzig acht Kreuzer. Bd. 76, Fol. 55, C. 3.

Königl. Rentamt.

Gez. Bouda.

Obige Verleihungs-Urkunde für die Saline Philippshall auf der Gemarkung von Dürkheim wird unter ausdrücklicher Verweisung auf die Bestimmungen der Art. 35 und 36 Abschn. 3 Tit. II des Berggesetzes für das Königreich Bayern vom 20. März 1869 hiemit zur öffentlichen Kenntniß gebracht.

Zweibrücken, den 17. Januar 1872.

Königl. Bayer. Bezirksbergamt.

Bockhart.

Militär-Dienstesnachrichten.

Seine Majestät der König haben allergnädigst geruht:

unterm 7. Dezember v. Js. dem Gemeinen Johann **Kiermaier** vom 13. Infanterie-Regiment Kaiser Franz Joseph von Oesterreich für das großherzoglich mecklenburgische Militär-Verdienstkreuz 2. Klasse, dann

unterm 9. Dezember v. Js. Allerhöchst-Ihrem General-Adjutanten und General-Commandanten von München, General der Infanterie Ludwig Freiherrn **von und zu der Tann-Rathsamhausen**, für das Großkreuz des großherzoglich mecklenburgischen Haus-Ordens der Wendischen Krone — und dem Generallieutenant und Commandanten der 1. Armee-Division, Baptist **von Stephan**, für das großherzoglich mecklenburgische Militär-Verdienstkreuz 1. Klasse die Erlaubniß zur Annahme und zum Tragen zu ertheilen;

dem vormaligen Bataillonsarzt auf Kriegsdauer, Dr. Maximilian **Knorr**, das silberne Militär-Sanitäts-Ehrenzeichen zu verleihen.

Dienstesnachrichten.

Seine Majestät der König haben Sich allergnädigst bewogen gefunden, unterm 28. Dezember

v. J. den zeitlich quiescirten Studienlehrer August Oeffner, vormals zu Zweibrücken, seiner allerunterthänigsten Bitte entsprechend, auf die Dauer eines weiteren Jahres wegen körperlichen Leidens gemäß § 22 lit. D der IX. Verfassungsbeilage im Ruhestand zu belassen;

unterm 31. Dezember v. J., vom 1. Januar 1872 an, in Folge organischer Verfügung den Oberzollinspector Georg Treiber von Zweibrücken nach Mittenwald,

den Oberzollinspector Dr. Hermann Schaller von Neuburg a. Rh. nach Zweibrücken,

den Grenzobercontroleur Georg Bauner von Hornbach nach Sonthofen,

den Grenzobercontroleur Friedrich Jägerhuber von Habkirchen nach Reschach in gleicher Eigenschaft, letzteren unter Fortdauer seines Provisoriums, zu versetzen;

den Zollverwalter Joseph König in Neulauterburg zum Revisionsbeamten in Ludwigshafen a. Rh., ferner

den Zollverwalter August Groll in Schaidt zum Revisionsbeamten in Furth a. W zu berufen;

die Grenzobercontroleure Carl Riquet in Neulauterburg, Ludwig Schneidt in Schweigen und Xaver von Hofstetten in Rumbach, dann

die Zollverwalter Johann Krebs in Schweigen und Andreas Weiß in Habkirchen vorbehaltlich der Wiederverwendung in den Ruhestand zu versetzen; ferner

den Revisionsbeamten Oswald Bauernfeind in Furth a. W. auf Ansuchen in gleicher Eigenschaft an das Hauptzollamt Regensburg unter Fortdauer seines Provisoriums zu versetzen, dann

unterm 4. Januar l. J. den im Staatsministerium der Justiz verwendeten Oberappellationsgerichtsrath Max Loé zum Ministerialrathe im genannten Staatsministerium zu befördern.

Seine Majestät der König haben Sich durch allerhöchstes Signat vom 18. Januar 1872 allergnädigst bewogen gefunden, vom 1. Februar l. J. anfangend, den k. Bezirksgerichts-Director Friedrich Ludwig Munzinger in Landau unter allerhöchster Zufriedenheitsbezeugung für die langjährigen, mit Eifer und besonderer Pflichttreue unter schwierigen Verhältnissen geleisteten, ausgezeichneten Dienste, wegen nachgewiesener, durch körperliches Leiden herbeigeführter Dienstesunfähigkeit gemäß § 22 lit. D der IX. Beilage zur Verfassungsurkunde auf allerunterthänigstes Ansuchen in den Ruhestand für immer zu versetzen.

Durch Beschluß der k. Regierung der Pfalz, Kammer des Innern, vom 9. Januar 1872, wurde die Wahl des bisherigen Gemeinderathsmitgliedes Heinrich Jutzi I. zum Adjunkten der Gemeinde Altleiningen bestätigt.

Durch Beschluß k. Regierung der Pfalz, Kammer des Innern, vom 12. Januar 1872, wurde die Wahl des bisherigen Gemeinderathsmitgliedes Georg Philipp Goldmann zum I. Adjunkten der Gemeinde Frankenthal bestätigt.

Durch Beschluß k. Regierung der Pfalz, Kammer des Innern, vom 13. Januar 1872, wurde die Umwandlung der katholischen Schulverweserstelle in Zeiskam in eine Lehrerstelle genehmigt und der seitherige Schulverweser Jacob Engel dortselbst zum Lehrer an dieser Schule, vom 1. Januar 1872 an, ernannt.

Durch Beschluß k. Regierung der Pfalz, Kammer des Innern, vom 14. Januar 1872, wurde der Lehrer Johannes Schönholtz in Neuburg a. Rh. zum Lehrer an der protestantischen deutschen Knabenschule zu Rhodt, vom 22. Januar 1872 an, ernannt.

Gewerbsprivilegien-Verleihungen.

Den Nachgenannten wurden Gewerbsprivilegien verliehen, und zwar:

unterm 20. Dezember v. J. dem Lehrer der Mechanik an der Kreisgewerbschule Würzburg, Wilhelm Heß, auf die von ihm erfundene eigenthümlich construirte Draisine, für den Zeitraum von vier Jahren, vom 20. Dezember 1871 anfangend, dann

unterm 28. Dezember v. J. dem Otto Seitz und Comp. in München auf Herstellung von Möbeln aus massiv gebogenem Holze aller Arten, für den Zeitraum von drei Jahren, vom 23. Dezember 1871 anfangend, und

den Gebrüdern Buß in Magdeburg, auf den von ihnen erfundenen Regulator, für den Zeitraum von fünfzehn Jahren, vom 28. Dezember v. J. anfangend, ferner

unterm 26. Dezember v. J. dem A. W. Schmidt und Comp. in Hamburg, als Rechtsnachfolger des Robert Johann Alsing in Stockholm, auf einen verbesserten Apparat zum Pulverisiren der Materialien zur Porzellanmasse, für den Zeitraum von zwei Jahren, vom 26. Dezember 1871 anfangend, und

dem Joseph Randall Tussaud und Francis Curtius Tussaud zu London, auf Verbesserungen in dem Verfahren der Trennung der Haare oder anderer ähnlicher Körper von der thierischen Haut und Verwendung derselben zur Herstellung künstlicher Felle, Perrücken &c. &c., für den Zeitraum von sechs Jahren, vom 26. Dezember 1871 anfangend.

Gewerbsprivilegiums-Verlängerung.

Das dem Hafnermeister und Fabrikbesitzer Kaspar Gruber in Nürnberg unterm 11. Januar 1866 verliehene und bis dahin 1872 laufende Privilegium auf Anfertigung von Schmelztiegeln aus einer eigenthümlich zusammengesetzten Masse mittelst Pressung in einer verbesserten Form wurde in Folge rechtzeitig nachgesuchter Verlängerung für den Zeitraum von zwei Jahren, vom 14. Januar 1872 anfangend, verlängert.

Einziehung von Gewerbsprivilegien.

Vom k. Staatsministerium des Handels und der öffentlichen Arbeiten wurde die Einziehung des der Maschinenfabrik J. W. Engelhardt und Comp. in Fürth unterm 16. Juni 1869 verliehenen und unterm 2. Juli 1869 ausgeschriebenen fünfjährigen Gewerbsprivilegiums auf eigenthümlich construirte Dampfpumpen, die als Dampf-Feuerlösch-Maschinen, zum Reinigen der Locomotivkessel und zur Wasserförderung verwendet werden können, —

des den Maschinen-Fabrikanten Pfaff und Clacius zu Hannover unterm 15. Dezember 1870 verliehenen und unterm 22. Dezember 1870 ausgeschriebenen zweijährigen Gewerbsprivilegiums auf die von ihnen erfundene Strickmaschine, —

des dem Bierbrauerei-Besitzer Robert Overbeck in Dortmund unterm 26. April 1870 verliehenen und unterm 7. Mai 1870 ausgeschriebenen vierjährigen Gewerbsprivilegiums auf eine verbesserte mechanische Malzdarre, —

des dem k. sächsischen Bergrath und Professor Theodor Scheerer in Freiburg unterm 24. Dezember 1870 verliehenen und unterm 21. Januar 1871 ausgeschriebenen vierjährigen Gewerbsprivilegiums auf den von ihm erfundenen dephosphorirenden Stabeisen-Erzeugungs-Prozeß — und

des dem Maschinenfabrikanten Hugo Rehrlich in Aschaffenburg unterm 23. Juni 1870 verliehenen und unterm 27. Juni 1870 ausgeschriebenen dreijährigen Gewerbsprivilegiums auf die von ihm erfundene Schlauchverbindung, wegen nicht gelieferten Nachweises über Ausführung dieser Erfindungen in Bayern, verfügt.

Beilage: Statuten der „Germania“, Lebensversicherungs-Gesellschaft zu New-York.

Statuten der „Germania Lebens-Versicherungs-Gesellschaft" zu Newyork.

Artikel 1. Name und Domicil der Gesellschaft.

Der Name dieser Gesellschaft soll sein: „The Germania Life Insurance Company," die Germania Lebens-Versicherungs-Gesellschaft. Sie soll in der Stadt Newyork domizilirt sein.

Artikel 2. Geschäfts-Umfang.

Das Geschäft dieser Gesellschaft soll darin bestehen, Versicherungen anzunehmen auf das Leben von Individuen, sowie jegliche, dazu gehörige oder damit in Verbindung stehende, Versicherung; auch Leibrenten zu bewilligen, zu kaufen oder über solche zu verfügen.

Artikel 3. Anordnung der Corporationsrechte der Gesellschaft.

Die Corporationsrechte der besagten Gesellschaft sollen durch einen Verwaltungsrath von Directoren und durch solche Beamte und Agenten, welche dieser Verwaltungsrath anstellt, ausgeführt werden. Die Zahl der Directoren soll dreißig betragen; doch kann der Verwaltungsrath bei irgend einer seiner Zusammenkünfte, die nach den unten mitgetheilten Regeln vorauszubestimmen wurden, die Zahl der Directoren bis zu höchstens fünfzig durch einen Beschluß erhöhen. Kein die Erhöhung der Directoren betreffender Beschluß soll gültig sein, wenn er nicht in einer Sitzung angenommen worden ist, welche in Folge einer den Directoren gemachten Anzeige abgehalten wurde, daß die Erhöhung der Zahl der Directoren bei solcher Zusammenkunft werde zur Verhandlung gebracht werden. Eine solche Anzeige muß durch einen in einer vorhergehenden Sitzung des Verwaltungsrathes gefaßten Beschluß angeordnet sein. Im Falle der Verwaltungsrath auf diese Weise den Beschluß faßt, die Zahl der Directoren zu vermehren, so soll bei der zunächst folgenden Directorenwahl die ganze zusätzliche Zahl gewählt werden, außer denjenigen, welche bei dieser Wahl zur Ausfüllung etwa bestehender Vacanzen zu wählen sind. Die Stimmzettel sollen bezeichnen, für welche der Directoren als „die Vacanzen ausfüllende", und für welche derselben als „zusätzliche" die Stimme abgegeben wird. Unmittelbar nach einer solchen Wahl sollen die zusätzlichen Directoren durch das Loos gleichmäßig unter die 5 Klassen vertheilt werden und ein Fünftel der ganzen Anzahl soll künftig alljährlich in derselben Weise, wie nachfolgend in Bezug auf die dreißig obengenannten Directoren bestimmt ist, gewählt werden.

Die Majorität der Directoren soll aus Bürgern des Staates Newyork bestehen, und jeder Director soll Besitzer von wenigstens zehn Actien des Grundkapitals der Gesellschaft sein, und solche Actien mindestens dreißig Tage vor seiner Wahl zum Director im Besitz haben.

Artikel 4. Wann und in welcher Weise die Directoren und Beamten zu wählen sind.

Die folgenden, namentlich aufgeführten, Personen sollen den ersten Verwaltungsrath bilden, und so lange im Amte bleiben, bis ihre Nachfolger bestimmt sind:

Louis E. Amsinck,	Gustav Kutter,	Fred. Schwendler,
Isaac Bernheimer,	Jeremiah Larocque,	Joseph Seligmann,
Charles Berufing,	Johannes Lienau,	Leonard J. Stiastny,
Elie Charlier,	Edward Luckemeyer,	Edward von der Heydt,
E. Godfrey Gunther,	Charles Luling,	Louis von Hoffmann,
John H. Hardt,	Herrmann Marcuse,	David Wallerstein,
Louis Jay,	Oswald Ottendorfer,	Hugo Wesendonck,
Edward Kemp,	Hermann Rose,	Bernhard Westermann,
Peter Kauth,	Max Schäfer,	John Westfall,
Friedrich Kapp,	John F. Schepeler,	Nelson G. Whitney.

In dem Falle, daß irgend welche der eben genannten Personen das Amt ablehnen, oder sich als unwählbar erweisen sollten, können die übrigen Directoren die Vacanz oder Vacanzen ausfüllen.

Der Verwaltungsrath soll, unmittelbar nach Constituirung der Gesellschaft, sich durch's Loos in fünf gleiche Klassen theilen. Die Dienstzeit der ersten Klasse soll am Ende eines Jahres vom 31. Dez. 1860 ab, erlöschen; die der zweiten am Ende von zwei Jahren von derselben Zeit ab; die der dritten am Ende von drei Jahren von derselben Zeit ab; die der vierten am Ende von vier Jahren von derselben Zeit ab; und die der fünften Klasse am Ende von fünf Jahren von derselben Zeit ab; und so der Reihe nach fort, in jedem nachfolgenden Jahre. Nach dem Jahre 1860 soll ein Fünftel des Verwaltungsrathes jährlich, am zweiten Mittwoch im December jeden Jahres gewählt werden und fünf Jahre lang, oder bis ihre Nachfolger erwählt sind, im Amte bleiben, aber jeder Director ist wieder wählbar.

Die jährliche Wahl der Directoren soll im Haupt-Bureau der Gesellschaft in der Stadt Newyork statt haben und vierzehn Tage vorher in wenigstens zweien der täglichen Zeitungen der besagten Stadt angezeigt werden.

Der erste Verwaltungs-Rath soll drei Wahl-Inspectoren ernennen, und bei jeder späteren Directorenwahl sollen von den zur Wahl berechtigten drei Personen zu Inspectoren für die nachfolgende Wahl gewählt werden. Kein Director soll zum Wahl-Inspector gewählt werden, noch ein Wahl-Inspector in der Wahl, bei welcher er als Inspector fungirt, zum Director.

Die Directoren sollen durch Stimmzettel und mit relativer Stimmenmehrheit gewählt werden.

Bei der Directorenwahl soll jeder Actien-Inhaber der Gesellschaft für jede Actie, welche er besitzt, zu einer Wahlstimme berechtigt sein, und mag seine Stimme persönlich oder durch Vollmacht abgeben; und jeder Inhaber einer Police, welcher mindestens einhundert Dollars an jährlichen Prämien bezahlt, oder jeder zu einer Leibrente im jährlichen Betrage von nicht weniger als hundert Dollars Berechtigte sollen zu einer Wahlstimme berechtigt sein; aber ein solches Votum soll persönlich, und nicht durch Vollmacht abgegeben werden.

Der Verwaltungsrath soll unmittelbar nach seiner Constituirung und jährlich nach jeder Wahl, aus der Zahl seiner Mitglieder einen Präsidenten und einen Vice-Präsidenten erwählen.

Im Falle der Vice-Präsident zu gleicher Zeit noch ein anderes Amt, außer dem eines Directors in der Gesellschaft, bekleidet, soll er nicht als Präsident derselben fungiren, sondern ein zeitweiliger Präsident durch den Verwaltungs-Rath oder den Präsidenten unter den Mitgliedern gewählt werden, um während der Abwesenheit oder Verhinderung des Präsidenten als solcher zu fungiren. Wenn eine solche Ernennung durch den Präsidenten getroffen ist, soll dieselbe nur bis zur nächsten Versammlung des Verwaltungsraths in Kraft bleiben.

Auch kann der Verwaltungsrath zu jeder Zeit aus seiner Mitte einen temporären Präsidenten wählen, für den Fall, daß der Präsident und Vice-Präsident abwesend, selbst betheiligt, oder zu fungiren verhindert sind.

Der Verwaltungsrath kann ebenfalls jederzeit einen Secretair und solche andere Beamte, die er für räthlich findet, anstellen, welche ihr Amt unter den von dem Verwaltungsrathe vorzuschreibenden Bedingungen bekleiden sollen.

Artikel 5. Art der Ausfüllung von Vacanzen.

Vacanzen im Verwaltungsrathe, die in den Zwischenräumen von einer Wahl zur andern durch Tod, Resignation oder auf andere Weise eintreten, können von demselben auf die Art ausgefüllt werden, wie nachfolgend in den Neben-Gesetzen angegeben ist.

Die Directoren sollen irgend eine Vacanz, die aus Vernachlässigung des Dienstes von Seiten irgend eines Wahl-Inspectors entstanden ist, ausfüllen.

Im Falle an einem Wahltage die Wahl nicht zu Stande kommt, sollen diejenigen Directoren, deren Stellen bei solcher Wahl nicht neu zu besetzen waren, Macht haben, Directoren an die Stelle derer zu erwählen, deren Nachfolger bei dieser Wahl hätten gewählt werden müssen, aber nicht erwählt wurden wegen Nichtzustandekommens der Wahl; und ebenso zusätzliche Directoren, die bei dieser Wahl hätten erwählt werden sollen, aber nicht gewählt wurden.

Der Verwaltungsrath soll Macht haben, jede Vacanz in irgend einem Amte zu besetzen.

Artikel 6. Das Gesellschafts-Kapital.

Das Kapital der besagten Gesellschaft soll Zweimalhunderttausend Dollars betragen, in Viertausend Actien getheilt, jede zu Fünfzig Dollars, welche persönliches Eigenthum und nur in den Büchern der Gesellschaft, in Uebereinstimmung mit den Neben-Gesetzen übertragbar sein sollen.

Die Besitzer des besagten Grund-Kapitals können denen Zinsen, deren Rate sieben Procent jährlich nicht übersteigt, erhalten. Nur

Bezahlung solcher Zinsen kann der Verwaltungs-Rath Dividenden erklären, und die Zeit und Art ihrer Auszahlung festsetzen.

Keine Gewinn-Vertheilung soll stattfinden, bevor die Actien-Inhaber nicht zuerst Zinsen im Betrage von sieben Prozent pro Jahr von dem Grund-Kapitale erhalten haben.

Artikel 7. Beschlußfähige Zahl des Verwaltungs-Rathes.

Sieben Directoren sollen eine beschlußfähige Zahl zur Verhandlung von Geschäften bilden, welche Zahl der Verwaltungs-Rath durch ein Neben-Gesetz zu erhöhen ermächtigt ist.

Artikel 8. Neben-Gesetze.

Der Verwaltungs-Rath soll ermächtigt sein, zur Richtschnur für die Beamten und Agenten, und für die Geschäftsführung Neben-Gesetze zu erlassen, welche mit diesen Statuten nicht unverträglich sind, noch mit der Constitution und den Gesetzen dieses Staates oder der Vereinigten Staaten.

Keine Aenderung oder Verbesserung der Neben-Gesetze oder irgend ein Zusatz zu denselben soll gemacht werden, außer durch einen zustimmenden Beschluß der Majorität aller Directoren.

Der Verwaltungs-Rath soll zu diesem Zwecke durch eine Einladung jedes einzelnen Directors, welche den Gegenstand der vorzuschlagenden Aenderung, Verbesserung oder Hinzufügung ausdrücklich angiebt, zusammenberufen werden, und die bejahenden sowie die verneinenden Stimmen sollen bei jeder Frage gesammelt werden.

Artikel 9. Rechnungsjahr der Gesellschaft.

Das Rechnungsjahr der Gesellschaft soll mit dem ersten Januar eines jeden Jahres beginnen, und mit dem ein und dreißigsten Dezember schließen.

Artikel 10. Bedingungen und Raten der Versicherungen.

Der Verwaltungs-Rath kann die Höhe der Prämien, sowie die Art der Zahlung derselben festsetzen und kann durch ein Neben-Gesetz den Betrag der auf ein einzelnes Leben anzunehmenden Versicherung beschränken.

Artikel 11. Verfall der Policen und weitere Gewalt des Verwaltungs-Rathes.

Im Falle irgend eine Versicherungs-Prämie auf irgend eine Police, die von der Gesellschaft ausgefertigt wurde, nicht zur Verfallzeit bezahlt wird, so kann der Verwaltungs-Rath eine solche Police für verfallen erklären und alle vorher geleisteten Zahlungen zum Vortheil der Gesellschaft verwenden. Der Verwaltungs-Rath soll ermächtigt sein, zum Vortheile der Gesellschaft irgend eine Versicherungs-Police oder andere Verpflichtung, die sie eingegangen wäre, zurückzukaufen. Der Verwaltungs-Rath soll alle übrige Gewalt besitzen, mit welcher gewöhnlich Verwaltungs-Räthe bekleidet sind, sofern sie nicht unverträglich ist mit diesen Statuten oder der Constitution und den Gesetzen dieses Staates oder der Vereinigten Staaten.

Artikel 12. Darlehen der Gesellschaft.

Kein Director oder Beamter der Gesellschaft soll ein Darlehen aus ihren Geldern erhalten dürfen.

Artikel 13. Vertheilung des Gewinnes.

Innerhalb dreier Monate nach dem Ablauf des Jahres 1867 sollen die Beamten der Gesellschaft einen General-Geschäftsausweis aufstellen und eine Bilanz des Geschäftsstandes der Gesellschaft ziehen lassen, welche den Betrag des Ueberschusses oder Reingewinnes für solche respective Zeiträume zeigt, so genau als derselbe ermittelt werden kann. Nach Abzug eines hinreichenden Betrages zur Rückversicherung aller ausstehenden Risicos und zur Deckung von Ausgaben für unvorherzusehende Fälle, sollen zwanzig Procent des so ermittelten Reingewinnes, zuzüglich der den Actien-Inhabern laut Artikel 6 zustehenden Zinsen des Grundkapitals, abgesondert und baar unter die Actien-Inhaber der Gesellschaft vertheilt werden; und die übrigen achtzig Procente des besagten Reingewinnes sollen baar, oder nach der Wahl der Versicherten auf irgend eine andere, von dem Verwaltungs-Rathe zu bestimmende Weise unter diejenigen Inhaber von Policen, welche nach den Bestimmungen ihrer Policen zum Antheile am Gewinne berechtigt sind, nach billigen Grundsätzen vertheilt werden. Diese Dividenden-Vertheilung unterliegt den Regulationen, welche der Verwaltungs-Rath von Zeit zu Zeit hinsichtlich des Zeitraumes, sowohl, während dessen eine Police in Kraft gewesen sein muß, um ihren Inhaber zum Antheile an der Dividende zu berechtigen, als auch hinsichtlich des Zeitraums für welchen die Dividenden jedesmal erklärt werden sollen, treffen wird.

Ferner sollen die Beamten der Gesellschaft, am oder vor dem ersten Juli des Jahres 1869 und jedes darauf folgenden Jahres, oder zu anderen Zeiten, die der Verwaltungs-Rath bestimmt, einen General-Geschäftsausweis aufstellen und eine Bilanz ziehen, wie oben gesagt. Nach Abzug eines hinreichenden Betrages zur Rückversicherung aller ausstehenden Risicos und zur Deckung von Ausgaben für unvorhergesehene Fälle, soll eine Summe, gleich fünf Procent pro Jahr vom Grundkapital, zuzüglich der den Actien-Inhabern laut Artikel 6 zustehenden Zinsen des Grundkapitals, unter die Actien-Inhaber vertheilt werden; und der Rest des Rein-Gewinnes soll baar, oder nach der Wahl der Versicherten auf irgend eine andere, von dem Verwaltungs-Rath zu bestimmende Weise unter diejenigen Inhaber von Policen, welche nach den Bestimmungen ihrer Policen zum Antheil am Gewinne berechtigt sind, nach billigen Grundsätzen vertheilt werden. Diese Dividenden-Vertheilung unterliegt den Regulationen, welche der Verwaltungs-Rath von Zeit zu Zeit, hinsichtlich des Zeitraums sowohl, während dessen die Police in Kraft gewesen sein muß, um deren Inhaber zum Antheil an der Dividende zu berechtigen, als auch hinsichtlich des Zeitraums, für welchen die Dividende jedesmal erklärt werden soll, treffen wird.

Im Falle des Ablebens eines Versicherten soll sein verhältnißmäßiger Antheil am Gewinn, welcher vor seinem Tode und seit der letzten Dividenden-Vertheilung sich angehäuft hatte, bei der nächstfolgenden Dividenden-Vertheilung seinen gesetzlichen Vertretern oder Cessionaren baar ausgezahlt werden.

Artikel 14. Bevollmächtigte zur Offenlegung von Subscriptionsbüchern.

Gustav Katter, John F. Schepeler, Frederik Schwendler, Hugo Wesendonck, Melvin S. Whitney sollen ermächtigt sein zur geeigneten Zeit und am geeigneten Orte Bücher offen zu halten für Subscriptionen zur Bildung des Grundkapitals der Gesellschaft, und dieselben offen zu halten, bis der volle Betrag von Zweihunderttausend Dollars gezeichnet ist. Eine Majorität derselben genügt zur Ausführung dieser Obliegenheiten.

Neben-Gesetze.

Artikel 1. Sitzungen.

1. Section. Regelmäßige Sitzungen der Directoren sollen abgehalten werden an jedem zweiten Mittwoch im Januar, April, Juli und October jeden Jahres, und soll ihnen ein Bericht von dem Präsidenten erstattet werden über die Transactionen und den Geschäftsgang der Gesellschaft während des verflossenen Vierteljahres, besonders aufführend: die Verträge, welche abgeschlossen wurden; die Geldbeträge, welche eingenommen wurden, und für welche Rechnung, die Art, auf welche dieselben angelegt, oder ausbezahlt wurden; und den baaren Kassenbestand; ferner einen General-Rechnungs-Abschluß, welcher aufweist eine vollständige Aufstellung der Gelder, der Anlagen, Zahlungen und aller Forderungen für Verluste.

Aehnliche Berichte sollen auch monatlich ausgefertigt, und zur Einsicht für jedes Mitglied des Verwaltungs-Rathes bereit gehalten werden.

2. Section. Nach dem Jahre 1860 soll auch eine Jahres-Sitzung stattfinden, an dem auf den zweiten Mittwoch im Dezember folgenden Samstage, zur Wahl eines Präsidenten, Vice-Präsidenten und ständiger Ausschüsse.

3. Section. Der Präsident kann jederzeit nach seinem Ermessen eine außerordentliche Sitzung der Directoren berufen; er soll auch eine außerordentliche Sitzung berufen, wenn er schriftlich dazu von drei Directoren aufgefordert wird. Alle regelmäßige und außerordentliche Sitzungen sollen durch eine schriftliche oder gedruckte Mittheilung an einen jeden Director berufen werden; und kein Geschäft soll in einer außerordentlichen Sitzung vorgenommen oder verhandelt werden, wenn nicht in der besagten Mittheilung darauf Bezug genommen wurde; es sei denn, daß die Majorität des gesammten Verwaltungs-Rathes durch ihre Abstimmung in besagter Sitzung ihre Zustimmung dazu gegeben hat.

Artikel 2. Vacanzen im Verwaltungs-Rathe.

Vacanzen im Verwaltungs-Rathe sollen in der nächsten oder einer darauf folgenden Sitzung, nachdem solche Vacanz erklärt worden ist und in einer Sitzung, welche auf diejenige folgt, in welcher die zur Ausfüllung der Vacanz bestimmte Person ernannt worden ist, ausgefüllt werden. Eine Mittheilung über die Wahl ist in die Einladung der Directoren zu dieser Sitzung aufzunehmen.

Artikel 3. Beamte.

Die Beamten der Gesellschaft sollen bestehen aus einem Präsidenten, einem Vice-Präsidenten und einem Secretair; doch können die Directoren anfänglich, und bis sie dafür halten, daß das Interesse der Gesellschaft die Anstellung eines besonderen Secretairs verlangt, den Vice-Präsidenten als provisorischen Secretair anstellen, in welchem Falle derselbe, so lange er dieses Amt bekleidet, die Amtsgeschäfte eines Secretairs versehen, aber nicht als Präsident der Gesellschaft fungiren soll.

Der Verwaltungs-Rath kann ebenso einen Mathematiker oder berathenden Mathematiker, einen oder mehrere Aerzte und sonstige rechtskundige und andere Beamten, als nothwendig sind, anstellen.

Artikel 4. Obliegenheiten der Beamten.

Section 1. Der Präsident soll bei allen Sitzungen der Directoren den Vorsitz führen und ex officio Mitglied aller ständigen Ausschüsse, mit Ausnahme des Untersuchungs-Ausschusses sein. Er soll die allgemeine Leitung und die Oberaufsicht über die Gesellschafts-Angelegenheiten haben, und ausschließliche Bewahrung des Corporations-Siegels mit der Ermächtigung, dasselbe den Versicherungs-, Altersversorgungs- und Rentenverträgen anzufügen; den Hypotheken-Entlastungsscheinen, den Cessionen von Hypotheken, wo die ganzen Beträge der darauf haftenden Schuld ausgezahlt werden soll; den Entlassungen von Theilen verhypothezirter Eigenschaften, wenn er dazu vom Finanz-Ausschusse ermächtigt ist; den Vollmachten zur Uebertragung von Werthpapieren, oder zur Vereinnahmung von Dividenden, mit Genehmigung des Finanz-Ausschusses, nach Anleitung von Artikel 7., Section 2 dieser Neben-Gesetze; und in allen übrigen Fällen, wozu er speciell durch einen Beschluß des Verwaltungs-Rathes bevollmächtigt wurde.

Im Falle der Vice-Präsident zu gleicher Zeit als provisorischer Secretair angestellt ist, soll der Präsident, wenn er durch Krankheit oder zeitweilige Abwesenheit zu fungiren verhindert ist, ermächtigt sein, aus der Zahl der Directoren einen Präsidenten pro tempore zu bestellen; und es soll das Datum von dessen Bestallung und des Ablaufes seiner Dienstzeit in dem Protokollbuch des Verwaltungs-Rathes vermerkt werden. Solche Bestallung soll nur bis zur nächsten Sitzung des Verwaltungs-Rathes in Kraft bleiben.

Section 2. Der Vice-Präsident soll dem Präsidenten assistiren und des Präsidenten Stelle einnehmen in allen Fällen, wo der letztere abwesend oder zu fungiren verhindert ist, außer dem, im Artikel 4. der Statuten vorgesehenen Falle, in welchem ihm nicht gestattet sein soll, als Präsident zu fungiren.

Section 3. Es soll dem Secretär obliegen, Aufsicht über die Bücher der Gesellschaft zu führen, alle Gelder, welche an die Gesellschaft gezahlt werden, zu vereinnahmen und sie in derjenigen Bank, resp. Banken zu deponiren, welche der Verwaltungs-Rath durch einen Beschluß angiebt; darauf zu achten, daß wahrheitsgetreue Einträge in die Bücher darüber gemacht werden; Quittungen zu empfangen, für alle Gelder die gezogen, ausgezahlt oder vorgelegt werden und getreue Einträge darüber machen zu lassen; eine genaue Rechnung zu führen über alle Anlagen, Werthpapiere und Ausstände, welche während aller Bürenustunden dem Verwaltungs-Rathe sowie den einzelnen Directoren zur Prüfung offen liegen sollen; Einladungen zu allen Sitzungen der Directoren und der Ausschüsse auszugeben und in den Einladungen zu den Specialsitzungen des Verwaltungs-Rathes anzuführen, auf wessen Verordnung und zu welchem Zwecke sie berufen werden; bei allen Sitzungen des Verwaltungs-Rathes anwesend zu sein (wenn nicht anderweitig beordert) und über die Verhandlungen in einem dazu bestimmten Buche genaue Protocolle zu führen und überhaupt allen Obliegenheiten, die gewöhnlich mit dem Amte eines Secretaires verknüpft sind, sich zu unterziehen.

Section 4. Der Mathematiker soll alle Berechnungen vornehmen, die auf die Lebensdauer und die geeigneten Prämiensätze für, von der Gesellschaft zu übernehmende Risicos, oder für auszugebende Leibrenten Bezug haben, wenn er von dem Präsidenten oder dem Verwaltungs-Rathe oder einem Ausschusse desselben dazu aufgefordert wird. Er soll ferner verpflichtet sein, die Abschätzung aller ausstehenden Risicos und der zum Rückkauf angebotenen Policen vorzunehmen und die periodischen Berichte über den Stand der Gesellschaft vorzubereiten. Er soll gleichfalls in der Führung derjenigen Bücher und Archive, die in sein Departement einschlagen, mitwirken und dieselben beaufsichtigen.

Section 5. Der Gesellschafts-Arzt soll verpflichtet sein, täglich zu bestimmten Stunden in dem Bureau der Gesellschaft anwesend zu sein, um alle Personen, auf deren Leben Versicherungen begehrt werden, zu untersuchen, und schriftlich über jeden Fall zu berichten. Der Arzt kann auch über alle Versicherungs-Anmeldungen von auswärts, sowie über alle Documente, welche sich auf Ansprüche, die durch den Tod eines Versicherten entstanden sind, beziehen, consultirt werden.

Section 6. Die Anwälte und Rechtsbeistände sollen verpflichtet sein, den Directoren, Ausschüssen und Beamten der Gesellschaft gesetzlichen Rath zu ertheilen; alle Eigenthumstitel, die ihnen unterbreitet werden, zu prüfen, darüber zu berichten und einen Auszug der Eigenthumstitel zu liefern.

Section 7. Der Präsident und Secretair sollen ermächtigt sein, in Uebereinstimmung mit den Anweisungen und Bestimmungen des Verwaltungs-Rathes, welcher gerade fungirt, Verträge über Lebensversicherungen, Altersversorgungen und Leibrenten abzuschließen.

Der Präsident und Secretair sollen alle Anweisungen oder Wechsel unterzeichnen und sie an der Ordre derjenigen Person oder Personen ausstellen, welche zum Empfang des Geldes berechtigt sind.

Artikel 5. Ständige Ausschüsse.

Section 1. Nach Annahme dieser Nebengesetze und in jeder zur Wahl des Präsidenten und Vice-Präsidenten bestimmten Jahres-Sitzung sollen folgende ständige Ausschüsse von dem Verwaltungs-Rathe erwählt werden und im Amte bleiben, bis ihre Nachfolger ernannt sind.

1) Ein Finanz-Ausschuß. 3) Ein Agentschafts-Ausschuß.
2) Ein Versicherungs-Ausschuß. 4) Ein Ueberwachungs-Ausschuß.

Section 2. Der Finanz-Ausschuß soll, außer dem Präsidenten, aus sechs Directoren (von denen vier ein Quorum bilden), bestehen, welche alle Anlagen, die von Geldern der Gesellschaft zu machen sind, zu überwachen und zu leiten haben und mit den Beamten über alle Angelegenheiten, welche mit den Finanzen der Gesellschaft und der Erklärung von Dividenden in Verbindung stehen, consultiren und ihnen Rath ertheilen sollen.

Section 3. Der Versicherungs-Ausschuß soll, außer dem Präsidenten, aus vier Directoren (von denen drei ein Quorum bilden) bestehen, welche mit den Beamten in allen Versicherungen betreffende, Angelegenheiten und solchen, welche die Abmachung von Ansprüchen für Verluste ordnen, consultiren und ihnen Rath ertheilen sollen; aber um zur Zahlung für solche Ansprüche zu ermächtigen, soll die Zustimmung von mindestens der Majorität des Ausschusses erforderlich sein.

Section 4. Der Agentschafts-Ausschuß soll außer dem Präsidenten, aus vier Directoren (von denen drei ein Quorum bilden) bestehen, welche die Beamten in allen auf die Agenturen bezüglichen Angelegenheiten zu befragen und zu berathen haben.

Section 5. Der Ueberwachungs-Ausschuß soll aus drei Directoren bestehen (von denen zwei ein Quorum bilden), welche jeden, dem Verwaltungs-Rathe vorgelegten vierteljährlichen Geschäfts-Ausweis zu prüfen haben.

Section 6. Regelmäßige Urschriften aller Verhandlungen und Beschlüsse eines jeden Ausschusses sollen in dazu bestimmte Bücher eingetragen werden.

Section 7. Jeder Bericht eines ständigen oder Special-Ausschusses soll schriftlich abgefaßt und von den zustimmenden Mitgliedern desselben unterzeichnet werden.

Artikel 6. Limitirung der Lebens-Risico's und Zahlungsart der Prämien.

Auf ein einzelnes Leben soll keine Police in höherem Betrage als Zehntausend Dollars ausgemacht werden, außer mit schriftlicher Billigung des Gesellschafts-Arztes und denn Zwanzigtausend Dollars nicht überschreitend; und alle Prämien müssen in Baar bezahlt werden.

Artikel 7. Bestimmungen über Geld-Anlagen.

Section 1. Keine Rückzahlung des Betrages von Schuldverschreibungen soll für rechtskräftig gelten, außer gegen die gemeinschaftliche Empfangs-Bescheinigung des Präsidenten und Secretairs, und diese Bestimmung soll als Theil des Betrages mit in die Schuldverschreibung aufgenommen werden.

Section 2. Alle Anlagen in Werthpapieren sollen im Namen der Gesellschaft geschehen, mit der Ermächtigung von vier Mitgliedern des Finanz-Ausschusses, von denen der Präsident immer eines sein soll. Uebertragungen derselben vorzunehmen.

Section 3. Bevor irgend eine Geldsumme für genehmigte Anleihen auf Grundeigenthum ausbezahlt wird, soll die Bescheinigung des Rechtsanwaltes der Gesellschaft über die Prüfung des Titels und über das Resultat derselben, bei dem Präsidenten hinterlegt sein. Bei der Auszahlung ist ihm die Schuldverschreibung einzuhändigen und die Hypothek zur gehörigen Eintragung auf dem geeigneten Amte zu lassen.

Der Auszug über den Titel, welcher die Prüfung desselben bis zur Zeit der Eintragung in das Hypothekenbuch mit den angefügten Original-Nachsuchungen enthalten muß (ausgenommen in solchen Fällen wo Original-Nachsuchungen gemacht und bei dem Clerk eines Gerichtshofes registrirt sind, in welchem Falle Abschriften genommen und beigefügt werden können, mit Bezugnahme auf den Gerichtshof, wo das Original registrirt ist), und Certificate über Nachsuchungen, betreffend Taxen, Auflagen und alle übrigen Belastungen sollen, in einer angemessenen Zeit nach der Ausgabe des Darlehens bei dem Präsidenten deponirt werden.

Section 4. Keiner der Directoren oder Beamten der Gesellschaft darf, weder direct noch indirect, eine Provision dafür annehmen, daß er Darlehen von der Gesellschaft verschafft, oder vermittelt.

Artikel 8. Uebertragung von Actien.

Keine Uebertragung von Actien dieser Gesellschaft soll für rechtskräftig angesehen werden, wenn sie nicht in den Büchern derselben durch die Person oder Personen, welche zur Uebertragung ermächtigt sind, gegen Aushändigung der Actien-Scheine vorgenommen wurde.

Artikel 9. Special-Ausschuß zur Untersuchung des Geschäftsstandes der Gesellschaft.

Am Schlusse jedes Rechnungsjahres sollen die Rechnungen und Ausstände der Gesellschaft durch einen Special-Ausschuß von drei Directoren (welche weder Mitglieder des Finanz- noch des (ständigen) Untersuchungs-Ausschusses sind) untersucht, und dessen Bericht in die Protokolle aufgenommen werden.

Artikel 10. Tages-Ordnung.

Die Tages-Ordnung für jede Sitzung des Verwaltungsrathes soll folgende sein:

1) Verlesung des Protokolls der vorhergehenden Sitzung, 2) Berichte der Beamten, 3) Berichte der ständigen Ausschüsse, 4) Berichte der Special-Ausschüsse, 5) die andern Geschäfte.

Auszug aus den Urschriften der Sitzungs-Protokolle der „Germania Lebens-Versicherungs-Gesellschaft" vom 10. April 1867.

Beschlossen: Herrn Hermann Rose zum Generalbevollmächtigten der Gesellschaft für Europa zu ernennen und den Beamten der Gesellschaft die Befugniß zu ertheilen, eine solche Vollmacht für Herrn Hermann Rose auszustellen, wie sie nach den Gesetzen der betreffenden europäischen Staaten erforderlich sein mag.

Für die Richtigkeit des Auszuges:

Friedrich Schwendler, provis. Secretair.

Staat Newyork, Stadt und County Newyork.

Der unterzeichnete Francis H. Zitz öffentlicher geschworner Notar für den Stadt Newyork im Amtssitze der Stadt Newyork bescheinigt amtlich, daß Herr Friedrich Schwendler, welcher obigen Auszug durch seine Unterschrift beglaubigt hat, wirklich provisorischer Secretair der Germania Lebensversicherungs-Gesellschaft in Newyork und als solcher statutenmäßig berechtigt ist, solche beglaubigte Auszüge zu ertheilen, daß ferner Herr Friedrich Schwendler seine Unterschrift unter obiger Urkunde als ächt anerkannt hat.

Worüber Urkunde zu Newyork am 13. Juni 1867.

(L. S.) Francis H. Zitz, Oeffentl. Notar.

Vollmachts-Erklärung.

Staat Newyork, Versicherungs-Departement Albany, den 10. Juli 1860.

Nachdem mir hinreichender Beweis beigebracht und in meinem Amts-Lokale niedergelegt wurde, daß die Corporatoren der Lebens-Versicherungs-Gesellschaft Germania die besagte Gesellschaft vollständig organisirt haben:

So bescheinige ich, William Barnes, Superintendent des Versicherungs-Departements des Staates Newyork hiermit, daß die besagte Lebens-Versicherungs-Gesellschaft bei mir, als solchem Superintendenten, die Summe von Hunderttausend Dollars in gesetzlich erlaubten Obligationen und Sicherheiten deponirt hat; und daß die besagte Lebens-Versicherungs-Gesellschaft Germania ermächtigt ist, ihr Geschäft zu beginnen und Policen als eine Lebens-Versicherungs-Corporation auszugeben, gemäß der für solchen Fall erlassenen und Fürsorge treffenden Statuten; sobald als diese Bescheinigung mit den, derselben angefügten, beglaubigten Abschriften der, vom Gesetz verlangten Schriftstücke, auf dem Amtslokale des County Clerks von Newyork registrirt sein wird. Zum Zeugniß dieses habe ich hierunter meinen Namen gesetzt und mein Amtssiegel anfügen lassen.

(Siegel.) William Barnes, Superintendent.

Special-Verwaltungs-Rath für Europa.

Eduard Freiherr von der Heydt, Königl. Preußischer Consul a. D. Berlin.

Heinrich Hardt, Mitglied des Preußischen Abgeordneten-Hauses in Firma Hardt & Co. in Berlin, Berviers, Lyon und Newyork. Berlin.

Hermann Marcuse, Rentier, früher Firma Marcuse & Bacher in Newyork. Frankfurt a. M.

Dr. Friedrich Kapp, früher Advocat und Einwanderungskommissär in Newyork. Berlin.

Hermann Rose, General-Bevollmächtigter der Gesellschaft für Europa. Berlin.

Staat Newyork, Versicherungs-Abtheilung Albany, 2. Januar 1868.

Da die Germania Lebensversicherungs-Gesellschaft in der Stadt Newyork um Concession, in Preußen Geschäfte zu machen eingekommen ist, und der Verwaltungsrath in einer am 14. December 1867 abgehaltenen Sitzung für diesen Zweck Beschlüsse gefaßt hat, welche lauten wie folgt:

Beschlossen 1) in den Policen der Gesellschaft für die Europäische Agentur, unter der Anleitung des gesetzlichen Rathgebers der Gesellschaft, die Bedingungen hinzuzufügen, daß die Policen erst an dem Platze und zu der Zeit in Kraft treten, an welchem und zu welcher der General-Bevollmächtigte der Gesellschaft dieselben durch seine Unterschrift vollzogen haben wird; desgleichen für solche Vollziehungen der Policen der Gesellschaft durch den General-Bevollmächtigten, den Policen eine Executio-Clausel in blanco hinzuzufügen;

2) die Beamten der Gesellschaft zu ermächtigen, die dem General-Bevollmächtigten ertheilte Vollmacht in Uebereinstimmung mit dem obigen Beschluß zu ergänzen.

Deshalb bescheinige ich, William Barnes, Superintendent der Versicherungs-Abtheilung des Staates Newyork hierdurch, daß die obigen Beschlüsse gesetzlich und gültig sind, und daß dieselben dem Freibrief und den Neben-Gesetzen der gedachten Gesellschaft, sowie der Constitution und den Gesetzen des Staates Newyork und der Vereinigten Staaten nicht widersprechen.

Zum Zeugniß dessen habe ich meine Unterschrift hierzugesetzt und mein Amtssiegel beigefügt in doppelter Ausfertigung in der Stadt Albany am Tage und im Jahre wie oben angegeben.

(L. S.) gez. William Barnes, Superintendent.

Haupt-Agent für Bayern: Ober-Inspektor Ludwig Jung in München.

Königlich Bayerisches

Kreis-Amtsblatt der Pfalz.

№ 11. Speier, den 2. Februar 1872.

Inhalt:

pr. den 29. Januar 1872.

Gesetz,

die Abänderungen einiger Bestimmungen der Gemeindeordnung für die Pfalz vom 29. April 1869 betreffend.

Ludwig II.,

von Gottes Gnaden König von Bayern,

Pfalzgraf bei Rhein,

Herzog von Bayern, Franken und in Schwaben rc. rc.

Wir haben nach Vernehmung Unseres Staatsrathes und mit Beirath und Zustimmung der Kammer der Reichsräthe und der Kammer der Abgeordneten die Abänderung einiger Bestimmungen der Gemeindeordnung für die Pfalz vom 29. April 1869 beschlossen und verordnen, was folgt:

Art. 1.

In Art. 11 Abs. II treten unter Aufrechthaltung der Bestimmungen sub lit. a, dann sub lit. e, f, g an die Stelle jener sub lit. b, c und d folgende Bestimmungen:

lit. b., wenn ihm durch rechtskräftiges richterliches Urtheil die bürgerlichen Ehrenrechte aberkannt sind, so lange dieser Verlust dauert, oder wenn er auf Grund der vor dem 1. Januar 1872 in Geltung gestandenen Strafgesetzgebung wegen eines Verbrechens oder wegen Vergehens des Diebstahls, der Unterschlagung, des Betrugs, der Hehlerei oder Fälschung verurtheilt worden ist oder in Folge rechtskräftiger Verurtheilung wegen eines anderen Vergehens die in Art. 28 Ziff. 4 und 5 des bayerischen Strafgesetzbuches von 1861 bezeichneten Fähigkeiten oder einzelne derselben verloren hat und nicht seit der vollendeten Erstehung oder Verjährung oder dem Erlaß der Strafe in den Fällen der Verurtheilung wegen Verbrechens zehn Jahre und in den übrigen Fällen fünf Jahre abgelaufen sind oder früher vollständige Rehabilitation erfolgt ist;

lit. c, wenn gegen ihn durch rechtskräftiges richterliches Urtheil die Zulässigkeit der Stellung unter Polizeiaufsicht oder nach Maßgabe der bisherigen Strafgesetzgebung die Zulässigkeit der Verwahrung in einer Polizeianstalt oder nach dem Strafgesetzbuche für das Deutsche Reich die Ueberweisung an die Landespolizeibehörde ausgesprochen war und er sich von dem Zeitpunkte an, wo die verhängte Maßregel beendigt oder deren Zulässigkeit erloschen ist, nicht mindestens zwei Jahre vor der Bewerbung klaglos verhalten hat;

lit. d., wenn er zur Zeit der Bewerbung einer strafrechtlichen Verfolgung wegen einer Handlung unterliegt, wegen welcher der Verlust der bürgerlichen Ehrenrechte oder die Zulässigkeit der Stellung unter Polizeiaufsicht oder die Ueberweisung an die Landespolizeibehörde ausgesprochen werden kann.

Art. 2.

Der Artikel 12 erhält folgende Fassung:

Abgesehen von der Vorbedingung der Heimatberechtigung in einer Gemeinde der rechtsrheinischen Landestheile haben unter den Voraussetzungen des Artikels 11 auch Nichtbayern Anspruch auf Verleihung des Bürgerrechtes; diese Verleihung wird jedoch erst wirksam, wenn die betreffende Person die bayerische Staatsangehörigkeit erworben hat.

Die Staatsregierung ist berechtigt, für Angehörige jener auswärtigen Staaten, in welchen die Bürgerrechtserwerbung bayerischer Staatsangehöriger weitergehenden Beschränkungen unterworfen ist, im Verordnungswege dieselben Beschränkungen festzusetzen.

Art. 3.

Der erste Satz in Artikel 32 Absatz IV hat zu lauten:

„Die Uebertretung der betreffenden Vorschriften unterliegt der Aburtheilung der hiefür zuständigen Gerichte."

Art. 4.

An die Stelle des Artikels 60 tritt folgende Bestimmung:

„Bürgermeister, Adjunkten, Gemeinderäthe und Gemeindebedienstete, welche wegen eines Verbrechens oder eines solchen Vergehens, wegen dessen auf Verlust der bürgerlichen Ehrenrechte erkannt werden kann, in die öffentliche Sitzung eines Strafgerichts verwiesen oder im Falle der directen Ladung zum Verluste der bürgerlichen Ehrenrechte erstinstanziell verurtheilt sind, unterliegen für die Dauer des weiteren Strafverfahrens der Suspension vom Amte, welche in Bezug auf Bürgermeister und Adjunkten die vorgesetzte Verwaltungsbehörde, in Bezug auf Gemeinderäthe und Gemeindebedienstete der Bürgermeister in Vollzug zu setzen hat."

Art. 5.

Bei der Anwendung der in Artikel 77 vorgesehenen Zwangsbefugnisse sind für die Folge statt der in diesem Artikel erwähnten Artikel 28 und 29 des Gesetzes vom 10. November 1861, die Einführung des Straf- und Polizeistrafgesetzbuches betreffend, die Bestimmungen in Artikel 21 und 22 des Polizeistrafgesetzbuches vom 26. Dezember 1871 maßgebend.

Art. 6.

Der Artikel 100 Absatz I hat zu lauten:

„Wahlstimmberechtigt sind alle Gemeindebürger, mit Ausschluß jener, bei welchen die Ausübung des Bürgerrechtes ruht; ferner derjenigen, welchen durch rechtskräftiges richterliches Urtheil die bürgerlichen Ehrenrechte aberkannt sind, so lange dieser Verlust dauert, dann jener, welche auf Grund der bisherigen bayerischen Strafgesetzgebung wegen eines Verbrechens oder wegen Vergehens des Diebstahls, der Unterschlagung, des Betruges, der Hehlerei oder der Fälschung verurtheilt worden sind oder in Folge rechtskräftiger Verurtheilung wegen eines andern Vergehens die in Artikel 28 Ziffer 4 und 5 des bayerischen Strafgesetzbuches von 1861 bezeichneten Fähigkeiten oder einzelne derselben verloren haben, soferne nicht seit der vollendeten Erstehung oder Verjährung oder dem Erlaß der Strafe in den Fällen der Verurtheilung wegen Verbrechens zehn Jahre und in den übrigen Fällen fünf Jahre abgelaufen sind, oder früher vollständige Rehabilitation erfolgt ist."

Art. 7.

Gegenwärtiges Gesetz tritt mit dem Tage seiner Verkündung in der Pfalz in Wirksamkeit.

Gegeben München, den 19. Januar 1872.

Ludwig.

Graf v. Hegnenberg-Dux. v. Pfretzschner. Frhr. v. Pranckh. v. Lutz. v. Pfeufer. Dr. Fäustle.

Nach dem Befehle Seiner Majestät des Königs:
der Generalsecretär des Staatsrathes,
Geh. v. Kobell.

---

pr. den 29. Januar 1872.

Königlich Allerhöchste Verordnung,

die Umgestaltung der Steuerkataster-Commission betr.

Ludwig II.,

von Gottes Gnaden König von Bayern,
Pfalzgraf bei Rhein,
Herzog von Bayern, Franken und in Schwaben rc. rc.

Nachdem die k. Steuerkataster-Commission ihre Hauptaufgabe, — die Herstellung der Kataster und Pläne für das Königreich, — vollendet hat und es sich für die Folge nur mehr um die Evidenthaltung der Kataster-Elaborate, deren Ergänzung und Vervollkommnung handelt, haben Wir nach Vernehmung Unseres Staatsrathes beschlossen, was folgt:

§ 1.

Die durch Verordnung vom 8. Februar 1828 gebildete Steuerkataster-Commission wird aufgelöst. An deren Stelle tritt ein technisches Organ unter der Benennung „Kataster-Bureau", welches Unserem Staatsministerium der Finanzen unmittelbar untergeordnet ist und die ihm obliegenden Arbeiten im Auftrage dieses Staatsministeriums auszuführen hat.

§ 2.

Dem Kataster-Bureau liegt ob:

1. Die Aufbewahrung der Original-Katasterpläne und Vorarbeiten, sowie der damit im Zusammenhange stehenden Grund-, General- und Special-Acten;

2. die Aufbewahrung, dann der Verkauf und die Versendung der lithographirten Kataster-Pläne und Papiere;

3. die Evidentstellung der lithographirten Kataster-Pläne durch fortwährende Nachtragung der Mutations-messungen auf den Plansteinen;

4. die Vornahme der von den Behörden und Bezirksgeometern nachgesuchten Besitz-, Plan- und Flächen-Recherchen, nebst Berichtigung der dabei entdeckten Fehler;

5. die Renovation der für die Umschreibung nicht mehr brauchbaren Grund- und Haus-Steuerkataster nach § 88 der Umschreib-Instruction vom 19. Januar 1830, insoferne solche nicht durch die betreffenden Rentämter oder am Sitze der einschlägigen Kreisregierung hergestellt werden kann;

6. die Vervollständigung und Vervollkommnung der Kataster-Elaborate nach den jeweiligen Bedürfnissen und Mitteln, wie insbesondere die Neuaufnahme der Städte und Ortschaften in einem entsprechend größeren Maßstabe, Messungsberichtigungen u. dgl.;

7. die Vornahme der von Unserem Staats-ministerium der Finanzen verfügten Inspectionen des Kataster-Ummessungsdienstes, dann die Ausarbeitung der von diesem Staatsministerium verlangten technischen Gutachten, Instructions-Entwürfe u. dgl.;

8. die Besorgung außerordentlicher, nur nach Ablauf längerer Zeitabschnitte sich wiederholender Geschäfte, wie die Fixirung älterer trigonometrischer Hauptdreiecksnetz-punkte, die Abhaltung von Geometerprüfungen u. dgl.

§ 3.

Der Personalstand des Kataster-Bureaus wird bestehen:

1. Aus zwei bis drei technischen Beamten für den inneren Dienst (Lithographische Anstalt, Besitz-, Plan- und Flächen-Recherchen und Kataster-Renovation), dann aus einem Kataster-Inspector zur Leitung der Arbeiten des äußeren Dienstes und zur Inspicirung des Kataster-Ummessungsdienstes.

Einem dieser Beamten werden Wir die Besorgung der Vorstandsgeschäfte übertragen.

2. Aus einem Cassier, welcher zugleich die Geschäfte des Conservatoriums und die Materialverwaltung zu besorgen hat;

3. Aus einem Registrator, welchem zugleich das Archiv unterstellt ist;

4. Aus dem für die verschiedenen Zweige des Dienstes erforderlichen Hilfspersonale.

Dem Beamten, welchem die Besorgung der Vorstandsgeschäfte übertragen ist, liegt die Oberleitung des Gesammt-Dienstes, die Obsorge für die zweckmäßige Verwendung der gegebenen Mittel und die Behandlung der Personal-Angelegenheiten ob.

Unser Staatsministerium der Finanzen ist ermächtigt, zur aushilfsweisen Besorgung des äußeren Dienstes Beamte des inneren Dienstes zu verwenden und ebenso dem Kataster-Inspector weitere Geschäfte besonders zu übertragen.

Den Rang und Gehalt der sämmtlichen Beamten werden Wir in den einzelnen Ernennungsdecreten besonders bestimmen.

§ 4.

Die Aufnahme des Hilfspersonals, welches in der Regel in Diäten oder Accordsätzen zu beschäftigen ist, kann nur mit Genehmigung Unseres Staatsministeriums der Finanzen erfolgen.

Wir genehmigen, daß den Functionären des Kataster-Bureaus, wenn sie zur Zufriedenheit gedient haben, aber durch Alter oder Unglück dienst- und erwerbsunfähig werden, ebenso ihren Wittwen und Waisen, welche kein zu ihrem Unterhalte hinreichendes Vermögen besitzen, ständige Unterhaltsbeiträge mit Rücksicht auf die Bestimmungen der Dienstespragmatik angewiesen werden.

§ 5.

Bei der Ausführung der Arbeiten des äußeren Dienstes sollen, soweit thunlich, auch die Kreisobergeometer und die Bezirksgeometer mit Genehmigung Unseres Staatsministeriums der Finanzen verwendet werden.

Denselben ist für solche außerordentliche Dienstleistungen eine entsprechende Entschädigung aus dem Etat des Kataster-Bureaus zu gewähren.

§ 6.

Gegenwärtige Verordnung tritt mit dem 1. Februar 1872 in Wirksamkeit.

Unser Staatsministerium der Finanzen ist mit dem Vollzuge beauftragt.

München, den 19. Januar 1872.

Ludwig.

v. Pretzschner.

Auf Königlich Allerhöchsten Befehl:
Der General-Secretär:
Grieshammer.

---

pr. den 29. Januar 1872.

Königlich Allerhöchste Verordnung,

die Behandlung der Versäumnisse des Besuches der Schule und des öffentlichen Religionsunterrichts betr.

Ludwig II.,

von Gottes Gnaden König von Bayern,
Pfalzgraf bei Rhein,
Herzog von Bayern, Franken und in Schwaben rc. rc.

Wir finden Uns bewogen, auf Grund des Artikels 58 des Polizeistrafgesetzbuches bezüglich der Behandlung der Versäumnisse des Besuches der Schule und des öffentlichen Religionsunterrichts von Seite der werktags- und sonntagsschulpflichtigen Jugend zu verordnen, was folgt:

§ 1.

An jeder deutschen Werktags- und Sonntagsschule, dann an jeder die Sonntagsschule vertretenden Fortbildungsschule werden von dem Lehrer Verzeichnisse über die Versäumnisse geführt, welche bei der werktags- und sonntagsschulpflichtigen Jugend in Bezug auf den Besuch

der Schule und des öffentlichen Religionsunterrichts im Verlaufe eines Monats sich ergeben.

§ 2.

Diese Verzeichnisse sind in den ersten Tagen des darauffolgenden Monats der Local- oder Stadtbezirks-Schulinspection zu übergeben, welche dieselben in den vorgeschriebenen, am ersten, spätestens zweiten Sonntage jeden Monats stattfindenden Schulsitzungen zu prüfen hat.

Die Eltern, Pflegeeltern, Vormünder, Dienst- und Lehrherrn der säumigen Werktags- oder Sonntagsschulpflichtigen sind zu den Schulsitzungen vorzuladen und mit ihrer Verantwortung zu vernehmen.

Soferne die Vorgeladenen ohne genügende Entschuldigung wegbleiben, oder die vorgebrachte Entschuldigung der Versäumnisse nicht hinreichend begründet erscheint, ist für jedes Versäumniß der Werktagsschule oder der Sonntagsschule, oder der letztere vertretenden Fortbildungsschule oder des öffentlichen Religionsunterrichts eine Geldstrafe von drei bis zwölf Kreuzern zu verfügen und damit eine Verwarnung der Schuldigen vor weiteren Versäumnissen zu verbinden.

Den Nichterschienenen ist dieser Beschluß der Ortsschulbehörde schriftlich zu eröffnen.

In gleicher Weise sind auch die säumigen Sonntagsschulpflichtigen zu den erwähnten Schulsitzungen vorzuladen und mit ihrer Verantwortung zu hören.

Soferne die Vorgeladenen ohne genügende Entschuldigung wegbleiben oder die von ihnen vorgebrachte Entschuldigung nicht genügend erscheint, ist gegen dieselben ein Disciplinarverweis auszusprechen und damit eine Verwarnung vor weiteren Versäumnissen zu verbinden.

Den Nichterschienenen ist dieser Beschluß der Ortsschulbehörde schriftlich zu eröffnen.

In der Pfalz legt der Lehrer die monatlichen Schulversäumnißlisten dem Local-Schulinspector vor, welcher dieselben zu beglaubigen und sodann dem Vorstande der Orts-Schulcommission zu übergeben hat.

Von letzterer ist hierauf in der vorgeschriebenen regelmäßigen Monatssitzung nach Maßgabe der in den vorstehenden Absätzen 1—7 gegebenen Vorschriften weiter zu verfahren.

§ 3.

Die Erhebung der in § 2 Abs. 3 bezeichneten Geldstrafen und deren Beitreibung im Wege der Hilfsvollstreckung hat von der einschlägigen Gemeindeverwaltung nach den über die Beitreibung von rückständigen Gemeindeumlagen gegebenen Vorschriften zu erfolgen. Der Ertrag derselben wird an die Schulkasse abgegeben.

In der Pfalz hat es bei der bisher angeordneten Verwendungs- und Verrechnungsweise sein Verbleiben.

§ 4.

Eltern, Pflegeeltern, Vormünder, Dienst- und Lehrherrn, welche ohne genügende Entschuldigung unterlassen, ihre schulpflichtigen Kinder, Pflegekinder, Mündel, Dienstboten oder Lehrlinge zum Schulbesuche anzuhalten, obwohl sie von der Orts-Schulbehörde wegen schuldhafter Schulversäumnisse nach Maßgabe des § 2 mit Geldstrafe belegt und vor weiteren Versäumnissen verwarnt worden waren, sind der Staatsanwaltschaft des einschlägigen Polizeistrafgerichts zur Bestrafung nach Artikel 58 des Polizeistrafgesetzbuches unter Vorlage der nöthigen Behelfe anzuzeigen.

Ebenso ist gegen diejenigen Sonntagsschulpflichtigen zu verfahren, welche aus eigenem Verschulden den Besuch der Sonntagsschule oder der dieselbe vertretenden Fortbildungsschule oder während ihrer allgemeinen Sonntagsschulpflicht den vorgeschriebenen Besuch des öffentlichen Religionsunterrichts fortgesetzt versäumen, obwohl gegen sie von der Orts-Schulbehörde wegen schuldhafter Schulversäumniß nach Maßgabe des § 2 eingeschritten worden war.

Die Anzeige bei der Staatsanwaltschaft hat zunächst von der einschlägigen Orts-Schulbehörde und zwar sofort nach Constatirung der weiteren schuldhaften Schulversäumniß zu geschehen. Zu dieser Anzeige ist aber auch

jede höhere Schulbehörde berechtigt, wenn dieselbe von der Orts-Schulbehörde unterlassen wird oder nicht rechtzeitig erfolgt.

§ 5.

Gegenwärtige für alle Landestheile giltige Verordnung tritt mit dem Tage ihrer Verkündung in Wirksamkeit.

Gleichzeitig erlöschen die Bestimmungen der Verordnung vom 28. Juni 1862, die Behandlung der Versäumnisse des Besuches der Schule und des öffentlichen Religionsunterrichtes betreffend, und alle entgegenstehenden früheren Vorschriften.

München, den 22. Januar 1872.

Ludwig.

v. Lutz.

Auf Königlich Allerhöchsten Befehl:
der General-Secretär
Ministerialrath v. Bezold.

---

pr. den 29. Januar 1872.

Königlich Allerhöchste Verordnung,

die Verkündigung der Gesetze und Verordnungen in der Pfalz betr.

Ludwig II.,

von Gottes Gnaden König von Bayern,
Pfalzgraf bei Rhein,
Herzog von Bayern, Franken und in Schwaben 2c. 2c.

Wir finden Uns bewogen, über die Verkündigung der Gesetze und Verordnungen in der Pfalz zu verordnen, was folgt:

Art. 1.

Die Verkündigung der Gesetze und Verordnungen für die Pfalz findet fortan und zwar

a) bezüglich der Gesetze nur durch das Gesetzblatt,

b) bezüglich der Verordnungen, Bekanntmachungen und sonstigen allgemeinen Erlasse nur durch das Regierungsblatt für das Königreich Bayern statt.

Art. 2.

Gegenwärtige Verordnung tritt mit dem Tage ihrer Bekanntmachung durch das Regierungsblatt in Wirksamkeit.

Unsere Staatsministerien der Justiz, des Innern und der Finanzen sind mit dem Vollzuge beauftragt.

München, den 24. Januar 1872.

Ludwig.

v. Pfretzschner. v. Pfeufer.

Dr. Fäustle.

Auf Königlich Allerhöchsten Befehl:

Der General-Secretär

Ministerialrath v. Dubois.

Nro. 1944 E. pr. den 27. Januar 1872.

(Die von fürstlich Schaumburg-Lippeschen Aemtern ausgestellten Pässe betr.)

Im Namen Seiner Majestät des Königs.

Nachstehende Entschließung des k. Staatsministeriums des Innern wird hiermit zur öffentlichen Kenntniß gebracht.

Speier, den 28. Januar 1872.

Königlich Bayerische Regierung der Pfalz,

Kammer des Innern.

v. Braun.

Staatsministerium des Innern.

Der k. Regierung, Kammer des Innern, wird hiemit zur Kenntnißnahme und weiteren Verfügung eröffnet, daß inhaltlich einer Mittheilung der fürstlich Schaumburg-Lippeschen Regierung zu Bückeburg vom 1. Januar 1872 angefangen an Stelle der aufgehobenen Polizeidirection der fürstliche Polizeidirector der Residenzstadt Bückeburg, die fürstlichen Aemter und der Magistrat in Stadhagen die zur Ausstellung von Pässen und sonstigen Reisepapieren competenten Behörden des Fürstenthums sind, daß aber Reisepapiere für die Mitglieder des fürstlichen Hauses und deren Gefolge, sowie Cabinetspässe, wie bisher von der fürstlichen Regierung zu Bückeburg ausgestellt werden.

München, den 18. Januar 1872.

Auf Seiner Königlichen Majestät Allerhöchsten Befehl:

v. Pfeufer.

Durch den Minister:
Der General-Secretär:
Ministerialrath v. Dubois.

---

pr. den 30. Januar 1872.

(Die erledigte Bezirksarztesstelle I. Classe in Brückenau betr.)

Die Bezirksarztesstelle I. Classe in Brückenau ist in Erledigung gekommen; Bewerber um dieselbe haben ihre vorschriftsmäßig belegten Gesuche bei der unterfertigten Stelle bis zum 10. Februar l. J. einzureichen.

Speier, den 29. Januar 1872.

Königlich Bayerische Regierung der Pfalz,

Kammer des Innern.

v. Braun.

---

pr. den 30. Januar 1872.

(Die erledigte Bezirksarztesstelle I. Classe in Kötzting betr.)

Die Bezirksarztesstelle I. Classe in Kötzting ist in Erledigung gekommen; Bewerber um dieselbe haben ihre vorschriftsmäßig belegten Gesuche bei der unterfertigten Stelle bis zum 12. Februar l. J. einzureichen.

Speier, den 20. Januar 1872.

Königlich Bayerische Regierung der Pfalz,

Kammer des Innern.

v. Braun.

pr. den 18. Januar 1872.

Verzeichniß
der im Monat Dezember 1871 bestätigten Unteragenten.

Name des Agenten	Stand	Wohnort	Name und Art der Gesellschaft.	Agenturbezirk.
Goldschmitt, Julius	Agent	Ludwigshafen	Expedientenhaus: W. Inman in Antwerpen.	
Biehl, Math.	"	Göllheim	"	
Grünewald, Ph.	"	Edenkoben	"	
Stork, Joh. Jacob	"	Frankenthal	"	
Kobeit, Christ.	"	Kirchheim	"	
Böhm, Fried.	"	Kaiserslautern	"	
Westheimer, Gustav	"	Grünstadt	"	
Schwarz, Moses	"	Bergzabern	"	
Haas, Abraham	"	Langenkandel	"	
Deibert, Ph.	"	Zweibrücken	"	
Eisenmann, Jacob	"	Blieskastel	"	
Neu, Simon	"	Lindenheim	"	
Peters, Johann	"	St. Ingbert	"	
Delobelle, Anton	"	Landau	"	
Blum, Salomon	"	Hagenbach	"	
Klein, Nikolaus	"	Habkirchen	"	
Dreßler, Louis	"	Hermersberg	"	
Wolf, Benedict	"	Leimersheim	"	
Walter, Gustav	"	Landstuhl	"	
Eberstadt, Leop.	"	Frankenthal	"	
Kümmle, Joh. Ad.	"	Bergzabern	"	
Grohe, August	"	Speier	"	
Sold, Jacob	"	Bergzabern	Expedientenhäuser: C. Brown in Havre, J. F. Siebers in Bremen, Aug. Behrens in Hamburg, Herm. Ludwig in Antwerpen.	

pr. den 30. Januar 1872.

1. Bekanntmachung.

Königl. Bayer. Pfälzische Eisenbahnen.

Die Herren Actionäre der 3 vereinigten Pfälzischen Eisenbahnen werden in Gemäßheit der §§ 40 und 45 der Gesellschafts-Satzungen und der im gemeinschaftlichen Nachtrage publicirten Zusätze zu diesen §§ zu einer im Bahnhofgebäude zu Ludwigshafen a. Rh. abzuhaltenden

Außerordentlichen Generalversammlung auf **Mittwoch den 28. Februar 1872, Morgens 10 Uhr,**

ergebenst eingeladen.

Tagesordnung.

1. Vorlage der Allerhöchsten Concessions-Urkunde für für die Actiengesellschaft der Pfälzischen Ludwigsbahn vom 18. November 1871 zum Baue und Betriebe der von ihr bereits übernommenen neuen

Eisenbahn von Landau über Rodalben nach Zweibrücken und einer Zweigbahn von Biebermühle nach Pirmasens; Antrag der Verwaltung

a) Auf Anerkennung und Annahme der vorerwähnten Concessionsurkunde vom 18. November 1871,

b) Auf Erhöhung des Bau- und Einrichtungs-Capitals der Ludwigsbahn-Gesellschaft um den Maximalbetrag von 10 Millionen Gulden im Wege eines Prioritätsanlehens in Gemäßheit des § 26 der Satzungen;

c) Auf Ergänzung der Satzungen, insbesondere der §§ 22 und 23 durch Erstellung eines Nachtrages in Betreff dieser neuen Bahn.

2. Vermehrung des Fahrmaterials, Herstellung von Lände- und Ladestellen mit Dampfkrahnen längs des Rheines in Ludwigshafen und mehrere andere Ergänzungsbauten, beziehungsweise Erhöhung des Bau- und Einrichtungs-Capitales der Pfälzischen Ludwigsbahn-Gesellschaft für diese Zwecke im Wege eines Prioritäts-Anlehens von 8½ Millionen Gulden.

Dabei wird gemäß des Nachtrages zu § 40 der Satzungen bemerkt, daß sämmtliche auf obige Verhandlungsgegenstände bezüglichen Anträge der Verwaltung zunächst der besonderen Generalversammlung der Ludwigsbahn-Gesellschaft zur Beschlußfassung, sodann den besonderen Generalversammlungen der Gesellschaften der Maxbahn und der Nordbahnen zur Gutheißung unterbreitet werden, und daß die Verhandlung eine gemeinschaftliche, die Abstimmung dagegen für jede Gesellschaft eine separate sein wird.

Diejenigen Herren Actionäre der 3 vereinigten Bahngesellschaften, welche dieser Versammlung beiwohnen wollen, haben sich längstens bis zum 21. Februar l. Jrs. auf dem Bureau der Direction zu Ludwigshafen a. Rh. über ihren Actienbesitz entweder durch Vorzeigung der Original-Actien oder ein nach Nummern geordnetes, amtlich beglaubigtes Verzeichniß auszuweisen, wogegen die erforderlichen Einlaßkarten abgegeben werden.

Ludwigshafen, den 22. Januar 1872.

Der Vorstand des Verwaltungsrathes der Pfälzischen Bahnen.

Mahla.

Bekanntmachung,

die Organisation der deutschen Reichsconsulate in Frankreich betr.

Zufolge der im Reichsgesetzblatte Nr. 52 Seite 482 sub Num. 767 publicirten Ernennungen deutscher Reichsconsuln in Frankreich sind die bisherigen k. Consulate zu Paris, Havre und Marseille auf Grund des Artikels 56 der Deutschen Reichsverfassung aufgehoben worden.

Pfarrei-Verleihungen.

Seine Majestät der König haben mittelst allerhöchsten Rescriptes vom 8. Januar 1872 dem Priester Georg Frank, Pfarrer in Großfischlingen, die katholische Pfarrei Martinshöhe allergnädigst zu übertragen geruht.

Seine Majestät der König haben Sich allergnädigst bewogen gefunden, unterm 9. Januar l. J. die protestantische Pfarrstelle zu Mittelbrunn, Decanats Homburg, dem Pfarramts-Candidaten Johann Heinrich Piton von Contwig, und

die protestantische Pfarrstelle zu Mußbach, Decanats Neustadt a/H., dem bisherigen Pfarrer in Mechtersheim, Decanats Speier, Martin Müller, dann

unterm 11. Januar l. J. die protestantische III. Pfarrstelle in Speier, Decanats gleichen Namens, dem bisherigen Pfarrer in Edenkoben, Decanats Neustadt, Theodor Julius Rey, und unterm 20. Januar l. J. die protestantische Pfarrstelle zu Einöllen, Decanats Lauterecken, dem Pfarramts-Candidaten Wilhelm Eller von Eisenberg zu verleihen.

Militär-Dienstesnachricht.

Seine Majestät der König haben Sich unterm 8. Januar l. J. allergnädigst bewogen gefunden, in Folge Ablebens des seitherigen Inhabers des 2. Chevauxlegers-Regiments Taxis, des Kronoberstpostmeisters, erblichen Reichsrathes und Generalmajors à la suite Herrn Fürsten Maximilian von Thurn und Taxis, dessen Enkel Maximilian Maria Fürsten von Thurn und Taxis, erstgebornen Sohn des vorverstorbenen Erbfürsten Maximilian von Thurn und Taxis, und nunmehrigen Haupt des fürstlichen Gesammthauses, als Inhaber des genannten Regiments allerhöchst zu bestätigen.

Dienstesnachrichten.

Seine Majestät der König haben Sich allergnädigst bewogen gefunden, unterm 14. Januar l. J. den Appellationsgerichtsrath Hermann Decrum in Zweibrücken in den Status einrücken zu lassen, und

den Bezirksgerichtsrath Friedrich Christian Uebel in Zweibrücken zum Rathe am Appellationsgerichte der Pfalz zu befördern.

Seine Majestät der König haben dem temporär quiescirten vormaligen k. Gymnasial-Professor zu Speier, Joseph Langer, wegen gänzlicher durch körperliche Leiden herbeigeführter Funktionsunfähigkeit, seinem alleruntertänigsten Ansuchen entsprechend, in Gemäßheit des § 22 lit. D der IX. Verfassungsbeilage und unter Allerhöchster Anerkennung seiner langjährigen, treu und eifrig geleisteten Dienste den Ruhestand für immerwährende Dauer allergnädigst zu bewilligen geruht.

Seine Majestät der König haben Sich allergnädigst bewogen gefunden, unterm 19. Januar l. J. zum Obereinfahrer bei dem Bergamte St. Ingbert den Berg- und Salinen-Praktikanten Carl Kramer in provisorischer Eigenschaft zu ernennen,

dem gedachten Bergamte anstatt eines Actuars einen Betriebs-Assistenten beizugeben und diese Stelle dem Berg- und Salinen-Praktikanten Carl Neumann in provisorischer Eigenschaft zu verleihen;

unterm 20 Januar l. Js. den Oberbeamten der k. Filialbank Ludwigshafen, Theodor Bühn, dessen Ansuchen entsprechend, auf Grund des § 22 lit. A der IX. Beilage zur Verfassungs-Urkunde unter Anerkennung seiner treuen, eifrigen und ersprießlichen Dienstleistung aus dem Staatsdienste zu entlassen,

auf die Stelle eines Oberbeamten der k. Filialbank Ludwigshafen den Oberbeamten und Cassier der k. Filialbank Passau, Carl Volz, zu berufen,

den Buchhalter der k. Filialbank Schweinfurt, Joseph Zörn, in gleicher Diensteseigenschaft zur k. Filialbank Ludwigshafen zu versetzen.

Durch Beschluß der k. Regierung der Pfalz, Kammer der Finanzen, vom 24. Januar 1872, wurde der entlassene Forstgehilfe Johann Stephan Spörlein von Tretzendorf, zur Zeit Verweser der Gehilfenstelle beim Reviere Jggelbach, nachdem durch höchste Finanz-Ministerial-Entschließung vom 10. d. M., Nr. 382, die Ermächtigung zu dessen Wiederanstellung als Forstgehilfe ertheilt wurde, vom 1. Februar 1872 beginnend, zum Forstgehilfen beim Reviere Jggelbach, Forstamts Elmstein, in widerruflicher Eigenschaft zu ernennen.

Ordens-Verleihung.

Seine Majestät der König haben Sich allergnädigst bewogen gefunden, unterm 26. November v. J.

dem Gymnasial-Professor und Studienrektor an der k. Studienanstalt zu Zweibrücken, Johann Michael Fischer, in Rücksicht auf seine seit 50 Jahren mit Treue und Eifer geleisteten Dienste das Ehrenkreuz des k. bayerischen Ludwigs-Ordens zu verleihen.

Einziehung eines Gewerbsprivilegiums.

Von dem k. Staatsministerium des Innern, Abtheilung für Landwirthschaft, Handel und Gewerbe, wurde die Einziehung des dem G. E. Harding zu New-York unterm 8. Januar 1871 verliehenen und unterm 12. desselben Monats ausgeschriebenen dreijährigen Gewerbs-Privilegiums auf die von ihm erfundene Strickmaschine — wegen nicht gelieferten Nachweises über Ausführung dieser Erfindung in Bayern — verfügt.

Verschiedene Nachrichten.

Der durch das Finanzgesetz für die X. Finanzperiode zur Unterstützung katholischer Gemeinden der Pfalz für Cultusbauten bewilligte Staatsbeitrag mit 6000 fl. wurde in nachstehender Weise vertheilt:

I. Für das Jahr 1870.

1.	Zum Bau der Kirche in Duttweiler .	400 fl.
2.	Zur Reparatur der Pfarrkirche in Zell	50 fl.
3.	Zur Reparatur der Simultankirche in Oberndorf	50 fl.
4.	Zur innern Einrichtung der Kirche in Feilbingert	150 fl.
5.	Zum Neubau der Kirche in Schallodenbach	200 fl.
6.	Deßgleichen in Otterbach . .	200 fl.
7.	Deßgleichen in Kusel . .	200 fl.
8.	Deßgleichen in Bergzabern . .	200 fl.
9.	Zur Reparatur der Kirche in Gufferthal	200 fl.
10.	Zum Pfarrhausbau in Waldfischbach .	500 fl.
11.	Deßgleichen in Schweiz . . .	200 fl.

II. Für das Jahr 1871.

1.	Zur Erweiterung der Kirche in Schweighofen	200 fl.
2.	Zum Neubau der Kirche in Bergzabern	300 fl.
3.	Zur Reparatur der Kirche in Gufferthal	200 fl.
4.	Zum Kirchen- und Pfarrhausbau in Carlsberg	400 fl.
5.	Zum Neubau der Kirche in Mittelbexbach	200 fl.
6.	Zum Pfarrhausbau in Obermohr .	150 fl.
7.	Deßgleichen in Obermoschel . .	150 fl.
8.	Zum Ausbau der Kirche in Oberwiesen	50 fl.
9	Zum Neubau der Kirche in Imsweiler	150 fl.
10.	Zum Thurmbau der Kirche in Börrstadt	150 fl.
11.	Zum Bau der Kirche in Schallodenbach	200 fl.
12.	Deßgleichen in Otterbach . .	200 fl.
13.	Zum Pfarrhausbau in Kusel . .	150 fl.
14.	Zum Kirchenbau in Kusel . .	200 fl.
15.	Zum Pfarrhausbau in Schweiz .	300 fl.

Die in pfälzischen Stiftungsmitteln fundirten Stipendien für Studirende der protestantischen Theologie sind pro $18\frac{71}{72}$ in nachbezeichneter Weise verliehen worden:

I. Aus den Gefällen der protestantischen geistlichen Güterverwaltung in Zweibrücken erhielten:

Georg Schmeltzer aus Zweibrücken, Karl Trutzer aus Kaiserslautern, Adolph Fleischmann von Landstuhl, Adolph Hätze aus Lambrecht je 150 fl.; Karl Align von Kirchheimbolanden und Julius Müller von Essingen je 100 fl.; Heinrich Stempel und Theodor Stempel von Contwig, Johann Werle von Herschberg, Otto Engel von Nerzweiler je 75 fl.

II. Aus den Gefällen der protestantischen Kirchschaffnei Obermoschel:

Heinrich Stempel aus Contwig 200 fl.

III. Aus den Gefällen der protestantischen Kirchschaffnei Guttenberg zu Kandel:

Adolph Diethmann von Rechtenbach und Theodor Lotter von Essingen je 75 fl.

Königl. Bayer. Regierungsbezirk der Pfalz.

Uebersicht

der Getreidepreise während des Monats Dezember 1871.

Marktort.	Waizen. Anzahl der verkauften Zentner.	Waizen. Mittelpreis per Zentner. fl	Waizen. Mittelpreis per Zentner. kr	Korn. Anzahl der verkauften Zentner.	Korn. Mittelpreis per Zentner. fl	Korn. Mittelpreis per Zentner. kr	Spelz. Anzahl der verkauften Zentner.	Spelz. Mittelpreis per Zentner. fl	Spelz. Mittelpreis per Zentner. kr	Spelzenkern. Anzahl der verkauften Zentner.	Spelzenkern. Mittelpreis per Zentner. fl	Spelzenkern. Mittelpreis per Zentner. kr	Gerste. Anzahl der verkauften Zentner.	Gerste. Mittelpreis per Zentner. fl	Gerste. Mittelpreis per Zentner. kr	Haser. Anzahl der verkauften Zentner.	Haser. Mittelpreis per Zentner. fl	Haser. Mittelpreis per Zentner. kr
Homburg . . .	460	7	59	489	5	28	24	5	8	—	—	—	8	4	40	1080	4	—
Kaiserslautern .	137	7	55	900	5	30	2659	5	22	—	—	—	1592	4	55	1910	3	58
Kandel	—	—	—	—	—	—	—	—	—	—	—	—	—	—	—	—	—	—
Kusel	—	—	—	375	5	24	527	5	12	—	—	—	163	4	40	1388	3	47
Landstuhl .	11	7	11	1017	5	26	66	5	4	—	—	—	18	4	43	837	3	55
Neustadt	380	8	2	280	5	37	356	5	42	—	—	—	590	4	49	26	4	8
Pirmasens . . .	—	—	—	—	—	—	—	—	—	—	—	—	—	—	—	—	—	—
Speier	142	7	38	166	5	27	120	5	28	—	—	—	967	4	50	65	4	14
Zweibrücken . .	389	7	40	1392	5	35	235	5	5	—	—	—	80	4	10	1535	3	50
Summa .	1519	7	52	4648	5	30	3987	5	21	—	—	—	3124	4	51	6850	3	53

Königl. Bayer. Regierungsbezirk der Pfalz.

Uebersicht

der

Brod- und Fleisch-Taxen, dann der Mehl-, Butter- ꝛc. ꝛc. Preise im Monate Dezember 1871.

Orte.	Mittlere Taxe resp. Preise für							Mittlere Preise für													
	Brod			Fleisch				Mehl		Erbsen	Linsen	Bohnen	Butter	Eier	Kartoffeln		Heu		Stroh	
	Schwarz-	Gemischt-	Weiß-	Ochsen-	Kuh- oder Rind-	Kalb-	Schweine-	Schwarz-	Weiß-											
	per Pfund (= ½ Kilogramm).														per Zentn. (50 Kilogr.)					
	kr	kr	kr	kr	kr	kr	kr	kr	kr	kr	kr	kr	kr	kr	fl	kr	fl	kr	fl	kr
Dürkheim . . .	4½	5	—	20	18	14	22	5½	7	6	4½	5	37	30	1	58	1	30	1	[illegible]
Frankenthal . .	4½	5½	9	—	18	18	21	6	8	9	9	10	40	30	2	24	1	45	1	12
Germersheim .	5	5½	7	21	17	15	21	6	9	8	8	6	34	42	1	54	1	56	1	36
Grünstadt . .	4½	5	—	18	16	10	20	7	9	7	7	7	38	30	2	—	—			—
Homburg . . .	4½	—	—	—	18	18	20	6	9	5	7	6	38	36	1	40	1	36	1	20
Kaiserslautern .	4½	5	7	22	20	14	20	4½	7	3½	3½	4	36	30	2	—	1	36	1	12
Kandel . . .	5	6	7	—	20	16	22	5½	9	6	6	4	34	16	2	20	2	30	1	20
Kirchheimbolanden	4½	5	7½	—	20	15	20	5	9	4½	5	5½	36	30	2	—	1	40	1	4
Kusel	4½	—	—	—	18	16	20	5	8	3	3	4	34	23	1	30	1	12	1	6
Landau . . .	4½	5½	6½	22	18	18	22	6	9	8	7	7	32	30	2	—	1	30	1	12
Neustadt . . .	4½	5½	—	—	18	12	20	5½	7½	8	8	6	38	30	2	12	1	20	1	30
Pirmasens . . .	5	6½	7½	19	18	14	20	5	9	6	8	7	36	24	1	45	1	36	1	15
Speier . . .	4½	5½	9	21	18	15	22	5	9	8	8	6	34	36	2	—	2	—	1	45
Zweibrücken . .	4½	5½	6½	20	18	16	20	5	8	9	8	7	38	36	1	40	2	—	1	25

Nro. 1547 E.

Nach
des Gesammt-Hafenverkehrs zu

Hafen-Abtheilungen	Zugang. Wasserwärts zu Berg Schiffe	Wasserwärts zu Berg Centner	Wasserwärts zu Thal Schiffe	Wasserwärts zu Thal Centner	Landwärts mit unmittelbarer Ab... resp. auf Rollfuhren Wagen	Landwärts mit unmittelbarer Ab... resp. auf Rollfuhren Centner	per Eisenbahn im Ansageverfahren über Alt-Münsterol (aus Frankreich) Wag.	Alt-Münsterol Centn.	Avricourt Wag.	Avricourt Centn.	Fontoy Wag.	Fontoy Centn.	Novéant Wag.	Novéant Centn.	Herbesthal aus Belgien Wag.	Herbesthal aus Belgien Centn.	Elten aus Holland Wag.	Elten aus Holland Centn.
Auslands-hafen.	54	102763	32	18831	743	52004	1	123	57	6513	3	606	8	1012	21	3840	4	2367
Inlands-hafen.	15	10221	23	15685	440	22010	—	—	—	—	—	—	—	—	—	—	—	—
Winter-hafen.	82	63235	101	48122	955	96410	—	—	—	—	—	—	—	—	—	—	—	—
Kohlenplatz.	25	74503	—	—	5957	595795	—	—	—	—	—	—	—	—	—	—	—	—
Obere Schachtel u. Hemshof	14	28333	10	20508	564	65250	—	—	—	—	—	—	—	—	—	—	—	—
Summa	190	279055	166	103146	8659	831469	1	123	57	6513	3	606	8	1012	21	3840	4	2367

…weisung

Ludwigshafen a. Rh. im IV. Quartal 1871.

pr. den 23 Januar 1872.

…kirchen aus Holland		Bremen		Hamburg		Furth a. W. (aus Oesterreich)		Kufstein (aus Oesterreich)		Simbach (aus Oesterreich)		Basel (aus der Schweiz)		Waldshut (aus der Schweiz)		Schweidt aus Elsaß		Total-Gewicht des Zugangs	Wichtigere Gegenstände des Verkehrs. (Siehe unten.)
Wag.	Centn.	Wag.	Centn.	Wag.	Centn.	Wag.	Centn.	Wag.	Centn.	Wag.	Centn.	Wag.	Centn.	Wag.	Centn.	Wag.	Centn.	Zentner.	
3	318	3	284	4	309	52	10999	2	185	2	293	2	154	6	706	4	613	201920	[1]
—	—	—	—	—	—	—	—	—	—	—	—	—	—	—	—	—	—	47916	[2]
—	—	—	—	—	—	—	—	—	—	—	—	—	—	—	—	—	—	207767	[3]
—	—	—	—	—	—	—	—	—	—	—	—	—	—	—	—	—	—	670298	[4]
—	—	—	—	—	—	—	—	—	—	—	—	—	—	—	—	—	—	114091	[5]
3	318	3	284	4	309	52	10999	2	185	2	293	2	154	6	706	4	613	1241992	

[1] Rohe Baumwolle, calcinirte Soda, Farbhölzer, Salpeter, Schwefel, Roheisen, rohe Häute, Wein, Salz, roher Kaffee, raffinirter Zucker, Rohzucker, Oel, Thran, Mergelschiefer, Benzin, Harz, Schafwolle.

[2] Baumwolle, Sulfat, Farbwaare, verarbeitetes Eisen, Essig, Viehsalz, Tabak, Wein, Bruchsteine, Kreide, Thonerde.

[3] Getreide, Repskuchen, Rohschwefel, Petroleum, Bruchsteine, Backsteine, Thonerde.

[4] Ruhr- und Saarkohlen.

[5] Ruhr- und Saarkohlen, Schwellen.

Hafen-Abtheilung.	Abgang. Wasserwärts zu Berg Schiffe.	Abgang. Wasserwärts zu Berg Centner.	Abgang. Wasserwärts zu Thal Schiffe.	Abgang. Wasserwärts zu Thal Centner	Abgang. Landwärts auf Roßfuhren Wagen.	Abgang. Landwärts auf Roßfuhren Centner	Abgang. Landwärts per Bahn nach Frankreich Wagen.	Abgang. Landwärts per Bahn nach Frankreich Centner.	Total-Gewicht des Abgangs Centner	Wichtigere Gegenstände des Verkehrs.
Auslands-hafen.	—	—	2	296	1884	131896	—	—	132192	Siehe Waareneingang.
Inlands-hafen.	11	3604	17	10556	675	33756	—	—	47916	do.
Winter-hafen.	1	23	84	65370	998	99758	416	41616	206767	do.
Kohlenplatz.	131	65600	—	—	6046	604698	—	—	670298	do.
Obere Schachtel u. Hemshof.	9	9250	3	6130	1841	184180	—	—	199560	do.
Summa	152	78477	106	82352	11444	1054288	416	41616	1256733	
Hiezu Summa des Zugangs . .									1241992	
Total-Summa des Verkehres .									2498725	

Ludwigshafen, den 17. Januar 1872.

Königl. Hafen-Commissariat.
Hofreiter, O.-J..

Königlich Bayerisches

Kreis-Amtsblatt

der Pfalz.

№ 12. Speier, den 8. Februar 1872.

Inhalt:

pr. den 5. Februar 1872.

Königlich Allerhöchste Verordnung,

das Verbot der Führung von Waffen zur Verhütung von Gefahren für die Sicherheit der Personen betr.

Ludwig II.,

von Gottes Gnaden König von Bayern,

Pfalzgraf bei Rhein,

Herzog von Bayern, Franken und in Schwaben ꝛc. ꝛc.

Wir finden Uns bewogen, auf Grund des Art. 39 des Polizeistrafgesetzbuches vom 26. Dezember 1871 zur Verhütung von Gefahren für die Sicherheit von Personen über Führung von Waffen zu verordnen, was folgt:

§ 1.

Die Führung nachstehender Waffen, als:

1. von Dolchen, Stiletten und anderen im Griffe feststehenden oder mittels einer Vorrichtung feststellbaren Messern,
2. von zugespitzten Streichern und von Pfriemen,
3. von Terzerolen, Sackpistolen und Revolvern,
4. von Abschraubgewehren,
5. von Raufringen oder Schlageisen

ist allen unselbständigen Personen (Art. 6 des Gesetzes vom 16. April 1868 über Heimat, Verehelichung und Aufenthalt) verboten.

§ 2.

Das Verbot findet keine Anwendung, wenn die Waffenführung während einer Reise oder sonst unter Umständen stattfindet, mit welchen ein Verdacht beabsichtigten Mißbrauches nicht wohl vereinbar erscheint.

Letzteres gilt insbesondere bezüglich der im § 1 Ziff. 1 und 2 bezeichneten Messer, Streicher und Pfriemen, welche eine Person zur Ausübung ihres Berufes nothwendig hat und während dieser Ausübung führt.

§ 3.

Außerdem sind die Kreisregierungen, Kammern des Innern, ermächtigt, den Vollzug des § 1 entweder für den ganzen Regierungsbezirk oder für einzelne Amtsdistrikte zeitweise zu suspendiren, soweit der Stand der öffentlichen Sicherheit solches gestattet.

§ 4.

Gegenwärtige Verordnung tritt acht Tage nach der Verkündung durch das Regierungsblatt, beziehungsweise durch das Kreis-Amtsblatt der Pfalz, für den ganzen Umfang des Königreiches in Wirksamkeit. Von demselben Tage an wird die Verordnung vom 30. Dezember 1862, das Verbot der Führung von Waffen zur Verhütung von Gefahren für die Sicherheit von Personen betr., aufgehoben.

München, den 21. Januar 1872.

Ludwig.

v. Pfeufer.

Auf Königlich Allerhöchsten Befehl:
Der General-Secretär:
Ministerialrath v. Dubois.

Ad Nro. Exh. 129 Pr. P. pr. den 5. Februar 1872.

(Das Verbot der Führung von Waffen zur Verhütung von Gefahren für die Sicherheit der Personen betr.)

Im Namen Seiner Majestät des Königs.

Im Hinblick auf den dermaligen befriedigenden Stand der öffentlichen Sicherheit im ganzen Regierungsbezirke beschließt die unterfertigte Stelle, von der ihr gemäß § 3 der Allerhöchsten Verordnung vom 21. Januar 1872, „das Verbot der Führung von Waffen zur Verhütung von Gefahren für die Sicherheit der Personen betr.,“ zustehenden Befugniß Gebrauch machend, den § 1 dieser Allerhöchsten Verordnung für den ganzen Regierungsbezirk bis auf Weiteres zu suspendiren.

Speier, den 1. Februar 1872.

Königlich Bayerische Regierung der Pfalz,
Kammer des Innern.
v. Braun.

Nro. 1177 C. pr. den 30. Januar 1872.

(Den Badercurs im Kreis-Armenhause zu Frankenthal für 1872 betr.)

Im Namen Seiner Majestät des Königs.

Der Lehrcurs für Badergesellen beginnt am 1. März l. J. und dauert ununterbrochen bis Ende Juli, wo die Approbationsprüfung stattfindet.

Alle Theilnehmer haben sich am 28. Februar, Vormittags zwischen 8 und 10 Uhr, im Kreis-Armenhause zu Frankenthal dem Königl. Medicinalrath und Bezirksarzte Dr. Bettinger, als Vorstand des Lehrcurses, amtlich vorzustellen, welcher dieselben auf Grund ihrer erforderlichen Zeugnisse admittirt.

Diese sind vorschriftsmäßig:

1. der Geburts- und Impfschein,
2. ein Zeugniß über die bestandene Lehrlingsprüfung,
3. ein Sitten- oder Leumundszeugniß, vom Monat März 1872 ausgestellt von dem betr. Bürgermeisteramte oder Polizeicommissariate.

Von dem Landrathe des Kreises sind bekanntlich seit mehreren Jahren 10 Freiplätze für die Dauer des Lehrcurses bewilligt, womit freie Wohnung und Verköstigung unter der Verpflichtung verbunden ist, sich dafür mittlerweile als Krankenwärter in den Sälen gebrauchen zu lassen, und so die Krankenwart in ihrem ganzen Umfange durch tägliche Uebung zu erlernen.

Für die Bewerber um einen solchen Freiplatz gelten einige besondere Regeln:

1. Nur in der Pfalz heimathberechtigte Badergesellen haben darauf einen Anspruch — jedoch sind solche, welche bereits 1 Jahr in der königl. Sanitätscompagnie gedient haben, nicht davon ausgeschlossen, wenn ihnen gleichwohl der Besuch des Badercurses vor Erstehung der Approbationsprüfung laut Allerhöchster Verordnung nicht nothwendig ist.
2. Müssen sie ihr neunzehntes Lebensjahr bereits zurückgelegt haben, um mit einer gewissen Reife des Alters für den Posten eines Krankenwärters der inneren Ordnung und Disciplin der Anstalt auch einige Bürgschaft zu bieten.
3. Haben dieselben nach den oberwähnten 3 Admissionszeugnissen noch ein viertes über die Unbemitteltheit ihrer Familien an die königl. Verwaltung des Kreis-Armenhauses einzusenden, welche daselbst längstens bis zum 15. Februar l. J. vorgelegt sein müssen, damit die unterfertigte Stelle auf den Vorschlag jener bis Ende Februar die geeignete Auswahl unter den Bewerbern treffen kann.

Die königl. Bezirksämter erhalten den Auftrag, dieses Ausschreiben den betheiligten Badern durch die Localblätter in möglichster Bälde kund zu geben.

Speier, den 27. Januar 1872.

Königlich Bayerische Regierung der Pfalz,
Kammer des Innern.
v. Braun.

Nro. 2601 Z. pr. den 3. Februar 1872.

(Vorkehrungen gegen Blattern-Epidemien betr.)

Im Namen Seiner Majestät des Königs.

In Folge der am 1. Januar l. J. in's Leben getretenen, neuen Straf- und Polizeistrafgesetzgebung sieht sich die unterfertigte Stelle veranlaßt, in den unterm 3. März 1871 erlassenen, oberpolizeilichen Vorschriften neben bezeichneten Betreffes (Amtsbl. Nr. 18) mit Bezug auf Art. 159 Abs. 2 des Polizeistrafgesetzbuches folgende Aenderungen eintreten zu lassen:

1. Die Bestimmung lit. a auf S. 421 hat folgendermaßen zu lauten:

Nach Art. 65 des Polizeistrafgesetzbuches werden an Geld bis zu 5 Thalern bestraft Familienhäupter und deren Stellvertreter, in deren Wohnung die natürlichen Blattern ausgebrochen sind und welche nicht innerhalb 12 Stunden, nachdem sie von der Natur der Krankheit Kenntniß erlangt haben, der Polizeibehörde Anzeige machen oder einen approbirten Arzt zu Hilfe rufen.

2. Auf S. 421 b ist nunmehr statt Art. 126 des Polizeistrafgesetzbuches zu setzen „Art. 72 des Polizeistrafgesetzbuches" und statt „bis zu 50 fl." ist zu setzen „bis zu 30 Thalern."

3. Der Abs. 2 auf S. 422 hat nunmehr folgendermaßen zu lauten:

„Zugleich erläßt die unterfertigte Stelle unter Aufhebung der früheren Bestimmungen auf Grund des § 327 des Strafgesetzbuches und des Art. 2 Nr. 1 des Polizeistrafgesetzbuches zur Verhütung des Einführens oder Verbreitens der Blatternkrankheit folgende oberpolizeiliche Vorschriften:"

Speier, den 31. Januar 1872.

Königlich Bayerische Regierung der Pfalz,
Kammer des Innern.
v. Braun.

Metschnabl.

Nro. 2470 E. pr. den 5. Februar 1872.

(Anschaffung des Gesetzblattes Seitens der Gemeinden betr.)

An die k. Bezirksämter und Bürgermeisterämter der Pfalz.

Im Namen Seiner Majestät des Königs.

In Folge der Allerhöchsten Verordnung vom 24. v. M. (Kreisamtsblatt Seite 372) entsteht für die Gemeinden der Pfalz die Verpflichtung, gemäß Art. 29 der Gemeindeordnung das Gesetzblatt des Königreichs Bayern anzuschaffen.

Die Bürgermeisterämter werden zum sofortigen Abonnement desselben und die k. Bezirksämter zur Ueberwachung des allseitigen Vollzuges dieser Anordnung aufgefordert.

Speier, den 3. Februar 1872.

Königlich Bayerische Regierung der Pfalz,
Kammer des Innern.
v. Braun.

Ad Nrm. Kab. 1775 J. pr. den 31. Januar 1872.

(Die Brennholzpreise auf den k. Holzhöfen pro 1872 betr.)

Im Namen Seiner Majestät des Königs.

Nachstehend werden die Taxen der Brennhölzer pro 1872 für die ärarialischen Holzhöfe der Pfalz mit dem Bemerken bekannt gemacht, daß dieselben nach beendigter neuen Eintriftung Anwendung erhalten und die eingetrifteten Nutzhölzer, wie das Eichen-Scheit- und Eichenprügelholz im Laufe des Jahres zur öffentlichen Versteigerung gelangen werden.

Bezeichnung der Sortimente.	Taxe per Ster auf den k. Holzhöfen				Bemerkung
	Frankenthal, Speier, Mutterstadt, Neustadt		Landau, Albersweiler		
	ƒ	Xr	ƒ	Xr	
Buchen-Scheitholz	5	20	5	20	
„ Prügelholz	4	12	4	12	
Eichen Brandholz, Scheit	4	-	4	—	Zur Versteigerung bestimmt.
Eichen Brandholz, Prügel	3	—	3	—	
Kiefern-Scheitholz	4	12	3	40	
Birken- „	4	12	4	12	
Gemischte Prügel	2	40	2	40	
„ Krappen	1	40	1	40	
Knorrenholz	3	—	3	—	

Speier, den 25. Januar 1872.

Königlich Bayerische Regierung der Pfalz,
Kammer der Finanzen.
v. Braun.
v. Meyer.
Wöscher.

Nro. 2588 E. pr. den 5. Februar 1872.

(Gesuch des Damencomite in München um die Bewilligung zur Veranstaltung einer Verloosung von Autographen und Photographien zum Besten der Wittwen und Waisen der im Kriege Gefallenen betr.)

Im Namen Seiner Majestät des Königs.

Nachstehende an die k. Regierung von Oberbayern, Kammer des Innern, ergangene Entschließung des k. Staatsministeriums des Innern vom 30. Januar l. J. wird zur öffentlichen Kenntniß gebracht.

Speier, den 3. Februar 1872.

Königlich Bayerische Regierung der Pfalz,
Kammer des Innern.
v. Braun.

Staatsministerium des Innern.

Mehrere Damen dahier haben sich zu einem Comite behufs Unterstützung der Wittwen und Waisen der im Kriege gegen Frankreich Gefallenen vereinigt und bei dem unterfertigten k. Staatsministerium unmittelbar um die Bewilligung zur Veranstaltung einer Verloosung von Autographen und Photographien gebeten.

Die k. Regierung wird hiemit beauftragt, dem genannten Comite durch Frau Director von Kaulbach dahier (obere Gartenstraße Nr. 16/1) eröffnen zu lassen, daß demselben die erbetene Bewilligung, sowie die Erlaubniß zum Loosabsatze im ganzen Königreiche ertheilt, bezüglich des gleichzeitig gestellten Gesuches um Befreiung der auszugebenden Loose von der gesetzlichen Stempelpflicht aber besondere Entschließung ergehen werde.

München, den 30. Januar 1872.

Auf Seiner Königlichen Majestät allerhöchsten Befehl:

v. Pfeufer.

Durch den Minister:

Der General-Secretär:

Ministerialrath v. Dubois.

Nro. 2317 E. pr. den 5. Februar 1872.

(Wiederbesetzung der katholischen Pfarrei Börrstadt, Bezirksamtes Kaiserslautern, betr.)

Im Namen Seiner Majestät des Königs.

Die erledigte katholische Pfarrei Börrstadt, im Amts- und Decanatsbezirke Kaiserslautern, wird hiemit wiederholt zur Bewerbung ausgeschrieben.

Dieselbe zählt im Pfarrorte mit 9 dazu gehörigen Ortschaften und Höfen 986 Parochianen und erträgt an

1. Staatsgehalt . . .	215 fl. 20 kr.
2. Wohnungsanschlag . .	26 fl. 15 kr.
3. Pfarrgutsertrag . . .	173 fl. 9 kr.
4. Kapitalzinsen . . .	98 fl. 22 kr.
5. Geldbezügen von Gemeinden und Stiftungen	18 fl. 13 kr.
sohin im Ganzen	531 fl. 19 kr.

Durch Staatszuschuß wird dieses Einkommen auf 800 fl. erhöht.

Bewerber um diese Pfarrei haben ihre Gesuche binnen fünf Wochen bei der unterfertigten Stelle einzureichen.

Speier, den 2. Februar 1872.

Königlich Bayerische Regierung der Pfalz,
Kammer des Innern.
v. Braun.

Ad Nrn. Exh. 1723 J. pr. den 1. Februar 1872.

(Erledigung und Wiederbesetzung der Steuer- und Gemeinde-Einnehmerei Zweibrücken betr.)

Im Namen Seiner Majestät des Königs.

Die durch das Ableben des Einnehmers Fort in Erledigung gekommene Steuer- und Gemeinde-Einnehmerei I. Klasse zu Zweibrücken, k. Rentamts und Bezirksamts daselbst, wird mit einer Cautionspflicht von 3380 fl. zur Bewerbung nach den Bestimmungen vom 18. November 1853 — Kreis-Amtsblatt Seite 850 — hiemit ausgeschrieben.

Speier, den 26. Januar 1872.

Königlich Bayerische Regierung der Pfalz,
Kammer des Innern und der Finanzen.
v. Braun.

v. Meyer.

Wöscher.

Nro. 2867 B. pr. den 8. Februar 1872.

(Die Erledigung der Hauptlehrerstelle an der k. Präparandenschule Weiden betr.)

Im Namen Seiner Majestät des Königs.

Die Hauptlehrerstelle an der k. Präparandenschule zu Weiden ist in Erledigung gekommen.

Bewerber um diese Stelle, mit welcher ein Anfangsgehalt von 600 fl., der durch Sezennalzulagen von je 100 fl. bis zum Gesammtgeldgehalte von 800 fl. sich erhöhen wird, ferner eine widerrufliche Theuerungszulage von 100 fl. und der Genuß einer freien Dienstwohnung im Anschlage zu 100 fl. verbunden ist, haben ihre mit den entsprechenden Zeugnissen versehenen, an die höchste Stelle gerichteten Gesuche längstens bis zum

20. Februar ds. Js.

bei der Inspection der Präparandenschule Weiden einzureichen.

Regensburg, den 31. Januar 1872.

Königl. Regierung der Oberpfalz und von Regensburg,
Kammer des Innern.
v. Pracher.

Loseyer.

---

pr. den 8. Februar 1872.

(Die erledigte Bezirksgerichtsarztesstelle in Neustadt a. S. betr.)

Die Bezirksgerichtsarztesstelle in Neustadt a. S. ist in Erledigung gekommen; Bewerber um dieselbe haben ihre vorschriftsmäßig belegten Gesuche bei der unterfertigten Stelle bis zum 20. Februar l. J. einzureichen.

Speier, den 7. Februar 1872.

Königlich Bayerische Regierung der Pfalz,
Kammer des Innern.
v. Braun.

---

pr. den 1. Februar 1872

(Die Aufstellung eines Assistenten für die bautechnische Abtheilung an der k. Industrieschule Augsburg betr.)

Für die bautechnische Abtheilung an der hiesigen Industrieschule soll ein Assistent aufgestellt werden, dem es vornehmlich obliegt, den Fach-Professor im Unterrichte aus dem Bauconstructionszeichnen zu unterstützen.

Mit dieser Function ist eine jährliche Remuneration von 600 fl. verbunden.

Bewerber haben ihre Gesuche mit dem Nachweise über Befähigung und Leumund binnen 14 Tagen bei dem unterfertigten Rectorate einzureichen.

Augsburg, den 31. Januar 1872.

Königliches Rectorat der Industrieschule.
Dr. J. Pfeiffer.

---

pr. den 20. Januar 1872.

Bekanntmachung,

die Verloosung der von der k. Bank emmittirten Eisenbahn-Anlehens-Obligationen betr.

Bei der heute dahier vorgenommenen 10. Verloosung der nachstehend unter A und B bezeichneten Eisenbahn-Anlehen sind folgende Nummern der betreffenden Obligationen gezogen worden, und zwar:

A. des Hochstadt-Kronach-Gundelsdorfer Eisenbahn-Anlehens:

31. 91. 301. 413. 444. 816. 1397. 1408. 1806. 1888. 1955. 2126. 2209 und 2359,

B. des Holzkirchen-Miesbacher Eisenbahn-Anlehens:

26. 416. 559. 818. 973. 1185. 1220. 1238. 1588. 1600. 1655. 1733. 1897 und 1963,

was mit dem Beifügen bekannt gemacht wird, daß die mit diesen Nummern versehenen Partial-Obligationen am

15. April curr. Jahres zur Zurückzahlung gelangen und von diesem Tage an außer Verzinsung treten.

Hiebei wird ferner veröffentlicht, daß von den übrigen bereits verloosten Obligationen der nachstehend bezeichneten Eisenbahn-Anlehen Jene der beigesetzten Nummern noch nicht erhoben worden sind.

I. Vom Bayreuth-Neuenmarkter Anlehen

aus der 18. Verloosung:

Nr. 1319

mit Zinstermins-Ende 1. März 1871,

dann sämmtliche Nummern aus der 19. Verloosung:

159. 168. 225. 280. 317. 327. 418. 461. 535. 612. 633. 745. 771. 804. 922. 1068. 1135. 1212. 1345. 1386. 1391. 1393. 1398. 1439 und 1486

mit Zinstermins-Ende 1. März 1872,

II. vom Pasing-Starnberger Anlehen

aus der 14. Verloosung:

Nr. 1729

mit Zinstermins-Ende 1. Januar 1870,

aus der 15. Verloosung:

Nr. 268

mit Zinstermins-Ende 1. Januar 1871,

aus der 16. Verloosung:

Nr. 147. 316. 919. 1289. 1657 und 1677

mit Zinstermins-Ende 1. Januar 1872,

III. vom Hochstadt-Kronach-Gundelsdorfer Anlehen

aus der 9. Verloosung:

Nr. 2337

mit Zinstermins-Ende 15. April 1871,

IV. vom Holzkirchen-Miesbacher Anlehen

aus der 9. Verloosung:

Nr. 251

mit Zinstermins-Ende 15. April 1871,

V. vom Kempten-Memmingen-Ulmer Anlehen

aus der 7. Verloosung:

Nr. 852. 2756. 3880 und 6837

mit Zinstermins-Ende 1. October 1870,

aus der 8. Verloosung:

Nr. 210. 761. 2302. 3202. 3951. 4238. 5663. 5838. 6060. 6105. 6434 und 6496

mit Zinstermins-Ende 1. October 1871,

VI. vom Starnberg-Penzberg-Peißenberger Anlehen

aus der 6. Verloosung:

Nr. 4281

mit Zinstermins-Ende 15. Dezember 1870,

aus der 7. Verloosung:

Nr. 414. 821. 1114. 1608. 2102. 2483. 2666. 2742. 2984. 4471. 4635. 4756. 5890. 5952. 6869 und 7380

mit Zinstermins-Ende 15. Dezember 1871,

VII. vom Hof-Asch-Eger Anlehen

aus der 5. Verloosung:

Nr. 1190 und 6192

mit Zinstermins-Ende 15. September 1870,

aus der 6. Verloosung:

Nr. 57. 876. 928. 931. 1611. 2882. 3351. 3466. 4787. 6575. 8270. 9111. 10081 und 10247

mit Zinstermins-Ende 15. September 1871.

Die Eigenthümer dieser noch nicht eingelösten Eisenbahn-Obligationen werden hiedurch aufgefordert, die betreffenden Capitalien zur Vermeidung weiterer Zinsen-Verluste baldigst zu erheben.

Nürnberg, den 15. Januar 1872.

Königl. Bankdirection.

Pfeufer.

Reichold.

pr. den 30. Januar 1872.

2. Bekanntmachung.

Königl. Bayer. Pfälzische Eisenbahnen.

Die Herren Actionäre der 3 vereinigten Pfälzischen Eisenbahnen werden in Gemäßheit der §§ 40 und 45 der Gesellschafts-Satzungen und der im gemeinschaftlichen Nachtrage publicirten Zusätze zu diesen §§ zu einer im Bahnhofgebäude zu Ludwigshafen a. Rh. abzuhaltenden

Außerordentlichen Generalversammlung

auf **Mittwoch den 28. Februar 1872, Morgens 10 Uhr,**

ergebenst eingeladen.

Tagesordnung.

1. Vorlage der Allerhöchsten Concessions-Urkunde für für die Actiengesellschaft der Pfälzischen Ludwigsbahn vom 18. November 1871 zum Baue und Betriebe der von ihr bereits übernommenen neuen Eisenbahn von Landau über Rodalben nach Zweibrücken und einer Zweigbahn von Biebermühle nach Pirmasens; Antrag der Verwaltung
   a) Auf Anerkennung und Annahme der vorerwähnten Concessionsurkunde vom 18. November 1871,
   b) Auf Erhöhung des Bau- und Einrichtungs-Capitals der Ludwigsbahn-Gesellschaft um den Maximalbetrag von 10 Millionen Gulden im Wege eines Prioritätsanlehens in Gemäßheit des § 28 der Satzungen;
   c) Auf Ergänzung der Satzungen, insbesondere der §§ 22 und 23 durch Erstellung eines Nachtrages in Betreff dieser neuen Bahn.
2. Vermehrung des Fahrmaterials, Herstellung von Lände- und Ladestellen mit Dampfkrahnen längs des Rheines in Ludwigshafen und mehrere andere Ergänzungsbauten, beziehungsweise Erhöhung des Bau- und Einrichtungs-Capitales der Pfälzischen Ludwigsbahn-Gesellschaft für diese Zwecke im Wege eines Prioritäts-Anlehens von 3½ Millionen Gulden.

Dabei wird gemäß des Nachtrages zu § 40 der Satzungen bemerkt, daß sämmtliche auf obige Verhandlungsgegenstände bezüglichen Anträge der Verwaltung zunächst der besonderen Generalversammlung der Ludwigsbahn-Gesellschaft zur Beschlußfassung, sodann den besonderen Generalversammlungen der Gesellschaften der Maxbahn und der Nordbahnen zur Gutheißung unterbreitet werden, und daß die Verhandlung eine gemeinschaftliche, die Abstimmung dagegen für jede Gesellschaft eine separate sein wird.

Diejenigen Herren Actionäre der 3 vereinigten Bahngesellschaften, welche dieser Versammlung beiwohnen wollen, haben sich längstens bis zum 21. Februar l. Jrs. auf dem Bureau der Direction zu Ludwigshafen a. Rh. über ihren Actienbesitz entweder durch Vorzeigung der Original-Actien oder ein nach Nummern geordnetes, amtlich beglaubigtes Verzeichniß auszuweisen, wogegen die erforderlichen Einlaßkarten abgegeben werden.

Ludwigshafen, den 22. Januar 1872.

Der Vorstand des Verwaltungsrathes der Pfälzischen Bahnen.

Mahla.

Dienstesnachricht.

Durch Beschluß der k. Regierung der Pfalz, Kammer des Innern, vom 17. Januar 1872, wurde der Schulverweser Karl Schenkenberger in Eßweiler zum Lehrer an der deutschen gemischten Schule zu Niederstaufenbach, vom 1. Februar 1872 an, ernannt.

Königlich Bayerisches

Kreis-Amtsblatt der Pfalz.

№ 13. Speier, den 9. Februar 1872.

Inhalt:

Nro. 2962 E. pr. den 9. Februar 1872.

Bekanntmachung,

den Bau einer festen Eisenbahnbrücke über den Rhein bei Wesel betr.

Staatsministerium des Königlichen Hauses und des Aeußern.

Mit allerhöchster Ermächtigung Seiner Majestät des Königs wird die bei der letzten außerordentlichen Sitzung der Central-Commission für die Rheinschifffahrt eingegangene Vereinbarung hinsichtlich der Erbauung einer festen Eisenbahnbrücke über den Rhein bei Wesel d. d. Wesel den 27. October 1871 nachstehend zur öffentlichen Kenntniß gebracht:

Artikel 1.

Den Eigenthümern von Segel- und Dampfschiffen, welche nicht entweder schon jetzt zum Passiren fester, nach oben geschlossener Brücken eingerichtet sind, oder eine Entschädigung für die Ausführung solcher Einrichtungen, auf Grund einer, der bis jetzt in Betreff des Baues fester Brücken über den Rhein und dessen conventionelle Nebengewässer geschlossenen Verträge, erhalten haben, beziehungsweise erhalten werden, und welche bisher oder doch längstens bis zum 1. Juni 1872 den Strom an der Brückenstelle bei Wesel vorüber befahren haben, wird eine Entschädigung für die Vorrichtungen zum Senken und Wiederaufrichten der Maste, beziehungsweise der Kamine, aus der Preußischen Staatskasse gewährt werden.

Artikel 2.

Eine Entschädigung wird ferner denjenigen, zur Fahrt auf dem Rheine dermalen schon berechtigten Schiffseigenthümern gewährt werden, auf deren Schiffen eine Einrichtung zum Senken und Wiederaufrichten der Maste zwar schon vorhanden ist, welche aber durch die Errichtung einer festen Brücke bei Wesel veranlaßt werden, diese Einrichtung abzuändern oder zu vervollständigen, vorausgesetzt, daß sie mit dem betreffenden Schiffe bereits bisher oder längstens bis zum 1. Juni 1872 den Rhein an der Brückenstelle bei Wesel vorüber befahren haben.

Eine Veranlassung zur Aenderung oder Vervollständigung der bestehenden Einrichtung soll dann als vorhanden angenommen werden, wenn dieselbe zum Gebrauch für den Durchgang durch die feste Brücke bei Wesel ungenügend ist.

Ausgeschlossen von dem Anspruche auf Entschädigung sind alle Schiffe, für welche auf Grund der vorbezeichneten, die Erbauung stehender Brücken betreffenden Conventionen eine Entschädigung gewährt ist, oder gewährt werden wird, sowie ferner alle Schiffe, welche vor ihrer Anmeldung (Artikel 6) eine der zunächst unterhalb oder oberhalb der Brückenbaustelle belegenen festen Brücken passirt haben.

Artikel 3.

Die nach den vorstehenden Bestimmungen (Artikel 1 und 2) zu gewährende Entschädigung gilt zugleich

für das Stillliegen des Schiffes während der zum Anbringen der Vorrichtungen erforderlichen Zeit;

für die etwaige Erschwerung des Dienstes auf dem Schiffe;

für die eventuelle Beschränkung des nutzbaren Laderaums;

endlich für alle sonstigen Anschaffungen und Anordnungen, welche in Folge der zu treffenden Vorrichtungen für einzelne Fahrzeuge nothwendig werden können.

Schiffe, welche an sich zur Entschädigung zuzulassen, aber erst nach dem zu Artikel 1 und 2 bestimmten äußersten Termine an der Brückenstelle bei Wesel vorübergefahren sind, desgleichen Schiffe, bei welchen wegen Alters oder Schadhaftigkeit die Vorrichtung zum Senken und Heben nicht mehr ausführt werden kann; endlich alle vom Tage der Inkraftsetzung gegenwärtiger Uebereinkunft ab neu zu erbauenden Schiffe haben keinen Anspruch auf Entschädigung.

Artikel 4.

Im Einverständniß mit sämmtlichen Rheinuferstaaten wird die nach Inhalt des Artikels 1 zu leistende Entschädigung in Bausch und Bogen nach Maßgabe der Tragfähigkeit der Schiffe auf feste Geldsätze festgestellt und ein für allemal wie folgt gewährt:

A. Bei Dampfschiffen:

1. Für Dampfschlepper von mehr als zweihundert Pferdekraft mit . . . . 350 Thlr.
2. Für kleinere Dampfschlepper und große Personenboote mit . . . . . 250 „
3. Für kleinere Dampfboote, soferne sie überhaupt einer Vorrichtung zum Senken der Kamine bei ihrer Durchfahrt durch die Brücke bedürfen . . . 100 „

B. Bei Segelschiffen:

1.	Für Schiffe von 10,000 Ctr. und mehr mit								950 Thlr.
2.	Für Schiffe								im Mittel
	von	10,000 Ctr.	bis	8000 Ctr.	mit	950—750 Thlr.	=		850 Thlr.
3.	„	8000 „	„	6000 „	„	750—550 „	=		650 „
4.	„	6000 „	„	4000 „	„	550—350 „	=		450 „
5.	„	4000 „	„	3000 „	„	350—250 „	=		300 „
6.	„	3000 „	„	1500 „	„	250—150 „	=		200 „
7.	„	1500 „	„	800 „	„	150—30 „	=		90 „
8.	„	800 „	und weniger Tragfähigkeit						25 „

Der Centner wird zu 50 Kilogrammen gerechnet. Für Schiffe, deren Tragfähigkeit in die angegebenen Grenzen hineinfällt, ist nach Maßgabe dieser Scala die Entschädigung verhältnißmäßig auszumitteln.

Die Feststellung des Entschädigungsbetrages für jedes einzelne Schiff erfolgt durch das Königlich Preußische Eisenbahn-Commissariat zu Coblenz endgültig unter Ausschluß jedes Recurses.

Artikel 5.

Der Betrag der nach den Bestimmungen unter Artikel 2 zu gewährenden Entschädigung soll nach Maßgabe der besonderen Beschaffenheit der auf dem einzelnen Schiffe bereits vorhandenen und nur abzuändernden oder zu ergänzenden Einrichtung in jedem einzelnen Falle festgestellt werden, zu welchem Behufe das Schiff in den Hafen zu Wesel oder an's dortige Ufer zur Besichtigung zu stellen ist. Bei dieser Feststellung soll der Gesichtspunkt leitend sein, daß die nöthige Abänderung oder Ergänzung in genügender, aber am wenigsten kostspieligen Weise auszuführen ist; und es soll in keinem Falle bei Schiffen von mehr als 4000 Centnern Tragfähigkeit ein höherer Betrag als zwei Dritttheile und bei Schiffen von 4000 Centnern Tragfähigkeit und darunter ein höherer Betrag als drei Viertheile desjenigen Betrags festgestellt werden, welchen der Schiffseigenthümer zufolge der Bestimmung unter Artikel 4, dann anzusprechen haben würde, wenn sein Schiff mit Einrichtungen zum Passiren fester, nach oben geschlossener Brücken gar nicht versehen wäre.

Die Feststellung dieses Entschädigungsbetrages geschieht endgiltig unter Ausschluß jedes Recurses durch Sachverständige, von welchen die Direction der Cöln-Mindener Eisenbahngesellschaft den einen, der betheiligte Schiffer den anderen, beide Sachverständige aber mit einander den Obmann wählen. Können sich die Sachverständigen über den Obmann nicht einigen, so bezeichnet die Handelskammer zu Wesel drei weitere Sachverständige, von welchen der Sachverständige jeder Partei einen streicht. Der Uebrigbleibende ist Obmann.

Artikel 6.

Die Schiffseigenthümer, welche nach den vorstehenden Bestimmungen ein Entschädigungsanspruch zusteht, haben denselben nach der amtlichen Aufforderung, welche die Regierungen der Rheinuferstaaten in ihren Gebieten erlassen werden, spätestens bis zum 1. September 1872, bei Verlust ihres Anrechts, bei dem Königlich Preußischen Eisenbahncommissariat in Coblenz anzumelden. Diese Anmeldung muß von der Vorlage des Schiffsattestes und des Nachweises über die Tragfähigkeit des Schiffes begleitet sein. Dieselben haben ferner durch eine Bescheinigung des Königlichen Wasserbau-Inspectors zu Rees nachzuweisen, daß sie mit dem in dem Schiffs-Attest bezeichneten Schiffe einmal, und spätestens bis zum 1. Juni 1872, auf dem Rhein an der Brückenstelle bei Wesel vorübergefahren sind, zu welchem Ende sie die Vermittlung des Brückenmeisters der Schiffbrücke zu Wesel in Anspruch nehmen können.

Das Eisenbahn-Commissariat zu Coblenz wird den Schiffseigenthümern über die erfolgte Anmeldung eine Beurkundung mit der Zusage ertheilen, daß, wenn die nachstehend bezeichneten Bedingungen von ihnen erfüllt sein werden, die Schiffseigenthümer auf den im Falle der Artikel 1 und 4 der Summe nach genau zu bezeichnenden, im Falle der Artikel 2 und 5 aber auf den durch die Entscheidung der Sachverständigen festzusetzenden Entschädigungsbetrag Anspruch haben.

Nach Feststellung des Entschädigungsbetrages haben die Schiffseigenthümer die zum Senken und Heben der Masten und Kamine nöthigen Vorrichtungen anfertigen, beziehungsweise abändern und vervollständigen zu lassen und mit den so hergerichteten Schiffen die stehende Brücke bei Wesel spätestens ein Jahr nach deren Vollendung zu passiren.

Schiffe, für welche eine Entschädigung auf Grund

der Bestimmungen unter Artikel 2 und 5 zugesagt ist, sind innerhalb der gleichen Frist im Hafen zu Wesel zur Besichtigung zu stellen und es ist der Nachweis zu liefern, daß eine der Feststellung der Sachverständigen entsprechende Abänderung oder Vervollständigung seit dieser Feststellung wirklich stattgefunden hat.

Nach Erfüllung dieser Bedingungen, worüber ein Zeugniß des Königlichen Wasserbau-Inspectors zu Rees beizubringen ist, wird den Schiffseigenthümern der Betrag der Entschädigung auf Anweisung des Königlich Preußischen Eisenbahncommissariats zu Coblenz von der Regierungs-Hauptcasse zu Düsseldorf ausbezahlt werden. Die Zahlung erfolgt an den Schiffseigenthümer oder an dessen gehörig legitimirten Bevollmächtigten.

Artikel 7.

Sobald die Durchfahrt der Schiffe mit stehenden Masten durch die feste Brücke bei Wesel nicht mehr thunlich sein wird, wird die Preußische Regierung bei eintretendem Bedürfnisse Krahnen zum Heben und Senken der Maste oberhalb und unterhalb der Brücke für die Dauer eines Jahres errichten lassen. Die Schiffer haben für die Benutzung dieser Hülfsanstalten keinerlei Gebühren zu entrichten.

Artikel 8.

Die Königlich Preußische Regierung macht sich anheischig, dafür zu sorgen, daß während des Brückenbaues der Verkehr mit Schiffen und Flößen auf dem Rhein an der Brückenstelle nicht unterbrochen und möglichst wenig gestört werde, und daß auch die Gewährung der zum Passiren der Brückenstelle etwa erforderlichen Hülfsmittel unentgeltlich erfolge. Zu diesem Behufe sind zwei Dampfboote jederzeit bereit zu halten und die Führer der Segelschiffe und Flöße sind verpflichtet, sich mittelst der gedachten Boote durchführen zu lassen. Die Segelschiffe, müssen, wenn sie nicht sofort befördert werden können, vor den hundert Ruthen oberhalb und unterhalb der Brückenbaustelle anzubringenden Warnungstafeln vor Anker

gehen. Den Flossen müssen auf Ankündigung der vorausgehenden Wahrschauer die Dampfboote sofort entgegenfahren.

Artikel 9.

Wegen Gewährung der in den Artikeln 7 und 8 der Uebereinkunft bezeichneten Hülfsmittel zum Passiren der Brückenbaustelle haben sich die betheiligten Schiffer an die Brückenbauverwaltung auf der Baustelle bei Wesel zu wenden.

München, den 2. Februar 1872.

Auf Seiner Majestät des Königs Allerhöchsten Befehl:

Graf von Hegnenberg-Dux.

Durch den Minister:

Der General-Secretär

Ministerialrath Dr. Prestele.

Ad Num. Exh. 22218 D. pr. den 2. Februar 1872.

(Kurkosten des Franz Laxhuber, Metzger von Bürten, betr.)

An

sämmtliche Distrikts-Polizeibehörden.

Im Namen Seiner Majestät des Königs.

Der Metzger Franz Laxhuber, geboren den 15. August 1837, Sohn der verstorbenen Tafernwirths-Eheleute Andreas und Therese Laxhuber von Bürten, k. Bezirksamts Mühldorf, soll behufs Ermittlung seiner Heimat vernommen werden.

Da dessen dermaliger Aufenthalt unbekannt, ist nach demselben Recherche zu pflegen und ein etwaiges förderliches Resultat dem k. Bezirksamte Mühldorf mitzutheilen.

Speier, den 1. Februar 1872.

Königlich Bayerische Regierung der Pfalz,

Kammer des Innern.

v. Braun.

Wetschnabl.

Nro. 2806 K. pr. den 9. Februar 1872.

(Die Kosten-Vergütung für Einquartierungs- und Vorspanns-leistungen, dann für Eisenbahn-Transporte betr.)

An
sämmtliche k. Bezirksämter und Bürgermeisterämter
des Regierungsbezirkes.

Im Namen Seiner Majestät des Königs.

Mit Bezug auf das generalisirte Ausschreiben der unterfertigten Stelle vom 10. November 1868 Nr. 19718 A. werden die k. Bezirksämter und Bürgermeisterämter auf die im Abdruck folgende Kriegsministerial-Entschließung vom 23. Januar l. J. und deren Beilage aufmerksam gemacht.

Speier, den 7. Februar 1872.

Königlich Bayerische Regierung der Pfalz,
Kammer des Innern.
v. Braun.

Kriegsministerium.

Bezüglich der Kosten für Einquartierungs- und Vorspannsleistungen der Gemeinden, dann für Militär-Transporte auf Eisenbahnen wird Nachstehendes bestimmt:

1.

Für Einquartierungs- und Vorspanns-Leistungen, welche an bayerische Truppen bei Märschen oder Commando's innerhalb Bayern's, dann von und nach der Pfalz und nach den Garnisonsorten in Elsaß-Lothringen erfolgen, ferner für die auf den bezeichneten Strecken vorkommenden Eisenbahn-Transporte von Offizieren, Mannschaften, Pferden und Armee-Bedürfnissen aller Art soll vom 1. Februar 1872 beginnend wieder Baarzahlung geleistet werden.

2.

Dagegen haben für die Einquartierungs- und Vorspanns-Leistungen und Eisenbahn-Transporte zu und von der mobilen 2. Infanterie-Division bei der Occupations-Armee in Frankreich die Bestimmungen des lithographirten Kriegs-Ministerial-Rescripts vom 20. Juli 1870 Nr. 9530 „die Mobilisirung der Armee, hier die Vergütung von Einquartierungs- und Vorspanns-Leistungen ꝛc. betreffend“ noch weiters in Geltung zu bleiben.

Es sind demnach die Kosten für derlei Marschverpflegung ꝛc. und Militär-Eisenbahn-Transporte auch ferner zu stunden und in bisheriger Weise zu liquidiren.

3.

Künftig ist jedesmal sowohl für Einquartierungs- und Vorspanns-Leistungen, als für Militär-Eisenbahn-Transporte aller Art vom ersten Mobilisirungstage beginnend die Baarzahlung einzustellen, ohne eine dessfallsige specielle Anordnung abzuwarten.

Die einberufene Mannschaft hat in diesem Falle, da dieselbe von dem erwähnten Zeitpunkte an gegen Stundung der Fahrtaxen auf Kosten des Aerars befördert wird, von der Reise-Entschädigungsgebühr nur jenen Betrag anzusprechen, welcher nach Abzug der unter der Reiseentschädigung begriffenen Fahrtaxe von 2 kr. für jede laut des Tarifs für die Reise-Entschädigungen ꝛc. der Mannschaft im Inlande mit der Eisenbahn zurückzulegende Wegstunde verbleibt.

Ebenso fallen die im Tarife bezeichneten Fahrtaxen durch nicht bayerisches Gebiet weg.

Demgemäß ist im Falle einer Mobilmachung auch bei einer Vorschußnahme auf die Reise-Entschädigung von den k. Rentämtern und sonstigen Civil-Behörden nur der nach vorstehender Bestimmung abgeminderte Betrag zu empfangen.

4.

Unter Hinweisung auf das mit dem lithographirten Kriegs-Ministerial-Rescript vom 31. August 1870 Nr. 11591 bekannt gegebene Reglement mit beigefügter Instruction über die Beförderung von Truppen und Armeebedürfnissen auf deutschen Eisenbahnen wird schließlich noch Folgendes erinnert:

a) Innerhalb Bayerns hat die Beförderung einzelner commandirter Offiziere, Aerzte, Beamten und Mannschaften nach Ziffer 5 der Instruction zu obigem Eisenbahn-Reglement nach wie vor durch Lösung halber Billete im Frieden gegen sofortige Zahlung zu geschehen;

b) Bei allen übrigen Militär-Eisenbahn-Transporten sind Requisitionsscheine auszustellen und der Bahnbehörde zu übergeben, da hievon die Anwendung des Militär-Tarifs überhaupt bedingt ist.

Für Militärgut-Sendungen, welche nicht einer gleichzeitig zu transportirenden Truppenabtheilung unmittelbar zugehören, ist außerdem auch ein Frachtbrief der Bahnbehörde mit auszuhändigen.

Auf dem Frachtbrief ist ausdrücklich die Bemerkung beizufügen, daß über diese Sendung ein Requisitionsschein, und zwar mit der Angabe, ob gegen Baarzahlung oder gegen Stundung der Fahrtaxe, ausgestellt wurde.

Ebenso ist auf dem Requisitionsscheine die Bemerkung beizufügen, daß über diese Sendung ein Frachtbrief ausgestellt wurde.

c) Ueber alle gestundeten Eisenbahn-Transporte ist nach Ziffer 9 der vorallegirten Instruction wie bisher

allmonatlich ein Verzeichniß, und zwar nach dem anliegenden Formular, aufzustellen und sammt den Abschnitten 3 der Requisitionsscheine an die treffende Corps-Intendantur, beziehungsweise an die Rechnungs-Revision des Kriegs-Ministeriums — nicht an das Kriegs-Ministerium selbst — einzusenden.

d) Auf den Abschnitten 3 der Requisitionsscheine hat die absendende Stelle die Veranlassung und den Zweck des Transportes kurz und bestimmt anzugeben.

Die Intendanturen ꝛc. haben Liquidationen, hinsichtlich welcher es an den vorschriftsmäßig bestätigten und erläuterten Requisitionsschein-Abschnitten fehlen sollte, vorerst der treffenden Abtheilung zur Ergänzung zuzustellen und dürfen die Zahlungs-Anweisung erst dann ertheilen, wenn durch die vorgeschriebene Bestätigung der Nachweis über die Zahlungspflicht des Aerars erbracht ist.

Hiernach ist das Weitere zu verfügen.

München, den 23. Januar 1872.

Auf Seiner Königlichen Majestät Allerhöchsten Befehl:

Frhr. v. Pranckh.

Durch den Minister:
Der General-Secretär
v. Gönner.

(Beilage zum Kriegsministerial-Rescripte vom 23. Januar 1872 Nr. 366.)

tes Infanterie-Regiment. tes Bataillon.

Verzeichniß

über die im Monate . . . .
gegen Stundung der Fahrgelder stattgehabten Eisenbahn-Transporte.

(Mit Abschnitten 3 von Requisitionsscheinen)

Laufende Nummer.	Datum des Requisitions-Scheines.			Der Transport ist erfolgt			Befördert wurden:					Die Fahrgelder für diesen Transport				Bemerkungen.
	Jahr	Tag	Monat	von	nach	an (Bezeichnung der Empfänger.)	Offiziere	Mannschaften	Pferde	Wägen	Armee-Bedürfnisse Ctr.	betragen		sind zu verrechnen bei		
												ƒ	kr	Cap.	§.	

Bemerkungen für den Vollzug:

1. Vorstehendes Verzeichniß ist von den absendenden Militär-Abtheilungen vollständig — in allen Rubriken — auszufüllen.
2. Auf den beizulegenden Abschnitten 3 der Requisitionsscheine sind die zur revisorischen Controle der Kosten-liquidationen erforderlichen Bemerkungen beizufügen.

(Beispielsweise: Zufolge Ordre des General-Commandos N. vom wurde Corporal N. mit 10 Mann zum mobilen I. Bataillon beordert, oder: Gemäß Requisition (Weisung) der Gewehrfabrik-Direction vom waren Stück Gewehre mit Zugehör an xc. abzusenden.)

3. In ähnlicher Weise ist auch bei Baarzahlung der Fahrgelder auf den als Rechnungsbelege dienenden Abschnitten 3 der Requisitionsscheine Veranlassung und Zweck des Transportes kurz und bestimmt zu bemerken.

München, den 23 Januar 1872.

Königliches Kriegsministerium.

---

pr. den 30. Januar 1872.

3. Bekanntmachung.

Königl. Bayer. Pfälzische Eisenbahnen.

Die Herren Actionäre der 3 vereinigten Pfälzischen Eisenbahnen werden in Gemäßheit der §§ 40 und 45 der Gesellschafts-Satzungen und der im gemeinschaftlichen Nachtrage publicirten Zusätze zu diesen §§ zu einer im Bahnhofgebäude zu Ludwigshafen a. Rh. abzuhaltenden

Außerordentlichen Generalversammlung

auf **Mittwoch den 28. Februar 1872,**

Morgens 10 Uhr,

ergebenst eingeladen.

Tagesordnung.

1. Vorlage der Allerhöchsten Concessions-Urkunde für die Actiengesellschaft der Pfälzischen Ludwigsbahn vom 18. November 1871 zum Baue und Betriebe der von ihr bereits übernommenen neuen Eisenbahn von Landau über Rodalben nach Zweibrücken und einer Zweigbahn von Biebermühle nach Pirmasens; Antrag der Verwaltung
   a) Auf Anerkennung und Annahme der vorerwähnten Concessionsurkunde vom 18. November 1871,
   b) Auf Erhöhung des Bau- und Einrichtungs-Capitals der Ludwigsbahn-Gesellschaft um den Maximalbetrag von 10 Millionen Gulden im Wege eines Prioritätsanlehens in Gemäßheit des § 26 der Satzungen;
   c) Auf Ergänzung der Satzungen, insbesondere der §§ 22 und 23 durch Erstellung eines Nachtrages in Betreff dieser neuen Bahn.
2. Vermehrung des Fahrmaterials, Herstellung von Lände- und Ladestellen mit Dampfkrahnen längs des Rheines in Ludwigshafen und mehrere andere Ergänzungsbauten, beziehungsweise Erhöhung des Bau- und Einrichtungs-Capitales der Pfälzischen Ludwigsbahn-Gesellschaft für diese Zwecke im Wege eines Prioritäts-Anlehens von 3½ Millionen Gulden.

Dabei wird gemäß des Nachtrages zu § 40 der Satzungen bemerkt, daß sämmtliche auf obige Verhandlungsgegenstände bezüglichen Anträge der Verwaltung zunächst der besonderen Generalversammlung der Ludwigsbahn-Gesellschaft zur Beschlußfassung, sodann den besonderen Generalversammlungen der Gesellschaften der Maxbahn und der Nordbahnen zur Gutheißung unterbreitet werden, und daß die Verhandlung eine gemeinschaftliche, die Abstimmung dagegen für jede Gesellschaft eine separate sein wird.

Diejenigen Herren Actionäre der 3 vereinigten Bahngesellschaften, welche dieser Versammlung beiwohnen wollen, haben sich längstens bis zum 21. Februar l. Jrs. auf dem Bureau der Direction zu Ludwigshafen a. Rh. über ihren Actienbesitz entweder durch Vorzeigung der Original-Actien oder ein nach Nummern geordnetes, amtlich beglaubigtes Verzeichniß auszuweisen, wogegen die erforderlichen Einlaßkarten abgegeben werden.

Ludwigshafen, den 22. Januar 1872.

Der Vorstand des Verwaltungsrathes der Pfälzischen Bahnen.

Mahla.

Königlich Bayerisches

Kreis-Amtsblatt der Pfalz.

№ 14. Speier, den 10. Februar 1872.

Inhalt:

Bekanntmachung,

den Vollzug des Gesetzes, die Maaß- und Gewichtsordnung betr.

Auf Grund des § 3 Abs. 2 des Reichsgesetzes vom 26. November 1871 — betreffend die Einführung der Maaß- und Gewichtsordnung für den Norddeutschen Bund vom 17. August 1868 in Bayern — wird nachstehende

Eichordnung

erlassen:

Erster Abschnitt.

Vorschriften über das Material, die Gestalt, die Bezeichnung und die sonstige Beschaffenheit der vom 1. Januar 1872 ab im öffentlichen Verkehr geltenden neuen Maaße und Gewichte, sowie über die bei der Eichung derselben innezuhaltenden Fehlergrenzen.

I. Längenmaaße.

§ 1.

Zulässige Maaße und Bezeichnung.

Zur Eichung zulässig sind Maaße von folgenden Längen:

20 Meter,
10 Meter oder 1 Dekameter,
5 Meter,
2 Meter,
1 Meter,
0,5 Meter oder 5 Decimeter oder 50 Centimeter,
0,2 Meter oder 2 Decimeter oder 20 Centimeter,
0,1 Meter oder 1 Decimeter oder 10 Centimeter.

Die Bezeichnung dieser Maaße muß mit den vollen Namen, die in der obigen Zusammenstellung angegeben sind, geschehen. Welche der metrischen Bezeichnungen in den Fällen, wo in der obigen Reihe mehrere neben einander aufgestellt sind, anzuwenden sei, bleibt dem Belieben überlassen. Bei einem Maaße von 10 Meter Länge kann auch der volle Name „Kette", bei einem Maaße von 1 Meter Länge und seinen oben zugelassenen Vielfachen und Bruchtheilen auch der volle Name „Stab" aufgetragen werden, doch muß in jedem Falle eine der obigen metrischen Bezeichnungen voranstehen.

§ 2.

Material, Form und Structur der Längenmaaße.

Sämmtliche eichfähige Maaße müssen von solchem Material, in solcher Form und Structur ausgeführt sein, daß ihre Länge beim Gebrauch keine Schwankungen erleiden kann, welche die im Verkehr zu duldenden Fehlergrenzen übersteigen.

Danach sind zur Eichung zuzulassen einfache Strich- oder Endflächen-Maaßstäbe, welche aus genügend hartem Material mit einem vor Verbiegungen hinreichend sichernden Querschnitt massiv gearbeitet sind. Bei Endflächen-Maaßen von Holz bis zu 0,5 Meter Länge herab sind die maaßgebenden Endflächen durch metallene Beschläge zu schützen.

Ferner sind zulässig solche aus mehreren Stücken bestehenden Maaße, für deren Zusammenfügung in derjenigen gegenseitigen Lage der beweglichen Theile, welche die normale Länge des ganzen Maaßes ergiebt, eine genügende Stabilität gesichert ist.

Endlich sind zulässig Bandmaaße, welche aus Material von hinreichend geringer Dehnbarkeit, z. B. aus Metall-Blech hergestellt sind.

Es ist zulässig, Maaße, welche den oben aufgestellten Anforderungen entsprechen, auch dann, wenn dieselben Theile anderer Meßwerkzeuge bilden, zu eichen, sobald in dieser Zusammensetzung die Eichungs-Operationen nach den anderweitigen Bestimmungen ausführbar sind.

§ 3.

Eichung und zulässige Abweichung der Längenmaaße.

Die Eichungs-Operationen, über deren Ausführung in einer besonderen Instruction nähere Vorschriften ertheilt werden, haben sich bei den Längenmaaßen sowohl auf die Gesammtlänge, als auf die Eintheilung zu erstrecken.

Zur Stempelung ist nur dann zu schreiten, wenn die Vergleichung mit den Eichungsnormalen erwiesen hat, daß die Gesammtlänge des Maaßes entweder im Zuviel oder im Zuwenig eine größere Abweichung nicht zeigt, als nachstehend unter A bestimmt ist, und daß gleichzeitig die Eintheilung der Vorschrift unter B entspricht.

A. Die Abweichung in der Gesammtlänge darf höchstens betragen:

1. bei metallenen Präcisions-Maaßstäben (mit feiner Eintheilung), deren Genauigkeits-Angabe nur in der Nichtberücksichtigung der Temperatur bei der Anwendung ihre Grenze findet,
   bei einer Länge von 1 Meter . . . 0,1 Millimeter
   „ „ „ „ 0,5 bis 0,1 Meter . . 0,05 „
2. bei gewöhnlichen Maaßstäben aus Metall oder von 0,5 Meter ab aus Elfenbein, hartem Holz ꝛc.
   bei einer Länge von 2 Meter . . . 0,75 Millimeter
   „ „ „ „ 1 Meter . . . 0,5 „
   „ „ „ „ 0,5 bis 0,1 Meter . . 0,25 „
3. bei Werk-Maaßstäben aus Holz (die Enden durch Metall-Beschläge geschützt)
   bei einer Länge von 5 Meter . . . 4,0 Millimeter
   „ „ „ „ 2 Meter . . . 1,5 „
   „ „ „ „ 1 Meter . . . 0,75 „
4. bei Maßstäben für Langwaaren, aus Holz mit Metall-Beschlägen, nur in Centimeter getheilt
   bei einer Länge von 1 Meter . . . 1,0 Millimeter
   „ „ „ „ 0,5 Meter . . . 0,75 „
5. bei zusammenlegbaren Maaßen
   bei einer Länge von 1 Meter . . 1,0 „
   „ „ „ „ 0,5 Meter . . 0,75 „
6. bei Bandmaaßen aus Metall-Blech
   bei einer Länge von 20 Meter . . . 3,5 Millimeter
   „ „ „ „ 10 Meter . . . 2,25 „
   „ „ „ „ 5 Meter . . . 1,75 „
   „ „ „ „ 2 Meter . . . 1,25 „
   „ „ „ „ 1 Meter . . . 0,75 „

B. Fehlergrenzen der Eintheilung der Längenmaaße:

Der Fehler des Abstandes irgend einer Eintheilungs-Marke eines Maaßes von dem nächsten der beiden Enden des Maaßes darf nirgends die Hälfte der zulässigen Abweichung der Gesammtlänge desselben übersteigen.

Ausgenommen hiervon sind nur unter Nr. 1 die Präcisions-Stäbe von 0,5 bis 0,1 Meter Länge, sowie die unter Nr. 4 erwähnten Maaßstäbe, bei denen die Fehlergrenze für den Abstand einer Eintheilungs-Marke von dem nächsten der beiden Enden gleich der Fehlergrenze der Gesammt-Länge angenommen werden darf.

§ 4.

Stempelung.

Die Stempelung erfolgt dicht an den Enden des Maaßstabes. An den mit Metallkappen versehenen Enden hölzerner Maaßstäbe ist der Stempel halb auf das Holz und halb auf die Kappe zu setzen.

Wenn dies nicht möglich ist, wird das Holz unmittelbar an der Kappe gestempelt.

Bei aus einzelnen Theilen bestehenden Maaßen ist außerdem ein Stempel auf die am Gelenk zusammenstoßenden Theile so zu setzen, daß er sowohl den einen als den andern Theil trifft, und bei solchen, wo dies nicht möglich ist, auf jeden der einzelnen Theile.

Bei Precisions-Maaßstäben wird neben dem Stempel der Eichanstalt noch ein sechsstrahliger Stern aufgeschlagen.

Stählerne Bandmaaße sind auf eingesetzten Messing-Plättchen zu stempeln.

II. Flüssigkeitsmaaße.

§ 5.

Zulässige Flüssigkeitsmaaße.

Flüssigkeitsmaaße für den öffentlichen Verkehr werden nur in folgenden Größen zur Eichung und Stempelung zugelassen:

20	Liter	oder	Kannen	
10	"	"	"	
5	"	"	"	
2	"	"	"	
1	Liter	oder	Kanne	
½ oder 0,5	Liter	oder	Kanne	= 1 Schoppen
¼	"	"	"	
0,2	"	"	"	
⅛	"	"	"	
0,1	"	"	"	
1/16	"	"	"	
0,05	"	"	"	
1/32	"	"	"	
0,02	"	"	"	

§ 6.

Bezeichnung.

Die Bezeichnung hat deutlich und von dem Maaße untrennbar durch Angabe der Einheiten oder Bruchtheile vom Liter, die es enthält, unter Beisetzung des Wortes Liter oder des Buchstaben L. zu erfolgen. Als Bruchbezeichnungen sind hierbei für die decimalen Abstufungen Decimalbrüche, für die Abstufungen nach Halbirungen gewöhnliche Brüche zu benutzen.

Es ist gestattet, dieser Hauptbezeichnung auch die vollen deutschen Namen beizufügen.

§ 7.

Material.

Für den Verkehr zulässige Maaße müssen aus Zinn, Weißblech, Messing oder Kupfer hergestellt, in den beiden letzteren Fällen aber innerlich mit reinem Zinn vollständig und gut verzinnt sein.

Flüssigkeitsmaaße aus Zinn dürfen in ihrer Masse nicht weniger als fünf Sechstheile reines Zinn enthalten. Auf denselben muß der Name und Wohnort des Verfertigers angegeben sein.

§ 8.

Form.

Maaße von 2 Liter Inhalt und die nach der Halbirungs-Theilung abgestuften kleineren müssen in Form eines Cylinders hergestellt werden, bei dem das Verhältniß des Durchmessers zur Höhe für das 2 L., 1 L. und

1/2 L. Maaß wie 1 : 2
1/4 L. Maaß wie 1 : 1,9
1/8 „ „ „ 1 : 1,8
1/16 „ „ „ 1 : 1,7
1/32 „ „ „ 1 : 1,6

zu Grunde gelegt wird. Da es aber schwierig ist, bei der Herstellung solcher Maaße dieses Verhältniß genau inne zu halten, so sind in der Größe des Durchmessers Abweichungen bis zu 5 pCt. im Mehr und Weniger nachgelassen.

Es ergeben sich hiernach für die Dimensionen dieser Flüssigkeitsmaaße folgende Werthe in Millimetern:

Größe des Maaßes.	Berechnete Dimensionen des Durchmessers.	der Höhe.	Der Durchmesser zulässiger Maaße darf betragen: höchstens	mindestens
	mm.	mm.	mm.	mm.
2 L.	108,4	216,7	114	103
1 „	86,0	172,1	90	82
1/2 „	68,4	136,8	73	64
1/4 „	55,1	104,8	58	52
1/8 „	44,6	80,3	47	42
1/16 „	36,0	61,6	38	34
1/32 „	29,2	46,7	31	28

Die nach der Decimaltheilung abgestuften Maaße von 0,2, 0,1, 0,05 und 0,02 Liter Inhalt müssen, um mit den ihnen nahe stehenden Maaßen nach der Halbirungstheilung nicht verwechselt werden zu können, in Form abgestutzter Kegel ausgeführt werden, bei denen der obere Durchmesser der Abmessung entspricht, welche diese Maaße nach den vorher für die Halbirungsreihe aufgestellten Bedingungen bei cylindrischer Gestalt erhalten würden, und deren unterer Durchmesser das 1½fache des oberen ist.

Die Dimensionen derselben und die nachgelassenen Abweichungen im oberen Durchmesser gestalten sich daher in folgender Art:

Größe des Maaßes.	Berechneter Durchmesser oben	Berechneter Durchmesser unten	Berechnete Höhe.	Der obere Durchmesser zulässiger Maaße darf betragen: höchstens	Der obere Durchmesser zulässiger Maaße darf betragen: mindestens
	mm.	mm.	mm.	mm.	mm.
0,2 L.	51,2	76,8	61,4	54	49
0,1 „	41,4	62,1	46,9	43	39
0,05 „	33,5	50,2	35,8	35	32
0,02 „	25,3	37,9	25,1	26	24

Maaße von 5, 10 und 20 Liter Inhalt sind cylinder- oder tonnenförmig mit engerem cylindrischen Halse von höchstens 10 Centimeter Weite, durch welchen der Inhalt des Maaßes genauer begrenzt wird, anzufertigen.

Für alle Größen sind Maaße gestattet, bei denen für die richtige Füllung der Flüssigkeitsspiegel mit dem oberen Rande in einer Ebene und auch solche, bei denen er tiefer liegt.

In beiden Fällen sind Ausgüsse (Schnauzen) zulässig, deren Fassungsraum einen Theil vom Fassungsraume des Maaßes bildet.

Im letzteren Falle kann der richtige Maaßinhalt begrenzt werden:

entweder durch zwei einander gegenüberliegende Abflußöffnungen,

oder durch eine solche Oeffnung und einen diametral gegenüber liegenden Stift (Zäpfchen), statt dessen auch zwei Stifte, um ein Drittel des Umkreises von der Oeffnung abstehend, angebracht werden können,

oder durch zwei diametral gegenüberliegende, sowie auch durch drei gleichmäßig auf dem Umfang vertheilte Stifte.

§ 9.

Sonstige Beschaffenheit.

Alle Maaße, bei denen der Flüssigkeitsspiegel in der Ebene des oberen Randes liegt, müssen an diesem äußerlich genügend verstärkt sein; dies erfolgt bei Blechmaaßen durch aufgelöthete Bunde, wobei für Weißblechmaaße auch ein Bund aus Zinkblech gestattet ist, oder durch einen in den umgebogenen Rand eingelegten Draht.

Die Böden dürfen nicht als bloße Scheiben eingelöthet, sondern müssen mit einem umgebogenen Rande versehen sein. Letzterer kann entweder die cylindrische Wandfläche nach oben gekehrt äußerlich umschließen, oder sich nach unten gekehrt an die cylindrische Wandfläche innerlich anschließen; in beiden Fällen ist er mit der Wandfläche zu verlöthen.

Die Böden sind in ebener Fläche herzustellen und bei größeren Maaßen durch äußerlich aufgelöthete Stege zu verstärken.

Ausgüsse oder Schnauzen, deren Fassungsraum einen Theil des richtigen Gefäßinhalts bildet, müssen bis zur vorderen Spitze in derselben Art wie die übrige Grenzfläche des Fassungsraumes verstärkt sein.

Stifte oder Zäpfchen dürfen nicht eingelöthet, sondern müssen eingenietet und äußerlich mit einem Zinntropfen für die Stempelung versehen sein.

Die Bezeichnung ist entweder auf dem Maaße selbst einzugraviren oder aufzuschlagen, was bei Blechmaaßen auch auf einer aufgelötheten Zinnstelle geschehen kann, oder auf einem aufgelötheten Schilde anzubringen, welches letztere an einer Stelle durch einen zu stempelnden Zinntropfen mit dem Maaße zu verbinden ist.

Bei Maaßen, welche aus einzelnen durch Löthung verbundenen Theilen bestehen, sind die Löthstellen mit Zinntropfen zur Aufschlagung des Stempels zu versehen, sofern die Löthfuge eine unmittelbare Stempelung nicht gestattet.

§ 10.

Unzulässige Maaße.

Unzulässig sind alle Maaße, welche den vorstehenden Vorschriften nicht entsprechen, insbesondere Maaße aus Zinkblech; solche mit gewölbter Bodenfläche; Maaße mit Blechring statt der Stifte zur Begrenzung des Flüssigkeitsspiegels; Maaße, bei denen der Flüssigkeitsspiegel durch den oberen Rand begrenzt werden soll, sofern die Grenzlinie nicht parallel zum Boden liegt oder nicht in eine Ebene fällt.

§ 11.

Eichung und Fehlergrenze der Flüssigkeitsmaaße.

Das Eichen hat unter Beobachtung der in der Instruction angegebenen Vorschriften zu erfolgen und es kann nur dann zur Stempelung geschritten werden, wenn eine größere Abweichung von dem Eichungsnormale oder von dem Sollinhalte im Mehr oder Weniger nicht stattfindet, als die folgende:

bei Maaßen von 20 L. bis 1 L. höchstens $^1/_{400}$ des Sollinhaltes
$0{,}5$ L. bis $0{,}2$ L. „ $^1/_{200}$
$^1/_{10}$ L. bis $0{,}02$ L. „ $^1/_{100}$

§ 12.

Eichung der Fässer.

Nur solche Fässer dürfen überhaupt zur Bestimmung des Rauminhaltes zugelassen werden, welche hinsichtlich der Haltbarkeit ihrer Construction und ihrer sonstigen Beschaffenheit untadelhaft sind.

Der Inhalt ist durch das in der Instruction angeführte Verfahren zu bestimmen und bis auf $^1/_{500}$ des Fassungsraumes mit Abrundung auf Zehntheile des Liters anzugeben.

§ 13.

Stempelung der Flüssigkeitsmaaße und Fässer.

Die Beglaubigung der bis zum Rande gefüllten Flüssigkeitsmaaße erfolgt durch zwei diametral gegenüber auf oder dicht unter dem Rande angebrachte Stempel; die der Maaße mit Ausflußöffnungen durch Stempelung dicht unter dem untern Rande jeder solchen Oeffnung; die der Stiftenmaaße durch Stempelung des äußerlich für jeden Stift vorhandenen Zinntropfens.

Bei jedem aus einzelnen durch Löthung verbundenen Theilen bestehenden Maaße sind die auf den Löthfugen anzubringenden Zinntropfen zu stempeln; die Böden der Blechmaaße an zwei diametral gegenüber liegenden Stellen.

Bei Fässern ist auf dem einen Boden, oder bei kleineren Fässern statt dessen auf dem Umfange, der Inhalt in Liter (bezüglich Zehntheil Liter) unter Beisetzung des Buchstabens L., außerdem die Nummer des Eichregisters und die Jahreszahl der Eichung, sowie der Stempel der Eichanstalt einzubrennen.

Ist das Aufbrennen der Stempel nicht ausführbar (Fässer aus Metall), so hat die Stempelung auf einer aufgelötheten Metallplatte, deren Verbindung mit dem Fasse ebenfalls durch Stempelung zu sichern ist, zu erfolgen.

III. Hohlmaaße für trockene Gegenstände.

1. Allgemein anwendbare Maaße.

§ 14.

Zulässige Maaße.

Für den öffentlichen Verkehr bestimmte Maaße werden nur in folgenden Größen zur Eichung und Stempelung zugelassen:

2 Hektoliter oder 2 Faß,
1 Hektoliter oder 1 Faß,
$^1/_2$ oder $0_{,5}$ Hektoliter,
$^1/_4$ Hektoliter,
20 Liter,
10 „
5 „
2 „
1 „
$^1/_2$ oder $0_{,5}$ Liter,
$^1/_4$ „
$0_{,1}$ „
$^1/_8$ „

§ 15.

Bezeichnung.

Die Bezeichnung hat deutlich und von dem Maaße untrennbar bei den vier größeren Maaßen durch 2 H, 1 H, 0,5 H oder ½ H und ¼ H, wobei auch das volle Wort zulässig ist, und der deutsche Name Faß beigesetzt werden kann, für die kleineren Maaße durch die im vorhergehenden Paragraphen angeführten Zahlen und Brüche unter Zufügung von L. oder Liter zu erfolgen.

Sofern die Bezeichnung bei hölzernen Maaßen erst durch die Eichanstalt erfolgen soll, wird sie nur durch die Buchstaben H. oder L. und die erforderlichen Zahlen ausgeführt.

§ 16.

Material.

Die für den Verkehr zulässigen Maaße können in allen gestatteten Größen aus Schwarzblech, verzinktem, verbleitem oder verzinntem Eisenblech, aus Kupferblech von genügender Stärke oder aus Holz angefertigt sein.

§ 17.

Form.

Alle Maaße dieser Art bis zu ½ Liter herab und die nach der Halbirungstheilung abgestuften kleineren müssen in Form eines Cylinders ausgeführt sein, bei welchem im Allgemeinen 3 zu 2 als das Verhältniß des Durchmessers zur Höhe zu Grunde gelegt ist.

Da es aber bei der Herstellung solcher Maaße schwierig ist, dieses Verhältniß in voller Schärfe inne zu halten, so sind Abweichungen bis zu 3 pCt. für Maaße von 2 H. bis 1 L. und Abweichungen bis zu 5 pCt. für die kleineren Maaße in Mehr oder Weniger gegen die richtige Dimension des Durchmessers nachgelassen.

Es ergeben sich hieraus für die verschiedenen Maaßgrößen folgende Durchmesser:

Größe des Maaßes	Berechneter Durchmesser	Der Durchmesser darf betragen höchstens	mindestens
	mm.	mm.	mm.
2 H.	725,6	747	704
1 H.	575,9	593	559
0,5 „	457,1	471	443
¼ „	362,8	374	352
20 L.	336,8	347	327
10 „	267,3	275	259
5 „	212,2	218	206
2 „	156,3	161	152
1 „	124,1	128	120
0,5 „	98,5	103	94
¼ „	78,2	82	74
⅛ „	62,0	65	59
1/16 „	49,2	52	47

Die nach der Decimaltheilung abgestuften Maaße von 0,2 L., 0,1 und 0,05 L. sind nur in der für Flüssigkeitsmaaße derselben Größe in § 8 vorgeschriebenen Form aus dem daselbst angegebenen Grunde auch für trockene Körper zulässig.

Größere Maaße aus Holz können in Form von Span- oder Daubenmaaßen hergestellt, die kleinsten unter 1 Liter auch aus massivem Holze gedreht werden.

§ 18.

Sonstige Beschaffenheit.

Bei allen Maaßen muß der Boden mit der cylindrischen Wandfläche dicht und dauerhaft verbunden sein.

Maaße aus Blech müssen oberhalb zur Sicherung ihrer Gestalt mit einem ebenen, entsprechend breiten Rande versehen sein.

Hölzerne Maaße müssen gut ausgetrocknet sein.

Bei Spanmaaßen von 1 H. und ½ H. muß zur Sicherung der Verbindung des Bodens mit der Wandfläche, zur Erhaltung der Form im Allgemeinen und zur Leitung des Streichholzes — ein mit Boden und Wandfläche fest verbundener Beschlag aus Bandeisen und ein oberhalb diametral liegender Steg angebracht sein.

Die Spanmaaße von ¼ H., 20 L. und 10 L. sowie kleinere bedürfen des Steges nicht, die drei ersteren sind aber mit entsprechendem Beschläge zu versehen.

Bei den Dauben- oder Stabmaaßen sind die Dauben einzeln mit den umgelegten Eisenringen zu verbinden.

Ueber die zweckmäßigste Herstellung dieser Sicherungsmaßregeln und über die Befestigung der Handhaben enthält die Instruction ausführlichere Anweisungen.

§ 19.

Unzulässige Maaße.

Von der Eichung und Stempelung auszuschließen sind alle den vorstehenden Vorschriften nicht entsprechenden Maaße. Detail-Bestimmungen hierüber enthält die Instruction.

§ 20.

Eichung und Fehlergrenze.

Beim Eichen sind die in der Instruction angegebenen Vorschriften zu befolgen, und es darf ein Maaß nur dann gestempelt werden, wenn bei der Vergleichung mit dem Eichungsnormale entweder im Mehr oder Minder eine größere Abweichung von demselben oder dem Sollinhalte nicht stattfindet, als:

Für eine Maaßgröße von	bei Maaßen aus Metall	bei Maaßen aus Holz
2 H. bis ¼ H.	1/500 d. Sollinhaltes	1/250 d. Sollinhaltes
20 L. „ 1 L.	1/400 „ „	1/200 „ „
0,5 L. „ 0,2 L.	1/200 „ „	1/100 „ „
1/10 L. „ 0,05 L.	1/100 „ „	1/50 „ „

§ 21.

Stempelung.

Alle Maaße aus Blech sind so zu stempeln, wie dies für die Flüssigkeitsmaaße gleicher Herstellungsart in § 13 vorgeschrieben ist. Sind Handhaben vorhanden, so ist bei jeder ein Niet zu stempeln, um zu vermeiden, daß durch Anbringung solcher Handhaben nach dem Eichen die Form des Maaßes verändert werden kann.

Alle hölzernen Hohlmaaße für trockene Körper sind an drei gleichmäßig von einander abstehenden Stellen auf dem oberen Rande, ferner auf der inneren Bodenfläche und der äußeren Wandfläche zu stempeln.

Zur Sicherung der Verbindung zwischen Boden und Wand sind bei hölzernen Spanmaaßen drei auf dem Umfang gleich vertheilte Stempel so aufzusetzen, daß jeder auf beide zu stehen kommt. Bei Daubenmaaßen sind diese Stempel so auf die innere Seite der vorstehenden Daubenenden zu setzen, daß sie dicht an der unteren Bodenfläche stehen.

2. Maaße für Kohlen aller Art, Cokes, Torf, sowie für Kalk und andere Mineralproducte.

§ 22.

Arten der zulässigen Maaße.

Außer den vorstehend unter 1. angeführten Maaßen für trockene Körper werden für das Messen von Kohlen aller Art, Cokes, Torf, sowie für Kalk und andere Mineralproducte die nachfolgend bezeichneten Maaße zur Eichung und Stempelung zugelassen:

A. Maaße in Kastenform von ½ H, 1 H. und 2 H. Inhalt;

B. Rahmen- und Aufsetzmaaße ohne Boden von 2 H. und mehr Inhalt, wenn letzterer ein Vielfaches des ganzen Hektoliter ist;

C. Fördergefäße auf Bergwerken, sowie Lösch- und Ladegefäße bei dem Schiffsverkehre, welche zugleich als Maaßgefäße im Großhandel benutzt werden, wenn der Inhalt der zuerst genannten ein Vielfaches des halben, der Inhalt des zuletzt genannten ein Vielfaches des ganzen Hektoliters beträgt.

D. Kummtmaaße, namentlich für Torf bestimmt, d. h. lange entweder feststehende oder auf Transportwagen befindliche, oben offene Kasten von je 20 H., oder 2 Kubikmeter Inhalt, deren Fassungsraum durch Aufsatzbretter um je 10 H. oder 1 Kubikmeter vergrößert werden kann.

§ 23.

Bezeichnung der Maaße und Maaßgefäße.

Die Bezeichnung der im § 22 aufgeführten Maaße hat deutlich und von denselben untrennbar durch Angabe des Inhaltes nach Hektoliter unter Anwendung des Buchstabens H. zu erfolgen. (Vergl. jedoch § 26 letztes Alinea.)

§ 24.

Beschaffenheit der Kastenmaaße.

Die Kastenmaaße (§ 22 A) müssen im Lichten gemessen folgende Dimensionen in Millimeter haben:

	Länge	Breite	Tiefe
für den Inhalt von ½ H.	500	400	250
" " " " 1 H.	625	500	320
" " " " 2 H.	625	625	512

Abweichungen von diesen Dimensionen können nur bis zu dem Betrage von höchstens 2 Procent unter der Voraussetzung nachgesehen werden, daß der Inhalt des ganzen Maaßes der Anforderung im § 30 entspricht.

Die Maaße können aus Holz oder aus Eisen hergestellt sein, ihre Seitenwände müssen nahezu rechtwinkelig gegen den Boden stehen, die Unterschiede der oberen und unteren correspondirenden Abmessungen dürfen nicht mehr als 10 Procent der Maaßtiefe betragen.

Die hölzernen Kastenmaaße müssen einen Beschlag von Bandeisen erhalten, welcher den oberen Rand und die Verbindung der Seitenwände sowohl unter einander als auch mit dem Boden sichert. Verbindungsstangen zwischen den Seitenwänden oder, wie bei der Karrenform, zwischen den Tragschenkeln dürfen nicht durch den inneren Raum des Maaßes gehen.

Bei eisernen Kastenmaaßen müssen die Seitenwände von genügender Stärke sein, um eine Verbiegung zu verhindern; die Bodenplatte ist zur Sicherung der ebenen Form mit Rippen zu versehen.

§ 25.

Beschaffenheit der Rahmenmaaße.

Die Rahmenmaaße (§ 22 B) müssen den im § 24 für Kastenmaaße angegebenen allgemeinen Constructions-Bedingungen genügen; ihr horizontaler Querschnitt muß ein Rechteck sein.

§ 26.

Beschaffenheit der als Maaße dienenden Fördergefäße, Lösch- und Ladegefäße.

Fördergefäße (§ 22 C) müssen genügend dauerhaft und in einer Körperform ausgeführt werden, deren Inhalt sich durch alleinige Anwendung des Längenmaaßstabes und durch einfache Rechnung mit genügender Sicherheit bestimmen läßt.

Bei dem Bergkübel für Haspelförderung ist jedoch auch ein länglich runder Querschnitt zulässig.

Bei den Lösch- und Ladegefäßen ist die Cylinder- oder Tonnenform gestattet. Das Verhältniß des Mittelwerthes der Durchmesser zur Höhe muß etwa wie 3 : 4 sein.

Bereits vorhandene Fördergefäße dürfen, auch wenn sie der in § 22 unter C gegebenen Vorschrift nicht entsprechen, bis zum 1. Januar 1877 noch benutzt werden, doch muß auf jedem solcher Fördergefäße der wirkliche Inhalt nach Liter angegeben werden.

§ 27.

Beschaffenheit der Kummtmaaße.

Jeder Kasten eines Kummtmaaßes hat fest mit dem Boden verbundene und durch Aufsatzstücke zu erhöhende Seitenwände und je eine vertikale in Nuthen zwischen den Seitenwänden nach Art der Schützen bewegliche

Vorder- und Hinterwand; werden zwei solche Kasten mit einander verbunden, so ist die mittlere Schützenwand beiden gemeinschaftlich; im letzteren Falle enthält das Rummtmaaß ohne Aufsatzbretter 4, und mit denselben 6 Kubikmeter Fassungsraum.

Der Abstand der lothrechten Vorder- und Hinterwand eines Kastens beträgt im Lichten 2 Meter.

Der Abstand der gleichmäßig geneigten Seitenwände beträgt im Lichten am Boden 65 Centimeter und an der oberen offenen Fläche 137 Centimeter, und zwar bei einer lothrechten Höhe von 1 Meter vom Boden ab gerechnet, wobei die Breite jeder Seitenwand von der oberen bis zu der an den Boden stoßenden Kante 106,3 Centimeter betragen muß.

Dabei ist angenommen, daß die 6 Leisten (4 an den Wänden, 2 am Boden), welche die Ruthen für die beweglichen Wände bilden, eine Breite von 10 Centimeter und eine Stärke von 3 Centimeter haben und somit bei einer nach außen gerundeten oder gebrochenen Kante zusammen einen Raum von ungefähr 0,016 Kubikmeter einnehmen.

Zur Aufnahme größerer Mengen Torf können auf die lothrechten Wände (End- und Mittelschützen) und auf die Seitenwände Aufsatzbretter gesetzt werden, welche durch sichere Führungen so festgehalten werden müssen, daß jedes Aufsatzbrett in der genauen Fortsetzung der Ebene des darunterstehenden liegt. Durch die Aufsatzbretter soll der räumliche Inhalt jedes Kastens um 1 Kubikmeter vergrößert werden (oder wenn der Raum für die 4 Leisten zu den Ruthen berücksichtigt wird, um 1,0042 Kubikmeter). Da die Seitenwände ohne Aufsatz oben einen Abstand von 137 Centimeter haben, so muß die oberste Entfernung der Aufsatzbretter von einander 161,3 Centimeter, die Breite jedes Aufsatzbrettes 35,8 Centimeter und der lothrechte Abstand der obersten Kanten vom Boden 133,7 Centimeter betragen.

Es ist nothwendig, daß durch sogenannte Ueberwurfsketten, welche oben in der Nähe der Schützen angebracht sind, die Kasten im Anschluß an die richtig ausgeführten Schützen zusammengehalten werden, und überdies zu empfehlen, daß die oberen Kanten der Seitenwände und Aufsatzbretter durch eine Eisenschiene vor zu schneller Abnutzung geschützt werden.

Der kgl. Normal-Eichungscommission bleibt überlassen, Abweichungen von obigen Abmessungen zu gestatten und die näheren Vorschriften dafür zu erlassen, wofern nur der Kubikinhalt den obigen Bedingungen entspricht, und die Ermittelung desselben mit alleiniger Anwendung des Längenmaaßstabes und durch einfache Rechnung hinreichend sicher ausgeführt werden kann.

§ 28.

Unzulässige Maaße und Maaßgefäße.

Alle Maaße und Maaßgefäße der in § 22 erwähnten Art, welche den vorstehenden bezüglich ihrer Beschaffenheit getroffenen Bestimmungen oder den für besondere Fälle von der kgl. Normal-Eichungs-Commission noch zu erlassenden Bestimmungen nicht entsprechen, oder welche wegen zu schwacher Construction die erforderliche Unveränderlichkeit ihres Inhaltes nicht mit Sicherheit erwarten lassen, sind als nicht eichfähig zurückzuweisen. Bei den Rummtmaaßen ist insbesondere darauf zu achten, daß die gehörige Verbindung aller und die regelmäßige Einfügung der beweglichen Theile im vollständigen Gebrauchszustande gesichert ist.

§ 29.

Inhaltsbestimmung.

Die Inhaltsbestimmung erfolgt:

1. bei den Kastenmaaßen und Rahmenmaaßen durch Berechnung nach den abgemessenen Dimensionen, wobei für die Länge und Breite die Mittelwerthe aus den correspondirenden oberen und unteren Abmessungen (vergl. § 24) benutzt werden;
2. bei den Fördergefäßen, Lösch- und Ladegefäßen, soweit dies einfach und sicher ausführbar ist, ebenfalls durch Berechnung nach den abgemessenen Dimensionen, anderenfalls, ferner bei dem Bergkübel mit länglich rundem Querschnitte und den Gefäßen in Tonnenform durch Wasserfüllung oder durch trockene Füllung mit Erbsen unter Anwendung der zur Eichung gewöhnlicher Hohlmaaße bestimmten Gebrauchs-Normale und der zugehörigen Vorschriften;
3. bei den Kummtmaaßen durch Nachmessung der vorgeschriebenen Dimensionen.

§ 30.

Stempelfähigkeit.

Die Stempelung kann, sofern sich nach Maaßgabe der vorstehenden Bestimmungen sonstige Bedenken nicht ergeben, stattfinden:

1. bei den in § 22 unter A, B, C bezeichneten Maaßen und Maaßgefäßen, wenn der nach § 29 ermittelte Inhalt von dem Soll-Inhalte um nicht mehr als 1 Procent abweicht;
2. bei den Kummtmaaßen, wenn keine der den Inhalt bestimmenden Dimensionen um mehr als 1 Procent von der vorgeschriebenen Größe abweicht und die Leisten innerhalb eines Centimeters die in den Vorschriften vorausgesetzten Dimensionen einhalten.

§ 31.

Stempelung.

Die Stempelung erfolgt bei den in § 22 A, B und C aufgeführten Maaßen, entsprechend den in der Eichordnung für Hohlmaaße gegebenen Vorschriften, bei den Kummtmaaßen durch Einbrennen eines Stempels an jeder Kante des Kastens und der Aufsatzbretter.

IV. Meßrahmen für Brennholz.

§ 32.

Zulassung der Meßrahmen.

Die Zumessung von Brennholz im öffentlichen Verkehr kann zwar durch Anwendung eines gewöhnlichen Längenmaaßstaabes ausgeführt werden, indem man die drei Dimensionen des rechtwinklig aufgeschichteten Materials mißt und hieraus den Kubikinhalt berechnet; der größeren Bequemlichkeit halber sollen jedoch die nachstehend beschriebenen Meßrahmen für den gedachten Zweck zur Eichung und Stempelung zugelassen werden.

§ 33.

Allgemeine Beschaffenheit.

Die Meßrahmen bestehen aus rechtwinkelig mit einander zu verbindenden hölzernen oder eisernen Stäben oder aus rechtwinkelig mit einander verbundenen Brettern. Die Länge einer jeden Seite zwischen Endflächen oder Endmarken gemessen, muß eine ganze Zahl Meter betragen. Im Uebrigen können sie in beliebigen Größen ausgeführt, mithin zur Darstellung von Flächen einer beliebigen ganzen Zahl Quadratmeter benutzt werden. Sie können beweglich oder feststehend eingerichtet sein.

Für den Kleinverkehr sind auch Meßrahmen mit fester Bretterwandung gestattet, welche bei Abständen von $\frac{1}{2}$ und $\frac{1}{2}$, bezüglich $\frac{1}{2}$ und 1 Meter, Flächen von $\frac{1}{4}$ und $\frac{1}{2}$ Quadratmeter darstellen.

§ 34.

Bewegliche Meßrahmen.

Für die beweglichen Meßrahmen empfiehlt sich folgende Form:

Vier Rahmenstücke von je 2 Meter Länge sind durch Verzapfung so mit einander verbunden, daß sie einen lothrecht aufstellbaren Rahmen bilden, welcher im Innern ein Quadrat von 4 Quadratmeter Fläche enthält. Der in dieser Aufstellung waagerecht liegende obere Verbindungsstab ist so eingerichtet, daß er sowohl in 2 Meter als auch in 1 Meter Abstand vom unteren festgestellt werden kann, in welchem letzteren Falle der Rahmen ein Rechteck von 2 Quadratmeter Inhalt bildet. Ein fünfter Stab ist in lothrechter Stellung zwischen den beiden lothrechten Endstäben in der Art einsetzbar, daß er von dem einem derselben 1 Meter absteht. Durch die Einsetzung dieses Mittelstabes wird ein Rechteck von 2 Quadratmeter Fläche dargestellt, wenn die Horizontalstäbe sich in 2 Meter Entfernung befinden, ein Quadrat von 1 Quadratmeter Fläche, wenn die Horizontalstäbe einen Abstand von 1 Meter haben.

Ein solcher leicht transportabler Holzrahmen ist mithin zum Aufsetzen des Brennholzes in Flächendurchschnitten von 1, 2 und 4 Quadratmeter zu benutzen. Zur Messung der dritten Dimension des Holzes (der Scheitlänge) dient entweder ein gewöhnlicher Maaßstab, oder einer der 5 Stäbe des Rahmens, welcher zu diesem Zwecke als Centimeterstab eingetheilt ist.

Die Rahmenstücke müssen Marken zur Bezeichnung ihrer End-, bezüglich Theilpunkte besitzen.

§ 35.

Feststehende Meßrahmen.

Die feststehenden Meßrahmen unterscheiden sich von den beweglichen nur dadurch, daß die den Umfang bildenden, der allgemeinen Beschreibung in § 33 entsprechenden Stäbe oder Bretter fest mit einander verbunden sind. Die Messung der dritten Dimension (der Scheitlänge) muß auch hier durch einen gewöhnlichen Maaßstab erfolgen.

Die festen Rahmen bedürfen der Marken an den Endpunkten nicht, wenn nicht die lothrechten Wände, was für die Einsetzung der Scheite zweckmäßig ist, selbst länger als eine ganze Zahl Meter sind. In diesem Falle sind auch Marken an den Endpunkten erforderlich.

§ 36.

Stempelfähigkeit.

Ein nach den Vorschriften in § 33—35 zulässiger Meßrahmen darf gestempelt werden, wenn die Abweichung jedes einzelnen Rahmenstückes von der Sollgröße weniger als 1 Centimeter auf jedes Meter beträgt.

§ 37.

Stempelung.

Die Stempelung erfolgt bei beweglichen und bei feststehenden Meßrahmen auf jedem einzelnen Rahmenstücke.

Eiserne Stäbe erhalten den Stempel auf Blei, wozu an passender Stelle eine kreisrunde, sich nach Innen etwas erweiternde Höhlung von 11 Millimeter Durchmesser und etwa 4 Millimeter Tiefe anzubringen ist.

V. Gewichte.

§ 38.

Zulässige Gewichte.

Gewichte für den öffentlichen Verkehr werden nur in folgenden Größen zur Eichung und Stempelung zugelassen:

50 Kilogramm oder 1 Centner.
50 Pfund oder ½ Centner.
20 Kilogramm.
10 „
5 „
2 „
1 „
500 Gramm oder 1 Pfund.
½ Pfund.
200 Gramm.
100 „
50 „
20 „
10 Gramm oder 1 Dekagramm oder 1 Neuloth.
5 Gramm.
2 „
1 „
5 Decigramm.
2 „
1 „

5 Centigramm.
2 "
1 "
5 Milligramm.
2 "
1 "

Jedes zuzulassende Gewichtsstück muß mit einer regelmäßig verlaufenden Oberfläche, an welcher eine absichtlich angebrachte Verletzung leicht erkennbar ist, versehen sein, den nachfolgenden Vorschriften in Bezug auf Bezeichnung, Form, Material und sonstige Beschaffenheit entsprechen, und übrigens so hergestellt sein, daß der Stempel der Eichanstalt leicht angebracht und nebst der Bezeichnung in der normalen Stellung des Gewichtsstückes leicht erkannt werden kann.

§ 39.

Bezeichnung.

Jedes Gewichtsstück muß deutlich und untrennbar die Bezeichnung seiner Schwere enthalten.

Bei den die regelmäßigen Abstufungen des Decimalgewichtssystems darstellenden Stücken sind hierzu als Einheiten zulässig:

Das Kilogramm von 50 K. bis 0,001 K.,
das Gramm von 500 G. bis 0,01 G.,
das Decigramm
das Centigramm } für die 1-, 2- und 5-fachen der so benannten Gewichtsstücke.
das Milligramm

Das Dekagramm für Gewichtsstücke von 200 G. bis 5 G.

Die Namen der fünf ersten Einheiten können abgekürzt durch die Anfangsbuchstaben K., G., D., C., M. bezeichnet werden; bei dem Dekagramm ist dies, da der Buchstabe D. bereits für Decigramm oben bestimmt ist, unzulässig. Zur Bezeichnung der Bruchtheile sind nur Decimalbrüche anzuwenden. Die aus der decimalen Abstufung der Kilogramm-Reihe heraustretenden Stücke von 50 Pfund und 1/2 Pfund sind nur mit der Bezeichnung 50 Pf. oder ℔ und 1/2 Pf. oder ℔ zu versehen.

Bei allen Stücken der Kilogramm-Reihe von 50 K. bis 0,5 K. wird auch die alleinige Bezeichnung nach ihrem Werthe in Pfunden zugelassen.

Außerdem ist es gestattet, die Bezeichnungen nach Centnern und Neu-Lothen, wobei die Abkürzungen Ctr. und NL. anwendbar sind, den im Obigen zugelassenen Bezeichnungen hinzuzufügen.

Die folgende Tabelle enthält eine Zusammenstellung der zulässigen Bezeichnungen nach Maaßgabe der vorstehenden Bestimmungen:

Bezeichnung der Gewichtsstücke.

Schwere des Gewichtsstücks.	Hauptbezeichnungen, von denen je eine auf dem betreffenden Gewichts-Stücke nothwendig und hinreichend ist.			Nebenbezeichnung, die außerdem noch vorhanden sein kann.
50 Kilogramm	50 K.		100 ℔ oder Pf.	1 Ctr.
50 Pfund			50 ℔ „ „	0,5 Ctr.
20 Kilogramm	20 K.		40 ℔ „ „	
10 „	10 K.		20 ℔ „ „	0,2 Ctr.
5 „	5 K.		10 ℔ „ „	0,1 Ctr.
2 „	2 K.		4 ℔ „ „	
1 „	1 K.		2 ℔ „ „	
500 Gramm	0,5 K.	500 G.	1 ℔ „ „	
½ Pfund			½ ℔ „ „	
200 Gramm	0,2 K.	200 G.		20 NL.
100 „	0,1 K.	100 G.		10 NL.
50 „	0,05 K.	50 G.		5 NL.
20 „	0,02 K.	20 G.		2 NL.
10 „	0,01 K.	10 G.		1 NL.
5 „	0,005 K.	5 G.		0,5 NL.
2 „	0,002 K.	2 G.		
1 „	0,001 K.	1 G.		
5 Decigramm		0,5 G.	5 D.	
2 „		0,2 G.	2 D.	
1 „		0,1 G.	1 D.	
5 Centigramm		0,05 G.	5 C.	
2 „		0,02 G.	2 C.	
1 „		0,01 G.	1 C.	
5 Milligramm			5 M.	
2 „			2 M.	
1 „			1 M.	

Die vollständige Angabe der verschiedenen Einheitsnamen ist nicht ausgeschlossen.

Obgleich die decimale Abstufung des Gewichts die Herstellung eines besonderen Proportionalgewichtes für Decimal- und Centesimalwaagen als minder erforderlich erscheinen läßt, so sollen doch Gewichtsstücke, welche hinter der ihre eigene Schwere bestimmenden Hauptbezeichnung in Klammern das 10- oder 100-fache derselben angegeben enthalten, und die sich dadurch als für Decimal- oder Centesimalwaagen bestimmt kennzeichnen, deshalb nicht von der Eichung und Stempelung ausgeschlossen werden.

§ 40.

Material.

Platin, Silber, Messing, Bronce, Argentan und Metallmischungen, die in Bezug auf Härte und Oxydirbarkeit den angeführten Metallen ähnlich sind, können für Gewichtsstücke aller Größen, Gußeisen bis einschließlich zum 50 Grammstücke herab, Aluminium für Centigramm- und Milligrammstücke Verwendung finden.

§ 41.

Form.

Für den Verkehr bestimmte Gewichtsstücke von 50 K. können entweder in Cylinderform mit Knopf oder Handhabe oder, dafern sie aus Gußeisen bestehen, auch in Bombenform mit Handhabe ausgeführt werden. Für das 50 ℔ Stück ist nur die letztere, für das 20 K. Stück nur die erstere Form zulässig.

Gewichtsstücke vom 10 K. Stück bis zum 1/2 ℔ Stück incl. herab erhalten eine Cylinderform, deren Höhe den Durchmesser übersteigen muß, mit Knopf.

Eine Ausnahme hiervon bildet das 2 K. Stück, bei welchem die Cylinderform eine gedrücktere sein muß, d. h. die Höhe den Durchmesser nicht erreichen darf.

Die Gewichts-Stücke von 200 G. bis 1 G. erhalten die Form von Scheiben, welche nur bei den gußeisernen Gewichten von 200 G., 100 G. und 50 G. ohne Knopf herzustellen sind.

Bei der Scheiben-Form darf die Höhe des Cylinders die Hälfte des Durchmessers nicht übersteigen.

Decigrammstücke erhalten die Form rechtwinkliger Blechplättchen mit aufgebogenem Rande, Centigrammstücke eine gleiche Form mit aufgebogener Ecke.

Außerdem sind Einsatzgewichte zulässig, bei denen die einzelnen Gewichtsstücke mit Ausnahme des kleinsten, massiv ausgeführten, die Form in einander zu setzender Schalen haben, deren äußerste mit einem Charnierdeckel versehen ist und das Gehäuse bildet. Die doppelt vorhandenen Gewichtsstücke von gleicher Schwere müssen eine solche Form haben, daß sie mit dem nächst größeren und nächst kleineren Gewichtsstücke nicht verwechselt werden können. Das Kilogrammgewicht dieser Art besteht aus 12 Stücken von 500, 200, 100, 100, 50, 20, 10, 10, 5, 2, 2 und 1 Gramm, das 500 Grammgewicht aus 11 Stücken von 1/2 Pfund, 100, 50, 50, 20, 10, 10, 5, 2, 2 und 1 Gramm, und das Zweihundert-Grammgewicht aus 9 Stücken von 100, 50, 20, 10, 10, 5, 2, 2 und 1 Gramm. Jedes dieser Stücke ist vorschriftsmäßig zu bezeichnen.

§ 42.

Sonstige Beschaffenheit.

Die bei größeren gußeisernen Gewichten etwa vorhandenen Handhaben müssen aus Schmiedeisen und direct, d. h. ohne fremdes Zwischenmittel, als Blei und dergleichen, eingegossen sein.

Gußeiserne Gewichte in Bomben- oder Cylinderform müssen oberhalb mit einem runden Justirloch versehen sein, das nach einer Höhlung führt. Dieses Justirloch muß über der Höhlung etwas enger sein, als an der

Oberfläche des Gewichtes und sich zwischen beiden Stellen etwas erweitern, damit der Eichpfropf sich unten aufsetzen und beim Aufstauchen in der Erweiterung ausbreiten kann, dadurch aber festgehalten wird.

Ueber die Größe der tiefer liegenden Höhlung läßt sich zwar eine bestimmte Vorschrift nicht geben, es ist aber mit Rücksicht auf die nachträgliche Ausfüllung derselben mit Justirmaterial das rohe Gewichtsstück — bei wesentlich gleicher Größe mit einem massiven vollwichtigen Stücke — im Gusse leichter zu halten:

beim	50 K.	Stück	um	höchstens	300 G.	mindestens	100 G.
„	50 Pfd.	„	„	„	250 „	„	90 „
„	20 K.	„	„	„	200 „	„	80 „
„	10 „	„	„	„	175 „	„	70 „
„	5 „	„	„	„	150 „	„	60 „
„	2 „	„	„	„	100 „	„	40 „
„	1 „	„	„	„	80 „	„	30 „
„	0,5 „	„	„	„	60 „	„	25 „
„	½ Pfd.	„	„	„	45 „	„	20 „

Bei gußeisernen Gewichten in Scheibenform ist auf der oberen Fläche ein rundes genügend tiefes Loch zum Einsetzen des Eichpfropfs so anzubringen, daß derselbe darin sichern Halt finden kann.

Der dem Gewichtsstücke für beide Arten gußeiserner Gewichte beigegebene Pfropf soll aus Blei mit ungefähr 10 Procent Zinnzusatz, aus Kupfer oder aus Messing (vergl. § 44) bestehen, eine dem Justirloche entsprechende Gestalt haben und so vorbereitet sein, daß nach dem Eintreiben desselben die Stempelfläche möglichst in die Fläche des Gewichtes fällt.

Die Bezeichnung ist bei gußeisernen Gewichten aufzugießen.

Gewichte aus anderen Metallen sind in der Regel massiv aus einem Stücke herzustellen. Zur leichteren Bewerkstelligung der Justirung empfiehlt es sich, die größeren messingenen Gewichte von Cylinderform ebenso wie die cylindrischen gußeisernen Gewichte oberhalb mit einem runden Justirloch und einer Höhlung, sowie die messingenen Gewichte von Scheibenform bis zum 20 G. Stück herab mit einem runden Loch zum Einsetzen des Eichpfropfes zu versehen. Die Bezeichnung ist auf diesen Gewichten entweder aufzugießen oder einzuschlagen oder einzugraviren.

§ 43.
Unzulässige Gewichte.

Von der Eichung und Stempelung zurückzuweisen sind Gewichtsstücke, welche in ihrer Ausführung den oben gegebenen Vorschriften nicht entsprechen, daher insbesondere

- solche aus weichen und unbeständigen Metallen, z. B. Blei, Zinn, Zink ꝛc. und ähnlich beschaffenen Metallmischungen;
- ebenso nicht gehörig abgeputzte und von Formsand nicht gereinigte;
- an der Oberfläche größere Poren oder Blasenräume zeigende, auch wenn diese durch Kitt, Zink, Blei ꝛc. ausgefüllt sind;

unterhalb mit einem vorspringenden Rande gegossene, oder zur Herstellung eines solchen ausgedrehte;
mit beweglichen Handhaben, angeschraubten Knöpfen versehene;
Einsatzgewichte, bei denen nicht jedes einzelne Stück die erforderliche Bezeichnung trägt.

§ 44.
Eichung und Fehlergrenze.

Die Eichanstalten haben jedes Gewichtsstück unter Beobachtung des in der Instruction angegebenen Verfahrens zu prüfen und erst dann durch den Stempel zu beglaubigen, wenn dasselbe höchstens um die nachfolgend angegebene Größe entweder im Zuviel oder im Zuwenig von dem Eichungsnormal abweicht:

Größe des Gewichtstückes	gestattete Abweichung a) bei Präcisions-Gewichten	b) bei gewöhnlichen Handels-Gewichten
50 K.	25 D.	5 G.
50 Pfd.	20 "	4 "
20 K.	20 "	4 "
10 K.	125 C.	25 D.
5 K.	625 M.	125 C.
2 K.	300 "	60 "
1 K.	200 "	40 "
500 G.	125 "	25 "
½ Pfd.	62,5 "	12,5 "
200 G.	50 "	10 "
100 "	30 "	6 "
50 "	25 "	5 "
20 "	15 "	3 "
10 "	10 "	2 "
5 "	6 "	
2 "	3 "	
1 "	2 "	
5 D.	1 M.	
2 "	1 "	
1 "	1 "	

Bei Präcisionsgewichten von 5 C. bis 1 M., die einzeln möglichst genau herzustellen sind, ist für je 4 Stück zusammen, welche die nächst höher stehende Einheit bilden, eine Abweichung bis zu $^{1}/_{100}$ der Sollschwere dieser Einheit gestattet.

Bei gewöhnlichem Handelsgewicht darf für das ein 5 G., zwei 2 G. und ein 1 G. Stück zusammen, die einzeln möglichst genau herzustellen sind, eine größere Abweichung als 5 C. nicht stattfinden.

Der Eichpfropf besteht bei den Präcisionsgewichten aus Messing, bei den gewöhnlichen Handelsgewichten aus Kupfer, oder aus Blei, mit etwa 10 Procent Zinnzusatz.

§ 45.

Stempelung.

Mit Eichpfropf versehene Gewichtsstücke erhalten den Stempel der Eichanstalt auf der Oberfläche dieses Pfropfs, massive Gewichte aus Messing, Bronce u. dergl. in Cylinder- oder Scheibenform auf der in der normalen Stellung des Gewichtes nach oben gekehrten Fläche und gleichzeitig auf der Bodenfläche, dergleichen Stücke in Form von Blechplättchen nur auf der oberen Fläche. Die einzelnen Theile der Einsatzgewichte werden auf der inneren und äußeren Bodenfläche gestempelt.

Soweit dies die Größe der zu stempelnden Fläche erlaubt, wird hierzu der volle Stempel der Eichanstalt, bei den kleinsten Gewichtsstücken der Stempel verwendet, welcher das allen Eichanstalten gemeinschaftliche Zeichen enthält.

Präcisionsgewichte erhalten außerdem an ihrer oberen Fläche einen Stempel in Form eines sechsstrahligen Sternes.

§ 46.

Medicinalgewichte.

Medicinalgewichte gelten in jeder Beziehung als Präcisionsgewichte.

Alle die Präcisionsgewichte betreffenden Bestimmungen der Eichordnung und der sonstigen Erlasse finden auch auf die Medicinalgewichte Anwendung.

Zweiter Abschnitt.

Vorschriften über Waagen und sonstige Meßwerkzeuge.

I. Waagen.

§ 47.

Zulässige Waagen überhaupt.

Zur Eichung zuzulassen sind nur solche Gattungen von Waagen, deren Theorie und deren erfahrungsmäßige Leistungen eine Bürgschaft gewähren, daß sie Empfindlichkeit, Tragfähigkeit und Zuverlässigkeit von hinreichendem Grade und hinreichender Dauer für die Zwecke des Verkehrs besitzen.

Es werden daher zur Eichung zunächst nur Hebelwaagen zugelassen und zwar nur solche Gattungen derselben, deren Constructionssystem die Erfüllung folgender allgemeiner Bedingungen der Stempelfähigkeit erwarten läßt:

Jede zuzulassende Waage muß sowohl belastet als unbelastet, sobald sie, von einer Gleichgewichtslage ausgehend, absichtlich in Schwingungen versetzt worden ist, in die anfängliche Gleichgewichtslage wieder zurückkehren;

ihre Theile dürfen bei der größten Belastung, für welche sie bestimmt ist, keine Formänderungen zeigen;

die sich berührenden Theile, welche bei den Schwingungen der Waage die Drehungsachsen bilden (Schneiden, Lager), müssen von genügender Härte sein, um gegen zu schnelle Abnutzung Sicherheit zu gewähren

— eine solche Länge haben, daß in der Lage der Drehungspunkte eine bemerkliche Veränderung durch Verschiebung nicht bewirkt werden kann; — Reibungsflächen von möglichst geringer Ausdehnung darbieten, und ihre Bewegung ohne Klemmung und seitliche Friction so vollführen, daß der Mechanismus der Waagen zu freiem Spiele gelangen kann;

auch müssen die an jedem Hebel befindlichen Schneiden rechtwinkelig zu demselben, parallel gegen einander und unwandelbar befestigt sein, und in einer solchen Lage sich befinden, daß der Schwerpunkt bei der stärksten Belastung der Waage unter der Mittelschneide liegt und die Waage daher stets ein stabiles Gleichgewicht zeigt.

An jeder Waage muß die größte Last, für welche sie bestimmt ist, bei größeren Lastwaagen von mehr als 50 K. einseitiger Tragfähigkeit auch die geringste zulässige Last, angegeben sein.

§ 48.
Zulässige Constructionssysteme.

Auf Grund der allgemeinen Bestimmungen des § 47 werden zunächst nur folgende Constructionssysteme von Hebelwaagen für eichungsfähig erklärt:

a. gleicharmige Balkenwaagen,
b. ungleicharmige Balkenwaagen,
c. Brückenwaagen,
d. oberschalige Waagen oder Tafelwaagen.

Die speciellen Bedingungen der Stempelfähigkeit dieser einzelnen Gattungen von Waagen sind in den folgenden Paragraphen enthalten.

§ 49.
Gleicharmige Balkenwaagen.

Der Waagebalken einer solchen Waage darf in den beiden Armen eine ersichtliche Verschiedenheit der Gestalt nicht wahrnehmen lassen;

er muß mit einer geradlinig ausgeführten, nach oben oder unten gerichteten Zunge fest verbunden sein; die Mittellinie der Zunge soll von einer zu der Verbindungslinie der beiden Endschneiden winkelrechten Richtung nicht merklich abweichen und verlängert durch die Schärfe der Mittelschneide gehen;

der Waagebalken muß für sich im Gleichgewicht sein und in dieselbe Lage zurückkehren, wenn er in Schwingungen versetzt worden ist;

endlich gleicharmig sein, wobei höchstens eine Abweichung zulässig ist, deren Größe durch den in § 54 für die Empfindlichkeit bestimmten Bruchtheil angegeben wird.

Die größte einseitige Tragfähigkeit der Waage und bei Lastwaagen auch die geringste zulässige Belastung nach Kilogrammen oder Pfunden ist entweder auf dem Balken unmittelbar, oder auf einem in denselben eingetriebenen Kupfer- oder Messingpfropf anzugeben.

Der Eichanstalt ist es besonders anzuzeigen, wenn die Waage als Präcisionswaage dienen soll, da für diese eine größere Genauigkeit verlangt wird.

Die zu einem Waagebalken gehörenden Waagschalen, die übrigens nicht stempelfähig sind, müssen nebst den zu ihrer Aufhängung dienenden Ketten, Schnüren oder Stangen ohne jedes Ausgleichungsmittel (Draht, Bleistück &c.) gleiches Gewicht haben.

§ 50.

Ungleicharmige Balkenwaagen.

A. Mit unveränderlichem Verhältniß der Hebelarme.

Diese Waagen müssen bezüglich der Genauigkeit und Solidität des Balkens, der Lage der Zunge, der Lage und Beschaffenheit der Schneiden dieselben besonderen Bedingungen erfüllen, wie die gleicharmigen Balkenwaagen. Das Verhältniß der Hebelarme darf nur 1 zu 10 sein.

B. Mit veränderlichem Verhältniß der Hebelarme. (Schnellwaagen, römische Waagen.)

Bei diesen Waagen ruht die Achse des Balkens in einer Scheere, in der die Zunge frei spielt; der kurze Arm ist mit einer Stahlschneide versehen, an deren Gehänge sich entweder ein Haken oder eine Wagschale zur Aufnahme der Last befindet; auf dem mit einer oder zwei Scalen versehenen langen Arme verschiebt sich eine Hülse mit zwei vorstehenden Enden einer Stahlschneide, auf welcher das Gehänge mit dem damit fest verbundenen unveränderlichen Laufgewicht ruht.

Die Scalen können für Kilogramme oder für Pfunde ausgeführt sein, die Theilstriche derselben müssen sich auf zulässige Gewichtsabstufungen beziehen und gleichen Abstand von einander haben, der nicht geringer als drei Millimeter sein darf; die beizusetzenden Zahlen dürfen nur die Ganzen der Gewichtseinheit ausdrücken, etwa vorkommende Bruchtheile sind ohne Bezeichnung zu lassen. Die Hülse ist mit einer Marke zu versehen, welche ein deutliches Ablesen auf der Theilung gestattet.

Ist eine lose Lastwaageschale vorhanden, so muß das Gewicht derselben mit Einschluß von Ketten, Oese und Gehänge eine ganze Zahl der Gewichtseinheiten der Scale betragen und diese Zahl ist auf der vorderen Seitenfläche des Gehänges in vertiefter Schrift unter Beisetzung von Kilogramm oder Pfund anzugeben.

Das Laufgewicht muß mit der Hülse unveränderlich verbunden sein. Ist die Hülse abnehmbar, so muß ihr Gewicht nebst Gehänge und Laufgewicht unter Vermeidung jedes anderweiten Ausgleichungsmaterials eine ganze Zahl der Gewichtseinheiten der Scale betragen, welche Zahl unter Beisetzung von K oder ℔ auf der vorderen Seite der Hülse in vertiefter Schrift anzugeben ist.

Ist die Waage mit zwei Scalen versehen, wobei entweder zwei Scheeren und ein Lastaufhängungspunkt, oder eine Scheere und zwei Lastaufhängungspunkte vorhanden sind, so müssen die Bedingungen der Richtigkeit für jede Scale innegehalten sein; ist die Hülse abnehmbar, so darf sie nur eine Marke, welche für beide Scalen dient, besitzen.

Einer besonderen Angabe der größten Tragfähigkeit bedarf es bei diesen Waagen nicht, da sich dieselbe aus den Scalen ergibt; doch muß an den letzteren zu erkennen sein, ob sie sich auf Kilogramme oder Pfunde beziehen.

§ 51.

Brückenwaagen.

Das Wesentliche derselben besteht darin, daß die Lastwaageschale durch eine Brücke gebildet wird, welche auf Traghebeln ruht, deren Kraftarme durch Zugstangen entweder direct (bei Decimalwaagen) oder durch Vermittelung eines anderweiten Hebels (bei Centesimalwaagen) mit dem Lastarme eines oberhalb angebrachten Waagebalkens in Verbindung stehen, an welchem anderseits die Gewichtswaageschale hängt.

Zulässig ist die bekannte Straßburger oder eine ähnliche Construction, welche das Wesentliche der oben angegebenen Einrichtung enthält, wenn

das Gewicht zur Last entweder im Verhältniß 1 zu 10 oder 1 zu 100 steht,

die Waage eine verschiedene Angabe nicht zeigt, sobald dieselbe Last an verschiedene Stellen der Brücke gestellt wird,

für Herstellung der horizontalen Lage der Brücke die erforderliche Einrichtung getroffen ist (bei transportablen Waagen dieser Art etwa ein an dem vertikalen Ständer angebrachter Pendelzeiger nebst Einspielungsmarke),

und eine Einrichtung vorhanden ist, durch welche das Gewicht sämmtlicher Theile sich so ausgleichen läßt, daß die Zunge der Waage im unbelasteten Zustande derselben zu richtiger Einstellung gebracht werden kann.

Die Centesimalwaage muß die Bezeichnung als solche an sich tragen.

Eine nach ihrer sonstigen Beschaffenheit zulässige Brückenwaage wird dadurch, daß sie an dem Waagbalken der Gewichtsschale mit einer Einrichtung zum Wägen mit Laufgewicht und Scale versehen ist, nicht unzulässig, vorausgesetzt, daß diese Einrichtung die im § 50 an die entsprechenden Einrichtungen der Schnellwaage gestellten Anforderungen soweit erfüllt, um genügend richtige Wägungsresultate zu sichern.

Die Angaben der Tragfähigkeitsgrenzen von Brückenwaagen sind an augenfälliger Stelle der Waagen so anzubringen, daß nicht nur deren Richtigkeit durch beigesetzte Stempelung beglaubigt werden kann, sondern auch die Zugehörigkeit der Angabe zu der Waage gesichert ist, oder nöthigenfalls durch Stempelung in geeigneter Weise gesichert werden kann.

§ 52.

Oberschalige Waagen oder Tafelwaagen.

Bei diesen liegen die Gewichts- und die Lastwaagschale über dem Tragmechanismus und horizontal neben einander.

Sie sind nur dann zulässig:

wenn troß einer Verschiebung des Gewichtes oder der Last auf verschiedene Stellen ihrer Waagschalen eine verschiedene Angabe nicht erfolgt;

wenn sie bei der ungünstigsten Stellung von Gewicht und Last auf den Waagschalen noch eine innerhalb der vorgeschriebenen Grenzen liegende Empfindlichkeit zeigen,

und wenn eine nicht ganz horizontale Aufstellung eine unrichtige Angabe nicht zur Folge hat.

§ 53.

Unzulässige Waagen.

alle Waagen mit hölzernen Waagebalken;

alle Hebelwaagen, bei denen sich nicht die Achsen, sondern die Pfannen in den Hebeln befinden;

alle Hebelwaagen, bei denen die Schärfe der Mittelschneide eines Hebels auf derjenigen Seite der die Endschneiden verbindenden Ebene liegt, welche der Druckrichtung entgegengesetzt ist;

gleicharmige Balkenwaagen mit verstellbarer Mittelachse;

ungleicharmige Balkenwaagen, bei denen das Laufgewicht nicht an einer verschiebbaren Hülse angebracht ist, sondern mit einem Hacken unmittelbar auf dem Waagebalken ruht;

Brückenwaagen oder Tafelwaagen, bei denen eine veränderte Gewichts- oder Lastlage zu einem die vorgeschriebene Empfindlichkeit der Waage beeinträchtigenden Reibungswiderstande Veranlassung gibt.

§ 54.
Eichung und Fehlergrenze.

Beim Eichen der Waagen ist die Richtigkeit, Empfindlichkeit und Belastungsgrenze nach den in der Instruction enthaltenen Verfahrungsarten zu ermitteln und die Stempelung darf nur dann erfolgen, wenn die Waage im Zustande der größten Belastung noch einen deutlich erkennbaren Ausschlag bei einseitiger Hinzufügung eines Gewichtes gibt, welches nicht mehr betragen darf, als die nachbenannten Größen:

	Gewichtszulage im absoluten Betrage	Gewichtszulage im Verhältniß zur einseitigen Tragkraft
1. bei Waagen, die für den gewöhnlichen Handelsverkehr bestimmt sind,		
a) bei gleicharmigen Balkenwaagen von mehr als 5 K. größter einseitiger Tragfähigkeit (für jedes Kilogramm der Last)	5 D	1/[illegible]
von 5 K. und weniger größter einseitiger Tragfähigkeit (für jedes Kilogramm der Last)	1 G	1/[illegible]
b) bei ungleicharmigen Balkenwaagen (für jedes Kilogramm der Last)	1 G	1/[illegible]
c) bei Brückenwaagen (für jedes Kilogramm der Last)	6 D	1/[illegible]
d) bei oberschaligen oder Tafelwaagen (für jedes Kilogramm der Last)	wie unter a.	
2. bei Präcisions- und Medicinalwaagen, und zwar bei größter einseitiger Tragfähigkeit von mehr als 5 K. für jedes Kilogramm der Last	1 D	1/[illegible]
von mehr als 250 G. bis 5 K. für jedes Kilogramm der Last	2 D	1/[illegible]
von mehr als 20 G. bis 250 G. für je 10 Gramm der Last	5 M	1/[illegible]
von 20 Gramm und weniger für je 1 Gramm der Last:		
bei Präcisionswaagen	1 M	1/[illegible]
bei Medicinalwaagen	2 M	1/[illegible]

§ 55.
Hökerwaagen.

Zum Auswägen von Gegenständen des Wochenmarktverkehres sind gleicharmige Balkenwaagen von einer geringeren als der vorstehend für Handelswaagen vorgeschriebenen Genauigkeit zur Eichung und Stempelung zuzulassen, wenn sie:

1. eine einseitige Tragfähigkeit von nicht mehr als 2 K. besitzen,

2. an jedem Arme einen angelöthetes oder angenieteten Blechstreifen mit der aufgeschlagenen Bezeichnung HW. (Hökerwaage) tragen,
3. von der absoluten Richtigkeit nicht mehr als um das Vierfache des für Handelswaagen gestatteten Fehlers, d. h. nicht mehr als $^1/_{250}$ der einseitigen Tragfähigkeit abweichen.

Außerdem müssen sie die in den §§ 47 und 49 aufgestellten Bedingungen der Eichungsfähigkeit erfüllen.

Die Prüfung der Hökerwaagen erfolgt nach den für Balkenwaagen gegebenen Vorschriften.

Hökerwaagen dürfen in Geschäften, in welchen auch mit anderen als den im Eingange bezeichneten Gegenständen gehandelt wird, nicht angewandt werden.

§ 56.
Stempelung.

Die Waagen aller Gattungen erhalten die Stempelung auf einer Plombe, welche vermittelst Drahtöhres derartig angebracht wird, daß sie die Function der Waage in keiner Weise behindert, und andererseits nicht beseitigt werden kann, ohne daß entweder sie selbst oder der Draht zerstört oder ein Theil der Waage bemerkbar alterirt werde.

Bei Präcisions- und Medicinalwaagen ist dem Stempel der Plombe der sechsstrahlige Stern beizufügen.

Bei Schnellwaagen und bei Brückenwaagen mit Laufgewicht wird das Laufgewicht auf der Oberfläche seines Pfropfes noch besonders gestempelt.

II. Alkoholometer und dazu gehörige Thermometer.

§ 57.
Zulässige Instrumente.

Zur Prüfung und Stempelung werden nur zugelassen:

a) Solche gläserne Alkoholometer, welche nach Tralles den Alkoholgehalt einer weingeistigen Flüssigkeit in 100 Raumtheilen derselben angeben; sie können entweder die volle Scale von 0—100 oder nur einen Theil derselben und zwar in vollen Graden oder mit Angabe von Bruchtheilen, enthalten;

b) solche Thermometer, deren Scalen auf Papier oder Milchglas getheilt und mit der Quecksilberröhre in eine gläserne Umhüllungsröhre eingeschlossen sind. Die nach Reaumur auszuführende und als solche zu bezeichnende Theilung muß bis auf 10 Grad unter dem Gefrierpunkt fortgesetzt und die Scale bei 12⁴, ° mit einem rothen Striche versehen sein;

c) solche gläserne Thermo-Alkoholometer, bei denen das Quecksilbergefäß des den oben angegebenen Erfordernissen entsprechenden Thermometers als Belastung für das damit verbundene Alkoholometer ohne weitere Beschwerung ausreicht. Der äußere Durchmesser des Quecksilbergefäßes, für welches außer der Kugelform auch die eines Cylinders zulässig ist, darf 13 mm nicht überschreiten.

Unzulässig ist die Eichung metallener Alkoholometer und solcher gläserner, die neben der Scale nach Tralles noch eine andere von dieser verschiedene Procenten- oder Reductionsscale besitzen.

§. 58.
Prüfung und Fehlergrenze.

Bei der Prüfung ist das in der Instruction angegebene Verfahren zu befolgen, und es dürfen nur solche Instrumente gestempelt werden, bei denen die Theilung eine größere Abweichung als ¼ Grad gegen das zur Vergleichung benutzte Normalinstrument nicht zeigt.

Die Stempelung erfolgt für die Alkoholometer und Thermo-Alkoholometer auf der Papier-Scale, die den Namen und Wohnort des Verfertigers und die Angabe, daß die Scale nach Tralles getheilt ist, enthalten muß, und auf welche schon vorher von der Eichanstalt das Gewicht in Milligrammen aufgetragen ist; bei Thermometern mit Papier-Scale ebenfalls auf dieser, bei solchen mit Glasscale durch Aufkleben des auf Papier aufgedruckten Stempels.

§ 59.
Eichschein, Reductionstabelle, Gebrauchs-Anweisung.

Mit jedem Alkoholometer und Thermo-Alkoholometer wird ein Eichschein und ein Exemplar der Reductionstabellen nebst beigedruckter Gebrauchs-Anweisung ausgegeben.

Ersterer enthält die Firma des Verfertigers, den Tag der Prüfung, die laufende Nummer, den Umfang der Scale, das Gewicht des Instrumentes und den Stempel der Eichanstalt.

Der Ersatz eines verlornen Eichscheines kann nur nach neuer Prüfung des Instruments erfolgen, der Ersatz einer verloren gegangenen Reductionstabelle nur gegen Vorzeigung des Eichscheines.

III. Gasmesser.

§ 60.
Zulässige Gasmesser.

Zur Eichung und Stempelung sind solche Gasmesser zuzulassen:

welche die Gasmenge nach Kubikmetern bestimmen;

bei denen die Messung des Gases durch eine rotirende, zum Theil in Wasser oder eine andere Flüssigkeit eintauchende Blechtrommel (nasse Gasmesser);

oder durch ein System von trockenen Kammern mit beweglichen Wänden (trockene Gasmesser) erfolgt, und

welche mit den zur Erreichung einer sicheren Abmessung erforderlichen Einrichtungen versehen sind.

§ 61.
Beschaffenheit der Gasmesser.

Es muß daher:

A. bei den nassen Gasmessern

die um eine horizontale Achse rotirende Trommel nicht ohne Verletzung des später anzubringenden Stempels zugänglich sein, und in einem gasdichten Gehäuse sich befinden, welches zugleich als Gas- und Flüssigkeitsbehälter dient;

der oberhalb des Flüssigkeitsspiegels liegende, gasfassende Theil der Trommel dadurch zu einem möglichst unveränderten Kubikinhalte gebracht werden, daß der, diesen Fassungsraum begrenzende Flüssigkeitsspiegel sowohl überhaupt, als in seiner Lage gegen die Trommelachse constant erhalten werden kann;

ferner müssen die Enden der Füße des Gasmessers sich in einer Ebene befinden, damit demselben für die Aufstellung bei der Verwendung diejenige Stellung gesichert werden kann, welche er bei der Eichung auf einer horizontalen Ebene einnahm.

B. bei trockenen Gasmessern

müssen die messenden Kammern und Ventile von einem gasdichten Gehäuse umschlossen sein,

vollkommen gasdichte, leicht bewegliche Scheidewände haben, welche so angeordnet sind, daß sich Wassersäcke, durch die der Fassungsraum verändert wird, nicht bilden können.

ad A. und B.

Bei nassen und trockenen Gasmessern muß die Summe der messenden Räume (respective der Trommel oder der Kammern) bei einem Gasdruck von 40mm Wassersäulenhöhe zu dem Kubikmeter in einem Verhältniß stehen, welches durch den Zählapparat genau wiedergegeben wird.

§ 62.
Beschaffenheit des Zählwerks.

Es muß das Zählwerk (die Gasuhr) so angebracht sein, daß es nicht ohne Verletzung des später anzubringenden Stempels zugänglich ist und es müssen

die einzelnen Scheiben nur Zahlen enthalten, welche die abzumessende Gasmenge nach Kubikmetern bestimmen (wobei jedoch nicht ausgeschlossen ist, kleinere Raumtheile als das Kubikmeter nach Bruchtheilen desselben oder nach Litern zu registriren, die dann mit diesen Bruchtheilen oder mit dem Buchstaben L auf den Zifferblättern zu bezeichnen sind).

§ 63.
Bezeichnung.

Auf jedem Gasmesser muß untrennbar von demselben angegeben sein:

der Name und Wohnort des Verfertigers,

die laufende Fabriknummer,

der Inhalt des messenden Raumes in Litern in der Form J = . . . L,

das größte Gasvolumen, welches derselbe pro Stunde durchzulassen bestimmt ist, in Kubikmetern in der Form: V = . . . Kub. Met.

Auf dem Zählwerke muß angegeben sein, daß es nach Kubikmetern registrirt.

§ 64.
Prüfung und Fehlergrenze.

Die Prüfung der Gasmesser erfolgt nach Maaßgabe der in der Instruction enthaltenen Vorschriften und die Stempelung kann nur stattfinden, wenn das beobachtete Volumen von dem durch das Zählwerk registrirten um nicht mehr als 2 Procent im Sinne des Zuviel oder Zuwenig abweicht.

§ 65.

Stempelung.

Die Beglaubigung erfolgt durch mehrfaches Aufschlagen oder Aufdrücken des Stempels so, daß die Trennung der Theile, aus denen das umschließende Gehäuse besteht, eine Oeffnung des Zählwerkes oder eine Abtrennung des Schildes, dafern auf einem solchen die im § 63 erwähnten Bezeichnungen aufgetragen sind, nicht ohne Verletzung der Stempel erfolgen kann.

Bei nassen Gasmessern, welche mit einer Vorrichtung versehen sind, durch welche der Flüssigkeitsstand von außen verändert werden kann, muß diese Vorrichtung so beschaffen sein und durch Löthung und Stempelung oder durch gestempelte Plombirung so gesichert werden, daß bei der so fixirten Einstellung keine Erhöhung des Flüssigkeitsspiegels nachträglich mehr erfolgen kann.

VI. Anderweitige der Eichung und Stempelung unterliegende Gegenstände.

§ 66.

Ueber die Zulassung anderweitiger Geräthschaften zur Eichung und Stempelung entscheidet nach Maßgabe des § 3, Abs. 2 des Reichs-Gesetzes vom 26. November 1871 die kgl. Normal-Eichungs-Commission. Mit der Bescheidung der deßfallsigen Anträge werden die erforderlichen näheren Vorschriften verbunden werden.

Dritter Abschnitt.

Uebergangsbestimmungen.

§ 67.

Eichung im Verkehr befindlicher Gewichte.

Im Verkehr befindliche Gewichte, deren Größe und Größenbezeichnung nach den allgemeinen Bestimmungen der neuen Maaß- und Gewichtsordnung zulässig ist, und die nach den bisher geltenden Bestimmungen vorschriftsmäßig geeicht und gestempelt sind, können ungeachtet ihrer mit § 38, 39, 41 und 42 nicht übereinstimmenden Gewichtsgröße, Bezeichnung, Form und sonstigen Beschaffenheit auch nach dem 1. Januar 1872 zur periodischen Verification zugelassen werden.

§ 68.

Oeffentliche Bekanntmachung der im Verkehre unzulässigen älteren Gewichte.

Die kgl. Normal-Eichungs-Commission wird durch öffentliche Bekanntmachung diejenigen Gewichtsstücke der bis zum Ende des Jahres 1871 geltenden Gewichtssysteme bezeichnen, welche nach ihrer Größe und Größenbezeichnung den Vorschriften der Maaß- und Gewichtsordnung nicht entsprechen, und deßhalb vom 1. Januar 1872 an im öffentlichen Verkehr nicht mehr zugelassen werden können.

§ 69.

Eichung der Waagen.

Die Eichanstalten haben die im Verkehr befindlichen Waagen, welche nach den bis zu Ende des Jahres 1871 geltenden Vorschriften beglaubigt sind, auch nach dem 1. Januar 1872 zur Nacheichung anzunehmen, und dieselben, soferne ihre Zulässigkeit keinen sonstigen Bedenken unterliegt, zu stempeln, wenn sie auch die in § 47 vorgeschriebene Bezeichnung der größten Tragfähigkeit, sowie beziehungsweise der geringsten zulässigen Belastung nicht an sich tragen.

In solchen Fällen sind, soweit es thunlich, die fehlenden Bezeichnungen anzubringen.

§ 70.

Eichung von Alkoholometern und Gasmessern.

Die bereits vor dem 1. Januar 1872 nach den bisher geltenden Vorschriften geprüften und gestempelten Alkoholometer und Gasmesser bleiben auch ferner im Verkehre zulässig. Die Beglaubigung durch den neuen Eichungsstempel ist bei beiden Arten von Meßwerkzeugen an die Erfüllung der Vorschriften dieser Eichordnung gebunden, doch können Gasmesser, welche bereits vor dem 1. Januar 1872 gehörig gestempelt und in Gebrauch waren, und welche wegen unwesentlicher Reparaturen nach diesem Zeitpunkt einer neuen Stempelung bedürfen, auch ohne den Vorschriften der §§ 60—63 zu genügen, gestempelt werden.

Nicht gestempelte und bereits in Gebrauch befindliche Gasmesser, dafern sie bei der Prüfung sich als zulässig erweisen, können, trotzdem daß sie nicht nach metrischem Maaße registriren, bis auf Weiteres nach dem in der Instruction näher angegebenen Verfahren geeicht und gestempelt werden. Nach wesentlichen Reparaturen jedoch, worüber die Instruction Näheres bestimmen wird, müssen alle solche Gasmesser auf metrische Registrirung eingerichtet werden, bevor sie eine neue Stempelung erfahren können.

München, den 12. Dezember 1871.

Königlich Bayerische Normal-Eichungscommission.

Ries,

kgl. Oberregierungsrath.

Instruction

in Ausführung der Eichordnung vom 12. Dezember 1871. Erlassen von der k. bayer. Normal-Eichungs-Commission am 14. Dezember 1871.

Erster Abschnitt.

Allgemeine Bestimmungen.

1. Die zur Eichung eingelieferten Gegenstände sind zunächst auf ihre Zulässigkeit nach den in der Eichordnung über Material, Gestalt, Bezeichnung und sonstige Beschaffenheit getroffenen Bestimmungen zu untersuchen und die als unzulässig befundenen mit Angabe des Grundes zurückzugeben.

Hierbei dienen zunächst zum Anhalt:

für Längenmaaße	§ 1 und 2 der Eichordnung.		
für Flüssigkeitsmaaße	§ 5–10	„	„
für Fässer	§ 12	„	„
für Hohlmaaße zu trockenen Körpern	§ 14—19	„	„
für dergl. Hohlmaaße in Kastenform	§ 22—28	„	„
für Meßrahmen zu Brennholz	§ 32—35	„	„
für Gewichte	§ 38–43	„	„
für Waagen	§ 47—53	„	„
für Alkoholometer und Thermometer	§ 57	„	„
für Gasmesser	§ 60—63	„	„

ferner die in § 67—70 enthaltenen Uebergangsbestimmungen,

die in den nachfolgenden besonderen Instructionen enthaltenen Erläuterungen der vorstehenden Vorschriften,

und für spätere Zeit die etwa als Ergänzungen der Eichordnung anderweit erlassenen Vorschriften der kgl. Normal-Eichungs-Commission, sowie die nach § 68 der Eichordnung von der kgl Normal-Eichungs-Commission getroffenen besonderen Bestimmungen für außerordentliche Eichungsarbeiten.

2. Die eigentliche Prüfung der zu eichenden Gegenstände auf die Richtigkeit ist in einem Raume vorzunehmen, welcher möglichst eine mittlere Temperatur (etwa 14° R.) zeigt und nachdem solche zu prüfende Gegenstände und solche Prüfungsmittel, bei denen die Temperaturveränderung einen merkbaren Einfluß auf Größe oder Schwere äußert, z. B. Längenmaaße, Flüssigkeitsmaaße, Wasser u. s. w., nahezu die Temperatur des Arbeitsraumes angenommen haben.

Sind, wie bei den Längenmaaßen, Normale von verschiedenem Materiale vorhanden, so ist der zu prüfende Gegenstand mit dem Normale von gleichem oder nächstverwandtem Material zu vergleichen (siehe jedoch Instruction I Nr. 6).

3. Wird irgend eine Prüfung mit Benutzung einer Wägung vorgenommen, so ist diejenige Waage anzuwenden, in deren Tragfähigkeitsgrenzen die Schwere des zu wägenden Gegenstandes fällt, vorher jedoch zu ermitteln, ob diese Waage sich in dem Zustande der Empfindlichkeit befindet, welcher die bei der beabsichtigten

Wägung noch zulässige Abweichung genügend deutlich erkennen läßt, und die Waage selbst so aufzustellen, daß sie von Sonnenstrahlen nicht getroffen wird, und daß eine ungleiche und schnell veränderliche Erwärmung der Schenkel des Waagebalkens durch den Ofen nicht erfolgen kann.

Jede Wägung, bei welcher gleicharmige Balkenwaagen angewendet werden, was überall da, wo es irgend möglich ist, vorzuziehen bleibt, ist mit Tara auszuführen, d. h. es wird das Normal zuerst auf die eine Waagschale gesetzt, hierauf die andere Waagschale mit Tara (d. h. anderen Gewichtsstücken rc.) belastet, bis die Waage richtig einspielt, und dann der zu prüfende Gegenstand an Stelle des Normales auf die erste Waagschaale gesetzt und mit der unverändert gelassenen Tara verglichen.

Werden mehrere solche Wägungen für gleich schwere Gegenstände hinter einander ausgeführt, so ist in angemessenen Zwischenräumen die fortdauernde Richtigkeit der Tara festzustellen.

4. Da die Absicht dahin geht, bei der Eichung der Maaße und Gewichte für den Verkehr Gegenstände zu liefern, welche soweit als ausführbar der Sollgröße, deren Namen sie tragen, entsprechen, so haben die Eichanstalten ihre Aufmerksamkeit thunlichst darauf zu richten, daß die geeichten Gegenstände der von den Gebrauchsnormalen vertretenen Sollgröße noch näher kommen, als nach den in § 3, 11, 20, 30, 38 und 44 der Eichordnung zugelassenen äußersten Abweichungsgrenzen unbedingt erfordert wird.

Es erscheint dies namentlich deshalb als berücksichtigungswerth, weil die an dem zu eichenden Gegenstande noch vorhandene Abweichung von dem Gebrauchsnormal und der noch vorhandene, wenngleich in engere Grenzen eingeschlossene Fehler des Gebrauchsnormals in gleicher Richtung liegen können, und dann in dem zu eichenden Gegenstande ein Fehler entsteht, welcher aus der Summe der beiden erwähnten Abweichungen sich bildet.

5. Im ungünstigten Falle könnte es sich sogar ereignen, daß ein von einer Eichungsstelle gestempelter Gegenstand, wenn bei demselben die volle beim Eichen noch zulässige Abweichung von dem Gebrauchsnormal im Sinne des Zuviel zugelassen worden ist, und Gebrauchsnormal sowie Controlnormal dieser Eichanstalt ebenfalls um den größten zulässigen Betrag zu groß sind, von einer zweiten zur Revision des Gegenstandes veranlaßten Eichanstalt, deren Gebrauchsnormal und Controlnormal zufällig um die volle zulässige Abweichung zu klein sind, als mit einer Abweichung behaftet angesehen würde, welche die Grenze des im Verkehr zulässigen Fehlers bereits erreiche, während der untersuchte Gegenstand in Wirklichkeit noch um den Werth des größten Fehlers eines Gebrauchsnormals innerhalb jener Grenze liegt, also noch beträchtlichen Spielraum der Veränderung hat, bis er im Verkehr unzulässig wird.

Zur Vermeidung solcher an sich höchst unwahrscheinlicher Fälle wird im Allgemeinen die Befolgung der unter Nr. 4 gegebenen Anweisungen genügen. Eine weiter gehende, durchgängige Verschärfung der Bestimmungen über die zulässigen äußersten Abweichungsgrenzen der Normale würde wieder andere Bedenken hervorrufen. Es wird jedoch, mit Hinblick auf die möglichen Anhäufungen von Fehlern überhaupt, hiermit vorgeschrieben, daß bei der Revision eines bereits im Verkehre gewesenen Präcisions-Maaßes oder Gewichtes auf seine fernere Zulässigkeit berücksichtigt werden soll, ob das dabei angewandte Gebrauchsnormal im Sinne des Zuviel oder des Zuwenig von der Sollgröße abweicht.

6. Um die in Nr. 5 angegebene Berücksichtigung des dem Gebrauchsnormale anhaftenden Fehlers in Ausführung bringen zu können, haben die Eichanstalten sich davon in Kenntniß zu erhalten, in welchem Sinne ihre Gebrauchsnormale von der Sollgröße oder von den zugehörigen Controlnormalen abweichen.

7. Wenn die Eichungsanstalten bei Untersuchung ihrer Gebrauchsnormale Fehler vorfinden, welche die durch kgl. Verordnung bestimmten Grenzen überschreiten, so haben sie sofort, entweder, soweit sie hierzu eingerichtet sind, die Gebrauchsnormale zu berichtigen, oder der kgl. Normal-Eichungs-Commission die fehlerhaften Stücke zur Berichtigung einzusenden.

8. Wegen der von den Eichanstalten auszugebenden Bescheinigungen über vorgenommene Arbeiten ist Folgendes zu bemerken:

A. Eichscheine werden nur für solche Gegenstände ausgefertigt, welche bei der vorgenommenen Prüfung sich als stempelfähig erwiesen haben und wirklich gestempelt worden sind.

B. Rückgabescheine werden für Gegenstände ausgestellt, die bei der Prüfung

a) sofern sie noch nicht gestempelt waren, um mehr als die beim Eichen gestattete Abweichung als unrichtig befunden wurden,

b) sofern sie bereits im Verkehr befindlich waren, wenn sie auch wegen ihrer übrigen Beschaffenheit als für denselben geeignet erscheinen, doch um mehr als die im Verkehre gestattete Abweichung als unrichtig befunden wurden, und daher als untauglich für den Verkehr durch Vernichtung des früheren Stempels zu kennzeichnen sind,

und zwar in jedem der beiden Fälle unter der Voraussetzung, daß die Eichanstalt eine Berichtigung nicht vornimmt.

Die für Eich- und Rückgabescheine anzuwendenden Formulare sind späterer Bekanntmachung zu entnehmen.

9. Wenn auf einer der vorher unter A. und B. aufgeführten Bescheinigungen mehrere Gegenstände gleichzeitig eingetragen werden, so sind jedesmal nur diejenigen in eine Gesammtzahl zu vereinigen, die nach ihrer Größe und Beschaffenheit von derselben Art sind, und für welche ein gleicher Ansatz in der Gebührentaxe gilt.

10. Die vorgeschriebenen jährlichen Geschäftsübersichten der Eichanstalten sind nach den noch zu erlassenden Anweisungen auszufertigen.

Zweiter Abschnitt

Besondere Instructionen.

I. Instruction für das Eichen der Längenmaaße.

Ausführungsbestimmungen zu § 1—4 der Eichordnung.

1. Als Einrichtungen, welche nach § 2 der Eichordnung den einzelnen beweglichen Theilen eines zusammengesetzten Maaßes die genügende Stabilität in derjenigen gegenseitigen Lage sichern, durch welche die normale Länge des ganzen Maaßes angegeben wird, gelten beispielsweise folgende:

a) solid eingerichtete Charniere c (Fig. 1), durch welche je 2 bewegliche Theile a und b mit einander verbunden sind (mag die Drehachse entweder auf der schmalen oder auf der breiten Seite eines der miteinander verbundenen Theile liegen), so daß beim Auseinanderschlagen des Maaßes die aneinander grenzenden Theile sich in d nur stumpf berühren.

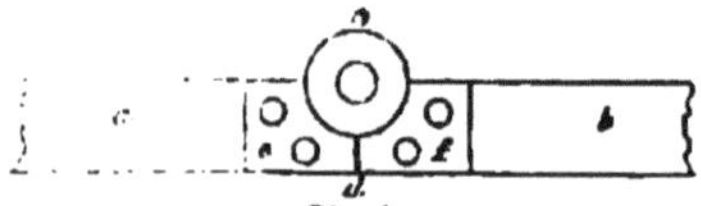

Fig. 1

Die Charniertheile sind abwechselnd mit Zungen e und mit Zungen f versehen, die mit a und b durch Rietung verbunden sind.

b) einfallende Hemmungsfedern zwischen je zwei um eine solid und mit Metallfütterung ausgeführte Achse drehbaren Maaßstabtheilen.

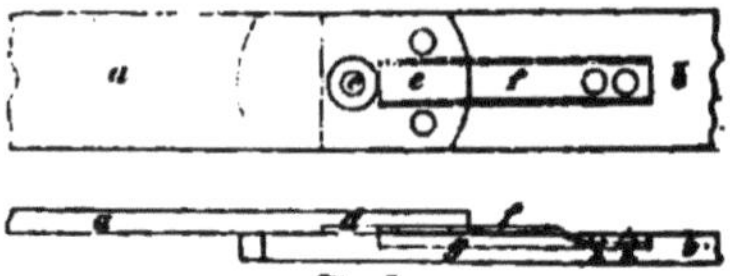

Fig. 2

Hier verbindet die Drehachse c (Fig. 2) je zwei drehbare Maaßstabtheile a und b; an a ist unterhalb eine Metallplatte d angenietet, die mit einem Einschnitte e versehen ist; an b befindet sich die angenietete Stahlfeder f, welche sofort in den Einschnitt e einfällt, wenn bei der Drehung um c der Theil b in die Verlängerung der Richtung von a gelangt, und dadurch b gegen a eine stabile Lage sichert.

Aus mehreren beweglichen Theilen bestehende Maaßstäbe, bei denen diese Theile nur durch den Reibungswiderstand in der die normale Länge des ganzen Maaßes ergebenden Lage gehalten werden, sind nicht eichfähig.

2. Bei der Prüfung von Maaßstäben ist darauf zu achten, daß dieselben keine Krümmung zeigen und keine Biegung erfahren, sie müssen daher auf eine ebene Unterstützungsfläche gelegt werden.

3. Jedes zu prüfende Maaß ist zunächst auf die Richtigkeit seiner Gesammtlänge zu untersuchen, und erst, wenn es bezüglich dieser als zulässig befunden wurde, auf die Richtigkeit der Theilung. ;

Nur bei den längeren Bandmaaßen findet wegen der Nothwendigkeit mehrfacher und schwieriger Aufspannung eine Ausnahme statt.

4. In geeigneten Fällen ist beispielsweise die Vergleichung des zu prüfenden Maaßes mit dem Normalmaaße in der Art vorzunehmen, daß beide parallel und dicht nebeneinander gelegt und so durch Schraubzwingen aneinander befestigt werden, daß die Anfangsstriche der beiden Theilungen in eine gerade Linie fallen, was sich nöthigenfalls durch Anlegen eines Anschlagewinkels beurtheilen läßt. Durch Verschiebung des letzteren von Theilstrich zu Theilstrich des Normalmaaßes findet man dann leicht, ob die Theilstriche des zu prüfenden Maaßes mit denen des Normalmaaßes zusamenfallen, oder Abweichungen zeigen.

5. In anderen Fällen wird sich die folgende Prüfungsmethode anwenden lassen:

Man lege den einen Maaßstab so auf den andern, daß die getheilte Oberfläche des einen rechtwinkelig auf der getheilten Oberfläche des anderen steht, und die Theilstriche des einen dabei ein Spiegelbild an der

Oberfläche des anderen geben, auch die Kanten der Maaßstäbe vollständig parallel liegen. Hierauf wird der eine Maaßstab gegen den andern so verschoben, daß die Anfangsstriche der Theilungen auf beiden Maaßstäben sich treffen, was mit Zuhülfenahme einer Loupe geprüft wird.

Man untersucht nun mit demselben Hülfsmittel, ob die übrigen correspondirenden Theilstriche in gleicher Art zusammenfallen, wobei darauf zu sehen ist, daß das Auge des Beobachters sich in der durch die untersuchten Theilstriche gehenden Ebene befindet, was dann stattfindet, wenn das Spiegelbild des einen Striches mit dem andern, dafern sie zusammenstoßen, ganz zusammenfällt. Bei einer wenn auch geringen Abweichung zweier Theilstriche ist das Auge so zu stellen, daß das Spiegelbild des einen Striches parallel zu dem zu vergleichenden Theilstriche liegt.

6. Bei Prüfung von Maaßstäben für Langwaaren ist das mit Anschlag versehene Gebrauchsnormal anzuwenden; es wird dabei das eine Ende des zu prüfenden Maaßstabes an den Anschlag gelegt, und beiden Maaßstäben eine solche Lage gegeben, daß die Theilstriche derselben unmittelbar aneinander zu liegen kommen, um mit einander verglichen zu werden.

7. Ein zu prüfendes Bandmaaß ist neben dem Normalmaaße auf einer Tafel mit Anwendung eines angehängten Gewichtes auszuspannen, durch welches das Band in vollkommen ebene Lage gebracht wird, ohne übrigens wirklich ausgedehnt zu werden. Bei längeren Maaßen ist die Vergleichung mit dem Normal in mehreren einzelnen Theilen vorzunehmen, und zur Ermittelung der Abweichung der ganzen Maaßlänge die Summe der etwaigen Abweichungen der einzelnen Theile zu bilden.

8. Werden bei den vorher erwähnten Maaßvergleichungen Abweichungen gefunden, so sind dieselben in ihrer Größe entweder, so weit möglich, nach dem Normalmaaßstabe unter Abschätzung der Bruchtheile eines Millimeters anzugeben und mit den Bestimmungen über die zulässigen Fehlergrenzen in § 3 zu vergleichen, oder es ist der Nonius zur genaueren Ermittelung der Bruchtheile eines Millimeters anzuwenden.

Wenn z. B. der Abstand des Endstriches a (Fig. 3) eines zu prüfenden Maaßes M von dem Endstrich b eines Normalmaaßes N bis auf Zehntheile des Millimeters zu bestimmen ist,

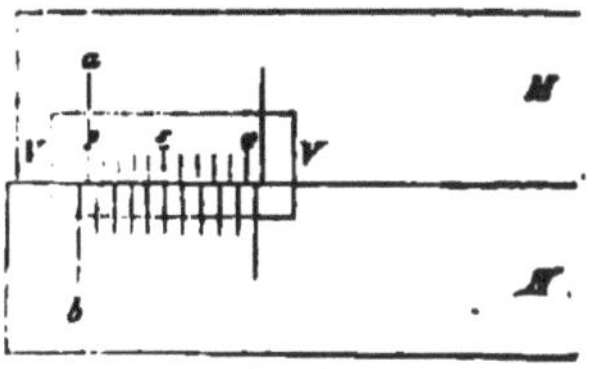

Fig. 3.

so legt man auf die beiden aneinander geschobenen Maaßstäbe einen auf durchsichtiger Glasplatte aufgetragenen Nonius V, d. h. eine Hülfstheilung, deren Intervalle gerade um denjenigen Bruchtheil, bis zu welchem man die Genauigkeit der Messung treiben will, kleiner oder größer sind, als die Intervalle der Normaltheilung.

In der beigefügten Figur ist z. B. das Intervall der Noniustheilung um ein Zehntheil des Millimeters kleiner angenommen, als das Intervall auf dem Normalmaaße. Legt man jetzt den Nullstrich des Nonius genau auf den Endstrich des zu prüfenden Maaßes, welcher nicht genau mit dem Endstriche des Normals zusammentrifft, so wird man leicht erkennen, daß nun einer der Nonienstriche in die Verlängerung eines der Striche des Normals fällt. Sei dieß, wie in der Figur, der vierte Strich des Nonius, so ist klar, daß der Nullstrich des Nonius, also auch der mit ihm zusammenfallende Endstrich des Maaßes von dem Endstrich des Normals um 0,4 Millimeter absteht, denn nach 4 Nonienstufen, deren jede um ein Zehntheil des Millimeters zurückbleibt, ist der Anfangsabstand der beiden Scalen ausgeglichen.

Liegt der zu prüfende Strich, entgegengesetzt der Lage in der Figur, auf der andern Seite des Normalstriches, so muß man die Nummer des mit einem Normalstrich zusammentreffenden Nonienstriches von 10 abziehen, um den Abstand der verglichenen Maaßstriche von einander zu finden. — Trägt endlich das Normal an der verglichenen Stelle nicht Millimeter-, sondern nur Centimeter-Theilung, so muß der Nonius zehn Intervalle enthalten, deren jedes um ein Zehntheil des Millimeters kleiner ist, als ein Centimeter.

Eine undeutlich gewordene Theilung der Glasplatte kann durch Einreiben derselben mit einem gepulverten Farbstoff, z. B. Graphit, wieder aufgefrischt werden.

9. Bei den Gebrauchsnormalen für Längenmaaße ist unter Voraussetzung sorgfältiger Behandlung eine Größenveränderung nicht leicht zu erwarten. Sollte ein solches Normal eine äußere Verletzung erfahren, so ist für den Ersatz sofort Sorge zu tragen.

10. Bei der Stempelung der Maaße sind die in § 4 der Eichordnung angegebenen Vorschriften zu befolgen.

Bei Anwendung der Stempel mit scharfkantigen Umrissen auf Holz werden die Stempel eingefärbt.

Ist es nicht möglich, den Stempel gleichzeitig auf die Kappe und das Holz zu setzen, so wird das Holz unmittelbar an der Kappe gestempelt.

Stählerne Bandmaaße sind auf eingesetzten Messingplättchen zu stempeln.

Bei der periodischen Verification ist jedesmal nur ein Stempel aufzuschlagen. Diese Stempel sind nach der Reihenfolge und womöglich auf einer der ungetheilten Seitenflächen der Maaßstäbe anzubringen.

Beim Aufschlagen des Stempels ist auf deutliche Ausprägung, anderseits aber auch auf Schonung der Maaße Bedacht zu nehmen. Hierzu ist das Auflegen des Stabes auf eine genügend feste, ebene und glatte Unterlage Erforderniß.

II. Instruction für das Eichen der Flüssigkeitsmaaße.

Ausführungsbestimmungen zu § 5—11 und 13 der Eichordnung.

1. Bei der Voruntersuchung über die Zulässigkeit eingelieferter Maaße können zur Beurtheilung, ob die Durchmesser der Maaße von 2 L. und abwärts innerhalb der im § 8 vorgeschriebenen Grenzen liegen, Lehren angewendet werden, welche zwei Theilungen enthalten, deren eine die zulässigen kleinsten und größten Durchmesser der cylindrischen Maaße von 2 bis 1/20 L., die andere die zulässigen kleinsten und größten oberen Durchmesser der kegelförmigen Maaße von 0,2 bis 0,02 L. darstellt. Die einzelnen Abstufungen der Lehre sind mit den Bezeichnungen der betreffenden Maaße versehen.

2. Bei Maaßen, wo der obere Rand den Flüssigkeitsspiegel begrenzt, wird die Bedingung, daß dieser Rand in einer Ebene liegen soll, durch Auflegen einer ebenen Glasplatte geprüft.

Hiernach muß ein etwa vorhandener Henkel so angebracht sein, daß derselbe das Auflegen der Glasplatte nicht hindert.

Bei dem Füllen eines Maaßes mit Wasser ist dafür Sorge zu tragen, daß Luftbläschen, die etwa an der Wandfläche des Gefäßes noch vorhanden sind, durch Klopfen oder Abstreichen mit einem Drahte oder Federkiele beseitigt werden.

3. Bei allen Umfüllungen von Wasser aus einem Gefäße in ein anderes zum Behufe der Inhaltsbestimmung ist darauf zu sehen, daß das zu füllende Gefäß genäßt sei, d. h. es ist vorher mit Wasser zu füllen und wieder zu entleeren, und daß beim Ausgießen ein gehöriges Austropfen stattfindet. Gleiches ist bei einem Trichter zu beobachten, wenn er zum Umgießen Anwendung findet.

4. Die Prüfung der Flüssigkeitsmaaße auf die Richtigkeit ihres Inhaltes kann erfolgen:

a) durch Anwendung von Eichkolben, d. h. gläsernen Gefäßen mit verhältnißmäßig engem und langem Halse. Jeder Eichkolben enthält die Bezeichnung des Maaßes, für welches er bestimmt ist, und auf dem Halse Striche, von denen der mittlere der richtigen Füllung, je zwei darüber und darunter liegende den Grenzen entsprechen, welche bei der Eichung und im Verkehr als zulässige Abweichungen bestimmt sind;

b) durch Anwendung der metallenen Normalmaaße und der zugehörigen Glasplatten;

c) durch Bestimmung des Gewichtes des das Maaß füllenden Wassers.

Das Verfahren unter a ist für gewöhnliche Gebrauchsmaaße bis zu 5 L. aufwärts am einfachsten; es sind dazu 12 Eichkolben, in den in § 5 der Eichordnung angegebenen Abstufungen von 0,02 L. bis 5 L. erforderlich.

Das Verfahren unter b kann sowohl zur Prüfung von Gebrauchsmaaßen, als auch namentlich bei Herstellung und Prüfung des richtigen Inhaltes der Eichkolben Anwendung finden, und ist bei Vergleichung des Gebrauchsnormales mit dem Controlnormal zu benutzen.

Das Verfahren unter c dient namentlich zur Richtigstellung der Normale.

Ueber jede dieser Verfahrungsarten sind im Nachfolgenden ausführlichere Erläuterungen mitgetheilt.

5. Bei der Prüfung eines Gebrauchsmaaßes mit dem Eichkolben wird das erstere auf eine, durch die Wasserwaage horizontal gerichtete Platte gestellt und bis zu den, den Fassungsraum begrenzenden Theilen (Rand, Ausgüsse, Zäpfchen) gefüllt.

Fallen hierbei die den Wasserstand markirenden Theile nicht mit dem Wasserspiegel zusammen, liegen also diese markirenden Theile und der Fuß des Maaßes nicht in parallelen Ebenen, so ist das Maaß zu verwerfen.

Findet der angegebene Parallelismus aber statt, so wird der Inhalt des Maaßes in den, der Maaßgröße entsprechenden Eichkolben übergegossen und aus dem sich ergebenden Stande des Wasserspiegels in demselben gegen die Theilstriche geschlossen, ob das zu prüfende Maaß richtig ist, oder die etwaige Abweichung desselben noch innerhalb der zulässigen Fehlergrenzen liegt.

Bei der Prüfung eines 10 L.-Maaßes würde der Eichkolben von 5 L. zuerst bis zu seinem richtigen Inhalte aus dem zu prüfenden Maaße zu füllen, und nachdem er wieder entleert ist, mit dem noch rückständigen Inhalte des letzteren nochmals zu füllen sein; für die Beurtheilung der Richtigkeit des Inhaltes des zu prüfenden

Maaßes auf die beim Eichen gestattete Fehlergrenze können dann die beiden äußersten Theilstriche des Eichkolbens benutzt werden; für die Beurtheilung der zulässigen Abweichung im Verkehr kann das Maaß von 0,05 L. dienen, dessen Inhalt dieser Abgleichung gleich ist.

Wird aus einem 20 L.-Maaße der Eichkolben von 5 L. zunächst 3mal richtig gefüllt und dann der noch vorhandene Rest in diesen Eichkolben gegossen, so kann zur Beurtheilung des beim Eichen noch zulässigen Fehlers das Maaß von 0,05 L. Inhalt, und für den im Verkehr noch zulässigen Fehler das Maaß von 0,1 L. benutzt werden.

6. Soll die Prüfung durch die mit Glasplatten versehenen Normaaße erfolgen, so wird zunächst unter Anwendung der horizontal gestellten Fußplatte das Normalmaaß gefüllt und die Aufschiebung der Glasplatte so vorgenommen, daß keine Luftblase vorhanden ist.

Nach sorgfältigem Abwischen des etwa äußerlich an Platte und Maaß vorhandenen Wassers wird hierauf der Inhalt unter allmähligem Zurückziehen der Glasplatte in das auf die Fußplatte gestellte und vorher genäßte, zu prüfende Maaß ausgegossen, und nun ebenso, wie in Nr. 5 angegeben, untersucht, ob der obere Wasserspiegel zu den den Fassungsraum begrenzenden Theilen parallel liegt.

Ist das Maaß in dieser Beziehung zulässig, aber in seinem Fassungsraume nicht richtig, so wird bei zu großem Maaße, je nach der Beschaffenheit desselben, der Wasserspiegel unterhalb des oberen maaßgebenden Randes oder der markirenden Zäpfchen und dergl. liegen, bei zu kleinem Maaße ein Theil des Wassers bereits übergeflossen sein oder über den Zäpfchen stehen.

Beide Fälle sind zur Beurtheilung der Größe des dem Maaße anhaftenden Fehlers in verschiedener Art zu behandeln.

Steht nämlich der Wasserspiegel unter den markirenden Theilen, so ist die Größe des Fehlers

entweder so zu bestimmen, daß man, wie dieß bei Maaßen möglich ist, bei denen der obere Rand die genaue Füllungshöhle begrenzt, eine Glasplatte vorsichtig aufschiebt und aus der Größe der verbleibenden Luftblase auf den vorhandenen Fehler schließt (vergl. Nr. 7)

oder so, daß man die zur richtigen Füllung erforderliche geringe Wassermenge aus einer Bürette (vergl. Nr. 8) zusetzt und durch letztere abmißt, was in dem Falle, wo das Aufschieben einer Glasplatte unmöglich ist (also bei Stiftmaaßen), geschehen muß, bei aufzuschiebender Glasplatte aber auch geschehen kann, bis unter der wiederholt aufgeschobenen Glasplatte eine Luftblase nicht ferner verbleibt.

Steht der Wasserspiegel über den markirenden Theilen, oder ist ein Theil der Wasserfüllung bereits abgeflossen, so ist im ersteren Falle so viel Wasser mit einem kleinen gläsernen Stechheber auszuheben, bis der Wasserspiegel den markirenden Theilen entspricht, im zweiten Falle die Glasplatte, wo es angeht, vorsichtig aufzuschieben und in beiden Fällen alsdann der Wasserinhalt in das Normaaß zurück zu gießen, welches derselbe nun nicht vollständig anfüllt. Die in dem Normalmaaße unter der Glasplatte verbleibende Luftblase oder die Nachfüllung aus der Bürette (siehe Nr. 8) läßt wiederum eine Schätzung der Größe des Fehlers zu.

7. Soll die Größe der unter der Glasplatte verbleibenden Luftblase (vergl. Nr. 6) zur Beurtheilung der Zulässigkeit des Maaßes benutzt werden, so ist zu beachten, daß diese Zulässigkeit nicht nur für jedes Maaß durch eine Luftblase von verschiedener Größe begrenzt wird, sondern auch, daß für dasselbe Volumen der einge-

schlossenen Luft sich ein verschiedener Durchmesser der Blase je nach der verschiedenen Beschaffenheit der Glasplatte ergibt.

Es sind daher bei Benutzung dieses Hülfsmittels für jede einzelne Glasplatte durch eine Reihe anzustellender Versuche die Durchmesser der den zulässigen Maaßfehlern entsprechenden Luftblasen zu bestimmen und tabellarisch aufzuzeichnen.

Solche Versuche können theils mit Anwendung der Bürette (vergl. Nr. 8), theils durch Wägung angestellt werden (vergl. Nr. 10).

8. Eine zur Fehlerabmessung bestimmte Bürette besteht in einem eingetheilten Glasrohre mit Schwimmer, durch dessen Marke die Ablesung der Wasserstandhöhe erfolgt, und mit einem unterhalb angebrachten Gummiröhrchen, welches durch einen Quetschhahn leicht geöffnet und geschlossen werden kann. Der Anfangspunkt der Theilung liegt oben, und wenn man anfänglich die Marke des Schwimmers mit demselben zusammenfallen läßt, kann man eine abgelaufene Wassermenge mit Sicherheit aus der Stellung des Schwimmers nach geschlossenem Quetschhahn abnehmen.

Für die Maaße von 10 L. bis zu 0,02 L. sind zwei solche Büretten erforderlich, die eine mit den Angaben der beim Eichen, die andere mit den Angaben der im Verkehre zulässigen Fehler nach Wassermengen.

Die erste dieser Büretten muß folgende Fehlervolumina angeben:

für das Maaß von	10	L.	25	Kubikcentimeter.
	5	„	12,5	„
	2	„	5	„
	1	„	2,5	„
	1/2	„	2,5	„
	1/4	„	1,25	„
	1/8	„	1,25	„
	1/16	„	0,62	„
	1/32	„	0,31	„
und für	0,2	„	1	„
	0,1	„	1	„
	0,05	„	0,5	„
	0,02	„	0,2	„

Die zweite zur Ermittelung der im Verkehre zulässigen Abweichung bestimmte Bürette gibt zu den einzelnen Maaßen das Doppelte der obigen Volumina an.

9. Diese Büretten lassen sich zur Anfertigung und Controlirung der für die gestatteten Maaßabweichungen vorhandenen Theilstriche auf den Eichkolben anwenden, sobald der richtige Inhalt der letzteren nach dem in Nr. 6 angegebenen Verfahren bestimmt worden ist.

10. Die Prüfung von Hohlmaaßen mittelst des Gewichtes des den Fassungsraum des Maaßes füllenden Wassers läßt vorhandene Fehler mit dem höchsten Grade der Genauigkeit erkennen, und kann daher zur Richtigstellung der Eichkolben, sowie bei den Versuchen mit Luftblasen Anwendung finden; für Richtigstellung der

Controlnormale und der Hauptnormale, sowie der Büretten ist es unentbehrlich, setzt aber dabei Hilfsmittel voraus, welche bei den gewöhnlichen Eichanstalten weder vorhanden noch erforderlich sind.

Bei der feineren Volumenbestimmung durch Wasser ist nämlich auf die Ausdehnung des Wassers und der Maaße bei verschiedenen Temperaturen und das hierdurch sich ändernde specifische Gewicht des ersteren und Volumen der letzteren Rücksicht zu nehmen, so daß die genaue Bestimmung des Fassungsraumes der Normalmaaße sich nur durch umfängliche Rechnungen erreichen läßt.

Die angedeuteten Fehlerquellen und die dafür erforderlichen Correctionen können aber bei Untersuchungen, wie sie bei den gewöhnlichen Eichanstalten vorkommen, außer Berücksichtigung bleiben, wenn nur die bezüglich der richtigen Füllung der Gefäße früher angegebene Vorschrift, so wie die für das Wägen ertheilten Anweisungen befolgt werden.

Wird z. B. in dieser Vereinfachung das hier erwähnte Verfahren bei den unter Nr. 7 angeführten Versuchen zur Bestimmung der verschiedenen Größe der Luftblasen benutzt, so gelten als Gewichte für die den Fehlern entsprechenden Wassermengen die in Nr. 8 angeführten Zahlen, welche die Kubikcentimeter angeben, da dieselben zugleich die Gewichte dieser Wassermengen in Grammen bestimmen.

11. Die Vergleichung der Gebrauchsnormale mit den Controlnormalen, welche von Zeit zu Zeit durch die Eichanstalten zu erfolgen hat, ist nach dem in Nr. 6 beschriebenen Verfahren vorzunehmen; zur Beurtheilung der Abweichung kann eine Bürette angewendet werden, an welcher man durch Abschätzung prüft, ob die etwa vorhandene Abweichung nicht größer als $^1/_3$ der für das Eichen zulässigen ist.

12. Berichtigungsarbeiten, welche an Hohlmaaßen vorgenommen werden, sind so auszuführen, daß durch dieselben eine ersichtliche Aenderung der regelmäßigen Form des Maaßes nicht eintritt.

13. Bei der Stempelung der Flüssigkeitsmaaße sind die Vorschriften in § 13 der Eichordnung zu befolgen.

Bei der periodischen Verification ist in der Regel nur eine der am oberen Rande, beziehungsweise der unter den Ausflußöffnungen oder hinterhalb der Stifte des Maaßes befindlichen Zinnwarzen zu stempeln.

Die Stempelung an den Löthfugen, wo solche vorhanden sind, geschieht mit einem der kleineren Stempel, und ist nur dann zu erneuern, wenn sie undeutlich geworden ist.

III. Instruction für das Eichen der Fässer.

Ausführungsbestimmungen zu § 12 und 13 der Eichordnung.

1. Bei dem Eichen der Fässer kann außer der Angabe des Inhaltes nach Liter auch das Taragewicht des Faßkörpers ermittelt werden, sobald dieß verlangt wird, und die Eichanstalt hierzu die Einrichtung besitzt.

Bei der Bestimmung der Tara von hölzernen Fässern ist zu beachten, daß das Gewicht eines Fasses je nach dem Grade der äußeren und inneren Nässung desselben erheblichen Veränderungen unterliegt. Da nun die Kenntniß der Tara für das Faß im Zustande der Füllung verlangt wird, so darf bei einer vor der Gebrauchs-Füllung eintretenden bloßen Tara-Bestimmung das Faß nicht im trockenen Zustande gewogen werden, sondern erst nachdem es durch hinreichende und einige Zeit lang dauernde Wasserfüllung eine genügende Nässung erfahren hat. Auch vor der Eichung müssen die Fässer in derselben Weise angefeuchtet sein, weil der Rauminhalt in dem genäßten Zustande, welcher dem Gebrauchszustande entspricht, von demjenigen des trockenen Fasses um ein Geringes abweicht, und weil von trockenen Wänden ein nicht zu vernachlässigender Theil des Füllwassers aufgesogen, und der Inhalt des Fasses um diesen Betrag zu groß gefunden werden würde.

Bei den, namentlich zum Spiritus-Export bestimmten Gebinden, welche mit Rollbändern versehen sind (d. h. mit 2 bis 4 zu beiden Seiten des Spundloches angebrachten hölzernen Reifen, die nur den Zweck haben, das Gebinde vor Verletzungen beim Auf- und Abladen zu schützen, jedoch beliebig abgenommen werden können, ohne das Gefäß zur Benutzung als Gebinde ungeeignet zu machen), sind diese Rollbänder vor der Prüfung zu entfernen und bei Ermittelung des Taragewichts nicht mit zu berücksichtigen.

2. Die Ermittelung des Inhaltes hat durch Anwendung eines Kubicirapparates zu erfolgen.

Es steht jedoch dem Fortgebrauch etwa vorhandener Einrichtungen zur Inhaltsbestimmung der Fässer durch Wassergewicht mit Anwendung von richtigen Wasserwägungstafeln kein Bedenken entgegen, sobald jene Einrichtungen bezüglich ihrer Leistungsfähigkeit von der kgl. Normal-Eichungs-Commission geprüft und approbirt worden sind. Unter besonderen Umständen, welche der Aufstellung und Anwendung von Kubicirapparaten ungünstig sind, ist ausnahmsweise mit Genehmigung der kgl. Normal-Eichungs-Commission auch die Einrichtung neuer Wasserwägungs-Apparate und deren Anwendung zur Faßeichung anstatt der Kubicirapparate zulässig.

Ebenso bleibt gestattet, die Inhaltsbestimmung kleinerer Fässer unter Anwendung von Normalgefäßen mit besonderen Einrichtungen, welche die Ablesung ihrer richtigen Wasserfüllung und die Ueberführung des Wassers in die Fässer erleichtern, in Verbindung mit kleineren kubicirten Maaßgefäßen vorzunehmen, nachdem diese Apparate von der kgl. Normal-Eichungs-Commission geprüft und genehmigt worden sind.

Die Benützung eines Visirstabs zur Inhaltsbestimmung der Fässer ist untersagt.

3. Faßeich- und Kubicirapparate gehören unter die Vorrichtungen, die von den Eichanstalten nur dann benützt werden dürfen, wenn sie von der kgl. Normal-Eichungs-Commission geprüft und geeignet befunden worden sind.

Für Zulassung derselben gilt als Hauptbedingung, daß der Querschnitt der Wassergefäße, von welchem die bei der Ermittelung der Höhe des Wasserstandes verbleibende Unsicherheit der Volumen-Bestimmung abhängt, nicht so groß werden darf, daß die Innehaltung der für die Prüfung der Fässer vorgeschriebenen Genauigkeit gefährdet wird.

4. Die Kubicirapparate können etwa in folgender Art eingerichtet sein:

Das genau cylindrisch herzustellende Meßgefäß kann aus Gußeisen, Kupferblech, verzinntem Eisenblech, Zinkblech bestehen; der konisch zulaufende Boden wird auf eine sich an denselben dicht anschließende hölzerne Unterlage gestellt; von der Kegelspitze des Bodens geht das Ablaßrohr, welches mit einem Hahne versehen ist.

Zur Seite des Cylinders befindet sich ein gläsernes Rohr, das am tiefsten Punkt der vertikalen Wandfläche durch ein mit Abschlußhahn versehenes Rohr mit ersterem verbunden ist und zur Beobachtung des in dem Cylinder vorhandenen Wasserstandes dient.

Entweder auf dem Rohre selbst oder unmittelbar neben demselben auf einer Metallscale befindet sich die Theilung, an welcher zwei verschiebbare Zeiger angebracht sind, zur Feststellung des Wasserstandes für den Anfang und das Ende der Beobachtung.

Die Theilung ist nach Liter und Bruchtheilen desselben in einer solchen Art auszuführen, daß von derselben noch Abstände von 1 Millimeter Höhe leicht abgenommen werden können.

Es ist zweckmäßig, einen größeren Wasserbehälter im Eichlocale zu haben, damit das Wasser die Temperatur des Locals annehmen kann.

5. Es werden in Berücksichtigung des in Nr. 3 Angeführten 3 Größen solcher Kubicirapparate für die verschiedenen Faßgrößen empfohlen, nämlich cylindrische Meßgefäße von

8 Decimeter 4 Decimeter 2 Decimeter

Durchmesser, bei denen durch 1 Millimeter Veränderung in der Höhe des Wasserstandes, ziemlich genau

$^1/_2$ L. $^1/_8$ L. $^1/_{32}$ L.

abgemessen wird.

Da nun der Inhalt der Fässer bis auf $^1/_{300}$ des Fassungsraumes angegeben werden soll (vergl. § 12 der Eichordnung), so wird, sobald die Veränderungen des Wasserstandes im Kubicirapparat mit der Unsicherheit von höchstens 1 Millimeter abgelesen werden können, die Fehlergrenze für einen Faßinhalt von

150 L. 37,5 L. 9,4 L.

innegehalten werden, und es eignen sich daher die angegebenen Meßgefäße für Fässer, deren Inhalt größer ist als

160 L. 40 L. 10 L.

Wird die Länge der abzulesenden Theilung bei jedem dieser Meßgefäße zu 1,3 Meter angenommen, so beträgt der größte Faß-Inhalt, welcher durch diese Meßgefäße bei einmaliger Entleerung ausgemessen werden kann, ungefähr

640 L. 160 L. 40 L.

Ob und in welcher Weise ein vorhandener, für das alte Maaß eingerichteter Kubicirapparat auf das neue Maaß ungeändert, und zum Eichen nach dem neuen Maaß verwendet werden kann, bestimmt die kgl. Normal-Eichungs-Commission.

6. Beim Ausmessen eines Fasses hat man sich zunächst davon zu überzeugen, daß dasselbe der Vorschrift in § 12 der Eichordnung entspricht und ganz leer ist.

Hierauf ist das Faß durch das Spundloch so zu füllen, daß das Wasser in demselben bis zur Spundöffnung steht, und aus dem Volumen, welches die Scale für die Differenz des Wasserstandes zu Anfang und zu Ende der Beobachtung und unter Berücksichtigung der ein- oder mehrmaligen Entleerung des Meßgefäßes bei großen Fässern angibt, der Inhalt abzuleiten.

Hierbei ist dafür Sorge zu tragen, daß das Faß angenähert dieselbe Temperatur wie das Wasser hat.

Ferner sind bei der Bestimmung des Inhaltes eines Fasses folgende Regeln zu beachten:

A. Es ist darauf zu sehen, daß sich weder bei der Füllung des Kubicirgefäßes, noch bei der Füllung des Fasses selbst zu große Ansammlungen von Luftblasen innerhalb des vom Wasser anzufüllenden Raumes bilden.

Bei der Kubicirung eines Fasses durch Ueberführung des Wassers aus einem Gefäße von bekanntem Inhalt würden durch die jedesmaligen Ansammlungen von Luftblasen keine erheblichen Fehler entstehen, wenn der Betrag der von Luftblasen eingenommenen Volumina in dem Kubicirgefäße und im Fasse durchschnittlich derselbe wäre. Letzteres ist jedoch in der Regel nicht der Fall, da die Verschiedenheiten der Form und Beschaffenheit der Gefäßwände und die verschiedenen Umstände der Füllung die Ansammlung von Luftblasen wesentlich beeinflussen.

Es ist deshhalb bei der Anwendung von Kubicirgefäßen (wie auch bei der Wägung des Füllwassers, bei welcher fast der volle Betrag des von Luftblasen innerhalb des Fasses eingenommenen Raumes die Inhaltsbestimmung verfälscht) nothwendig, daß während jeder Füllung der maaßgebenden und der zu messenden Gefäße eine zu starke Erregung des einfließenden Wassers vermieden, und daß ferner nach jeder Füllung eine erfahrungsmäßig zu bestimmende Zeit zur allmäligen Verminderung der gröberen Luftbeimischungen abgewartet werde.

B. Bei Füllung eines Fasses durch Ueberführung des Wassers aus einem kubicirten Gefäß ist vor der vollständigen Faßfüllung einzuhalten, und die letzte Zuführung des Wassers durch Vermittelung von kleineren kubicirten Gefäßen zu bewirken.

C. Bei der in Nr. 4 beschriebenen Einrichtung der Kubicirapparate ist die Aufmerksamkeit darauf zu richten, daß bei der Ablesung der Wasserstände in dem Glasrohr die Zeiger, welche, damit man keinen von der Stellung des Auges abhängigen Fehler begehe, in Form von Ringen die Glasröhre umfassen müssen, jedesmal auf die tiefste Stelle der in dem Glasrohr sich in deutlicher Krümmung bildenden Wasseroberfläche eingestellt werden.

D. Bei den Ablesungen an der Scale eines Kubicirapparates ist darauf zu achten, daß nicht durch veränderte Stellungen des Auges merkliche Fehler verursacht werden, daß man also das Auge jedesmal möglichst genau in die Ebene derjenigen Zeiger- oder Visirplättchen bringe, mit welchen man bei Einrichtungen dieser Art am zweckmäßigsten abliest.

7. Bei dem Stempeln ist bezüglich der Angabe des Fassungsraumes nach den Vorschriften in § 12 und 13 der Eichordnung zu verfahren, und wenn die Feststellung des Taragewichts des Fasses verlangt worden ist, so ist dasselbe nach Kilogr. oder Pfund bis auf Zehntheile dieser Größen unter Beisetzung eines K. oder ℔ anzubringen.

Ist das Ausbrennen des Stempels nicht ausführbar (Fässer aus Metall), so hat die Stempelung auf einer aufgelötheten Metallplatte, deren Verbindung mit dem Fasse ebenfalls durch Stempelung zu sichern ist, zu erfolgen.

8. Alle von einer Eichanstalt in einem Jahre geeichten Fässer, welche für den Verkauf von Wein dienen, werden mit fortlaufenden Nummern von 1 anfangend versehen. (S. § 13 der Eichordnung.)

Für solche Fässer, welche dem Eichzwange nicht unterworfen sind, ist ein eigenes Register anzulegen.

IV. Instruction für das Eichen der Hohlmaaße zu trockenen Körpern von Cylinderform.

Ausführungsbestimmungen zu § 14—21 der Eichordnung.

1. Bei der Voruntersuchung der größeren Spanmaaße ist darauf zu sehen, daß die Verbindung der einzelnen Theile genügend sicher bewirkt ist.

Der Boden darf bei den Maaßen von 2 H. bis 20 L. nicht unter 18, bei den kleineren nicht unter 12 Millimeter stark sein; er muß bis auf $^1/_3$ seiner Stärke unterhalb bis zur äußeren Oberfläche des Spanes hervortreten und auf die oberen $^2/_3$ seiner Stärke sich an die innere Seite des Spanes dicht anlegen; an letzterer Stelle sind Span und Boden durch Nägel zu verbinden.

Bei den Maaßen von 2 H., 1 H. und $^1/_2$ H. muß der Beschlag aus drei Bandeisenschienen bestehen, welche auf der unteren Seite des Bodens in den Durchmessern eines regelmäßigen Sechsecks liegen, am Rande rechtwinkelig aufgebogen sind, und am Spane bis fast zu dem oberen Rande desselben aufsteigen. Sie sind mit dem Boden und Span durch Nägel verbunden, deren Spitzen im Innern umgeschlagen werden. Die eine dieser Schienen liegt an der Verbindungsstelle des Spanes. Der obere Rand des Spanes erhält eine äußerlich umlaufende Bandeisenschine, welche mit den Enden der vertikal aufsteigenden Bänder und mit dem Spane ebenfalls durch Nägel zu verbinden ist. Ferner ist oberhalb ein diametral liegender Steg so anzubringen, daß das eine Ende desselben die Verbindungsstelle des Spanes trifft, die breite Seite desselben in der Höhe des Maaßes und seine Oberfläche mit dem Rande des Maaßes in einer Ebene sich befindet, und die umgekröpften Enden mit der Randschiene und dem Span durch Vernietung verbunden sind; von der Mitte des Steges aus geht eine eiserne Stütze nach dem Boden; sie ist mit dem Stege durch einen eingesenkten Nietkopf verbunden, setzt sich auf den Boden mit einem Gestemme auf; ein schwächerer Zapfen dieser Stütze durchdringt den Boden und die drei sich kreuzenden Schienen und ist dann vernietet.

Ist das Maaß mit Henkeln versehen, so muß einer derselben über der Verbindungsstelle des Spanes liegen und es ist deren Befestigung so auszuführen, daß ein Aufreißen des Spanes dadurch nicht befördert wird, was dann erfolgen würde, wenn die Befestigungspunkte denselben Faserverlauf treffen.

Bei den Maaßen von ¼ H., 20 L. und 10 L. genügt ein Beschlag mit zwei sich am Boden kreuzenden Schienen, die ebenso wie vorher befestigt und mit dem Boden und Span, sowie mit einer am obern Rande angebrachten Bandeisenschiene verbunden sind.

2. Die Prüfung des richtigen Durchmessers der Maaße kann unter Benutzung ähnlicher Lehren erfolgen, wie dieselben für Flüssigkeitsmaaße unter Nr. 1 der Instruction II beschrieben sind.

3. Die Prüfung metallener Hohlmaaße für trockene Körper erfolgt in derselben Art, durch Füllung mit Wasser, wie dies unter II. für Flüssigkeitsmaaße angegeben worden ist.

4. Zur Prüfung des Inhaltes neuer hölzerner Spanmaaße kann nicht eher geschritten werden, als nachdem dieselben während einiger Tage in einem trockenen und luftigen Raume gestanden haben.

5. Hölzerne Hohlmaaße werden mit Anwendung von Kleesaamen, Repssaamen oder Hirse auf ihre Richtigkeit geprüft. Hierzu sind Füllapparate zu benützen und zwar für die Maaße von 2 H. bis ¼ H. ein größeres und für die übrigen Maaße ein kleineres Exemplar.

Ein solcher Füllapparat besteht aus einem Trichter (Gosse) aus genügend starkem Blech, welches oberhalb cylindrisch, unterhalb konisch geformt ist, und eine vermittelst Drehschieber verschließbare, kreisrunde Abflußöffnung besitzt. Dieser Trichter ruht auf eisernem Traggestell, welches um eine an fester Mauer gelagerte vertikale Achse gedreht werden kann. Die Abflußöffnung soll beim größeren Apparate etwa 80 Centimeter Abstand von der Fußbodenfläche, und beim kleineren Apparate etwa 38 Centimeter Abstand von der Oberfläche einer mauerfesten Werkbank haben.

Um für die verschiedenen Maaße die geeigneten Abstände derselben von der Abflußöffnung herzustellen (s. Nr. 7 b) finden hölzerne Unterlagen Anwendung, welche so beschaffen sein müssen, daß ihre Oberfläche eben und deren Lage horizontal ist.

6. Das Verfahren bei Anwendung der beschriebenen Apparate ist folgendes:

Es wird das Gebrauchsnormal, welches dem zu prüfenden Maaße entspricht, reichlich mit Körnern gefüllt, und der Inhalt desselben in den Trichter geschüttet, dessen Abflußöffnung geschlossen ist, hierauf das Gebrauchsnormal fest aufgestellt, der Trichter über die Mitte desselben gewendet und in die später genauer anzugebende Höhe gestellt, und nun der Inhalt durch die Abflußöffnung in dieses Normal gelassen. Der sich bildende Kegel wird, nachdem der Trichter zur Seite gewendet worden ist, mit Benützung des Streichholzes vorsichtig in den Fassungsraum des Maaßes eingestrichen und der in diesem Falle verbleibende Ueberfluß abgestrichen.

Hierauf wird der Inhalt des Gebrauchsnormales in den Trichter geschüttet, unter denselben das zu prüfende Maaß genau in derselben Art aufgestellt, wie vorher das Gebrauchsnormal, der Inhalt abgelassen, und der Kegel auf dem Maaße vollständig eingestrichen, wobei entweder die genaue Füllung eintritt, oder sich ein abzustreichender Ueberfluß ergibt, der zur Beurtheilung der Abweichung aufgefangen werden muß, oder einzelne nicht ausgefüllte Räume verbleiben, je nachdem das Maaß die richtige Größe hat, oder kleiner oder größer als das Gebrauchsnormal ist (s. Nr. 10).

7. Bei der Ausführung des vorher beschriebenen Verfahrens sind mehrere Vorsichtsmaßregeln zu beobachten, durch deren sorgfältige Befolgung allein übereinstimmende Resultate erzielt werden können.

a) Die gleichmäßige Schichtung der Körner hängt von der Beschaffenheit derselben ab; es treten daher Unterschiede bei den nacheinanderfolgenden Füllungen mit Körnern ein, die längere Zeit gestanden haben; man muß deshalb die zu einer Eichung zu benutzenden Körner erst mehrmals durch den Apparat laufen lassen, bevor man zur wirklichen Eichung schreitet.

b) Die Dichtigkeit, mit welcher sich die Körner übereinander lagern, hängt von der Fallhöhe ab, die sie von ihrer Ruhelage an zu durchlaufen haben, es ist daher durchaus erforderlich, daß der vertikale Abstand zwischen der Ausflußöffnung und dem Boden des Gebrauchsnormales und des zu eichenden Maaßes bei einer Prüfung genau der gleiche sei. Auch muß diese Höhe so bestimmt werden, daß sich die Spitze des Körnerkegels frei, ohne die Ausflußöffnung zu berühren, bilden kann. Als zweckmäßig erweist sich ein Abstand der Kegelspitze von der unteren Fläche des Trichters bei größeren Maaßen von etwa 25 Millim., bei kleineren von etwa 10—15 Millim.

c) Das Maaß muß bis zu vollständiger Beendigung der Prüfung vor jeder Erschütterung bewahrt bleiben, es dürfen sich daher auf dem Fußboden, auf welchem bei den größeren Apparaten das Maaß aufgestellt wird, weder Erschütterungen von außen her (etwa durch das Fahren der Wagen auf einer gepflasterten Straße) noch im Gebäude selbst durch das Hin- und Hergehen von Personen übertragen.

d) Das Einstreichen des Körnerkegels in das Maaß muß durch horizontales Verschieben, nicht aber durch ein mit dem Streichholze, namentlich bei schiefer Lage desselben, leicht auszuübendes vertikales Zusammenpressen erfolgen. Das Streichholz ist daher stets mit der unteren Fläche in horizontaler Ebene zu halten, für welche die Randfläche des Maaßes Anhalt gibt, und wobei Erschütterungen des Maaßes zu vermeiden sind; namentlich zuletzt hat das Einstreichen der Körner durch eine Drehung des Streichholzes um die vertikale Mittellinie des Maaßes zu erfolgen.

8. Ist ein Maaß zu prüfen, welches die doppelte Größe des Gebrauchsnormales besitzt, z. B. ein Maaß von 2 H. mit einem Gebrauchsnormal von 1 H., so hat die Entleerung aus dem Gebrauchsnormale zweimal hintereinander zu erfolgen, ohne daß das zu prüfende Maaß in der Zwischenzeit eine Ortsveränderung erfahren darf. Auch ist hier zu beachten, daß bei der zweimaligen Füllung des Gebrauchsnormales die mittlere

Fallhöhe der Körner derjenigen bei der Füllung des zu prüfenden Maaßes gleich sein soll. Es muß demnach das Gebrauchsnormal entsprechend höher aufgestellt sein, als das zu prüfende größere Maaß.

9. Die Streichhölzer sind aus hartem Holze mit einer ebenen Grundfläche von 25 bis 8 Millimeter Breite zu fertigen; die Länge derselben muß den Durchmesser des größten Maaßes, für welches sie bestimmt sind, etwas übertreffen; es empfiehlt sich daher eine Länge von

80 Centimeter für 2 H.
65 „ „ 1 H. und ½ H.
40 „ „ 25 L. bis 10 L.
25 „ „ 5 L. und 2 L.
15 „ „ kleinere.

Bei der Prüfung der Streichhölzer ist der vollständig ebene Verlauf der unteren Fläche theils durch unmittelbares Darüberhinsehen, theils durch Anlegung eines eisernen Lineals zu untersuchen.

10. Zur Beurtheilung der Fehler der Hohlmaaße, welche sich in ähnlicher Weise, wie in der Instruction II Nr. 5—8 angegeben, als aufgefangene Ueberschüsse der Füllungen oder als erforderliche Nachfüllungen herausstellen, dienen

entweder Fehlergläschen, von denen je eines für ein bestimmtes Maaß gilt und mit dessen Bezeichnung versehen ist,

oder Cylinder, mit einer Theilung für die Fehlergrößen mehrerer Maaße,

oder Büretten, nach der in Nr. 8 der Instruction II angegebenen Einrichtung.

11. Fehlergläschen können für die größten Maaße besonders hergestellt werden, oder man kann an deren Stelle auch die kleineren Hohlmaaße anwenden.

Es wird nämlich der bei der Eichung zulässige Fehler für metallene Maaße angegeben

bei dem Maaße von 2 H. durch die Maaßgröße von 0,4 L.
„ „ „ „ 1 „ „ das Maaß „ 0,2 „
„ „ „ „ ½ „ „ „ „ „ 0,1 „
„ „ „ „ ¼ „ „ „ „ „ 0,05 „
„ „ „ „ 20 L. „ „ „ „ 0,05 „

und für hölzerne Maaße

bei dem Maaße von 2 H. durch die Maaßgröße von 0,8 L.
„ „ „ „ 1 „ „ das Maaß „ 0,4 „
„ „ „ „ ½ „ „ „ „ „ 0,2 „
„ „ „ „ ¼ „ „ „ „ „ 0,1 „
„ „ „ „ 20 L. „ „ „ „ 0,1 „

Der im Verkehre nachgelassene Fehler beträgt in beiden Fällen das Doppelte der hier angegebenen Größe.

Es werden sich daher auch die Maaße von 0,5 L. bis 0,05 L. dazu anwenden lassen, um mit einmaliger oder bezüglich mehrmaliger Füllung bei einem mit Körnerfüllung geprüften Maaße von 2 H. bis 20 L., welches zu groß befunden wurde, die abgestrichene Körnermenge auszumessen, oder bei einem zu klein befundenen Maaße

„	1	„	400	„
„	½	„	200	„
„	¼	„	100	„
„	20	L.	100	„
„	10	„	50	„
„	5	„	25	„

Ein zweiter Cylinder enthält die Marken für die beim Eichen noch zulässigen Fehler der kleinen hölzernen Hohlmaaße.

Diese Fehler betragen:

bei	2	L.	10	Kubikcentimeter
„	1	„	5	„
„	½	„	5	„
„	¼	„	2,5	„
„	⅛	„	2,5	„
„	1/16	„	1,25	„
„	0,2	„	2	„
„	0,1	„	2	„

Zur Ermittlung des im Verkehre noch zulässigen Fehlers, welcher die doppelte Größe des vorher angegebenen hat, können dieselben Cylinder unter Berücksichtigung dieses Umstandes Anwendung finden.

Zur Beurtheilung der Fehler bei metallenen Hohlmaaßen, deren Prüfung durch Wasser erfolgt, finden Büretten ebenso Anwendung, wie dieß unter Nr. 8 der Instruction II für Flüssigkeitsmaaße angegeben ist.

Die daselbst angeführten Büretten für die bei der Eichung und für die im Verkehr zulässigen Fehler an Maaßen von 10 L. bis 0,02 L. sind unmittelbar auch hier anwendbar, da die Fehlerbestimmungen für metallene Hohlmaaße zu Flüssigkeiten und trocknen Körpern gleich sind; nur ist zu bemerken, daß die beiden kleinsten Flüssigkeitsmaaße hier nicht vorkommen.

13. Bei den metallenen Maaßen von

2 H.	beträgt	der	zulässige	Eichungsfehler	400	Kubikcentimeter
1 H.	„	„	„	„	200	„
½ H.	„	„	„	„	100	„
¼ H.	„	„	„	„	50	„
20 L.	„	„	„	„	50	„

es lassen sich also entweder die Maaße von 0,2 L., 0,1 L. und 0,05 L. zur Beurtheilung des Fehlers benutzen oder man kann eine diese drei Maaßgrößen enthaltende Bürette oder auch einen für diese Volumina eingerichteten Glascylinder derselben Art herstellen, wie unter Nr. 12 beschrieben wurde.

Wegen Beurtheilung des im Verkehr noch zulässigen Fehlers ist auf die Schlußbemerkung in Nr. 12 zu verweisen.

14. Bezüglich der Prüfung metallener Hohlmaaße zu trockenen Körpern durch Wasserwägung ist auf das zu verweisen, was über diesen Gegenstand in der Instruction II. Nr. 10 angeführt worden ist.

15. Die Prüfung der Gebrauchsnormale auf ihre Richtigkeit, welche von den Eichanstalten durch Vergleichung mit den Control-Normalen vorzunehmen ist, erfolgt durch Wasserfüllung unter Anwendung von Glasplatten nach dem in der Instruction II unter Nr. 6 beschriebenen Verfahren.

16. In Betreff der Berichtigungsarbeiten gilt für metallene Hohlmaaße die Bemerkung in Nr. 12 der Instruction II; bei hölzernen Hohlmaaßen werden solche Arbeiten nur von den Eichanstalten vorgenommen werden können, welche mit den erforderlichen Einrichtungen zum Abhobeln des Randes versehen sind.

17. Bei dem Stempeln der Maaße sind die in § 15 und 21 der Eichordnung enthaltenen Vorschriften zu befolgen; es wird hiebei darauf hingewiesen, daß nach § 15 der Eichordnung den Eichanstalten auch die Bezeichnung der hölzernen Maaße in den Fällen vorbehalten ist, wo dieselbe noch nicht stattgefunden hat.

Das Stempeln der Streichhölzer erfolgt, sofern es gewünscht wird, wie das Stempeln der hölzernen Längenmaaße, und zwar an den beiden Enden der unteren ebenen Arbeitsfläche.

Zur erstmaligen Stempelung der hölzernen Maaße sind, soweit es der vorhandene Raum gestattet, Brennstempel zu benützen, im Uebrigen findet der größte erhaben geschnittene Stempel Anwendung, welcher mit Farbe aufzuschlagen ist.

Bei der periodischen Verification der Maaße aus Blech ist nur eine der am oberen Rande befindlichen Zinnwarzen mit dem die Jahreszahl enthaltenden Stempel zu versehen. Die hölzernen Maaße erhalten die weiteren Jahreszahlstempel nur auf der äußeren Wandfläche, und zwar von 10 L. aufwärts durch Einbrennen, die kleineren Maaße durch Aufschlagen des größten erhaben geschnittenen Stempels mit Farbe, wobei in beiden Fällen eine geordnete Reihenfolge zu beobachten ist.

V. Instruction für das Eichen der Hohlmaaße für Brennmaterialien, sowie für Kalk und andere Mineralproducte, von Kastenform etc.

Ausführungsbestimmungen zu § 22—31 der Eichordnung.

1. Die Prüfung der im § 22 der Eichordnung unter A und B aufgeführten Kasten- und Rahmen-Maaße bezüglich ihrer Richtigkeit hat in allen Fällen durch Berechnung nach den abgemessenen drei Dimensionen zu geschehen. Beim Messen einer solchen Dimension, z. B. der Länge, an verschiedenen Stellen des Maaßes werden sich fast stets Unterschiede zeigen. Ein auf Millimeter abzurundender Mittelwerth ist aus der gefundenen größten und kleinsten Abmessung abzuleiten.

Nach Bestimmung des § 30 der Eichordnung beträgt der größte zuzulassende Fehler 1 Procent des Soll-Inhaltes, das ist:

für das Maaß von ½ H. . . . ½ L. = 500 Kubikcentimeter
„ „ „ „ 1 „ . . . 1 „ = 1000 „
„ „ „ „ ½ Kubik-Meter 5 „ = 5000 „
„ „ „ „ 1 „ „ 10 „ = 10000 „

Die durch Rechnung nach Kubikcentimetern gefundenen Inhalte dürfen demnach höchstens um die angegebenen Beträge von den den Maaßbezeichnungen entsprechenden Inhalten im Zuviel oder im Zuwenig abweichen.

2. Das vorstehend erörterte Verfahren findet auch auf Förder-, Lösch- und Lade-Gefäße, welche als Maaßgefäße dienen, Anwendung, wenn deren Wandungen ebene und rechtwinklich viereckige Form haben.

3. Bergkübel von länglichrunder Querschnittsform, ferner Lösch- und Ladegefäße von Cylinder- oder Tonnengestalt (§ 26 und 29 der Eichordnung) sind in gleicher Weise zu prüfen wie die Hohlmaaße von cylindrischer Form zu trockenen Körpern.

Das Verfahren der Inhaltsbestimmung durch trockene Füllung (mit Saamen, wozu hier auch Erbsen verwendbar sind) ist jedoch bei Anwendung eines Eichnormales von 1 H. und des zugehörigen Füllapparates nur bis zum Inhalt von 2 H. statthaft, — während andererseits die Inhaltsbestimmung durch Wasserfüllung nur vermittelst eines approbirten Kubicirapparates oder einer dergleichen Decimalwaage von hinlänglicher Tragfähigkeit bewerkstelligt werden darf.

4. Bei der Prüfung der Kummtmaaße ist nicht ein Mittelwerth aus den etwa abweichenden gleichartigen Dimensionen (z. B. den an vier Kanten zu messenden Längen, welche 2 Meter betragen sollen), zu bestimmen, sondern vielmehr festzustellen, daß keine der vorhandenen Abmessungen einen größeren Unterschied als 1 Procent von der Vorschrift (§ 27 der Eichordnung) ergibt. (Im obigen Falle dürfte der größte Fehler 2 Centimeter betragen.)

5. Bei der periodischen Verification erhalten die Kasten- und Rahmen-Maaße aus Eisen und die eisernen Förder-, Lösch- und Ladegefäße die Stempelung nur auf einer der am oberen Rande befindlichen Zinnwarzen. Für Maaße, welche der Verunreinigung ausgesetzt sind, ist stets der größte Jahreszahlstempel zu benützen.

Hölzerne Maaße erhalten die Stempelung durch Aufbrennen, im Wesentlichen in gleicher Weise wie die größeren cylindrischen Hohlmaaße. Bei den Kasten-, Rahmen- und Kummt-Maaßen sind die vier Wandungen auf dem oberen Rande und bei den Verbindungen derselben unter sich und beziehungsweise mit dem Boden zu stempeln.

Bei der periodischen Verification genügt in der Regel ein Jahreszahlstempel auf einer der Seitenwandungen. Diese Stempel sind in geordneter Reihenfolge aufzubrennen. Die übrigen Stempel bedürfen nur dann der Erneuerung, wenn sie undeutlich geworden oder durch Reparaturen beseitigt worden sind.

Bei den Kummtmaaßen mit Aufsatzbrettern ist für jedes einzelne Stück der letzteren der Jahreszahlstempel erforderlich.

VI. Instruction für das Eichen der Meßrahmen für Brennholz.

Ausführungsbestimmungen zu § 32—37 der Eichordnung.

1. Die Prüfung eines Meßrahmens auf seine Richtigkeit erfolgt durch Anlegen eines Maaßstabes, welcher mindestens die Länge der größten vorkommenden Abmessung haben soll.

2. Hölzerne Meßrahmen erhalten die vorgeschriebenen Stempelungen (§ 37 der Eichordnung) durch Ausbrennen.

Bei einem eisernen Meßrahmen, dessen Stäbe untrennbar fest verbunden sind, genügt eine einzige Stempelung. Zu deren Anbringung ist einer der Stäbe an passender, beim Gebrauche des Maaßes sichtbarer Stelle mit einer, sich nach Innen etwas erweiternden, runden und mit Blei auszufüllenden Höhlung von 11 Millimeter Durchmesser zu versehen.

Bei der periodischen Verification erfordert jeder Theil eines Meßrahmens, welcher mit den übrigen Theilen desselben nicht in unwandelbar fester Verbindung steht, der besonderen Stempelung mit dem Jahresstempel.

Aus vier Stäben bestehende zerlegbare Meßrahmen, welche bei solider Herstellung und entsprechender Construction der Verbindungen ebenfalls zulässig sind, bedürfen sonach der Stempelung jedes Stabes, wozu, wenn die Stäbe aus Eisen bestehen, die vorstehend beschriebene Einrichtung an jedem derselben anzubringen ist.

VII. Instruction für das Eichen der Gewichte.

Ausführungsbestimmungen zu § 38—48 und 67 der Eichordnung.

1. Unzulässig sind eiserne Gewichte mit einem solchen Ueberzuge, der dem Abstoßen ausgesetzt ist.

2. Bei der Prüfung eines Gewichtsstückes, welches nicht schon bei der Voruntersuchung als unzulässig erschien, ist in der in Abschnitt I. unter Nr. 3 angegebenen Art zu verfahren, und dabei das zu dem Gewichtsstück nach Größe und Art (ob Präcisions- oder Handelsgewicht) gehörende Normal zu benutzen. Eine Anwendung der Gebrauchsnormale für Präcisionsgewichte zur Prüfung von Handelsgewichten erscheint deshalb als unzulässig, weil diese Normale dann der Gefahr einer schnelleren Veränderung ausgesetzt werden.

3. Für den Fall, daß sich eine Uebereinstimmung in der Schwere des zu prüfenden Gewichtsstücks mit dem Normal nicht zeigt, ist zu der Ermittelung, wie sich die Größe der vorhandenen Abweichung zu der nach § 44 der Eichordnung beim Eichen noch zulässigen verhält, das zu dieser Gewichtsgröße gehörende Fehlergewicht zu benutzen. Wird dasselbe auf der Seite hinzugefügt, wo die mindere Schwere sich zeigt, so ergibt das Spiel der Waage deutlich, ob die Abweichung größer als der zulässige Fehler, demselben gleich oder geringer als derselbe ist.

4. Beim Eichen neuer Gewichtsstücke aus Gußeisen mit Justirhöhlung wird zuerst das Gebrauchsnormal genau tarirt (Erster Abschnitt der Instructionen Nr. 3), und danach an Stelle des Normals das Gewichtsstück nebst zugehörigem Eichpfropf auf die Waagschale gebracht, und dessen richtige Schwere durch Zulegen oder Wegnehmen von Füllmaterial (Blei-, Zinn- oder Eisenschrot), sofern dies erforderlich ist, hergestellt.

Hierauf wird der Pfropf in das Justirloch gesetzt und anfänglich mit leichten Hammerschlägen, dann aber mit Hülfe eines Aufsetzers so fest eingetrieben, daß er ohne gänzliche Zerstörung nicht herausgenommen werden kann.

Endlich wird das Gewichtsstück nochmals auf die Waagschale gebracht, der etwa verbliebene Ueberschuß an Schwere vom Kopfe des Pfropfes abgenommen und letzterer mit dem Stempel (vergl. § 45 der Eichordnung) ein- oder mehrmal so gestempelt, daß jeder Versuch zum Ausheben des Pfropfes eine Zerstörung der Stempelzeichen zur Folge haben muß.

5. Beim Eichen neuer Gewichtsstücke aus Gußeisen in Scheibenform ohne Justirhöhlung ist ein etwaiger Ueberschuß an Schwere durch möglichst gleichmäßiges Befeilen der Bodenfläche zu beseitigen; zu leichte Gewichtsstücke, die nicht durch den Eichpfropf zu berichtigen sind, werden zurückgewiesen.

6. Beim Eichen solcher neuer Gewichtsstücke aus Messing, Bronce u. dgl., welche eine Justirhöhlung nicht besitzen, erfolgt die Vergleichung nach den Vorschriften unter 4 und 5.

Berichtigungen an zu schwer befundenen Gewichtsstücken dieser Art sind durch Befeilen der Bodenfläche oder bei plattenförmigen eines Randes mit Erhaltung des ebenen Verlaufs der Flächen und unter Vermeidung grober Feilstriche zu bewirken.

Zu leicht befundene Gewichtsstücke dieser Art sind in der Regel zurückzugeben. Nur in geeigneten Fällen kann eine Berichtigung durch Anbohren, Einbringen eines specifisch schwereren Metalles und Verschluß der Oeffnung durch einen mit der Oberfläche auszugleichenden Pfropf erfolgen, der mit dem berichtigten Stücke aus gleichem Metall besteht.

7. Einsatzgewichte, bei denen ein Stück nicht berichtigungsfähig erscheint, sind vollständig zurückzugeben.

Bei Bestimmung der Eichgebühren ist jedes einzelne Stück der Einsatzgewichte, wie jedes andere Gewichtsstück derselben Größe, in Ansatz zu bringen, da eine Verringerung der einzelnen Arbeit mit der Vermehrung der Zahl der Stücke beim Eichen von Einsatzgewichtsstücken nicht eintritt.

Bei Zurückweisung von Einsatzgewichten in Folge ungenügenden Befundes einzelner Stücke sind die Prüfungsgebühren nur für die wirklich geprüften Stücke in Ansatz zu bringen.

8. Die Stempelung erfolgt nach den in § 45 der Eichordnung gegebenen Vorschriften.

9. Bei der Prüfung eines bereits im Gebrauche befindlichen Gewichtsstückes dient zur Ermittelung des Umstandes, ob bereits eine Ueberschreitung des im Verkehr noch zulässigen Fehlers vorhanden ist, die Anwendung des doppelten Fehlergewichtes in derselben Art, wie dies bezüglich der Ermittelung des beim Eichen noch zulässigen Fehlers unter Nr. 5 angegeben ist.

10. Bei der Vergleichung der Gebrauchsnormale mit den Controlnormalen, die den Eichanstalten zur Pflicht gemacht ist, sind die Controlnormale mit der größten Schonung zu behandeln, namentlich nicht mit bloßer Hand, sondern mit den dazu bestimmten Gabeln oder Pincetten oder durch Vermittlung eines weichen Tuches anzufassen.

Die Abweichung von dem Controlnormal darf höchstens betragen:

für das Gebrauchsnormal von:	für Präcisionsgewicht:	für Handelsgewicht:
50 K.	1 G.	2 G.
50 ℔	8 D.	16 D.
20 „	8 „	16 „
10 „	5 „	10 „
5 „	25 C.	5 „
2 „	12 „	24 C

für das Gebrauchs-normal von:	für Präcisions-gewicht:	für Handels-gewicht:
1 K.	8 C.	16 C.
500 G.	5 „	10 „
½ ℔	25 M.	5 „
200 G.	20 „	4 „
100 „	12 „	24 M.
50 „	10 „	20 „
20 „	6 „	12 „
10 „	4 „	8 „
5 „	2,4 M.	
2 „	1,2 „	
1 „	0,8 „	

In den Fällen, wo die Waagen der Eichanstalten (wie dies bei Präcisionsgewichten möglich ist) es als unsicher erscheinen lassen, ob die Gebrauchsnormale noch die erforderliche Richtigkeit besitzen, haben die Eichanstalten sofort die betreffenden Gebrauchsnormale der kgl. Normal-Eichungs-Commission einzusenden.

11. Die in § 67 der Eichordnung erwähnten bisher im Verkehr gewesenen Gewichtsstücke, deren Größe und Größenbezeichnung nach den Vorschriften der neuen Maaß- und Gewichtsordnung zulässig sind, und die den Verificationsstempel bereits besitzen, dürfen ferner noch, wenn sie auch den Bestimmungen in § 38, 39, 41 und 42 der Eichordnung nicht genau entsprechen, zur periodischen Verification zugelassen werden.

In § 68 der Eichordnung wird aber der k. Normal-Eichungs-Commission vorbehalten, diejenigen Gewichtsstücke der älteren jetzt gebräuchlichen Systeme zu bezeichnen, welche nach dem 1. Januar 1872 im öffentlichen Verkehr nicht mehr zugelassen werden dürfen.

Die Eichanstalten haben daher Fürsorge anzuwenden, daß von ihnen nicht etwa Gewichtsstücke auf Grund von § 67 der Eichordnung mit dem Eichungsstempel beglaubigt werden, welche von der k. Normal-Eichungs-Commission als fernerhin für den Verkehr nicht geeignet bezeichnet wurden, und etwaige Zweifelsfälle in den vorgeschriebenen Formen zur Entscheidung zu bringen.

12. Für den amtlichen Gebrauch der Postbehörden sind ausnahmsweise 15 G.- und 40 G.-Stücke als zulässig und stempelfähig erklärt worden.

Um den Uebergang dieser Gewichtsstücke in den öffentlichen Verkehr zu verhüten, ist bestimmt:

1. daß dieselben nur von der k. Normal-Eichungs-Commission ausgegeben werden dürfen,

2. daß sie in Form eines vielseitigen Prisma mit etwas abgeschliffenen Kanten und Ecken, mit einem Knopf in der Mitte, aus Messing anzufertigen und als Postgewichte zu bezeichnen sind.

Die Eichanstalten haben daher, wenn ihnen von den Postbehörden derartige Gewichtsstücke zur Prüfung übergeben werden, dieselben als zulässig zu erachten und wie andere Gewichtsstücke zu behandeln.

Der bei dem

15 G.-Stücke 40 G.-Stücke

zulässige größte Fehler beim Eichen ist auf

15 Milligr. 25 Milligr.,

der im Verkehr zulässige größte Fehler auf das Doppelte dieser Größen bestimmt worden.

VIII. Instruction für das Eichen der Waagen.

Ausführungsbestimmungen zu den §§ 47—58 und 69 der Eichordnung.

Einleitung.

1. Zur Eichung nicht zuzulassende Waagen. Die Eichordnung enthält im § 48 und 53 Bestimmungen über diejenigen Eigenschaften einer Waage, welche dieselbe von vornherein zur Eichung unzulässig machen.

Vor Beginn der Eichungsarbeit hat man sich daher zu überzeugen, daß die zur Eichung eingelieferte Waage solche Eigenschaften, welche ihre sofortige Zurückweisung zur Folge haben würde, nicht besitzt.

Die Waage muß zunächst einem der Constructionssysteme zugehören, welche im § 48 der Eichordnung oder durch sonstige Erlasse der kgl. Normal-Eichungs-Commission zugelassen sind.

Von Waagen solcher Systeme sind aber diejenigen zurückzuweisen, welche eine der im § 53 der Eichordnung angegebenen Eigenschaften besitzen.

Waagen, welche die dort genannten fehlerhaften Eigenschaften nicht besitzen, sind zur eichamtlichen Prüfung zuzulassen und müssen alsdann, um gestempelt werden zu können, den besonderen Bedingungen genügen, welche für die verschiedenen Constructionssysteme vorgeschrieben sind.

1. Gleicharmige Balkenwaagen.

(Zu § 49 der Eichordnung.)

Allgemeine Construction.

2. Die gleicharmige Balkenwaage besteht aus einem gleicharmigen Hebel, dem Waagebalken, welcher mittelst der in seiner Mitte unwandelbar befestigten harten Schneide, Mittelachse, Mittelschneide, entweder in harten Pfannen, die in einer Aufhängungsvorrichtung — der Scheere — enthalten sind, oder, wie dieß bei feineren Waagen der Fall zu sein pflegt, auf horizontalen, an einer vertikal stehenden Säule befestigten Unterlagsplatten ruht.

Um die horizontale Lage des Waagebalkens, welche die Gleichheit des Gewichtes und Gegengewichtes angeben soll, zu erkennen, ist ein Zeiger — die Zunge — in der Mitte des Waagebalkens angebracht, welcher bei horizontaler Lage des Balkens vertikal nach oben oder unten gerichtet ist, und dessen genau vertikale Richtung an einer entweder in der Scheere oder an der Säule angebrachten Marke erkannt werden kann.

An beiden Enden des Waagebalkens, genau in gleichen Entfernungen von der Mittelachse, befinden sich ebenfalls harte Schneiden — Endachsen, Endschneiden, — die mit ihren nach oben gekehrten Schärfen zum Aufhängen der Waageschalen bestimmt sind.

Das Aufhängen der Schalen wird durch die Gehänge vermittelt, die durch ihre Pfannen von den Endschneiden getragen werden und unterhalb mit Haken versehen sind, welche die Waageschaalen mit den zu ihrer Aufhängung dienenden Ketten oder Schnüren aufnehmen.

Sind die Gehänge so eingerichtet, daß sie von den Endschneiden nicht leicht abgehoben werden können, so werden sie bei der Prüfung als zugehörige Theile des Waagebalkens betrachtet.

Constructionserfordernisse der Waage.

3. a) Festigkeit. Die Waage muß zunächst die nöthige Festigkeit besitzen, um in allen ihren Theilen dem Drucke bei der Wägung bis zu der höchsten für die Waage bestimmten Belastung (Tragfähigkeit) vollständigen Widerstand zu leisten.

Dies wird im Allgemeinen dadurch festgestellt, daß, wenn man die Waage bis zur Grenze ihrer Tragfähigkeit belastet, keine mit bloßem Auge erkennbare Formveränderung eintreten darf.

Ob nicht in solchem Falle dennoch eine Formveränderung eintritt, welche die Waage unbrauchbar macht, ergibt die später anzuführende Prüfung der Empfindlichkeit.

4. b) Stabilität. Die Waage muß sich bis zur Grenze ihrer Tragfähigkeit von der erforderlichen Stabilität erweisen, d. h. sie muß bei einer nicht zu großen Ungleichheit der Belastung auf beiden Seiten eine schiefe Gleichgewichtsstellung einnehmen (einen mehr oder weniger großen Ausschlagswinkel, Ausschlag zeigen), darf aber nicht umschlagen. Dieß hängt von der gegenseitigen Lage zweier Punkte ab, des Drehungspunktes, welcher unveränderlich in der Mittelschneide liegt, und des Schwerpunktes der Waage, welcher je nach der Größe der Belastung seine Lage verändert.

Die Stabilität der gleicharmigen Waage ist im Allgemeinen um so größer, je höher bei horizontalem Waagebalken die Mittelschneide über den Endschneiden liegt, und je größer die Belastung wird.

Mit der Zunahme der Stabilität nimmt aber die Empfindlichkeit der Waage ab; es muß daher geprüft werden, ob die Waage bei größter Empfindlichkeit, d. h. unbelastet, noch stabil genug und bei größter Stabilität, d. h. bis zur Grenze der Tragfähigkeit belastet, noch empfindlich genug ist.

5. c) Richtigkeit. Zur Richtigkeit einer gleicharmigen Waage gehört außer den nachher aufzuzählenden Eigenschaften der einzelnen Theile vor allen Dingen die möglichst vollständige Uebereinstimmung der Gestalt beider durch die Mittelebene der Zunge getrennten Hälften der Waage und die möglichst gleiche Länge der Abstände von jeder Endschneide zur Mittelschneide: die Waage soll symmetrisch und soll gleicharmig sein.

Die Symmetrie kann als genügend angesehen werden, wenn durch das bloße Auge eine Verschiedenheit der Gestalt beider Arme nicht erkannt werden kann, und wenn der Abstand der Spitze der Zunge bis zu jeder der beiden Endschneiden gleich groß ist.

Die Gleicharmigkeit wird zwar vorläufig auch durch Abmessung der Entfernungen zwischen jeder Endschneide und der Mittelschneide bestimmt, wodurch größere Abweichungen gefunden werden können, welche die Waage alsdann unzulässig machen. Die genaue Prüfung der Gleicharmigkeit ergibt sich aber erst mittelst des später angegebenen Verfahrens.

6. d) Tragfähigkeit und Empfindlichkeit. Da die Waagen zur Abwägung sehr verschiedener Lasten gebraucht werden, und hiernach einerseits die Stärke in der Construction der Theile, andererseits die Grenze, bis zu welcher eine bestimmte Genauigkeit in der Wägung erreichbar sein soll, sich richtet, so ist vorgeschrieben (§ 49 der Eichordnung), daß die Waagen auf ihre Tragfähigkeit, d. h. auf ihre Brauchbarkeit

innerhalb der Grenzen der Belastung, für welche sie bestimmt sind, geprüft werden sollen, und daß die Tragfähigkeit, und zwar die größte einseitige Belastung (siehe Nr. 9), auf dem Waagebalken angegeben sein muß.

Wegen der großen Verschiedenheit der Waagebalken läßt sich eine allgemeine und einfache Regel nicht angeben, um aus dem Materiale und den Dimensionen derselben auf ihre Tragfähigkeit zu schließen. Es wird daher die Tragfähigkeit durch den Versuch bestimmt, welcher erstlich zeigen muß, daß der Waagebalken bei der stärksten Belastung, für welche er gebraucht werden soll, seine Form nicht verändert; zweitens muß der Versuch darauf gerichtet sein, festzustellen, daß die Waage bei allen Belastungen, für welche sie bestimmt ist, auch die genügende Genauigkeit der Wägung gestattet (empfindlich genug ist, Empfindlichkeit besitzt), weil im Allgemeinen mit der Größe der Belastung die Empfindlichkeit der Waage abnimmt, mithin eine Waage für eine geringere Tragfähigkeit brauchbar, für eine größere unbrauchbar sein könnte.

Constructionserfordernisse für die einzelnen Theile der Waage.

7. a) Der Waagebalken. Der Waagebalken muß außer den schon erwähnten Eigenschaften der Festigkeit, Stabilität und Gleicharmigkeit, deren genaue Prüfung später angegeben ist, noch ein völlig freies Spiel in einer verticalen Ebene haben und weder selbst, noch mit seiner Zunge seitwärts anstreifen.

b) Die Schneiden und Pfannen. Die Schneiden der Achsen müssen geradlinig sein, und ihre beiden Flächen einen um so kleineren Winkel mit einander bilden, je kleiner die größte Belastung der Waage ist.

Die Endschneiden müssen mit den Enden des Balkens so verbunden sein, daß sie unter sich und mit der Mittelschneide parallel sind.

Bei Aushängung des Balkens und der Schalen in Punkten, wie dieß namentlich bei feineren Waagen vorkommt, sollen die drei Aufhängungspunkte in derselben geraden Linie liegen.

Die gleiche Entfernung der Endschneiden von der Mittelschneide ist schon erwähnt unter Nr. 5.

Sämmtliche Unterstützungslager (Pfannen) für die Schneiden dürfen nicht zu geringe Länge haben; sie müssen von angemessenem Krümmungshalbmesser und in der Berührungslinie der Schneiden möglichst glatt gearbeitet sein.

Die Pfannen und Schneiden müssen ohne alle Klemmung und seitliche Reibung frei spielen und die Pfannen dürfen nur mit den äußersten Schärfen der Schneiden in Berührung kommen können.

Die Schneiden sowohl, wie die Unterstützungslager oder Auflagerungsflächen (Pfannen, Gehänge), kurz alle diejenigen Theile, welche bei den Schwingungen der Waage Drehungsachsen bilden (§ 47 der Eichordnung), müssen von genügender Härte sein, um gegen zu schnelle Abnutzung Sicherheit zu gewähren.

c) Die Schalen. Die zu einer Waage gehörenden Waagschalen, die übrigens nicht stempelfähig sind, sollen nebst den zu ihrer Aufhängung dienenden Ketten, Schnüren oder Stangen ohne loses Ausgleichungsmittel (Draht, Bleistücke u. s. f.) gleiches Gewicht haben.

Verfahren bei der eichamtlichen Prüfung.

8. Die in der vorigen Nummer aufgeführten Bedingungen für die Brauchbarkeit einer Waage werden bei einer eichamtlichen Prüfung durch das folgende Verfahren ermittelt, welches a) die gute Construction der Waage im Allgemeinen, b) die Empfindlichkeit, c) die Richtigkeit der Waage erkennen läßt.

a) *Prüfung im Allgemeinen.* Nachdem zuerst festgestellt ist, daß die Waage keinen der Fehler besitzt, welche (§ 47 und 53 der Eichordnung) die sofortige Zurückweisung derselben zur Folge haben, daß namentlich Pfannen und Schneiden genügend hart sind, wird zur Untersuchung der Festigkeit, Stabilität und der guten Ausführung der einzelnen Theile der Waage geschritten.

Man überzeugt sich zuerst durch Spannen eines feinen Fadens über die Endschneiden von der Lage der Mittelschneide zu diesem Faden. Hierauf bringt man auf die Waage die größte Belastung, welche für dieselbe angegeben ist, und untersucht mit dem Faden, ob eine Durchbiegung stattgefunden hat. Ist dieß nicht der Fall, so ist die genügende *Festigkeit* constatirt und man geht zur folgenden Prüfung über. Ergibt sich aber eine merkliche Durchbiegung, so ist die Waage zurückzuweisen.

Zur Prüfung der *Stabilität* entfernt man die Schalen von der Waage und setzt den Waagebalken durch einen leichten Stoß in Schwingung. Die Dauer der Schwingungen (das Spiel der Waage) bestimmt den Grad der Stabilität. Je langsamer die Schwingungen sind (je größer die *Trägheit der Waage* ist), um so weniger Stabilität besitzt dieselbe. Kehrt der unbelastete Balken immer wieder in seine Gleichgewichtslage, wenn auch mit langsamen Schwingungen, zurück, so ist die Waage genügend stabil, und man geht zur folgenden Prüfung über. Schlägt aber der Balken um, so ist die Waage zurückzuweisen, wenn nicht durch Nachschleifen der Mittelschneide, wodurch deren Schärfe etwas höher gerückt wird, der Fehler beseitigt werden kann.

Hat sich die Waage als hinreichend *fest* und *stabil* erwiesen, so wird zur vorläufigen Prüfung ihrer Symmetrie und Gleicharmigkeit geschritten (Nr. 5), indem man nach dem Augenschein beurtheilt, ob der Waagebalken in seinen beiden Hälften gleichmäßig gearbeitet ist, und durch den Zirkel bestimmt, ob die Zungenspitze und die Mittelschneide von beiden Endschneiden gleich weit entfernt sind. Eine schon durch dies Verfahren ersichtliche Ungleichheit dieser Entfernungen hat die Zurückweisung der Waage zur Folge. Im entgegengesetzten Falle wird zur Prüfung der guten Ausführung der einzelnen Theile geschritten.

Man versetzt den mit seinen Schalen versehenen Waagebalken in Schwingungen und überzeugt sich, daß diese Bewegung ohne seitliche Reibung erfolgt, ebenso, daß die Schneiden und Pfannen ohne Klemmung und Reibung frei spielen.

9. b) *Prüfung der Empfindlichkeit und Tragfähigkeit.* Da die Empfindlichkeit einer Waage im Allgemeinen mit steigender Belastung abnimmt, so ist zunächst nachzuweisen, daß die Waage noch bei der höchsten Belastung, für welche sie angewendet werden soll, hinreichend empfindlich ist, man kann also die Prüfung der *Empfindlichkeit* und der *Tragfähigkeit* mit einander verbinden.

Hierzu setzt man auf die eine Waagschaale so viel Gewicht, als die auf dem Waagebalken bezeichnete Tragfähigkeit angibt, und bringt die Waage durch Gegengewichte in das Gleichgewicht. Hierauf legt man in die eine Schale dasjenige Gewicht, durch welches, je nach der Bestimmung der Waage, die Grenze ihrer Zulässigkeit vorschriftsmäßig bestimmt ist (§ 54 der Eichordnung). Hätte man z. B. eine gewöhnliche Balkenwaage, deren Tragfähigkeit auf 100 K. angegeben wäre, so würde man die Waage auf jeder Schale mit 100 K. belasten und ein auf eine Schale hinzugefügtes Gewicht von 50 G. (nämlich 100mal 5 D.) müßte einen deutlichen Ausschlag der Zunge geben. Dieser Ausschlag muß von gleicher Größe nach der entgegengesetzten Seite erfolgen, wenn die 50 G., statt in die erste, nunmehr in die zweite Schale gelegt werden.

Wäre die Waage als Präcisionswaage angemeldet worden, so hätte bereits ein Uebergewicht von 10 G. einen deutlichen Ausschlag geben müssen.

Die Prüfung der Empfindlichkeit ist ferner in allen Fällen auch mit einer geringeren als der größten zulässigen Belastung vorzunehmen, nämlich:

bei größeren Lastwaagen (vergl. § 47 der Eichordnung) mit der kleinsten zulässigen Belastung, wobei den Vorschriften des § 54 der Eichordnung ebenfalls genügt werden muß;

dann bei allen anderen Waagen von 50 K und geringerer Tragfähigkeit mit einer Belastung, welche den zehnten Theil der größten zulässigen Belastung beträgt. Bei letzterer Probe darf jedoch das Verhältniß der Zulage, welche noch einen deutlichen Ausschlag der Waage hervorbringen soll, zu der Belastung selbst das Doppelte des für die größte Belastung in § 54 vorgeschriebenen Verhältnißwerthes betragen.

Eine Waage, welche bei solchen Prüfungen den vorschriftsmäßigen Grad der Empfindlichkeit nicht zeigt, ist zurückzuweisen. Genügt die Empfindlichkeit, so ist zur Prüfung der Richtigkeit der Waage zu schreiten.

10. c) Prüfung der Richtigkeit. Die Prüfung der Richtigkeit hat sich auf die gleiche Schwere der beiden Hälften des Waagebalkens, auf die Gleicharmigkeit und auf die gleiche Schwere der beiden Waageschalen nebst den dazu gehörenden Ketten, Stangen oder Schnüren zu erstrecken. Man kann diese Prüfungen durch Anwendung von zwei gleichen Hakengewichten, welche an den beiden Hebelarmen direct angehangen werden, sowie durch Ablesung der Stellungen der Zunge an einer hinter der Waage anzubringenden eingetheilten Scale abkürzen. Das einfachste, wenngleich nicht kürzeste Verfahren ist das folgende:

aa) Man lasse zunächst den Waagebalken ohne Schalen und Zubehör frei spielen. Kehrt er nicht in die Gleichgewichtslage zurück, so bringe man es vorläufig durch Auflegen kleiner Metallstücke, oder durch Aufkleben von Wachs, Aufsetzen eines Papierreiters oder dergl. in der Nähe einer Endschneide dahin, daß die Zunge genau einspielt (Balkentarirung).

bb) Hierauf hänge man die Waageschaalen an. Spielt die Zunge dann noch ein, so vertausche man die Schaalen. Bleibt die Waage auch jetzt noch im Gleichgewichte, so sind die Schalen gleich schwer, und die Waage ist jedenfalls nahezu gleicharmig.

Um dies völlig sicher zu stellen, wird mit der Waage noch die unter dd. angegebene Prüfung bei Belastung mit Gewichten bis zur größten Tragfähigkeit vorgenommen.

cc) Spielte dagegen die Zunge bereits nach dem Anhängen der Schalen nicht mehr ein, so führt man durch Umhängen der letzteren den Fall herbei, wo der Ausschlag am größten ist.

Alsdann legt man in die eine Waageschale so lange kleine Gewichte, Schrotkorn, Papierschnitzel oder dergl., bis das Gleichgewicht hergestellt ist, und verwechselt hierauf die Waageschalen, wobei man die aufgelegte Tara in der betreffenden Schale läßt.

Wenn jetzt noch die Zunge von selbst einspielt, so ist die Waage gleicharmig, und nur die Waageschalen haben ein um die zugelegte Tara von einander verschiedenes Gewicht (Schalentara), welches später (siehe unter ff.) ausgeglichen wird.

Wird dagegen durch das Umhängen der Schalen das Gleichgewicht der Waage gestört, so weiß man, daß der niedergehende Hebelarm der längere ist, und es bleibt nur noch zu ermitteln übrig, welchen Antheil etwa das ungleiche Gewicht der Waageschalen an dem Ausschlage der Zunge hat.

Zu diesem Zwecke nimmt man von dem in der einen Waageschale befindlichen Ausgleichungsmateriale so viel hinweg und bringt es in die noch leere Schale, bis die Zunge einspielt.

Geht hierbei die ganze Zulage aus der einen Waageschale in die andere über, so haben die beiden Schalen für sich gleiches Gewicht, und die Waage ist nur ungleicharmig; bleibt aber ein Theil der Tara liegen, so ist diese Schale um das Gewicht des zurückbleibenden Theiles (Schalentara) leichter als die andere, und die Waage ist außerdem ungleicharmig.

Nimmt man hierauf den in die leere Schale übergeführten Theil des Ausgleichungsmateriales von derselben wieder hinweg, so haben diese leere Schale einerseits und die zweite Schale mit dem zurückgebliebenen Ausgleichungsmateriale andererseits genau gleiches Gewicht und können nun bei der jetzt vorzunehmenden Herstellung der Gleicharmigkeit gebraucht werden.

Man erfährt nämlich durch Anhängung dieser gleich schwer gemachten Schalen, die man beliebig vertauschen kann, ohne daß sich der Ausschlag ändert, sogleich, welcher Schenkel der Waage der längere ist, und kann nun durch Verstellen oder durch Abschleifen einer der drei Achsen die durch das Einspielen der Zunge angezeigte Gleicharmigkeit herbeiführen.

dd) Ist die Gleicharmigkeit mit Hilfe der leeren Schalen auf die angedeutete Weise soweit als thunlich hergestellt, so ist das beschriebene Verfahren mit Gewichten zu wiederholen, welche der größten Belastung (Tragfähigkeit) der Waage entsprechen und auf die tarirten Schalen aufgesetzt werden. In gleicher Weise, wie früher die Schalen, gleicht man jetzt die beiden Gewichte aus, wobei nur zu bemerken ist, daß man, anstatt die Schalen sammt den Gewichten umzuhängen, einfacher die Gewichte auf den Schalen umsetzt, und daß man die für die Gewichte etwa nothwendig werdende Tara (Gewichtstara) von der Schalentara gehörig getrennt hält.

War bei der Benutzung der unbelasteten Schalen eine kleine Ungleichheit in den Längen der Hebelarme verblieben, welche wegen der Kleinheit des Ausschlages nicht bemerkbar wurde, so wird dieselbe jetzt nach dem Aufsetzen der ausgeglichenen und der größten Tragfähigkeit der Waage entsprechenden Gewichte sich augenfälliger zeigen, weil der durch die Ungleichheit der Hebelarme hervorgerufene Ausschlag mit der Größe der Belastung wächst.

Die hiernach noch erforderliche Berichtigung der Hebelarme wird dann in derselben Weise, wie unter cc) bemerkt, durch Nachschleifen der Schneiden bewirkt, worauf man dieselbe Prüfung mittelst der gleichen Gewichte und nöthigenfalls die Berichtigung so lange wiederholt, bis das Einspielen der Zunge die Gleicharmigkeit der Waage anzeigt.

ee) Nach jedem Verstellen oder Nachschleifen der Schneiden muß die unter aa) erwähnte Balkentarirung erneut werden, ehe zur wiederholten Prüfung der Gleicharmigkeit geschritten werden kann, weil mit jeder Aenderung der Lage der Schneiden auch eine Aenderung der Balkentara eintreten kann. Dagegen können die tarirten Schalen und Gewichte ohne Weiteres bei allen ferneren Prüfungen der Waage angewendet werden.

ff) Sobald die Gleicharmigkeit der Waage erwiesen ist, sind die Schalen dergestalt zu berichtigen, daß man entweder die Schalentara, im Falle solche aus Metallstücken besteht, mit der leichteren Schale durch Festlöthen oder Festnieten verbindet, oder daß man von der schwereren Schale durch Befeilen u. s. w. soviel an Gewicht wegnimmt, bis sie mit der von der Schalentara befreiten leichteren Schale im Gleichgewichte sich befindet.

Endlich beseitigt man auch die etwa ermittelte Ungleichheit im Gewichte der Balken durch Befeilen des schwereren Armes.

Gestatteter Fehler der Waage.

11. Da es bei aller Sorgfalt immer sehr schwierig bleibt, einen Waagebalken genau gleicharmig herzustellen, so ist nach § 49 der Eichordnung gestattet, denselben für richtig und stempelfähig anzusehen, wenn der Fehler nicht mehr beträgt als die in § 54 derselben angegebene Grenze der Empfindlichkeit

Für die gleicharmigen Waagen, die für den gewöhnlichen Handelsverkehr bestimmt sind, ist die Fehlergrenze auf 1/1000 bei Waagen zum Wägen von über 5 K., auf 1/500 bei Waagen zum Wägen unter 5 K. festgestellt, für die gleicharmigen Waagen, die als Präcisions- und Medicinalwaagen dienen sollen, sind die Fehlergrenzen: 1/10000 für Waagen über 5 K., 1/5000 für Waagen von 5 K. bis 250 G., 1/2000 für Waagen von 250 G. bis 20 G., endlich 1/1000 und 1/500 für noch kleinere Waagen vorgeschrieben.

Für Hökerwaagen ist die Fehlergrenze 1/250.

Hiernach darf also die Ungleichheit der Arme bei der Prüfung nicht mehr als beziehungsweise 1/2000, 1/1000, 1/10000, 1/5000, 1/2000, 1/1000 und 1/500, dann 1/250 der Länge des einen Hebelarmes betragen, wenn die Waage stempelfähig sein soll.

Den in Rede stehenden Verhältnißwerth der Ungleicharmigkeit einer Waage ermittelt man durch einen Wägungsversuch, indem man der Waage, welche, bis zu ihrer größten Tragfähigkeit mit genau gleichen Gewichten belastet, nicht völlig einspielte, ein Uebergewicht hinzufügt, welches das Einspielen herbeiführt. Das Verhältniß dieses Uebergewichtes zu der einseitigen Belastung gibt den gesuchten Werth der Ungleicharmigkeit der Waage.

Hätte man also z. B. eine Präcisionswaage von 50 K. Tragfähigkeit, so müßte bei der einseitigen Belastung derselben mit 50 K. die Hinzufügung von 1/10000 des Gewichtes, also 5 G., erstlich einen merklichen Ausschlag geben (Empfindlichkeit) und zweitens die etwa nicht völlig im Gleichgewichte gewesene Waage durch Hinzufügung der 5 G. zum Einspielen gebracht werden, da sich 5 G. : 50 K. wie 1 : 10000 verhalten. Würden schon 2 G. genügen, um die Gleichgewichtslage herbeizuführen, so wäre der Verhältnißwerth der Unrichtigkeit der Waage 1/25000.

Stempelung.

12. Die richtig befundenen Waagebalken sollen mit der Stempelplombe und, falls dieß nicht bereits vom Verfertiger geschehen ist, mit der Bezeichnung der Tragfähigkeit versehen werden.

Letztere Bezeichnung ist nach § 49 der Eichordnung entweder unmittelbar auf dem Waagebalken oder auf einem in denselben eingetriebenen Kupfer- oder Messingpfropf anzubringen, indem die größte Tragfähigkeit nach Kilogrammen durch eine Zahl mit beigesetztem K ausgedrückt wird.

Da das Aufschlagen der Stempel eine Veränderung des Balkens nach sich zieht, die möglicherweise auf die Gleichgewichtslage desselben Einfluß hat, so ist die Bezeichnung der Tragfähigkeit stets vor der letzten Prüfung und der etwa erforderlichen feineren Justirung anzubringen.

Dasselbe gilt auch, wenn diese Bezeichnung etwa durch Gravirung hergestellt wird.

Die Eichanstalt wird sich natürlich vor der Stempelung die Ueberzeugung zu verschaffen haben, daß die vorgelegte Waage den an sie zu stellenden Anforderungen mittelst einer im Eichamte ausführbaren Justirung überhaupt zu genügen vermag.

Bei Präcisions- und Medicinalwaagen erhält die Plombe an Stelle der Jahreszahl den sechsstrahligen Stern.

Bei sehr feinen Präcisions- und Medicinalwaagen dürfen die Stempel, nämlich das kleinste Wappen mit der Nummer des Verificationsbezirkes und der kleinere sechsstrahlige Stern, auch auf den Balken unmittelbar, wenn dieser von Messing ist, oder auf einen in denselben eingesetzten kupfernen oder messingenen Pfropf aufgeschlagen werden, — wobei jedoch äußerste Vorsicht anzuwenden ist.

Erfolgt übrigens bei regelrechtem Aufschlagen des Stempels eine Beschädigung der Waage, so leistet die Eichanstalt keinen Ersatz

Stempelung der Hökerwaagen.

13. Hökerwaagen erhalten den Stempel auf Zinnwarzen, welche am Rande der Blechstreifen mit der Bezeichnung H. W. anzubringen sind.

Zurückzuweisende Waagen.

14. In den vorhergehenden Nummern ist schon angegeben, unter welchen Verhältnissen eine gleicharmige Waage nicht stempelfähig sein würde und daher zurückgegeben werden muß, bis die aufgefundenen Mängel vollständig beseitigt sind.

Indessen können von der Eichanstalt solche kleine Berichtigungsarbeiten vorgenommen werden, für welche sie die erforderlichen Einrichtungen besitzt, also ein geringes Nachschleifen der Schneiden, Herstellung der Balken- und Schalentarirung u. dgl. Die Eichanstalten sind zu Berichtigungsarbeiten dieser Art verpflichtet, wenn die bei der Waage noch zu beseitigenden Abweichungen sich innerhalb der für den Verkehr zulässigen Abweichungsgrenzen halten.

Die Ausführung schwieriger und zeitraubender Verbesserungen ungenügender Waagen innerhalb der Eichanstalt selbst ist dagegen nicht statthaft.

Trägt eine als mangelhaft zurückzuweisende Waage von einer früheren Eichung die Stempelung an sich, so ist diese zu vernichten, und die Waage ist bei der abermaligen Vorlage wie eine neue zu behandeln.

2. Ungleicharmige Balkenwaagen.

A. Ungleicharmige Balkenwaagen mit unveränderlichem Verhältniß der Hebelarme.

(§ 50 A. der Eichordnung.)

15. Bei einer Waage dieser Art soll das Verhältniß der beiden Hebelarme zu einander 1 : 10 sein.

Im Uebrigen unterscheidet sich dieselbe in der allgemeinen Construction nicht wesentlich von der gleicharmigen Balkenwaage.

Es wird hiernach nur erforderlich sein, anzugeben, welche Abänderungen gemäß der ungleichen Länge der Hebelarme in den vorangehenden, für die gleicharmigen Balkenwaagen aufgestellten Erläuterungen und Vorschriften im Besonderen eintreten. An Stelle der Erläuterungen, betreffend die Symmetrie und Gleicharmigkeit der Waage und die gleiche Schwere der Schalen (Nr. 5 und 7), sowie an Stelle der Vorschriften über Balken- und Schalentarirung und Prüfung der Gleicharmigkeit der Waage (Nr. 8, 10 und 11 treten folgende Vorschriften:

Die beiden Schalen müssen ungleich schwer sein und zwar in einem Verhältniß, welches von dem Verhältniß der Hebelarme abhängig ist. — Eine besondere Prüfung des Gewichtsverhältnisses der Schalen findet nicht statt; jedoch muß von der Einrichtung einer zulässigen Waage verlangt werden, daß die Zugehörigkeit jeder Schale zu einem der beiden Hebelarme genügend gekennzeichnet und somit eine Vertauschung der Schaalen untereinander hinreichend erschwert ist.

Die Prüfung der Schalen und des Balkens verbindet sich bei dieser Waage mit der Untersuchung, in wie weit das vorgeschriebene Verhältniß der beiden Hebelarme innegehalten ist.

Die Waage ist hierbei als zulässig zu erachten, wenn sie sowohl unbelastet, als bei der ihrer größten Tragfähigkeit entsprechenden Belastung mit Gewichten, deren Werth auf der Lastseite das Zehnfache von dem auf der Gewichtsseite beträgt, einspielt, oder zum Einspielen gebracht wird durch eine einseitige Gewichtszulage, die nicht mehr als $^{1}/_{1000}$ derjenigen Belastung beträgt, zu welcher die Zulage hinzugefügt wird.

Bezüglich der Empfindlichkeit finden die unter Nr. 9 für gleicharmige Waagen gegebenen Vorschriften Anwendung.

Im Uebrigen gilt Alles in den vorhergehenden Nummern Gesagte mit unbedeutenden, auf der Hand liegenden Abänderungen auch von der Prüfung, Berichtigung und Stempelung der ungleicharmigen Balkenwaage mit unveränderlichem Verhältnisse der Hebelarme.

B. Ungleicharmige Balkenwaagen mit veränderlichem Verhältniß der Hebelarme.

(Schnellwaagen, römische Waagen, § 50 B der Eichordnung.)

Allgemeine Construction.

16. Die unter dem Namen der römischen Waage bekannte Balkenwaage besteht aus einem ungleicharmigen Waagebalken, der auf gleiche Weise wie bei der gleicharmigen Waage mittelst einer an beiden Seiten vortretenden Stahlschneide in stählernen Pfannen der Scheere ruht.

Eine eben solche Schneide, nur mit nach oben gekehrter Schärfe, ist am Ende des kurzen Armes angebracht und trägt vermittelst eines gabelförmigen, mit Stahlpfanne versehenen Gehänges einen Haken zum Aufhängen der Schale oder zur unmittelbaren Aufhängung der zu wägenden Körper.

Um das Gewicht der letzteren zu bestimmen, dient ein unveränderliches Gegengewicht, das sogenannte Laufgewicht, welches an dem langen Arme des Waagebalkens so aufgehängt ist, daß es hin und her geschoben werden kann, bis der Waagebalken in horizontaler Stellung zum Gleichgewichte kommt.

Diese Gleichgewichtsstellung wird ebenso wie bei der gleicharmigen Waage, durch eine auf dem Balken befestigte, in der Scheere freispielende Zunge, angezeigt.

Endlich ist auf dem langen Arme des Waagenbalkens eine Theilung mit beigesetzten Zahlen angebracht, um für jede Stellung des Laufgewichtes das Gewicht der am kurzen Arme hängenden Last ohne Weiteres ablesen zu können.

Häufig ist die Waage so eingerichtet, daß zur Abwägung leichterer oder schwerer Lasten ein längerer oder kürzerer Hebelarm auf der Seite des kurzen Armes benutzt werden kann. Dann befindet sich an diesem Arme eine zweite Stahlschneide, welche ein dem oben erwähnten gleiches Gehänge trägt, und der lange Arm der Waage erhält eine zweite Theilung, welche das Gewicht einer an dem zweiten Aufhängepunkte wirkenden Last angibt. Die verschiedenen Einrichtungen, welche in diesem Falle die Aufhängung des Waagebalkens und die Gehänge erhalten können, sind unter den besonderen Constructionsverhältnissen angeführt (s. Nr. 22).

Constructionserfordernisse der Waage.

17. a) Festigkeit. Der Waagebalken muß bei regelmäßiger Bearbeitung die nöthige Festigkeit besitzen, um bei der größten für die Waage beabsichtigten Belastung keine mit dem bloßen Auge erkennbare Biegung zu zeigen. Geringere Durchbiegungen ergeben sich, wie bei der gleicharmigen Waage (s. Nr. 3), gelegentlich der Prüfung auf die Empfindlichkeit.

b) Stabilität. Auch die Bedingung der Stabilität ist dieselbe, wie bei der gleicharmigen Waage (s. Nr. 4).

c) Richtigkeit. Zur Richtigkeit gehört außer den nachher aufzuführenden Eigenschaften der einzelnen Theile die gleichmäßige und den Belastungen des kurzen Armes genau entsprechende Ausführung der Theilungen auf dem langen Arme. Die erste Prüfung wird genügend dadurch ausgeführt, daß man sich durch Augenmaaß und durch Abmessung der Entfernungen bei einigen Theilstrichen davon überzeugt, daß dieselben (die nach § 50 der Eichordnung in nicht kleineren Abständen als 3 Millimeter von einander stehen sollen) gleichmäßig aufgetragen sind. Die Prüfung der Richtigkeit der Hebellängen geschieht durch das später anzugebende Prüfungsverfahren.

d) Tragfähigkeit und Empfindlichkeit. Einer besonderen Angabe der größten Tragfähigkeit bedarf es nach § 50 der Eichordnung nicht, da sich dieselbe aus der Bezeichnung der Theilungen ergibt. Daß die Waage die ihr zugemuthete Tragfähigkeit besitzt, wird vorläufig daran erkannt, daß eine mehrmals wiederholte Belastung bis zur Grenze der Tragfähigkeit eine durch den gespannten Faden zu erkennende Veränderung in der Lage der Schneiden nicht hervorbringt.

Die Prüfung der Empfindlichkeit erfolgt durch das weiter unten angegebene Verfahren.

Constructionserfordernisse für die einzelnen Theile der Waage.

18. a) Waagebalken. Derselbe muß außer den schon erwähnten Eigenschaften der Festigkeit, Stabilität u. s. w. auch noch ein völlig freies Spiel in einer vertikalen Ebene haben und darf weder selbst noch mit seiner Zunge seitwärts anstreifen, noch — was bei solchen Waagebalken mit zwei Lastpunkten vorkommen kann — in seinem freien Spiele durch das zweite Gehänge gestört werden.

Wenn zwar die Form des Waagebalkens nicht vorgeschrieben ist, so empfiehlt sich doch diejenige, bei welcher der vertikale Querschnitt ein Rechteck mit horizontalen und vertikalen Seiten bildet, diese Rechtecke am langen Arme gleiche Breite haben, während ihre Höhen nach dem Ende des Armes etwas abnehmen können.

Andere Formen, wie namentlich diejenigen mit Querschnitten in Gestalt eines über Eck gestellten Quadrates, eines Vollkreises, Halbkreises oder einer polygonalen Figur sind schon wegen ihrer geringeren Festigkeit bei gleichem

Inhalt weniger empfehlenswerth und sollen jedenfalls die Veranlassung zu einer besonders sorgfältigen Prüfung der Festigkeit und Empfindlichkeit geben.

b) *Die Schneiden und Pfannen.* Alle Schneiden und Pfannen müssen (wie bei den gleicharmigen Waagen unter Nr. 7 angegeben) eine genügende Härte und die Schneiden eine solche Zuschärfung haben, daß sie die Pfannen nur mit der äußersten Kante berühren.

Die mit dem Waagebalken selbst verbundenen Schneiden des Aufhängepunktes und Lastpunktes, sowie die in der Hülse des Laufgewichts (s. unter d) angebrachten beiden Schneidehälften müssen auf der Seitenfläche des Balkens rechtwinkelig stehen, und eine durch ihre Schärfen gelegte gerade Linie muß mit der Zunge einen rechten Winkel bilden.

c) *Waageschale.* Wird eine solche zur Aufnahme der zu wägenden Gegenstände angewendet, so muß, *wenn dieselbe abnehmbar ist*, entweder ihr Gewicht mit Einschluß der zu ihrer Aufhängung dienenden Ketten, Oesen und des dazu gehörenden Gehänges eine ganze Zahl der Gewichtseinheiten der Scale betragen, und diese Zahl auf der vorderen Seitenfläche des Gehänges in vertiefter Schrift unter Beisetzung von K. oder 𝔎 angegeben werden; oder die Waage muß so eingerichtet sein, daß dieselbe nach Anhängung der unbelasteten Schale und bei Stellung des Laufgewichts auf den Nullpunkt der Scale gerade einspielt, wodurch das richtige Gewicht der Waagschale gesichert ist.

d) *Das Laufgewicht.* An der über dem längeren Balkenarme verschiebbaren *Hülse* treten an beiden Seiten die eine gerade Linie bildenden Stahlschneiden hervor, auf denen ein gabelförmiges Gehänge ruht, dessen unteres Verbindungsstück das Laufgewicht trägt.

Das Laufgewicht muß mit der Hülse unveränderlich verbunden sein. Ist *die Hülse von dem Waagebalken abzuschieben* (z. B. behufs der Umlegung für eine zweite Scale), so muß ihr Gewicht nebst Gehänge und Laufgewicht unter Vermeidung jedes anderweitigen Ausgleichungsmateriales eine ganze Zahl der Gewichtseinheiten der Scale bilden, welche Zahl unter Beisetzung von K. oder 𝔎 auf der vorderen Eiche der Hülse in vertiefter Schrift angegeben ist.

Ist die *Hülse nicht abnehmbar*, sondern wird das Laufgewicht entweder durch Umschlagen des Gehänges oder durch Umdrehen des Waagebalkens für beide Scalen einer solchen Waage angewendet, so soll die Theilung jedenfalls von 0 anfangen, damit die Richtigkeit des Laufgewichtes durch Einstellung der Hülse auf den Nullpunkt, und das alsdann erfolgende Einspielen der Zunge geprüft werden kann.

Eine bestimmte Form ist für das Laufgewicht nicht vorgeschrieben. Doch empfiehlt sich die Form einer Kugel, und unter allen Umständen muß eine in das Gewicht fest eingegossene, nicht etwa eingeschraubte Oese die unveränderliche Verbindung mit der Hülse bilden.

Die Hülse trägt eine Marke, mittelst welcher für jede Stellung des Laufgewichtes an der Theilung des Balkenarmes das Gewicht der gewogenen Last abgelesen wird. Diese bei Verschiebung der Hülse über die Theilung hinweggleitende Marke muß scharf bestimmt sein (z. B. ein scharf eingerissener senkrechter Strich, ein scharfer Spalt, ein straffgespannter Visir-Draht u. s. w.), und den Werth der jedesmaligen Stellung an der Theilung deutlich erkennen lassen.

Ist die *Hülse abnehmbar*, um in umgekehrter Lage für eine zweite Theilung anwendbar zu sein, so darf sie nur eine, für beide Scalen dienende Marke besitzen. Bei nicht abnehmbarer Hülse ist natürlich, wenn die beiden Theilungen auf entgegengesetzten Seiten des Waagebalkens liegen, auf jeder Seite eine Marke erforderlich.

Verfahren bei der Prüfung.

19. Die in den vorigen Nummern aufgeführten Bedingungen für die Brauchbarkeit einer römischen Waage werden durch das folgende Verfahren bei der Prüfung ermittelt.

a) Prüfung im Allgemeinen. Wenn die Waage keinen der im § 53 der Eichordnung genannten Fehler besitzt, wird zuerst untersucht, ob die Eintheilung regelmäßig ausgeführt ist, ob Schneiden und Pfannen gehörig gehärtet und geglättet sind und ob die Waage durchaus frei und ohne Reibung spielt.

Durch Spannung eines Fadens über die Schneiden wird die richtige Lage derselben geprüft, wobei die Mittelschneide nicht unter die gerade Verbindungslinie der beiden andern Schneiden fallen soll, und möglichst alle drei Schneiden in einer Ebene liegen müssen. Bei Waagen mit zwei Theilungen wird diese Prüfung für die je drei Schneiden angestellt, die für die beiden Theilungen gültig sind.

Hierauf wird die Waage mit dem größten auf der Theilung angegebenen Gewichte belastet, in's Gleichgewicht gebracht und an der nunmehr durch den gespannten Faden ersichtlichen Lage der Schneiden untersucht, ob die Waage die nöthige Festigkeit hat. Bei erkennbarer Durchbiegung ist die Waage zurückzuweisen.

Die Stabilität der Waage wird daran erkannt, daß die ohne weitere Belastung in's Gleichgewicht gebrachte Waage, nachdem sie in Schwingungen versetzt wurde, wieder in die Gleichgewichtslage zurückkehrt.

20. b) Prüfung der Empfindlichkeit. Die Prüfung der Empfindlichkeit wird darauf gerichtet, ob die Waage sowohl bei ihrer geringsten als bei ihrer höchsten Belastung nach Hinzufügung des im § 54 der Eichordnung festgestellten Zulagegewichtes von $^1/_{1000}$ der Belastung einen deutlichen Ausschlag gibt. Bei Waagen mit zwei Theilungen ist dasselbe Verfahren für beide Theilungen auszuführen.

Da die hier behandelten Waagen nicht als Präcisionswaagen zuzulassen sind, so kommt immer nur das eine Gewichtsverhältniß von $^1/_{1000}$ zwischen Belastung und Zulagegewicht zur Anwendung.

21. c) Richtigkeit. Die Prüfung der Richtigkeit muß ergeben, daß die in Schwingungen versetzte Waage in die Gleichgewichtslage zurückkehrt:

1. nachdem die Marke der Laufgewichtshülse auf den Anfangspunkt der Theilung geschoben worden ist;
2. nachdem die Hülse auf andere Theilpunkte der Theilung (oder der Theilungen) verschoben und das Gleichgewicht durch die Gewichte herbeigeführt worden ist, welche den Angaben der Theilung entsprechen.

Es ist zweckmäßig, diese Prüfung mindestens an zwei Theilstrichen (jeder Theilung) vorzunehmen, von denen der eine in der Nähe des ersten, der andere in der Nähe des letzten Theilstriches liegt.

Da Fehler der Theilung sich nicht völlig vermeiden lassen, so darf die Waage noch als richtig angesehen und gestempelt werden, wenn eine Aenderung von $^1/_{1000}$ der jedesmaligen Belastung das etwa nicht vorhandene Gleichgewicht wieder herstellt.

Gestattete Constructions-Verschiedenheiten.

22. Die römischen Waagen können, nach richtigen Grundsätzen construirt, verschiedene Formen erhalten, bei deren einigen noch anderweitige als die vorher benannten Prüfungen erforderlich sind. Zunächst sind folgende Arten der Construction zulässig:

a) Die Waage hat bei zwei Theilungen zwei Aufhängepunkte und dem entsprechend zwei Zungen, die nach entgegengesetzten Seiten gerichtet sind, dagegen nur einen Lastpunkt. Beim Gebrauche wird die Waage so umgewendet, daß die vorher nach oben gerichtete Seite nunmehr nach unten gerichtet ist. Bei dieser Construction kann

1. die Hülse mit dem Laufgewicht abzuschieben sein; ihre Schwere einschließlich des Laufgewichtes muß alsdann eine ganze Zahl der Gewichtseinheiten der Theilung betragen, und sie darf nur eine für beide Theilungen giltige Marke haben.

2. die Hülse mit dem Laufgewichte nicht abnehmbar, sondern dadurch auch zur Wägung auf der zweiten Seite anwendbar sein, daß sie bis zum Ende des Balkens geschoben, und dann das Laufgewicht herumgedreht wird, wobei das Gehänge hinreichend weit sein muß, um über den Balken gewendet werden zu können; die Hülse hat dann für jede Theilung ihre besondere Marke.

b) Die Waage hat nur einen Aufhängungspunkt, aber zwei Lastpunkte. Eine solche Waage muß zum Gebrauch der zweiten Theilung so umgewendet werden, daß der erst rechts liegende Arm nunmehr nach links kommt.

Auch hierbei kann die Hülse mit Laufgewicht entweder abnehmbar sein oder nicht, und muß im ersten Falle wieder die unter a erwähnte Bedingung des Gewichtes und der einen gültigen Marke erfüllt sein.

Eine Waage mit nicht abnehmbarer Hülse muß unter allen Umständen auf der einen Theilung mit Null beginnen, damit die Richtigkeit der unbelasteten Waage zur Controle der unveränderten Schwere des Laufgewichtes dient. (18 d)

Wegen des Gewichtes einer etwa abnehmbaren Waageschale ist schon oben unter 18 c angeführt, daß dasselbe eine ganze Zahl von Gewichtseinheiten der Theilung betragen muß.

Stempelung.

23. Nach der Prüfung erfolgt die Stempelung durch Anlegung einer Plombe an die Scheere in gleicher Weise wie bei gleicharmigen Waagen. Bei Schnellwaagen mit zwei Scheeren ist die Plombe an diejenige Scheere anzubringen, welche sich im größeren Abstande von der Lastschneide befindet. (Vergl. § 56 der Eichordnung.)

24. Kleinere Berichtigungen fehlerhafter Waagen sind entsprechend den in Nr. 13 für die gleicharmigen Waagen gegebenen Anweisungen auch bei den römischen Waagen auszuführen

3. Brückenwaagen

(zu § 51 der Eichordnung).

Allgemeine Construction.

25. Das Wesentliche der verschiedenen unter dem Namen Brückenwaagen bekannten Wägungsvorrichtungen besteht darin, daß die Lastwaageschale durch eine Brücke gebildet wird, welche auf Traghebeln ruht, deren Kraftarme entweder direct oder durch Vermittelung eines anderweitigen Hebels mit dem Lastarm eines oberhalb angebrachten Waagebalkens in Verbindung stehen, an welchem andererseits die Gewichtswaageschale hängt.

Die Wägung der Last erfolgt durch ein im Verhältniß zu derselben kleines Gewicht (verjüngtes oder Proportionalgewicht), und sind nur solche Brückenwaagen stempelfähig, bei denen das Verhältniß der Verkleinerung des Gewichtes zur Last 1 : 10 oder 1 : 100 ist.

Von den verschiedenen Arten der Brückenwaagen sind außer den gebräuchlichsten, der sogenannten Straßburger Waage, bis auf Weiteres nur die unter den folgenden Bezeichnungen bekannten Constructionen zuzulassen:

1. Pfitzer'sche Patent-Brückenwaage,
2. Pfitzer'sche Decimal-Brückenwaage,
3. Schönemann'sche Brückenwaage.

Alle Constructionen müssen gleichmäßig die Bedingungen erfüllen, daß die Waage:

a) dieselbe Angabe zeigt, auf welche Stelle der Brücke auch die zu wägende Last gesetzt wird;

b) für Herstellung einer horizontalen Aufstellung der Brücke, sowie

c) für die Regulirung des Gewichtes der einzelnen Theile Vorrichtungen besitzt;

d) im Falle sie eine Centesimalwaage ist, die Bezeichnung als solche an sich trägt;

e) mit der Bezeichnung ihrer größten Tragfähigkeit und wenn diese mehr als 50 K. beträgt, auch der geringsten zulässigen Belastung, versehen ist.

Werden andere Brückenwaagen als die genannten bei einer Eichanstalt eingeliefert und glaubt dieselbe, daß diese Waagen den Vorschriften der §§ 51 und 53 der Eichordnung Genüge leisten, oder ist die Eichanstalt unsicher, ob eine Brückenwaage zu den für jetzt gestatteten Arten gehört, so ist darüber an die k. Normal-Eichungs-Commission zu berichten.

Allgemeine Construction der Straßburger Brückenwaage.

26. An der Straßburger Brückenwaage kommen folgende Theile bei der Prüfung besonders in Betracht:

a) Der ungleicharmige Waagebalken, dessen durch Schneiden gebildete Drehachse auf einer an dem Ständer befestigten Stahlpfanne ruht, und der am Ende seines längeren Armes die Schale zum Aufnehmen der Gewichte trägt. Am kürzeren Arme befinden sich zwei Aufhängepunkte (Schneiden): der am äußersten Ende zur Aufhängung des Traghebels, der dem Drehpunkt zunächst liegende zum Tragen der Brücke dienend.

b) Der unter der Brücke horizontal gelagerte Traghebel, in der Regel aus zwei auf der hohen Kante stehenden Eisenstangen von hinreichender Stärke, welche die Seiten eines gleichschenkligen Dreiecks bilden, zusammengesetzt. Die Basis dieses Dreiecks bildet das hintere Ende des Traghebels, und hier sind unter den Schenkeln desselben zwei eine gerade Linie bildende Stahlschneiden befestigt, welche, in unbeweglichen Stahlpfannen ruhend, dem Hebel als Stützpunkte dienen. Mit dem vorderen Ende ist dieser Hebel durch ein senkrechtes Hängeeisen am äußersten Ende des kurzen Balkenarmes aufgehängt. Zuweilen bilden die Eisenstangen des Traghebels eine andere Figur als ein gleichschenkliges Dreieck, oder es sind auch zwei Paare solcher Eisenstangen zu einem Hebel verbunden. Die Wirkung des Hebels erfolgt aber immer so, als ob derselbe in einer Linie (der Basis eines Dreiecks) seine feste Unterstützung, in der Spitze eines, zu dieser Linie als Basis gehörenden gleichschenkligen Dreiecks den Endpunkt seines Armes habe.

c) Die waagerechte Brücke, zur Aufnahme der zu wägenden Last bestimmt. Vermittelst eines Hängeeisens ist sie einerseits mit dem kurzen Arme des Waagebalkens verbunden, während sie andererseits auf Stahlschneiden ruht, die auf den Schenkeln des Traghebels nach oben gekehrt und in eine gerade Linie fallend befestigt sind.

d) Ein Pendelzeiger, der zur richtigen Aufstellung des ganzen Apparates dient und an der vorderen Seite des den Waagebalken tragenden Ständers so angebracht ist, daß die Spitze desselben senkrecht über einer festen Marke steht, wenn die Brücke waagerecht ist.

e) Außerdem noch: die Zunge zur Anzeige des eingetretenen Gleichgewichtes und der Regulator (Tarireinrichtung), um Gewichte sämmtlicher Theile so auszugleichen, daß bei der unbelasteten Waage die Zunge richtig einsteht. Diese beiden Theile sind am langen Arme des Waagebalkens angebracht.

Constructions-Erfordernisse der Theile einer Straßburger Brückenwaage.

27. Alle vorgenannten Bestandtheile müssen sorgfältig gearbeitet und in solchen Abmessungen ausgeführt sein, wie sie der größten Tragfähigkeit der Brückenwaage entsprechen, ohne andererseits das Gewicht der beweglichen Theile unnöthig zu vermehren. Vornehmlich ist darauf zu sehen, daß alle Verbindungen zwischen den beweglichen Theilen und deren feste Unterstützungen mittelst gehärteter Schneiden und Pfannen so hergestellt sind, daß in denselben eine möglichst freie Drehbewegung ohne merkliche Reibung stattfinden kann, sowie daß diese Theile nirgend eine Seitenreibung erleiden, wodurch Uebelstände herbeigeführt werden würden.

Am Waagebalken müssen, wie bei der gleicharmigen Waage, die drei Aufhängepunkte mit dem Unterstützungspunkte des Balkens wo möglich genau, jedenfalls aber doch sehr nahe in einer geraden Linie liegen, welche Linie im Gleichgewichtsstande eine horizontale Lage hat. Auch an dem Traghebel müssen die Schärfen der an ihm befestigten Stahlschneiden in einer und derselben wagerechten Ebene liegen.

Außerdem ist darauf zu sehen, daß sowohl die beiden Stahlschneiden, auf welchen das hintere Ende der Brücke ruht, als auch die beiden zur Unterstützung des Hebels dienenden Schneiden jedesmal eine gerade Linie bilden, sowie daß jene Schneiden nach oben, diese dagegen nach unten gekehrt sind.

Zuweilen begegnet man auch der umgekehrten Anordnung, so daß beispielsweise die zum Auflager der Brücke dienenden Stahlschneiden an deren unterer Fläche, die zugehörenden Pfannen dagegen auf den Schenkeln des Traghebels befestigt sind. Allein dieß ist eine fehlerhafte, zu falschen Resultaten Anlaß gebende Construction, weshalb eine Brückenwaage, an welcher dieselbe vorkommt, nicht gestempelt werden darf.

Richtigkeit der Straßburger Brückenwaage und Prüfung derselben.

28. Eine Brückenwaage muß bei allen innerhalb ihrer Tragfähigkeit liegenden Belastungen hinreichend richtige Angaben zeigen, auf welche Stelle der Brücke die zu wägende Last auch gelegt wird (siehe Nr. 25). Hierzu ist es erforderlich, daß der Hebelarm, an dem das äußere Hängeeisen wirkt, zu dem Hebelarm, an welchem das innere Hängeeisen wirkt, dasselbe Verhältniß habe, wie der Arm des Traghebels zu dem Abstande des Unterstützungspunktes der Brücke auf dem Traghebel von der Drehachse desselben. Findet diese Anordnung statt, so hat sie zur unmittelbaren Folge, daß die irgendwo auf der Brücke liegende Last ebenso auf den Waagebalken wirkt, als wäre sie an dem die Brücke mit dem kurzen Arme dieses Balkens verbindenden Hängeeisen angebracht.

Da sich das Vorhandensein jener Längenverhältnisse durch directe Messungen nicht wohl nachweisen läßt, so wird folgendes Prüfungsverfahren vorgeschrieben.

Hat man es z. B. mit einer Decimalwaage von 1000 K. Tragfähigkeit zu thun, so muß dieselbe zuvörderst möglichst horizontal auf- und festgestellt werden, wobei der vorn am Ständer angebrachte kleine Pendelzeiger benutzt wird. Nächstdem bringt man mit Hilfe des Regulators die Zunge zum richtigen Einstehen, falls sie dies nicht von selbst thun sollte.

Nach dieser Vorbereitung läßt man etwa 100 K. auf die Brücke möglichst weit nach vorn und 10 K. als Gegengewicht auf die Waageschale setzen; es muß dann die Zunge nach einigen Schwankungen des Waagebalkens richtig einspielen. Thut sie dies auch dann noch, nachdem man die aufgesetzten 100 K. möglichst weit nach dem hinteren Ende der Brücke und nach jeder der beiden Seiten hat rücken lassen, und kehrt sie beharrlich in dieselbe Stellung zurück, wenn man in beiden Fällen durch absichtliches Anstoßen das Gleichgewicht gestört hat, so ist dies ein Zeichen, daß nicht allein die vorgenannte Bedingung erfüllt, sondern daß auch der Parallelismus sämmtlicher am Tragbebel befestigten Achsen vorhanden ist.

Der Sicherheit wegen und als Beweis dafür, daß das Verhältniß der Last zu dem Gegengewichte für jede Belastung dasselbe bleibt, ist dann die oben erwähnte Prüfung noch unter einigen weiter gehenden Belastungen der Brücke mit etwa 500 K. und 1000 K. (wozu beziehungsweise 50 K. und 100 K. als Gegengewicht gehören) zu wiederholen, und erst wenn sich bei jeder dieser Prüfungen, ohne daß dabei der Regulator verschoben zu werden braucht, dasselbe Ergebniß herausstellt, sind die Constructionsverhältnisse der Brückenwaage als richtig zu erachten.

Prüfung der Empfindlichkeit.

29. Mit den oben erwähnten Proben ist zugleich die Prüfung der Empfindlichkeit der Brückenwaage zu verbinden. Dieselbe muß nämlich (nach § 54 der Eichordnung) von der Art sein, daß ein der Last zugelegtes Uebergewicht von 1/1667, also von 6 D. für jedes K. noch eine merkliche Störung des stattgehabten Gleichgewichts zur Folge hat (Vergl. auch Nr. 9 der Vorschriften zur Prüfung der Empfindlichkeit gleicharmiger Balkenwaagen.)

Wenn also nach dem vorigen Beispiele die Brücke nach einander mit 100 K., 500 K., 1000 K. belastet worden ist, hat man diesen Belastungen beziehungsweise 60 G., 300 G., 600 G. zuzulegen, wonach sich die Zunge jedesmal merklich über ihren Gleichgewichtsstand erheben muß. Sie muß sich dagegen um eben so viel senken, wenn man die obigen Gewichtszulagen nicht den verschiedenen Belastungen der Brücke, sondern den Gegengewichten in der Waageschale beziehungsweise 6 G., 30 G., 60 G. hinzufügt.

Brückenwaagen, welche mit Laufgewicht und Scale versehen sind.

(Vergl. § 51 der Eichordnung.)

Beschreibung.

30. Mit dem Waagebalken der Gewichtsschale der Brückenwaage sind Nebenschienen mit Laufgewicht verbunden und mit einer Eintheilung versehen, mittelst welcher der veränderliche Gewichtswerth, den das Laufgewicht in den verschiedenen Stellungen an der Scale hat, abzulesen und die Anwendung einer größeren Zahl kleiner Gewichte ersetzt wird.

Constructions-Bedingungen.

Die Laufschienen müssen parallel zu dem Gewichtswaagebalken liegen.

Die auf einer Schiene angebrachte Scale kann für Kilogramme oder Pfunde ausgeführt sein und darf nur decimale Unterabtheilungen enthalten, ihre Theilstriche müssen gleichen Abstand von einander haben, der mindestens 3 Millimeter betragen soll.

Das Laufgewicht muß untrennbar mit der Schiene, und die Preßschraube des Laufgewichts untrennbar mit diesem verbunden sein.

Prüfung.

Wenn das Laufgewicht auf den Nullpunkt der Scale gestellt wird, entspricht die Brückenwaage der gewöhnlichen Einrichtung, wie sie in der Eichordnung und Instruction beschrieben ist; es muß daher auch, bevor zur Prüfung der Nebenvorschriften geschritten werden kann, durch Ausführung der Prüfung nach Nr. 28 und 29 festgestellt sein, daß die Brückenwaage stempelfähig ist.

Ist bezüglich der angegebenen Constructions-Bedingungen ein Bedenken nicht vorhanden, so ist noch die Richtigkeit der Scalentheilung zu untersuchen, indem das Laufgewicht auf die erste und die letzte Marke der Theilung, und außerdem mindestens auf eine dazwischen liegende Marke eingestellt und jedesmal die entsprechende Last auf die Brücke gelegt wird.

Hierbei muß zunächst jedesmal der Gleichgewichtszustand sich durch richtiges Einspielen des Waagebalkens zu erkennen geben, und es muß ferner eine merkliche Störung des Gleichgewichts eintreten, wenn für jedes Kilogramm der gesammten Brückenbelastung 6 D. auf der Brücke zugelegt werden.

Stempelung.

31. Wenn die Waage den im Vorstehenden angegebenen Anforderungen entsprochen hat, wird die Stempelung ausgeführt.

Diese erfolgt durch Anhängung der Plombe an eine geeignete Stelle des den Waagbalken tragenden Ständers, wozu erforderlichen Falles in denselben ein Loch einzubohren ist.

Bei Brückenwaagen mit Laufgewicht ist auch dieses nach den für Schnellwaagen gegebenen Vorschriften zu stempeln.

Kleinere Berichtigungen fehlerhafter Waagen sind entsprechend den in Nr. 13 für die gleicharmigen Waagen gegebenen Anweisungen auch bei den Brückenwaagen auszuführen.

Centesimalbrückenwaagen.

32. Bei den als Centesimalwaagen construirten Brückenwaagen kommen auch andere Anordnungen der Hebel vor, als in dem Vorigen angegeben sind. Z. B. können zwei Traghebel von dreieckiger Form, welche die Brücke tragen, so verbunden werden, daß ihre Spitzen gegeneinander gewendet sind und ein Verbindungsstück tragen, auf welchem ein zweites ungleicharmiges Hebelsystem, der Uebertragungshebel, ruht. Letzterer wirkt dann mittelst Hängeeisen auf einen dritten Hebel, welcher an seinem anderen Arme die Waagschale trägt.

Da sich die verschiedenen Constructionen der Centesimalwaagen nicht kurz darstellen lassen, und überdieß eine fehlerhafte Waage dieser Art bei den Eichanstalten doch nicht verbessert werden kann, so genügt es, daß durch die eichamtliche Prüfung die Richtigkeit und Empfindlichkeit durch ein Verfahren festgestellt wird, welches dem in Nr. 28 angegebenen entspricht, wobei nur selbstverständlich auf das Centesimal-Verhältniß zwischen Last und Gewicht Rücksicht zu nehmen ist.

Zulässige Brückenwaagen anderer Construction.

33. a) Die Pfitzer'sche Patentwaage (Fig. 4). Dieselbe besteht aus einem ungleicharmigen Hebel (a c b), dessen Armlängen (a c : c b) nach dem Verhältniß der beabsichtigten Verjüngung, also für Decimalwaagen 1 : 10 gebildet werden. Der kurze Hebelarm (a c) ist gabelförmig verdoppelt. Zur Aufnahme der Last (Q) dient eine Brücke (d e f), welche mit einer vertikalen Wand (e g) ein Winkelstück bildet. Dieser vertikale Theil der Brücke hat zu beiden Seiten Schneiden (h), durch welche die Brücke in Verbindung mit den am kurzen Hebelarme angebrachten Hängestangen (a h) tritt.

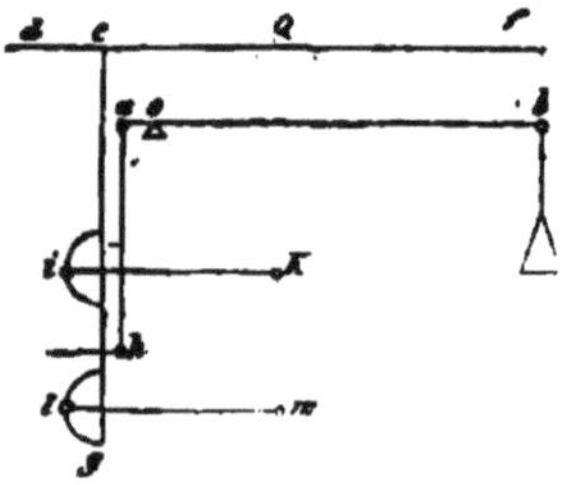

Fig. 4.

Eine auf die Brücke gestellte Last wird am untern Ende (g) des Winkelarmes einen Zug nach der einen Seite, dagegen an einem höher gelegenen Punkte (i) einen Schub nach der andern Seite erzeugen, und würde dadurch ein Schiefstellen der Hängestangen veranlassen, was aber mittelst einer Parallelführung durch drei gleich lange Streben und Klammern (i k [doppelt] und l m) verhindert wird, deren Endpunkte (k und m) einerseits an festen Punkten des Gestelles, andrerseits an festen Punkten des vertikalen Brückenwinkelstücks angebracht sind.

Eine wichtige Bedingung für die Richtigkeit dieser Waage ist der sorgfältig ausgeführte Parallelismus der sämmtlichen Schneiden (des Hebels und der Parallelführungen), bei dessen Mangel die Last an verschiedenen Stellen der Brücke ungleiche Werthe ergibt. Es ist daher auf die Prüfung dieses Umstandes besonderes Gewicht zu legen.

34. b) Die Pfitzer'sche Decimal-Brückenwaage. Dieselbe gleicht in ihrer äußern Form der Straßburger Waage, unterscheidet sich aber von derselben dadurch, daß die Brücke vier Auflagerungspunkte hat und mit diesen auf vier Traghebeln ruht, bei denen durchgehends die Länge des Krafthebelarmes 10 mal so groß ist, als die Länge des Lasthebelarmes. Die Krafthebelarme greifen sämmtlich in eine einzige Zugstange, welche oberhalb an einem gleicharmigen Waagebalken aufgehangen ist, der auf der andern Seite die Gewichtswaageschale trägt.

35. c) Die Schönemann'sche Waage. Dieselbe gleicht der unter Nr. 33 beschriebenen Pfitzer'schen Waage darin, daß die Parallelführung der Brücke durch Streben und Klammern herbeigeführt und besondere Traghebel vermieden werden.

Es kommen aber bei Waagen des Schönemann'schen Systems sehr verschiedene Constructionen vor, sowohl was die Lage der Brücke, als die Zahl und Anordnung der Streben betrifft, und ist daher eine genaue Beschreibung nicht füglich zu geben.

Da indessen wie bei der Pfitzer'schen Patentwaage, so auch bei der Schönemann'schen Waage der sorgfältig ausgeführte Parallelismus der sämmtlichen Schneiden (vergl. Nr. 33) eine Hauptbedingung für die Richtigkeit ist, und ein mangelhafter Parallelismus von der Eichungsstelle nicht füglich verbessert werden kann, so genügt es, auch bei der Schönemann'schen Waage, wenn die Prüfung derselben bei verschiedener Stellung des Gewichts auf der Brücke mit besonderer Sorgfalt ausgeführt wird.

Bei den unter Nr. 33 und 35 genannten Arten von Brückenwaagen erfolgt die Prüfung der allgemeinen Constructionserfordernisse (Festigkeit, freies Spiel, Härte der Schneiden und Pfannen u. s. w.) sowie der Richtigkeit und Empfindlichkeit in derselben Art wie bei der Straßburger Waage.

Jedoch sollen, wegen der Schwierigkeit der Berichtigung, an fehlerhaft befundenen Waagen dieser Art die Eichanstalten eine Berichtigung nicht übernehmen.

4. Oberschalige oder Tafel-Waagen.

(Zu § 52 der Eichordnung).

Allgemeine Construction.

36. Die oberschaligen oder Tafelwaagen sind Waagen mit gleicharmigen Hebeln, bei denen also die Last mittelst eines gleich schweren Gegengewichtes abgewogen wird, die sich aber dadurch von den gewöhnlichen gleicharmigen Balkenwaagen unterscheiden, daß die Lastschale oberhalb des Hebelmechanismus liegt, meistens auch die Gewichtsschale, in welchem Falle beide Schalen sich horizontal nebeneinander befinden.

Da die hohe Lage der Last bei dieser Art von Waagen leicht zu Reibungen in den Drehpunkten und zu veränderlichen Angaben bei verschiedener Lage der Last auf ihrer Schale Veranlassung geben, so schreibt die Eichordnung vor, daß diese Waagen überhaupt nur zulässig sein sollen, wenn:

a) trotz einer Verschiebung des Gewichtes oder der Last auf verschiedene Stellen ihrer Waageschale eine verschiedene Angabe nicht erfolgt,

b) sie bei der ungünstigsten Stellung von Gewicht und Last auf den Waageschalen noch eine innerhalb der vorgeschriebenen Grenzen liegende Empfindlichkeit zeigen,

c) eine nicht ganz horizontale Aufstellung eine unrichtige Angabe nicht zur Folge hat.

Für jetzt sind nur die folgenden Systeme stempelfähig (vgl. Nr. 25 am Schluß):

1. die Schickert'sche Tafelwaage;
2. die Pfitzer'sche oberschalige Waage;

welche in Folgendem beschrieben werden:

37. a) Die Schickert'sche Tafelwaage (Fig. 5). Das Princip dieser Waage ist das der gleicharmigen Balkenwaage, von welcher sie sich nur in der Art der Aufhängung der Schalen auf den Endschneiden unterscheidet.

Die Balkenenden sind nämlich gabelförmig und beide Aeste a c und b d dieser Gabel G tragen Schneiden S S, welche genau in einer geraden Linie liegen. Auf diesen Schneiden ruht

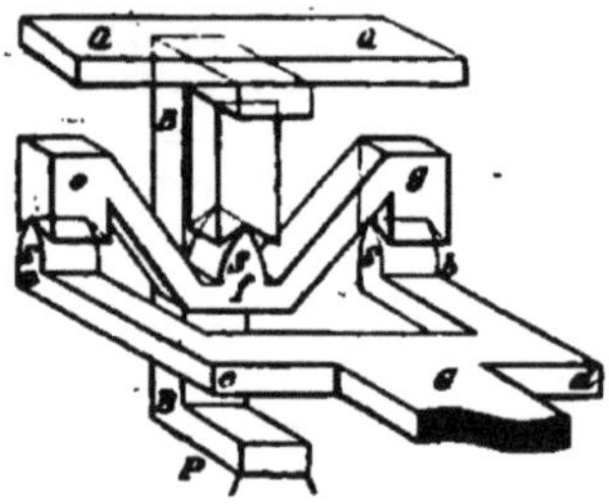

Fig. 5.

zunächst mittelst seiner Pfannen ein V förmiges Verbindungsstück e f g, in dessen Mitte sich eine nach oben gekehrte in die Verlängerung des Waagebalkens fallende, mithin zu den Endschneiden senkrecht stehende Schneide S befindet. Auf dieser Letzteren ruht vermittelst einer Pfanne die nach oben freie Waagschale Q, und zwar ist die Pfanne in einem bügelförmigen Stücke B angebracht, an dessen unterem Ende sich ein schweres Gewicht P befindet. Der Schwerpunkt dieses Gewichtes liegt genau senkrecht unter der Schneide des Verbindungsstückes und dient dazu, die Schalen gegen das Umschlagen, und überhaupt die Stabilität der Waage zu sichern.

38. b) Die Pfitzer'sche Tafelwaage. (Fig. 6 und 7.) Dem Principe nach besteht diese Waage in einem gleicharmigen Waagebalken A C B, mit dem gleichzeitig in derselben Verticalebene zwei gleicharmige Führungsbalken D E F und G H I von der ungefähr halben Länge des Hauptbalkens schwingen. Auf jeder der beiden Endachsen des gabelförmig endigenden und daher mit je zweien in einer geraden Linie liegenden Endschneiden versehenen Hauptbalkens ruht eine Schale (Brücke mit darauf befestigter Schale), S und S_1, welche also durch die betreffende Endachse zwei Stützpunkte erhält. Jede Endachse des Hauptbalkens ist überdieß mit der vertical darunter liegenden Endachse des einen Führungsbalkens in geeigneter Weise durch Schneiden und Pfannen in Verbindung gesetzt, und es bietet die innere Endachse jedes Führungsbalkens der auf die entgegengesetzte Endachse des Hauptbalkens wirkenden Schale den dritten Stützungspunkt. Diese dreifache Unterstützung und Verbindung jeder Schale mit dem Hebelmechanismus ist eine unerläßliche Bedingung für die Zulässigkeit dieser Waage zur Eichung.

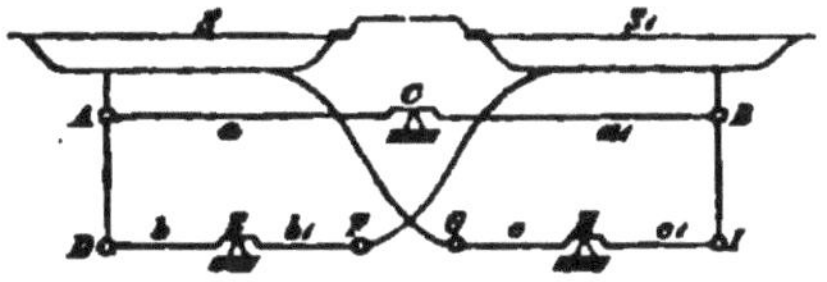

Fig. 6.

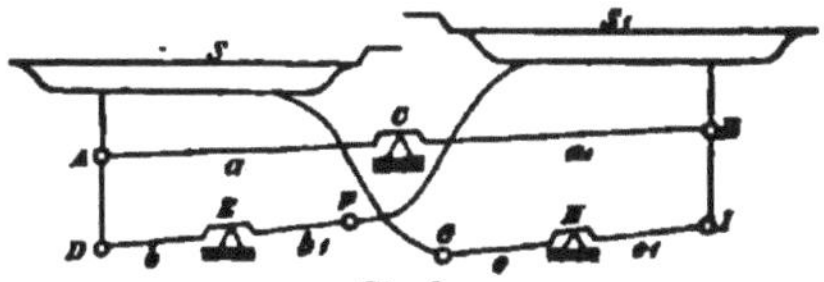

Fig. 7.

Sobald alle drei Waagebalken gleicharmig, ($a = a^1$, $b = b^1$, $c = c^1$) und überdieß auch noch die beiden Führungsbalken unter sich gleich lang sind, bewegt sich jede Brücke in stets paralleler Lage mit sich selbst, und die in irgend einem beliebigen Punkte derselben angebrachte Last wirkt dann ebenso als drücke sie direct auf die betreffende Endachse des Hauptbalkens.

Prüfung der Tafelwaagen.

39. Bei dem zusammengesetzten Mechanismus der Tafelwaagen wird eine Prüfung darauf, in welchen Theilen Fehler vorhanden sind, um etwa eine Verbesserung derselben herbeizuführen, nicht vorgenommen, sondern die Prüfung sofort auf die Solidität der Construction, Richtigkeit und Empfindlichkeit der Waage gerichtet. Im Falle sich hierbei Mängel herausstellen, ist die Waage unberichtigt zurückzugeben und dem Besitzer zu überlassen, dieselbe anderweitig berichtigen zu lassen.

Allgemeine Prüfung der Construction.

40. Zunächst wird die Waage bis zur Grenze der Tragfähigkeit (welche an der Waage angegeben sein muß) belastet und durch Tarirung zum Einspielen gebracht, dann wieder entlastet und dieß mehrmals wiederholt, wobei sich zeigen muß, daß die Waage stets wieder genau einspielt. Die belastete Waage muß hierbei, nachdem sie in Schwingungen versetzt worden ist, wieder in der genauen Gleichgewichtslage zur Ruhe kommen. Endlich muß ein kleines Uebergewicht, welches einmal der Last, das andere Mal dem Gegengewichte hinzugefügt wird, einen gleich großen Ausschlag nach entgegengesetzten Seiten bewirken.

Diese Proben werden wiederholt, indem man die Waage etwas abweichend von der horizontalen Lage aufstellt.

Richtigkeit und Empfindlichkeit.

41. Zur Prüfung der Richtigkeit werden, wie bei den gleicharmigen Waagen, Tarawägungen gemacht, indem man eine Last durch Gegengewicht ins Gleichgewicht bringt und untersucht, ob durch Vertauschen von Last und Gewicht die Gleichgewichtslage nicht gestört wird.

Diese Prüfung wird einmal mit der größten Belastung der Waage ausgeführt, und hiermit die Prüfung der Empfindlichkeit verbunden, welche nach § 54 der Eichordnung so groß sein muß, daß bei Waagen bis 5 K. Tragfähigkeit ein Uebergewicht von 5 D. (= 1/1000 der Last), bei Waagen unter 5 K. Tragfähigkeit ein Uebergewicht von 1 G. (= 1/1000 der Last) noch einen deutlichen Ausschlag gibt. Ferner ist diese Prüfung wie bei den gleicharmigen Waagen (vergl. Nr. 9) auch mit der kleinsten zulässigen Belastung, beziehungsweise mit 1/10 der größten Belastung anzustellen. Endlich müssen die Angaben der Waage dieselben bleiben, wie auch der Ort der Last oder des Gewichtes auf ihren Schalen geändert werden möge.

Stempelung.

43. Eine bei den vorstehenden Prüfungen zulässig befundene Waage wird durch Anlegung der Plombe an einem passenden Theile des Statives gestempelt.

IX. Instruction für das Eichen der Alkoholometer und der dazu gehörigen Thermometer.

Ausführungsbestimmungen zu § 57—59 und 70 der Eichordnung.

a) Alkoholometer.

1. Die vollständige Procentscale nach Tralles hat 2 Hauptpunkte, von welchen der untere oder Nullpunkt dem destillirten Wasser ohne Beimischung von Alkohol, der obere mit 100 bezeichnete Punkt dem absoluten (d. h. wasserfreien) Alkohol entspricht.

Die Procentscala muß, wenn ein Instrument zulässig sein soll, mindestens eine Länge von 165 Millimeter zwischen den angegebenen Hauptpunkten haben, bei theilweisen Scalen dürfen die einzelnen Theile nicht kleiner sein, als die entsprechenden für eine zulässige vollständige Procentscale.

2. Die zur Eichung vorgelegten Instrumente, soweit sie übrigens den Vorschriften im § 57 der Eichordnung entprechen, mögen sie mit vollständiger oder theilweiser Scale versehen sein, müssen an ihrem oberen Ende noch offen (nicht zugeblasen) sein. Die Scale muß zwar an die gehörige Stelle vorläufig eingeschoben, darf jedoch noch nicht befestigt sein, damit sie wegen der Stempelung herausgenommen werden kann. Außerdem muß dieselbe als Scale nach Tralles bezeichnet sein, und Namen und Wohnort des Verfertigers des Instrumentes enthalten.

3. Zur Prüfung sind gläserne Cylinder mit Fuß für destillirtes Wasser und für verschiedene, mindestens fünf Weingeistmischungen erforderlich; die Mischungen müssen in ungefähr gleichen Intervallen von der geringsten Grädigkeit, die das zu prüfende Instrument anzeigt, bis zu etwa 96 Procent liegen. Es empfiehlt sich, größere Cylinder zu wählen, um den Einfluß einer Temperaturänderung möglichst zu vermindern.

4. Bei der Prüfung werden das zu prüfende Alkoholometer und das Normalinstrument, nachdem dieselben mit einem reinen Läppchen sorgfältig abgewischt worden sind, in die Probemischungen behutsam eingesenkt und die Procentangabe beider Instrumente verglichen. Hierbei sind die Angaben der Instrumente durch Beobachtung unter der Oberfläche der Flüssigkeit abzulesen, weil sich der Flüssigkeitsspiegel vermöge der Attraction an der äußeren Oberfläche der Spindel in die Höhe zieht.

Es ist nicht erforderlich, daß die Mischungen bestimmte Alkoholprocente bilden, wenn nur in jeder Mischung die Angabe des zu prüfenden Instrumentes mit der des Normal-Instrumentes übereinstimmt.

Unterschiede, welche höchstens ¼ Procent betragen, werden hierbei außer Acht gelassen.

5. Ist durch diese Prüfung die Scale eines Alkoholometers zulässig befunden worden, so wird das absolute Gewicht des Instrumentes in Milligrammen ermittelt, die Scale herausgenommen, mit dem Stempel sowie mit der Angabe dieses Gewichts versehen, wieder eingeschoben und das Instrument dem Betheiligten zur Vollendung übergeben.

6. Die Vollendung besteht in der definitiven Befestigung der papierenen Scale innerhalb der Glasröhre, was am Besten mit gutem Fischleim (Hausenblase) erfolgt, und im luftdichten Zuschmelzen des oberen Rohrendes. Die Befestigung der Scale mit Siegellack oder Schellack ist unzweckmäßig, weil bei höheren Temperaturgraden eine Erweichung des Lacks und Verschiebung der Scale eintreten kann, und wird daher untersagt.

7. Das so vollendete Instrument ist nochmals zur Prüfung vorzulegen; bei dieser wird nur untersucht, ob das Gewicht noch dem auf der Scale aufgetragenen entspricht, und ob die Scale an richtiger Stelle steht, was durch Einsenkung desselben und des Normalinstrumentes in eine Probemischung ermittelt wird.

Erst wenn sich in beiderlei Beziehung, sowie gegen die Befestigung der Scale ein Bedenken nicht ergibt, kann die Abgabe des Eichscheins erfolgen, welchem ein Exemplar der Reductionstabellen und der mit denselben verbundenen Gebrauchsanweisung beigefügt wird.

b) Thermometer.

8. Nur solche Thermometer, die den Vorschriften der Eichordnung in § 57 entsprechen, bei denen die Umhüllungsröhre oben offen ist, und deren Scale den Namen des Verfertigers trägt, sind zur Eichung anzunehmen.

9. Die Prüfung eines Thermometers erfolgt dadurch, daß man

1. dasselbe nebst dem Normalthermometer in ein Gefäß mit heißem Wasser stellt und unter öfterem Umrühren des Wassers den Gang beider Instrumente während der Abkühlung sorgfältig beobachtet. Hierbei ist besonders auch die durch einen rothen Strich angegebene Temperatur von 12⅘ ° R., auf welche die Eintheilung der Alkoholometer basirt ist, zu beachten;

2. die Richtigkeit des Nullpunktes der Scale dadurch prüft, daß man die Kugel des Instrumentes in eine angemessene Menge klein gestoßenen Eises oder auch in Schnee stellt, welche im Schmelzen begriffen sind.

10. Zu dieser Prüfung werden gläserne Cylinder, wie sie in Nr. 3 erwähnt sind, angewendet, doch sind diese Gefäße auf einem mit Filz oder einem anderen, die Wärme schlecht leitenden Stoff belegten hölzernen Fußgestelle, welches auf seiner unteren Seite mit 3 Holzknöpfen versehen ist, und auf denselben hohl steht, aufzustellen.

11. Werden bei der Vergleichung mit dem Normalthermometer nur Abweichungen von höchstens ¼ ° gefunden und ist das untersuchte Thermometer auch sonst für zulässig zu erachten, so erfolgt die Stempelung in der Art, wie sie § 58 der Eichordnung angibt, und es ist dasselbe hierauf zur Vollendung, d. h. zur definitiven Befestigung der Scale und zum Zuschmelzen der Umhüllungröhre an den Betheiligten zurückzugeben.

12. Erst wenn diese Vollendung bewirkt ist, und sich bei einer nochmaligen kurzen Vergleichung mit dem Normalthermometer ein Bedenken nicht ergeben hat, kann die Aushändigung des Eichscheines, auf welchem auch der Umfang der Scale und ihre Länge in Millimetern angegeben ist, erfolgen.

c) Thermo-Alkoholometer.

13. Bei der Eichung eines Thermo-Alkoholometers, welches den im § 57 der Eichordnung angegebenen Bedingungen entspricht, gelten die vorher unter a) und b) angegebenen Vorschriften, es bedarf aber einer dreimaligen Vorlegung bei der Eichanstalt, wie sich dieß aus den nachfolgenden Bemerkungen ergibt.

14. Bei der ersten Vorlegung erfolgt die Prüfung und beziehentlich Stempelung des Thermometers nach der unter b) angegebenen Art.

Bei der zweiten Vorlegung muß die definitive Befestigung der Thermometerscale bewirkt, die gläserne Umhüllungsröhre an dem oberen Ende mit einer dünnen Spindel versehen und in dieselbe die Alkoholometerscale vorläufig eingesetzt sein. Es wird nun die Nachprüfung des Thermometers nach Nr. 12 und die Prüfung der Alkoholometerscale nach den Vorschriften unter a) vorgenommen, auch die letztere eventuell gestempelt und mit der Bezeichnung des Gewichtes versehen.

Bei der dritten Vorlegung, welche die vorausgegangene definitive Befestigung der Alkoholometerscale und die Zuschmelzung des ganzen Instruments voraussetzt, ist die unter Nr. 7 erwähnte Nachprüfung vorzunehmen, und erst wenn bei dieser ein Bedenken nicht stattfindet, kann die Auslieferung des Eichscheines und der Reductionstabellen nebst Gebrauchsanweisung erfolgen.

d) Eichscheine.

15. Zu den Eichscheinen sind nach Maßgabe des Falles zwei verschiedene Formulare zu benützen.

Eichschein I. a) Nr. . . . . für ein Alkoholometer.
c) Nr. . . . . für ein Thermo-Alkoholometer.

Für Herrn . . . . zu . . . .

wurde ein . . . . {Alkoholometer / Thermo-Alkoholometer} mit

Scale nach Tralles, nachdem er für zulässig erachtet worden ist, geeicht, und sind die beibemerkten taxmäßigen Gebühren berechnet worden.

Bei	reicht die Procentscale von %	reicht die Procentscale bis %	die Thermometerscale von °R bis °R	die Länge der letztern	beträgt das Gewicht in Milligrammen	die taxmäßigen Eichgebühren fl.	die taxmäßigen Eichgebühren kr.
Spindel 1 Spindel 2 Spindel 3							
					für 1 Exemplar der Reductionstabellen	—	—
		(Datum)			Zusammen	—	—

Alle Scalen sind mit der Nummer . . . . bezeichnet.

(Stempel.) Die kgl. Normal-Eichungs-Commission.

Für die Eichscheine unter a) und für die unter c) werden besonders fortlaufende Nummern geführt.

Bei einem für Alkoholometer ausgefertigten Eichschein wird das auf Thermo-Alkoholometer bezügliche durchstrichen und umgekehrt.

Eichschein II. b) Nr. . . . . für Thermometer.

Für Herrn . . . . zu . . . .

wurde ein von . . . . gefertigtes Thermometer geprüft, nachdem es für zulässig erachtet worden ist, gestempelt, und am oberen Ende der Scale mit der Nr. . . . . versehen. Die Scale reicht von °R bis °R und hat eine Länge von . . . . . Millimeter.

An Eichgebühren sind zu berechnen: fl. kr.

(Datum . . . .

(Stempel.) Die kgl. Normal-Eichungs-Commission.

X. Instruction für das Eichen der Gasmesser.

(Ausführungsbestimmungen zu § 60—66 und 70 der Eichordnung.)

1. Die Eichanstalten haben nur solche neue Gasmesser zur Prüfung anzunehmen, welche den in § 60—63 der Eichordnung angegebenen Bedingungen entsprechen, und bei denen das das Zählwerk umschließende Gehäuse noch nicht fest verschlossen ist.

2. Das Zählwerk muß außer den für die eigentliche Registrirung nach Kubikmetern dienenden Zifferblättern zum Zwecke der Eichung noch eine Einrichtung besitzen, durch welche kleinere Raumtheile des durchgegangenen Gases bis zu der Größe herab angegeben werden, wie sie zu genauer Bestimmung des etwa vorhandenen Fehlers erforderlich ist.

3. Die Prüfung hat sich zunächst auf die Untersuchung der richtigen Anordnung des Zählwerkes zu erstrecken, d. h. darauf, daß die von den Zifferblättern markirten Zahlenangaben den wirklich vollführten Umdrehungen der einzelnen Theile des Mechanismus entsprechen, sowie, daß die letzteren zweckentsprechend ausgeführt sind, auch nach bewirktem Verschluß des Gehäuses eine Verstellung von außen nicht erfahren können.

4. Die weitere Prüfung erfolgt entweder durch Anwendung eines Kubicirapparats, von dem aus eine abgemessene Quantität atmosphärischer Luft durch den Gasmesser getrieben und mit den Angaben des Zählwerkes verglichen wird, oder auch, bei größeren Gasmessern, wo die Benutzung des vorher erwähnten Apparates nicht ausführbar ist, durch Vergleichung der Angaben des zu prüfenden mit denen eines Controlgasmessers, während beide in demselben Zeitraum von gleich großen Gasmengen durchströmt werden.

Von beiden Arten der Prüfungsapparate gilt die Bestimmung, daß sie nur dann von den Eichanstalten benutzt werden dürfen, wenn sie von der kgl. Normal-Eichungs-Commission vorher geprüft und geeignet befunden worden sind. Diese Bestimmung gilt auch für die eichamtliche Benutzung von Kubicirapparaten und Controlgasmessern, welche außerhalb der Eichungslocale aufgestellt sind.

Bei den jetzt im Gebrauche befindlichen Apparaten ersterer Art bedarf es im Wesentlichen nur einer Umänderung der jetzt angewendeten Scalen nach Maßgabe der Veränderung der Registrirungseinheit.

Bei der Benutzung von Kubicirapparaten oder Controlgasmessern, welche außerhalb des Eichungslocales aufgestellt sind, ist die Eichanstalt verpflichtet, sich von dem vorschriftsmäßigen Zustande der Apparate und von der Erfüllung aller durch die Instruction vorgeschriebenen Bedingungen richtiger Eichung in jedem Falle zu überzeugen, und die Vornahme der Eichung zu verweigern, sobald eine der Vorschriften nicht erfüllt ist.

Behufs weiterer Controle hat die Eichanstalt bei fortlaufender Benutzung der außeramtlichen Apparate von Zeit zu Zeit einzelne mittelst derselben geeichte Gasmesser einer Nachprüfung mit Anwendung ihrer eigenen Apparate zu unterwerfen. Ueber die Resultate dieser Prüfung ist ein Protokoll aufzunehmen, und, sobald sich irgendwelche Unzuträglichkeiten ergeben haben, sofort an die kgl. Normal-Eichungs-Commission zu berichten. Die letztgenannte kgl. Commission wird die außerhalb der Eichungslocale bestehenden Controlapparate für Gasmesser zeitweilig einer directen Prüfung unterziehen, dieselben nach Umständen richtig stellen, oder auch deren fernere Anwendung untersagen.

5. Die in neuerer Zeit angewendeten Kubicirapparate für Gasmesser sind im Wesentlichen in folgender Art eingerichtet:

In einem cylindrischen Wasserbehälter befindet sich eine cylindrische Glocke von Zinkblech, verzinntem Eisenblech oder Kupferblech, welche oberhalb an einem Gurt aufgehangen ist; sie enthält unterhalb und oberhalb einen verstärkten Rand und an dem untern Rande zwei diametral gegenüberliegende Leitrollen, welche an verticalen Schienen laufen, die im Innern des Wasserbehälters angebracht sind, an dem oberen Rande aber, um 90° gegen die unteren versetzt, zwei Leitrollen, deren verticale Führungsschienen auf den Rand des Wasserbehälters aufgesetzt und oberhalb entsprechend befestigt sind. Hierdurch wird die Parallelbewegung der Glocke gesichert.

Der die Glocke haltende Gurt geht vertical nach einer Leitrolle, hierauf horizontal nach einer zweiten und von hier vertical hinab nach dem Gewichtsträger, auf welchen Gegengewichte aufgelegt werden, um die Glocke aufzuziehen oder ihr während der Prüfung gerade ein solches Uebergewicht zu belassen, daß die in ihr eingeschlossene Luft die vorgeschriebene Spannung von 40mm. Wassermanometer-Höhe erhält. Um diese Spannung von den Gewichtsverminderungen unabhängig zu machen, welche die Glocke durch den wachsenden hydrostatischen Auftrieb bei tieferem Eintauchen erleidet, sind an dem Gurte kleine Bleigewichte in solcher Anordnung befestigt, daß sie beim Sinken der Glocke über die erste Leitrolle hinweggehend die jedesmal erforderliche Ausgleichung durch Verminderung der Wirkung der Gegengewichte hervorbringen.

An der Glocke ist eine Scale angebracht, welche durch einen an dem Rande des Wasserbehälters befindlichen Zeiger die Einsenkungstiefe der Glocke und dadurch das Volumen der aus derselben verdrängten Luft erkennen läßt.

Der Wasserbehälter enthält am Boden einen Auslaßhahn, um von Zeit zu Zeit das Wasser ablassen und erneuern zu können.

In der Mitte des Wasserbehälters befindet sich das Luftabführungsrohr, dessen obere Oeffnung in der Ebene der äußeren Randfläche liegt, das durch den Boden hindurchgeht, an einer Seite des Behälters in die Höhe steigt und sich in angemessener Höhe horizontal umbiegt; dasselbe enthält einen Dreiwegehahn, welcher in seinen verschiedenen Stellungen zur Gestattung der Luftansaugung behufs Füllung der Glocke, dann zur Herstellung der Verbindung der Glocke mit dem zu prüfenden Gasmesser, endlich auch zur Absperrung des Luftaustrittes dienen kann.

Zur Absperrung ist jedoch meistens noch am horizontalen Ende des Rohres ein besonderer Absperrhahn, sowie vor demselben ein Wassermanometer zur Ermittelung der in der Glocke vorhandenen Luftspannung angebracht.

Der Dreiwegehahn oder der besondere Absperrhahn wird vortheilhaft mit einer Auslösevorrichtung versehen, welche bewirkt, daß plötzlich der Hahn geschlossen und der Luftaustritt abgesperrt wird, sobald die Glocke sich bis zum Endpunkte der Scale gesenkt hat. Diese Auslösung wird durch eine am oberen Rande der Glocke angebrachte Schraube, welche die Arretirung des beschwerten Hahnschlüssels auslöst, bewirkt und durch ihre Stellung regulirt.

Das Ende des Luftrohrs steht in einer solchen Höhe über dem neben dem Wasserbehälter befindlichen Arbeitstische, daß eine leichte Verbindung desselben mit den auf dem Arbeitstische aufgestellten Gasmessern durch Gummischläuche erfolgen kann.

Am Ende des Arbeitstisches ist ein Rohrstück (Ausblasrohr) angebracht, welches einerseits mit dem Austrittsrohre der Gasmesser durch einen Gummischlauch verbunden werden kann, andererseits einen Ausblashahn enthält, durch welchen die Ausflußgeschwindigkeit der Luft regulirt werden kann, und außerdem mit einem Wassermanometer zur Ermittelung der Spannung der austretenden Luft verbunden ist.

6. Die an der Glocke angebrachte Scale ist durch Kubicirung der Glocke mit eingefülltem Wasser zu bestimmen und so zu theilen, daß man jedenfalls noch einzelne Liter abzulesen im Stande ist. Ein Liter wird

aber beim Glockendurchmesser von	7 Decim.	8 Decim.
einer Glockenbewegung von etwa	2,61 Millim.	1,99 Millim.
entsprechen; es wird daher auch, wenn man die Glocke zur Abmessung von 500 L. oder ½ Kubikmeter benutzen will, der messende Theil ihrer Höhe ungefähr	1,3 Meter,	1 Meter
werden, oder, wenn der Inhalt 600 L. werden soll ungefähr	1,57 Meter,	1,2 Meter.

7. Das Verfahren bei Anwendung des Apparates ist folgendes:

Man hebt die als Luftbehälter dienende Glocke in die Höhe und regelt bei geschlossenem Absperrhahn durch Zulegen oder Wegnehmen von Gewichten die Spannung der eingeschlossenen Luft so, daß das Manometer 40 Millimeter Wassersäule zeigt.

Der zu untersuchende Gasmesser wird auf die horizontale Platte des Arbeitstisches gestellt (wenn derselbe mit einem Pendelzeiger versehen ist, so, daß die Spitze des Pendels genau über der Marke einspielt), der Zählapparat auf 0 gebracht und das Eingangsrohr mit dem Rohrende an der Glocke, das Ausgangsrohr aber mit dem Ausblasrohre luftdicht verbunden. Hierauf wird der Gasmesser so lange mit Wasser angefüllt, bis dasselbe am Abflußrohre auszufließen anfängt, der Absperrhahn der Glocke geöffnet und so lange eine Durchströmung der Luft gestattet, bis sich die Trommel des Gasmessers wenigstens einmal umgedreht hat (vergl. Nr. 8), und nun der Ausblashahn geschlossen.

Hierauf wird Wasser in den Gasmesser nachgefüllt, um den Wasserstand in demselben auf die Höhe zu bringen, welche er bei gewöhnlichem Gebrauche einnehmen soll, und nun die ganze Vorrichtung einige Zeit stehen gelassen, um zu sehen, ob sich eine Veränderung im Stande der Glocke zeigt oder nicht, und daraus auf die Dichtigkeit zu schließen.

Findet ein Niedersinken der Glocke statt, so ist zunächst zu untersuchen, ob die angebrachten Verbindungsröhren dicht schließen, und erst in dem Falle eine Undichtheit des Gasmessers anzunehmen, wenn hier ein Fehler nicht vorhanden war.

Haben sich die Verbindungsröhren und die zu prüfenden Gasmesser dicht erwiesen, so öffnet man den Ausblashahn allmählig so, daß ein Abströmen der Luft ungefähr mit der für den zu untersuchenden Gasmesser gehörenden Geschwindigkeit statt findet (vergl. Nr. 8).

Wenn diese Geschwindigkeit erreicht ist, kann zur eigentlichen Beobachtung geschritten werden.

Man schließt dann den Ausblashahn und den Absperrhahn, füllt die Glocke, wenn dies erforderlich ist, ihrem ganzen Inhalte nach mit Luft, und zeichnet sowohl den Stand der Scale an der Luftglocke, als auch den Stand des Zählwerks an dem Gasmesser (auf letzterem natürlich einschließlich der Angaben, durch welche die kleineren Raumtheile nach Nr. 2 gemessen werden). Hierauf wird sowohl der Absperrhahn als der Ausblashahn geöffnet, und eine angemessene Luftmenge durch den Gasmesser hindurch gelassen.

Während des Luftaustrittes wird sowohl der Stand des Manometers vor dem Absperrhahn als des Manometers am Ausblashahn beobachtet und notirt, beim Ende der Beobachtung aber sowohl der Stand des Zeigers an der Scale der Luftglocke, als auch die Angabe des Zählwerks am Gasmesser aufgezeichnet. Die Differenz der Ablesung an der Glockenscale zu Anfang und Ende der eigentlichen Beobachtung ergibt das durch den Gasmesser hindurch getriebene Luftvolumen und die Differenz der Ablesungen an dem Zählwerke das von dem Gasmesser registrirte Luftvolumen. Die letztere Zahl darf um nicht mehr als zwei Procent von der ersteren abweichen (vergl. § 64 der Eichordnung), wenn der Gasmesser als stempelfähig zu erachten sein soll.

8. Ist für einen Gasmesser

J = 4 L und

V = 0,48 Kub.-Met. (= 480 L)

angegeben, so macht die Trommel $^{480}/_{4}$ = 120 Umdrehungen in der Stunde, also 2 Umdrehungen in der Minute; es ist daher auch ein längerer Zeitraum als etwa eine Minute zu der in Nr. 7 Absatz 3 angegebenen vorläufigen Umdrehung der Trommel nicht erforderlich, die den Zweck hat, alle Abtheilungen der Trommel mit Luft von derjenigen Spannung anzufüllen, wie sie in der Luftglocke vorhanden ist.

Um den Ausblashahn für die Prüfung dieses Gasmessers entsprechend zu reguliren, ist zu beachten, daß das Volumen der durchgehenden Luft in der Stunde 480 L und in der Minute 8 L beträgt, es ist daher die Oeffnung des Hahnes so lange zu verändern, bis sich in der Minute die Luftglocke um etwa 8 L senkt oder der gleiche Betrag am Zählwerk abgelesen wird.

9. Die Beobachtung des Zeigerstandes an der Scale und des Zählwerkstandes hat mit einer solchen Genauigkeit zu erfolgen, daß Fehler vermieden werden, die sonst leicht in Vereinigung mit unvermeidlichen Fehlerquellen, wie den in Folge des Widerstandes der Trommeldrehung eintretenden Verminderungen der Luftspannung, der Temperaturveränderung u. s. w. Abweichungen hervorbringen können, die einen in der That zulässigen Gasmesser als unzulässig erscheinen lassen würden.

Kleine Abweichungen der Manometerhöhe sind zu vernachlässigen, da ein Luftvolumen von der Größe = 1000, in der Luftglocke bei 40 Millimeter Wassermanometer-Höhe abgemessen, unter dem gewöhnlichen Luftdrucke in ein Volumen von etwa 1004 übergeht, also die hierdurch hervorgebrachte Differenz nur etwa $^1/_{10}$ Procent für je 10 Millimeter Veränderung in der Manometerdruckhöhe beträgt

Ein Fehler von 1 Millimeter in der Ablesung an der Glockenscale bei einer Glocke von 8 Decimeter Durchmesser (s. Nr. 5) beträgt bereits $^1/_2$ Liter Luftvolumen, d. h. für 100 hindurchgegangene Liter $^1/_2$ Procent. Es muß daher darauf Rücksicht genommen werden, daß die Menge der durch den Gasmesser geführten Luft eine solche Größe erhält, daß dieser Fehler auf das Resultat einflußlos bleibt.

Ein Fehler in der Ablesung des Zählwerkes von gleicher Größe mit dem vorhergehenden hat natürlich denselben Einfluß, es muß daher auch darauf gesehen werden, daß zu Ende der eigentlichen Beobachtung die aufeinander wirkenden, die Bewegung übertragenden Theile des Zählwerkes einander in demselben Sinne, wie zu Anfang der Beobachtung berühren, was am sichersten dann erfolgt, wenn die auf die Gastrommel wirkende Luft dauernd gleiche Spannung hat.

Endlich kann bezüglich der Angabe des Zählwerks ein Fehler dadurch entstehen, daß die Uebertragung der Bewegung von der Trommelwelle aus durch nicht vollkommen gleichmäßig getheilte Räder erfolgt, oder die zur Registrirung der kleinsten Volumentheile bestimmte Scheibe nicht gleichmäßig getheilt ist; dieser Fehler wird durch eine größere Anzahl der Umdrehungen der Trommelwelle zu einem verschwindend kleinen Betrage gebracht, und der zuletzt bezeichnete Ausführungsfehler dadurch einflußlos gemacht, daß man die Beobachtung schließt, wenn der Zeiger an der die kleinsten Volumentheile registrirenden Scheibe auf derselben Stelle steht, wie zu Anfang der Beobachtung.

10. Nach Maßgabe des in Nr. 8 Angeführten ist bei kleineren Gasmessern nicht in allen Fällen erforderlich, den *vollen Luftinhalt der Glocke* durch die Trommel zu treiben, und namentlich dann nicht, wenn die Beobachtung regelmäßig verläuft.

Ergibt sich aber bei der nach Nr. 7 vorgenommenen Vergleichung des durchgeströmten und des durch das Zählwerk registrirten Luftvolumens eine dem zulässigen Fehler *nahestehende* oder denselben übersteigende Abweichung, so ist die Beobachtung mit einem größeren durchströmenden Luftvolumen zu wiederholen.

Bei größeren Gasmessern genügt die einmalige Entleerung der Trommel nicht, es muß dann nach vorher erfolgter gleichzeitiger Absperrung des Ausblas- und Absperrhahnes die Glocke von neuem gefüllt und ihr Luftinhalt unter den vorher in Nr. 7 angegebenen Bedingungen durch den Gasmesser getrieben, dieß Verfahren aber so oft wiederholt werden, bis das Gesammtvolumen der durchgedrückten Luft der im letzten Absatz von Nr. 7 angegebenen Bedingung entspricht.

11. Obgleich es zweckmäßiger ist, jeden Gasmesser einzeln zu prüfen, so kann doch zur Abkürzung des Eichgeschäfts *die gemeinschaftliche Prüfung mehrerer Gasmesser* gleicher Größe, die von derselben Fabrik angefertigt sind, in der Art vorgenommen werden, daß die zur Messung benutzte Luftmenge aus einem dieser Gasmesser in den andern überströmt und erst von dem letzten durch das Ausblasrohr in die Atmosphäre entweicht.

Die Anzahl der gleichzeitig zu prüfenden Gasmesser darf bei den kleineren Gattungen fünf nicht übersteigen und ist bei größeren auf eine geringere Zahl zu beschränken.

Da hierbei die Spannung der Luft vom ersten bis zum letzten Gasmesser abnimmt, wird der letzte eine etwas größere Umdrehungszahl zeigen müssen, als der erste; es bildet aber diese Differenz nur einen geringen Theil der als zulässig erklärten Abweichung, wie sich dieß aus Nr. 9 ergibt.

Zeigen sich bei der Beobachtung Unregelmäßigkeiten, so ist der Versuch mit den Gasmessern einzeln zu wiederholen. Gleiches hat mit denjenigen Gasmessern stattzufinden, die bei einer solchen Prüfung einen der zulässigen Abweichung nahe stehenden Fehler zeigten.

12. Die im Vorstehenden angegebenen Vorschriften über die Prüfung erstrecken sich sowohl auf die nassen als auf die trockenen Gasmesser, mit der selbstverständlichen Ausnahme, daß bei den letzteren das über die Regulirung des Wasserstandes Gesagte in Wegfall kommt.

Außerdem sind aber die trockenen Gasmesser noch einer zweiten Prüfung zu unterwerfen, bei welcher ein wesentlich langsameres Durchströmen der Luft stattfindet, in der Art, daß für die gleich große Luftmenge etwa die dreifache Zeit verwendet wird.

Erst wenn beide mit einem solchen Gasmesser vorgenommene Beobachtungen ein angenähert gleiches Resultat geben, und die etwaige Abweichung in der Registrirung innerhalb der zulässigen Fehlergrenze liegt, ist ein trockener Gasmesser als stempelfähig zu erachten.

Durch diese doppelte Prüfung soll ermittelt werden, ob die angewendeten Membranen die erforderliche Undurchlässigkeit besitzen.

13. Die Anwendung eines Controlgasmessers zur Eichung eines größeren Gasmessers darf nur ausnahmsweise und in dem Falle stattfinden, wenn die Benutzung eines Kubicirapparates unthunlich ist.

Der hierbei anzuwendende Controlgasmesser muß in Bezug auf die Richtigkeit seiner Registrirung durch die k. Normal-Eichungs-Commission untersucht, und der etwa bei demselben vorhandene Fehler angegeben sein, so daß er bei der späteren Vergleichung mit dem zu prüfenden Gasmesser Berücksichtigung finden kann.

Bei der mittelst eines Controlgasmessers anzustellenden Prüfung eines Gebrauchsgasmessers empfiehlt es sich, zwei länger andauernde Beobachtungen in der Art vorzunehmen, daß bei der einen das Gas zuerst durch den Controlgasmesser und dann durch den zu prüfenden, und bei der anderen zuerst durch den zu prüfenden und dann durch den Controlgasmesser geht. Es werden dann die Mittel der so erhaltenen Resultate mit einander verglichen, und aus der sich etwa ergebenden Differenz auf die Zulässigkeit geschlossen.

14. Berichtigungsarbeiten haben die Eichanstalten an Gasmessern nicht auszuführen.

15. Bei der Stempelung der Gasmesser sind die in § 65 der Eichordnung angegebenen Vorschriften zu befolgen.

Das Aufdrücken des Stempels hat in Zinnloth zu erfolgen.

16. Bei Gasmessern, für welche die Größe von V zu bestimmen ist (vergl. Nr. 17), wird dieselbe auf einen Zinntropfen aufgestempelt.

Nach Maaßgabe des Falles (vergl. Nr. 17) sind zu den Eichscheinen folgende Formulare zu benutzen.

1. Für Gasmesser, welche nach metrischem Maaße registriren:

Eichschein III. a. Nr. . . . für einen nassen Gasmesser.
b. Nr. . . . für einen trockenen Gasmesser.

Für Herrn . . . . zu . . . .

ist ein nasser / trockener Gasmesser,

angefertigt von . . . . zu . . . .

mit dem Fabriknummer . . . . versehen,

bei dem angeblich der Inhalt des messenden Raumes

J = ... L

und das größte Gasvolumen, welches derselbe pro Stunde durchzulassen bestimmt ist, V = . . . Kub. Met. beträgt, und welcher nach Kubikmeter registrirt, nachdem die Angabe des Zählwerkes bei der Prüfung sich innerhalb der zugelassenen Abweichung von höchstens zwei Procent als richtig erwiesen hat, gestempelt, und als taxmäßige Gebühren für die Eichung sind berechnet worden

fl. kr.

(Datum) . . . .

(Stempel.) Unterschrift des Eichmeisters.

2. für Gasmesser, bei denen die frühere Registrirung nicht verändert worden ist:

Eichschein IV. c. Nr. . . . für einen nassen Gasmesser.
d. Nr. . . . für einen trockenen Gasmesser.

Für Herrn . . . . . . zu . . . .

ist ein nasser / trockener Gasmesser, dessen Zählwerk noch nach . . . . Kubikfuß registrirt und welcher mit folgender Bezeichnung versehen ist:

(Einsetzung der Bezeichnung)

nachdem die Angabe seines Zählwerks bei der Prüfung sich innerhalb der zugelassenen Abweichung von höchstens zwei Procent als richtig erwiesen hat, nach § 70 der Eichordnung gestempelt und als taxmäßige Gebühren für die Eichung sind berechnet worden:

fl. kr.

Für denselben ist J = ... L.
und V = ... Kub. Met. . . . . .

zu nehmen.

(Datum) . . . .

(Stempel.) Unterschrift des Eichmeisters.

17. Die unter a. und b. aufgestellte Form der Eichscheine bezieht sich auf neue mit metrischer Registrirung versehene, sowie auf solche bereits früher gebrauchte Gasmesser anderer Construction, deren Zählwerk auf metrische Registrirung eingerichtet worden ist.

Die unter c. und d. angegebene Form wird durch die in § 70 der Eichordnung getroffene Bestimmung nothwendig, nach welcher Gasmesser, die bereits vor dem 1. Januar 1872 gehörig gestempelt und in Gebrauch waren, und welche wegen unwesentlicher Reparaturen nach diesem Zeitpunkt einer neuen Stempelung bedürfen, auch ohne den neueren Vorschriften zu genügen, gestempelt werden können.

Auf letzteren Eichscheinen ist J und V nach dem metrischen Maaße aufzutragen, letztere Größe namentlich auch deßhalb, um nach derselben den Gebührensatz der Eichtaxe zu bestimmen; es dient hierzu theils die frühere Angabe des Trommelinhaltes, theils die Zahl der Flammen, für welche der Gasmesser bestimmt ist, wobei für jede Flamme im Durchschnitt ein stündliches Gasvolumen von 142 Liter angenommen werden kann.

18. Als wesentliche Reparaturen, bei deren Ausführung die nach anderen Maaßen registrirenden Gasmesser auf metrische Registrirung in Folge von § 70 der Eichordnung eingerichtet werden müssen, sind zu erachten: Erneuerung der Welle, der Trommel, des Gehäuses, des Zählwerkes und Veränderung des Meßraumes.

19. Um die bedeutenden durch die Eichung der nach älteren Maaßen registrirenden Gasmesser entstehenden Eichungsarbeiten, welche zum Theil an Orten vorzunehmen sein werden, an denen sich eine Eichanstalt nicht befindet, übersehen und ohne zu große Belästigung der Gasanstalten und Consumenten durchführen zu können, wird bestimmt, daß an solchen Orten, wo ein Kubicirapparat für Gasmesser nicht vorhanden ist, ausnahmsweise auch die Prüfung kleinerer Gasmesser durch Controlgasmesser vorgenommen werden kann.

Bezüglich der Orte zur Anmeldung und der zweckentsprechenden Einrichtung der Eichungsarbeiten wird das Erforderliche verordnet werden.

München, den 14. Dezember 1871.

Königliche Normal-Eichungs-Commission

Ries,

kgl. Oberregierungsrath.

Bekanntmachung,

I. Unzulässig werden vom 1. Januar 1872 ab alle diejenigen Gewichtsstücke, deren Gewichtsgröße in der Reihe der folgenden Größen nicht vorkommt:

50	Kilogramm	=	100	Pfund	=	1 Centner
			50	"	=	½ "
20	"	=	40	"		
10	"	=	20	"		
5	"	=	10	"		
			5	"		
2	"	=	4	"		
1	"	=	2	"		
500	Gramm	=	1	"		
			½	"		
200	Gramm					
100	"					
50	"					
20	"					
10	"					
5	"					
2	"					
1	"					

5, 2, 1 Decigramm.
5, 2, 1 Centigramm.
5, 2, 1 Milligramm.

Danach werden im besonderen unzulässig alle ¼ Centner-Stücke, alle 3 Pfund-Stücke, und in den verschiedenen Arten der Eintheilung des Pfundes:

a) in der Decimal-Eintheilung die Stücke von

0,05	Pfund oder	5	Quint.
0,005	" "	5	Halbgramm
0,0005	" "	0,5	"
0,00005	" "	0,05	"

b) In der 30 Loth-Eintheilung alle Stücke, mit Ausnahme des ½ Pfund- oder 15 Loth-Stückes, sowie der 8 Loth-, 3 Quentchen-, 3 Cent- und 3 Korn-Stücke.

c) In der 32 Loth-Eintheilung alle Stücke mit Ausnahme des ½ Pfund- oder 16 Loth-Stückes.

II. Unzulässig werden ferner vom 1. Januar 1872 ab diejenigen Gewichts-Stücke, welche, obwohl nach ihrer Größe zu Folge der Bestimmungen unter I. zulässig, doch der Größen-Bezeichnung nach entweder den Bestimmungen der Maaß- und Gewichtsordnung direct zuwider laufen, oder doch gegenüber den Vorschriften derselben zu technischen Bedenken Veranlassung geben, nämlich:

A. Alle diejenigen Stücke, welche Namen oder abgekürzte Bezeichnungen von Namen enthalten, die in der Maaß- und Gewichtsordnung entweder gar nicht, oder nicht in dem bisherigen Sinne gebraucht werden, also alle nach Lothen, Neulothen, Quinten, Halbgrammen, Quentchen, Cent oder Korn bezeichneten Stücke.

Bei der Mehrzahl der Gewichtsstücke, welche durch diese Bestimmung getroffen werden, sonst aber nach der Bestimmung unter I. zulässig bleiben würden, wird sich die alte Bezeichnung tilgen und die neue aufschlagen lassen, ohne daß das Gewicht der Stücke dadurch eine Veränderung erleidet. Bei den $^{1}/_{8}$ Pfund-Stücken und den nach der Bestimmung unter I. zulässig bleibenden anderen Stücken der bisherigen Decimal-Unterabtheilungen des Pfundes ist auch die neben der zu duldenden Bezeichnung nach Bruchtheilen des Pfundes etwa noch vorhandene Bezeichnung nach Lothen, Neulothen, Halbgrammen rc. unkenntlich zu machen, wenn diese Stücke künftig zulässig bleiben sollen;

B. Alle diejenigen Stücke, welche nur mit Zahlen ohne Angabe des Einheits-Namens bezeichnet sind.

Alle durch die Vorschriften unter I. nicht ausgeschlossenen Stücke der Pfundreihe, welche außer der Zahl irgend eine auf Pfund, Zoll-Pfund, Centner, Zoll-Centner zu beziehende, überhaupt von K abweichende Bezeichnung enthalten, bleiben, auch wenn die Bezeichnung den Vorschriften der Eichordnung vom 12. Dezember 1871 nicht entspricht, ohne Beschränkung zulässig und können, nachdem ihre genügende Richtigkeit constatirt worden ist, den Eichungsstempel unter der Bedingung empfangen, daß sie auch den anderweitigen Vorschriften der Eichordnung genügen.

III. Die Einsatzgewichte, deren bisherige Zusammensetzung zufolge der durch die Bestimmungen unter I. bedingten Unzulässigkeit einzelner ihrer Theilstücke nicht zulässig bleiben kann, sind im öffentlichen Verkehr nicht mehr zu dulden, da gegen die Gestattung eines Fortgebrauches einzelner ihrer durch die Bestimmung unter I. nicht getroffenen Theilstücke oder unvollständiger Zusammensetzungen derselben entscheidende Bedenken obwalten.

IV. Die vorstehenden Bestimmungen haben zwar nach Artikel 8 der Maaß- und Gewichts-Ordnung vom 17. August 1868 keine Geltung bezüglich der Münzgewichts-Stücke, welche sich nach Artikel 1 des Münzvertrages vom 24. Januar 1857 im Gebrauche der Münzstätten befinden, dagegen finden sie Anwendung auf diejenigen Münzgewichts-Stücke, welche zum Zuwägen von Münzmetallen im öffentlichen Verkehr dienen.

München, den 14. Dezember 1871.

Königliche Normal-Eichungs-Commission.

Ries,

kgl. Oberregierungsrath.

Königlich Bayerisches

Kreis-Amtsblatt der Pfalz.

№ 15. Speier, den 17. Februar 1872.

pr. den 2. Februar 1872.

Gesetz,

die provisorische Steuererhebung und vorläufige Bestreitung besonderer Ausgaben pro 1872 betr.

Ludwig II.,
von Gottes Gnaden König von Bayern,
Pfalzgraf bei Rhein,
Herzog von Bayern, Franken und in Schwaben ꝛc. ꝛc.

Wir haben nach Vernehmung Unseres Staatsrathes mit Zustimmung der Kammer der Reichsräthe und der Kammer der Abgeordneten beschlossen und verordnen, was folgt:

Art. 1.

Das Staatsministerium der Finanzen ist ermächtigt, die im Finanzgesetze vom 18. Februar 1871 Tit. III § 13 bewilligten directen Steuern gegen seinerzeitige Abrechnung auf die für die XI. Finanzperiode festzusetzenden Steuern bis zum 31. März 1872 in den nach den bestehenden Normen verfallenden Zielen zu erheben.

Art. 2.

Die Maximaltarifsätze für die Eisenbahnen und den Ludwigscanal, wie sie für die X. Finanzperiode festgesetzt sind, werden bis zum 31. März 1872 verlängert.

Art. 3.

Die Staatsministerien sind ermächtigt, die Theuerungszulagen, welche einzelnen Beamten-Categorien und die Zuschüsse, welche den gering dotirten katholischen Seelsorgerposten und den unzulänglich dotirten protestantischen Pfarrern diesseits des Rheins, sowie die Sustentationen, welche den katholischen und protestantischen Geistlichen jenseits den Rheins für die Dauer der X. Finanzperiode in widerruflicher Weise gewährt wurden, bis zum 31. März 1872 fortbezahlen zu lassen und zu diesem Zwecke den vierten Theil jener Summe zu verwenden, welche für je ein Jahr der X. Finanzperiode vorgesehen ist.

Gegeben München, den 19. Januar 1872.

Ludwig.

Graf v. Hegnenberg-Dux. v. Pfretzschner.
Frhr. v. Pranckh. v. Lutz. v. Pfeufer.
Dr. Fäustle.

Nach dem Befehle Seiner Majestät des Königs:
der Generalsecretär des Staatsrathes,
Geh. v. Kobell.

Gesetz,
den Geschäftsgang des Landtags betr.

Ludwig II.,
von Gottes Gnaden König von Bayern,
Pfalzgraf bei Rhein,
Herzog von Bayern, Franken und in Schwaben rc. rc.

Wir haben die Bestimmungen über den Geschäftsgang des Landtags einer Revision unterstellen lassen und nach Vernehmung Unseres Staatsrathes und mit Beirath und Zustimmung der Kammer der Reichsräthe und der Kammer Abgeordneten, dann bezüglich des Abschnittes II unter Beobachtung der im § 7 Tit. X der Verfassungs-Urkunde vorgeschriebenen Formen beschlossen und verordnen, was folgt:

Abschnitt I.
Allgemeine Bestimmungen.

Art. 1.

Jeder Kammer kommt zu, ihre Geschäftsordnung selbst festzustellen und nach Bedürfniß abzuändern unter Beobachtung der nachfolgenden und der sonstigen über den Landtag bestehenden verfassungsmäßigen Bestimmungen.

Besondere Bestimmungen.

Abtheilung I.
Einberufung und Constituirung des Landtags.

Art. 2.

Der Landtag wird durch Königliche Ausschreibung einberufen, worin der Ort und Tag der Versammlung bestimmt wird. Jedes Mitglied der beiden Kammern erhält überdieß eine besondere Mittheilung hierüber, welche bei der Anmeldung in der Kammer vorzulegen ist.

Diese Vorlage erfolgt nach den näheren Bestimmungen der Geschäftsordnung.

Art. 3.

Der Landtag wird an demjenigen Tage, auf welchen er einberufen ist, eröffnet. Ort und Stunde der Eröffnung, sowie die Formen, unter welchen dieselbe stattfindet, bestimmt der König.

Art. 4.

Sämmtliche neu eintretende Mitglieder der beiden Kammern leisten bei der Eröffnung den verfassungsmäßig vorgeschriebenen Eid in die Hände des Königs oder in die Hände des von Ihm zu der Eröffnung des Landtags Bevollmächtigten.

Die später eintretenden Mitglieder haben diesen Eid in die Hände des Präsidenten abzulegen.

Art. 5.

Nach der Eröffnung des Landtags beginnt die Prüfung der Legitimationen der Kammermitglieder in der durch die Geschäftsordnung vorgeschriebenen Weise.

Ueber erhobene Beanstandungen entscheidet die Kammer. Die Regierung ist berechtigt, Beanstandungen zu erheben und an allen Verhandlungen über die erhobenen Bedenken oder Beanstandungen Theil zu nehmen.

Das Recht der Beanstandung steht ferner einem jeden Wahlberechtigten bezüglich der in seinem Wahlbezirke gewählten Abgeordneten zu.

Wahlbeanstandungen, welche später als zehn Tage nach der Eröffnung des Landtags und bei Nachwahlen, die während der Session stattfinden, nach Feststellung des Wahlergebnisses erfolgen, bleiben unberücksichtiget.

Die zu Abgeordneten Gewählten treten, wenn sie den Bestimmungen der Geschäftsordnung über die Vorlage ihres Einberufungsschreibens genügt haben, sofort in die Kammer und behalten in derselben bis zur Ungiltigkeitserklärung ihrer Wahl Sitz und Stimme.

Abgeordnete, deren Wahl beanstandet ist, dürfen in Beziehung auf ihre Wahl alle ihnen nöthig scheinenden Aufklärungen geben, nicht aber an der Abstimmung über diese Wahlbeanstandung Theil nehmen.

Art. 6.

Sobald die Anwesenheit einer beschlußfähigen Anzahl von Mitgliedern einer Kammer festgestellt ist, wählt dieselbe und zwar die Kammer der Reichsräthe ihren zweiten und die Kammer der Abgeordneten ihre Präsidenten. Die Wahl erfolgt in gesonderten Wahlhandlungen durch Stimmzettel nach absoluter Mehrheit.

Hat sich eine absolute Mehrheit im ersten Wahlgange nicht ergeben, so sind diejenigen drei Candidaten, welche die meisten Stimmen erhalten haben, auf die engere Wahl zu bringen. Wird auch bei dieser Wahl keine absolute Mehrheit erreicht, so sind diejenigen beiden Candidaten, welche die meisten Stimmen in der engeren Wahl erhalten haben, auf eine zweite engere Wahl zu bringen. Tritt in dieser letzten Wahl Stimmengleichheit ein, so entscheidet das Loos. Bei Ausmittelung derjenigen Candidaten, welche nach den vorstehenden Vorschriften auf die engere Wahl zu bringen sind, entscheidet bei Stimmengleichheit ebenfalls das Loos.

Auf die Wahl der Präsidenten folgt diejenige der Schriftführer nach Anleitung der Geschäftsordnung, bei Stimmengleichheit entscheidet auch hier das Loos.

Von der vollzogenen Zusammensetzung des Directoriums gibt jede Kammer dem Gesammtministerium und der andern Kammer Nachricht.

Sodann bestellt jede Kammer die nach den Bestimmungen eines Gesetzes oder der Geschäftsordnung erforderlichen Ausschüsse oder Abtheilungen.

Abtheilung II.

Polizei im Sitzungsgebäude. Registratur-, Kanzlei- und übriges Dienstpersonal der Kammer. Ausgaben.

Art. 7.

Während der Dauer der Versammlung gebührt jeder Kammer die Polizei in ihrem Sitzungsgebäude und wird in ihrem Namen ausschließend von dem Präsidenten nach den Bestimmungen der Geschäftsordnung ausgeübt.

Den Präsidenten der Kammern wird zu diesem Zwecke eine Militärwache zur Verfügung gestellt.

Art. 8.

Die Präsidenten der Kammern sind verpflichtet, die Ruhe in den Sitzungen aufrecht zu erhalten, Zeichen des Beifalles und der Mißbilligung den Zuhörern nicht zu gestatten, nöthigenfalls jeden derselben, welcher die Ruhe der Sitzungen in irgend einer Weise stört, aus dem Sitzungssaale wegzuweisen und nach Umständen an die zuständige Behörde abführen und eintretenden Falls die Gallerien räumen zu lassen. Im Falle der Räumung der Gallerien kann die Sitzung bis zur Erschöpfung der Tagesordnung fortgesetzt werden.

Art. 9.

Der Präsident ist berechtigt und verpflichtet, jedes Kammermitglied, welches einer in diesem Gesetze oder in der Geschäftsordnung enthaltenen Bestimmung entgegen handelt, sofort zur Ordnung zu verweisen und ihm im Weigerungsfalle die fernere Wortführung zu untersagen. Dem Betheiligten steht jedoch das Recht der Berufung an die Kammer zu.

Art. 10.

Die anwesenden Staatsminister, königlichen Commissäre, sowie alle Mitglieder der Kammer sind befugt, den Präsidenten auf Zuwiderhandlungen gegen die Ordnung aufmerksam zu machen und auf Zurückweisung zur Ordnung anzutragen.

Art. 11.

Zur Aufbewahrung der Acten und Ordnung der Registratur des Landtags haben die Kammern einen gemeinschaftlichen ständigen Archivar zu benennen, welcher aus der Staatskasse besoldet wird.

Das erforderliche Kanzlei- und sonstige Dienstpersonal wird von den in der Geschäftsordnung jeder Kammer zu bestimmenden Organen derselben aufgenommen und bis zur Aufarbeitung aller Geschäfte nach Bedürfniß verwendet.

Art. 12.

Die Staatscasse bestreitet die sämmtlichen Ausgaben

des Landtags und leistet den Kammervorständen auf jedesmaliges Begehren die nöthigen Vorschüsse, über deren Verwendung nach geendigter Versammlung Rechnung zu stellen ist.

Abtheilung III.

Sitzungen der Kammern, Berathungen, Abstimmung und Beschlußfassung, Beziehungen derselben zur Staatsregierung und untereinander.

A. Sitzungen der Kammern.

Art. 13.

Die Sitzungen der beiden Kammern werden nach Maßgabe der Geschäftsordnung von dem Präsidenten bestimmt, geleitet und geschlossen.

Dieselben sind öffentlich.

Ausnahmsweise findet die Oeffentlichkeit der Sitzungen nicht statt:

a) auf den Antrag des Directoriums oder einer in der Geschäftsordnung zu bestimmenden Zahl von Mitgliedern;

b) wenn ein Staatsminister oder k. Commissär erklärt, daß er der Kammer eine Eröffnung in vertraulicher Sitzung zu machen habe. Ueber solche Eröffnungen der Regierung darf ohne deren Zustimmung weder eine öffentliche Berathung, noch eine Bekanntmachung erfolgen.

Art. 14.

Wenn die Staatsminister oder k. Commissäre das Wort verlangen, um im Namen des Königs Vorlagen zu machen, so bleibt die Tagesordnung bis nach Beendigung des Vortrages hierüber unterbrochen.

Art. 15.

Die k. Staatsminister und k. Commissäre müssen über jeden Berathungsgegenstand auf ihr Verlangen zu jeder Zeit gehört werden, ohne daß jedoch dadurch ein Redner in seinem bereits begonnenen Vortrage unterbrochen werden darf.

Art. 16.

Die Staatsminister und k. Commissäre sind gleich

den Kammermitgliedern berechtigt, bei allen zur Verhandlung kommenden Gesetzentwürfen Abänderungen oder Unterabänderungen vorzuschlagen.

Art. 17.

Nur diejenigen Mitglieder der Ausschüsse oder Abtheilungen, welche Bericht erstatten oder ein Sondergutachten abgeben, dann die Staatsminister und k. Commissäre sind befugt, Vorträge abzulesen.

Art. 18.

Anfragen (Interpellationen) einzelner Kammermitglieder an die Staatsregierung sind dem Präsidenten kurz motivirt und schriftlich zu übergeben, welcher solche sofort dem betreffenden Minister mitzutheilen hat.

Art. 19.

In der hierauf folgenden nächsten oder längstens in der zweiten Sitzung wird die übergebene Interpellation, deren weitere Motivirung unzulässig ist, von dem Inerpellanten verlesen und hierauf vor Allem die Unterstützungsfrage gestellt.

Art. 20.

Findet die Interpellation die nöthige Unterstützung, so hat der treffende Minister dieselbe entweder gleich zu beantworten oder den Tag zu bestimmen, wann dieses geschehen soll oder die Gründe anzugeben, aus welchen die Beantwortung nicht erfolgen könne.

Art. 21.

Eine weitere Verhandlung über die Anfrage und die darauf ertheilte Antwort findet nicht statt.

Ist der Interpellirende durch die letztere nicht zufrieden gestellt, so steht es ihm frei, deßfalls einen förmlichen Antrag zu stellen, welcher auf dem von der Geschäftsordnung vorgeschriebenen Wege zu erledigen ist.

B. Berathungen.

Art. 22.

Berathungsgegenstände, deren Verweisung an einen Ausschuß in der Verfassung oder einem sonstigen Gesetze vorgeschrieben oder von den Staatsministern beantragt ist, müssen der Vorberathung und beziehungsweise Beschlußfassung in einem Ausschusse unterstellt werden.

In den Ausschüssen und Abtheilungen sind die Regierungs-Vorlagen, soweit nicht, namentlich wegen besonderer Dringlichkeit, mit Zustimmung der betreffenden Staatsminister oder der Commissäre ein Anderes von der Kammer beschlossen wird, vor allen übrigen Berathungs-Gegenständen sowohl hinsichtlich der Bearbeitung als der Berathung zu berücksichtigen.

Es soll jedoch in jeder Woche ein Tag der Berathung und Erledigung der Anträge der Kammermitglieder und der Beschwerden gewidmet werden.

Der Kammer bleibt es unbenommen, diese Berathung und Erledigung zu vertagen und eine bereits begonnene Discussion fortzusetzen und zu beendigen.

Der Ausschuß oder die Abtheilung hat vor der Berichterstattung die betreffenden Staatsminister oder k. Commissäre hierüber zu hören.

Art. 23.

Vorlagen der Regierung und gesonderte Anträge, welche ohne vorherige Verweisung an einen Ausschuß (Commission, Abtheilung) in der Kammer berathen werden sollen, sind durch den Druck zu vervielfältigen, an die Kammermitglieder zu vertheilen und gleichzeitig den Vertretern der Staatsregierung zuzustellen.

Berichte und Gutachten, welche von einem Ausschusse (Commission, Abtheilung) über Regierungsvorlagen, über Anträge der Kammermitglieder oder über Beschwerden abzugeben sind, müssen, insoferne nicht mit Zustimmung der Regierungsvertreter etwas Anderes beschlossen wird, zum Behufe der erstmaligen Berathung des Gegenstandes schriftlich erstattet, gedruckt und vertheilt werden.

Art. 24.

Die Berathung über die im Art. 23 bezeichneten Drucksachen kann ohne Zustimmung der Regierung nicht früher erfolgen, als nachdem zwischen dem Tage, an welchem

die Vertheilung stattgefunden hat, und dem Tage der Berathung zwei volle Tage verflossen sind.

Die Gegenstände, welche sich auf Vorlagen und Mittheilungen der Regierung beziehen, sind vor allen andern auf die Tagesordnung zu bringen, wenn nicht die treffenden Staatsminister oder Regierungscommissäre einen Aufschub verlangen oder demselben beistimmen.

C. Abstimmung und Beschlußfassung.

Art. 25.

Zur giltigen Abstimmung wird die Gegenwart der Mehrheit jener Mitglieder erfordert, aus welchen verfassungsmäßig jede der beiden Kammern zu bestehen hat, mit Vorbehalt derjenigen Fälle, in welchen gesetzlich die Anwesenheit einer größeren Anzahl vorgeschrieben ist.

Art. 26.

Wenn im Augenblicke der Abstimmung diese Mehrzahl nicht versammelt ist, so hat der Präsident die Abwesenden für die nächste Sitzung persönlich laden und die Ladung bescheinigen zu lassen.

Art. 27.

Jedes Mitglied der Kammer der Abgeordneten, welches nach geschehener zweimaliger richtig nachgewiesener Ladung auf die dritte unter Androhung des Ausschlusses an ihn ergangene und nachgewiesene Vorladung weder erscheint, noch sein Ausbleiben durch genügend dargelegte Gründe rechtfertigt, wird als ausgetreten betrachtet.

Art. 28.

Wenn ein Mitglied der Kammer der Reichsräthe nach geschehener zweimaliger richtig nachgewiesener Ladung auf die dritte unter Androhung des unten festgesetzten Rechtsnachtheils an dasselbe ergangene und nachgewiesene Vorladung weder erscheint, noch sein Ausbleiben durch genügend dargelegte Gründe rechtfertigt, so wird das betreffende Mitglied für die Dauer des Landtags als ausgetreten betrachtet.

Art. 29.

An der Abstimmung Theil zu nehmen, ist jedes anwesende Mitglied verpflichtet. Dagegen hat sich der Abstimmung zu enthalten:

1. jedes einzelne Kammermitglied, wenn auf dessen Antrag oder in Folge einer durch Geschäftsordnung gestatteten Reclamation über die dauernde oder vorübergehende Verpflichtung oder Berechtigung desselben zum Sitze in der Kammer entschieden werden soll;

2. jedes einzelne Kammermitglied, gegen welches eine nach der Geschäftsordnung zulässige Anklage oder Beschwerde erhoben wird, oder welches eine solche gegen ein anderes Mitglied der Kammer erhebt;

3. jedes einzelne Kammermitglied, welches in irgend einer von der Geschäftsordnung vorgesehenen Form die Entscheidung der Kammer bezüglich einer rein persönlichen Angelegenheit in Anspruch nimmt.

Reclamationen, Anklagen und Beschwerden, welche gegen mehrere Kammermitglieder zugleich gerichtet sind, werden in der Abstimmung getrennt behandelt, den Fall der formellen Beanstandung der Wahl eines ganzen Wahlbezirkes abgerechnet.

Art. 30.

Jedem Mitgliede der Kammer steht frei, Erinnerung gegen die Fassung und Stellung der Fragen zu machen.

Dasselbe Recht steht auch den Staatsministern und k. Commissären zu, wenn die Fragen eine Vorlage der Regierung oder einen Gegenstand betreffen, der an dieselbe gebracht werden soll.

Art. 31.

Die Abstimmung geschieht bei allen Gegenständen, welche öffentlich berathen werden, öffentlich, und zwar in der Regel durch Aufstehen und Sitzenbleiben.

Die Kammer kann jedoch die Abstimmung durch Namensaufruf beschließen.

Ueber das Ganze von Gesetzen muß jedenfalls öffentlich mittels Namensaufrufes abgestimmt werden.

Art. 32.

Giltige Beschlüsse können nur mit Stimmenmehrheit der Anwesenden gefaßt werden, mit Vorbehalt derjenigen Fälle, in welchen besondere Gesetze mehr als einfache Stimmenmehrheit erfordern.

Bei Stimmengleichheit wird der in Berathung gezogene Vorschlag als verworfen erachtet.

D. Beziehungen der Kammern zu der Staatsregierung und untereinander.

Art. 33.

Die Kammer sowohl als die Ausschüsse haben innerhalb des Umfanges ihres Wirkungskreises das Recht, diejenigen Erläuterungen und Aufschlüsse, welche sie erforderlich erachten, von den einschlägigen Staatsministerien zu verlangen und haben letztere solchem Ansinnen zu entsprechen.

Unmittelbares Benehmen mit anderen Stellen und Behörden ist nicht gestattet.

Die Ausschüsse sind ferner befugt, das mündliche und schriftliche Gutachten von Sachverständigen zu erholen.

Zur Abgabe solcher Gutachten kann Niemand angehalten werden, ebenso dürfen hiedurch keine eigenen Ausgaben für die Staatscasse erwachsen.

Art. 34.

Die von den Ausschüssen (Commissionen, Abtheilungen) bearbeiteten Vorträge sind den Staatsministern und k. Commissären gleichzeitig mit der Vertheilung an die Kammermitglieder zuzustellen.

Art. 35.

Für die nach Tit. VII. § 14 der Verfassungs-Urkunde zu ernennenden Commissäre hat jede Kammer sogleich nach der Wahl der Ausschüsse die entsprechende Wahl vorzunehmen und gleichzeitig auch einen Stellvertreter zu wählen, welcher im Verhinderungsfalle des Commissärs in dessen Befugniß und Verpflichtung eintritt.

Diese Commissäre und Stellvertreter haben ihre Functionen auch nach Verfluß der Wahlperiode und selbst im Falle der Auflösung der Kammern bis zur Ernennung von Nachfolgern fortzusetzen.

Art. 36.

Diese Commissäre haben auch nach Beendigung des Landtags über die genaue Einhaltung des gesetzlichen Staatsschuldentilgungsplanes und die Befolgung der über das Staatsschuldentilgungswesen überhaupt bestehenden gesetzlichen Bestimmungen fortwährend zu wachen.

Sie haben zu diesem Zwecke von den sämmtlichen Verhandlungen der Staatsschuldentilgungs-Commission Kenntniß zu nehmen, welche denselben überdieß zu jeder Zeit auf Verlangen die erforderlichen Acten, Rechnungen, Cassabücher, Urkunden und sonstige Behelfe zur Einsicht vorzulegen hat.

Sie haben hiebei insbesondere Augenmerk darauf zu richten, daß keine Vermischung der Gelder der Ablösungscassa mit jenen der Staatsschuldentilgungscassa oder irgend einer andern Staatscassa stattfinde. Diese Mitglieder sind befugt, von sämmtlichen Verhandlungen der Commission, den Journalen und Hauptbüchern jederzeit Einsicht zu nehmen und, im Falle die Commission ihre gegründeten Bemerkungen gegen allenfallsige Ueberschreitung der Befugnisse oder Nichtbefolgung des genehmigten Tilgungsplanes unbeachtet lassen würde, hievon dem Staatsministerium der Finanzen Mittheilung zu machen und dem nächsten Landtage Anzeige zu erstatten.

Art. 37.

Weder die Kammern, noch ihre Ausschüsse, sind berechtigt, ohne Zustimmung der Staatsregierung Aufrufe oder Erklärungen an das Volk oder einzelne Theile desselben zu richten oder Deputationen oder Ueberbringer von Bittschriften zuzulassen.

Art. 38.

Die geschäftlichen Beziehungen beider Kammern werden durch Uebereinkunft der Directorien geordnet.

Art. 39.

Sobald ein Gesammtbeschluß beider Kammern zu Stande gekommen ist, wird derselbe dem Gesammtstaatsministerium behufs der Vorlage an den König übersendet. Dasselbe gilt von den Vorlagen jeder einzelnen Kammer.

Art. 40.

Der König ertheilt oder verweigert den Gesetzentwürfen, welche die Zustimmung beider Kammern erhalten haben, seine Sanction entweder sogleich nach der Vorlage eines jeden einzelnen Gesammtbeschlusses oder spätestens beim Schlusse der Versammlung im Landtags-Abschiede; dasselbe geschieht hinsichtlich der Bescheidung der von den Kammern gestellten Anträge.

Abschnitt II.

1. An die Stelle des § 20 Abs. I Tit. VII der Verfassungsurkunde tritt folgende Bestimmung, welche einen Bestandtheil der Verfassungsurkunde bildet:

„Jedes einzelne Mitglied hat das Recht, in dieser Beziehung seine Wünsche und Anträge in der Kammer vorzubringen."

2. An die Stelle des § 21 Absatz I Tit. VII der Verfassungsurkunde tritt folgende Bestimmung, welche einen Bestandtheil der Verfassungsurkunde bildet:

„Jeder einzelne Staatsangehörige, sowie jede Gemeinde kann Beschwerden über Verletzung der constitutionellen Rechte an den Landtag, und zwar an jede der beiden Kammern bringen, welche sie durch den hierüber bestehenden Ausschuß prüfen läßt und nach Maßgabe der Geschäftsordnung in Berathung nimmt."

Schlußbestimmungen.

Mit der Verkündung des vorstehenden Gesetzes durch das Gesetzblatt und durch das Amtsblatt der Pfalz tritt das Gesetz vom 25. Juli 1850, den Geschäftsgang des Landtages betr., außer Wirksamkeit.

Die Geschäftsbehandlung jeder Kammer richtet sich in Bezug auf die durch das gegenwärtige Gesetz der Regelung im Wege der Geschäftsordnung anheimgegebenen Punkte nach den bisherigen Bestimmungen bis zu dem Tage, an welchem die revidirte Geschäftsordnung gemäß Beschluß der Kammer in Wirksamkeit tritt.

Gegeben München, den 19. Januar 1872.

Ludwig.

Graf v. Hegnenberg-Dux. v. Pfretzschner. Frhr. v. Pranckh. v. Lutz. v. Pfeufer. Dr. Fäustle.

Nach dem Befehle Seiner Majestät des Königs:
der Generalsecretär des Staatsrathes,
Geh. von Kobell.

Dienstesnachrichten.

Durch Beschluß der k. Regierung der Pfalz, Kammer des Innern, vom 20. Januar 1872, wurde die Wahl des bisherigen Gemeinderaths-Mitgliedes Heinrich Pohly zum II. Adjunkten der Gemeinde Frankenthal bestätigt.

Durch Beschluß der k. Regierung der Pfalz, Kammer des Innern, vom 24. Januar l. J., wurde die Wahl des Gemeinderathsmitgliedes Carl Mannweiler zu Niederkirchen als Bürgermeister der Bürgermeisterei Niederkirchen bestätigt.

Durch Beschluß der k. Regierung der Pfalz, Kammer des Innern, vom 17. Januar 1872, wurde der Lehrer Jacob Müller in Mühlheim zum Lehrer an der protestantischen deutschen oberen Mittelschule zu Frankenthal, vom 1. Februar 1872 an, ernannt.

Durch Beschluß k. Regierung der Pfalz, Kammer des Innern, vom 18. Januar 1872, wurde der Schulverweser Philipp Ellenberger in Ellerstadt zum Lehrer an der protestantischen deutschen Vorbereitungsschule zu Meckenheim, vom 1. Februar 1872 an, ernannt.

Durch Beschluß der k. Regierung der Pfalz, Kammer des Innern, vom 19. Januar 1872, wurde der katholische Schullehrer Joseph Motzenbäcker von Knopp zum Lehrer an der deutschen Schule zu Ruchheim, vom 1. Februar 1872 an, ernannt.

Durch Beschluß der k. Regierung der Pfalz, Kammer des Innern, vom 19. Januar 1872, wurde der katholische Schullehrer Johann Wagner von Rodalben zum Schullehrer an der deutschen Schule zu Hermersberg, vom 1. Februar 1872 an, ernannt.

Durch Beschluß k. Regierung der Pfalz, Kammer des Innern, vom 22. Januar 1872, wurde der Schulverweser Valentin Sinn zu Wörth zum Lehrer an der protestantischen deutschen Schule daselbst, vom 1. Januar 1872 an, ernannt.

Königlich Bayerisches

Kreis-Amtsblatt der Pfalz.

№ 16. Speier, den 22. Februar 1872.

Inhalt:

pr. den 15. Februar 1872.

Königlich Allerhöchste Entschließung,

die Verlängerung des Landtages betr.

Ludwig II.,

von Gottes Gnaden König von Bayern, Pfalzgraf bei Rhein, Herzog von Bayern, Franken und in Schwaben ꝛc. ꝛc.

Unsern Gruß zuvor, Liebe und Getreue!

Wir finden Uns bewogen, die nach der Vorschrift des Titel VII § 22 der Verfassungs-Urkunde zu Ende gehende Dauer der Sitzungen des gegenwärtig versammelten Landtages bis zum 23. März l. Js. einschließlich zu verlängern.

Indem Wir euch dieses eröffnen, bleiben Wir euch mit Königlicher Huld und Gnade gewogen.

München, den 7. Februar 1872.

Ludwig.

Graf v. Hegnenberg-Dux. v. Pfretzschner. Frhr. v. Pranckh. v. Lutz. v. Pfeufer.
Dr. Fäustle.

An die Kammer der Reichsräthe
und
die Kammer der Abgeordneten
ergangen.

Auf Königlich Allerhöchsten Befehl:
Der General-Secretär:
Ministerialrath v. Dubois.

Königlich Allerhöchste Verordnung,

die Organisation des Staatsbauwesens betr.

Ludwig II.,

von Gottes Gnaden König von Bayern,

Pfalzgraf bei Rhein,

Herzog von Bayern, Franken und in Schwaben &c. &c.

Die über das öffentliche Bauwesen bestehende Verordnung vom 13. November 1857 haben Wir einer Revision unterstellen lassen und verordnen nach Vernehmung Unseres Staatsrathes, was folgt:

A. Oberste Leitung des Staatsbauwesens.

§. 1.

Die Leitung des Staatsbauwesens ist Unserem Staatsministerium des Innern übertragen, welchem zur Erfüllung der ihm hiedurch gestellten Aufgabe die oberste Baubehörde als eine besondere Abtheilung einverleibt ist.

Die für das Personal der Staatsministerien giltigen allgemeinen Vorschriften finden daher auch auf das Personal der obersten Baubehörde gleichmäßige Anwendung.

§. 2.

Die oberste Baubehörde besteht aus:

a. einem Oberbaudirector als Vorstand mit dem Range des Directors einer Centralstelle,

b. der nöthigen Anzahl von Oberbauräthen und Bauräthen, erstere in dem Range der bisherigen Oberbauräthe, letztere im Range der Kreisbauräthe,

c. einem Assessor in dem Range der Kreisbauassessoren,

d. einem Secretär und Buchhalter,

e. einem Registrator,

f. einem Canzlisten.

Außerdem wird der obersten Baubehörde die erforderliche Anzahl von Practikanten und Zeichnern beigegeben.

§ 3.

Dem Oberbaudirector steht als Vorstand der obersten

Baubehörde die Leitung und Vertheilung der Geschäfte vorbehaltlich der in § 9 enthaltenen Beschränkungen zu.

Ihm ist die Ueberwachung der Etats, der Comptabilität und Buchhaltung für das Straßen-, Brücken- und Wasserbauwesen übertragen.

Die Bearbeitung von Personalfragen und Disciplinarfällen ist Aufgabe des Vorstandes.

§ 4.

Im Falle der Verhinderung des Oberbaudirectors werden dessen Functionen von dem dienstältesten Oberbaurathe ausgeübt.

§ 5.

Der obersten Baubehörde liegt ob:

1. die Herstellung, Aufbewahrung und Evidenthaltung der Flußkarten und Rectificationspläne derjenigen Flüsse, bezüglich deren der Uferschutz eine Staats- oder Kreislast bildet, dann der Straßen-, Brücken- und Landbau-Kataster,

2. die Prüfung der Candidaten für den Staatsbaudienst in allen seinen Theilen,

3. die Führung eines Dienstalters- und Qualificationsbuches über das gesammte im Staatsbauwesen angestellte und verwendete Personal,

4. die Ausarbeitung von Instructionen für das Staatsbaupersonal, über die Prüfung der Candidaten für den Baudienst, über die Ausführung und Unterhaltung der Staatsbauten,

5. die Erstattung der in technischen Fragen erforderten Gutachten, wobei jedoch von der obersten Baubehörde in den das Verwaltungs- oder Privatrecht berührenden Gegenständen vor Bearbeitung der Frage Rechtsgutachten zu erholen ist.

§ 6.

In eigener Competenz hat die oberste Baubehörde sodann alle Anordnungen zu erlassen, welche auf die Prüfung der Baucandidaten Bezug haben und werden die Prüfungszeugnisse derselben durch diese Behörde ausgestellt.

Ebenso kann sie unmittelbare Weisungen an die unteren Organe des Baudienstes erlassen, welche die Ergänzung des ihr vorliegenden Materials oder die Ueberwachung der Bauausführung zum Ziele haben.

Die Expedition dessen, was die oberste Baubehörde unter Fertigung ihres Directors in eigener Competenz verfügt, besorgt deren Secretär.

Die Regie der obersten Baubehörde wird aus der ihr zugewiesenen Etatsposition bestritten.

§ 7.

Die Qualification der im Baudienste verwendeten Beamten erfolgt in collegialer Berathung der obersten Baubehörde.

Ebenso sind alle wichtigeren Neubaupläne, sowie alle Gegenstände von principieller und hervorragender Bedeutung zur collegialen Berathung zu verweisen.

Der Oberbaudirector führt in den Sitzungen den Vorsitz und entscheidet im Falle der Stimmengleichheit.

§ 8.

Im besonderen Wirkungskreise des Staatsministeriums des Innern hat die oberste Baubehörde alle Gegenstände technischer und finanzieller Natur im Straßen-, Brücken- und Wasserbau zu bearbeiten, wohin insbesondere die Prüfung der von den Central- und Kreisstellen angefertigten Etats der aus Staatsfonds zu bestreitenden Straßen-, Brücken- und Wasserbauten, die Prüfung der hieher gehörigen Pläne und Kostenvoranschläge, sowie die Aufsicht darüber gehört, ob diese Pläne den festgestellten technischen Vorschriften entsprechen.

§ 9.

Endlich bildet die oberste Baubehörde bezüglich des Landbauwesens das technische Organ für alle Civil-Staatsministerien.

Für jedes derselben ist zu diesem Zwecke ein ständiger Referent aus den Mitgliedern der obersten Baubehörde aufzustellen.

Jedes Staatsministerium verfügt selbstständig über die demselben zur Bestreitung des Bauaufwandes der Staatsgebäude seines Ressorts zugewiesenen Baufonds.

§ 10.

Berichte der Stellen und Behörden, wie Vorstellungen der Partrien in Bauangelegenheiten sind an das treffende Ressort-Ministerium zu richten.

Sie werden, soweit technische Punkte in Frage sind, von diesem an die oberste Baubehörde zur Bearbeitung überwiesen, und sind gleich den übrigen Geschäftsgegenständen des Ministeriums zu behandeln. Pläne und Karten, soweit sie nicht den Acten einverleibt sind, oder Modelle werden besonders verwahrt.

§ 11.

Die oberste Baubehörde übt die Ueberwachung des gesammten Staatsbauwesens durch ihre Mitglieder aus, welche zu diesem Zwecke alljährlich in den ihnen zugewiesenen Geschäftssparten nach Anordnung des Oberbaudirectors regelmäßige Visitationsreisen vorzunehmen haben.

Zweck der Bereisung ist, den Zustand der Straßen-, Brücken-, Wasser- und Landbauten wahrzunehmen, Mängel an diesen Objecten zu constatiren, die in Ausführung begriffenen Bauten zu überwachen, die für projectirte Neubauten maßgebenden örtlichen Verhältnisse kennen zu lernen und die Thätigkeit des gesammten Staatsbaupersonals zu controliren.

§ 12.

Die Commissarien der obersten Baubehörde haben, sofern in ihrem Commissorium keine anderweitige Anordnung getroffen ist, die Ergebnisse ihrer Inspectionsreisen mit dem Regierungspräsidenten unter Zuziehung des Kreisbaurathes und erforderlichen Falles der Kreisbau-Assessoren, sowie auch der Vorstände der äußeren Baubehörden zu besprechen, über alle wichtigeren Punkte und Verkommnisse Vormerkungen in tabellarischer Form aufzunehmen und letztere dem Staatsministerium des Innern vorzulegen, welches hievon, soweit hiezu Veranlassung gegeben ist, den übrigen Civil-Staatsministerien Mittheilung macht.

§ 13.

Die Civil-Staatsministerien können übrigens ihren ständigen Referenten unter Mittheilung hierüber an das Staatsministerium des Innern besondere Commissorien sowohl für die regelmäßigen Inspectionsreisen als auch für einzelne technische Aufgaben und größere Bauten ertheilen. Alle betheiligten technischen Organe sind rechtzeitig von der getroffenen Verfügung zu verständigen.

Es ist hiebei Unser Wille, daß alle wichtigeren Bauprojecte, sowie die Pläne hiezu an Ort und Stelle unter Beiziehung aller betheiligten dienstlichen und technischen Organe und insbesondere derjenigen, in deren Hand die letzte Entscheidung gelegt ist, berathen werden.

§ 14.

Unsere besondere Genehmigung behalten Wir vor für Pläne:

a. bei Gebäuden, welche aus Staatsmitteln errichtet werden, und einen Bauaufwand von 20,000 fl. und mehr erfordern,
b. bei Gebäuden im Bereiche der Cultusstiftungs- und Kirchengemeinde-Verwaltung, welche der Monumental- und Kirchenarchitektur angehören,
c. bei Gebäuden der obenerwähnten Categorien, wenn deren äußere Gestalt und Form einer wesentlichen Veränderung unterworfen werden soll.

§ 15.

Alle Pläne für die im § 14 bezeichneten Gebäude sind einer besonderen Prüfung in ästhetischer Hinsicht bei der obersten Baubehörde zu unterziehen.

Zu diesem Behufe werden Wir einige hervorragende Architekten bezeichnen, welche zur Theilnahme an dieser Prüfung jeweils beizuziehen sind.

B. Leitung des Staatsbauwesens in den Kreisen.

§ 16.

Die Leitung und Beaufsichtigung des Staatsbauwesens in den Kreisen wird den k. Regierungen, Kammern des Innern, übertragen.

Zur Erfüllung dieser Aufgabe wird jeder Kreisregierung die entsprechende Zahl von Kreisbauräthen und Assessoren für den Landbau, sowie für das Ingenieurfach beigegeben.

Dieselben sind die technischen Organe für beide Kammern und der Kreisregierung, Kammer des Innern, einverleibt.

Die Leitung und Vertheilung der Geschäfte, sowie die Ueberwachung der Comptabilität steht dem Baurathe, in dessen Abwesenheit dem Assessor und bei Vorhandensein mehrerer Assessoren dem Dienstältesten derselben zu.

Im Falle der Verhinderung des einen Kreisbaurathes und der betreffenden Assessoren findet die Vertretung durch den anderen Kreisbaurath oder durch die für dessen Fach berufenen Assessoren statt.

§ 17.

Die Kreisbauräthe haben den Rang der Regierungsräthe, die Kreisbauassessoren denjenigen der Regierungsassessoren und gelten für sie die für die Mitglieder der Regierung bestehenden allgemeinen Vorschriften und Anordnungen.

§ 18.

Die Kreisbauräthe und Assessoren haben alle im Kreise anfallenden Gegenstände aus dem Gebiete des Straßen-, Brücken-, Wasser- und Landbauwesens des Staates zu bearbeiten, soweit nicht bezüglich einzelner Landbauten von den einschlägigen Staatsministerien eine andere Anordnung getroffen ist, und in Fragen, welche zugleich das Verwaltungs- oder Privatrecht berühren, Gutachten zu erholen.

Dieselben sind zugleich die technischen Organe der

Kammer der Finanzen und haben als solche die in Abs. 1 bezeichneten Gegenstände im Bereiche der Finanzverwaltung zu bearbeiten.

§ 19.

Die Kreisbauräthe haben an den Sitzungen der Regierung, in welchen Gegenstände technischer Natur zu erledigen sind, theilzunehmen und sind für diese Gegenstände stimmberechtigt.

Im Verhinderungsfalle werden dieselben durch den einschlägigen Kreisbau-Assessor vertreten.

§ 20.

Wenn ein Kreisbaurath durch eine Verfügung der Regierung die technischen Rücksichten im Bauwesen beeinträchtigt erachtet, so ist er verpflichtet, seine Bedenken dem Regierungs-Präsidium auf schriftlichem Wege zur Anzeige zu bringen.

Diese Erinnerungen des Kreisbaurathes werden bei sich ergebender Meinungsverschiedenheit dem betheiligten Staatsministerium zur schließlichen Entscheidung unterbreitet.

§ 21.

Den Kreisbauräthen werden vom Präsidium der Regierung alle in ihr Fach einschlägigen Einläufe zur Bearbeitung zugetheilt. Insbesondere ist ihnen zu überweisen:

1. die Prüfung der von den äußeren Organen aufgestellten Unterhaltungs-Etats für das gesammte Staatsbauwesen;
2. die Ueberwachung der Verwendung aller durch den Etat für Neubau und Bauunterhaltung verfügbar gestellten Mittel;
3. die Prüfung und beziehungsweise Entwerfung der Neubau-Projecte des Staates und der bezüglichen Kostenanschläge; die Controle über genaue Beobachtung der Bauprogramme, vorbehaltlich dessen, was in §§ 13, 14, 15, 18 und 36 bestimmt ist;

4. die Ueberwachung der Ausführung genehmigter Staatsbauten;
5. die technische und materielle Prüfung der Baurechnungen an sich und im Gegenhalte zu den Etats;
6. die Abgabe technischer Gutachten im Gebiete des Kreis-, Districts-, Gemeinde- und Stiftungs-Bauwesens innerhalb des Geschäftsbereiches der Kreisregierungen;
7. die Ueberwachung, Controle und Disciplin des den Regierungen untergeordneten Staatsbaupersonals und die Vorschläge bezüglich der Verwendung und Qualification desselben.

§ 22.

Die Kreisbauräthe und Assessoren haben bei ihren Inspectionsreisen die zum Vollzug gegebener Anordnungen nöthigen Weisungen unmittelbar an die äußeren Organe zu ertheilen, diese sowohl wie auch andere wichtige Wahrnehmungen in einer Reiseregistratur niederzulegen und letztere der Regierung vorzulegen.

§ 23.

Alle amtlichen Berichte, Eingaben und Beschwerden der Privaten in Bauangelegenheiten, soweit sie in den Wirkungskreis der Regierungen fallen, sind an diese zu richten, und erfolgen alle Erlasse und Bescheide unter Fertigung der betreffenden Regierungskammern.

§ 24.

Zur Unterstützung der Kreisbauräthe wird je nach Bedarf das nöthige technische Hilfspersonal aufgestellt werden.

Im Uebrigen werden alle das Bauwesen betreffenden Acten gleich den übrigen Acten der Regierung behandelt.

Pläne, welche nicht den Acten beigegeben sind, werden in einem besonderen Conservatorium verwahrt.

§ 25.

Die Canzlei- und Registraturgeschäfte werden durch das einschlägige Personale der Regierung besorgt.

Für die specielle Regie der Kreisbauräthe und deren technische Hilfsorgane wird ein gesonderter Etat aufgestellt.

§ 26.

Den Kreisbaurätheu oder Assessoren kann im Einverständnisse mit dem Staatsministerium des Innern von Unseren Civil-Staatsministerien bezüglich einzelner größerer Staatsbauten ein besonderes Commissorium übertragen werden.

Die Uebernahme von Kreis-, Distrikts-, Gemeinde- und Stiftungs-Bauführungen durch die Baubeamten der Kreisregierung ist durch die Genehmigung des Staatsministeriums des Innern bedingt.

Die Uebernahme von Privatbauten dagegen ist unzulässig.

§ 27.

Der für das Landbaufach bestimmte Kreisbaurath hat die sämmtlichen Staatsgebäude im Kreise in einem durch Ministerial-Entschließung zu regelnden Turnus zu besichtigen, deren Zustand im Allgemeinen zu untersuchen, die zweckmäßige Verwendung der Unterhaltungs-Etats zu prüfen und die für Erhaltung der Gebäude nöthigen Anträge zu stellen.

§ 28.

Der für das Ingenieurfach bestimmte Kreisbaurath hat alljährlich sämmtliche Staatsstraßen nebst Brücken und wenigstens einmal die öffentlichen Flüsse im Kreise und zwar letztere in der Regel im Frühjahre oder Herbst zu inspiciren, die Thätigkeit der äußeren Organe und die zweckmäßige Verwendung der etatsmäßigen Mittel zu controliren, die größeren Brückenbauten zu untersuchen und alle zum entsprechenden Vollzug der getroffenen Anordnungen nöthigen Maßregeln zu ergreifen.

§ 29.

Die Kreisbau-Assessoren haben ihre Dienstreisen im Benehmen mit den Kreisbaurätheu vorzunehmen.

§ 30.

Die Kreisbauräthe und Assessoren müssen ein Reisetagebuch führen, welches der Regierung, Kammer der Finanzen, vorzulegen ist.

Eine Abschrift hievon ist dem Staatsministerium des Innern einzusenden.

C. Leitung des Staatsbauwesens in den Bezirken.

§ 31.

Die Leitung und Beaufsichtigung des Staatsbauwesens in den Bezirken wird Bauämtern übertragen.

§ 32.

Die Bauämter sind der Regierung unmittelbar untergeordnet und erstreckt sich deren amtlicher Wirkungskreis auf den Umfang der zu einem Bauamte vereinigten Verwaltungsdistrikte.

§ 33.

Die Bauämter sind den Bezirksämtern coordinirt und die Beamten derselben haben den gleichen Rang mit den Beamten der k. Distrikts-Verwaltungsbehörden.

Die allgemeinen Dienstesvorschriften für die letzteren finden ihre gleichmäßige Anwendung auf die Bauämter und deren Beamte.

§ 34.

Jedes Bauamt ist mit einem Bauamtmann als Vorstand und einem oder mehreren Bauamtsassessoren als Nebenbeamten zu besetzen, welch' letzteren im Bedürfnißfalle ein vom Bauamt entfernt liegender Wohnsitz angewiesen werden kann.

Der Bauamtmann als Vorstand des Bauamts übt alle Befugnisse eines solchen aus.

Insbesondere steht ihm die Vertheilung der Arbeiten unter die Nebenbeamten und deren Beaufsichtigung zu. Der dienstälteste Nebenbeamte am Sitze des Bauamts vertritt den Amtsvorstand im Verhinderungsfalle.

§ 35.

Sowohl für den Straßen-, Brücken- und Wasserbau, als auch für den Landbau werden besondere Bauämter gebildet.

Letzteren können, wo es die Localverhältnisse erfordern, auch einzelne Straßen sammt zugehörigen Brücken übertragen werden.

Die Anzahl und Formation der Bauämter weist die anliegende Tabelle nach.

§ 36.

Die Bauämter haben die Aufgabe, alle in ihrem Bezirk befindlichen, ihnen zugewiesenen baulichen Einrichtungen des Staats zu überwachen, zu unterhalten und die Herstellung neuer solcher baulicher Anlagen zu leiten, alle Beschädigungen und Beeinträchtigungen der Rechte des Staates an den ihnen anvertrauten Objecten ferne zu halten und in den hiezu geeigneten Fällen die Beihilfe der Verwaltungsbehörden nach Maßgabe der bestehenden Gesetze und Verordnungen in Anspruch zu nehmen oder die Intervention der Gerichte zu veranlassen.

Dieselben haben ferner die Unterhaltungs-Etats aufzustellen, die etatsmäßig für Bauunterhaltung bewilligten Mittel zu verwenden, und die Projecte und Kostenanschläge für Neubauten herzustellen, wenn von der vorgesetzten Stelle in letzter Beziehung nicht anders verfügt wird.

Den einzelnen Staatsministerien bleibt vorbehalten, den Bauämtern bezüglich einzelner Bauobjecte ausnahmsweise unmittelbare Weisungen zukommen zu lassen, unter abschriftlicher Mittheilung derselben, sowie aller sonstigen damit in Zusammenhang stehenden Weisungen an die Kreisregierungen.

Die Bauämter haben in solchen Fällen unmittelbar an das Staatsministerium Bericht zu erstatten.

§ 37.

Die Beamten der Bauämter können die Ausführung von Kreis-, Districts-, Gemeinde- oder Stiftungsbauten auf Grund besonderer mit der treffenden Verwaltung abzuschließenden Verträge übernehmen, die Uebernahme jeder solchen Bauführung ist jedoch durch die Genehmigung der Regierung bedingt.

Die Uebernahme von Privatbauten dagegen ist unzulässig.

§ 38.

Bei den Besichtigungen der Landbauten des Staates ist durch die Beamten der Landbauämter der bauliche Zustand der Objecte unter Beiziehung der betheiligten Behörden oder Nutznießer genau zu controliren und durch sorgfältige Wahrnehmung kleinerer Gebrechen und deren Beseitigung der Anfall größerer Reparaturen ferne zu halten.

Im Falle Baugebrechen mit Gefahr auf Verzug wahrgenommen werden, ist deren sofortige Beseitigung zu veranlassen.

Die specielle Aufsicht über die Staatsgebäude des Bezirks ist nach einem von der Regierung zu genehmigenden Vorschlage unter die Beamten des Landbauamtes zu vertheilen.

§ 39.

Der Bauamtmann hat die Postulate für die einzelnen Landbauten zu prüfen und festzustellen.

Die betheiligten Behörden und die Nutznießer von Staatsgebäuden sind vom Bauamte zur Aeußerung über wahrgenommene Baugebrechen sowie über etwaige Verbesserungen an den Gebäuden zu veranlassen.

Diese Aeußerungen sind den Etatsaufstellungen beizufügen.

Die Ausführung der kleineren Reparaturarbeiten kann von den betheiligten Behörden oder von den Nutznießern der Gebäude mit Zustimmung des Bauamtes innerhalb der Grenzen des Etats und gegen nachträgliche bauamtliche Controle durch sachkundige Baumeister bewerkstelligt werden.

Größere Reparaturen, welche auf Gestalt, Construction und Eintheilung des Gebäudes Einfluß üben, dürfen nur auf specielle Anordnung des Bauamts unternommen und unter dessen besonderer Aufsicht durchgeführt werden.

§ 40.

Die Straßen- und Wasserbauämter haben den Zustand der Straßen und Brücken sorgfältigst zu überwachen und für die genaue Ausführung aller deßhalb gegebenen Vorschriften Sorge zu tragen.

Sie haben das Straßen- und Flußaufsichtspersonal zu controlliren, dasselbe zu bestimmten Arbeiten anzuweisen, die rechtzeitige Anschaffung und richtige Verwendung der Unterhaltungsmaterialien anzuordnen und einen möglichst vollkommenen Zustand der ihnen anvertrauten Objecte herbeizuführen.

§ 41.

Die specielle Aufsicht über die Staatsstraßen und öffentlichen Flüsse ist unter die Beamten des Bauamtes nach einem von der Regierung zu genehmigenden Vorschlage zu vertheilen.

§ 42.

Die Beamten dieser Bauämter haben nach Verlauf eines jeden vollbördigen Hochwassers die ihnen zugewiesenen Flußstrecken zu besichtigen, die Erhaltung der bestehenden Flußbauten zu überwachen, die nothwendigen Neubauten zu beantragen und eventuell auszuführen, sowie die Erhaltungs- und die Neubau-Etats aufzustellen.

Insbesondere sind die Bauämter verpflichtet, die nach Art. 25 des Gesetzes vom 28. Mai 1852, die Benützung des Wassers betreffend, dem Staate zufallenden Verlandungen in Besitz zu nehmen und diesen Besitz sicher zu stellen.

Ihnen liegt die im Artikel 12 des Gesetzes vom 28. Mai 1852, den Uferschutz betreffend, angeordnete Uferbesichtigung innerhalb ihres Bezirkes ob.

§ 43.

Um unvorhersehbare dringende Reparaturen, z. B. in Folge von Elementar-Ereignissen, rasch und zweckentsprechend bewerkstelligen zu können, werden in den einzelnen Unterhaltungs-Etats für die Staatsgebäude, dann für

Straßen-, Brücken- und Wasserbau zur Verfügung der Kreisregierungen und der Baubehörden Reserven angewiesen werden.

§ 44.

Für den inneren Dienst eines jeden Bauamts ist auf Regiekosten ein Gehilfe aufzustellen.

Für dessen Dienstleistungen, sowie für die finanziellen Geschäfte des Bauamts ist der Vorstand verantwortlich.

§ 45.

Die Beamten des Bauamts haben über ihre dienstlichen Reisen und die dabei gemachten Wahrnehmungen ein Reisetagebuch zu führen und dasselbe monatlich der Regierung zur Vorlage zu bringen.

In diesem Tagebuche sind die Dauer der Reise, ihr Zweck und die etwa getroffenen Anordnungen aufzuführen und die nach Maßgabe der desfalls bestehenden Vorschriften zulässigen Kostenliquidationen vorzumerken.

Jeder Beamte haftet unbedingt für das von ihm geführte Tagebuch, für die Wahrheit des dort Vorgetragenen und für die Vollständigkeit der Liquidations-Vormerkungen.

§ 46

Der Vorstand des Bauamts und die Nebenbeamten erhalten für ihre Dienstreisen eine entsprechende Entschädigung.

Dieselben haben Anspruch auf Reisevergütung auch dann, wenn sie auf Requisition der Verwaltungs-Behörden oder der Gerichte in Kreis-, Districts-, Gemeinde- oder Privatangelegenheiten Reisen zu machen haben.

§ 47.

Ist dem Bauamte die Aufsicht über die Ausführung größerer Neubauten des Staates übertragen, so wird bei Feststellung des Aufwandes für die deßhalb zu unternehmenden Dienstreisen ein entsprechendes Maximum der Auslagen hiefür vorgesehen werden, bis zu welchem nach speciellet Liquidation Reiseentschädigung in Anspruch genommen werden kann.

Die Feststellung der Diäten für den Bauamtmann und für die Bauassessoren wird einer besonderen Anordnung vorbehalten.

§ 48.

Die Bauämter sind verpflichtet, über bautechnische Gegenstände, welche das öffentliche Interesse berühren, den einschlägigen Verwaltungsbehörden auf Requisition sachverständiges Gutachten abzugeben.

In Districts-, dann in Gemeinde- und Stiftungsangelegenheiten haben die Bauämter für den Zweck der Uebung der Staatsaufsicht auf die Districte, die Gemeinden und Stiftungen auf Ersuchschreiben der k. Be-

zirksämter, sowie in Folge Auftrags der vorgesetzten Verwaltungsbehörden, unentgeltlich Gutachten abzugeben.

Wird ein Gutachten auf Antrag einer Partei abverlangt, so hat der darum angegangene Beamte hiefür Gebühren anzusprechen.

§ 49.

Der Vorstand des Bauamtes kann innerhalb des ihm zugewiesenen Bezirkes nicht als Sachverständiger in streitigen, civilrechtlichen oder administrativen Angelegenheiten von Seite der Parteien verwendet werden.

Dessen Berufung als Sachverständiger einer Partei außerhalb seines Bezirkes ist von der Genehmigung der vorgesetzten Kreisstelle abhängig.

München, den 23. Januar 1872.

Ludwig.

Graf v. Hegnenberg-Dux. v. Pfretzschner. v. Lutz. v. Pfeufer. Dr. Fäustle.

Auf Königlich Allerhöchsten Befehl:
Der General-Secretär
Ministerialrath v. Dubois.

Eintheilung der 48 Bauämter
nach den Grenzen der Verwaltungsbehörden.

I. Landbau.

24 Bauämter mit 31 Nebenbeamten.

Nus. curr.	Namen der Bauämter	Namen der Verwaltungs-Districte
	A. Oberbayern.	
1	Bauamt Freising mit 1 Nebenbeamten.	Stadt und Bezirksamt Freising
		Aichach
		Friedberg
		Erding
		Stadt und Bezirksamt Ingolstadt
		Pfaffenhofen
		Schrobenhausen
2	Bauamt München mit 2 Nebenbeamten.	Stadt München
		die 2 Bezirksämter München
		Bruck
		Dachau
		Ebersberg
3	Bauamt Traunstein mit 2 Nebenbeamten.	Altötting
		Berchtesgaden
		Laufen
		Mühldorf
		Traunstein
		Wasserburg
4	Bauamt Weilheim mit 2 Nebenbeamten.	Landsberg
		Miesbach
		Schongau
		Tölz
		Stadt und Bezirksamt Rosenheim
		Weilheim
		Werdenfels
	B. Niederbayern.	
5	Bauamt Landshut mit 1 Nebenbeamten.	Stadt und Bezirksamt Landshut
		Vilsbiburg
		Eggenfelden
		Dingolfing
		Landau
		Stadt und Bezirksamt Straubing
		Bogen
		Viechtach
		Kötzting
		Mallersdorf

Nua. curr.	Namen der Bauämter	Namen der Verwaltungs-Districte
5		Kelheim Rottenburg
6	Bauamt Passau mit 2 Nebenbeamten erhält ausnahmsweise auch Straßen und zwar im Bezirksamte: Passau 11 Stunden Grafenau $5\frac{3}{4}$ „ Regen $14\frac{3}{8}$ „ Wolfstein $7\frac{7}{8}$ „ zusammen 39 Stunden	Wegscheid Stadt und Bezirksamt Passau Wolfstein Vilshofen Grafenau Regen Deggendorf Pfarrkirchen Griesbach

C. Pfalz.

Nua. curr.	Namen der Bauämter	Namen der Verwaltungs-Districte
7	Bauamt Speier mit 1 Nebenbeamten.	Frankenthal Neustadt Speier Landau Germersheim Bergzabern
8	Bauamt Kaiserslautern mit 1 Nebenbeamten.	Homburg Kaiserslautern Kirchheimbolanden Kusel Pirmasens Zweibrücken

D. Oberpfalz und Regensburg.

Nua. curr.	Namen der Bauämter	Namen der Verwaltungs-Districte
9	Bauamt Regensburg mit 2 Nebenbeamten wegen des Domes, der Walhalla rc.	Stadt und Bezirksamt Regensburg Stadtamhof Hemau Burglengenfeld Neumarkt Velburg Roding Cham
10	Bauamt Amberg mit 1 Nebenbeamten.	Stadt und Bezirksamt Amberg Sulzbach Nabburg Neunburg Waldmünchen Eschenbach Kemnath Tirschenreuth Neustadt Vohenstrauß

E. Oberfranken.

Nua. curr.	Namen der Bauämter	Namen der Verwaltungs-Districte
11	Bauamt Bamberg mit 1 Nebenbeamten.	Stadt Bamberg 2 Bezirksämter Bamberg Forchheim Ebermannstadt Lichtenfels Staffelstein Höchstadt
12	Bauamt Bayreuth mit 1 Nebenbeamten.	Stadt Bayreuth Bezirksamt Bayreuth Pegnitz Berneck Kulmbach

Nro. curr.	Namen der Bauämter	Namen der Verwaltungs-Distrikte
13	Bauamt Hof mit 1 Nebenbeamten.	Stadt und Bezirksamt Hof Naila Münchberg Teuschnitz Wunsiedel Rehau Stadtsteinach Kronach

F. Mittelfranken.

Nro. curr.	Namen der Bauämter	Namen der Verwaltungs-Distrikte
14	Bauamt Ansbach mit 1 Nebenbeamten.	Stadt und Bezirksamt Ansbach Feuchtwangen Stadt und Bezirksamt Dinkelsbühl
15	Bauamt Eichstädt mit 2 Nebenbeamten. Erhält ausnahmsweise auch Straßen im Bezirksamte Eichstädt 8½ Stunden Beilngries 10¾ " zusammen 19¼ "	Stadt und Bezirksamt Eichstädt Beilngries Gunzenhausen Stadt und Bezirksamt Weißenburg
16	Bauamt Nürnberg mit 1 Nebenbeamten.	Stadt und Bezirksamt Nürnberg Stadt und Bezirksamt Fürth Stadt und Bezirksamt Erlangen Hersbruck Stadt und Bezirksamt Schwabach Heilsbronn

Nro. curr.	Namen der Bauämter	Namen der Verwaltungs-Distrikte
17	Bauamt Windsheim mit 1 Nebenbeamten.	Uffenheim Scheinfeld Neustadt Stadt und Bezirksamt Rothenburg

G. Unterfranken und Aschaffenburg.

Nro. curr.	Namen der Bauämter	Namen der Verwaltungs-Distrikte
18	Bauamt Aschaffenburg mit 1 Nebenbeamten.	Stadt und Bezirksamt Aschaffenburg Miltenberg Obernburg Marktheidenfeld Lohr Gemünden Hammelburg Alzenau
19	Bauamt Kissingen mit 2 Nebenbeamten.	Stadt und Bezirksamt Schweinfurt Haßfurt Königshofen Ebern Gerolzhofen Kissingen Neustadt Mellrichstadt Brückenau
20	Bauamt Würzburg mit 1 Nebenbeamten.	Stadt und Bezirksamt Würzburg Karlstadt Stadt und Bezirksamt Kitzingen

Nus. curr.	Namen der Bauämter	der Verwaltungs-Districte
20		Ochsenfurt Volkach
	II. Schwaben und Neuburg.	
21	Bauamt Augsburg mit 1 Nebenbeamten.	Stadt und Bezirksamt Augsburg Wertingen Zusmarshausen Günzburg Neuulm
22	Bauamt Donauwörth mit 1 Nebenbeamten.	Stadt und Bezirksamt Donauwörth Stadt und Bezirksamt Dillingen Stadt und Bezirksamt Nördlingen

Nus. curr.	Namen der Bauämter	der Verwaltungs-Districte
22		Stadt und Bezirksamt Neuburg
23	Bauamt Kempten mit 1 Nebenbeamten.	Stadt und Bezirksamt Kempten Stadt und Bezirksamt Kaufbeuern Oberdorf Füssen Sonthofen Stadt und Bezirksamt Lindau
24	Bauamt Memmingen mit 1 Nebenbeamten.	Stadt und Bezirksamt Memmingen Illertissen Mindelheim Krumbach

II. Ingenieurfach.

Straßen-, Brücken- und Wasserbau.

24 Bauämter mit 30 Nebenbeamten.

Nus. curr.	Namen der Bauämter	Namen der Verwaltungs-Distrikte
	A. Oberbayern.	
1	Bauamt München mit 2 Nebenbeamten. Isar.	Stadt und die 2 Bezirksämter München Stadt und Bezirksamt Freising
2	Bauamt Friedberg mit 1 Nebenbeamten.	Aichach Bruck Dachau Friedberg Landsberg
3	Bauamt Ingolstadt mit 1 Nebenbeamten. Donau in Oberbayern und im Kelheimer-Bezirk (Niederbayern).	Stadt und Bezirksamt Ingolstadt Schrobenhausen Pfaffenhofen
4	Bauamt Rosenheim mit 2 Nebenbeamten. Inn bis Bezirksamt Altötting.	Stadt und Bezirksamt Rosenheim Ebersberg Erding Wasserburg Mühldorf
5	Bauamt Traunstein mit 2 Nebenbeamten. Inn und Salzach im Bezirksamt Altötting.	Berchtesgaden Altötting Laufen Traunstein
6	Bauamt Weilheim mit 1 Nebenbeamten. Loisach und Lech.	Miesbach Schongau Tölz Weilheim Werdenfels
	B. Niederbayern.	
7	Bauamt Landshut mit 1 Nebenbeamten. Isar bis Bezirksamt Deggendorf.	Kelheim Rottenburg Stadt und Bezirksamt Landshut Vilsbiburg Dingolfing
8	Bauamt Deggendorf mit 2 Nebenbeamten. Donau, untere Isar.	Stadt und Bezirksamt Straubing Deggendorf Stadt und Bezirksamt Passau (Donaustraße) Bogen Kötzting Mallersdorf

Nro. curr.	Namen	
	der Bauämter	der Verwaltungs-Districte
8		Landau
		Vilshofen
		Viechtach
9	Bauamt Simbach	Eggenfelden
	mit 1 Nebenbeamten.	Pfarrkirchen
	Inn	Griesbach
		Passau (Innstraße)

C. Pfalz.

10	Bauamt Speier	Speier
	mit 1 Nebenbeamten.	Neustadt
	Rhein und Kanal;	Landau
		Germersheim
		Frankenthal
11	Bauamt Kaiserslautern	Homburg
	mit 1 Nebenbeamten.	Kaiserslautern
		Kirchheimbolanden
		Kusel
		Pirmasens
		Zweibrücken
		Bergzabern

D. Oberpfalz und Regensburg.

12	Bauamt Regensburg	Stadt und Bezirksamt
	mit 1 Nebenbeamten.	Regensburg
	Donau, Naab, Regen	Hemau
	z. Th.	Stadtamhof
13	Bauamt Amberg	Stadt und Bezirksamt
	mit 1 Nebenbeamten.	Amberg
		Neumarkt
		Sulzbach
		Velburg

Nro. curr.	Namen	
	der Bauämter	der Verwaltungs-Districte
13		Eschenbach
		Burglengenfeld
		Kemnath
14	Bauamt Weiden	Waldmünchen
	mit 1 Nebenbeamten.	Vohenstrauß
		Tirschenreuth
		Neustadt
		Neunburg
		Nabburg
		Roding
		Cham

E. Oberfranken.

15	Bauamt Bamberg	Stadt und die 2 Bezirks-
	mit 1 Nebenbeamten.	ämter Bamberg
	Obere Main ꝛc.	Ebermannstadt
	Regnitz.	Forchheim
		Lichtenfels
		Höchstadt
		Pegnitz
		Staffelstein
		Kronach
		Teuschnitz
16	Bauamt Bayreuth	Stadt und Bezirksamt
	mit 1 Nebenbeamten.	Bayreuth
		Berneck
		Stadt und Bezirksamt Hof
		Kulmbach
		Münchberg
		Naila
		Rehau

Nos. curr.	Namen der Bauämter	Namen der Verwaltungs-Districte
16		Stadtsteinach Wunsiedel

F. Mittelfranken.

Nos. curr.	Namen der Bauämter	Namen der Verwaltungs-Districte
17	Bauamt Ansbach mit 1 Nebenbeamten.	Stadt und Bezirksamt Ansbach Stadt und Bezirksamt Dinkelsbühl Feuchtwangen Heilsbronn Neustadt Stadt und Bezirksamt Rothenburg Scheinfeld Uffenheim
18	Bauamt Nürnberg mit 1 Nebenbeamten.	Stadt und Bezirksamt Nürnberg Stadt und Bezirksamt Fürth Stadt und Bezirksamt Erlangen Hersbruck Stadt und Bezirksamt Schwabach Weißenburg Gunzenhausen

G. Unterfranken und Aschaffenburg.

Nos. curr.	Namen der Bauämter	Namen der Verwaltungs-Districte
19	Bauamt Aschaffenburg mit 1 Nebenbeamten. Main. Saale von Gemünden.	Alzenau Stadt und Bezirksamt Aschaffenburg Lohr

Nos. curr.	Namen der Bauämter	Namen der Verwaltungs-Districte
19		Marktheidenfeld Miltenberg Obernburg Gemünden
20	Bauamt Schweinfurt mit 1 Nebenbeamten. Main. Kreisgrenze bis Stammheim.	Brückenau Ebern Hammelburg Haßfurt Kissingen Königshofen Mellrichstadt Neustadt Stadt und Bezirksamt Schweinfurt
21	Bauamt Würzburg mit 1 Nebenbeamten. Main.	Gerolzhofen Karlstadt Kitzingen Ochsenfurt Volkach Stadt und Bezirksamt Würzburg

H. Schwaben und Neuburg.

Nos. curr.	Namen der Bauämter	Namen der Verwaltungs-Districte
22	Bauamt Augsburg mit 1 Nebenbeamten. Lech. Wertach.	Stadt und Bezirksamt Augsburg Krumbach Mindelheim Wertingen Zusmarshausen Stadt und Bezirksamt Kaufbeuren

Nro. curr.	Namen der Bauämter	Namen der Verwaltungs-Districte
23	Bauamt Dillingen mit 3 Nebenbeamten. Donau und Iller von der Fertlhofer Brücke.	Stadt und Bezirksamt Dillingen Stadt und Bezirksamt Donauwörth Günzburg Illertissen Stadt und Bezirksamt Neuburg Neuulm Stadt und Bezirksamt Nördlingen

Nro. curr.	Namen der Bauämter	Namen der Verwaltungs-Districte
24	Bauamt Kempten mit 1 Nebenbeamten.	Füssen Stadt und Bezirksamt Kempten Stadt und Bezirksamt Lindau Stadt und Bezirksamt Memmingen Oberndorf Sonthofen

Bekanntmachung,

den Vollzug des § 362 Abs. II des Straffetzbuches betr.

Staatsministerium des Innern.

Zum Vollzuge des § 362 Abs. II des Strafgesetzbuches für das Deutsche Reich haben die bisherigen Polizeianstalten vom 1. Januar d. J. angefangen die Eigenschaft von Arbeitshäusern angenommen.

Seine Majestät der König haben allergnädigst zu bestimmen geruht, daß die Beamten dieser Anstalten unbeschadet ihrer Rang- und Gehaltsverhältnisse den Titel als Beamte der Arbeitshäuser, wie „Director, Verwalter des Arbeitshauses N“ zu führen haben.

München, den 26. Januar 1872.

Auf Seiner Königlichen Majestät Allerhöchsten Befehl:

v. Pfeufer.

Durch den Minister:
Der General-Secretär:
Ministerialrath v. Dubois.

Nro. 3580 E. pr. den 19. Februar 1872.

(Die Verkündung der Gesetze und Verordnungen in der Pfalz betr.)

Im Namen Seiner Majestät des Königs.

Bezugnehmend auf die Allerhöchste Verordnung vom 24. v. M. (Kreis-Amtsblatt Seite 372) wird zur öffentlichen Kenntniß gebracht, daß der Inhalt des Regierungsblattes, soweit er für die Pfalz Anwendbarkeit oder öffentliches Interesse besitzt, namentlich also die Allerhöchsten Verordnungen, oberpolizeilichen Vorschriften und Bekanntmachungen der k. Staatsministerien u. s. w. wie bisher so auch fernerhin in das Kreis-Amtsblatt der Pfalz abgedruckt werden. Ebenso wird thunlichst darauf Bedacht genommen werden, daß auch die für die Pfalz ins Leben tretenden, durch das Gesetzblatt veröffentlichten Gesetze in dem Kreis-Amtsblatt zum Abdruck kommen, wenn besondere Verhältnisse dies erheischen. Dabei ist jedoch zu beachten, daß fernerhin das Kreis-Amtsblatt der Pfalz nur hinsichtlich der Erlasse der unterfertigten kgl.

Stelle die Eigenschaft eines amtlichen Publikationsorganes besitzen wird.

Speier, den 15. Februar 1872.

Königlich Bayerische Regierung der Pfalz,
Kammer des Innern und der Finanzen.
v. Braun.
v. Meyer.
Metschnabl.

Ad Nrm. Kab. 2943 E. pr. den 10. Februar 1872.

(Die Wahl eines Agenten der Schullehrer-Wittwen- und Waisen-Anstalt für den Kanton Germersheim betr.)

Im Namen Seiner Majestät des Königs.

Es wird bekannt gemacht, daß an die Stelle des verstorbenen Kantons-Agenten Sieber in Germersheim die betheiligten Lehrer als Agenten für den Kanton Germersheim den Lehrer Stichter von Bellheim und als Ersatzmann den Lehrer John von da nach § 31 der Satzungen der Schullehrer-Wittwen- und Waisenanstalt gewählt haben.

Speier, den 7. Februar 1872.

Königlich Bayerische Regierung der Pfalz,
Kammer des Innern.
v. Braun.
Schild.

Ad Nrm. Kab. 3242 E. pr. den 15. Februar 1872.

(Wiederbesetzung einer Hilfslehrerstelle an der Präparandenschule in Kaiserslautern betr.)

Im Namen Seiner Majestät des Königs.

An der protestantischen Präparandenschule in Kaiserslautern ist die Stelle eines Hilfslehrers mit einem

Functionsbezug von 400 fl. nebst freier Diensteswohnung in Erledigung gekommen.

Bewerber um diese Stelle haben ihre Gesuche, mit den nöthigen Zeugnissen versehen, binnen 14 Tagen bei der k. Inspection der genannten Anstalt einzureichen.

Speier, den 19. Februar 1872.

Königlich Bayerische Regierung der Pfalz,
Kammer des Innern.
v. Braun.
Metschnabl.

---

pr. den 17. Februar 1872.

(Den Unterrichtscurs für Baumwärter zu Landshut im Jahre 1872 betr.)

Im Namen Seiner Majestät des Königs von Bayern.

Der Unterrichtscurs für Baumwärter zu Landshut im Jahre 1872 beginnt mit dem 15. März und endet mit dem 15. Mai.

Unter Bezugnahme auf die Regierungsausschreibung vom 3. Februar 1869 (Kreisamtsblatt Seite 171 und ff.) und die daselbst bekannt gegebenen Statuten für den Baumwärtercurs, aus welchen hervorgehoben wird, daß jeder aufzunehmende Zögling wenigstens das 16. Lebensjahr zurückgelegt haben, körperlich gesund und gut beleumundet sein und genügende Kenntnisse im Lesen, Schreiben und Rechnen besitzen muß, daß die dem Kreise Niederbayern angehörigen Zöglinge für den Unterricht keine Vergütung, Schüler aus andern Kreisen aber als Lehrhonorar für den ganzen Curs sechs Gulden zu bezahlen haben, ferner daß Zöglinge, welche Befähigung zeigen und thätig sind, eine Arbeitsentschädigung von täglich 18 bis 24 Kreuzer ausbezahlt erhalten, endlich daß jeder Zögling sowohl im Sommer zur Erlernung des Oculirens als auch im October zur Verschaffung der Kenntniß der hauptsächlichsten Obstsorten nochmals zu kommen berechtigt ist, ergeht an die Districts-Polizeibehörden der Auftrag, für geeignete Bekanntmachung in den Amtsblättern zu sorgen und benehmlich mit den Bezirkscomites des landwirthschaftlichen Vereins zur Beschickung des genannten Unterrichtscurses mitzuwirken.

Es ist dafür zu sorgen, daß fähigen, aber unbemittelten Jünglingen, welche den Unterrichtscurs besuchen wollen, die etwa hiefür ausgesetzten distriktiven Mittel zugewendet oder dieselben auf sonstige Weise unterstützt werden. Unbemittelten des Regierungsbezirkes Niederbayern, für welche eine Leistung der obigen Art mangelt, kann eine Unterstützung behufs des Unterhaltes am Lehrorte aus Mitteln des Kreiscomites des landwirthschaftlichen Vereins von Niederbayern bis zum Betrage von 15 fl. in Aussicht gestellt werden.

Gesuche dieser Art sind benehmlich mit den landwirthschaftlichen Bezirkscomites geeignet zu instruiren und an das genannte Kreiscomite einzusenden.

Landshut, den 31. Januar 1872.

Königliche Regierung von Niederbayern.
Kammer des Innern.
v. Lipowsky, k. Regierungs-Präsident.
Caudinus, Secretär.

Nro. 3632 E. pr. den 10. Februar 1872.

(Die Gewerbschule in Erlangen betr.)

Im Namen Seiner Majestät des Königs.

An der Gewerbschule in Erlangen ist die Stelle eines 2. Reallehrers zu besetzen.

Bewerber um dieselbe haben ihre Gesuche, belegt mit den Nachweisen über genossene Vorbildung und erlangte Befähigung, sowie über tadelloses sittliches und staatsbürgerliches Verhalten, längstens bis 15. März l. J. unmittelbar bei dem k. Rektorate der Gewerbschule Erlangen einzureichen.

Der mit dieser Stelle verbundene Functionsbezug besteht in 700 fl. und steigt mit Einrechnung der normalmäßigen Theuerungs- und Alterszulagen bis zu 1400 fl.

Ansbach, den 8. Februar 1872.

Königliche Regierung von Mittelfranken,
Kammer des Innern.
v. Feder.
Breyer.

---

pr. den 16. Februar 1872.

Bekanntmachung,

die III. Verloosung des Militär- und Eisenbahn-Anlehens vom Jahre 1870 zu 5 Procent betr.

Durch höchste Entschließung des k. Staatsministeriums der Finanzen vom 4. Februar 1872 ist die Vornahme einer weiteren Verloosung von zwanzig Endnummern des 5procentigen Militär-Anlehens und von zwanzig Endnummern des 5procentigen Eisenbahn-Anlehens vom Jahre 1870 angeordnet und hiebei bestimmt worden, daß die Wiederanlage der verloosten Capitalien bei dem 4½procentigen Eisenbahn-Anlehen vom Jahre 1866 erfolgen könne.

Im Vollzuge dieser höchsten Anordnung wird hiemit bekannt gegeben, daß die III. Verloosung der beiden 5procentigen Anlehen vom Jahre 1870

Montag den 19. Februar l. J.,
Vormittags 9 Uhr,

im Neubau der k. Staatsschuldentilgungs-Commission, Saal Nr. 89, über zwei Stiegen vorgenommen wird.

Die verloosten Capitalien treten mit dem 1. Mai 1872 außer Verzinsung.

Mit der baaren Heimzahlung der gezogenen Obligationen wird auf Verlangen der Gläubiger sogleich nach erfolgter Verloosung begonnen. Ebenso kann von diesem Zeitpunkte an die Wiederanlage bei dem 4½procentigen Eisenbahn-Anlehen stattfinden.

Die 5procentigen Zinsen aus den verloosten Obligationen werden bis zum Ende desjenigen Monats, in welchem die baare Rückzahlung oder die Wiederanlage erfolgt, in keinem Falle aber länger als bis zum 30. April 1872 vergütet.

Der Zinsengenuß von den neuen 4½procentigen Eisenbahn-Obligationen dagegen beginnt mit dem Tage, an welchem die verloosten Obligationen zur Umwechslung übergeben werden.

München, den 6. Februar 1872.

Kgl. Bayer. Staatsschulden-Tilgungs-Commission.
Frhr. v. Lobkowitz.

Diebel.

---

pr. den 16. Februar 1872.

Bekanntmachung,
die Verloosung der 4procentigen Prämien-Anlehe von 1866 betr.

Unter Bezugnahme auf die Ausschreibung vom 2. Dezember 1871 (Reggsbl. S. 1851, Amtsbl. der Pfalz S. 1967) wird hiermit bekannt gemacht, daß die sechste Serien-Ziehung der 4procentigen Prämien-Anlehe von 1866

Freitag den 1. März 1872,
Vormittags 9 Uhr,

im Neubaue der k. Staatsschuldentilgungs-Commission (Maximiliansplatz) Saal Nr. 89 über 2 Stiegen stattfindet.

München, den 6. Februar 1872.

Kgl. Bayer. Staatsschulden-Tilgungs-Commission.
Frhr. v. Lobkowitz.

Weichlein.

Bekanntmachung,
die Organisation der deutschen Reichsconsulate in den niederländischen Besitzungen betr.

Zufolge der im Reichsgesetzblatt Nr. 45 sub Nr. 734 Seite 394 Jahrgang 1871 und Nr. 6 sub Nr. 378 Seite 22 Jahrgang 1872 publicirten Ernennungen deutscher Reichsconsuln in den niederländischen Besitzungen ist das bisherige k. Consulat in Batavia auf Grund des Artikels 56 der Deutschen Reichsverfassung aufgehoben worden.

Pfarrei-Verleihungen.

Seine Majestät der König haben unterm 21. Januar l. J. die erledigte protestantische Pfarrstelle zu Einselthum, Decanats Kirchheimbolanden, dem bisherigen zweiten Pfarrer in Otterberg, Decanats Kaiserslautern, Carl Theodor Dietzsch allergnädigst zu verleihen geruht.

Seine Majestät der König haben Sich allergnädigst bewogen gefunden, unterm 2. Februar l. J. die protestantische Pfarrstelle zu Wiesbach, Decanats Homburg, dem Pfarramts-Candidaten Franz Worster von Lautersheim zu verleihen.

Dienstesnachrichten.

Seine Majestät der König haben Sich durch allerhöchste Entschließung vom 14. Januar d. J. allergnädigst bewogen gefunden, den k. Bezirksgerichtsrath Friedrich Christian Uebel in Zweibrücken, vom 16. ejusdem an, zum Rath am k. Appellationsgerichte der Pfalz zu befördern.

Seine Majestät der König haben Sich allergnädigst bewogen gefunden, unterm 24. Januar l. J. den Appellationsgerichtsrath Carl Theodor Zinkgraf in

Zweibrücken zum Handels-Appellationsgerichtsrathe am Handels-Appellationsgerichte für die Pfalz zu ernennen;

unterm 25. Januar l. J. auf das erledigte Rentamt Dürkheim den Rentbeamten Wilhelm Gugel von Winnweiler, dessen Ansuchen entsprechend, zu versetzen;

den Rechnungs-Commissär der k. Regierungs-Finanzkammer der Pfalz, Nikolaus Bardick, zum Rentbeamten von Winnweiler zu befördern;

die Stelle eines Rechnungs-Commissärs der k. Regierungs-Finanzkammer der Pfalz dem functionirenden Rechnungsrevisor der genannten Regierungs-Finanzkammer, Joseph Adolph Mathias Hasen, in provisorischer Eigenschaft zu verleihen.

Durch allerhöchste Entschließung vom 28. Januar 1872 haben Seine Majestät der König allergnädigst geruht, den bisherigen k. Forstamts-Assistenten Carl Lambert Martin zu Zweibrücken, vom 1. Januar 1872 beginnend, zum provisorischen Oberförster auf das Communal-Revier Winterbach, Forstamts Zweibrücken, zu ernennen.

Seine Majestät der König haben vermöge allerhöchster Entschließung d. d. 2. l. M. allergnädigst geruht, den nachbezeichneten Beamten:

1. dem Landrichter Gustav Adolph Hartmann von Dahn, nunmehr kaiserlichen Friedensrichter des Kantons Straßburg I.,

2. dem Landrichter Emil Bizis von Hornbach, nunmehr kaiserlichen Friedensrichter des Kantons Mühlhausen I.,

3. dem Bezirksgerichts-Assessor Ludwig Stäbel von Landau, nunmehr kaiserlichen Friedensrichter des Kantons Weißenburg,

4. dem Landgerichts-Assessor Friedrich Simon Rauschkolb von Pirmasens, nunmehr kaiserlichen Friedensrichter des Kantons Zabern, vom Tage ihrer definitiven Anstellung im Reichsdienste an, die Enthebung von den

bisher im bayerischen Staatsdienste bekleideten Aemtern auf allerunterthänigst gestelltes Ansuchen zu bewilligen.

Gemäß höchster Entschließung des k. Staatsministeriums des Innern für Kirchen- und Schul-Angelegenheiten vom 24. Januar 1872 wurde die erledigte Stelle eines Hauptlehrers an der protestantischen Präparandenschule in Kusel dem Hilfslehrer an der protestantischen Präparandenschule zu Kaiserslautern, Heinrich Faber, in widerruflicher Eigenschaft (und vorbehaltlich der Wiederverwendung als Schullehrer), vom 1. Februar 1872 an, übertragen.

Durch höchste Entschließung vom 27. Januar 1872 wurde dem k. Gerichtsvollzieher Carl Ludwig Reisheimer in Dahn gestattet, den geprüften Gerichtsvollzieher-Candidaten Wilhelm Keller aus Dahn auf die Dauer eines Jahres als Amtsverweser aufzustellen.

Gemäß höchster Entschließung des k. Staatsministeriums des Innern für Kirchen- und Schulangelegenheiten vom 2. Februar 1872 wurde die erledigte Lehrstelle für den französischen Sprachunterricht an der Studienanstalt Speier dem geprüften Lehramts-Candidaten Dr. Rudolf Hippenmaier aus Gottlieben, Kantons Thurgau, zur Zeit in München, in widerruflicher Weise verliehen.

Durch Beschluß der k. Regierung der Pfalz, Kammer des Innern, vom 6. Februar 1872, wurde die Wahl des Gemeinderathsmitgliedes Friedrich Ehrenspeck als II. Adjunkt der Gemeinde Kusel bestätigt.

Durch Beschluß der k. Regierung der Pfalz, Kammer des Innern, vom 23. Januar 1872, wurde der katholische Schulverweser Jakob Baldauf von St. Martin zum Schullehrer an der deutschen Schule zu Ingenheim, vom 1. Februar 1872 an, ernannt.

Durch Beschluß der k. Regierung der Pfalz, Kammer des Innern, vom 23. Januar 1872, wurde der Schuldienst-Exspectant Jacob Benz von Haßloch zum Schulverweser an der protestantischen deutschen Schule zu Maubach, vom 1. Februar 1872 an, ernannt.

Durch Beschluß k. Regierung der Pfalz, Kammer des Innern, vom 23. Januar 1872, wurden die protestantischen Schulverweser Christian Jung, Heinrich Hein, Jacob Waldmann, Peter Althön, Heinrich Kelper und Karl Krieger in Kaiserslautern zu Lehrern an ihren bisherigen Schulen, vom 1. Februar 1872 an, ernannt.

Durch Beschluß k. Regierung der Pfalz, Kammer des Innern, vom 24. Januar 1872, wurde der Schulverweser Ludwig Engel in Hettenhausen zum Lehrer an der protestantischen deutschen Schule zu Schönborn, vom 5. Februar 1872 an, ernannt.

Durch Beschluß k. Regierung der Pfalz, Kammer des Innern, vom 25. Januar 1872, wurde der Schulverweser Mathias Hallbach von Homburg zum Schullehrer an der katholischen deutschen Schule dortselbst, vom 1. Februar 1872 an, ernannt.

Durch Beschluß der k. Regierung der Pfalz, Kammer des Innern, vom 26. Januar 1872, wurde der Schuldienst-Exspectant Christian Berbel von Steinwenden zum Schulverweser an der protestantischen deutschen Schule zu Otterberg, vom 12. Februar 1872 an, ernannt.

Durch Beschluß k. Regierung der Pfalz, Kammer des Innern, vom 26. Januar 1872, wurde der Schuldienst-Exspectant Jacob Schug von Oberalben zum Schulverweser an der protestantischen deutschen Schule in Ehweiler, vom 1. Februar 1872 an, ernannt.

Durch Beschluß k. Regierung der Pfalz, Kammer des Innern, vom 26. Januar 1872, wurde der katholische Schuldienst-Exspectant Georg Geiger von Oberhochstadt, bisher interimistischer Verweser in Arzheim, zum Schulverweser an der deutschen Schule in Pforz, vom 1. Februar 1872 an, ernannt.

Durch Beschluß der k. Regierung der Pfalz, Kammer des Innern, vom 30. Januar 1872, wurden die protestantischen Schullehrer: Ludwig August Scarius in Germersheim als Lehrer an der oberen Knaben- und Friedrich Gärtner in Göllheim als solcher an der oberen Mädchenschule in Germersheim, beide vom 15. Februar 1872 an, ernannt.

Durch Beschluß k. Regierung der Pfalz, Kammer des Innern, vom 30. Januar 1872, wurde der bisherige interimistische Verweser Bernhard Engel in Hagenbach zum Schullehrer an der dortigen katholischen deutschen Schule, vom 1. Februar 1872 an, ernannt.

Durch Beschluß der k. Regierung der Pfalz, Kammer des Innern, vom 30. Januar 1872, wurde der katholische Schullehrer Valentin Hummel von Steinfeld zum zweiten Lehrer und der katholische Schulverweser Otto Karch dortselbst zum dritten Lehrer an der deutschen Schule zu Steinfeld, vom 1. Januar 1872 an, ernannt.

Durch Beschluß der k. Regierung der Pfalz, Kammer des Innern, vom 31. Januar 1872, wurde der Lehrer Carl Kunz in Oberohmbach zum Lehrer an der protestantischen deutschen Schule in Bruchen, vom 14. Februar 1872 an, ernannt.

Durch Beschluß k. Regierung der Pfalz, Kammer des Innern, vom 31. Januar 1872, wurde der Schulverweser Aron Wolf von Altdorf zum Schulverweser an der israelitischen Schule zu Kirrweiler, vom 14. Februar 1872 an, ernannt.

Durch Beschluß k. Regierung der Pfalz, Kammer des Innern, vom 1. Februar 1872, wurde der Schulverweser Adam Neubecker in Pörrbach zum Schulverweser an der protestantischen deutschen Schule in Rodenbach, vom 15. Februar 1872 an, ernannt.

Durch Beschluß der k. Regierung der Pfalz, Kammer des Innern, vom 5. Februar 1872, wurde der katholische Schullehrer Carl Bauer von Schwanheim zum Lehrer an der katholischen deutschen Schule in Hassel, vom 20. Februar 1872 an, ernannt.

Durch Beschluß der k. Regierung der Pfalz, Kammer des Innern, vom 6. Februar 1872, wurde der bisherige interimistische katholische Schulverweser Martin Dekinder in Obernheim-Kirchenarnbach zum Schulverweser an der dortigen Schule, vom 1. Februar 1872 an, ernannt.

Durch Beschluß k. Regierung der Pfalz, Kammer des Innern, vom 7. Februar 1872, wurde der Schuldienst-Exspectant Carl Räbel von Albersbach zum Schulverweser an der protestantischen deutschen Schule in Obersulzbach, vom 15. Februar 1872 an, ernannt.

Durch Beschluß k. Regierung der Pfalz, Kammer des Innern, vom 10. Februar 1872, wurden die katholischen Schulverweser Jacob Schlabeck, Adam Immetsberger, Adam Nagel, Valentin Schneider und Heinrich Hansul von Kaiserslautern zu Lehrern an der deutschen Schule dortselbst, vom 1. Februar 1872 an, ernannt.

Durch Beschluß k. Regierung der Pfalz, Kammer des Innern, vom 12. Februar 1872, wurde der protestantische Schulverweser Ludwig Kahn von Siebeldingen zum Schullehrer an der protestantischen deutschen Schule zu Neuburg, vom 1. März 1872 an, ernannt.

Durch Beschluß der k. Regierung der Pfalz, Kammer des Innern, vom 12. Februar 1872, wurde der katholische Schulverweser Peter Alles von Münchweiler zum Schulverweser an der katholischen deutschen Schule in Heiligenstein, vom 1. März 1872 an, ernannt.

Durch Beschluß der k. Regierung der Pfalz, Kammer des Innern, vom 12. Februar 1872, wurde der protestantische Schulverweser Friedrich Neumann von Dreisen zum Schullehrer an der deutschen Schule zu Kallstadt, vom 1. März 1872 an, ernannt.

Durch Beschluß der k. Regierung der Pfalz, Kammer des Innern, vom 14. Februar 1872, wurde der katholische Schullehrer Franz Joseph Kronauer von Erbach zum Schulverweser an der deutschen Schule zu Homburg, vom 1. März 1872 an, ernannt.

Verschiedene Nachrichten.

Nach Inhalt einer höchsten Entschließung des k. Staatsministeriums des Innern vom 14. d. M., Nr. 745, haben Seine Majestät der König allergnädigst zu genehmigen geruht, daß die kleine Parkanlage im Staatswalddistrikte Heßbach, Abtheilung Rosengarten, fortan „Ludwigsgarten" genannt und daß dieser Name öffentlich gebraucht werde.

Seine Majestät der König haben aus dem Allerhöchst eigener Verwendung vorbehaltenen Gewinnantheil der München-Aachener Feuer-Versicherungs-Gesellschaft zur Restauration der kunstgeschichtlich merkwürbigen Kirche in Seebach einen Betrag von 600 fl. allergnädigst zu bewilligen geruht.

Stipendien aus Kreisfonds pro 1872.

I.

Gymnasium in Speier.

a) Belassen werden im Genusse der bisherigen Stipendien:

1. Forster, Nicolaus, von Landstuhl . . 15 fl.
2. Haffner, Franz, von Otterbach . . 15 „
3. Jäckel, Philipp, von Kaiserslautern . 15 „
4. Knapp, Jacob, von Speier . . . 15 „
5. Hörner, Hermann, von Speier . . 15 „
6. Paul, Heinrich, von Oberlustadt . . 15 „
7. Häusner, Carl, von Landau . . 15 „
8. Müller, Georg, von Eschbach . . 10 „
9. Schön, Heinrich, von Landstuhl . . 10 „
10. Leick, Peter, von Kirchheimbolanden . 15 „
11. Mathes, Philipp, von Geroldsheim. . 10 „
12. Breitling, Johann Baptist, von Böhl . 10 „
13. Dengel, Johann, von Landstuhl . . 10 „
14. Riedel, Georg, von Elmstein . . . 10 „
15. Holländer, Adam, von Edesheim . . 10 „

b) Neu verliehen werden an:

1. Egenolf, Johann, von Frankenthal . 10 „
2. Meckes, Richard, von Steinweiler . . 10 „
3. Maginot, Georg, von Kandel . . 10 „
4. Regnault, August, von Landstuhl . . 10 „
5. Krell, Rudolph, von Steinweiler . . 10 „

Summa . 240 fl.

II.

Gymnasium zu Zweibrücken.

a) Belassen werden im Genusse von Stipendien:

1. Kiehl, Carl, von Gonbach . . . . 30 fl.

2. Götz, Balthasar, von Godramstein . 30 fl.
3. Trost, Heinrich, von Imsbach . . 30 „

b) Weiter werden verliehen an:

1. Stempel, Rudolph, von Contwig . . 25 „
2. Berbel, Gustav, von Steinwenden . . 25 „
3. Geib, Carl, von Dachroth . . . 20 „

Summa . 160 fl.

Durch Entschließung der k. Regierung vom 9. Februar d. M. ist dem zur Erhaltung der Ruine Madenburg gegründeten Vereine ein Beitrag von 85 fl. aus Kreisfonds bewilligt worden.

Die Vertheilung des zur Unterstützung protestantischer Cultusbauten in der Pfalz pro 1871 zur Verfügung gestellten Staatsbeitrages von 3000 fl. — Dreitausend Gulden — ist gemäß höchsten Rescriptes des k. Staatsministeriums des Innern für Kirchen- und Schul-Angelegenheiten vom 30. Januar 1872 genehmigt worden, wie folgt:

1. Pfarrhaus in Dörrmoschel . . 200 fl.
2. „ „ Sauersheim . . 200 fl.
3. „ „ Mechtersheim . . 150 fl.
4. „ „ Altleiningen . . 200 fl.
5. „ „ Landstuhl . . 200 fl.
6. „ „ Ludwigshafen . . 150 fl.
7. „ „ Alsenz . . . 250 fl.
8. Protestantische Kirche in Oberwiesen . 250 fl.
9. „ „ „ Ellerstadt . 250 fl.
10. „ „ „ Carlsberg . 200 fl.
11. „ „ „ Birkweiler . 200 fl.
12. „ „ „ Großkarlbach . 100 fl.
13. „ „ „ Neuhäusel . 350 fl.
14. „ „ „ Frankenstein . 100 fl.
15. „ „ „ Grethen . 200 fl.

Königlich Bayerisches

Kreis-Amtsblatt der Pfalz.

№ 17. Speier, den 27. Februar 1872.

Inhalt:

Nro. 3867 E. pr. den 22. Februar 1872.

(Den Vollzug des Reichsgesetzes über die Gewährung von Beihilfen an Angehörige der Reserve und Landwehr betr.)

An

sämmtliche k. Bezirksämter.

Im Namen Seiner Majestät des Königs.

Nachstehendes Ausschreiben des k. Staatsministeriums des Innern vom 15. Februar l. J. und des k. Kriegsministeriums vom 9. Februar l. J. wird hiermit zur öffentlichen Kenntniß gebracht und ergehen zum Vollzuge desselben folgende Aufträge:

1. Die k. Bezirksämter haben durch ein besonderes, in sämmtlichen Gemeinden auf ortsübliche Weise (insbesondere durch die Schelle) bekannt zu machendes Ausschreiben die Betheiligten aufzufordern, ihre bezüglichen Gesuche bis zum 10. März l. J. bei dem Bezirksamte oder Bürgermeisteramte ihres Wohnortes, resp. wenn dieselben in anderen deutschen Staaten oder im Auslande wohnen, bei der betreffenden Behörde ihrer Heimathsgemeinde, unter Angabe ihrer Familien-, Vermögens-, Erwerbs- und sonstigen Verhältnisse einzureichen.

2. Die Bescheinigung der Bürgermeisterämter, daß die Bekanntmachung auf ortsübliche Weise erfolgt ist, ist zu den Akten zu bringen und der unterfertigten Stelle vorzulegen.

3. Ebenso ist das Gutachten des k. Landwehrbezirks-Commando's über Begutachtung der eingelaufenen Gesuche (Ziffer 2 des Ausschreibens des k. Staatsministeriums des Innern vom 30. Juli 1871) vorzulegen.

4. Der schon im Vorjahre gebrauchten, tabellarischen Uebersicht ist mit Rücksicht auf Ziffer 2 des Ausschreibens des k. Staatsministeriums des Innern vom 15.

Februar l. J. eine weitere Rubrik beizufügen, in welcher kurz anzugeben ist, warum das Beihilfe-Gesuch erst jetzt eingereicht wird, oder aus welchen Gründen eine Erhöhung der bereits im Vorjahre gewährten Beihilfe, deren Betrag anzugeben ist, ausnahmsweise begehrt wird.

5. Damit unnöthige Schritte der Betheiligten vermieden werden und den Behörden unnöthige Arbeit erspart wird, ist in den Bekanntmachungen hervorzuheben, daß auf die ganze Pfalz ein Betrag von nur 8547 fl. zur Vertheilung kommen kann, und daß bei dieser Vertheilung nur solche Leute berücksichtigt werden können, bei welchen die Voraussetzungen des § 2 des Ausschreibens des k. Staatsministeriums des Innern vom 15. Februar l. J. eintreffen.

Im Falle die Bittsteller trotz dieser Aufklärung auf Instruction der Gesuche bestehen, ist der Bitte derselben dennoch Folge zu geben.

6. Die den Bezirksämtern mittelst diesseitigen Rescriptes vom 12. Januar l. J. zugegangenen, sowie die etwa bei den k. Bezirksämtern oder Bürgermeisterämtern sonst abgegebenen oder inzwischen direct eingereichten Gesuche sind nach Maßgabe der gegebenen Directiven zu instruiren. Die in Nummer 7 des Ausschreibens des k. Staatsministeriums des Innern erwähnten Gesuche werden den betreffenden k. Bezirksämtern alsbald zugehen.

7. Sämmtliche Verhandlungen sind bis längstens 1. April l. J. der unterfertigten Stelle vorzulegen.

Speier, den 22. Februar 1872.

Königlich Bayerische Regierung der Pfalz,
Kammer des Innern.
v. Braun.

Schild.

Staatsministerium des Innern.

Unter Bezugnahme auf die Ministerialentschließung vom 30. Juli und 7. November 1871, Nr 8529 und

12513, wird der k. Regierung, Kammer des Innern, im Einverständnisse mit dem k. Staatsministerium der Finanzen und dem k. Kriegsministerium eröffnet:

1. Aus der noch verfügbaren Reserve wird zur Gewährung von Beihilfen an Angehörige der Reserve und Landwehr für den Regierungsbezirk der Pfalz eine weitere Maximalsumme von 9547 fl. festgesetzt.

2. Die bezeichnete Summe ist in erster Linie — unter der Voraussetzung nachgewiesener Würdigkeit und Bedürftigkeit — für jene Reservisten und beziehungsweise Landwehrmänner bestimmt, welche erst nach dem 21. August 1871 aus Frankreich in ihre Heimat zurückgekehrt sind oder sich noch gegenwärtig bei den zur Occupations-Armee in Frankreich befindlichen bayerischen Truppenabtheilungen befinden, oder aus einem anderen Grunde nicht im Stande waren, ihre bezüglichen Gesuche bis zum bezeichneten Schlußtermine (21. August 1871) bei der betreffenden Distrikts-Verwaltungsbehörde einzureichen.

Bezüglich der bei der Occupationsarmee in Frankreich noch befindlichen Reservisten ist unterm 9. d. M. die in Abschrift angefügte Kriegsministerialentschließung an das General-Commando München ergangen.

In zweiter Linie können durch fragliche Summe auch solchen Reservisten und Landwehrmännern Beihilfen zugewendet werden, welche nachträglich deßfallsige Gesuche eingereicht haben oder einreichen und den bezeichneten Schlußtermin aus irgend einem entschuldbaren Grunde versäumten, oder denen sonst erhebliche berücksichtigungswerthe Momente zur Begründung ihrer Gesuche zur Seite stehen. In besonderen Ausnahmsfällen können hiebei auch Gesuchsteller bedacht werden, welche, obwohl ihnen bei der ersten Vertheilung bereits eine Beihilfe gewährt wurde, aus dringenden gewichtigen Gründen um Erhöhung des erhaltenen Betrages durch Gewährung einer weiteren Beihilfssumme nachsuchen.

3. Als Schlußtermin für die Einreichung sämmtlicher

nachträglicher Gesuche wird der 10. März 1872 hiemit festgesetzt.

4. Die Betheiligten sind durch ein im Kreisamtsblatte zu veröffentlichendes und durch die Distrikts-Verwaltungsbehörden sämmtlichen Gemeinden zur Bekanntgabe mitzutheilendes Ausschreiben ungesäumt hievon mit dem Beifügen verständigen zu lassen, daß die bezüglichen nachträglichen Gesuche bis zu obigem Schlußtermine bei der Distrikts-Verwaltungsbehörde des Wohnortes und in solchen Fällen, in welchen die Gesuchsteller ihren Wohnort in anderen deutschen Staaten oder im Auslande haben, bei der Distriktsverwaltungsbehörde ihrer Heimat einzureichen seien. Die bereits eingereichten Gesuche sind sofort der Instruction unterstellen zu lassen.

5. Bezüglich der Instruction und der Begutachtung der eingekommenen Gesuche sind die Bestimmungen der Ministerialentschließung vom 30. Juli 1871, Ziff. 2, 3 und 4, zu beobachten und die sämmtlichen Verhandlungen mit der daselbst bezeichneten tabellarischen Uebersicht mit thunlichster Beschleunigung und spätestens bis Ende April d. J. dem k. Staatsministerium des Innern in Vorlage zu bringen. Von der gutachtlichen Einvernahme der Landraths-Ausschüsse ist Umgang zu nehmen.

6. Insoweit der durch Ministerial-Entschließung vom 7. November 1871 zur Gewährung von Beihilfen für den Regierungsbezirk bestimmte Maximalbetrag bisher noch nicht vollständig zur Verwendung gelangt ist, hat sich das neuerliche Gutachten — das Bedürfniß hiezu vorausgesetzt — gleichzeitig auch auf die Verwendung dieses Restes zu erstrecken.

In keinem Falle darf jedoch bei dem gutachtlichen Antrage der für den Regierungsbezirk festgesetzte, noch zur Verfügung stehende Gesammtrestbetrag überschritten werden.

7. Zugleich werden der k. Regierung, Kammer des Innern, anruhend die aus dem Regierungsbezirke hierorts

vorliegenden Nachtragsgesuche um Gewährung von Beihilfen nebst Beilagen zur weiteren Verfügung zugeschlossen.

Hiernach ist das Weitere zu verfügen.

München, den 15. Februar 1872.

Auf Seiner Königlichen Majestät allerhöchsten Befehl:

v. Pfeufer.

Durch den Minister:

Der General-Secretär:

Ministerialrath v. Dubois.

Kriegsministerium.

Die in Gemäßheit des Reichsgesetzes vom 22. Juni 1871 für Gewährung von Beihilfen an Angehörige der Reserve und Landwehr aus den Kriegsentschädigungsgeldern zur Disposition gestellte Summe ist bis jetzt noch nicht vollständig zur Verwendung gelangt.

Nach einer Mittheilung des k. Staatsministeriums des Innern ist jedoch mit Rücksicht auf die von Reservisten und Landwehrmännern noch nachträglich eingelangten diesbezüglichen Gesuche für den bezeichneten Zweck ein weiterer Betrag zur Vertheilung in Aussicht genommen und sollen hiebei, außer andern, auch die zur Zeit noch beim Occupations-Corps in Frankreich befindlichen Reservisten — deren Bedürftigkeit vorausgesetzt — Berücksichtigung finden.

Unter Bezugnahme auf die mit Kriegsministerial-Rescript vom 12. August v. J. Nr. 22,888 bekannt gegebene gemeinschaftliche Ministerial-Entschließung vom 30. Juli 1871 Nr. 8529 erhält daher das General-Commando München den Auftrag, geeignete Verfügung dahin zu treffen, daß die beim Occupations-Corps in Frankreich befindlichen Reservisten auf die bezeichneten Verhältnisse durch ihre vorgesetzten Militärbehörden aufmerksam gemacht werden.

Die diesbezüglichen Gesuche der gedachten Reservisten sind von den betr. Truppen-Abtheilungs-Commando's längstens bis zum 10. März l. J. an die einschlägigen Distrikts-Verwaltungsbehörden (der Heimat der Reservisten), welchen sodann deren Instruirung und weitere Einleitung obliegt, unmittelbar zuzusenden.

Der Vollzug ist seiner Zeit berichtlich anzuzeigen.

München, den 9. Februar 1872.

Auf Seiner Königlichen Majestät Allerhöchsten Befehl:
Auf Befehl des Kriegsministers:
Fortenbach, Generalmajor.
von Gönner.

Nro. 2232 J. pr. den 21. Februar 1872.

(Die Abhaltung einer Concursprüfung für den Staatsforst-Verwaltungsdienst im Jahre 1872 betr.)

Im Namen Seiner Majestät des Königs.

Zufolge höchster Entschließung des k. Staatsministeriums der Finanzen vom 8. d. M. Nr. 1929 (Finanz-Ministerialblatt Nr. 4 vom 15. Februar 1872) hat am 2. September l. J. und die folgenden Tage eine Concursprüfung für den Staatsforstverwaltungsdienst stattzufinden, welche am Sitze jeder Kreisregierung abzuhalten ist.

Diejenigen Forstgehilfen und Forstpraktikanten, welche die vorgeschriebenen Bedingungen vollständig erfüllt haben oder bis zur anberaumten Prüfung noch in Erfüllung bringen werden (vide Allerhöchste Verordnung „die Organisation der Staatsforstverwaltung betr." vom 1. Juli 1853, Art. 23, Amtsblatt Nr. 71, Seite 567, dann die Verordnung vom 29. Mai 1854 Nr. 8570, Amtsblatt Seite 747) und sich der Prüfung zu unterziehen gedenken, haben ihre desfallsigen Gesuche unter Beachtung der im Ausschreiben vom 28. März 1830 (Intelligenzblatt S. 166) enthaltenen Vorschriften längstens bis zum 15. März d. J. bei dem einschlägigen k. Forstamte einzureichen, welches dieselben mit Gutachten bezüglich der Zulässigkeit der unterfertigten Stelle in Vorlage bringen wird.

Hiebei wird noch bemerkt, daß alle jene Forstgehilfen und Forstpraktikanten, welche die k. Centralforstlehranstalt Aschaffenburg im Jahre 1870 absolvirt haben und sofort in die forstliche Praxis, den staatswirthschaftlichen Curs an der Universität München, oder der gesetzlichen Wehrpflicht folgend in das bayerische Heer übergetreten sind, bei Erfüllung der übrigen normativmäßigen Vorbedingungen zu dieser Prüfung zugelassen werden können.

Sämmtliche Concurrenten haben sich zur Prüfung mit Logarithmentafeln und mit Zeichnungsmaterialien zu versehen, um ihre Fertigkeit im Planzeichnen nach beendeter mündlicher Prüfung durch Anfertigung einer Probezeichnung nachzuweisen.

An dem Eingangs erwähnten Tage Morgens 7 Uhr wird sich die Prüfungs-Commission im Regierungsgebäude versammeln, bei welcher sich die Examinanden alsdann zu melden haben.

Speier, den 20. Februar 1872.

Königlich Bayerische Regierung der Pfalz,
Kammer der Finanzen.
v. Braun.
v. Meyer.
Wöscher.

Nro. 21106 K. pr. den 24. Februar 1872.

(Maßregeln gegen die Rinderpest betr.)

Im Namen Seiner Majestät des Königs.

Indem die unterzeichnete Stelle nachstehend eine höchste Entschließung des k. Staatsministeriums des Innern vom 20. l. M. zur allgemeinen Kenntniß bringt, setzt sie zugleich die von ihr erlassene oberpolizeiliche Vorschrift vom 10. März v. J. (Kreis-Amtsbl. 1871 S. 501) außer Wirksamkeit, so daß gegen das Reichsland Elsaß-

Lothringen keine Absperrungsmaßregeln bezüglich der Rinderpest mehr bestehen.

Speier, den 24. Februar 1872.

Königlich Bayerische Regierung der Pfalz,
Kammer des Innern.
v. Braun.

Staatsministerium des Innern.

Nachdem die Rinderpest in Elsaß und Lothringen nunmehr erloschen ist, wird die durch Bekanntmachung vom 30. August 1870 (Regierungsblatt Nr. 68, Amtsbl. d. Pf. S. 1394) gegen jene nunmehrigen Reichslande verfügte Grenzsperre hiemit aufgehoben.

München, den 20. Februar 1872.

Auf Seiner Königlichen Majestät Allerhöchsten Befehl:
v. Pfeufer.

Durch den Minister:
Der General-Secretär:
Ministerialrath v. Dubois.

Nro. 3537 K. pr. den 21. Februar 1872.

(Vollzugsbestimmungen zum Reichsgesetz vom 24. Novbr. 1871 über die Einführung des norddeutschen Kriegsdienstgesetzes in Bayern betr.)

An
sämmtliche k. Bezirksämter.

Im Namen Seiner Majestät des Königs.

Die k. Bezirksämter werden auf die im Abdrucke folgende Entschließung des k. Kriegsministeriums vom 6. Februar l. J. aufmerksam gemacht.

Speier, den 17. Februar 1872.

Königlich Bayerische Regierung der Pfalz,
Kammer des Innern.
v. Braun.

Retschnabl.

Kriegsministerium.

Jenen jungen Leuten, welche als bayerische Staatsangehörige die Vorbedingungen für die Zulassung zum einjährigen Freiwilligendienst nach § 2 Ziffer 1 mit 5, dann nach § 30 der Allerhöchsten Verordnung vom 14. Februar 1868, den einjährigen Freiwilligendienst betr., erfüllt haben, und welche im Laufe des Jahres 1872 ihre einjährige active Dienstpflicht bei einem außerbayerischen Truppentheile des Reichsheeres antreten, beziehungsweise ableisten wollen, ist auf ihr Verlangen durch den Vorstand der Prüfungs-Commission jenes Regierungsbezirkes, in welchem der Betreffende sein Domicil hat, ein Berechtigungs-Schein zum einjährigen Freiwilligendienst nach Beilage zum Kriegsministerial-Rescript vom 24. Dezember vor. Jrs. Nr. 34,511 (Verordnungsblatt Nr. 67,) auszustellen.

Solche junge Leute, welche ihre einjährige Dienstpflicht später antreten, beziehungsweise ableisten wollen, sind bezüglich der Erholung solcher Berechtigungsscheine bis nach Bekanntgabe der Militär-Ersatz-Instruction für das Königreich Bayern zu verweisen.

Dieses wird für weitere Verfügung anmit eröffnet.

München, den 6. Februar 1872.

Auf Seiner Königlichen Majestät allerhöchsten Befehl:
Frhr. v. Pranckh.

Durch den Minister:
Der General-Secretär
v. Sönner.

Ad Nro. Exh. 18810 D. pr. den 20. Februar 1872.

(Gewehrpässe betr.)

Im Namen Seiner Majestät des Königs.

Die Gewehrpässe sollen in der Folge nicht mehr auf die Dauer eines Jagdjahres, sondern auf den Zeitraum eines Jahres, vom Tage an gerechnet, an welchem dieselben gelöst werden, Gültigkeit haben. Deßhalb werden sich die k. Polizeibehörden und die Organe derselben veranlaßt sehen, den Vorschriften bezüglich der Controle der Gewehrpässe mit größerer Strenge Folge zu leisten, was von nun an nur durch eine genaue Einsichtsnahme der Gewehrpässe selbst geschehen kann, um sich dadurch die Ueberzeugung bezüglich deren Gültigkeit, sowie über die volle Erfüllung der im Art. 14 des Einführungsgesetzes vom 28. Dezember 1871 vorgegebenen Bestimmungen zu verschaffen.

Speier, den 14. Februar 1872

Königlich Bayerische Regierung der Pfalz,
Kammer des Innern und der Finanzen.
v. Braun.
v. Meyer.
Metschnabl.

Nro. 3235 E. pr. den 21. Februar 1872.

(Emission ausländischen Papiergeldes betr.)

Im Namen Seiner Majestät des Königs.

Unter Bezugnahme auf die Entschließung der unterfertigten Stelle vom 11. Januar 1859 (Amtsbl. S. 43), die Einziehung des k. württembergischen Staatspapiergeldes betr., wird nachfolgend eine Bekanntmachung des k. württembergischen Finanzministeriums, betreffend die Ausgabe von weiterem Staatspapiergeld, d. d. Stuttgart den 16. Dezember 1871 im Abdrucke zur öffentlichen Kenntniß mitgetheilt.

Speier, den 20. Februar 1872.

Königlich Bayerische Regierung der Pfalz,
Kammer des Innern.
v. Braun.
Schild.

Bekanntmachung des Finanz-Ministeriums, betreffend die Ausgabe von weiterem Staatspapiergeld.

Nachdem die in Gemäßheit des Gesetzes vom 16. Juli 1871 angefertigten Zehnguldenscheine im Betrag von 3 Millionen Gulden der Staatshauptkasse zur Verausgabung übergeben worden sind, sieht sich das Finanzministerium veranlaßt, hinsichtlich der Annahme und Einlösung dieser neuen, den alten gleichgestellten Scheine auf die frühere Bekanntmachung vom 16. Nov. 1858 (Reg.-Bl. S. 258) hinzuweisen.

In der äußeren Ausstattung sind beiderlei Scheine übereinstimmend, mit Ausnahme des schwarzen Druckes in der Mitte der Vorderseite, welcher die Druckschrift enthält:

„Nach dem Gesetze vom 16. Juli 1871.
Stuttgart den 1. Dezember 1871"

und die Handschriften:

„Renschler. Helder.",

wogegen im Uebrigen die mit der angeführten Bekanntmachung veröffentlichte Beschreibung der Königlich Württembergischen Zehnguldenscheine vom Jahre 1858 auch auf die neuen Scheine Anwendung findet.

Stuttgart, den 16. Dezember 1871.

Ad Nro. Kab. 3585 E. pr. den 21. Februar 1872.

1. Bekanntmachung.

(Die Verleihung einer persönlichen Apotheker-Concession betr.)

Im Namen Seiner Majestät des Königs.

Der absolvirte Pharmazeut Wilhelm Fröschl von Freising hat um die persönliche Concession zum Betriebe der durch den Verzicht des Apothekers Johann Eduard Wagner erledigten und von rc. Fröschl käuflich erworbenen Apotheke zu Rheinzabern nachgesucht.

Dieses wird im Hinblicke auf die höchste Ministerial-Entschließung vom 31. Dezember 1870 mit dem Bei fügen öffentlich bekannt gegeben, daß Mitbewerbungen um die Wiederverleihung der bezeichneten persönlichen Concession binnen vierwöchentlicher Ausschlußfrist bei der unterfertigten Stelle anzubringen sind.

Speier, den 19. Februar 1872.

Königlich Bayerische Regierung der Pfalz,

Kammer des Innern.

v. Braun.

Schild.

Dienstesnachrichten.

Seine Majestät der König haben sich vermöge allerhöchster Entschließung d. d. München den 9. Februar 1872 allergnädigst bewogen gefunden, den Notär Joseph Minges von Grünstadt, seinem allerunterthänigsten

Ansuchen entsprechend, auf die in Speier erledigte Notärstelle zu versetzen.

Seine Majestät der König haben vermöge allerhöchster Entschließung d. d. München den 9. Februar 1872 sich allergnädigst bewogen gefunden, den Notär Wilhelm Michel von Wolfstein, seinem allerunterthänigsten Ansuchen entsprechend, auf die in Kandel eröffnete Notärstelle zu versetzen.

Seine Majestät der König haben allergnädigst geruht, die Lehrstelle für Realien an der Gewerbschule zu Neustadt a. H., vom 15. Februar 1872 an, in widerruflicher Weise dem vom dortigen Stadtrathe hiefür präsentirten, geprüften Lehramtscandidaten und dermaligen Lehramtsverweser Carl Hofer daselbst zu übertragen.

Pfälzische Eisenbahnen.

pr. den 6. Februar 1872.

Betriebs-Ergebniß.

Ergebniß	Personen-Transport. Frequenz	Personen-Transport. Einnahme fl.	kr.	Güter-Transport. Centner	Pf.	Güter-Transport. Einnahme fl.	kr.	Kohlen-Transport. Centner	Kohlen-Transport. Einnahme fl.	kr.	Gesammt-Einnahme fl.	kr.
im Dezember 1871 .	247522	*)268534	17	1994897	20	241335	9	2181948	181273	23	691142	40
" " 1870 .	256037	174450	43	1474701	30	138267	3	1626480	142328	56	455066	42
Differenz	8515 weniger.	94083 mehr.	34	520195 mehr.	90	103084 mehr.	6	555468 mehr.	38944 mehr.	27	236076 mehr.	7
In den verflossenen 12 Monaten des Jahres 1871	3241263	1947762	53	24872722	90	2200861	54	20513869	1819762	3	5968386	50
In den gleichen Mon. 1870	2910284	1942529	12	17846661	—	1555441	58	15191973	1341392	48	4839363	58
Differenz	330979 mehr.	5233 mehr.	41	7026061 mehr.	90	645419 mehr.	56	5321896 mehr.	478369 mehr.	15	1129022 mehr.	52

*) Hierunter 138,645 fl. 15 kr. nachträglich liquidirte Militärfahrgelder aus dem Jahre 1870.

zu den 8. Februar 1872.

Verzeichniß

der auf dem Kanal zu Frankenthal während des IV. Quartals 1871 aus- und eingeführten Handelsgüter und sonstigen Gegenstände.

Bezeichnung der Gegenstände.	Ausfuhr pro IV. Quartal		Abgleichung pro 1871		Einfuhr pro IV. Quartal		Abgleichung pro 1871	
	1870.	1871.	plus.	minus.	1870.	1871.	plus.	minus.
1. Steine, Gyps, Erde, Holz, Kies in Fahrzeugen von 100—600 Zentner Ladungsfähigkeit	—	5	5	—	34	55	21	—
2. Deßgleichen in Fahrzeugen von 600—1200 Zentner Ladungsfähigkeit	26	26	—	—	4	6	2	—
3. Deßgleichen in Fahrzeugen von 1200 Zentner und darüber	9	22	13	—	—	—	—	—
4. Wein, Bier, Brandwein, Oel in ganzen Stückfaß, Stück	238½	263	24½	—	2	1	—	1
5. Leere Stückfässer, Stück	—	—	—	—	122	165	43	—
6. Fässer geringeren Gehaltes, Stück	—	—	—	—	—	60	60	—
7. Stückfaßreife, Gebund	—	—	—	—	72	—	—	72
8. Steinkohlen, Zentner	—	—	—	—	22831	5936	—	16895
9. Eisen, Draht, Kupfer, Zentner	728	1588	860	—	31	—	—	31
10. Stärke, Zentner	10	—	—	10	—	—	—	—
11. Diverse Güter, Zentner	80	—	—	80	48	48	—	—
12. Bretter und Diehlen, Stück	—	—	—	—	3600	4350	750	—
13. Latten und Rahmschenkel, Stück	—	—	—	—	3350	4600	1250	—
14. Bauhölzer, Stück	—	—	—	—	—	1385	1385	—
15. Glaswaaren, Zentner	—	—	—	—	—	—	—	—
16. Tabaksblätter, "	—	—	—	—	—	—	—	—
17. Mineralwasser, Krüge	—	—	—	—	—	—	—	—
18. Getreide und Mehl in Säcken, Zentner	—	50	50	—	—	570	570	—
19. Brucheisen, Zentner	—	—	—	—	—	—	—	—
20. Runkelrüben, Zentner, grün	1250	—	—	1250	—	—	—	—
21. Cichorienwurzeln, grün, Zentner	6319	12824	6505	—	—	—	—	—
22. Kartoffeln, Zentner	1000	32115	31115	—	—	200	200	—
23. Cichorienwurzeln, getrocknete, Zentner	1574	6320	4746	—	—	—	—	—
24. Runkelrüben " "	—	—	—	—	—	—	—	—
25. Aepfel, Zentner	—	—	—	—	—	—	—	—

Aufgestellt.

Frankenthal, den 19. Januar 1872.

Königl. Rentamt.

v. Leth.

Königlich Bayerisches
Kreis-Amtsblatt
der Pfalz.

№ 18. Speier, den 29. Februar 1872.

Inhalt:

Königlich Allerhöchste Verordnung,

die Sicherheitsmaßregeln bei der Anlage und dem Gebrauche von Dampfkesseln und Dampfapparaten betr.

Ludwig II.,

von Gottes Gnaden König von Bayern,

Pfalzgraf bei Rhein,

Herzog von Bayern, Franken und in Schwaben ꝛc. ꝛc.

Wir haben die über die Sicherheitsmaßregeln bei der Anlage und dem Gebrauche von Dampfkesseln und Dampfapparaten bestehenden Vorschriften einer Revision unterstellen lassen und verordnen auf Grund des Art. 131 des Polizeistrafgesetzbuches für Bayern vom 26. Dezember 1871 unter Aufhebung der Allerhöchsten Verordnungen vom 7. August 1864 (Regierungsblatt vom Jahre 1864 Seite 1065 u. ff., Amtsbl. d. Pf. S. 1113) und vom 12. Februar 1865 (Regierungsblatt vom Jahre 1865 Seite 223 u. ff., Amtsbl. d. Pf. S. 245), was folgt:

§ 1.

Dampfkessel, in welchen gespannte Dämpfe erzeugt sowie Apparate, in welchen Dämpfe im gespannten Zustande verwendet werden, müssen hinsichtlich ihrer Sicherheit geprüft, mit den nöthigen Ausrüstungstheilen versehen und dürfen nur mit polizeilicher Bewilligung angelegt und in Betrieb gesetzt werden. Auch sind dieselben stets in gefahrlosem und die sämmtlichen Ausrüstungstheile in reinem Zustande zu erhalten.

Diese Bestimmungen finden keine Anwendung:

1. auf Kochgefäße, in welchen mittels Dampfes, der einem anderweitigen Dampfentwickler entnommen ist, gekocht wird;

2. auf Dampfüberhitzer oder Behälter, in welchen

Dampf, der einem anderweitigen Dampfentwickler entnommen ist, durch Einwirkung von Feuer besonders erhitzt wird;

3. auf Kochkessel, in welchen Dampf aus Wasser durch Einwirkung von Feuer erzeugt wird, wofern dieselben mit der Atmosphäre durch ein unverschließbares, in den Wasserraum hinabreichendes Standrohr von nicht über fünf Meter Höhe und mindestens acht Centimeter Weite verbunden, oder durch ein Sicherheitsventil verschlossen sind, dessen Belastung einer Wassersäule von fünf Meter Höhe entspricht.

I.
Sicherheits-Prüfung der Dampfkessel und Apparate.

§ 2.

Zur Prüfung der Dampfkessel und Dampfapparate, zur Anbringung der Prüfungsmarke, sowie zur Ausstellung der Prüfungszeugnisse werden, soweit nicht ausnahmsweise von Unserem Staatsministerium des Innern hierüber Bestimmungen getroffen werden, von den Regierungen, Kammern des Innern, besondere Prüfungscommissäre bestellt.

Dieselben sind verpflichtet, wenn sie von dem Eigenthümer des aufzustellenden Kessels oder Apparates Anzeige erhalten haben, daß derselbe zur Prüfung und Untersuchung bereit sei, in möglichster Bälde unter Einladung der Betheiligten oder deren Stellvertreter dieses Geschäft vorzunehmen. Auch sind dieselben ermächtigt, in Fällen, wo sie es für nöthig halten, andere Sachverständige aus der Reihe der Fabricanten, Mechaniker oder Lehrer an den technischen Anstalten zur Mitwirkung und sachkundiges Hilfspersonal beizuziehen.

§ 3.

Jeder Dampfkessel oder Dampfapparat muß nach seiner letzten Zusammensetzung vor der Einmauerung oder Ummantelung die in gegenwärtigem Abschnitte vorgeschriebene Sicherheits-Prüfung bestanden haben.

Aus nicht-bayerischen Fabriken bezogene Dampfkessel oder Dampfapparate unterliegen bei ihrer Ablieferung keiner weiteren Prüfung, wenn nachgewiesen wird, daß dieselben nach der Vollendung, übereinstimmend mit der gegenwärtigen Verordnung, geprüft und sicher befunden worden sind.

Die Zuständigkeit über das Vorhandensein dieser Voraussetzung richtet sich nach den Bestimmungen des § 19.

§ 4.

Zu den Wandungen der Dampfkessel und Dampfapparate, in welchen gespannte Dämpfe verwendet werden, darf nur Blech von Eisen, Stahl oder Messing verwendet werden und zwar letzteres nur für Feuerröhren, deren lichte Weite 10 Centimeter nicht übersteigt.

Die vom Feuer berührten Wandungen der Dampfkessel, der Feuerröhren und der Sieberöhren dürfen nicht aus Gußeisen hergestellt werden, soferne deren lichte Weite bei cylindrischer Gestalt 25 Centimeter, bei Kugelgestalt 30 Centimeter übersteigt.

Unserem Staatsministerium des Innern bleibt vorbehalten, Ausnahmen von diesen Bestimmungen eintreten zu lassen.

§ 5.

Bei allen Dampfkesseln und Dampfapparaten bleibt die Bestimmung der Stärke des Materiales demjenigen überlassen, welcher dieselben verfertiget oder reparirt.

Hiefür, sowie für die Zweckmäßigkeit der Construction bleibt derselbe civilrechtlich den Beschädigten gegenüber verantwortlich.

§ 6.

Die Sicherheitsprüfung eines Dampfkessels oder Dampfapparates geschieht unter Verschluß sämmtlicher Oeffnungen mit Wasserdruck.

Die Prüfung erfolgt bei Dampfkesseln und bei Dampfapparaten, welche für eine Dampfspannung von nicht mehr als fünf Atmosphären Ueberdruck bestimmt sind, mit dem zweifachen Betrage des beabsichtigten Ueberdruckes, bei allen übrigen Kesseln oder Apparaten mit einem Drucke, welcher den beabsichtigten Ueberdruck um fünf Atmosphären übersteigt. Unter Atmosphäredruck wird ein Druck von einem Kilogramm auf den Quadratcentimeter verstanden.

Die Wandungen müssen dem Probedruck widerstehen, ohne eine bleibende Veränderung ihrer Form zu zeigen und ohne undicht zu werden. Sie sind für undicht zu erachten, wenn das Wasser bei dem höchsten Drucke in anderer Form als der von Nebel oder feinen Perlen durch die Fugen dringt.

§ 7.

Wenn Dampfkessel oder Dampfapparate eine Ausbesserung in einer Kesselfabrik erfahren haben, oder wenn sie behufs der Ausbesserung an der Betriebsstätte ganz blos gelegt worden sind, müssen dieselben in gleicher Weise wie neu aufzustellende Kessel der Prüfung mittelst Wasserdruckes unterworfen werden.

Wenn bei Kesseln mit innerem Feuerrohre ein solches Rohr und bei den nach Art der Locomotivkessel gebauten Kesseln, die Feuerbüchse behufs Ausbesserung oder Erneuerung herausgenommen, oder wenn bei cylindrischen und Siederöhrenkesseln eine oder mehrere Platten neu eingezogen werden, so ist nach der Ausbesserung oder Erneuerung ebenfalls die Prüfung mittels Wasserdruckes vorzunehmen. Der völligen Bloslegung des Kessels bedarf es hier nicht.

Ausgenommen von wiederholter Prüfung sind reparirte Kessel nur dann, wenn die Reparatur durch Einsetzen einzelner Nieten oder Blechstücke an der Verwendungsstelle geschehen konnte.

§ 8.

Der bei der Prüfung ausgeübte Druck darf nur durch ein genügend hohes offenes Quecksilbermanometer oder durch das von dem Prüfungs-Commissäre geführte amtliche Manometer festgestellt werden.

An jedem Dampfkessel oder Dampfapparat muß sich eine Einrichtung befinden, welche dem Prüfungs-Commissär die Anbringung des amtlichen Manometers gestattet.

§ 9.

An jedem Dampfkessel oder Dampfapparat muß die festgesetzte höchste Dampfspannung, der Name des Fabrikanten, welcher denselben neu angefertiget oder zuletzt ausgebessert hat, die laufende Fabriknummer und das Jahr der Anfertigung oder der Ausbesserung in leicht erkennbarer und dauerhafter Weise angegeben sein.

§ 10.

Der Prüfungs-Comissär hat über die vorgenommene Prüfung und den Befund ein Protocoll aufzunehmen, in welchem außer dem Ort und Tag, unter Erwähnung der etwa anwesenden weiteren Sachverständigen, der Gegenstand mit Angabe der Hauptausmaße beschrieben und der Fabrikant nebst der Fabriknummer vorgetragen ist. Von diesem Protocoll ist dem betheiligten Fabrikanten oder dem Besitzer auf Verlangen zum weiteren sachdienlichen Gebrauche unentgeltlich eine Abschrift zu behändigen.

§ 11.

Alle zur Untersuchung und Prüfung eines Dampfkessels oder Dampfapparates erforderlichen Instrumente, Werkzeuge und Arbeiter hat derjenige, auf dessen Veranlassung solche geschieht, dem Prüfungs-Commissär unentgeltlich zur Verfügung zu stellen.

II.

Ausrüstung der Dampfkessel.

§ 12.

An jedem Dampfkessel muß ein Speiseventil angebracht sein, welches bei Abstellung der Speisevorrichtung durch den Druck des Kesselwassers geschlossen wird.

§ 13.

Jeder Dampfkessel muß mit zwei zuverlässigen Vorrichtungen zur Speisung versehen sein, welche nicht von derselben Betriebsvorrichtung abhängig sind, und von denen jede für sich im Stande ist, dem Kessel die zur Speisung erforderliche Wassermenge zuzuführen. Mehrere zu einem Betriebe vereinigte Dampfkessel werden hierbei als ein Kessel angesehen.

§ 14.

Jeder Dampfkessel muß mit einem Wasserstandsglase und mit einer zweiten geeigneten Vorrichtung zur Erkennung des Wasserstandes versehen sein. Jede dieser Vorrichtungen muß eine gesonderte Verbindung mit dem Innern des Kessels haben, es sei denn, daß die gemeinschaftliche Verbindung durch ein Rohr von mindestens 60 Quadratcentimeter lichten Querschnitt hergestellt ist.

§ 15.

Werden Probirhähne zur Anwendung gebracht, so ist der unterste derselben in der Ebene des festgesetzten niedrigsten Wasserstandes anzubringen. Alle Probirhähne müssen so eingerichtet sein, daß man behufs Entfernung von Kesselstein in gerader Richtung hindurchstoßen kann.

§ 16.

Der für den Dampfkessel festgesetzte niedrigste Wasserstand ist am Wasserstandsglase, so wie an der Kesselwandung oder dem Kesselmauerwerk durch eine in die Augen fallende Marke zu bezeichnen.

§ 17.

Jeder Dampfkessel muß mit wenigstens Einem zuverlässigen Sicherheitsventil versehen sein.

Wenn mehrere Kessel einen gemeinsamen Dampfsammler haben, von welchem sie nicht einzeln abgesperrt werden können, so genügen für dieselben zwei Sicherheitsventile.

Dampfschiffs-, Locomobil- und Locomotiv-Kessel müssen mindestens zwei Sicherheitsventile haben. Bei Dampfschiffkesseln ist dem einen Ventil eine solche Stellung zu geben, daß die vorgeschriebene Belastung vom Verdeck aus mit Leichtigkeit untersucht werden kann.

Die Sicherheitsventile müssen jederzeit gelüftet werden können. Sie sind höchstens so zu belasten, daß sie bei

Eintritt der für den Kessel festgesetzten höchsten Dampfspannung den Dampf entweichen lassen und ein hörbares Zeichen von herannahender Gefahr geben.

§ 18.

An jedem Dampfkessel muß ein zuverlässiger Manometer angebracht sein, an welchem die festgesetzte höchste Dampfspannung durch eine in die Augen fallende Marke zu bezeichnen ist.

An Dampfschiffskesseln müssen zwei dergleichen Manometer angebracht werden, von denen sich das eine im Gesichtskreise des Kesselwärters, das andere auf dem Verdeck an einer für die Beobachtung bequemen Stelle befindet. Sind auf einem Dampfschiffe mehrere Kessel vorhanden, deren Dampfräume mit einander in Verbindung stehen, so genügt es, wenn außer den an den einzelnen Kesseln befindlichen Manometern auf dem Verdeck ein Manometer angebracht ist.

III.

Polizeiliche Bewilligung zur Anlage und zum Gebrauche von Dampfkesseln und Dampfapparaten.

§ 19.

Die Ertheilung der polizeilichen Bewilligung ist:

a) in der Haupt- und Residenzstadt München der Localbaucommission;

b) für alle übrigen Orte der Districts-Polizeibehörde

übertragen.

Gegen die Beschlüsse der ersten Instanz steht den Betheiligten die Beschwerde an die vorgesetzte Regierung, Kammer des Innern, zu, welche nach collegialer Berathung endgiltig entscheidet. Die Beschwerden sind binnen einer vierzehntägigen Frist bei der ersten Instanz schriftlich einzureichen oder zu Protocoll zu geben.

§ 20.

Das Gesuch um die Genehmigung zur Anlage und zum Gebrauche eines Dampfkessels oder Dampfapparates ist bei der einschlägigen Unterbehörde schriftlich oder zu Protocoll anzubringen und hat zu enthalten:

A. Wenn die Anlage eines unbeweglichen Kessels zur Dampferzeugung beabsichtigt ist:

a) Namen und Wohnort desjenigen, von welchem der Kessel bezogen wird, unter Angabe, ob derselbe bereits geprüft ist oder nicht;

b) eine einfache, nur in Linien ausgeführte Zeichnung des anzulegenden Kessels mit eingeschriebenen Maaßen, unter Angabe der Heizfläche;

c) die Angabe des Materials, aus dem der Kessel zusammengesetzt ist;

d) die Bezeichnung der größten Spannung in Kilogramm auf den Quadratcentimeter, auf welche der Dampf im Kessel gebracht werden soll;

e) einen Situationsplan, der zunächst an den Ort der Aufstellung stoßenden Grundstücke, mit den darauf befindlichen Gebäuden, Straßen und dergl. im Maaßstabe von 1 zu 500;

f) die zur Erläuterung und Beurtheilung des Gesuches erforderlichen Grundrisse, Aufrisse und Durchschnitte der Gebäude, in welchen der Aufstellungsort des Kessels, der Ort und die Höhe des Schornsteines, sowie die Lage der Feuerungen gegen die benachbarten Grundstücke, Gebäude, Straßen und dergl. und der Ort, an welchen die Dämpfe in die Luft entlassen werden, deutlich angegeben sein müssen;

g) die Nivellementspläne, wenn dieselben aus polizeilichen Rücksichten wegen Ableitung des condensirten Wassers, wegen Anlage von Wasserbehältern, Cisternen u. dgl. erforderlich sind;

h) den Industriezweig oder den Dienst, für welchen der Kessel bestimmt ist.

B. Wenn der Betrieb eines beweglichen Kessels für ein Dampfschiff, eine Straßen- oder Eisenbahn-Locomotive, oder irgend eine Locomobile beabsichtigt wird:

die in vorstehender Littera unter a, b, c und d aufgeführten Angaben, Zeichnungen und Beschreibungen.

C. Wenn die Anlage eines Apparates, in welchem gespannter Dampf verwendet wird, beabsichtiget ist:

a) den Namen und Ort der Fabrik, in welcher der Apparat verfertigt worden ist;

b) eine einfache, nur in Linien ausgeführte Zeichnung des Apparates mit eingeschriebenen Maaßen, aus welcher dessen Dimensionen und Wandungen deutlich erkannt werden können;

c) die Angabe der größten Spannung des Dampfes im Kessel, der den Dampf für den Apparat liefert, ausgedrückt in Kilogramm auf den Quadratcentimeter.

Ist der Dampfkessel oder der Dampfapparat bereits nach den Bestimmungen der gegenwärtigen Verordnung geprüft, so ist zugleich der bezügliche Nachweis vorzulegen.

§ 21.

Die zuständige Behörde hat die Zulässigkeit der Anlage nach den bestehenden bau-, feuer- und sicherheitspolizeilichen Vorschriften unter gleichzeitiger Beachtung der nachstehenden allgemeinen Bestimmungen zu prüfen und nach dem Befunde die Genehmigung entweder zu versagen oder unbedingt zu ertheilen, oder endlich bei Ertheilung letzterer die erforderlichen Vorkehrungen und Einrichtungen vorzuschreiben.

§ 22.

Dampfkessel, bei welchen das Produkt aus der feuerberührten Fläche in Quadratmetern und der Dampfspannung in Atmosphären-Ueberdruck mehr als zwanzig beträgt, dürfen nicht aufgestellt werden:

a) unter Räumen, in welchen Menschen sich aufzuhalten pflegen, und

b) innerhalb solcher Räume (Arbeitssäle, Werkstätten x), wenn dieselben überwölbt oder mit fester Balkendecke versehen sind.

An jedem Dampfkessel, welcher unter Räumen aufgestellt wird, in denen sich Menschen aufzuhalten pflegen, muß die Feuerung so eingerichtet sein, daß die Einwirkung des Feuers auf den Kessel sofort gehemmt werden kann.

Dampfkessel, welche aus Siederöhren von weniger als 10 Centimeter Weite bestehen, und solche, welche in Bergwerken unterirdisch oder in Schiffen aufgestellt werden, unterliegen diesen Bestimmungen nicht.

§ 23.

Zwischen dem Mauerwerk, welches den Feuerraum und die Feuerzüge feststehender Dampfkessel einschließt, und den dasselbe umgebenden Wänden muß ein Zwischenraum von mindestens acht Centimeter verbleiben, welcher oben abgedeckt und an den Enden verschlossen werden darf.

§ 24.

Dampfkessel der im § 22 bezeichneten Art näher als drei Meter von der Mauer eines Nachbarhauses aufzustellen, ist verboten.

Ist der Abstand des Kessels von dem Nachbarhaus drei Meter und mehr, und übersteigt dieser Abstand nicht 10 Meter, so muß innerhalb diesen Abstandsgrenzen das Nachbarhaus durch eine isolirt stehende Zwischenmauer von mindestens 76 Centimeter oberer Dicke geschützt werden.

Von dem Nachbarhaus, wie von der Kesselmauerung muß die Zwischenmauer mindestens 30 Centimeter abstehen. Beträgt dieser Abstand von der Kesselmauer zwischen 0,30 und 3,0 Meter, so muß die Höhe der Zwischenmauer 1 Meter mehr betragen als der höchste Punkt des Dampfkesselkörpers. In dem Maaße als der Abstand der Zwischenmauer von der Kesselmauer mehr als 3 Meter beträgt, ist die Zwischenmauer höher, und zwar bis zu 2 Meter über den höchsten Punkt des Dampfkesselkörpers zu führen.

§ 25.

Die in dem § 24 vorgesehenen Bedingungen für die Aufstellung von Dampfkesseln verlieren ihre verpflichtende Kraft, wenn die betheiligten Dritten auf deren Anwendung verzichten.

§ 26.

Wenn nach der Publikation der gegenwärtigen Verordnung ein Dampfkessel angelegt wird, und in späterer Zeit auf einem anstoßenden Grundstück ein Wohnhaus erbaut werden will, so kann der Eigenthümer dieses Hauses von dem Besitzer der Dampfkessel-Anlage die Ausführung der in dem § 24 vorgeschriebenen Maßregeln nur dann verlangen, wenn der Besitzer des treffenden Grundstückes bei seiner Einvernahme über die beabsichtigte Dampfkessel-Anlage durch die Baupolizei-Behörde dieses Recht für sich und seine Rechtsnachfolger ausdrücklich vorbehalten hat.

Im Uebrigen bleibt die Genehmigung zu einer in § 1 bezeichneten Anlage so lange in Kraft, als keine Aenderung in der Lage und Beschaffenheit der Betriebsstätte vorgenommen wird, und bedarf dieselbe unter dieser Voraussetzung auch dann einer Erneuerung nicht, wenn die Anlage an einen neuen Besitzer übergeht.

Aenderungen in der Betriebsstätte bedürfen der Genehmigung nach Maßgabe der Bestimmungen gegenwärtiger Verordnung.

§ 27.

Wird nach vollzogener Instruction die polizeiliche Bewilligung zur nachgesuchten Anlage ertheilt und zur Ausführung geschritten, so muß, im Falle der Dampfkessel oder Dampfapparat an einem anderen als dem Betriebsorte geprüft worden war, von dem Prüfungs-Commissär vor der Einmauerung oder Umhüllung der Gegenstände die Identität des Kessels oder Apparates mit dem im Prüfungszeugniß beschriebenen und ferner constatirt werden, daß dieselben auf dem Transport keine Beschädigung erlitten haben. Eine neue Druckprobe hat nur aus triftigen Gründen einzutreten.

Auch hat der Prüfungs-Commissär das Vorhandensein und den guten Zustand aller Ausrüstungs-Gegenstände zu constatiren.

Sind die Ausrüstungs-Gegenstände unvollständig oder in nicht brauchbarem Zustande, so steht es der Polizeibehörde auf Antrag des Prüfungs-Commissärs frei, eine wiederholte Untersuchung anzuordnen.

Von dem hierüber aufgenommenen Protokoll ist dem Eigenthümer behufs der Erwirkung der Erlaubniß zur Einmauerung des Kessels oder Apparates auf Verlangen unentgeltlich Abschrift zu ertheilen.

§ 28.

Die Einmauerung der Dampfkessel muß so geschehen, daß die um oder durch denselben gehenden Feuerzüge an ihrer höchsten Stelle in einem Abstande von mindestens 10 Centimeter unter dem festgesetzten niedrigsten Wasserspiegel des Kessels liegen.

Bei Dampfschiffskesseln von 1 bis 2 Meter Breite muß der Abstand mindestens 15 Centimeter, bei solchen von größerer Breite mindestens 25 Centimeter betragen.

Diese Bestimmungen finden keine Anwendung auf Dampfkessel, welche aus Sieberöhren von weniger als 10 Centimeter Weite bestehen, sowie auf solche Feuerzüge, in welchen ein Erglühen des mit dem Dampfraum in Berührung stehenden Theiles der Wandungen nicht zu befürchten ist.

Die Gefahr des Erglühens ist in der Regel als ausgeschlossen zu betrachten, wenn die vom Wasser bespülte Kesselfläche, welche von dem Feuer vor Erreichung der vom Dampf bespülten Kesselfläche bestrichen wird, bei natürlichem Luftzug mindestens zwanzigmal, bei künstlichem Luftzuge mindestens vierzigmal so groß ist, als die Fläche des Feuerrostes.

Diese Bestimmungen finden ferner keine Anwendung auf Dampferzeuger zur plötzlichen Dampfentwicklung, sowie auf alle anderen Vorrichtungen, die zu wenig Wasser enthalten, als daß ein Bruch gefährlich werden könnte.

Unser Staatsministerium des Innern kann überdies

von der Anwendung vorstehender Bestimmungen ausnahmsweise entbinden.

§ 29.

Ein Dampfkessel oder Dampfapparat darf von dem Besitzer nur nach erlangter Bescheinigung über die entsprechende Ausführung der Bestimmungen der ertheilten Genehmigung in Betrieb gesetzt werden.

Die Ausfertigung der Bescheinigung erfolgt durch die in § 19 bezeichneten Behörden auf Grund veranlaßter Untersuchung von Seite des Prüfungs-Commissärs oder eines anderweitigen Sachverständigen.

§ 30.

Die Feuerung unbeweglicher Dampfkessel ist so anzuordnen, daß der Rauch so vollkommen als möglich verzehrt oder durch den Schornstein abgeführt wird, ohne die Bewohner der benachbarten Gebäude erheblich zu belästigen.

Die Weite der Schornsteinröhre bleibt der Bestimmung des Unternehmers überlassen. Dasselbe gilt hinsichtlich der Höhe, soferne nicht eine deßfallsige Bestimmung durch die zuständige Behörde getroffen wird.

Treten, nachdem der Dampfkessel in Betrieb gesetzt worden ist, dennoch erhebliche Gefahren, Nachtheile oder Belästigungen für die Nachbarn hervor, so ist der Unternehmer zur nachträglichen Beseitigung derselben verpflichtet.

Das Reinigen der Kamine hat zu geschehen entweder durch Auskehren, oder durch Ausblasen mit Dampf oder, wenn die Nachbarschaft durch den ausgeblasenen Ruß belästigt würde, unter Aufsicht eines Kaminkehrers durch vorsichtiges Ausbrennen.

§ 31.

Außer den in den §§ 2 bis 18 vorgeschriebenen allgemeinen Sicherheitsmaßregeln und Anordnungen sind die im Innern von Privatbergwerken thätigen Dampfkessel den durch die Gesetze und Verordnungen über den Betrieb der Bergwerke vorgeschriebenen besonderen Bedingungen unterworfen.

§ 32.

Besitzer von Privat-Locomobilen haben in ihren Gesuchen um die polizeiliche Bewilligung die Nummer anzugeben, welche die Maschine nebst dem Namen und Wohnort des Eigenthümers in deutlicher Schrift führen wird.

Die Bewilligung zu deren Gebrauch erstreckt sich auf das ganze Königreich.

§ 33.

Die Kamine von Locomobilen müssen stets mit guten Funkenfängern versehen sein.

Locomobile dürfen nie in Scheunen, Ställen oder sonstigen Gebäuden, in welchen leicht entzündliche Gegenstände gelagert sind, geheizt oder in Betrieb gesetzt werden.

Wo und unter welchen Bedingungen in der Nähe von Gebäuden oder auf Ortsstraßen Locomobile geheizt und in Betrieb gesetzt werden dürfen, hat die Ortspolizeibehörde zu bestimmen. Bei Distrikts- oder Staatsstraßen sind in dieser Beziehung die einschlägigen Aufsichtsbehörden zuständig.

IV.

Erhaltung des gefahrlosen Zustandes.

§ 34.

Nach erhaltener Bewilligung zur Anlage und zum Gebrauche eines Dampfkessels oder Dampfapparates hat der Eigenthümer oder dessen Stellvertreter für die gute Instandhaltung aller Sicherheitsvorrichtungen, für den gehörigen Wasserstand, für die Einhaltung der Bestimmungen rücksichtlich der Belastung der Sicherheitsventile, für das Vorhandensein der zur Erhaltung der Dichtigkeit und Dauerhaftigkeit des Dampfkessels oder Dampfapparates dem Maschinisten erforderlichen Werkzeuge und

sonstigen Mittel, für die rechtzeitige Reinigung des Kessels von dem entstehenden Kesselsteine und dergl. Sorge zu tragen, und sich nach Maßgabe der fortschreitenden Abnützung von der ferneren Tauglichkeit und Gefahrlosigkeit des Kessels oder Apparates fortwährend zu überzeugen, — sofort, im Falle der Schadhaftigkeit, bei Zeiten denselben ganz außer Gebrauch zu setzen, oder die etwa nöthig gewordenen Ausbesserungen daran vorzunehmen, und wenn diese von der in § 7 angegebenen Natur sind, der Behörde behufs der Untersuchung und Probe des Kessels oder Apparates Anzeige zu erstatten.

§ 35.

Zur Constatirung dessen, und um sich von dem gefahrlosen Zustande des Kessels oder Apparates zu überzeugen, sind von dem betreffenden Prüfungscommissär zeitweise wiederholte Untersuchungen vorzunehmen, und zwar:

A. Bei unbeweglichen Dampfkesseln und bei Dampfapparaten zum Geschäftsbetriebe:

a) wenn dieselben an einer anderen Betriebsstelle aufgestellt oder überhaupt deren Ein- und Ummauerungen erneuert werden sollen;
b) nach je zehntausend Arbeitsstunden, längstens aber nach zwei Jahren.

B. Bei Schiffs- und Locomotivkesseln:

nach einer Arbeitsleistung der neuen Kessel von zurückgelegten zehntausend Meilen und der älteren von je zurückgelegten achttausend Meilen, längstens aber nach drei Jahren, insoferne durch Unser Staatsministerium des Innern nicht anderweitige Bestimmungen erfolgen.

C. Bei Locomobilkesseln:

nach zehntausend Arbeitsstunden, längstens aber nach zwei Jahren.

Bei den Dampfkesseln der Gattung A hat, wenn sie abgesonderte Feuerzüge haben, eine Entmantelung nur dann einzutreten, wenn der Commissär bei der mit Umsicht vorgenommenen Untersuchung Anhaltspunkte für eine mit Wahrscheinlichkeit vorliegende Unsicherheit gewonnen hat.

Nach Umständen ist eine wiederholte Prüfung durch Kaltwasserdruck vorzunehmen.

Bei den ohne abgesonderte Feuerzüge eingemauerten Dampfkesseln der Gattung B und C muß stets nach Ablauf der oben normirten Zeit eine Druckprobe vorgenommen werden.

In allen Fällen braucht der Probedruck nur dem anderthalbfachen Betrage der größten gestatteten Dampfspannung gleich zu sein.

Die Beiziehung anderer Sachverständiger ist dem Prüfungscommissär gestattet.

Das Besichtigungs- und Befund-Protokoll ist der Behörde mit Gutachten vorzulegen.

In Fällen, wo Gefahr auf dem Verzuge steht, ist der Commissär befugt und verpflichtet, sogleich die weitere Benützung eines solchen Kessels zu untersagen, ohne daß einer etwa dagegen ergriffenen Berufung eine Suspensivkraft zukommt.

§ 36.

Bei jedem sich darbietenden Anlasse haben die Prüfungscommissäre davon sich zu überzeugen, daß die mit der Bedienung und Unterhaltung der Dampfkessel und Dampfapparate betrauten Personen ihrem Dienste in jeder Beziehung entsprechen, und auf die Entfernung der letzteren anzutragen, wenn sie dem Dienst nicht vollkommen genügen.

V.

Schluß-Bestimmungen.

§ 37.

Die durch den Vollzug gegenwärtiger Verordnung veranlaßten Verhandlungen und Ausfertigungen unterliegen der Tax- und Stempelpflicht nur in dem Falle, wenn sie durch Verschulden der Inhaber der Kessel oder Apparate veranlaßt worden sind.

§ 38.

Die Commissionskosten an Diäten und Gefährtgeldern bei der Prüfung ganz neuer oder einer größeren Reparatur unterworfener Dampfkessel oder Dampfapparate, sowie bei der Constatirung der Identität eines außerhalb des Bestimmungsortes geprüften Kessels und bei einer wiederholten Untersuchung, im Falle bei der Prüfung oder Constatirung die Ausrüstungsgegenstände unvollständig oder einzelne derselben unbrauchbar waren, fallen dem Unternehmer zur Last.

§ 39.

Die mit der Controle der Bauführung § 29 und mit den zeitweisen Untersuchungen durch die Dampfkessel-Prüfungs-Commissäre verbundenen Kosten § 35 vorbehaltlich der Bestimmung des § 38 fallen der Staatscasse zur Last. Die Bestimmungen des § 11 kommen auch hier zur Anwendung.

Werden die Untersuchungen und Proben von Unserem Staatsministerium des Innern in Anwendung des § 2 Absatz 1 einem hiefür gegründeten Vereine übertragen, so fallen die oben erwähnten Kosten diesem zur Last.

Wird durch Vernachlässigung des § 34 die gewöhnliche Dauer der Untersuchung verlängert, so können die hiefür erwachsenen Kosten dem Besitzer des Dampfkessels oder Apparates überbürdet werden.

Ein Schadenersatz wegen des durch die wiederholten Proben entzogenen Gebrauches der Dampfkessel und Dampfapparate findet nicht statt. Um den industriellen Betrieb möglichst zu schonen, haben sich die Prüfungs-Commissäre mit den Besitzern behufs beschleunigter Durchführung der Untersuchung ins Benehmen zu setzen.

§ 40.

Wenn Dampfkessel-Anlagen, die sich bereits im Betriebe befinden, den vorstehenden Bestimmungen aber nicht entsprechen, eine Veränderung der Betriebsstätte erfahren sollen, so kann bei deren Genehmigung eine Abänderung in dem Bau der Kessel nach Maßgabe der §§ 4 und 28 nicht gefordert werden.

Dagegen finden im Uebrigen die vorstehenden Bestimmungen auch für solche Fälle Anwendung.

§ 41.

Hinsichtlich der Anlage von Dampfkesseln oder Dampfapparaten, welche für den Dienst Unseres Hofes, der Landesvertheidigung, Unserer Bergwerke und Salinen, Unserer Eisenbahnen und Dampfschiffe, sowie der sonstigen Staatsanstalten bestimmt sind, wie der Vornahme der Untersuchung und Probe dieser Kessel und Apparate, richtet sich die Zuständigkeit nach den hiefür bestehenden besonderen Vorschriften. Zum Gebrauche dieser Dampfkessel und Apparate ist eine polizeiliche Bewilligung nicht erforderlich.

Die Festsetzung des Zuständigkeits-Verhältnisses bezüglich der Privat-Eisenbahnen und Dampfschifffahrts-Unternehmungen bleibt Unserem Staatsministerium des Innern vorbehalten.

Die technischen Vorschriften gegenwärtiger Verordnung finden übrigens sowohl bei der Anlage als bei der Untersuchung und Probe der Dampfkessel und Dampfapparate für die genannten Anstalten und Zwecke volle Anwendung.

§ 42.

Gegenwärtige Verordnung tritt 30 Tage nach ihrer Bekanntmachung durch das Regierungsblatt, beziehungsweise durch das Kreis-Amtsblatt der Pfalz, für den ganzen Umfang des Königreiches in Wirksamkeit.

München, den 21. Januar 1872

Ludwig.

v. Pfeufer.

Auf Königlich Allerhöchsten Befehl:
der General-Secretär:
Ministerialrath v. Dubois.

Ad Nr. 3160 B. pr. den 12. Februar 1872.

(Die Hauptagentur der Preußischen Lebensversicherungs-Actiengesellschaft in Berlin betr.)

Im Namen Seiner Majestät des Königs.

Unter Bezugnahme auf die Bekanntmachung im Kreis-Amtsblatt vom 26. April 1867 Nr. 26 wird hiemit zur allgemeinen Kenntniß gebracht, daß der Kaufmann G. Seberle zu Ludwigshafen die Hauptagentur der Preußischen Lebensversicherungs-Actiengesellschaft in Berlin niedergelegt hat, und an dessen Stelle der Professor J. G. Brettengeter in Nürnberg als Hauptagent dieser Gesellschaft für den Regierungsbezirk der Pfalz aufgestellt wurde, welchem die Bestätigung des k. Staatsministeriums des Innern mit Entschließung vom 3. l. Mts. ertheilt worden ist.

Speier, den 12. Februar 1872.

Königlich Bayerische Regierung der Pfalz,
Kammer des Innern.
v. Braun.

Wetschnabl.

Nro. 3158 B. pr. den 21. Februar 1872.

(Freigabe der Caution der Kölnischen Hagelversicherungs-Gesellschaft betr.)

Im Namen Seiner Majestät des Königs.

Inhaltlich höchster Entschließung des k. Staatsministeriums des Innern, Abtheilung für Gewerbe, Landwirthschaft und Handel, vom 3. d. M. Nr. 460, hat die Kölnische Hagelversicherungs-Gesellschaft zur Anzeige gebracht, daß sie den Betrieb des Versicherungsgeschäftes im Königreiche Bayern bis auf Weiteres sistire, und hat damit die Bitte verbunden, die von ihr als Caution hinterlegten Werthpapiere aus dem Cautionsverbande zu entlassen.

Es werden daher sämmtliche Interessenten aufgefordert, etwaige Rechtsansprüche gegen die genannte Gesellschaft bei Meidung der Nichtberücksichtigung bis zum 8. Mai l. J. bei der unterfertigten Stelle zur Geltung zu bringen, da außerdem nach Ablauf dieser Frist unter der Annahme, daß die fragliche Gesellschaft ihre Verbindlichkeiten gegen die bei ihr versicherten bayerischen Staats-Angehörigen wirklich vollständig erfüllt hat, die Freigabe der gestellten Caution erfolgen wird.

Speier, den 20. Februar 1872.

Königlich Bayerische Regierung der Pfalz,
Kammer des Innern.
v. Braun.

Ad Nrm. Exh. 3535 R. pr. den 21. Februar 1872.

2. Bekanntmachung.

(Die Verleihung einer persönlichen Apotheker-Concession betr.)

Im Namen Seiner Majestät des Königs.

Der absolvirte Pharmazeut Wilhelm Fröschl von Freising hat um die persönliche Concession zum Betriebe der durch den Verzicht des Apothekers Johann Eduard Wagner erledigten und von ꝛc. Fröschl käuflich erworbenen Apotheke zu Rheinzabern nachgesucht.

Dieses wird im Hinblicke auf die höchste Ministerial-Entschließung vom 31. Dezember 1870 mit dem Beifügen öffentlich bekannt gegeben, daß Mitbewerbungen um die Wiederverleihung der bezeichneten persönlichen Concession binnen vierwöchentlicher Ausschlußfrist bei der unterfertigten Stelle anzubringen sind.

Speier, den 19. Februar 1872.

Königlich Bayerische Regierung der Pfalz,
Kammer des Innern.
v. Braun.

Schild.

Ad Nrm. Exh. 881 G. pr. den 19. Februar 1872.

(Die Einführung beschränkter Oeffentlichkeit für die Verhandlungen der Diözesan- und Generalsynoden, sowie die Festsetzung eines anderen Termines für die ordentlichen und regelmäßigen Diözesansynoden betr.)

Im Namen Seiner Majestät des Königs.

Die im Jahre 1869 in Speier abgehaltene ordentliche protestantische Generalsynode der Pfalz hat:

A. Vorschriften über Einführung beschränkter Oeffentlichkeit für die Verhandlungen der Diözesan- und Generalsynoden, und

B. die Festsetzung eines anderen Termines für die ordentlichen und regelmäßigen Jahresversammlungen der Diözesansynoden

beschlossen, und diese Beschlüsse haben unterm 19. Juli vor. Js. die Allerhöchste Sanction Seiner Majestät des Königs erlangt.

Die bezüglichen Bestimmungen werden nunmehr nachstehend veröffentlicht.

A. Vorschriften über Einführung beschränkter Oeffentlichkeit für die Verhandlungen der Diözesan- und Generalsynoden.

Für die Verhandlungen der Diözesan- und Generalsynoden der vereinigten protestantischen Kirche der Pfalz wird beschränkte Oeffentlichkeit eingeführt. Zu diesem Zwecke werden folgende Bestimmungen getroffen:

1. Diözesansynoden.

§ 1.

Der Zutritt zu den Verhandlungen kann den nachgenannten, dem Synodalbezirke angehörigen Personen, soweit der zu Gebote stehende Raum es zuläßt, als Zuhörer gestattet werden, und zwar:

1. den weltlichen Presbyterialmitgliedern und den protestantischen Kirchenrechnern;
2. den Mitgliedern der Generalsynode;

3. den Lehrern an den deutschen Schulen und an den höheren Lehranstalten, insoferne sie der protestantischen Religion angehören;
4. unter gleicher Voraussetzung den Beamten des betreffenden k. Bezirksamtes.

Außerdem steht es in der Befugniß des Vorsitzenden, ausnahmsweise auch noch anderen Personen protestantischer Confession den Zutritt zu gestatten.

§ 2.

Die erforderliche Erlaubniß wird von dem Vorsitzenden ertheilt. Im Falle einer Reclamation entscheidet die Synode.

§ 3.

Die Synode kann die Oeffentlichkeit jederzeit ausschließen, wenn dies durch einen schriftlichen und von wenigstens drei Mitgliedern unterzeichneten Antrag verlangt wird.

§ 4.

Den Collegialmitgliedern des k. Consistoriums steht vermöge ihrer amtlichen Stellung und auch ohne besonderes Commissorium jeder Zeit das Recht zu, den Verhandlungen der Synode, auch bei Ausschließung der Oeffentlichkeit, beizuwohnen und bei denselben das Wort zu ergreifen.

§ 5.

Im Falle einer Unordnung oder Störung von Seiten der Zuhörer, sei es durch Aeußerung von Beifall oder Mißfallen, oder auf andere Weise, ist der Vorsitzende befugt, die sofortige theilweise oder gänzliche Entfernung der Zuhörer anzuordnen.

II. Generalsynoden.

§ 6.

Der Zutritt zu den Verhandlungen der Generalsynoden kann, nach Maßgabe des zu Gebote stehenden

Zuhörerraumes, den nachbezeichneten, der protestantischen Confession und dem Generalsynodalbezirke angehörigen Personen gestattet werden, und zwar:

1. den Geistlichen und Pfarramtscandidaten;
2. den weltlichen Mitgliedern der Presbyterien und der Diözesansynoden;
3. den Lehrern an den deutschen Schulen und an den höheren Lehranstalten;
4. den Beamten der königlichen Bezirksämter und den Collegialmitgliedern der königlichen Kreisregierung, namentlich den Referenten über den protestantischen Cultus und das Schulwesen. Außerdem steht es in der Befugniß des Dirigenten, ausnahmsweise auch noch anderen Personen protestantischer Confession den Zutritt zu gestatten.

§ 7.

Die erforderliche Erlaubniß wird von dem Dirigenten ertheilt. Im Falle einer Reclamation entscheidet die Generalsynode.

§ 8.

Der Vollzug der in §§ 6 und 7 enthaltenen Bestimmungen bleibt dem Dirigenten überlassen.

§ 9.

Jede Aeußerung des Beifalls oder Mißfallens von Seite der Zuhörer ist unbedingt untersagt. Findet gleichwohl eine solche oder eine anderweite Unordnung oder Störung statt, so ist der Dirigent befugt, den Zuhörerraum sofort theilweise oder gänzlich räumen zu lassen.

§ 10.

Außerdem steht der Generalsynode zu jeder Zeit das Recht zu, auf einen deßfallsigen schriftlichen und von wenigstens fünf Mitgliedern unterzeichneten Antrag die Oeffentlichkeit auszuschließen, und die Sitzung in eine geheime zu verwandeln.

B. Bestimmung über Feststellung eines anderen Termins für die ordentlichen und regelmäßigen Jahresversammlungen der Diözesansynoden.

Die ordentlichen und regelmäßigen Jahresversammlungen der Diözesansynoden haben von nun an am ersten Montage nach dem Pfingstfeste stattzufinden.

Speier, den 17. Februar 1872.

Königlich Bayerisches protestantisches Consistorium.

Glaser.

Dimroth.

Ad Num. Exh. 436 G. pr. den 26. Februar 1872.

(Die Wiederbesetzung der erledigten protestantischen Pfarrstelle zu St. Julian, Decanats Kusel, betr.)

Im Namen Seiner Majestät des Königs.

Zur Bewerbung um die bezeichnete Pfarrstelle wird hiermit ein von heute an laufender Termin von 6 Wochen festgesetzt, innerhalb dessen, bei Vermeidung der Nichtberücksichtigung, die mit den vorgeschriebenen Belegen versehenen Meldungsgesuche bei dem k. protestantischen Decanate Kusel einzureichen sind, welches dieselben sodann mit gutachtlichem Berichte anher in Vorlage bringen wird.

Die fassionsmäßigen Erträgnisse dieser Pfarrstelle sind folgende:

	fl.	kr.
1. Staatsgehalt	232	—
2. Pfarrwohnung, angeschlagen zu . .	20	—
3. Reinertrag des Pfarrgutes	97	20
4. Ertrag der in Genuß gegebenen Güter	14	27
5. Zinsen von Capitalien	4	40
Zusammen .	368	27

Zur Ergänzung der Congrua ad 800 fl. werden aus dem Sustentationsfonde jährlich 431 fl. 33 kr. zugeschossen.

Ueberdies hat der Pfarrer die Casualgebühren zu beziehen.

Speier, den 24. Februar 1872.

Königlich Bayerisches protestantisches Consistorium.

Glaser.

Dimroth.

Ad Num. Exh. 437 G. pr. den 26. Februar 1872.

(Die Wiederbesetzung der erledigten protestantischen Pfarrstelle zu Imsbach, Decanats Winnweiler, betr.)

Im Namen Seiner Majestät des Königs:

Die rubrizirte Pfarrstelle wird andurch zur Bewerbung ausgeschrieben. Die Bewerber um dieselbe haben ihre mit den vorgeschriebenen Belegen versehenen Meldungsgesuche innerhalb 6 Wochen von heute an, bei Vermeidung der Nichtberücksichtigung, bei dem k. protestantischen Decanate Winnweiler einzureichen, welches dieselben sodann mit gutachtlichem Berichte anher in Vorlage bringen wird.

Die fassionsmäßigen Erträgnisse dieser Pfarrstelle sind folgende:

	fl.	kr.
1. Staatsgehalt	232	—
2. Pfarrwohnung, angeschlagen zu . .	24	5
3. Reinertrag des Pfarrgutes . . .	249	39
Zusammen .	505	44

Die zur Ergänzung der Congrua ad 800 fl. fehlenden 294 fl. 16 kr. werden jährlich aus dem Sustentationsfonde zugeschossen.

Außerdem hat der Pfarrer die Casualgebühren zu beziehen.

Zu bemerken bleibt noch, daß das k. Consistorium, im Einvernehmen mit dem Herrn Mandatar der protestantischen Geistlichkeit bei der allgemeinen Pfarrwittwenkasse der Pfalz, die sechsjährige Verpachtung von ungefähr 20 brach liegenden Tagwerken Ackerland, die auf ein Jahr nicht hätten verpachtet werden können, gestattet hat.

Speier, den 24. Februar 1872.

Königlich Bayerisches protestantisches Consistorium.

Glaser.

Dimroth.

---

pr. den 21. Februar 1872.

Bekanntmachung,

die III. Verloosung des Militär- und Eisenbahn-Anlehens vom Jahre 1870 zu 5 Procent betr.

Gemäß Ausschreibung vom 6. d. M. (Reggs.-Bl. S. 517, Amtsbl. d. Pf. S. 654) hat heute die III. Verloosung des

Militär- und Eisenbahn-Anlehens vom Jahre 1870 zu 5 Procent

stattgefunden, und es sind hiebei die nachbezeichneten Endnummern gezogen worden:

a) vom Militär-Anlehen:

01. 12. 13. 14. 28. 29. 30. 32. 34. 35.
40. 44. 45. 63. 71. 72. 76. 79. 81. 90.

b) vom Eisenbahn-Anlehen:

02. 11. 16. 25. 28. 38. 39. 42. 49. 51.
56. 59. 62. 66. 70. 71. 80. 82. 83. 87.

Nach dem im k. bayer. Regierungsblatte vom Jahre 1871 S. 1595 (Amtsbl. d. Pf. S. 1422) veröffentlichten Verloosungsplane sind alle Obligationen à 1000 fl., 500 fl., und 100 fl. des 5procentigen Militär- und Eisenbahn-Anlehens von 1870 zur Heimzahlung bestimmt, deren Kataster-Nummer mit einer der vorgenannten — für die betreffende Anlehensgattung gezogenen — Zahlen endigt, z. B.

vom Militär-Anlehen sämmtliche Obligationen mit

Nr. 01. 101. 201. 301. 401. 501. 601.
701. 801. 901. 1001. 1101. 1201. u. s. w.
Nr. 12. 112. 212. 312. 412. 512. 612.
712. 812. 912. 1012. 1112. 1212. u. s. w.

vom Eisenbahn-Anlehen sämmtliche Obligationen mit

Nr. 02. 102. 202. 302. 402. 502. 602.
702. 802. 902. 1002. 1102. 1202. u. s. w.
Nr. 11. 111. 211. 311. 411. 511. 611.
711. 811. 911. 1011. 1111. 1211. u. s. w.

Zufolge höchster Anordnung ist zugleich die Wiederanlage der verloosten Capitalien bei dem 4½ procentigen Eisenbahn-Anlehen vom Jahre 1856, beziehungsweise die Umschreibung der gezogenen 5procentigen Militär- und Eisenbahn-Obligationen in au porteur-Obligationen des 4½ procentigen Eisenbahn-Anlehens vom Jahre 1856 gestattet, und es wird daher hinsichtlich des Vollzuges der Heimzahlung, beziehungsweise Wiederanlage, Nachstehendes bemerkt:

I. Mit der baaren Heimzahlung der gezogenen Obligationen, sowie mit der Umschreibung derselben in 4½ procentige Eisenbahn-Anlehens-Obligationen au porteur wird auf Verlangen der Gläubiger sogleich begonnen, und es werden dabei die 5procentigen Zinsen der verloosten Capitalien in vollen Monatsraten, nämlich bis zum Ende desjenigen Monats, in welchem die baare Rückzahlung oder die Wiederanlage erfolgt, in keinem Falle aber länger als bis zum 30. April 1872 vergütet, da nach der Bekanntmachung vom 6 l. M. die verloosten Capitalien mit dem 1. Mai 1872 außer Verzinsung treten.

Der Zinsengenuß von den neuen 4½ procentigen Eisenbahn-Obligationen dagegen beginnt mit dem Tage, an welchem die verloosten Obligationen zur Umwechslung übergeben werden.

II. Die Zahlung der mit keiner Namenseinschreibung oder Vinculirung versehenen verloosten Obligationen nebst Zinsraten erfolgt bei der k. Staatsschuldentilgungs-Hauptcasse und bei der k. Eisenbahnbau-Dotations-Hauptcasse in München, bei den k. Staatsschuldentilgungs-Specialcassen Augsburg, Nürnberg und Würzburg, ferner bei der k. Bank in Nürnberg und deren Filialen, sowie bei den Bankhäusern M. A. von Rothschild und Söhne und von Erlanger und Söhne in Frankfurt a. M., dann bei der Direction der Discontogesellschaft in Berlin und vermittlungsweise auch bei sämmtlichen k. bayer. Rentämtern, Kreiscassen und Oberaufschlagämtern.

III. Die Zahlung für die vinculirten Obligationen leistet in der Regel nur die schuldende Casse, nämlich bezüglich des Militär-Anlehens die k. Staatsschuldentilgungs-Hauptcasse, bezüglich des Eisenbahn-Anlehens dagegen die k. Eisenbahnbau-Dotations-Hauptcasse in München; ausnahmsweise kann aber auf den Wunsch der Betheiligten die Bezahlung der vinculirten Obligationen auch durch die k. Specialcassen Augsburg, Nürnberg und Würzburg, sowie durch sämmtliche k. b. Rentämter, Kreiscassen und Oberaufschlagämter vermittelt werden.

IV. Die Wiederanlage der verloosten Capitalien, resp. die Umschreibung der gezogenen 5 procentigen Obligationen in au porteur-Obligationen gleichen Capitalsbetrages des 4½ procentigen Eisenbahn-Anlehens vom Jahre 1856 findet nur bei der k. Eisenbahnbau-Dotations-Hauptcasse in München, dann bei den k. Staatsschuldentilgungs-Specialcassen Augsburg, Nürnberg und Würzburg statt und wird auch durch die sämmtlichen k. Rentämter vermittelt.

Die Bankhäuser M. A. von Rothschild und Söhne und von Erlanger und Söhne in Frankfurt a. M. und die Direction der Discontogesellschaft in Berlin übernehmen nur die mit keiner Namenseinschreibung oder

Vinculirung versehenen Obligationen zur Vermittlung der Wiederanlage.

V. Bei Obligationen, welche für Pfarreien, kirchliche Pfründen und Stiftungen, dann Unterrichtsstiftungen (mit Ausnahme der unter gemeindlicher Verwaltung stehenden Localschulfonds) vinculirt sind, haben die Vertreter derselben vorerst je nach den bestehenden Competenzverhältnissen die Ermächtigung zur Geldempfangnahme, beziehungsweise zur Beantragung der Umschreibung in 4½ procentige au porteur-Eisenbahn-Obligationen entweder von dem betreffenden k. Bezirksamte als Distriktspolizeibehörde, oder von der k. Kreisregierung, Kammer des Innern, resp. von dem k. protestantischen Consistorium, oder von dem k. Staats-Ministerium des Innern für Kirchen- und Schulangelegenheiten beizubringen.

Die vorschriftsmäßige Vinculirung der neuen Obligationen haben alsdann die Betheiligten selbst zu veranlassen.

VI. Die Bezahlung, sowie die Wiederanlage der übrigen vinculirten oder sonst einer Dispositionsbeschränkung unterliegenden Obligationen kann erst nach der von Seite der Gläubiger beigebrachten unbedingten und legalen Beseitigung jener Vinculirungen oder Beschränkungen erfolgen.

VII. Von selbst versteht sich hiebei, daß, im Falle durch vorerwähnte Vermittlungen, Devinculirungen u. s. w. Zögerungen in der Baarzahlung oder Wiederanlage der verloosten Obligationen herbeigeführt werden sollten, deßhalb die Zinsensistirung vom 1. Mai 1872 an nicht aufgehoben werde, sondern der Hinderungsursachen ungeachtet mit dem genannten Tage einzutreten hat, daher von den Gläubigern für die rechtzeitige Beseitigung allenfallsiger Einlösungshindernisse Sorge zu tragen ist.

VIII. Bei der Erhebung und bei der Wiederanlage der betreffenden Capitalien sind mit den verloosten Obligationen sämmtliche nicht bereits fällig gewordene Zinscoupons nebst der Couponsanweisung (Talon) zu übergeben.

München, den 19. Februar 1872.

Kgl. Bayer. Staatsschulden-Tilgungs-Commission.

Frhr. v. Lobkowitz.

Weichlein.

Dienstesnachricht.

Seine Majestät der König haben Sich allergnädigst bewogen gefunden, unterm 3. Februar l. J. dem k. Oberbaudirector Friedrich August Ritter von Pauli in München den erbetenen wohlverdienten Ruhestand auf Grund des § 22 lit. B der IX. Verfassungsbeilage vom 1. März l. J. an allerhöchst zu bewilligen und hiebei zu befehlen, daß demselben für die langjährigen, mit Treue und Hingebung geleisteten Dienste die Allerhöchste wohlgefällige Anerkennung ausgesprochen werde.

Ordens-Verleihung.

Seine Majestät der König haben Sich allergnädigst bewogen gefunden, unterm 11. Dezember v. Js. dem k. Regierungs- und Kreisforstrath Melchior Grohe zu Speier in Rücksicht auf seine seit 50 Jahren mit Treue und Eifer geleisteten ersprießlichen Dienste das Ehrenkreuz des k. bayerischen Ludwigs-Ordens zu verleihen.

Gewerbsprivilegien-Verleihungen.

Den Nachgenannten wurden Gewerbsprivilegien verliehen, und zwar:

unterm 6. Januar l. Js. dem Dillwyn Smith in Liverpool auf die von ihm erfundene selbstthätige und regulirbare Kesselheizung, für den Zeitraum von vier Jahren, vom 6. Januar 1872 anfangend, ferner

unterm 14. Januar l. Js. dem Tapezierer Johann Baptist Winter in München auf die von ihm erfundene Construction einer Federmatratze, für den Zeitraum von einem Jahre, vom 14. Januar 1872 anfangend, und

dem Weinhändler Louis Pflug in Kitzingen auf Anfertigung sogenannter Steintapeten, für den Zeitraum von zwei Jahren, vom 14. Januar 1872 anfangend, endlich

unterm 15. Januar l. Js. dem Chemiker Victor Grießmayer in München auf die von ihm erfundene Darstellungsart von Hopfenextract, für den Zeitraum von drei Jahren, vom 15. Januar 1872 anfangend.

Gewerbsprivilegien-Verlängerungen.

In Folge rechtzeitig nachgesuchter Verlängerung wurde das dem verstorbenen Generaldirectionsrathe Carl Exter in München unterm 16. Januar 1869 verliehene und bis dahin 1872 laufende, auf dessen Erben übergegangene Privilegium auf eine eigenthümliche Bremsvorrichtung an Eisenbahnwagen und Tendern, dann auf einen Apparat zur Controle der Fahr- und Aufenthaltszeit der Züge, sowie zur Messung und Verzeichnung der Fahrgeschwindigkeit, für den Zeitraum von zwei Jahren, vom 16. Januar 1872 anfangend, und

das der Dingler'schen Maschinenfabrik in Zweibrücken unterm 18. Februar 1867 verliehene und bis dahin 1872 laufende Privilegium auf eine neue Schiebersteuerung an Dampfmaschinen, für den Zeitraum von zehn Jahren, vom 18. Februar 1872 anfangend, verlängert.

Königlich Bayerisches Kreis-Amtsblatt der Pfalz.

№ 19. Speier, den 1. März 1872.

Inhalt:

pr. den 15. Februar 1872.

Bekanntmachung,

die Organisation des Staatsbauwesens betr.

Staatsministerium des Innern.

Seine Majestät der König haben unterm 3. Februar l. J. zum Vollzuge der mit 1. April l. J. in Wirksamkeit tretenden Allerhöchsten Verordnung vom 28. Januar l. J., die Organisation des Staatsbauwesens betr., die Besetzung der Stellen des ordentlichen k. Baudienstes, vom 1. April l. J. anfangend, festzustellen geruht, wie folgt:

Stellen.	Namen der Beamten.	Bisherige Anstellung oder Verwendung.
	A. Oberste Baubehörde im königlichen Staatsministerium des Innern.	
Oberbaudirector	von Herrmann, Hermann	Oberbaurath
	von Hummel, Carl	Oberbaurath
	Frommel, Ehrgott Albert	Oberbaurath
Oberbauräthe	Reuter, Carl	Oberbaurath
	Leimbach, Carl	Kreisbaubeamter mit dem Titel eines Baurathes bei der Regierung von Oberbayern
Baurath	Degmaier, Moritz	Kreisbaubeamter bei der Regierung von Schwaben und Neuburg
Bauamtsassessor	Fell, Friedrich	Assistent bei der Baubehörde Zweibrücken

Ferner auf die

Stellen für das Landbaufach.	Namen der Beamten.	Bisherige Anstellung oder Verwendung.
		B. Kreisbauräthe
		Nieder
Kreisbaurath	Lanera, Joseph	Kreisbaubeamter bei der Regierung der Pfalz
		Pfalz.
Kreisbauassessor	Siebert, Max, Bauamtsassessor mit der Function eines Kreisbau-Assessors	Stadtbaurath in Speier
		C. Bau-
		Nieder
Passau		
Bauamtsassessor	Rosenthal, Carl	Assistent der Baubehörde Germersheim
		Pfalz.
Speier		
Bauamtmann	Ziegenhain, Ferdinand	Baubeamter in Zweibrücken
Baubeamter	Herfeldt, Franz	Baubeamter in Neustadt a. H.
Kaiserslautern		
Bauamtmann	Giese, Wilhelm	Baubeamter in Pirmasens
Bauamtsassessor	Köhler, Joseph	Assistent der Baubehörde in Pirmasens
		Ober
Hof		
Bauamtsassessor	Geyer, Anton	Assistent der Baubehörde Neustadt a. H.
		Mittel
Eichstädt		
Bauamtsassessor	Hurt, Anton	Assistent der Baubehörde Speier
Windsheim		
Bauamtmann	Wolf, Theodor	Baubeamter in Frankenthal

München, den 5. Februar 1872.

Pfalz bezüglich:

Stellen für das Ingenieurfach.	Namen der Beamten.	Bisherige Anstellung oder Verwendung
und Kreisbauassessoren.		
bayern.		
Pfalz.		
Kreisbaurath	Lavale, Georg	Kreisbaurath } bei der Regierung der Pfalz
Kreisbauassessor	Morgens, Emil, Bauamtsassessor mit der Function eines Kreisbau-Assessors	Kreisbauassistent } bei der Regierung der Pfalz
Aemter.		
bayern.		
Pfalz.		
Speier		
Bauamtmann	Grebenau, Heinrich	Baubeamter in Germersheim
Bauamtsassessor	Birnbaum, Ludwig	Assistent der Baubehörde Ansbach
Kaiserslautern		
Bauamtmann	Schlichtegroll, Ludwig	Baubeamter in Speier
Bauamtsassessor	Jakob, Hermann	Assistent der Baubehörde Kissingen
franken.		
franken.		

Auf Seiner Majestät des Königs Allerhöchsten Befehl:

v. Pfeufer.

Durch den Minister:

Der General-Secretär:

Ministerialrath v. Dubois.

Nro. 4504 B.   pr. den 28. Februar 1872.

(Die Maul- und Klauenseuche betr.)

An

die k. Bezirksämter und Bürgermeisterämter der Pfalz.

Im Namen Seiner Majestät des Königs.

Nach mehrfach hieher gelangten Berichten der k. Bezirksämter hat die Maul- und Klauenseuche im Regierungsbezirke eine miasmatische Verbreitung erlangt, wie sie nur vorkommt, wenn neben der Ansteckung allgemein herrschende Einflüsse ihrer Entstehung und Weiterverbreitung zu Grunde liegen.

Die unterfertigte Stelle sieht sich deßhalb veranlaßt, zur Anregung des Selbst- und gegenseitigen Schutzes der Viebeigenthümer nachstehende Belehrung über die Maul- und Klauenseuche zu veröffentlichen, welche in der geeignet scheinenden Weise in den Gemeinden des Regierungsbezirkes bekannt zu geben ist.

Speier, den 26. Februar 1872.

Königlich Bayerische Regierung der Pfalz,
Kammer des Innern.
v. Braun.
Metschnabl.

Belehrung
über die Maul- und Klauenseuche.

Die Maul- und Klauenseuche befällt Rindvieh, Schafe, Ziegen und Schweine. Sie besteht in einem fieberhaften Blasen-Ausschlag im Maule, an den Klauen und am Euter.

Die Erscheinungen, welche diese Krankheit anzeigen, sind: Hitze, Röthe und Anschwellung der inneren Theile des Maules, aus dem beständig heller Speichel und Schleim abfließen; an den Lippen, an der Zunge, am Zahnfleische und am Gaumen entstehen Blasen, welche alsbald aufplatzen und dann wunde Stellen darstellen.

Meistens gleichzeitig mit diesem Leiden im Maule kommen oberhalb und zwischen den Klauen Bläschen und nässende Geschwürchen zum Vorscheine und nicht selten zeigen sich am Euter ähnliche Bläschen und Schorfe, welche dem Melken hinderlich sind.

In Folge dieser schmerzhaften Zustände stehen die Thiere vom Futter ab, äußern Schmerzen beim Gehen und Stehen, liegen viel, magern ab und geben weniger Milch.

Die Krankheit ist zwar dem Leben der damit befallenen Thiere nicht gefährlich, doch können schwere, hochtragende Milchkühe oft sehr erheblichen Schaden durch dieselbe erleiden.

Der Viehbesitzer soll deßhalb besorgt sein, sein Vieh möglichst vor dieser Krankheit zu bewahren, was häufig dadurch erzielt werden kann, daß jede Gelegenheit zur Ansteckung vermieden wird. Die Krankheit ist nämlich sehr ansteckend und wird nicht blos durch kranke Thiere, sondern auch durch Futter, Streumaterialien und selbst in den menschlichen Kleidern weitergetragen. Der Ansteckungsstoff haftet auch gerne in Ställen und auf Straßen, die von seuchekranken Thieren, wenn auch nur kurze Zeit benutzt oder begangen worden sind.

Es empfiehlt sich deßhalb, die Viehställe gegen jeden Verkehr mit Vieh und fremden Leuten abzuschließen und die eigenen Thiere nur im Nothfalle auf die Straße zu bringen. Wenn das Ausfahren nicht umgangen werden kann, so wird es gut sein, die Klauen der Thiere vorher reichlich mit Theer zu bestreichen, damit der in dem Straßenkothe haftende Ansteckungsstoff seine Wirkung auf die Klauen nicht so leicht geltend machen kann.

Weitere wirksame Vorbauungsmittel sind bisher noch nicht bekannt geworden.

Die in einen Stall eingedrungene Krankheit ergreift in der Regel sämmtliche darin befindliche Wiederkäuer.

Pferde werden von der Seuche nicht befallen, dagegen sehr leicht Schafe, Schweine und Ziegen.

Die Erfahrungen bezüglich der Heilung der Maul- und Klauenseuche lassen sich dahin zusammenfassen, daß Lüften und Reinhalten der Ställe, trockene Streu, weiches Futter, kühlendes Getränk und überhaupt angemessene Pflege der erkrankten Thiere zur Herbeiführung der Genesung vollkommen ausreichend sind. Die Krankheit macht in den gewöhnlichen Fällen ihren regelmäßigen Verlauf innerhalb acht Tagen durch. Die vielfach angerühmten Waschungen mit Essig und ähnlichen Mitteln haben in der Regel gar keinen Erfolg und sind eher schädlich als nützlich. Hingegen wird sich bei Milchkühen das Bestreichen der Strichen nach dem Melken mit erwärmtem Unschlitt und bei Thieren, die stark an den Klauen leiden, das öftere Reinigen derselben mit frischem Wasser als vortheilhaft erweisen. Bei schwereren Erkrankungen ist selbstverständlich ein Thierarzt zu Raihe zu ziehen.

Für den Menschen, namentlich für Kinder, hat sich der Genuß der ungekochten Milch von solchen kranken Kühen schädlich erwiesen und sollte deßhalb vermieden werden. Die krankhaft beschaffene Milch aus den ersten Fiebertagen wird am besten nur für Kälber und Schweine verwendet, aber auch hier nur mit Vorsicht und nie anders, als gekocht, weil ebenfalls Erkrankungen, selbst mit tödtlichem Ausgange, darnach folgen können.

Das Fleisch von klauenseuchekranken Thieren ist unschädlich.

Nach dem Erlöschen der Krankheit ist für eine sorgfältige Reinigung der Ställe Sorge zu tragen. Blieben einzelne Ställe geschützt, so liegt es im Interesse der Besitzer, das Ausfahren und Unterpflügen des Dunges aus den Seuchenställen mit Pferden oder durchgeseuchtem Rindvieh zu bewirken, damit hiedurch keine Ansteckung erfolgt. Der Dung ist der gefährlichste Träger des Ansteckungsstoffes.

Nro. 1816 B. pr. den 11. Februar 1872.

(Gesuch der Direction der Transport-Versicherungs-Actiengesellschaft „Deutscher Lloyd" in Berlin um Zulassung zum Geschäftsbetrieb in Bayern betr.)

Im Namen Seiner Majestät des Königs.

Mit höchstem Erlasse des k. Staatsministeriums des Handels und der öffentlichen Arbeiten vom 29. October v. J., Nr. 11927, der nachstehend in Abdruck folgt, wurde der Transport-Versicherungs-Actiengesellschaft „Deutscher Lloyd" in Berlin die Erlaubniß zum Betriebe ihres Geschäftes in Bayern bedingungsweise ertheilt.

Nachdem diese Gesellschaft die ihr auferlegten Bedingungen nunmehr alle erfüllt hat, und auch die höchste Bestätigung des von ihr als Hauptagent bevollmächtigten Professor Joh. Georg Brottengeier in Nürnberg erfolgt ist, so steht nach Inhalt einer höchsten Entschließung des k. Staatsministeriums des Innern, Abtheilung für Landwirthschaft, Gewerbe und Handel, vom 18. Januar l. J., Nr. 130, der Eröffnung ihres Geschäftes kein Hinderniß mehr entgegen, was mit dem Bemerken zur allgemeinen Kenntniß gebracht wird, daß die vorgeschriebene Veröffentlichung der Statuten und Versicherungsbedingungen durch Beigabe von Abdrücken zur gegenwärtigen Nummer des Kreis-Amtsblattes geschieht.

Speier, den 31. Januar 1872.

Königlich Bayerische Regierung der Pfalz,
Kammer des Innern.
v. Braun.

Staatsministerium des Handels und der öffentlichen Arbeiten.

Der Transportversicherungs-Actiengesellschaft „deutscher Lloyd" in Berlin wird auf ihr durch den k. Advokaten Dr. Henle dahier bei dem unterzeichneten k. Staatsministerium eingereichtes Gesuch vom 1. August

k. J. die Zulassung zum Geschäftsbetriebe in Bayern unter den analog zur Anwendung kommenden Bestimmungen der §§ 3–5, 25, 32, 33 Abs. 2 und 34–38 der allerhöchsten Verordnung vom 10. Februar 1865, das Mobiliar-Feuerversicherungswesen in Bayern betreffend, dann unter den einschlägigen Bestimmungen des deutschen Handelsgesetzbuches über Actiengesellschaften mit folgenden Bedingungen hiemit ertheilt:

1. Eine Aenderung der Statuten und allgemeinen Versicherungsbedingungen ist behufs der Geltung in Bayern von der Genehmigung des unterzeichneten k. Staatsministeriums abhängig.

2. Die Veröffentlichung der Statuten und allgemeinen Versicherungs-Bedingungen hat in den Kreisamtsblättern sämmtlicher Regierungsbezirke zu erfolgen, wobei jedoch gestattet ist, diese Veröffentlichung durch Beigabe von Abdrücken zu den Kreisamtsblättern in einem denselben entsprechenden Formate zu bewerkstelligen, und in diesem Falle den einzelnen Kreisregierungen, Kammer des Innern, eine der Auflage des betreffenden Kreisamtsblattes entsprechende Anzahl von Abdrücken in Vorlage zu bringen.

3. Die Gesellschaft ist ferner verpflichtet, ihren jedesmaligen Hauptrechnungsabschluß wenigstens einmal in einem der für diese Veröffentlichungen bestimmten bayerischen Blätter bekannt zu geben, und ein Exemplar desselben dem unterzeichneten k. Staatsministerium in Vorlage zu bringen.

4. Dieselbe hat weiter nach Maßgabe der Bestimmungen des allgemeinen deutschen Handelsgesetzbuches und nach § 34 der erwähnten allerhöchsten Verordnung vom 10. Februar 1865 an einem bestimmten Orte in Bayern eine Hauptniederlassung mit einem Geschäftslocale zu begründen und einen daselbst wohnhaften Hauptagenten zu bestellen, sowie diesen im Sinne des Art. 47 des allgemeinen deutschen Handelsgesetzbuches für den Umfang ihres Geschäftsbetriebes zu bevollmächtigen, insbesondere auch zur Prozeßführung zu ermächtigen.

5. Der Hauptagent unterliegt der Bestätigung des unterfertigten k. Staatsministeriums, die Aufstellung der Agenten dagegen richtet sich nach der generalisirten Ministerial-Entschließung vom 21. März 1866.

Die Gesellschaft wird hiernach vor Allem zur Erklärung aufgefordert, ob sie zur Annahme vorstehender Bedingungen bereit sei, dann in welcher Weise sie die aufrecht zu machende Caution, deren Höhe hiemit auf 20,000 fl. (zwanzig Tausend Gulden) festgesetzt wird, zu verwirklichen beabsichtige, ob in Baarem, oder in bayerischen Staatspapieren, oder in mit Zinsgarantie des bayerischen Staates versehenen sonstigen Werthpapieren.

Die Hinterlegung der Geschäftscaution hat bei der bayerischen Hypotheken- und Wechselbank zu erfolgen.

Sobald die in vorstehendem Sinne abzugebende Erklärung, ferner die Bereinigung des Cautionspunktes, dann die Aufstellung und Bevollmächtigung eines Hauptagenten erfolgt sein wird, wird wegen Bestätigung des Letztern, dann wegen Veröffentlichung der Statuten und Versicherungsbedingungen, von welchen je 12 Exemplare in Vorlage zu bringen sind, das Weitere verfügt werden.

München, den 29. October 1871.

Auf Seiner Königlichen Majestät allerhöchsten Befehl:

v. Schubert.

Durch den Minister:

Der General-Secretär:

Ministerialrath v. Cetto.

Nro. 4815 K. pr. den 28. Februar 1872.

(Die Erledigung der Verwaltersstelle in der Kreis-Irren-Anstalt für Niederbayern zu Deggendorf betr.)

Im Namen Seiner Majestät des Königs von Bayern.

Die Stelle eines Verwalters in der niederbayerischen Kreis-Irren-Anstalt zu Deggendorf, welcher insbesondere die Einnahmen und Ausgaben, Inventar, Haushaltung, Bewirthschaftung und Rechnungsstellung dieser Anstalt nach den jeweiligen näheren Vorschriften zu besorgen hat, ist in Erledigung gekommen.

Mit derselben ist zur Zeit aus Kreisfonds ein Jahresgehalt von 1000 fl., ein jährlicher Brennholzbezug in Geld zu 50 fl., freie Wohnung und Gartenantheil verbunden.

Bewerber um diese Stelle werden aufgefordert, ihre mit den Qualifications-Nachweisen, namentlich auch über etwaige Verwendung in Irren-Anstalten, belegten Gesuche bis längstens **20. März d. J.** bei der unterfertigten Stelle einzureichen.

Landshut, den 23. Februar 1872.

Königliche Regierung von Niederbayern,
Kammer des Innern.
v. Lipowsky.

Landinus.

---

pr. den 27. Februar 1872.

(Erledigung der Bezirksgerichtsarztesstelle in Passau betr.)

Die Bezirksgerichtsarztesstelle in Passau ist in Erledigung gekommen; Bewerber um dieselbe haben ihre vorschriftmäßig belegten Gesuche bei der unterfertigten Stelle bis zum 12. März l. J. einzureichen.

Speier, den 27. Februar 1872.

Königlich Bayerische Regierung der Pfalz,
Kammer des Innern.
v. Braun.

Pfarrei-Verleihung.

Seine Majestät der König haben Sich allergnädigst bewogen gefunden, unterm 6. Februar l. Js. die erledigte protestantische Pfarrstelle zu Gundersweiler, Dekanats Winnweiler, dem Pfarramtskandidaten Daniel Tromm von Frankenthal zu verleihen.

Ordens-Verleihung.

Seine Majestät der König haben unterm 20. Dezember v. J. dem Rental- und Steuerboten Michael Ziegelhöfer in Speier in Rücksicht auf seine seit 50 Jahren mit Treue und Eifer geleisteten Dienste die Ehrenmünze des königlich bayerischen Ludwigs-Ordens allergnädigst zu verleihen geruht.

Königlich Allerhöchste Genehmigung zur Annahme einer fremden Decoration.

Seine Majestät der König haben Sich allergnädigst bewogen gefunden, unterm 26. Januar l. J. dem Regierungs-Assessor bei der k. Regierungs-Finanzkammer der Pfalz, Theodor Carl, die Bewilligung zur Annahme und zum Tragen des ihm von Seiner Majestät dem Deutschen Kaiser und Könige von Preußen verliehenen Eisernen Kreuzes II. Klasse am weißen Bande zu ertheilen.

Königlich Allerhöchste Anerkennung.

Die beiden Hilfscomite's des Bürgervereins in Würzburg aus dem Kriegsjahre 1870/71 haben ihre Cassa-Ueberschüsse von zusammen 5500 fl. zu einer milden Stiftung unter dem Namen „Hauszins- und Holzstiftung des Bürgervereins Würzburg" bestimmt, deren Renten alljährlich an bedürftige Wehrmänner des Jahres 1870/71 oder an deren Hinterlassene und wenn solche nicht mehr vorhanden, an andere Hilfsbedürftige vertheilt werden sollen vorzugsweise um ihnen die Bezahlung des Hauszinses und die Anschaffung von Brennmaterialien zu erleichtern.

Seine Majestät der König haben diese Stiftung Allerhöchst zu bestätigen und bei diesem Anlasse dem genannten Vereine und seinen beiden Comite's die Allerhöchste wohlgefällige Anerkennung der durch diese Stiftung neuerdings bewiesenen Fürsorge für die Helden und Opfer des Krieges eröffnen zu lassen geruht.

zu den 2. Februar 1872.

Verzeichniß

der auf dem Kanal zu Frankenthal während des Rechnungsjahres 1871 aus- und eingeführten Handelsgüter und sonstigen Gegenstände.

Bezeichnung der Gegenstände.	Ausfuhr pro 1870.	Ausfuhr pro 1871.	Abgleichung plus.	Abgleichung minus.	Einfuhr pro 1870.	Einfuhr pro 1871.	Abgleichung plus.	Abgleichung minus.
1. Steine, Gyps, Erde, Holz, Kies in Fahrzeugen von 100—600 Zentner Ladungsfähigkeit	4	42	38	—	474	377	—	97
2. Deßgleichen in Fahrzeugen von 600—1200 Zentner Ladungsfähigkeit	67	80	13	—	37	44	7	—
3. Deßgleichen in Fahrzeugen von 1200 Zentner und darüber	35	60	25	—	—	2	2	—
4. Wein, Bier, Brandwein, Oel in ganzen Stückfaß, Stück	741	1423	682	—	2	3	1	—
5. Leere Stückfässer, Stück	—	—	—	—	458	833	375	—
6. Fässer geringeren Gehaltes, Stück	—	—	—	—	24	60	36	—
7. Stückfaßreife, Gebund	—	—	—	—	136	136	—	—
8. Steinkohlen, Zentner	—	824	824	—	45161	43260	—	1901
9. Eisen, Draht, Kupfer, Zentner	10272	6090	—	4182	83	8	—	75
10. Stärke, Zentner	35	69	34	—	—	—	—	—
11. Diverse Güter, Zentner	468	88	—	380	96	751	655	—
12. Bretter und Diehlen, Stück	—	—	—	—	17000	13880	—	3120
13. Latten und Rahmschenkel, Stück	—	—	—	—	21700	15590	—	6110
14. Bauhölzer, Stück	—	—	—	—	560	4973	4413	—
15. Glaswaaren, Zentner	141	64	—	77	—	—	—	—
16. Tabaksblätter, „	—	—	—	—	—	—	—	—
17. Mineralwasser, Krüge	—	—	—	—	—	100	100	—
18. Getreide und Mehl in Säcken, Zentner	833	202	—	631	372	1151	779	—
19. Brucheisen, Zentner	—	—	—	—	—	—	—	—
20. Runkelrüben, Zentner, grün	1250	824	—	426	—	—	—	—
21. Cichorienwurzeln, grün, Zentner	6319	12000	5681	—	—	—	—	—
22. Kartoffeln, Zentner	13445	65513	52068	—	1291	2532	1241	—
23. Cichorienwurzeln, getrocknete, Zentner	14056	11565	—	3091	—	—	—	—
24. Runkelrüben	—	—	—	—	—	—	—	—
25. Aepfel, Zentner	—	—	—	—	—	—	—	—

Aufgestellt.

Frankenthal, den 19. Januar 1872.

Königl. Rentamt.

v. Leth.

Hiezu eine Beilage: Statut „Deutscher Lloyd, Transport-Versicherungs-Actiengesellschaft" zu Berlin.

Statut

der

Gesellschaft „Deutscher Lloyd, Transport-Versicherungs-Actien-Gesellschaft" zu Berlin.

Titel I.

Firma, Zweck, Sitz und Dauer.

§. 1. Unter der Firma: „Deutscher Lloyd, Transport-Versicherungs-Actien-Gesellschaft," ist eine Gesellschaft auf Actien gegründet.

§. 2. Zweck der Gesellschaft ist Versicherung gegen die Gefahren des Land-, Fluß- und See-Transports.

§. 3. Der Sitz der Gesellschaft ist in Berlin und ihr Forum das Königliche Stadtgericht daselbst oder im Falle der Errichtung eines Handelsgerichtes dieses im ressortmäßigen Umfang. Wegen Ansprüche aus Versicherungsverträgen kann in denselben ein anderer Gerichtsstand bestimmt werden.

§. 4. Die Dauer der Gesellschaft wird auf fünfzig Jahre vom Tage der erfolgten landesherrlichen Genehmigung an festgesetzt. Jedoch kann die Gesellschaft eine frühere Auflösung (§. 37.), sowie unter Vorbehalt der etwa gesetzlich nothwendigen landesherrlichen Genehmigung eine weitere Fortsetzung in der für die Abänderung der Statuten (§. 35.) vorgeschriebenen Weise beschließen. Vor Eröffnung der Geschäfte muß der Aufsichtsbehörde die Einzahlung resp. Wechselhinterlage (§. 6.) für die Actien nachgewiesen sein.

Titel II.

Grundcapital und Actien.

§. 5. Das Grundcapital der Gesellschaft ist auf Höhe von Fünfmalhundert Tausend Thalern festgesetzt und in fünfhundert Actien, jede auf Tausend Thaler lautend, zerlegt.

Auf Vorschlag des Aufsichtsrathes kann die General-Versammlung die Erhöhung des Actiencapitals bis zu einer Million Thaler in 1000 Actien à 1000 Thaler beschließen.

Es müssen jedoch vor jeder neuen Emission die statutenmäßigen Baareinzahlungen auf die zuvor emittirten Actien, bezüglich die Hinterlegung von Wechseln, vollständig erfolgt und dies der Aufsichtsbehörde nachgewiesen sein, dieser auch von jeder wirklich erfolgten neuen Emission Anzeige gemacht werden. Die zur Zeit einer neuen Emission in das Actienbuch eingetragenen Eigenthümer von Actien, sind nach Verhältniß ihrer Actienzahl — immerhin aber unter den Bedingungen der §§. 12. und 14. dieser Statuten — zur Uebernahme der neu zu emittirenden Actien innerhalb einer vom Aufsichtsrath festzustellenden Präclusivfrist berechtigt. Ergeben sich hierbei Theilberechtigungen, so hat der Aufsichtsrath den Ausgleichungsmodus festzustellen. Ueber den von den Eigenthümern der alten Actien nicht übernommenen Theil der neu emittirten Actien verfügt der Aufsichtsrath im Interesse der Gesellschaft.

§. 6. Die Actien werden nach Formular A. mit laufender Nummer im Namen des Aufsichtsrathes ausgefertigt.

Jede Actie erhält in dem von dem Vorstande zu führenden Actienbuche ein Folium, auf welches Name, Stand und Wohnort des jedesmaligen Eigenthümers, sowie alle Eigenthumsübertragungen eingetragen werden. Die Eintragung jeder Actie, sowie jede Eigenthumsübertragung ist auf derselben vom Vorstande zu bescheinigen.

Von dem Nennwerthe sind, und zwar für die erste Emission sofort nach erfolgter landesherrlicher Genehmigung des Statutes und im Falle von späteren Emissionen bei Zeichnung derselben auf jede Actie 200 Thaler (= 20 Procent) baar einzuzahlen und über 800 Thaler (= 80 Procent), zwei Sola-Wechsel à 400 Thaler, an die Ordre der Gesellschaft lautend und Einen Monat nach Sicht in Berlin zahlbar (Formular B.), deren Einzahlung nur nach Maßgabe der §§. 13, 15, 16 und 24 dieser Statuten gefordert werden kann, zu hinterlegen.

Diese Wechsel müssen vier Wochen vor Ablauf der in den ausgestellten Exemplaren angegebenen Präsentationsfrist erneuert werden.

Die Eigenthümer der Actien sind jederzeit befugt, einzelne oder sämmtliche dieser Wechsel durch Einzahlung des Betrages einzulösen.

§. 7. Eigenthümer von Actien, welche in einem Lande wohnen oder in ein Land übersiedeln, in welchem die Allgemeine Deutsche Wechselordnung nicht Gesetz ist, haben einen dem Aufsichtsrath genehmen, wechselfähigen Solidarbürgen zu stellen, der in einem Lande wohnt, in welchem jene Wechselordnung Geltung hat. Im Unterlassungsfalle kann die Gesellschaft die bei, versäumter Erneuerung oder Honorirung der Wechsel ihr zustehenden, im §. 13 präcisirten Maßregeln eintreten lassen.

§. 8. Die Actien können, sofern sie nicht vollbezahlt sind, nur mit Genehmigung des Aufsichtsrathes an Andere übertragen werden. Im Verweigerungsfalle sind Gründe nicht anzugeben.

Seitens der Gesellschaft wird solche Uebertragung des Eigenthums anerkannt und im Actienbuche und auf der Actie vermerkt (§. 6.), nachdem der bisherige Eigenthümer die Uebertragung schriftlich angemeldet und der neue Eigenthümer sein Solawechsel hinterlegt hat.

Der bisherige Eigenthümer erhält seine Sola-Wechsel zurück, nachdem der neue die seinigen hinterlegt hat.

§. 9. Mit den Actien werden Dividendenscheine (Formular C.) für 5 Jahre nebst Talon (Formular D.) ausgegeben. Nach Ablauf der ersten und jeden ferneren Periode von je fünf Jahren wird gegen Einreichung des Talons jedesmal eine neue fünfjährige Serie von Dividendenscheinen und ein neuer Talon verabfolgt. Dividendenscheine, welche vier Jahre nach dem 31. December desjenigen Jahres, in welchem sie fällig geworden sind, nicht präsentirt sind, werden ungültig und ihr Betrag verfällt, mit Ausnahme des im §. 10. vorgesehenen Falles, dem Reservefond der Gesellschaft.

§. 10. Eine erweislich unbrauchbar gewordene Actie, wenn dieselbe in ihren wesentlichen Theilen noch dergestalt erhalten ist, daß über ihre Richtigkeit kein Zweifel sein kann, sowie jede auf gesetzlichem Wege mortificirte Actie, wird durch eine neue unter gleicher Nummer ausgefertigte Actie ersetzt und letztere dem in dem Actienbuche vermerkten Eigenthümer ausgehändigt. Die Kosten des Verfahrens sollen dem Betheiligten zur Last. Das Mortifications-Verfahren unterbricht nicht die Wechselverbindlichkeit des im Actienbuche vermerkten Eigenthümers der Actien und hält die in nachstehendem §. 15. bezeichneten Maßregeln nicht auf.

Ein öffentliches Aufgebot und eine Mortifikation von Dividendenscheinen oder Talons ist auch in Verbindung mit der Mortifikation der betreffenden Actien nicht zulässig. Wird jedoch vor Ablauf der im §. 9. bestimmten Präclusivfrist der Verlust eines Dividendenscheines bei dem Vorstande schriftlich angemeldet, so erfolgt dessen Auszahlung an den Anmeldenden nach Ablauf der Präclusivfrist, wenn bis dahin der Dividendenschein nicht zur Einlösung producirt worden ist. Wenn ein Talon weder zu dem Termine, an welchem die neuen Dividendenscheine ausgehändigt werden, noch bis zur Fälligkeit des zweiten Dividendenscheines der neuen Serie bei dem Vorstande präsentirt ist, so werden die Dividendenscheine der neuen Serie und der zu dieser gehörige Talon dem im Actienbuche eingetragenen Eigenthümer der Actie, gegen Vorzeigung derselben, bei Fälligkeit des zweiten Dividendenscheins dieser Serie verabfolgt.

Titel III.

Die Actionäre, ihre Rechte und Pflichten.

§. 11. Wer als Eigenthümer einer Actie oder mehrerer Actien in das Actienbuch eingetragen ist, ist Actionär.

§. 12. Jeder Actionär hat im Verhältniß seiner Actienzahl Antheil an dem Vermögen, dem Gewinn und Verlust der Gesellschaft.

Die in das Actienbuch der Gesellschaft eingetragenen Actionäre haben, so lange sie nicht in einen der im §. 14. bezeichneten Zustände gerathen, in der Generalversammlung Stimmrecht.

Kein Actionär haftet über den Nennwerth seiner Actie hinaus für die Verbindlichkeiten der Gesellschaft. Es kann auf keinen Namen mehr als der zehnte Theil der emittirten Actien in das Actienbuch eingetragen werden.

§. 13. Jeder Actionär ist verpflichtet, einer durch die im §. 44. bezeichneten Blätter veröffentlichten Aufforderung des Vorstandes zur ganzen oder theilweisen Einzahlung oder einer an ihn gerichteten Aufforderung des Aufsichtsrathes zur Erneuerung der Sola-Wechsel sofort Folge zu leisten, widrigenfalls je nach Gutfinden des Aufsichtsraths die Wechsel in Cours gesetzt werden oder das im §. 15. für eintretenden Verlust der Eigenschaften, welche zum Besitz von Actien nothwendig sind, vorgeschriebene Verfahren in Anwendung gebracht wird. Die öffentliche Aufforderung zur Einzahlung der Sola-Wechsel muß dreimal, das letzte Mal mindestens vier Wochen vor dem für die Einzahlungen festgesetzten Schlußtermine stattfinden.

Die Vorschriften dieses Paragraphen sind auch auf den Fall anwendbar, daß die 20 Procent, welche baar einzuzahlen sind, eingefordert und nicht rechtzeitig geleistet werden.

§. 14. Es können in das Actienbuch als Eigenthümer von Actien, auf welchen eine Wechselverbindlichkeit ruht, nicht eingetragen werden:

a) Personen, über deren Vermögen der Concurs eröffnet worden, so lange nicht nach Vorschrift des §. 310. der Concurs-Ordnung vom 8. Mai 1855 deren Wiedereinsetzung in den vorigen Stand erfolgt ist;
b) Personen, gegen welche Execution wegen Forderungen fruchtlos vollstreckt ist, oder welche nach dem Ermessen des Aufsichtsrathes oder der Revisions-Commission (§. 29.) als zahlungsunfähig zu betrachten sind;
c) Personen, welchen die selbstständige unbeschränkte Verwaltung ihres Vermögens nicht zusteht;
d) nicht wechselfähige Personen.

§. 15. Wenn ein in's Actienbuch eingetragener Eigenthümer nicht vollbezahlter Actien in einen der im §. 14. bezeichneten Zustände geräth, so hat er oder sein Rechtsvertreter, auf Aufforderung des Vorstandes in einer von Letzterem zu bestimmenden Frist einen annehmbaren Cessionar zu stellen oder den Betrag seiner Wechsel baar einzubezahlen. Geschieht dies nicht, so erklärt der Aufsichtsrath durch dreimalige Insertion in die §. 44. bezeichneten Blätter die betreffende Actie oder die betreffenden Actien als ungültig, fertigt eine gleiche Anzahl neuer Actien aus und läßt dieselben von dem Vorstande durch vereidete Makler an der Berliner Börse verkaufen. Wenn der Erlös, nach Abzug der Unkosten, die Ansprüche der Gesellschaft an den bisherigen Actionär übersteigt, wird der Vorstand den Mehrbetrag in den Wechseln des bisherigen Actionärs und, insoweit er diese übersteigt, baar, gegen Einlieferung der ungültig erklärten Actien, zur Verfügung der Berechtigten halten; im Fall der Erlös nach Abzug der Unkosten die Ansprüche der Gesellschaft an den bisherigen Actionär nicht deckt, macht der Vorstand die Wechsel geltend, und wenn Zahlung nicht erfolgt, so klagt er dieselben ein oder verkauft sie öffentlich mit dem Giro der Gesellschaft, aber ohne Gewährleistung.

§. 16. Im Falle des Ablebens eines Actionärs, des Aufhörens einer juristischen Person oder des Erlöschens einer Handlungsfirma, auf welche Actien im Actienbuche der Gesellschaft verzeichnet sind, tritt das in §. 15. bezeichnete Verfahren ebenfalls ein, wenn die Erben oder Rechtsnachfolger der schriftlichen Aufforderung des Aufsichtsrathes zur Stellung eines annehmbaren Cessionars oder zur Einbezahlung der ausgestellten Wechsel nicht innerhalb sechs Monate nach dem Datum der Behändigung der Aufforderung entsprechen. Sind dem Vorstande die Namen oder das Domicil der Erben oder Rechtsnachfolger nicht bekannt, oder wohnen dieselben nicht im Gebiete des Deutschen Wechselrechts, so erfolgt die Aufforderung durch zweimalige Bekanntmachung in den Gesellschaftsblättern (§. 44.). Die sechsmonatliche Frist läuft in diesem Falle von dem Tage, an welchem die zweite öffentliche Bekanntmachung erfolgt.

§. 17. Für den Betrag der in den Fällen der §§. 15 und 16. oder der etwa freiwillig (§. 6.) eingezahlten Wechsel vergütet die Gesellschaft bis zu der etwaigen Fälligkeit der letzteren (cfr. §. 13.) 4 Procent Zins pro anno, soweit der Reingewinn (§. 40.) dazu ausreicht.

Titel IV.

Geschäftsführung.

§. 18. Die Organe der Gesellschaft sind:
a) der Vorstand.
b) der Aufsichtsrath,
c) die Revisions-Commission,
d) die General-Versammlung.

a. Vorstand.

§. 19. Der Vorstand besteht zunächst aus einem Director und kann auf Beschluß des Aufsichtsraths durch einen Subdirector verstärkt werden. Jeder Director wird vom Aufsichtsrath ernannt. (§. 24.) Der Director muß während seiner Amtsdauer zehn Actien der Gesellschaft bei dieser als Caution hinterlegen und kann über dieselben nicht verfügen, bis nach seinem Ausscheiden aus dem Amte ihm über seine Geschäftsführung Decharge ertheilt ist.

Eine etwa erforderliche Stellvertretung ordnet der Aufsichtsrath an.

Der Name jedes Directors und eventuell der seines Stellvertreters und der des Subdirectors sind durch den Aufsichtsrath in den Gesellschaftsblättern bekannt zu machen. Hat ein Stellvertreter gehandelt, so darf dritten Personen niemals der Einwand entgegengesetzt werden, es habe der Fall der Vertretung nicht vorgelegen.

§. 20. Der Vorstand leitet und führt innerhalb der statutenmäßigen Grenzen und der vom Aufsichtsrathe ertheilten Instruction die Geschäfte und Angelegenheiten der Gesellschaft und vertritt dieselbe überall, sowohl dritten Personen, wie Behörden gegenüber, in Gemäßheit der Bestimmungen des Abschnitts 3, Titel 3, Buch 2 des Allgemeinen Deutschen Handelsgesetzbuches und Art. 12. des Einführungsgesetzes zu demselben vom 24. Juni 1861. Er unterzeichnet im Namen der Gesellschaft, indem der Director oder Subdirector oder Stellvertreter ihrer Firma seinen Namen beifügt, und verpflichtet dieselbe durch seine Unterschrift. Die Legitimation der Vorstandsmitglieder erfolgt durch einen gerichtlich oder notariell beglaubigten Auszug aus dem Firmenregister.

§. 21. Der Vorstand beruft die Generalversammlung (§. 31.); er ernennt und stellt sämmtliche Beamte und Hülfsarbeiter der Gesellschaft an, welche nicht über 600 Thaler Jahrgehalt empfangen. Er ernennt General-, Haupt- und Special-Agenten.

b. Aufsichtsrath.

§. 22. Der Aufsichtsrath besteht aus fünf Mitgliedern. Die Wahl des ersten Aufsichtsrathes hat in einer von dem Gründungs-Comité (§. 43.) sofort nach erfolgter landesherrlichen Genehmigung zu berufenden Generalversammlung stattzufinden.

Alljährlich zunächst zu Zeit der ordentlichen Generalversammlung im Jahre 1875, scheidet Ein Mitglied des Aufsichtsrathes nach dem Amtsalter und so lange sich eine verschiedene Anciennität noch nicht gebildet hat, nach dem Loose aus und wird durch Neuwahl von der Generalversammlung ersetzt. — Ausscheidende sind wieder wählbar.

Scheidet ein Mitglied vor Ablauf seiner Amtsdauer aus, so kann der Aufsichtsrath aus der Mitte der Actionäre einen Ersatzmann wählen und ist über die Wahl ein gerichtliches oder notarielles Protokoll aufzunehmen. Der Ersatzmann succedirt nur in die noch übrige Amtsdauer des Ausgeschiedenen. Der nächsten Generalversammlung bleibt die Bestätigung der Ersatzwahl resp. eine Neuwahl vorbehalten.

§. 23. Der Aufsichtsrath wählt aus seiner Mitte alljährlich einen Vorsitzenden und einen Stellvertreter desselben. Ueber die Wahl wird ein gerichtliches oder notarielles Protokoll aufgenommen. Der Vorsitzende, resp. dessen Stellvertreter beraumt die Sitzungen des Aufsichtsrathes an und leitet die Verhandlungen in denselben.

Der Aufsichtsrath versammelt sich in der Regel einmal monatlich und außerdem dann, wenn es drei seiner Mitglieder oder der Vorstand verlangen. Der Vorstand wird zu den Sitzungen des Aufsichtsraths zugezogen.

§. 24. Der Aufsichtsrath ernennt die Vorstandsmitglieder, schließt mit denselben die Dienstverträge ab, und vertritt denselben gegenüber die Rechte und Interessen der Actionäre. Er ernennt und entläßt diejenigen Beamten, welche über 600 Thlr. Jahrgehalt beziehen. Er überwacht die Ausführung der Statuten von Seiten des Vorstandes, ertheilt demselben Instruction und controlirt dessen Thätigkeit. Er delegirt für jeden Monat eines seiner Mitglieder, welches von den laufenden Geschäften Kenntniß nimmt und dem die Einsicht in alle Schriftstücke und Bücher, in die Casse und das Portefeuille freisteht. Er prüft die vom Vorstande aufgestellte Jahres-Bilanz und schlägt der Generalversammlung die Dividenden-Vertheilung vor. Er hält mindestens Einmal jährlich außerordentliche Cassen-Revision ab. Er autorisirt und beauftragt den Vorstand zur Einforderung des ganzen oder theilweisen Betrages der Actienwechsel.

§. 25. Der Aufsichtsrath beschließt, wählt (§. 22.) und ernennt (§. 24 und 29) in beschlußfähigen Sitzungen mit absoluter Stimmenmehrheit seiner anwesenden Mitglieder; bei Stimmengleichheit entscheidet der Vorsitzende oder sein Stellvertreter, wenn dieser den Vorsitz führt.

Der Aufsichtsrath kann nur dann gültig beschließen, wenn der Vorsitzende oder sein Stellvertreter und außerdem zwei Mitglieder an dem Beschlusse Theil genommen haben. Ausfertigungen Namens des Aufsichtsrathes müssen von dem Vorsitzenden oder dessen Stellvertreter und Einem Mitgliede unterzeichnet sein.

§. 26. Der Aufsichtsrath bezieht außer dem Ersatze für die durch seine Funktionen veranlaßten baaren Auslagen eine Tantième (§. 41). Diese Tantième wird unter die Mitglieder des Aufsichtsrathes nach Verhältniß der Zahl ihrer Anwesenheitsmarken vertheilt und erhält jedes Mitglied je eine, der Vorsitzende oder, wenn dessen Stellvertreter den Vorsitz führt, dieser je zwei Anwesenheitsmarken für jede Sitzung, welcher sie beiwohnen. Bezüglich der Größe der Tantièmen kann die Generalversammlung abändernde Beschlüsse fassen.

§. 27. Jedes Mitglied des Aufsichtsrathes hat fünf Actien der Gesellschaft bei dieser als Caution zu hinterlegen und kann, während seiner Amtsdauer und bevor dem Aufsichtsrathe für die Geschäftsführung während derselben Decharge ertheilt ist, über dieselben nicht verfügen. Verliert ein Mitglied die Eigenschaften, welche zum Besitze von Actien nothwendig sind, so hört sein Amt auf.

§. 28. Der Aufsichtsrath legitimirt sich durch gegenwärtiges Statut resp. durch einen gerichtlich oder notariell beglaubigten Auszug aus dem Wahlprotokoll der Generalversammlung (§. 32) resp. des Aufsichtsrathes (§. 22 und 23).

c. Revisions-Commission.

§. 29. Die Revisions-Commission besteht aus drei Mitgliedern, welche nach Ablauf des laufenden Rechnungs-, resp. Kalenderjahres die Bilanz und deren Uebereinstimmung mit den Büchern zu prüfen und, insoweit dies nöthig, die Rechnungen, die Beläge, die Casse und den Tresor einzusehen haben und zu diesem Zwecke spätestens 4 Wochen vor der ordentlichen Generalversammlung von dem Aufsichtsrathe berufen werden müssen. Die Revisions-Commision hat über ihre Arbeit einen Bericht abzufassen in welchem Monita, über deren Erledigung sie sich mit dem Vorstande nicht verständigen konnte, zu erwähnen sind. Diesen Bericht hat sie spätestens 14 Tage vor der ordentlichen General-Versammlung dem Aufsichtsrathe zur Mittheilung an die Generalversammlung schriftlich einzureichen.

Die Mitglieder der Revisions-Commission, mit Ausnahme derjenigen der ersten, welche von dem Aufsichtsrathe zu ernennen sind, werden von der ordentlichen Generalversammlung gewählt. Es müssen Actionäre sein, welche nicht Mitglieder des Vorstandes oder des Aufsichtsrathes sind. Der Aufsichtsrath ernennt Ersatzmänner, wenn von den durch die Generalversammlung gewählten Mitgliedern der Commission einer oder mehrere verhindert sind oder ihre Eigenschaft als Actionäre der Gesellschaft verloren haben sollten.

d. General-Versammlung.

§. 30. An der General-Versammlung kann jeder Actionär theilnehmen, der als solcher in das Actienbuch der Gesellschaft eingetragen ist.

Es berechtigt der Besitz von Einer bis fünf Actien zu Einer Stimme und der von je fünf weiteren Actien gleichfalls zu Einer Stimme. Abwesende Actionäre können sich von einem stimmberechtigten Actionär vertreten lassen; die Vertreter legitimiren sich durch schriftliche Erklärungen ihrer Auftraggeber. Der Vorstand ist jedoch berechtigt, die Echtheit dieser Erklärungen zu prüfen und amtliche Beglaubigung der letzteren zu fordern. Ein Stimmrecht durch mehr als einen Vertreter ausüben zu lassen ist nicht zulässig.

Die Stimmen des vertretenen Actionärs werden mit denen des Vertreters zusammengerechnet. Ein Stimmberechtigter hat für sich oder für sich und Andere nicht mehr als zehn Stimmen und im Falle der Erhöhung des Actiencapitals (§. 5) nicht mehr als die verhältnißmäßig grossere Anzahl. Ehefrauen, Minderjährige oder sonst Bevormundete, Handlungshäuser, Korporationen, Institute und Actien-Gesellschaften, können sich durch ihre gesetzlichen Repräsentanten vertreten lassen.

Der Eintritt in die General-Versammlung ist nur gegen eine vom Vorstand unterzeichnete, auf Namen lautende Eintrittskarte gestattet, auf welcher die Stimmenzahl, zu welcher der Inhaber berechtigt ist, bemerkt wird. Diese Karten müssen spätestens am letzten Werkeltage vor der General-Versammlung im Bureau der Gesellschaft erhoben werden.

§. 31. Die General-Versammlungen finden in Berlin statt. Die ordentliche General-Versammlung muß alljährlich im Monat April berufen werden, außerordentliche General-Versammlungen treten zusammen, wenn der Vorstand sie für nöthig erachtet. Auf Antrag des Aufsichtsraths, oder wenn ein Viertel der Actionäre, welche mindestens ein Viertel des Actiencapitals besitzen, es verlangt, muß der Vorstand binnen 3 Monaten eine außerordentliche General-Versammlung anberaumen.

Jede General-Versammlung muß durch zweimalige Bekanntmachung, deren erste spätestens vier Wochen vor dem Versammlungstage zu erfolgen hat, in den statutenmäßigen Blättern (§. 44) berufen werden, unter gleichzeitiger Bekanntmachung der Tagesordnung.

§. 32. Den Vorsitz in der Versammlung führt der Vorsitzende des Aufsichtsraths oder dessen Stellvertreter; derselbe regelt die Tagesordnung, ertheilt das Wort und ernennt zur Prüfung der Stimmberechtigung und zur Auszählung der Stimmen aus der Mitte der anwesenden Actionäre zwei Scrutatoren.

Die Protokolle der General-Versammlung werden gerichtlich oder notariell aufgenommen, von dem Vorsitzenden, den Scrutatoren, den anwesenden Mitgliedern des Vorstandes, sowie von mindestens zwei Aufsichtsraths-Mitgliedern und allen stimmberechtigten Actionären, die es verlangen, unterzeichnet.

§. 33. Die ordentliche General-Versammlung nimmt die Berichte des Vorstandes, des Aufsichtsrathes und der Revisions-Commission, Bilanz und Rechnungsabschluß des Vorjahres entgegen. Sie beschließt über die dem Vorstand und dem Aufsichtsrathe von ihr zu ertheilende Decharge, über die vom Aufsichtsrathe vorgeschlagene Dividendenvertheilung und über alle Anträge, welche auf der Tagesordnung stehen. Sie erwählt die Mitglieder des Aufsichtsrathes (cfr. §. 22) und der Revisions-Commission (§. 29). Eigentliche Anleihen dürfen von der Gesellschaft nur auf Beschluß der General-Versammlung aufgenommen werden.

Die außerordentliche General-Versammlung beschließt über diejenigen Anträge, welche ihre Berufung veranlaßt haben.

§. 34. Anträge einzelner Actionäre, über welche die ordentliche General-Versammlung beschließen soll, die auf Berufung einer außerordentlichen General-Versammlung aufgenommen, müssen bis zu dem, dem Zusammentritt der Versammlung zunächst vorhergehenden 15. Februar bei dem Aufsichtsrathe angemeldet sein; vor dem zunächst vorhergehenden 1. Januar aber muß die Anmeldung erfolgen, wenn die Anträge Statutenabänderungen betreffen. Rechtzeitig eingehende Anträge müssen auf die Tagesordnung gestellt werden. Ein Antrag auf Auflösung der Gesellschaft (§. 37) kann nur gleichzeitig mit dem Antrag auf Berufung einer außerordentlichen General-Versammlung gestellt werden und nur eine solche über die Auflösung beschließen.

§. 35. Zu den Beschlüssen der General-Versammlung ist absolute Stimmenmehrheit der anwesenden Stimmen erforderlich und im der Regel auch genügend. Bei Stimmengleichheit entscheidet die Stimme des Vorsitzenden. Für Statutenänderung, für Auflösung der Gesellschaft oder für Fortsetzung derselben über die ursprünglich bestimmte Dauer hinaus (§. 4) müssen sich jedoch zwei Drittheile der anwesenden Stimmen vereinigen und bei dem Beschlusse über die Auflösung muß mindestens die Hälfte des Actiencapitals in der beschließenden General-Versammlung vertreten sein.

Die von der General-Versammlung gefaßten Beschlüsse sind für die nicht vertretenen Actionäre rechtsverbindlich.

§. 36. Alle im Statute vorgesehenen Wahlen, sowie überhaupt alle Wahlen, welche von den Gesellschaftsorganen ausgehen, erfolgen durch Stimmzettel und nach absoluter Stimmenmehrheit. Ergiebt bei einer Wahl die erste Abstimmung keine absolute Majorität, so werden die Beiden, welche die relativ meisten Stimmen erhalten haben, zur engeren Wahl gestellt. Bei Stimmengleichheit entscheidet das Loos.

Jeder Gewählte muß innerhalb 14 Tagen nach der ihm durch den Vorsitzenden der Wahlversammlung zugefertigten Mittheilung von seiner Wahl dem Aufsichtsrathe eine Erklärung über die Annahme der Wahl zugehen lassen, im Unterlassungsfalle wird die Ablehnung der Wahl vorausgesetzt. Tritt dieser Fall bei einer von der General-Versammlung vorgenommenen Wahl eines Mitgliedes des Aufsichtsrathes ein, so greift die im §. 22 dem Aufsichtsrathe beigelegte Befugniß Platz, die in seiner Mitte entstehenden Vacanzen provisorisch zu besetzen.

Titel V.

Auflösung und Liquidation.

§. 37. Außer in den, Art. 240 des Allg. deutschen Handelsgesetzbuches vorgesehenen Fällen, kann die Auflösung der Gesellschaft vor Abschluß der statutenmäßigen Dauer von der General-Versammlung nur dann beschlossen werden, wenn ein Rechnungsabschluß den Verlust der Reserven und des baaren einbezahlten Theiles des Actiencapitals ergeben sollte.

§. 38. In den Fällen der Auflösung der Gesellschaft nach §§. 4 und 37 wählt die General-Versammlung eine Liquidations-Commission von wenigstens drei Actionären und bestimmt deren Vollmachten und Gratification. Diese Liquidations-Commission soll nach Abwickelung aller Verbindlichkeiten der Gesellschaft, die dann noch vorhandenen Activa, auf jede Actie gleichmäßig vertheilen und den Berechtigten die nach §§. 6 und 7 deponirten Wechsel zurückstellen.

Titel VI.

Capital-Anlage, Jahres-Bilanz, Gewinn-Vertheilung, Reservefond, Staats-Aufsicht, Bekanntmachungen.

§. 39. Die Capitalien der Gesellschaft sofern sie nicht flüssig erhalten werden müssen, sind in, bei einer soliden Hypothekenversicherungsgesellschaft versicherten Hypotheken oder inländischen Staats- oder Communalpapieren, Pfandbriefen, vom Staate garantirten inländischen Eisenbahn-Prioritäts-Obligationen oder in Wechsel- und Lombard-Geschäften, wie letztere beide den Grundsätzen der Preußischen Bank entsprechend anzulegen. Der Erwerb von Grundstücken ist der Gesellschaft nicht weiter gestattet, als es sich um Beschaffung von Geschäftslokalitäten oder um Abwendung von Verlusten an ausstehenden Forderungen handelt.

§. 40. Die Bilanz wird am Ende jedes Kalender-Jahres aufgestellt.

Zu diesem Zwecke werden die nach Absetzung der Verwaltungskosten und bezahlten Schäden verbleibenden Activa und Passiva zusammengestellt und zwar nach folgender Norm:

Activa:

a) Wechsel- und Hypothekenforderungen höchstens zum Nennwerthe;
b) Werthpapiere höchstens zum Course vom 31. December des betreffenden Jahres;
c) Grundstücke und Inventarien höchstens zum Acquisitionspreise, von welchem überdies bei Grundstücken mit Ausnahme des Grundes und Bodens mindestens 1 Procent und bei Mobilien mindestens 5 Procent jährlich abzuschreiben sind;
d) anderes Eigenthum zu dem Werthe, welchen dasselbe nach sorgfältiger Ermittelung am Jahresschluß hat.

Passiva:

a) alle liquiden oder anerkannten Zahlungsverbindlichkeiten der Gesellschaft;
b) die Capitalreserve (§. 41);
c) die Reserve für den am Jahresschluß noch nicht verdienten Theil der Jahresprämien.
d) die vor dem Jahresschlusse angemeldeten Schäden in Höhe des angemeldeten Betrages;
e) sonstige bekannte Schäden in ihrem wahrscheinlichen Betrage.

Der Ueberschuß der Activa über die Passiva bildet, insoweit derselbe das Actiencapital übersteigt, den Reingewinn des Jahres, welcher nach den Bestimmungen des §. 41 vertheilt wird. Im Fall der Ueberschuß der Activa über die Passiva dem Actiencapital nicht gleichkommt, so ist der hierzu fehlende Betrag, soweit der Capital-Reservefond hinreicht, aus diesem zu ergänzen.

§. 41. Von dem Jahres-Reingewinn werden zunächst nicht unter 10 Procent für den Capital-Reservefond vorweggenommen, von dem alsdann verbleibenden Betrage werden für die Actionäre 5 Procent ihrer auf die Actien geleisteten Einzahlungen als ordentliche Dividende ausgeschieden, von dem Reste werden 10 Procent Tantième für den Aufsichtsrath und die contractlichen Tantièmen der Directoren, welche zusammen 10 Procente nicht überschreiten dürfen, in Abzug gebracht. Der alsdann sich ergebende Ueberschuß wird als Superdividende an die Actionäre, nach der Stückzahl ihrer Actien vertheilt.

Hat die Capital-Reserve den Betrag von 100,000 Thalern erreicht, so findet eine fernere Absetzung für dieselbe nur insoweit statt, als dies zu ihrer Ergänzung nothwendig ist, wenn sie angegriffen worden sein sollte.

Die Auszahlung der ordentlichen und Superdividende erfolgt

am 1. Juli jedes Jahres an den Ueberbringer des Dividendenscheins. Die Gesellschaft ist berechtigt, aber nicht verpflichtet, die Legitimation der Ueberbringer zu prüfen.

Die Bilanz wird, nachdem die General-Versammlung Decharge ertheilt hat, durch die Blätter der Gesellschaft veröffentlicht.

§. 42. Der Capital-Reservefond hat zunächst den Zweck, Capitalverluste auszugleichen (§. 40). Er wird gebildet durch den im §. 41 bezeichneten Antheil am Jahresgewinn und durch diejenigen Dividenden, welche vier Jahre nach dem 31. December desjenigen Jahres, in welchem sie fällig geworden, nicht erhoben sind. Der Bestand des Reservefonds wird nicht besonders verwaltet, sondern bildet einen Theil des Gesellschaftsvermögens.

§. 43. Zur Wahrnehmung ihres Ober-Aufsichtsrechtes kann die Staats-Regierung für beständig oder für einzelne Fälle einen Commissarius ernennen, welcher der General-Versammlung und allen Sitzungen des Aufsichtsrathes oder sonstiger Organe der Gesellschaft ohne Stimmrecht beiwohnen, von allen Scripturen, Büchern und Cassen der Gesellschaft jederzeit Einsicht nehmen, auch die Organe der Gesellschaft gültig zusammenberufen kann.

§. 44. Die von der Gesellschaft ausgehenden Bekanntmachungen erfolgen für die Betheiligten rechtsverbindlich durch

den Preußischen Staats-Anzeiger, die Berliner Börsen-Zeitung, die National-Zeitung, die Kölnische Zeitung.

Geht eines dieser Blätter ein, oder verschließt es sich der Aufnahme von Privat-Anzeigen, so soll die Veröffentlichung in den übrigen so lange genügen, bis die nächste General-Versammlung ein anderes Blatt bestimmt hat. Der General-Versammlung steht es überhaupt zu, andere Gesellschaftsblätter zu wählen. Alle bezüglichen Aenderungen sind in allen bis dahin zur Aufnahme der Gesellschafts-Anzeigen bestimmten und der bezüglichen Bekanntmachung sich nicht verschließenden Gesellschaftsblättern vom Aufsichtsrathe zu publiciren.

Titel VII.

Vorübergehende Bestimmungen.

§. 45. Alle Angelegenheiten der Gesellschaft bis zur Ertheilung der landesherrlichen Concession werden von dem Gründungs-Comite besorgt.

Dasselbe besteht aus folgenden Herren:

1) Walther Bauendahl, Kaufmann.
2) Joseph Herzfeld, Rentier,
3) Dr. Otto Hübner, Direktor der Preußischen Hypotheken-Versicherungs-Actien-Gesellschaft,
4) Ferdinand Jaques, Banquier (Firma: Joseph Jaques),
5) Wilhelm Wolff, Kaufmann,

sämmtlich zu Berlin wohnhaft. Dieses Comite kann im Fall eintretender Vacanzen sich selbst ergänzen und für Verhinderungsfälle einzelner Mitglieder deren Stellvertreter ernennen.

Dasselbe ernennt seinen Vorsitzenden, beschließt nach Majorität und setzt erforderlichenfalls eine Geschäftsordnung für sich fest.

Ausfertigungen des Comite's werden von zwei Mitgliedern unterzeichnet.

Die Mitglieder des Comite's werden nicht remunerirt, sie erhalten nur Ersatz der baaren Auslagen, die durch die Ausübung ihrer Funktionen ihnen veranlaßt werden.

§. 46. Das im §. 45 bezeichnete Gründungs-Comite vertritt in allen Beziehungen die neu gebildete Gesellschaft bis zur Constituirung des Vorstandes und des Aufsichtsrathes und vereinigt in sich alle Befugnisse dieser Gesellschafts-Organe.

Das Gründungs-Comite ist insbesondere bevollmächtigt:

a) die landesherrliche Genehmigung und Concession für die Gesellschaft zu erwirken und zu diesem Ende Namens der Gesellschaft diejenigen Veränderungen des Statuten-Entwurfes oder Zusätze zu demselben anzunehmen, welche die Staatsbehörden als erforderlich erachten möchten, mit der ausdrücklichen Maßgabe, daß es für die Gültigkeit des der landesherrlichen Genehmigung zu unterbreitenden Statuts genügt, wenn dasselbe auch nur von drei Comite-Gliedern notariell oder gerichtlich vollzogen wird;
b) nach erfolgter landesherrlicher Bestätigung des Statuts die Baareinzahlungen und Wechselhinterlagen auf die gezeichneten Actien einzufordern und für diese Zahlung und Wechselhinterlage Interimsscheine auf den Namen auszustellen, welche in der Folge gegen die statutenmäßigen Actien eingetauscht werden.
c) eine General-Versammlung durch recommandirte Briefe an die ersten Actienzeichner zu berufen, in welcher die Interimsscheinbesitzer, welche sich auch durch solche vertreten lassen können, allein stimmberechtigt sind und in welcher nur die Anträge des Comite's zur Abstimmung gelangen.

Berlin, am 4. April 1870.

Das Gründungs-Comite.

Die vorangezogenen Beilagen lauten wörtlich:

Beilage A.

Formular der Actien.

Nro. . . . . . . Baar-Einzahlung Thlr. . . . .

Deutscher Lloyd, Transport-Versicherungs-Actien-Gesellschaft in Berlin.

Actie

über

Thaler Tausend Preußisch Courant.

. . . . in . . . . hat in Gemäßheit des Gesellschaftsstatuts durch gegenwärtige Actie verhältnißmäßigen Antheil an dem Vermögen, dem Gewinne und Verlust der unterzeichneten Gesellschaft.

Jede Uebertragung dieser Actie bedingt zu ihrer Gültigkeit gegenüber der Gesellschaft die Genehmigung des Vorstandes der Gesellschaft.

Berlin, den . . . .

Deutscher Lloyd, Transport-Versicherungs-Actien-Gesellschaft.

(Facsimile eines Mitgliedes des Aufsichtsraths.) (Unterschrift eines Mitgliedes des Aufsichtsraths.)

Die Eintragung in das Actienbuch Fol. . . . . bescheinigt.

Der Vorstand.
(Unterschrift eines Directors.)

gez.

Beilage B.

Wechsel-Formular.

Wechsel zu der Actie Nr. . . . . .

Vier Wochen nach Vorzeigung, welche spätestens am 1. Jan. 1920 in dem unterbezeichneten Domicil erfolgen muß, zahle . . . . gegen diesen . . . . Sola-Wechsel an die Ordre des Deutschen Lloyd, Transport-Versicherungs-Actien-Gesellschaft zu Berlin die Summe von Vierhundert Thalern im 30. Thalerfuße und leiste zur Verfallzeit prompte Zahlung nach Wechselrecht.

Auf . . . . . . Selbst. (Wohnort und Datum) . . . .

zahlbar im Büreau des Deutschen
Lloyd, Transport-Versicherungs- (Name oder Firma) . . . .
Actien-Gesellschaft
zu Berlin.

Beilage C.

Formular der Dividendenscheine

(Vorderseite.)

Deutscher Lloyd,

Transport-Versicherungs-Actien-Gesellschaft in Berlin.

Dividendenschein zu der **Actie** Nro. . . . . . .

Am 1. Juli 18 . . zahlt die unterzeichnete Actien-Gesellschaft dem Ueberbringer die auf die Actie Nro. . . . . . für das Jahr . . . . . treffende Dividende.

Berlin, den . . . .

Der Aufsichtsrath. Der Vorstand.
(Facsimile eines Mitgliedes.) Facsimile eines Directors.
Unterschrift eines Controllbeamten.

(Rückseite.)

Dividendenscheine, welche 4 Jahre nach dem 31. December desjenigen Jahres, in welchem sie fällig geworden sind, nicht präsentirt sind, werden ungültig und ihr Betrag verfällt dem Reservefond der Gesellschaft, gemäß §. 9 des Statuts. — Im Falle des Verlustes wird nach §. 10 des Statuts verfahren.

Beilage D.

Formular der Talons.

(Vorderseite.)

Talon zur Actie Nro . . . . .

Die . . . . fünfjährige Serie von Dividendenscheinen wird dem Eigenthümer obiger Actie gegen Rückgabe des gegenwärtigen Talons verabfolgt.

Berlin, den . . . .

Deutscher Lloyd, Transport-Versicherungs-Actien Gesellschaft.

Der Aufsichtsrath.
(Facsimile eines Mitgliedes).
Unterschrift eines Controllbeamten.

(Rückseite.)

Wenn ein Talon weder zu dem Termine, an welchem die neuen Dividendenscheine ausgehändigt werden, noch bis zur Fälligkeit des zweiten Dividendenscheines der neuen Serie, bei dem Vorstande präsentirt ist, so werden die Dividendenscheine der neuen Serie und der zu dieser gehörige Talon dem im Actienbuche eingetragenen Eigenthümer der Actie gegen Vorzeigung derselben bei Fälligkeit des zweiten Dividendenscheines dieser Serie verabfolgt.

Allgemeine Bedingungen der Police.

Umfang der Ersatzpflicht.

Art. 1. Der Deutsche Lloyd nimmt zu seinen Lasten allen Schaden, der durch Sturm, Eis, Schiffbruch oder Strandung, zufälligen Zusammenstoß von Schiffen, gezwungenen Aufenthalt, nothgedrungene Aenderung der Reise, Seewurf, Seeunfälle während der Quarantaine, sowie durch Feuer, Blitz, Erdbeben, Explosion, Seeraub und durch die unter dem Namen Baratterie bekannten Unredlichkeiten oder Verschulden einer Person der Schiffsbesatzung verursacht wird; überhaupt aber haftet die Gesellschaft für jeden Schaden, der durch Unfälle zur See entsteht, mit Ausnahme jedoch der im nachfolgenden Artikel 2 bezeichneten Fälle und sofern nicht durch die allgemeinen und besonderen Bedingungen oder Clauseln dieser Police ein Anderes verabredet worden ist. — Geschriebene Bedingungen und Clauseln gehen, wenn sie von den gedruckten abweichen, den letzteren vor.

Beschränkung der Ersatzpflicht.

Art. 2. Die Versicherung gilt frei von Kriegsmolest. Auch leistet die Gesellschaft keine Gewähr für denjenigen Schaden, welcher durch Verfügungen von hoher Hand, Weg- oder Beschlagnahme seitens irgend einer Macht oder Behörde, sowie durch Diebstahl, Folge von Handelsverboten, Verletzung der Aus-, Ein- oder Durchfuhr-Gesetze, insbesondere auch durch unrichtige Zoll- oder Steuer-Declaration verursacht wird.

Im gleichen ist sie nicht verantwortlich für die Nachtheile des aus einem Unfalle oder sonstigen Grunde in der Beförderung der Güter entstandenen Verzuges, und ebensowenig haftet sie für die durch Quarantaine, Ueberwinterung und Ueberliegezeit veranlaßten Kosten.

Sie leistet ferner keine Entschädigung für Abgang oder Verderb, welchen die Güter durch ihre natürlichen Eigenschaften, durch Selbstentzündung, Bruch, Oxidation, gewöhnliche Leckage, oder in Folge fehlerhafter Beschaffenheit und schlechter Verpackung, sowie durch Ratten, Mäuse und sonstiges Ungeziefer, oder durch Witterungseinfluß erleiden.

Auch für den durch Feuchtigkeit, Schimmel oder Fäulniß entstandenen Schaden wird kein Ersatz geleistet, es sei denn, daß dieser Schaden in Folge eines Unfalles, für welchen die Gesellschaft der Police gemäß einsteht, von unmittelbarer Berührung der Güter mit Seewasser herkommt.

Abladern, Schiffsvermiethern und ihren Bevollmächtigten gegenüber haftet die Gesellschaft für den durch Unredlichkeit oder Verschulden einer Person der Schiffsbesatzung verursachten Schaden in dem Falle nicht, wenn der Führer des Schiffes von ihnen gewählt worden ist.

Versicherungsantrag.

Art. 3. Der stets schriftlich einzureichende Versicherungsantrag muß enthalten: die Namen des Schiffes, des Schiffers, des Abfahrts- und des Bestimmungsortes; Zeichen, Nummer und Zahl der Colli (wenn vorhanden), Gewicht, Natur und Werth der Versicherungsgegenstände sowie die zu versichernde Summe. — Auch sind die letzten dem Versicherungsnehmer resp. dem Versicherten, über die Abfahrtszeit zugekommenen Nachrichten anzugeben. Der Antrag muß datirt und unterzeichnet sein.

Ist es etwa nicht möglich, diese Angaben gleich alle vollständig zu liefern, so kann gegen Bezeichnung der Reisestrecke, der Natur der Güter, ihrer beiläufigen Quantität, des ungefähren Werthes, der zu versichernden Summe und gegen Angabe der letzten Nachrichten, die Versicherung schon vorläufig geschlossen werden, unter der Bedingung, daß der Versicherungsnehmer, resp. der Versicherte, binnen der ersten vierundzwanzig Stunden nach Empfang der fehlenden Erfordernisse seine vollständige Erklärung obiger Anleitung gemäß schriftlich ergänze resp. berichtige.

Art. 4. Will man die Fracht der Güter, sowie die Kosten während der Reise und am Bestimmungsorte mitversichern, so müssen die Beträge dieser Objecte besonders declarirt werden. (Art. 14.)

Sind diese Beträge zur Zeit des Antrages dem Versicherungsnehmer resp. dem Versicherten, noch nicht genau bekannt, so kann ihre Aufgabe annähernd provisorisch geschehen, und zwar unter derselben Bedingung, wie sie für provisorische Anmeldungen schon im vorigen Artikel vorgeschrieben ist.

Art. 5. Soll imaginärer Gewinn mitversichert werden, so ist dies im Antrage ebenfalls zu bemerken. (Art. 15.)

Art. 6. Ein Gleiches ist nöthig, wenn die versicherten Güter nicht unter Deck geladen werden (Art. 21.) oder wenn Güter während der versicherten Reise in einem Zwischenhafen in ein anderes Schiff umgeladen werden sollen.

Art. 7. Rückversicherungs-Anträge sind als solche deutlich zu kennzeichnen, unter Angabe der Zeit und der näheren Umstände, unter denen die erste Versicherung geschlossen worden ist.

Anzeigen bei dem Vertragsabschlusse.

Art. 8. Ist dem Versicherungsnehmer, resp. dem Versicherten, zur Zeit des Versicherungsantrages bekannt, daß das betreffende Schiff den im Antrage als Abfahrtshafen bezeichneten Ort noch nicht erreicht, oder daß es denselben schon verlassen hat, oder aber daß es, nachdem es bereits abgefahren, wieder aus See dorthin zurückgekehrt ist, so muß er es im Antrage bemerken. Dies ist auch erforderlich, wenn der Auftrag zur Versicherung von einem dritten Orte herkommt, oder wenn die Versicherung in Folge einer telegraphischen Depesche genommen wird; in letzterem Falle sind zugleich Ort und Zeitpunkt des Abgangs der Depesche im Antrage anzugeben. Einer Anzeige bedarf es ferner, wenn die Güter nicht direct vom Lande, sondern durch Umladung aus einem andern Schiffe oder Flußfahrzeuge an Bord gebracht werden, wie auch, wenn mit Vorwissen des Versicherungsnehmers, resp. des Versicherten, eine ungewöhnliche Leichtergefahr, z. B. in Eiszeiten, vorliegt.

Art. 9. Der Versicherungsnehmer ist übrigens im Falle der Versicherung für eigene Rechnung sowohl, als im Falle der Versicherung für fremde Rechnung verpflichtet, bei dem Abschluß des Vertrages der Gesellschaft alle ihm bekannten Umstände anzuzeigen, welche wegen ihrer Erheblichkeit für die Beurtheilung der von der Gesellschaft zu tragenden Gefahr geeignet sind, auf den Entschluß der Gesellschaft, sich auf den Vertrag überhaupt oder unter denselben Bestimmungen einzulassen, Einfluß zu üben. Diese Verpflichtung tritt auch dann ein, wenn der anzuzeigende Umstand der Gesellschaft, resp. ihren die Versicherung abschließenden Agenten, als bekannt vorausgesetzt werden darf.

Jede Verschweigung, falsche oder entstellte Angabe, jeder Betrug oder Unterschleif heben die Versicherung auf, während die Prämie der Gesellschaft verfallen bleibt.

Die Versicherung für fremde Rechnung ist für die Gesellschaft nur dann verbindlich, wenn entweder der Versicherungsnehmer zur Eingehung derselben von dem Versicherten beauftragt war, oder wenn der Mangel eines solchen Auftrages von dem Versicherungsnehmer bei dem Abschlusse des Vertrages der Gesellschaft angezeigt wird.

Anfang und Ende der übernommenen Gefahr.

Art. 10. Die von der Gesellschaft übernommene Gefahr beginnt mit dem Zeitpunkte, in welchem die Güter, zum Zwecke der Einladung in das Schiff oder in die Leichterfahrzeuge vom Lande scheiden; sie endet mit dem Zeitpunkte, in welchem die Güter im Bestimmungshafen wieder an das Land gelangen.

Wird die Löschung von dem Versicherten, dem Ablader, Empfänger oder Cargadeur ungebührlich verzögert, so endet die Gefahr mit dem Zeitpunkte, in welchem die Löschung beendigt sein würde, falls ein solcher Verzug nicht stattgefunden hätte.

Bei der Einladung und Ausladung trägt die Gesellschaft auch die Gefahr der ortsgebräuchlichen Benutzung von Leichterfahrzeugen.

Art. 11. Auf die Gültigkeit des Versicherungsvertrages hat es keinen Einfluß, daß zur Zeit des Abschlusses desselben die Möglichkeit des Eintritts eines zu ersetzenden Schadens schon ausgeschlossen, oder daß der zu ersetzende Schaden bereits eingetreten ist, jedoch ist jede nach Eintritt eines Unfalles abgeschlossene Versicherung ungültig, wenn unter den vorhandenen Umständen der Versicherungsnehmer oder der Versicherte im Augenblicke des Versicherungsantrages von dem Unfalle benachrichtigt sein konnte.

Versicherungswerth.

Art. 12. Der volle Werth des versicherten Gegenstandes ist der Versicherungswerth.

Die Versicherungssumme kann den Versicherungswerth nicht übersteigen. Soweit die Versicherungssumme den Versicherungswerth übersteigt (Ueberversicherung), hat die Versicherung keine rechtliche Geltung.

Art. 13. Die Versicherung kann für den vollen Werth der Güter genommen werden, aber auch nur für einen Theil dieses Werthes. Wird sie nur für einen Theil des vollen Werthes geleistet, so haftet die Gesellschaft nur nach Verhältniß der bei ihr versicherten Summe zum Versicherungswerthe. (Art. 41.)

Unter allen Umständen bildet die bei der Gesellschaft versicherte Summe die äußerste Grenze der Gesammt-Ersatzpflicht der Gesellschaft so, daß selbige für einen höheren Betrag niemals in Anspruch genommen werden kann.

Art. 14. Als Versicherungswerth der Güter gilt derjenige Werth, welchen die Güter am Ort und zur Zeit der Abladung haben, unter Hinzurechnung aller Kosten bis an Bord des Schiffes einschließlich der Versicherungskosten.

Die Fracht, sowie die Kosten während der Reise und am Bestimmungsorte werden nur hinzugerechnet, sofern es ausdrücklich beantragt und vereinbart ist. (Art. 4.)

Art. 15. Bei der Versicherung von Gütern ist der imaginäre Gewinn nur insoweit als mitversichert anzusehen, als es im Vertrage bestimmt ist. (Art. 5.)

Im Falle einer Mitversicherung des imaginären Gewinnes werden als solcher, wenn ein Anderes nicht ausdrücklich verabredet ist, zehn Procent des Versicherungswerthes der Güter als versichert betrachtet.

Art. 16. Sind für die in einer und derselben Police versicherten Gegenstände, je nach Gattung, Stückzahl, Merkzeichen oder sonstwie, separate Abtheilungen (sogenannte Taxen oder Serien) vereinbart worden, so gelten die einzelnen Abtheilungen auch als selbstständig versichert derart, als ob über jede derselben eine besondere Police bestände.

Prämie und Ristorno.

Art. 17. Die Prämie ist bei Aushändigung der Police baar zu bezahlen.

Art. 18. Bei Segelschiffen, die dem jüngsten französischen Veritas-Register zufolge geringer als ⁵/₆, oder dem jüngsten englischen Lloyds-Register zufolge geringer als *.E. (roth) cotirt sind, tritt ein Prämienzuschlag ein, der bei Prämiensätzen bis 1 pCt., einschließlich, ½ pCt. und bei höheren Sätzen ¼ pCt. beträgt. — Derselbe Zuschlag tritt ein bei Segelschiffen, welche andern Classifications-Registern zufolge geringer wie die oben angezogenen beiden Klassen, wenn auch in denselben scheinbar gleichstehender Bezeichnung cotirt sind.

Art. 19. In folgenden Fällen einer gänzlichen oder theilweisen Aufhebung der Versicherung und Rückgabe der Prämie verzichtet die Gesellschaft auf die ihr zustehende Vergütung (Ristornogebühr):

1) wenn erweislich die Unternehmung, auf welche die Versicherung sich bezieht, ganz oder zum Theil von dem Versicherten aufgegeben, oder ohne sein Zuthun der versicherte Gegenstand ganz oder ein Theil desselben der von der Gesellschaft übernommenen Gefahr nicht ausgesetzt wird;
2) wenn im Falle einer Doppelversicherung die zuerst geschlossene für fremde Rechnung ohne Auftrag bei der Gesellschaft genommen ist, die spätere dagegen von dem Versicherten selbst genommen wird und in einem solchen Falle der Versicherte bei Eingehung der späteren Versicherung von der früheren noch nicht unterrichtet war, oder bei Eingehung der späteren Versicherung der Gesellschaft anzeigt, daß er die bei ihr genommene frühere Versicherung zurückweise.

In den übrigen vom Gesetze vorgesehenen Fällen einer gänzlichen oder theilweisen Aufhebung der Versicherung hat die Gesellschaft auf die gesetzliche Ristornogebühr und unter allen Umständen auf Vergütung des Policegeldes sowohl als der etwaigen Stempelkosten Anspruch.

Unfall.

Art. 20. Jeder Unfall muß, sobald der Versicherungsnehmer oder der Versicherte, wenn dieser von der Versicherung Kenntniß hat, Nachricht von dem Unfalle erhält, der Gesellschaft oder demjenigen Agenten derselben, welcher die Police ausgestellt hat, bei Verlust des Entschädigungsanspruches unverzüglich angezeigt werden.

Auch ist der Versicherte bei Eintritt eines Unfalles verpflichtet, sowohl für die Rettung und Erhaltung der versicherten Gegenstände, als für die Abwendung größerer Nachtheile thunlichst zu sorgen. Er hat indeß, wenn thunlich, über die erforderlichen Maßregeln vorher mit der Gesellschaft Rücksprache zu nehmen.

Art. 21. Werden Güter an ihrem Bestimmungsorte beschädigt ausgeladen, so ist, wenn die Gesellschaft dort einen Bevollmächtigten hat, dieser bei der Untersuchung der Güter hinzuzuziehen, damit in Gemeinschaft mit ihm ihr Zustand, resp. Natur und Umfang ihrer Beschädigung, festgelegt und das sonst Nöthige angeordnet werde.

Hat aber die Gesellschaft an jenem Orte keinen Bevollmächtigten, so ist der Versicherte gehalten, nach den daselbst geltenden gesetzlichen Bestimmungen und in deren Ermangelung den Ortsusancen gemäß zu verfahren; insbesondere muß er dafür sorgen, daß die beschädigten Güter bei ihrer Löschung sobald als thunlich, jedenfalls innerhalb der ortsüblichen Frist, bevor der Empfänger sie in seine Obhut nimmt und ehe bei verpackten Gegenständen die Emballage in der sie gelöscht worden, geöffnet wird, nach Landesgesetz und Platzgebrauch in Gegenwart von Zeugen oder Sachverständigen untersucht und der geeigneten Behandlung unterworfen werden.

Zugleich sind über den Befund der Besichtigung die ordnungsmäßigen Dokumente aufzunehmen.

Große Haverei.

Art. 22. In Ansehung der Beiträge zur großen Haverei (avarie grosse) und der nach den Grundsätzen der großen Haverei zu beurtheilenden Beiträge bestimmen sich die Verpflichtungen der Gesellschaft nach der am gehörigen Orte im Inlande oder im Auslande, im Einklang mit dem am Orte der Aufmachung geltenden Rechte aufgemachten Dispache.

Die einer solchen Dispache gemäß den versicherten Gütern zur Last fallende Quote wird, getrennt von der besonderen Haverei (Art. 23 und 24), im Verhältniß der versicherten Summe zum Versicherungswerthe von der Gesellschaft erstattet, wie gering der Belauf auch immer sein möge.

Besondere Haverei.

Art. 23. Die besondere Haverei (avarie particulière) fällt nur dann der Gesellschaft zur Last, wenn die materiellen Beschädigungen und Verluste der Güter, ohne Rücksichtsnahme auf irgend welche Unkosten, nachstehende Procentsätze (Franchisen) des Versicherungswerthes übersteigen. Es sind

frei von drei Procent: Aetherische Oele in Metallflaschen. Arsenik. Asphalt. Bandwaaren. Baumwolle und Baumwollwaaren. Blei in Blöcken. Bleiweiß und Zinkweiß. Borax in Fässern. Butter. Cacao in Fässern. Chinarinde in Kisten. Cochenille in Fässern oder Seronen. Elfenbein, rohes. Farbholz in Blöcken oder Stücken. Fette, thierische, in diesem Artikel nicht besonders genannte. Garn, aus Baumwolle, Leinen, oder Wolle, ausgenommen türkischroth Garn. Gestickte Waaren in verlötheten Blechkisten. Glätte. Gold, Platina oder Silber in Barren. Grünspan. Harz. Holz (Stab-, Nutz- und Bau-). Honig. Indigo. Ingwer in Fässern. Kaffee in Fässern. Kleidungsstücke, neue, in Kisten oder Fässern. Kobalt. Kupfer in Blöcken. Leibwäsche, neue. Leinen und Leinenwaaren in Kisten. Mennig. Muskatblüthe (Macis) und Muskatnüsse. Nelken. Opium in Kisten. Pech. Pfeffer in Ballen. Piment.

Quecksilber in Metallflaschen. Safran. Schafwolle, nach der Schur gewaschene. Schellack. Schildpatt, rohes. Schmalte. Schwefel, roher. Segeltuch in Kisten. Seide und Seidenwaaren. Spitzen von Leinen, Baumwolle oder Seide in verlötheten Blechkisten. Talg. Tauwerk, neues, wenn getheert. Thee. Türkischroth Garn in verlötheten Blechkisten. Vanille in Kisten. Wachs. Wallrath, roh oder raffinirt. Wollentuch und andere Wollenwaaren. Zimmet und Cassia lignea in Kisten. Zink, rohes, in Platten. Zinn in Blöcken.

frei von fünf Prozent: Alaun in Fässern. Cigarren, importirte, in doppelten Kisten. Cochenille in Ballen. Flachs in Fässern. Gummi. Gummi elasticum (Cautschuk) und Guttapercha, unverarbeitet. Ingwer in Ballen oder Säcken. Krapp in Fässern. Mehl aus Getreide oder sonstige zur Nahrung bestimmte Mühlenfabrikate in Fässern. Paraffin. Reis in Fässern. Schwefel, raffinirter und Schwefelblüthe. Stearin. Tabak, roh oder fabricirt, in Fässern oder Kisten, mit Ausnahme des von überseeischen Produktionsländern verschifften. Zimmt und Cassia lignea in Fardellen oder Matten.

frei von zehn Procent: Badeschwämme. Bleistifte, Rothstifte und andere Farbstifte. Braunstein in Fässern. Bürstenbinderwaaren in Fässern oder Kisten. Cacaoschalen. Cichorien, getrocknete, in Fässern. Cigarren, exportirte, in doppelten Kisten, sowie importirte, in einfachen Kisten. Draht von edlen Metallen. Droguerie- und Material- oder Spezereiwaaren, in diesem und im folgenden Artikel nicht besonders genannte. Farbholz, gemahlen oder geraspelt. Farbwaaren in diesem und im folgenden Artikel nicht besonders genannte. Flachs in Ballen. Hanf. Hausenblase. Häute und Felle (zur Lederbereitung), trockene mit Haaren, grüngesalzene sowie gegerbte. Hörner (von Thieren) und Hornspitzen. Kaffee in Ballen oder Säcken. Kammmacherarbeiten. Knopfmacherarbeiten. Knoppern. Korinthen in Fässern. Korkholz, roh oder verarbeitet. Leder und Lederwaaren. Leim, thierischer. Leinen und Leinenwaaren in Ballen. Lichte, von Talg, Wachs, Stearin, Paraffin, oder Wallrath und von ähnlichen Brennstoffen. Mandeln in Fässern. Matten, neue, verpackt. Möbeln, neue, verpackt. Palm- und Cocosöl. Papier und Pappe in Kisten. Perlmutter. Pott-, Perl- und Waidasche in Fässern. Rohr, Schilf und Bast, verarbeitet. Salster. Sago in Kisten und Fässern. Rosinen in Kisten und Fässern. Schafwolle, vor der Schur gewaschene. Schnürleiber. Schreibfedern, ausgenommen metallische. Schweinsborsten, sortirte. Segeltuch in Packen. Seifen in Kisten, Fässern oder Tonnen. Soda in Fässern. Spitzen von Leinen, Baumwolle oder Seide, wenn nicht in verlötheten Blechkisten. Stärke in Fässern oder Kisten. Tabak, roh oder fabricirt (mit Ausnahme des von überseeischen Produktionsländern verschifften), in anderer Verpackung als in Fässern oder Kisten. Terpentin. Uhren und Uhrmacherarbeiten aller Art in verlötheten Blechkisten. Wachs- und Oeltuch; auch sogenanntes Ledertuch. Wallfischbarten, rohe. Weinstein und Weinsteinsäure in Fässern. Zucker in Kisten oder Fässern.

Art. 24. Für folgende Güter gilt die Versicherung nur frei von Beschädigung, resp. Bruch, außer im Strandungsfalle;

Alaun, wenn nicht in Fässern. Anis. Arzneien, zubereitete. Asphaltfabrikate. Baumwollabfälle (Repackings). Bernstein, roh oder verarbeitet. Betizeug. Billards. Bimstein. Bijouteriewaaren. Blattgold und Blattsilber. Blumen, künstliche. Böttcherarbeiten. Buchbinderarbeiten. Bücher und andere Buchhändlerartikel. Cacao, wenn nicht in Fässern. Cement. Chocolade. Cichorien, getrocknete, wenn nicht in Fässern, und ungetrocknete überhaupt. Cigarren, exportirte, wenn nicht in doppelten Kisten. Conditorwaaren und Backwerk aller Art. Delicatessen. Dividivi. Draht von unedlen Metallen. Drahtseile. Drechsler- und Schnitzerarbeiten. Eier. Eingemachte Eßwaaren. Eis. Elfenbeinarbeiten. Emaillirte Waaren. Erden. Erze und Mineralien, im vorigen Artikel nicht besonders genannte. Erdnüsse (groundnuts.) Federn aller Art, ausgenommen nicht metallische Schreibfedern. Feuerzeug und Feuerwerkskörper. Fischbein, verarbeitet. Fische. Fleisch und sonstige Fleischwaaren. Flüssige oder dem Auslaufen unterworfene, im vorigen Artikel nicht besonders genannte Waaren. Fournier- und Parketholz in Blättern oder Platten. Früchte (Obst), frische, getrocknete oder eingemachte, im vorigen Artikel nicht besonders genannte. Galanteriewaaren, im vorigen Artikel nicht besonders genannte. Geld, gemünztes. Gemälde, Bildhauerarbeiten und sonstige Kunstwerke oder Liebhabereigegenstände. Gemüse, frische. Geräthe und Werkzeuge, im vorigen Artikel nicht besonders genannte. Gestickte Waaren, wenn nicht in verlötheten Blechkisten. Gewehre und Waffen, sowie einzelne Bestandtheile derselben. Gewehrschäfte, rohe. Getreide, Saaten und Sämereien. Glas und Glaswaaren. Gold- und Silberleisten. Guano und Düngerstoffe überhaupt. Haare. Haararbeiten. Handschuhe, lederne überhaupt, andere, wenn nicht in Kisten. Hausgeräthe, gebrauchte. Häute und Felle, grüne, sowie trocken gesalzene und Abfälle. Hefe. Heu. Hopfen. Hölzerne Nägel, Stifte und Schrauben. Hülsenfrüchte. Hüte. Instrumente aller Art, auch musikalische, mathematische, physikalische und chirurgische. Juwelen. Käse. Kaffee, unverpackt (lose geladen). Kalk. Karten, geographische und Spielkarten. Kartoffeln und sonstige Knollengewächse. Kautschuk- und Guttapercha-Fabrikate. Kienruß. Kleidungsstücke, getragene überhaupt, und neue, wenn nicht in Kisten oder Fässern. Kleien, Knochen. Knochenmehl und Knochenkohle (Beinschwarz). Kohlen aller Art. Korallen, roh oder bearbeitet. Korbflaschen. Korbmacherarbeit. Krappblumen (fleurs de garance) und sonstige Krappextracte. Kräuter, frisch oder getrocknet, im vorigen Artikel nicht besonders genannte. Kunstwolle (Shoddy-wool) und Abfälle von Wollfabrikaten (Spinn-, Rauh- oder Scheerflocken). Kupfer-, Stahl- und Holzstiche, sowie lithographische und photographische Erzeugnisse. Kürschnerarbeiten. Leibwäsche, gebrauchte. Leimbereitungsstoffe. Lohrinde. Lumpen- und Lumpensurrogate. Maccaroni und Nudeln aller Art. Malven. Mandeln, wenn nicht in Fässern. Maschinen und Maschinentheile. Matten gebrauchte, sowie neue, wenn unverpackt. Mehl aus Getreide oder sonstige zur Nahrung bestimmte Mühlenfabrikate, wenn nicht in Fässern. Metalle und alle dem Rost, resp. der Oxidation, unterworfene, im vorigen Artikel nicht besonders aufgenommene Gegenstände. Möbel, gebrauchte, sowie neue, wenn unverpackt. Modelle. Musikalien. Oele in Fässern. Oelkuchen. Orangen- und Citronenschalen. Papier und Pappe, wenn nicht in Kisten. Papparbeiten. Parfümerien. Passagiereffecten. Perlen aller Art. Pflanzen, lebende. Pilze. Porzellan, Steingut und Töpferwaaren. Posamentierarbeit in Gold oder Silber. Putzmacherarbeiten. Rauch- und Pelzwerk, roh oder zubereitet. Regen- und Sonnenschirme. Reis, wenn nicht in Fässern. Rohr, Schilf und Bast, roh. Säcke, leere. Saiten, für musikalische Instrumente. Salmiak. Salpeter. Salz. Schafwolle, ungewaschene, sowie gewaschene und Gerberwolle. Schieß- und Sprengpulver. Schießwolle. Schinken und Speck. Schnupftabak. Schreib-, Zeichen- und Maler-Utensilien, im vorigen Artikel nicht besonders genannte. Schweinsborsten, rohe. Seegras. Seidencocons. Seilerwaaren, im vorigen Artikel nicht besonders genannte. Siegellack. Spiegel und Spiegelglas. Spielsachen. Steine aller Art (auch künstliche), roh oder bearbeitet. Stroh und Strohfabrikate aller Art. Süßholz. Sumac. Tabak, wenn von überseeischen Productionsländern verschifft. Tapeten. Tauwerk, ungetheertes, sowie getheertes, wenn gebraucht. Türkischroth Garn, wenn nicht in verlötheten Blechkisten. Uhren und Uhrmacherarbeit aller Art, wenn nicht in verlötheten Blechkisten. Vogelbälge. Wagen und Fuhrgeschirre (auch Eisenbahnfahrzeug). Waldwolle und Waldwollfabrikate. Weberdisteln (Rauhkarden). Werg (Heede) von Flachs oder Hanf. Werthpapiere aller Art. Wurzeln, im vorigen Artikel nicht besonders genannte. Zucker, wenn nicht in Kisten oder Fässern. Zündhölzer, Zündhütchen und ähnliche Zündmittel; ferner alle Güter, welche weder in diesem noch im vorigen Artikel namhaft gemacht sind.

Im Falle einer Strandung nämlich werden in Ansehung aller dieser Gegenstände die materiellen Beschädigungen und Verluste ebenfalls von der Gesellschaft ersetzt, wenn diese Beschädigungen und Verluste Folge der Strandung sind und, ohne Rücksichtnahme auf irgend welche Unkosten, nachstehende Prozentsätze des Versicherungswerthes übersteigen.

fünf Procent bei Wein in Fässern
drei Procent bei anderen flüssigen oder dem Auslaufen unterworfenen Waaren in Fässern,
außer der gewöhnlichen Leccage, die der Gesellschaft niemals zur Last fällt und deren Höhe nöthigenfalls durch Sachverständige bestimmt wird.

fünfzig Procent bei allen übrigen Gegenständen, die zur Classe frei von Beschädigung oder Bruch gehören.

Inwiefern eine Strandung vorliegt, ist nach dem Allgemeinen Deutschen Handelsgesetzbuche zu bemessen.

Der Strandung werden folgende Seeunfälle gleichgeachtet: Kentern, Sinken, Zerbrechen des Rumpfes, Scheitern und jeder Seeunfall, wodurch das Schiff reparaturunfähig geworden ist oder wodurch eine Entlöschung desselben unter fremder Hülfe in Folge gezwungenen Aufenthaltes stattfindet.

Die Bestimmungen dieses und des vorigen Artikels finden auch bei solchen Beschädigungen und Verlusten Anwendung, welche erweislich ohne Selbstentzündung durch Feuer oder durch Löschung eines solchen Feuers, oder durch Beschießen entstanden sind.

Art. 25. Werden ohne Vorwissen des Versicherungsnehmers, resp. des Versicherten, Güter bei Antritt der von der Gesellschaft versicherten Reise schon beschädigt eingeladen, so gilt die Versicherung nur gegen Totalverlust. — Dies ist auch der Fall, wenn Güter nach Antritt der von der Gesellschaft versicherten Reise mit Vorwissen des Versicherungsnehmers resp. des Versicherten, in beschädigtem Zustande aus einem Seeschiffe in ein anderes umgeladen werden, ohne vorher an's Land gebracht und gehörig untersucht worden zu sein.

Art. 26. In Ermangelung einer anderen, in der Police schriftlich dokumentirten Verabredung sind Güter, welche nicht unter Deck geladen werden (Art. 6), nur frei von großer und besonderer Haverei, frei von Seewurf und Ueberbordspülen versichert, so daß die Gesellschaft blos bei einem Totalverlust des Schiffes und auch dann nur in dem Falle ersatzpflichtig ist, wenn sie nicht beweisen kann, daß die Decklast vorher geworfen oder über Bord gespült worden.

Conservirungskosten.

Art. 27. In Ansehung der im Art. 21 dieser Police genannten Gegenstände werden die bei einem Unfalle zur Rettung und zur Abwendung größerer Nachtheile unterwegs nothwendig oder zweckmäßig aufgewendeten Kosten, soweit solche nicht etwa in die große Haverei gebracht sind, von der Gesellschaft im Verhältniß der von ihr versicherten Summe ersetzt, wenn diese Kosten, abgesehen von den materiellen Beschädigungen und Verlusten drei Procent des Versicherungswerthes der Güter übersteigen.

Art. 28. Ein Gleiches geschieht hinsichtlich der im Art. 24 erwähnten Gegenstände, wenn die vorbezeichneten Kosten zur Abwendung eines der Gesellschaft zur Last fallenden Schadens verausgabt sind.

Schadenermittelung bei besonderer Haverei.

Art. 29. Bei Gütern, welche beschädigt im Bestimmungshafen ankommen, ist durch Vergleichung des Bruttowerthes, den sie daselbst im beschädigten Zustande wirklich haben, mit dem Bruttowerthe, welchen sie dort im unbeschädigten Zustande haben würden, zu ermitteln, wie viele Procente des Werthes der Güter verloren sind. Eben so viele Procente des Versicherungswerthes der Güter sind dann als Betrag des Schadens anzusehen.

Die Ermittelung des Werthes, welchen die Güter im beschädigten Zustande haben, erfolgt entweder durch öffentlichen, unter platzüblichen Formen zu betreibenden Verkauf im Consumo (verzollt), oder wenn die Gesellschaft am Orte einen Bevollmächtigten hat und die Lage des Falles eine Werthschätzung der beschädigten Güter füglich gestattet, mittelst Abschätzung durch Sachverständige.

In dem einen wie in dem andern Falle ist vorab der Werth zu ermitteln, den die beschädigten Güter gehabt hätten, wenn sie gesund angekommen wären.

Für diese Ermittelung des Werthes, den die Güter im unbeschädigten Zustande haben würden, ist der Marktpreis, inclusive Zoll, maßgebend, welchen Güter derselben Art und Beschaffenheit am Bestimmungsorte der beschädigten Güter bei Beginn der Löschung des Schiffes, oder wenn die Löschung des Schiffes an diesem Orte nicht erfolgt, bei seiner Ankunft daselbst haben würden.

In Ermangelung eines Marktpreises, oder falls über dessen Anwendung, insbesondere mit Rücksicht auf die Quantität der Güter, Zweifel bestehen, wird der Preis durch Sachverständige ermittelt.

Art. 30. Sind Güter nur zum Theil beschädigt, so muß das Beschädigte, gleichviel ob eine Auktion oder eine Werthschätzung statt hat, soweit thunlich und üblich ist, vom Unbeschädigten getrennt werden und letzteres bleibt dann bei der Schadenermittelung außer Betracht.

Untermaaß oder Untergewicht an unbeschädigten Gütern wird bei behaltener Ankunft des Schiffes niemals ersetzt.

Art. 31. Die Gesellschaft trägt nach Maßgabe der bei ihr versicherten Summe auch die Besichtigungs-, Abschätzungs- und Verkaufskosten, selbstredend jedoch nur dann, wenn der Schaden überhaupt zu ihren Lasten ist.

Die über die vorstehend bezeichneten Verhandlungen aufgenommenen Originaldocumente sind bei Aufstellung der Schadenberechnung (Art. 40) der Gesellschaft miteinzureichen.

Art. 32. Sind von Gütern, welche beschädigt in dem Bestimmungshafen ankommen, die Fracht, sowie die Kosten während der Reise und am Bestimmungsorte mitversichert (Art. 4 und 14), so kommt von dem nach Art. 29 und 30 ermittelten Schadenbetrage der Theil jener mitversicherten Objecte in Abzug, welcher in Folge des Unfalles erspart wird.

Art. 33. Bei Mitversicherung des von der Ankunft der Güter erwarteten imaginären Gewinns (Art. 5 und 15) besteht, wenn die Güter im beschädigten Zustande den Bestimmungshafen erreichen, der Schaden in eben so vielen Procenten des als Gewinn versicherten Betrages, als der nach Art. 29 und 30 ermittelte Schaden an den Gütern Procente des Versicherungswerthes der letzteren beträgt. — Ergiebt sich indeß bei Vergleichung des Versicherungswerthes der Güter mit dem Bruttowerthe, den sie daselbst im unbeschädigten Zustande haben würden, daß ein geringerer imaginärer Gewinn, als der versicherte, darauf ruht, so ist der Schaden an letzterem nach der Verhältnißregel zu ermitteln.

Art. 34. Ist ein Theil der Güter auf der Reise verloren gegangen, so besteht der Schaden in eben so vielen Procenten des Versicherungswerthes, als Procente des Werthes der Güter verloren gegangen sind.

Sind hingegen Güter auf der Reise in Folge eines Unfalles verkauft worden, so besteht der Schaden in dem Unterschiede zwischen dem nach Abzug der Fracht, Zölle und Verkaufskosten sich ergebenden Reinerlöse der Güter und deren Versicherungswerthe.

Art. 35. Wenn nach einem Unfalle Ladung und Schiff wegen Reparaturunfähigkeit oder Reparaturunwürdigkeit des letzteren sich trennen, so kann die Gesellschaft verlangen, daß, wenn thunlich, auch die unbeschädigten bei ihr versicherten Güter im Nothhafen verkauft werden. Der Schaden ermittelt sich im Falle eines solchen Verkaufs in gleicher Weise wie es im zweiten Absatze des Art. 34 bestimmt ist.

Art. 36. Bei Mitversicherung des von der Ankunft der Güter erwarteten imaginären Gewinns besteht, wenn ein Theil der Güter den Bestimmungshafen nicht erreicht, der Schaden in eben so vielen Procenten des als Gewinn versicherten Betrages, als der Werth des in dem Bestimmungshafen nicht angelangten Theiles der Güter Procente des Versicherungswerthes aller Güter beträgt. — Ist aber der nicht angelangte Theil der Güter während der Reise so günstig verkauft, daß der Reinerlös mehr als der Versicherungswerth jenes Theiles beträgt oder ist für den nicht angelangten Theil der Güter, wenn er in Fällen der großen Haverei aufgeopfert ist, oder wenn dafür von dem Verfrachter der gesetzliche Ersatz geleistet werden muß, mehr als der Versicherungswerth vergütet, so kommt der Ueberschuß von dem in Ansehung des imaginären Gewinns ermittelten Schaden in Abzug.

Totalverlust.

Art. 37. Ein Totalverlust der Güter liegt vor, wenn dieselben zu Grunde gegangen oder dem Versicherten ohne Aussicht auf Wiedererlangung entzogen sind, namentlich, wenn sie unrettbar gesunken oder in ihrer ursprünglichen Beschaffenheit zerstört sind.

Art. 38. In Ansehung des von der Ankunft der Güter erwarteten imaginären Gewinns ist als Totalverlust zu betrachten, wenn die Güter den Bestimmungshafen nicht erreichen.

Abandon.

Art. 39. Der Versicherte ist nur in folgenden Fällen befugt, der Gesellschaft den Abandon zu erklären:

1) wenn der Gegenstand der Versicherung dadurch bedroht ist, daß er durch Seeräuber genommen und während der von dem Allgemeinen Deutschen Handelsgesetzbuche vorgesehenen Fristen nicht freigegeben ist. — Diese Fristen werden von dem Tage an berechnet, an wel-

dem der Gesellschaft der Unfall durch den Versicherten angezeigt ist. (Art. 20.)

2) wenn das Schiff, welches die versicherten Güter geladen hat, verschollen ist.

Inwiefern ein Schiff als verschollen zu betrachten, ist nach dem Allgemeinen Deutschen Handelsgesetzbuche zu beurtheilen.

Die Abandonerklärung muß der Gesellschaft innerhalb der Abandonfrist zugegangen sein. Diese Frist bestimmt sich ebenfalls nach vorgedachtem Gesetzbuch.

Entschädigungsforderung.

Art. 40. Der Versicherte hat, um den Ersatz eines erlittenen Schadens fordern zu können, der Gesellschaft eine Berechnung darüber einzureichen.

Zugleich muß er der Gesellschaft durch genügende Belege sein Interesse an den versicherten Gütern, daß diese den Gefahren der in der Police bezeichneten Sorte ausgesetzt worden sind, den Charakter des Unfalls, worauf der Entschädigungsanspruch gestützt wird, sowie den erlittenen Schaden und dessen Umfang darthun. — Zu diesem Nachweise genügen in der Regel die Fakturen und Connossemente, die Verklarung (Seeprotest), die der Schadenermittelung entsprechenden Besichtigungs-, Abschätzungs- und Versteigerungsurkunden, nebst den Quittungen über etwaige Conservirungskosten u. s. w. geleistete Zahlungen. Für seine Bemühungen bei Unfällen kann der Versicherte niemals eine Provision beanspruchen.

Art. 41. Die Gesellschaft hat den in vorgedachter Weise dargethanen Schaden, wenn bei ihr die Versicherung zum vollen Werthe angenommen war, vollständig zu vergüten; war aber nicht zum vollen Werthe bei ihr versichert, so hat sie jenen Schaden nur nach der Verhältnißregel zu ersetzen. (Art. 13.)

Art. 42. Hat der Versicherte wegen des versicherten Gegenstandes an einen Dritten Ansprüche, deren Verfolgung die von der Gesellschaft zu leistende Entschädigung verringern kann, so ist er auf Verlangen derselben gehalten, für ihre Rechnung jene Ansprüche vorab geltend zu machen, so daß die Gesellschaft nur für den etwaigen Ausfall aufzukommen hat.

Zahlungspflicht.

Art. 43. Sobald die Gesellschaft den Bestand und Umfang eines Schadens, wofür sie der Police gemäß haftet, als richtig anerkannt hat, oder sobald im Falle einer sich ergebenden Differenz richterliche Entscheidung erfolgt ist, muß sie den ihr zur Last fallenden Betrag gegen Quittung und gegen Rückgabe der Police baar und ohne Abzug vergüten.

Bei einem Abandon muß diese Zahlung drei Monat nach dessen Erklärung geschehen.

Rechtsverwahrung.

Art. 44. Durch Zahlung der Entschädigungssumme tritt die Gesellschaft Dritten gegenüber in die Rechte des Versicherten, weshalb Letzterer verpflichtet ist, zur Wahrung dieser Rechte alle gesetzlichen Vorschriften zeitig zu erfüllen, auch der Gesellschaft alle Belege, Erläuterungen, Vollmachten und sonstigen Dokumente, welche zur Geltendmachung von Ansprüchen nöthig sein könnten, vor der definitiven Regulirung des Schadens gegen Erstattung der Auslagen einzuhändigen.

Verjährung.

Art. 45. Sind seit dem Tage, an welchem das Schiff die versicherte Reise angetreten hat, drei Jahre verstrichen, ohne daß innerhalb dieser Zeit der erhobene Entschädigungsanspruch gemeinsam festgestellt ist, oder ohne daß von Seiten des Versicherten der Rechtsweg betreten worden, so ist die Gesellschaft ihrer Verbindlichkeit ledig. — Ausgenommen von dieser Bestimmung sind jedoch alle Entschädigungsansprüche, welche sich auf große Havarei beziehen; für diese nämlich tritt die Verjährung erst fünf Jahre nach dem Abfahrtstage des Schiffes ein.

Streitfälle — Forum.

Art. 46. Im Fall aus dem gegenwärtigen Versicherungsvertrage Streitigkeiten entstehen, sollen solche durch Schiedsrichter geschlichtet werden, die an dem Orte, an welchem die Police ausgefertigt worden, ihre Funktionen ausüben. Jede Partei ernennt einen, und diese beiden Schiedsrichter wählen ihrerseits, bevor sie von der Sache Kenntniß nehmen, einen Obmann. Können sie sich über dessen Wahl nicht einigen, so wird seine Ernennung bei demjenigen zuständigen Gerichte beantragt, in dessen Bezirk die Schiedsrichter zu fungiren haben.

Erkennt eine der Parteien das Urtheil der Schiedsrichter nicht an, so steht ihr die Anrufung des ordentlichen Richters zu.

Art. 47. Soweit durch die Bedingungen und Clauseln dieses Versicherungsvertrages von den Vorschriften des Allgemeinen Deutschen Handelsgesetzbuches nicht ausdrücklich abgewichen ist, sollen die Bestimmungen dieses Gesetzbuches maßgebend sein.

Art. 48. Die Parteien wählen Domicil an dem Orte, an welchem diese Police ausgefertigt ist.

Königlich Bayerisches

Kreis-Amtsblatt der Pfalz.

№ 20. Speier, den 4. März 1872.

Inhalt:

Nro. 4369 E. pr. den 28. Februar 1872.

(Die Concursprüfung der Staatsdienst-Aspiranten pro 1872 betr.)

Im Namen Seiner Majestät des Königs.

Im Vollzuge der Allerhöchsten Verordnung vom 7. August 1863 (Kreis-Amtsblatt Nr. 67 Seite 1243) wird die für das Jahr 1872 abzuhaltende Concursprüfung der zum Staatsdienst aspirirenden Rechtscandidaten

Montag den 13. Mai 1872,
Morgens 8 Uhr,

im Gebäude des Realgymnasiums zu Speier eröffnet werden.

Die in der Pfalz wohnenden oder practicirenden Rechtscandidaten, welche zur Admission qualificirt sind, haben bei Vermeidung des Ausschlusses bis zum 1. April d. J. bei der unterfertigten Stelle die Zulassung zur Prüfung nachzusuchen.

Den Aufnahmsgesuchen sind nachgenannte Zeugnisse beizulegen:

1. Das Universitäts-Schlußzeugniß nebst Sittenzeugniß während der Studienzeit auf der Universität.
2. Das Zeugniß über die bestandene theoretische Prüfung.
3. Zeugnisse über vollständige und ununterbrochen zurückgelegte Praxis
   a) während zwölf Monaten im Administrativfache,
   b) während achtzehn Monaten im Justizfache, wovon drei Monate in einer Bezirksgerichts-Canzlei zu verbringen sind.
4. Ueber gutes sittliches und politisches Verhalten während der Zeit dieser Praxis.

Die unter 3 und 4 erwähnten Zeugnisse sind verschlossen beizulegen.

In den Zulassungsgesuchen ist Ort und Zeit der Geburt, dann die Confession des Gesuchstellers und der Stand des Vaters anzugeben.

Etwaige Gesuche um Dispens wegen nicht vollständig erfüllter Amtspraxis sind gesondert und möglichst bald einzureichen, damit dieselben rechtzeitig beschieden werden können.

Bezüglich der Dispensgesuche werden die Gesuchsteller auf die Verordnung der k. Staatsministerien der Justiz, des Innern und der Finanzen vom 27. August 1864 (Kreis-Amtsblatt S. 1165) und vom 17. Januar 1872 (Kreis-Amtsblatt S. 346) aufmerksam gemacht.

Speier, den 28. Februar 1872.

Königlich Bayerische Regierung der Pfalz,
Kammer des Innern.
v. Braun.

Metschnabl.

Nro. 4053 E. pr. den 28. Februar 1872.

(Gesuch des Pfälzer Bankvereines um Zulassung zum Geschäftsbetriebe in Bayern betr.)

Im Namen Seiner Majestät des Königs.

Im Hinblick auf den Art. 8 des Gesetzes über das Gewerbswesen vom 30. Januar 1868 und der Allerhöchsten Verordnung vom 19. Mai 1871, „die Privatunternehmungen von Creditkassen und Bankanstalten betr.", wird nachstehend eine Verfügung der k. Staatsministerien des Innern, Abtheilung für Landwirthschaft, Gewerbe und Handel, dann der Finanzen vom 9. l. M. bezeichneten Betreffes veröffentlicht.

Speier, den 28 Februar 1872.

Königlich Bayerische Regierung der Pfalz,
Kammer des Innern.
v. Braun.

Metschnabl.

Staatsministerium des Innern,
Abtheilung für Landwirthschaft, Handel und Gewerbe,
dann
Staatsministerium der Finanzen.

Seine Majestät der König haben geruht, unterm 31. v. M. dem Pfälzer Bankverein in Mannheim auf Grund seiner Statuten die zum Betriebe einer Bankanstalt in Bayern erforderliche Concession auf die Dauer von 50 Jahren unter nachstehenden Bedingungen und Vorbehalten allergnädigst zu ertheilen:

1. Eine Aenderung der Statuten ist nur mit Allerhöchster Genehmigung zulässig.
2. Die Bedingungen, unter welchen die Gesellschaft in Bayern Hypothekforderungen erwirbt und gegen hypothekarische Sicherheit, sowie an Provinzen, Distrikte, Städte, Gemeinden, Corporationen und Culturgenossenschaften Darlehen gewährt, unterliegen der Allerhöchsten Genehmigung.
3. Der Gesellschaft wird die Errichtung von Zweig-Niederlassungen in Ludwigshafen und Kaiserslautern gestattet.

   Zur Errichtung weiterer Zweigniederlassungen in Bayern ist die Allerhöchste Genehmigung erforderlich.
4. Die Staatsregierung behält sich vor, von den Büchern und Urkunden der Gesellschaft und deren Geschäftsführung Einsicht nehmen zu lassen und die etwa betheiligten öffentlichen Interessen zu wahren.
5. Die Gesellschaft hat nach Ablauf eines jeden Semesters eine Uebersicht über den Geschäftsstand ihrer Bank und nach Ablauf eines jeden Geschäftsjahres den jährlichen Geschäftsbericht nebst der Bilanz in 2 Abdrücken dem k. Staatsministerium des Innern, Abtheilung für Landwirthschaft rc., einzureichen.
6. Dieselbe hat bei Besetzung der in Bayern befindlichen subalternen Dienstesstellen, insbesondere von

Hausmeistern, Bureaudienern und Boten auf Militärbewerber vorzugsweise Rücksicht zu nehmen.

7. Die Staatsregierung behält sich vor, die gegenwärtige Concessionsurkunde zurückzunehmen, wenn nicht binnen 3 Monaten die Geschäftsthätigkeit in Bayern begonnen worden ist, oder wenn die Gesellschaftsstatuten oder die Concessionsbedingungen nicht eingehalten werden.

8. Die Gesellschaft darf Depositengelder in Bayern nur insoweit annehmen, als dies nicht durch Gesetz oder Verordnung behindert ist.

Hienach hat die k. Regierung, Kammer des Innern, das Weitere zu verfügen.

München, den 9. Februar 1872.

Auf Seiner Königlichen Majestät Allerhöchsten Befehl:

v. Pfretzschner. v. Pfeufer.

Durch den Minister:
Der General-Secretär
Ministerialrath von Dubois.

Nro. 3967 K. pr. den 26. Februar 1872.

(Einziehung von Schatzanweisungen des Norddeutschen Bundes betr.)

Im Namen Seiner Majestät des Königs.

Nachstehend wird eine Bekanntmachung der Hauptverwaltung der Staatsschulden d. d. Berlin den 8. Januar 1872 bezeichneten Betreffes veröffentlicht.

Speier, den 24. Februar 1872.

Königlich Bayerische Regierung der Pfalz,
Kammer des Innern.
v. Braun.

Bekanntmachung.

Unter Bezugnahme auf unsere Bekanntmachungen vom 24. November und 6. Dezember v. J. (Reichs-Anzeiger Nr. 179 und Nr. 190), wonach die auf Grund des Gesetzes vom 29. November 1870 (Bundesgesetzblatt Seite 619) ausgegebenen fünfjährigen fünfprozentigen Schatzanweisungen des Norddeutschen Bundes von 1871 (II. Emission, Serie VI bis X) zum 1. Februar d. J. zur Einlösung in London und in Deutschland gekündigt sind, bringen wir in Erinnerung, daß die Einlösung dieser Schatzanweisungen in Deutschland bei unserer Staatsschulden-Tilgungskasse hierselbst, und bei sämmtlichen Kaiserlichen Oberpostkassen des Deutschen Reichs, sowie bei der Königlich Sächsischen Finanz-Hauptkasse in Dresden nach Maßgabe der in jenen Bekanntmachungen enthaltenen näheren Bestimmungen vom Fälligkeitstage ab erfolgt.

Wir machen wiederholt darauf aufmerksam, daß, da die Bundes-Schatzanweisungen, deren Einlösung außerhalb Berlin erfolgen soll, vorher von der Staatsschulden-Tilgungskasse hierselbst verificirt, und deshalb von den auswärtigen Einlösungsstellen zunächst an die letztere eingesandt werden müssen, es dem Interesse der Besitzer solcher Schatzanweisungen entspricht, die Papiere der betreffenden Einlösungsstelle so zeitig vor dem Fälligkeitstage einzusenden, daß die Zahlung des Capitals nebst Stückzinsen pünktlich erfolgen kann.

Auch den Besitzern derartiger Schatzanweisungen, welche deren Einlösung bei der Staatsschulden-Tilgungskasse selbst bewirken, wird zur Vermeidung einer etwaigen Verzögerung der Einlösung bei dem Andrange im Fälligkeitstermine dringend empfohlen, die Papiere Behufs der Verification einige Tage vor dem Fälligkeitstermine an die genannte Kasse abzuliefern.

Berlin, den 8. Januar 1872.

Hauptverwaltung der Staatsschulden.
v. Wedell. Löwe. Meinecke.

Nro. 3813 B. pr. den 21. Februar 1872.

(Die Hauptagentur für das Expedientenhaus A. Strauß zu Antwerpen und Rotterdam betr.)

Im Namen Seiner Majestät des Königs.

Nachstehendes Ausschreiben der k. Regierung von Unterfranken und Aschaffenburg, Kammer des Innern, wird hiermit zur öffentlichen Kenntniß gebracht.

Speier, den 21. Februar 1872.

Königlich Bayerische Regierung der Pfalz,
Kammer des Innern.
v. Braun.

Im Namen Seiner Majestät des Königs von Bayern.

Das Expedientenhaus Adolph Strauß zu Antwerpen und Rotterdam hat an Stelle seines früheren Hauptagenten, des Matthäus Bustelli in Aschaffenburg, nunmehr den Kaufmann Joseph Schäffer zu Würzburg als Hauptagenten für das Königreich Bayern bevollmächtigt.

Nachdem der Genannte die vorschriftsmäßige Caution gestellt hat, wird Joseph Schäffer als Hauptagent des Expedientenhauses Adolph Strauß zu Antwerpen und Rotterdam in widerruflicher Weise hiedurch bestätigt.

Dieses wird mit Bezug auf die Ausschreiben vom 29. April 1869 [Kreis-Amtsbl. d. Pf. S. 903] und 22. December 1871 [Kreis-Amtsbl. d. Pf. 1872 S. 332] und mit dem Beifügen bekannt gegeben, daß nunmehr der weiteren Geschäftsführung des genannten Expedientenhauses im Königreiche Bayern durch diesen seinen Hauptagenten und die zur Bestätigung kommenden Unteragenten desselben kein Hinderniß mehr im Wege steht.

Würzburg, den 8. Februar 1872.

Königl. Regierung von Unterfranken u. Aschaffenburg,
Kammer des Innern.
Graf von Luxburg.

Kohlmüller.

Nro. 4037 B. pr. den 1. März 1872.

(Das Ableben des katholischen Pfarrers Wack in Ruppertsberg betr.)

Im Namen Seiner Majestät des Königs.

Durch den Tod des bisherigen Pfarrers ist die katholische Pfarrei Ruppertsberg, im Amts- und Decanatsbezirke Neustadt gelegen, in Erledigung gekommen.

Dieselbe zählt im Hauptorte 945 Parochianen und erträgt an

	fl.	kr.
1. Staatsgehalt	222	43
2. Anschlag der Pfarrwohnung . . .	50	—
3. Ertrag des Pfarrgutes	1276	52
4. Zinsen von Capitalien	106	—
5. Rechten	58	27
zusammen .	1714	2

Bewerber um diese Pfarrei haben ihre Gesuche binnen 6 Wochen bei Vermeidung der Nichtberücksichtigung bei der unterfertigten Stelle einzureichen.

Speier, den 28. Februar 1872.

Königlich Bayerische Regierung der Pfalz,
Kammer des Innern.
v. Braun.

Ad Nro. Exh. 3535 B. pr. den 21. Februar 1872.

3. Bekanntmachung.

(Die Verleihung einer persönlichen Apotheker-Concession betr.)

Im Namen Seiner Majestät des Königs.

Der absolvirte Pharmazeut Wilhelm Fröschl von Freising hat um die persönliche Concession zum Betriebe der durch den Verzicht des Apothekers Johann Eduard Wagner erledigten und von ꝛc. Fröschl käuflich erworbenen Apotheke zu Rheinzabern nachgesucht.

Dieses wird im Hinblicke auf die höchste Ministerial-Entschließung vom 31. Dezember 1870 mit dem Beifügen öffentlich bekannt gegeben, daß Mitbewerbungen um die Wiederverleihung der bezeichneten persönlichen Concession binnen vierwöchentlicher Ausschlußfrist bei der unterfertigten Stelle anzubringen sind.

Speier, den 19. Februar 1872.

Königlich Bayerische Regierung der Pfalz,
Kammer des Innern.
v. Braun.

Schild.

pr. den 6. Februar 1872.

Verzeichniß

der im Monat Januar 1872 bestätigten Unteragenten.

Name	Stand	Wohnort	Name und Art der Gesellschaft.	Bemerkungen.
des Agenten.				
Tousseint, Julius	Kaufmann	Zweibrücken	Hamburg-Amerikanische Packetfahrt-Actiengesellschaft in Hamburg, dann der Expedientenh.: Mühlenbrock, Meyer u. Comp. in Bremen, Steinmann u. Comp. in Antwerpen, Wambersie u. Comp. in Rotterdam, D. u. Mac Iver in Liverpool und J. R. Haaß in Havre.	
von Göhl, Conrad	id.	Ludwigshafen	id.	Bestätigung an Stelle der zurückgezogenen Agentur
Ruelius, W.	id.	id.	Rücknahme.	
Georg, Carl August	id.	Edenkoben	Expedientenhaus: J. H. Rapers in Bremen.	
Wolff, Levi	isr. Religionslehrer	Oberhausen	desgl.	
Faltermayer, Carl	Tüncher	Winterbach	id.	
Deunhardt, Georg	Kaufmann	Schifferstadt	Expedientenhaus: Herm. Dauelsberg in Bremen.	

Seine Majestät der König haben durch allerhöchste Entschließung d. d. Hohenschwangau den 11. Januar l. J. die nachstehenden Auszeichnungen nachträglich allergnädigst zu verleihen geruht und zwar:

I. Für tapferes Verhalten und hervorragende Leistungen vor dem Feinde:

a) das Großcomthurkreuz des Militär-Verdienstordens:

dem Generalquartiermeister, Generalmajor Maximilian Grafen von Bothmer;

b) das Ritterkreuz 1. Classe des Militär-Verdienstordens:

den Oberstlieutenants Theobald Freiherrn von Bodewils vom 2. Cuirassier-Regiment Prinz Adalbert — und Philipp Freiherrn von Guttenberg vom Pensionsstande, — den Majoren Ludwig Grafen von Seyssel d'Aix vom 1. Cuirassier-Regiment Prinz Carl von Bayern — und Maximilian Eichenauer vom 9. Jäger-Bataillon;

c) das Ritterkreuz 2. Classe des Militär-Verdienstordens:

den Hauptleuten Christoph Freiherrn von Godin — und Franz Mader vom Generalquartiermeister-Stab, dem Oberlieutenant und Bataillons-Adjutanten Eduard Löhner vom 11. Infanterie-Regiment von der Tann,

— den Unterlieutenants Carl Freiherrn von Donnersberg, — Carl Schuster — und Carl Nebinger, — ferner den Landwehr-Unterlieutenants Joseph Zwierlein, — Joseph Ritter von Schmädel, — Hermann Hertler — und Adalbert Schneider, sämmtliche vom Pensionsstande, — dem Landwehr-Unterlieutenant Casimir Grafen von Leyden vom 3. Chevauxlegers-Regiment Herzog Maximilian, — den Bataillonsärzten Dr. August Miller vom 13. Infanterie-Regiment Kaiser Franz Joseph von Oesterreich — und Dr. Franz Cron von der Stadt-Commandantschaft Landau, — dem Landwehrarzt Dr. Jacob Kempf vom 1. Landwehr-Bataillon, — dem Bataillonsquartiermeister August Fried vom 1. Infanterie-Regiment König — und dem protestantischen vormaligen Feldgeistlichen Carl Genk in Bayreuth;

d) das Militär-Verdienstkreuz:

den Gemeinen Johann Haberstroh, — Otto Gäbele — und Joseph Ratterer vom 1. Jäger-Bataillon;

e) Belobt werden:

die Hauptleute Maximilian Graf von Tauffkirchen-Lichtenau vom Pensionsstande — und Bernhard Mayer vom 11. Infanterie-Regiment von der Tann, — der Bataillonsarzt Dr. Franz Haltenberger von der Commandantschaft der Haupt- und Residenzstadt München, — die Secondjäger Arnold Baader vom 1. Jäger-Bataillon — und Joseph Aigner vom 4. Jäger-Bataillon, — dann der Corporal Joseph Löffler von der 4. Sanitäts-Compagnie.

II. Für hervorragende Leistungen für die Armee während und aus Anlaß des Krieges 1870/71:

a) das Ritterkreuz 1. Classe des Militär-Verdienstordens:

den Oberstabsärzten 1. Classe Dr. Mathäus Hauer — und Dr. Alois Wurm vom Pensionsstande, — dem Ministerialrath Michael von Suttner, Mitglied der

Eisenbahn-Central-Commission, — dann den Ober-Inspectoren Georg Laubmann in München — und Ludwig Wimmer in Augsburg;

b) das Ritterkreuz 2. Classe des Militär-Verdienstordens:

dem Privat-Docenten Dr. Ludwig Mayer in München, — den practischen Aerzten Dr. Carl Jacob in Kaiserslautern, — Dr. Haltenhoff in Genf, — Dr. Ludwig Appia in Genf — und Dr. van der Broeck in Lemberg, — dem Förster Carl Schuberth in Birkenhördt, — dem Hof-Photographen Joseph Albert in München, — den Inspectoren und Bahnhofs-Vorständen Jacob Stürmer in München — und Anton Marberger in Augsburg, — dem Bezirks-Ingenieur Christian Hochstätter in Nürnberg, — den Bahnhof-Verwaltern Adalbert Grimm in Ingolstadt — und Johann Pleninger in München, dann dem Maschinenmeister Maximilian Schertel in Augsburg;

c) das Militär-Verdienstkreuz:

dem Ober-Conducteur Joseph Barthel in Augsburg, — dem Conducteur Ferdinand Planer in München, — dem Bahnmeister Johann Welzenbach in München, — dem Stationsmeister Johann Hörger in Augsburg, — dem Wagenmeister Candidus Bachmann in Nürnberg, — dem Locomotivführer Georg Leimbach in München, — dem Wagenwärter Joseph Andritzky in Nürnberg, — dem Kaufmann Ludwig Grohe in Speier, — dem Techniker August Riedinger in Augsburg — und der Oberschwester der Diaconissen Caroline Kienlein in München.

Seine Majestät der König haben allergnädigst geruht, unterm 22. Januar l. J. dem Oberlieutenant Johann von Bebat vom 1. Infanterie-Regiment König zur Belohnung seines tapferen Verhaltens im Gefechte bei Chatillon am 13. October 1870 von diesem Tage an zum Ritter des Militär-Max-Joseph-Ordens zu ernennen.

Dienstesnachrichten.

Seine Majestät der König haben sich vermöge allerhöchster Entschließung d. d. München den 13. Februar 1872 allergnädigst bewogen gefunden, den zeitlich quiescirten Bezirksgerichtsrath Friedrich August Lorenz von Landau, zur Zeit in München, wegen nachgewiesener, durch Krankheit herbeigeführter Dienstesunfähigkeit gemäß § 22 lit. D der IX. Beilage zur Verfassungsurkunde für immer in den Ruhestand zu versetzen.

Durch höchste Entschließung des k. Staatsministeriums der Finanzen vom 18. Februar 1872 wurde der bisherige k. Forstamts-Assistent Jacob Eckert zu Elmstein auf Ansuchen, vom 1. März 1872 anfangend, in gleicher Dienstes-eigenschaft auf die beim k. Forstamte Zweibrücken erledigte Assistentenstelle versetzt.

Durch höchste Entschließung des k. Staatsministeriums der Finanzen vom 18. Februar 1872 wurde der bisherige Forstgehilfe Joseph Roth zu Büchelberg, Regierungsbezirks von Oberpfalz und Regensburg, vom 1. März 1872 beginnend, zum Assistenten bei dem k. Forstamte Pirmasens ernannt.

Durch Beschluß der k. Regierung der Pfalz, Kammer der Finanzen, vom 10. Februar 1872, wurde der bisherige k. Forstgehilfe Carl Theodor Hauber zu Elmstein, z. Z. Verweser der Gehilfenstelle beim Reviere Wilgartswiesen, vom 1. März 1872 beginnend, aus dienstlichen Rücksichten in gleicher Dienstes-eigenschaft auf die beim Reviere Wilgartswiesen, Forstamts Dahn, erledigte Forstgehilfenstelle versetzt.

Durch Beschluß der k. Regierung der Pfalz, Kammer des Innern, vom 15. Februar 1872, wurde der protestantische Schuldienst-Exspectant Heinrich Stener von Lambsheim, zur Zeit interimistischer Verweser in Kleinfischlingen, zum Schullehrer an der deutschen Schule zu Altdorf, vom 1. März 1872 an, ernannt.

Durch Beschluß k. Regierung der Pfalz, Kammer des Innern, vom 15. Februar 1872, wurde der protestantische Schuldienst-Exspectant Adam Roth von Westheim, z. Z. interimistischer Verweser in Göllheim, zum Schulverweser an der deutschen Schule zu Oppau, vom 1. März 1872 an, ernannt.

Gewerbsprivilegien-Verleihungen.

Dem Flaschner Friedrich Moll zu Kleinsüßen in Württemberg wurde unterm 21. Januar 1872 ein Gewerbsprivilegium auf den von ihm erfundenen eigenthümlich construirten Rauch- und Luftsauger für den Zeitraum von zwei Jahren, vom 21. Januar 1872 anfangend, verliehen.

Dem Edwin Dwigth Brainard von Albany in Nordamerika wurde unterm 28. Januar 1872 ein Gewerbsprivilegium auf die von ihm erfundene verbesserte Construction von Eiskellern und damit in Verbindung stehenden Kühlräumen, dann auf eine neue Construction von Kühlern und Eisspinden für Privathäuser für den Zeitraum von zwei Jahren, vom 28. v. M. anfangend, verliehen.

Einziehung von Gewerbsprivilegien.

Vom k. Staatsministerium des Innern, Abtheilung für Landwirthschaft, Handel und Gewerbe, wurde die Einziehung des dem Joseph Dillemann in Straßburg unterm 17. Juli 1870 verliehenen und unterm 20. Juli 1870 ausgeschriebenen dreijährigen Gewerbsprivilegiums auf eine neu construirte Cigarren-Wickelmaschine wegen nicht gelieferten Nachweises über Ausführung dieser Erfindung in Bayern verfügt.

Von dem k. Staatsministerium des Innern, Abtheilung für Landwirthschaft, Handel und Gewerbe, wurde die Einziehung des dem Oeconomen Max Decrignis in Dietlhofen bei Weilheim unterm 25. Juli 1870 verliehenen und unterm 11. August 1870 ausgeschriebenen dreijährigen Patentes auf die von ihm erfundene eigenthümlich construirte Dreschmaschine, wegen nicht gelieferten Nachweises über Ausführung dieser Erfindung, verfügt.

Pfälzische Eisenbahnen.

pr. den 21. Februar 1872.

Betriebs-Ergebniß.

Ergebniß	Personen-Transport.			Güter-Transport.				Kohlen-Transport.			Gesammt-Einnahme	
	Frequenz	Einnahme		Centner	Pf.	Einnahme		Centner	Einnahme			
		fl	kr			fl	kr		fl	kr	fl	kr
im Januar 1872 .	214163	*)147668	34	2253021	10	193396	58	2173342	202066	21	543131	53
" " 1871 .	226233	143245	1	1453149	—	164903	—	1915447	177323	25	485471	26
Differenz	12070 weniger.	4423 mehr.	33	799872 mehr.	10	28493 mehr.	58	257895 mehr.	24742 mehr.	56	57660 mehr.	27
in den verflossenen — Monaten des Jahres 187												
in den gleichen Mon. 1871												
Differenz												

*) Hierunter 45,812 fl. 46 kr. nachträglich liquidirte Militärfahrgelder.

Königlich Bayerisches

Kreis-Amtsblatt der Pfalz.

№ 21. Speier, den 7. März 1872.

Inhalt:

Königlich Allerhöchste Verordnung,

die Gebührentaxe der Eichanstalten für Maaß und Gewicht betr.

Ludwig II.,

von Gottes Gnaden König von Bayern,

Pfalzgraf bei Rhein,

Herzog von Bayern, Franken und in Schwaben ꝛc. ꝛc.

Wir finden Uns bewogen unter Aufhebung der Bestimmungen der §§ 27 Abs. 2, 29, 30 Abs. 3 und 31 Unserer Verordnung vom 23. November 1869 — die Normal-Eichungs-Commission, die Verificatoren ꝛc. betr. — sowie der dieser Verordnung angefügten Gebührentaxe, zu verordnen, was folgt:

Für die durch die k. Normal-Eichungs-Commission, ferner durch die Verificatoren und Eichmeister zu bewirkenden Eichungen, beziehungsweise Prüfungen von Maaßen, Gewichten, Waagen und anderen Meßwerkzeugen tritt vom 15. Februar 1872 an nachstehende

Gebühren-Taxe

in Kraft.

Vorbemerkungen:

1. Die Gebührensätze unter A werden dann berechnet, wenn ein der Eichanstalt übergebener Gegenstand bei der Prüfung nach den Vorschriften der Eich-Ordnung sich als zulässig erweist; dieselben beziehen sich auf die gesammte Arbeit der Eichung d. h. auf die Prüfung des Gegenstandes und auf die Stempelung desselben.

2. Die Gebührensätze unter B sind in den Fällen anzuwenden, in welchen nur eine Prüfung ohne Stempelung stattfand, also bei im Verkehr bereits befindlichen Gegenständen, welche auf die im Verkehre noch zulässige Abweichung untersucht oder der periodischen Verification unterstellt wurden und ohne neue Stempelung zurückzugeben waren, oder bei neuen Gegenständen, die um mehr als den zulässigen Fehler unrichtig befunden und unberichtigt zurückzugeben waren.

3. Ermäßigungen oder Erhöhungen der Gebührensätze unter A und B sind unbedingt untersagt.

Die Vergütung für unbedeutende Berichtigungs-Arbeiten, welche im Eich-Local leicht ausgeführt werden können, ist in den angesetzten Gebühren inbegriffen. Dagegen dürfen Auslagen für etwa dazu verwendetes Material besonders in Anrechnung gebracht werden.

4. Die Vergütung für schwierige und zusammengesetzte, nicht im Eich-Locale auszuführende Berichtigungs-Arbeiten bleibt, soweit nicht anderweitige Anordnungen darüber getroffen werden, der Privatverständigung der Betheiligten überlassen.

5. Für Eichungsgeschäfte außerhalb des Eich-Locales, mögen sie auf dienstliche Anordnung oder auf Verlangen der Betheiligten vorgenommen werden, dürfen neben den tarifmäßigen Gebühren berechnet werden:

a. bei Eichungsarbeiten innerhalb des Ortes, wo der Verificator oder Eichmeister zur Zeit dienstlich beschäftigt ist, eine Entschädigung von 15 kr. für jeden Gang, nebst dem Betrage der wirklich gehabten Auslagen für den Transport der Eichnormale an Ort und Stelle und zurück zum Eich-Locale;

b. bei Eichungsarbeiten außerhalb des Wohnsitzes des Verificators oder Eichmeisters mit Ausnahme derjenigen, welche durch die periodische Verification verursacht sind, an Taggebühren, je nach der auf das Geschäft, einschließlich der Hin- und Rückreise, verwendeten Zeit

für einen halben Tag (5 Stunden und weniger) . . .	1 fl. 30 kr.
bei längerer Zeitdauer für jeden Tag	3 fl. — kr.
an Reisekosten-Entschädigung für jede geometrische Wegstunde, sowohl der Hin- als Rückreise . .	— fl. 18 kr.

Die Transportkosten für die Eich-Normale werden in diesem Falle nicht besonders vergütet.

Kann eine Eisenbahn, ein Postomnibus oder ein regelmäßig gehender Stellwagen benützt werden, so ist lediglich die Verrechnung der Taxe letzter Classe dieser Fahrgelegenheiten nebst den wirklichen Auslagen für Gepäckbeförderung zulässig.

6. Die Maaße, Gewichte und Waagen, welche die Gemeinden für den Zweck der polizeilichen Visitation bereit zu halten haben, sind von den Verificatoren unentgeltlich zu eichen und zu stempeln.

Gegenstand.	A für die Eichung.		B für die Prüfung ohne Stempelung.	
	kr.	kr.	kr.	kr.
	a	b	c	d
I. Längenmaaße.				
1. Metallene Präcisionsmaaßstäbe mit feiner Theilung . .	21	10	10	10
2. Gewöhnliche Maaßstäbe aus Metall x.				
von 2 m und 1 m	3	1	2	1
„ 0,5 m bis 0,1 m	2	1	1	1
3. Werkmaaßstäbe aus Holz	2	1	1	1
4. Maaßstäbe für Langwaaren, in Centimeter getheilt . . .	1	1	1	—
5. Zusammenlegbare Maaße	2	1	1	1
6. Bandmaaße aus Metall:				
von 20 m, 10 m und 5 m	4	1	2	1
„ 2 m und 1 m	2	1	1	1

Die Ansätze unter a und c beziehen sich auf die Prüfung der Richtigkeit der Länge des ganzen Maaßes.

Die Ansätze unter b und d auf die Prüfung der Richtigkeit der Eintheilung in der Art, daß dieselben für die Untersuchung der Theilstriche außer dem Ansatze unter a und c in Anrechnung gebracht werden. Sie werden unter d daher nur dann vorkommen, wenn das Maaß nicht schon wegen falscher Gesammtlänge zu verwerfen war.

Gegenstand.	A für die Eichung	B für die Prüfung ohne Stempelung
	kr.	kr.
II. Flüssigkeitsmaaße.		
Maaße von 20 Liter	12	6
„ „ 10 „	9	5
„ „ 5 „	6	3
„ „ 2 „	4	2
„ „ 1 „	3	1
jedes kleinere Maaß	2	1

Für Maaße von 2 L abwärts tritt eine Ermäßigung der Gebühren in Columne A um 20 % ein, sobald Jemand 50 Stück und mehr von derselben Größe zu gleicher Zeit zur Eichung bringt, die Ansätze in Columne B bleiben ungeändert.

III. Fässer.

	kr.
Für ein Faß, dessen Inhalt beträgt bis zu 100 L	10
über 100 „ bis zu 200 L	18
„ 200 „ „ „ 400 „	27
„ 400 „ „ „ 800 „	35
und für ein größeres Faß nach Stufen von 200 L für jede solche Stufe ein Mehrbetrag von	9
für die Ermittelung und Aufstempelung des Taragewichtes	18

Für Fässer von 50 L und weniger Inhalt tritt eine Ermäßigung der Gebühren um ein Drittel ein, sobald Jemand 25 Stück und mehr zu gleicher Zeit zur Eichung bringt.

Die Taxen für die Eichung der nicht eichpflichtigen Fässer werden von den Gemeinden bestimmt, welche die Eichmeister aufgestellt haben. Dieselben dürfen die vorstehenden Sätze nicht übersteigen.

Gegenstand.	A für die Eichung	B für die Prüfung ohne Stempelung
	kr.	kr.
IV. Hohlmaaße für trockene Körper.		
1. Von cylindrischer Form.		
Maaß von 200 Litern	48	24
„ „ 100 „	24	12
„ „ 50 „	12	6
„ „ 20 „	6	3

Gegenstand.	A für die Eichung	B für die Prüfung ohne Stempelung
	kr.	kr.
Maaß von 10 Litern	3	2
" " 5 "	2	1
jedes kleinere Maaß	1	1
Streichhölzer von mehr als 30 Centimeter Länge	2	1
kleinere Streichhölzer	1	1
Bei metallenen Hohlmaaßen für trockene Körper von 2 L abwärts, welche durch Wasserfüllung wie die Flüssigkeitsmaaße geprüft werden können, tritt eine Ermäßigung der Gebühren in Columne A um 20 % ein, sobald Jemand 50 Stück und mehr von derselben Größe zu gleicher Zeit zur Eichung bringt; die Ansätze zu Columne B bleiben unverändert.		
2. Kasten- und rahmenförmige Maaße, Förder-, Lösch- und Ladegefäße, ferner Kummtmaaße.		
a) Bei der Inhaltsbestimmung durch Abmessung und Rechnung für ein Kasten- und Rahmenmaaß	6	3
Für ein Förder-, Lösch- oder Ladegefäß	9	5
Für ein Kummtmaaß pro Kubikmeter Rauminhalt	5	3
b) Bei der Inhaltsbestimmung der Förder-, Lösch- oder Ladegefäße durch Wasser oder trockene Füllung:		
Für Gefäße bis zu 100 L	5	3
über 100 L " " 200 "	9	4
" 200 " " " 400 "	12	6
" 400 " " " 800 "	18	9
und für größere Gefäße nach Stufen von 200 L für jede solche Stufe ein Mehrbetrag von	5	3

V. Meßrahmen für Brennholz.

	kr.
Für jedes einzelne Rahmenstück pro Meter Länge desselben	1

Für die bloße Inhaltsbestimmung ohne Stempelung die Hälfte des Gesammtbetrages.

Ist bei beweglichen Meßrahmen einer der Stäbe als Längenmaaßstab in Centimeter getheilt, so kommt für diesen der für gewöhnliche Maaßstäbe dieser Art bestimmte Gebühren-Ansatz zur Anwendung.

Gegenstand.	A für die Eichung.		B für die Prüfung ohne Stempelung.	
VI. Gewichte.	aus Eisen	aus anderen Metallen	aus Eisen	aus anderen Metallen
	fr.	fr.	fr.	fr.
1. Handelsgewicht.				
50 K	9	16	6	8
50 ℔ und 20 K	5	9	3	5
10 K und 5 K	5	6	2	3
5 ℔ bis 1/2 ℔	2	3	1	2
200 G, 100 G und 50 G	1	1	1/2	1/2
Für jedes kleinere Stück	—	1	—	1/2
2. Präcisions- und Medicinalgewicht.				
50 K	35	70	18	35
50 ℔ und 20 K	21	42	10	21
10 K „ 5 K	10	21	5	10
2 K bis 1/2 ℔	5	10	3	5
200 G und 100 G	5	7	3	3
50 G	5	3	3	2
Für jedes kleinere Stück	—	2	—	2

In den Gebühren für die Eichung der Gewichte sind diejenigen für kleine Berichtigungen inbegriffen.

Bei Einsatzgewichten betragen die Gebühren die Summe der für die einzelnen Stücke zu erhebenden Gebühren.

Für alle Gewichtsstücke tritt eine Ermäßigung der Gebühren in Columne A um 20 % ein, sobald Jemand 100 Stück und mehr von derselben Schwere zu gleicher Zeit zur Eichung bringt.

Die Ansätze in Columne B bleiben in solchen Fällen ungeändert.

Gegenstand.	A für die Eichung	B für die Prüfung ohne Stempelung
	kr.	kr.
VII. **Waagen.**		
a) Höferwaagen	2	1
b) Gleicharmige Balkenwaagen und oberschalige Waagen.		
Bei einer größten einseitigen Tragfähigkeit von 500 G und weniger	3	2
von mehr als 500 G bis zu 5 K	4	3
" " " 5 K " " 20 K	7	5
" " " 20 K " " 50 K	12	8
" " " 50 K " " 100 K	20	15
für jede Stufe von 50 K ein Mehrbetrag von	4	3
c) Gleicharmige Balkenwaagen als Präcisionswaagen (und Medicinalwaagen).		
Bei einer größten einseitigen Tragfähigkeit von 500 G und weniger	18	9
von mehr als 500 G bis zu 5 K	35	21
" " " 5 K " " 20 K	52	35
" " " 20 K " " 50 K	70	52
d) Ungleicharmige Decimal-Balkenwaagen.		
Bei einer größten einseitigen Tragfähigkeit von 5 K und weniger	4	3
von mehr als 5 K bis 20 K	7	5
" " " 20 K " 50 K	12	8
für jede Stufe von 50 K mehr, ein Mehrbetrag von	4	3
e) Schnellwaagen, römische Waagen.		
Bei einer größten Tragfähigkeit von 500 G und weniger	4	3
von mehr als 500 G bis zu 5 K	6	4
" " " 5 K " " 20 K	9	6
" " " 20 K " " 50 K	12	8
" " " 50 K " " 100 K	15	10
für jede Stufe von 100 K mehr ein Mehrbetrag von	4	3
f) Straßburger und ähnliche Brückenwaagen von zulässiger Construction.		
Bis zur größten Tragfähigkeit von 20 K	9	6
" 50 K	12	8

Gegenstand.	A für die Eichung	B für die Prüfung ohne Stempelung
	kr.	kr.
Bis zur größten Tragfähigkeit von 250 K	18	12
„ 500 K	24	16
„ 750 K	30	20
„ 1000 K	36	24
„ 1500 K	45	30
für jede Stufe von 500 mehr ein Mehrbetrag von	6	4
Für Brückenwaagen mit Laufgewicht kommen zu den vorstehenden Gebühren noch weiter in Ansatz	12	8

Bei Waagen sind als Berichtigungsarbeiten, welche in der Gebührentaxe inbegriffen sind, nur geringfügige Tarirungen der Schalen und der Balken anzusehen. Ansehnlichere Berichtigungsarbeiten sind innerhalb des Eichlocals nicht statthaft. (Vgl. Nr. 4 der Vorbemerkungen.)

Gegenstand.	A für die Eichung	B für die Prüfung ohne Stempelung
VIII. Alkoholometer und Thermometer.	kr.	kr.
Thermometer: Erste Prüfung	—	16
Zweite Prüfung	—	11
Eichung, d. h. erste, zweite Prüfung, Stempelung .	27	—
Alkoholometer: Erste Prüfung einer einzelnen Spindel	—	12
Zweite Prüfung einer solchen	—	6
Eichung einer einzelnen Spindel, d. h. erste, zweite Prüfung, Stempelung	18	—
Thermo-Alkoholometer: Erste Prüfung einer einzelnen Spindel	—	16
Zweite Prüfung einer Spindel	—	14
Dritte Prüfung einer Spindel	—	5
Eichung einer Spindel	35	—
Reductionstabellen und Gebrauchs-Anweisung	6	—
Nachträgliche Prüfung zur Ausfertigung eines neuen Eichscheines bei einer Alkoholometer- oder Thermo-Alkoholometer-Spindel	—	10

Gegenstand.	A für die Eichung		B für die Prüfung ohne Stempelung	
	fl.	kr.	fl.	kr.
IX. Gasmesser.				
1. Nasse Gasmesser.				
Bis zu einem Betrage des größten Gasvolumens, welches der Gasmesser pro Stunde durchzulassen bestimmt ist				
von 0,25 Kubikmeter	—	35	—	28
„ 0,50 „	—	52	—	42
„ 1 „	1	10	—	56
„ 2 „	1	45	1	24
„ 4 „	2	20	1	52
„ 6 „	2	55	2	20
„ 8 „	3	30	2	48
„ 10 „	4	5	3	15
„ 15 „	4	40	3	45
Für je 5 Kubikmeter und für einen überschüssigen Bruchtheil dieser Quantität mehr ein Mehrbetrag von	—	35	—	28
2. Trockene Gasmesser.				
Die Gebühren in Columne A und B sind in doppeltem Betrage in Ansatz zu bringen.				

X. Maaße, Gewichte und Waagen, deren Prüfung und Beglaubigung durch die kgl. Normal-Eichungs-Commission vorgenommen wird.

Für dieselben gelten folgende Gebührensätze:

a) Für Maaße und Gewichte, bei denen die größte Abweichung die für Gebrauchs-Normale der Verificatoren noch statthafte nicht übersteigen soll, sowie für Eichkolben und für die zur Beurtheilung der Richtigkeit von Gewichten dienenden Fehlergewichte:

Der sechsfache Betrag der Taxe für gewöhnliche Handelsmaaße und Handelsgewichte;

b) Für Maaße und Gewichte, bei denen die größte Abweichung die für Controlnormale der Verificatoren noch statthafte nicht übersteigen soll: der neunfache Betrag;

c) Für Maaße und Gewichte, welche wie Hauptnormale der k. Normal-Eichungs-Commission behandelt werden sollen, sowie für Waagen von der zur Abgleichung der Hauptnormalgewichte erforderlichen Empfindlichkeit, der zwölffache Betrag der Taxe für gewöhnliche Handelsmaaße, Gewichte und Waagen;

d) Für Controlgasmesser der vierfache Betrag der normalmäßigen Gebühren;

e) Für die Prüfung eines Kubicirapparates für Gasmesser durch Füllung der Glocke mit Wasser werden berechnet:

	fl.
Bei einem Glockeninhalt bis zu 400 L . .	6
von mehr als 400 L bis zu 600 L . .	8
„ „ „ 600 L „ „ 800 L . .	10
„ „ „ 800 L „ „ 1000 L . .	12
Für jedes volle oder unvollständige Hundert Liter Mehr-Inhalt	1
f) Für die Prüfung eines Kubicirapparates für Fässer und zwar für Apparate der kleinsten Art bis zu 40 L Inhalt	4
mittleren bis zu 160 L Inhalt	6
größeren „ „ 640 L „	8
für je 200 L Inhalt und für einen überschüssigen Bruchtheil dieser Quantität mehr .	1

Für Nachprüfungen in den Fällen e und f durch dazu autorisirte Verificatoren wird nur die Hälfte der obigen Gebühren berechnet.

München, den 7. Februar 1872.

Ludwig.

v. Pfeufer.

Auf Königlich Allerhöchsten Befehl:
Der General-Secretär
Ministerialrath v. Dubois.

---

pr. den 16. Februar 1872.

Königlich Allerhöchste Verordnung,

die Prüfung für den Staatsbaudienst betr.

Ludwig II.,

von Gottes Gnaden König von Bayern,
Pfalzgraf bei Rhein,
Herzog von Bayern, Franken und in Schwaben rc. rc.

Wir haben mit Rücksicht auf die von Uns unter dem 12. April 1868 genehmigten organischen Bestimmungen für die polytechnische Schule in München und auf Unsere Verordnung vom 23. Januar d. Js. — die Organisation des Staatsbauwesens betr. — die Verordnung über die Prüfung für den Staatsbaudienst vom 15. November 1856 einer Revision unterstellen lassen und verordnen unter Aufhebung dieser Verordnung, was folgt:

§ 1.

Für die Candidaten des Staatsbaudienstes im Landbaufach und im Ingenieurfach findet jährlich und zwar in der Regel im Monate März bei Unserer obersten Baubehörde gesondert eine praktische Prüfung statt, deren Anfang zwei Monate vorher durch das Regierungsblatt bekannt gemacht wird.

§ 2.

Zu dieser Prüfung können nur solche Candidaten zugelassen werden, welche

a) ein humanistisches Gymnasium oder ein Real-Gymnasium absolvirt, hierauf

b) an der polytechnischen Schule in München sich dem für die Hochbau- und Ingenieur-Wissenschaften vorgeschriebenen Unterrichte unterzogen und bei der Absolutorial-Prüfung die erste, zweite oder dritte Note verbunden mit der Bestätigung eines guten sittlichen Verhaltens erlangt haben,

c) zufolge eines bezirksärztlichen Zeugnisses nicht mit solchen körperlichen Gebrechen behaftet sind, welche die Ausübung des Baudienstes hindern oder wesentlich erschweren;

d) nach absolvirter polytechnischer Schule zwei Jahre hindurch bei Baubehörden des Staates in der Einleitung und Ausführung von Landneubauten, oder beziehungsweise von Straßen-, Brücken- oder Eisenbahnbauten, sowie von Wasserbauten sich geübt und von den bestehenden Verwaltungs- und Rechnungsnormen die nöthigen Kenntnisse sich erworben und dabei in sittlicher wie in politischer Beziehung sich tadellos betragen haben.

Die Candidaten des Ingenieurfaches müssen während der zweijährigen Praxis mindestens 3 Monate bei Wasserbauten beschäftigt gewesen sein.

§ 3.

Die Gesuche um Zulassung zu dieser Prüfung sind spätestens drei Wochen vor dem Anfang derselben mit den Ausweisen über die Erfüllung der im § 2 aufgeführten Bedingungen bei der obersten Baubehörde einzureichen.

§ 4.

Die oberste Baubehörde hat die Zeugnisse nach Form und Inhalt genau zu prüfen und nach Befund derselben die Zulassung zu bewilligen oder zu verweigern.

§ 5.

Die Prüfung ist graphisch und schriftlich. Dieselbe umfaßt:

1. bei den Candidaten des Landbaufaches die Ausarbeitung eines Programmes aus dem Landbau, und bei den Candidaten des Ingenieurfaches die Ausarbeitung eines Programmes aus der Ingenieurkunde, von denen jedes für zehn Fragen zählt;

2. die Verfassung eines Kostenanschlages mit Vorbericht zu den bezüglichen Projecten oder Theilen derselben, wenn letzteres ausdrücklich gestattet ist, welcher Kostenanschlag und Vorbericht für drei Fragen zählt;

3. die Abfassung eines auf Massen- und Tagschichten-Berechnung gegründeten Ausführungsplanes zu den Projecten, welcher für zwei Fragen gilt;

4. die Aufstellung von besonderen Bedingnissen &c. für die Ausführung der verschiedenen Arbeiten in Accord, geltend für zwei Fragen;

5. die Beantwortung von drei Fragen oder Aufgaben aus dem Verwaltungs- und Rechnungswesen.

Die schriftlichen Aufgaben, die Anzahl, die Natur und den Maßstab der Zeichnungen wird jedesmal die oberste Baubehörde bestimmen und nach dem Umfange der Aufgaben die Zeit festsetzen, welche zur Lösung und Ausarbeitung derselben gestattet ist.

§ 6.

Die Skizzirung und Ausarbeitung der Programme, die Bearbeitung der Kostenanschläge, Ausführungspläne und Bedingnisse, sowie die Lösung aller gestellten Aufgaben muß unter Aufsicht eines Prüfungs-Commissärs in dem Prüfungslocale vorgenommen werden.

Die Benützung von eigenhändigen Manuscripten ist hiebei gestattet, fremdhändige Manuscripte dagegen, sowie Zeichnungen und gedruckte Werke, mit Ausnahme der Logarithmen-Tafeln und Verordnungen-Sammlungen, werden im Prüfungslocale nicht zugelassen.

Schriftliche Arbeiten oder Zeichnungen aus dem Prüfungslocale mitzunehmen und wieder dahin zurückzubringen, ist untersagt.

§ 7.

Die Censur der Beantwortungen und Ausarbeitungen geschieht durch die oberste Baubehörde sogleich nach Beendigung der Prüfung und es erhält dabei:

eine vollkommene, materiell und formell befriedigende, den Gegenstand erschöpfende Beantwortung oder Ausarbeitung die Note 1;

eine gute, in den meisten und wichtigsten Punkten befriedigende Beantwortung die Note 3;

eine unvollständige die Note 5;

und eine unrichtige oder verfehlte die Note 7;

Die Nichtbeantwortung einer Frage wird bei Bestimmung der Note einer verfehlten Antwort und eine nicht ganz zu Ende geführte, sonst aber befriedigende Antwort einer unvollständigen gleich geachtet.

Ist eine Antwort oder Ausarbeitung so beschaffen, daß sie nicht mit Bestimmtheit unter eine der voranstehend bezeichneten Classen eingereiht werden kann, so sind die dazwischen fallenden Zahlen zur Bezeichnung der Noten und zwar ohne Bruchtheile zu gebrauchen.

§ 8.

Das Urtheil über die Befähigung eines Candidaten richtet sich nach der Durchschnittsnote aller Ausarbeitungen und Beantwortungen.

Nur denjenigen Candidaten, bei welchen als Durchschnitt die Note von höchstens vier (ohne Dezimalen bis in die zweite Stelle) sich ergibt, ist das Zeugniß der bestandenen Prüfung auszufertigen. Im Uebrigen gelten die Durchschnitte

von 1,00 bis 1,99 als I. Note
von 2,00 bis 2,99 als II. Note
von 3,00 bis 3,99 als III. Note

der Durchschnitt

von 4,00 und darüber als IV. Note.

§ 9.

Das Zeugniß der bestandenen Prüfung mit einem Auszug aus der Censurtabelle stellt die oberste Baubehörde aus, nachdem sie zuvor Unserem Staatsministerium des Innern über die Ergebnisse der Prüfung Vortrag erstattet und dessen Genehmigung eingeholt hat.

§ 10.

Diejenigen Baucandidaten, welchen das Zeugniß der bestandenen Prüfung zuerkannt worden ist, werden in die Listen der Baupraktikanten und Staatsdienstadspiranten eingetragen. Als solche haben sie die Verpflichtung, nach ihrer Wahl entweder in den Unserem Staatsministerium des Innern unterstellten Staatsbaudienst oder in den Unserem Staatsministerium des Kgl. Hauses und des Aeußern untergeordneten Eisenbahnbaudienst zur Aufsicht bei Neubauten, zur Unterstützung der Beamten bei den technischen Arbeiten und zur Aushilfe bei den Geschäften im Bureau sofort einzutreten, wobei denselben nach den hierüber bestehenden Bestimmungen und unter den dort festgestellten Voraussetzungen Vergütungen und Taggelder zukommen.

Mit der Anzeige über den Empfang des Prüfungszeugnisses haben dieselben die Erklärung zu verbinden, welchem Zweige des Baudienstes (Eisenbahndienst, übriger Staatsbaudienst) sie sich zu widmen gedenken.

Nach vorausgegangener Verpflichtung haben ihre Arbeiten und Verrichtungen amtliche Geltung.

§ 11.

Die Stellen und Behörden führen über die ihnen zur Verwendung zugewiesenen Baupraktikanten die unter dem 15. September 1864 angeordneten Qualificationsbücher.

§ 12.

Die Baupraktikanten des Staatsbaudienstes haben alljährlich am 1. März einen ausführlichen Bericht über die Geschichte der Bauten, bei denen sie verwendet waren und über die dabei gemachten Erfahrungen unmittelbar an die oberste Baubehörde zu erstatten. Gegen die hierin Saumseligen wird mit Ordnungsstrafe eingeschritten.

§ 13.

Baupraktikanten, welche sich auszeichnen, wollen Wir auch in Zukunft aus dem budgetmäßig hiefür bestimmten Fonde Stipendien und Unterstützungen zu bauwissenschaftlichen Reisen zuwenden lassen.

§ 14.

Gegenwärtige Verordnung tritt mit dem Tage ihrer Bekanntmachung durch das Regierungsblatt in Wirksamkeit.

Unser Staatsministerium ist mit dem Vollzuge derselben beauftragt.

München, den 5. Februar 1872.

Ludwig.

v. Pfeufer.

Auf Königlich Allerhöchsten Befehl:
Der General-Secretär:
Ministerialrath v. Dubois.

Nro. 3629 E. pr. den 2. März 1872.

(Das Einsammeln und den Verkauf von Ameiseneiern betr.)

Im Namen Seiner Majestät des Königs.

Die unterfertigte Stelle erläßt hiermit auf Grund der Art. 7 und 125 Abs. 4 des Polizeistrafgesetzbuches folgende oberpolizeiliche Vorschrift:

Das Einsammeln oder der Verkauf von Ameiseneiern ohne distriktspolizeiliche Erlaubniß ist verboten.

Zuwiderhandelnde werden gemäß Art. 125 Abs. 4 des Polizeistrafgesetzbuches an Geld bis zu zehn Thalern oder mit Haft bis zu 6 Tagen gestraft.

Speier, den 1. März 1872.

Königlich Bayerische Regierung der Pfalz,
Kammer des Innern.
v. Braun.

Metschnadl.

Ad Nr. 4049 E. pr. den 1. März 1872.

(Die III. pfälz. Gewerbe- und Industrie-Ausstellung im Jahre 1872 betr.)

Im Namen Seiner Majestät des Königs.

Nachstehend werden eine höchste Entschließung des k. Staatsministeriums des Innern vom 29. Januar

l. J., Nr. 1560, und eine solche des k. Staatsministeriums der Finanzen vom 12. d. M., Nr. 2032, beide im nebigen Betreffe, öffentlich bekannt gegeben.

Speier, den 27. Februar 1872.

Königlich Bayerische Regierung der Pfalz,
Kammer des Innern.
v. Braun.

Staatsministerium des Innern.

Auf den Bericht vom 22. d. M. ergeht nachstehende Entschließung:

Nachdem die für das Jahr 1870 beabsichtigte III. pfälzische Gewerbe- und Industrie-Ausstellung wegen des deutsch-französischen Krieges nicht abgehalten werden konnte und in Folge dessen auch die durch Ministerial-Entschließung vom 13. April 1870, Nr. 3408, genehmigte Verloosung von Ausstellungs-Gegenständen unterblieb, wird dem Central-Comite der nunmehr im Sommer 1872 zu Kaiserslautern stattfindenden III. pfälzischen Industrie-Ausstellung die nachgesuchte Erlaubniß zur Veranstaltung einer Verloosung von Gegenständen der erwähnten Ausstellung unter der Bedingung ertheilt, daß der vorgelegte Verloosungsplan genau eingehalten wird.

Bezüglich des gleichzeitig gestellten Gesuches um Befreiung der auszugebenden Loose von der gesetzlichen Stempelpflicht wird besondere Entschließung erfolgen, mit welcher auch die Beilagen des Berichts vom 22. d. M. zurückgelangen werden.

München, den 29. Januar 1872.

Auf Seiner Königlichen Majestät Allerhöchsten Befehl:
v. Pfeufer.

Durch den Minister:
Der General-Secretär
Ministerialrath v. Dubois.

Staatsministerium der Finanzen.

Seine Majestät der König haben dem Comite der dritten Pfälzischen Industrie-Ausstellung in Kaiserslautern für die mit der diesjährigen Industrie-Ausstellung zu verbindende Verloosung von Ausstellungs-Gegenständen die nachgesuchte Stempelbefreiung der Loose allergnädigst zu bewilligen geruht, was der k. Regierung, Kammer der Finanzen, zur weiteren Verfügung bekannt gegeben wird.

Zugleich erhält die k. Regierung, Kammer der Finanzen, anliegend einen Abdruck der im gleichen Betreff an die k. Regierung, Kammer des Innern, der Pfalz erlassenen Entschließung des k. Staatsministeriums des Innern vom 29. v. M., Nr. 1560, zur Kenntnißnahme.

München, den 12. Februar 1872.

Auf Seiner Majestät des Königs Allerhöchsten Befehl:
v. Pfretzschner.

Durch den Minister:
Der General-Secretär
Grieshammer.

Ad Nrm. Exh. 4568 E. pr. den 5. März 1872.

(Brand-Assekuranzbeiträge pro 1871 und 1872 betr.)

Im Namen Seiner Majestät des Königs.

Zur Bezahlung der Brandschäden an Gebäuden pro 1871 ist ein Beitrag von 6 kr. pro 100 fl. Versicherungs-Kapital erforderlich. Hierauf wurde bereits ein Vorschuß von 3 kr. erhoben, weßhalb nur noch der Rest im gleichen Betrage zur Erhebung zu kommen hat.

Gleichzeitig wird die Erhebung eines Vorschusses pro 1872 von drei Kreuzern pro 100 fl. angeordnet.

Die betreffenden Gebäude-Besitzer werden hievon mit dem Bemerken in Kenntniß gesetzt, daß sie die geschuldeten

Beiträge an die resp. Einnehmereien sofort zu entrichten haben.

Speier, den 1. März 1872.

Königlich Bayerische Regierung der Pfalz,
Kammer des Innern.
v. Braun.

Metschnabl.

Ad Nrm. Exh. 3596 J. pr. den 5. März 1872.

(Die Wiederbesetzung der erledigten Steuer- und Gemeinde-Einnehmerei Lachen betr.)

Im Namen Seiner Majestät des Königs.

Die durch das Ableben des Einnehmers Schellhaaß in Erledigung gekommene Steuer- und Gemeinde-Einnehmerei I. Klasse zu Lachen, k. Bezirksamts und k. Rentamts Neustadt, wird andurch mit einer Cautionspflicht von 7780 fl. zur Bewerbung nach den Bestimmungen vom 18. November 1853, Kreis-Amtsblatt Seite 850, ausgeschrieben.

Speier, den 29. Februar 1872.

Königlich Bayerische Regierung der Pfalz,
Kammer des Innern und der Finanzen.
v. Braun.

v. Meyer.

Wöscher.

Dienstesnachricht.

Seine Majestät der König haben Sich vermöge Allerhöchster Entschließung vom 10. Februar l. J. allergnädigst bewogen gefunden, die Stelle des Vorstandes der k. Akademie der Wissenschaften dem ordentlichen Professor und ordentlichen Mitgliede dieser Akademie, Geheimen Rathe Dr. Justus Freiherrn von Liebig, nach Ablauf der letzten Amtsperiode auf weitere 3 Jahre zu verleihen und demselben die Function des Generalconservators der wissenschaftlichen Sammlungen des Staates auf die gleiche Zeitdauer zu übertragen.

Königl. Bayer. Regie[rung]

Ueber[sicht]

der

Brod- und Fleischtaxen, dann der Mehl-, Butter- ꝛc.

Orte.	Brod.			Fleisch.									
	Schwarz-	Gemischte	Weiß-	Ochsen-		Kuh- oder Rind-		Kalb-		Schweine-		Hammel-	
	per ½ Kilogramm = 1 Zollpfund.			Zahl der geschlachteten Ochsen.	per ½ Kilogramm = 1 Zollpfund.	Zahl der geschlachteten Kühe oder Rinder.	per ½ Kilogramm = 1 Zollpfund.	Zahl der geschlachteten Kälber.	per ½ Kilogramm = 1 Zollpfund.	Zahl der geschlachteten Schweine.	per ½ Kilogramm = 1 Zollpfund.	Zahl der geschlachteten Schafe.	per ½ Kilogramm = 1 Zollpfund.
	kr.	kr.	kr.		kr.		kr.		kr.		kr.		kr.
Dürkheim . . .	4½	4¾	—	4	18	48	18	86	16	42	22	—	—
Frankenthal . .	4½	5½	9	4	18	63	18	64	16	75	21	2	16
Germersheim . .	5	5½	7	53	21	28	17	92	15	120	21	1	16
Grünstadt . . .	4½	5	—	2	20	46	18	57	14	62	20	1	16
Homburg . . .	4½	—	—	8	16	37	16	41	14	53	20	—	—
Kaiserslautern .	4½	5	7	29	20	156	18	238	16	165	20	6	18
Kandel	5	5½	7	—	20	—	18	—	16	—	22	—	—
Kirchheimbolanden	4½	5	7½	2	18	25	18	36	14	45	20	1	18
Kusel	4½	—	—	—	—	33	18	22	14	84	20	8	18
Landau	4½	5½	6½	39	22	56	18	160	18	141	22	20	18
Neustadt . . .	4½	5½	—	—	—	119	16	145	16	84	22	1	16
Pirmasens . . .	5	6½	7½	3	19	47	18	97	16	56	20	3	16
Speier	4½	5	9	26	21	136	18	190	18	117	24	5	18
Zweibrücken . .	4½	5½	6½	34	20	50	18	123	16	143	18	11	20

rungsbezirk der Pfalz.

sicht

Preise im Monate Januar 1872.

Preise für																			
Mehl.									Kartoffeln			Heu			Stroh				
Schwarz-	Weiß-	Erbsen	Linsen	Bohnen	Butter	Milch	Eier	Bier	Zahl der verkauften Centner.	per 50 Kilogramm = 1 Centner.		Zahl der verkauften Centner.	per 50 Kilogramm = 1 Centner.		Zahl der verkauften Centner.	per 50 Kilogramm = 1 Centner.			
per ½ Kilogr = 1 Zollpfd.		per ½ Kilogramm = 1 Zollpfund.				per Liter.	per Dutzd.	per Liter.											
	kr	kr	kr	kr	kr	kr	kr	kr		fl	kr		fl	kr		fl	kr		
[illegible]	6	6	4	5	33	6	30	8	178	1	57	83	1	45	495	1	14		
6	8	8	8	8	35	6	31	7	610	2	15	54	2	—	113	1	6		
6	9	8	9	6	30	6	24	7	—	1	40	—	1	45	—	1	30		
7	9	7	7	6	30	5	30	8	—	—	—	—	—	—	—	—	—		
6	9	5	6	6	36	6	28	7	100	1	36	200	1	36	150	1	30		
5	8	4	4	5	32	6	27	6	320	1	45	640	1	36	160	1	12		
5	8	—	—	—	28	—	—	—	—	2	—	—	1	45	—	1	—		
5	9	5	5	5	30	6	30	8	60	2	—	40	1	45	60	1	4		
5	8	3	3	4	30	6	24	7	500	1	30	—	1	12	—	1	6		
7	9	8	7	6	32	6	30	7	50	2	—	—	1	88	—	1	20		
5½	7½	5	5	5	30	5	30	8	386	2	—	255	1	24	342	1	25		
5	9	6	6	6	36	8	30	8	104	2	—	—	1	50	—	1	10		
5	9	8	8	6	32	6	33	7	—	2	—	—	2	—	—	1	48		
5	8	6	6	5	32	6	24	7	138	1	40	55	2	—	188	1	25		

Königl. Bayer. Regierungsbezirk der Pfalz.

Uebersicht

der Getreidepreise während des Monats Januar 1872.

Marktort.	Waizen. Anzahl der verkauften Zentner.	Waizen. Mittelpreis per Zentner. fl.	Waizen. Mittelpreis per Zentner. kr.	Korn. Anzahl der verkauften Zentner.	Korn. Mittelpreis per Zentner. fl.	Korn. Mittelpreis per Zentner. kr.	Spelz. Anzahl der verkauften Zentner.	Spelz. Mittelpreis per Zentner. fl.	Spelz. Mittelpreis per Zentner. kr.	Spelzenkern. Anzahl der verkauften Zentner.	Spelzenkern. Mittelpreis per Zentner. fl.	Spelzenkern. Mittelpreis per Zentner. kr.	Gerste. Anzahl der verkauften Zentner.	Gerste. Mittelpreis per Zentner. fl.	Gerste. Mittelpreis per Zentner. kr.	Hafer. Anzahl der verkauften Zentner.	Hafer. Mittelpreis per Zentner. fl.	Hafer. Mittelpreis per Zentner. kr.
Homburg . . .	547	8	3	802	5	29	15	5	2	—	—	—	2	4	—	799	3	54
Kaiserslautern .	145	7	48	1230	5	27	2780	5	22	153	7	22	1591	4	45	1870	3	54
Kandel	—	—	—	—	—	—	—	—	—	—	—	—	—	—	—	—	—	—
Kusel	—	—	—	418	5	20	461	5	11	—	—	—	52	4	42	875	3	53
Landstuhl . .	—	—	—	919	5	23	90	5	6	—	—	—	11	4	26	1030	3	51
Neustadt	198	7	58	411	5	34	407	5	44	—	—	—	701	4	45	10	4	14
Pirmasens . . .	—	—	—	—	—	—	—	—	—	—	—	—	—	—	—	—	—	—
Speier	177	7	39	399	5	17	161	5	31	—	—	—	1475	4	43	62	4	12
Zweibrücken . .	429	7	40	1485	5	36	212	5	30	—	—	—	28	4	—	1111	3	52
Summa .	1496	7	54	5084	5	29	4144	5	21	153	7	22	3860	4	45	5766	3	53

Königlich Bayerisches

Kreis-Amtsblatt der Pfalz.

№ 22.	Speier, den 9. März	1872.

Inhalt:

Der ärztliche Schematismus für 1871. — Die Rechnung der allgemeinen protestantischen Pfarrwittwenkasse der Pfalz für das Jahr 1870. — Außerordentliche Beilage, enthaltend den Schematismus des ärztlichen Personales in der Pfalz am Schlusse des Jahres 1871.

Nro. 3356 E. pr. den 20. Januar 1872.

(Den ärztlichen Schematismus für 1871 betr.)

Im Namen Seiner Majestät des Königs.

Wie alljährlich wird hiermit vorschriftsmäßig der ärztliche Schematismus vom Jahre 1871 in der besonderen Beilage bekannt gegeben.

Speier, den 14. Februar 1872.

Königlich Bayerische Regierung der Pfalz,
Kammer des Innern.
v. Braun.

Ad Nrm. Kab. 174 G. pr. den 1. März 1872.

(Die Rechnung der allgemeinen protestantischen Pfarrwittwenkasse der Pfalz für das Jahr 1870 betr.)

Im Namen Seiner Majestät des Königs.

Die Uebersicht der Rechnungsresultate der allgemeinen protestantischen Pfarrwittwenkasse der Pfalz vom Jahre 1870 und des Vermögensstandes der Anstalt wird nachstehend zur Kenntniß der Betheiligten gebracht.

Die abgeschlossene Rechnung pro 1870 weist für dieses Rechnungsjahr folgende Einnahmen und Ausgaben nach:

I. Einnahmen.

a) Außerordentliche Einnahmen.

	ƒ	kr.	hl.	ƒ	kr.	hl.
Art. 1. Activrest aus der Rechnung von $18\frac{69}{70}$				14880	34	1
Art. 2. Einnahms-Ausstände:						
Kapitalzinsen, Interkalargefälle	4647	13	2	5107	34	2
Vorgeschossene Gerichtskosten	460	21	-			
Art. 3. Abgetragene Kapitalien, und zwar:						
Eintrittskapitalien	1406	53	-	10334	2	-
Ausgeliehene Kapitalien . .	8927	9	-			
Art. 4. Rückersatz auf Gerichtskosten . .				15	12	-
Summa .				30337	22	3

b) Ordentliche Einnahmen.

	ƒ	kr.	hl.
Art. 5. Interkalargefälle von erledigten Pfarreien . . .	6822	37	-

	ƒ	kr.	₰	ƒ	kr.	₰
Art. 6. Staatsgehalte von erledigten Pfarreien . . .	2402	58	1			
Art. 7. Sustentationszulagen von erledigten Pfarreien .	1085	15	1			
Art. 8. Gehalte von erledigten Decanaten	313	20	-			
Art. 9. Nettobetrag des Erlöses aus Religionsbüchern	4409	9	3			
Art. 10. Beiträge der Mitglieder	2599	38	1			
Art. 11. Zinsen von Eintrittskapitalien	131	46	3			
Art. 12. Zinsen von ausgeliehenen Kapitalien . . .	16923	27	-			
Summa .				34688	12	1
Gesammtbetrag der Einnahmen .				65025	35	-

II. Ausgaben.

a) Gewöhnliche Ausgaben.

	ƒ	ƒ	kr.
Art. 13. Pensionen an Pfarrwittwen und Waisen		21135	11
Art. 14. Buchdrucker- und Buchbinderlöhne, Verwaltungskosten		22	18
Art. 15. Brief- und Geldporto . .		63	53
Art. 16. Gehalt des Rechners . . .		600	—
Art. 17. Cautionszinsen		150	—
Art. 18. Functionsbezüge u. Remunerationen ꝛc.		475	—
Art. 19. Pfarreiverwesungskosten . .		2280	—
Art. 20. Stipendien an Theologie studirende Pfarrerssöhne		1600	—
Art. 21. Dotationszuschüsse:			
a) an die Pfarr-Unterstützungskasse	1600	2300	—
b) an die Reliktenkasse . .	700		
Art. 22.		—	—
Summa .		28626	22

b) Außerordentliche Ausgaben.

	ƒ	kr.	ƒ	kr.
Art. 23. Verschiedene Ausgaben; Verificationsgebühren . . .	31	58		
Art. 24. Außerordentliche Unterstützungen an Pfarrerswittwen	200	—		
Art. 25. Neu angelegte Kapitalien	20850	—		
Summa .			21081	58
Gesammtbetrag der Ausgaben .			49708	20

Abgleichung.

	ƒ	kr.
Die Gesammt-Einnahme beträgt .	65025	35
Die Gesammt-Ausgabe beträgt . .	49708	20
Einnahms-Ueberschuß incl. Ausstände	15317	15

Vermögensstand der Pfarrwittwenkasse am Schlusse des Jahres 1870.

	ƒ	kr.	₰
1. Eintrittskapitalien	2143	7	-
2. Ausgeliehene Kapitalien . . .	344378	46	-
3. Immobilien	—	—	-
4. Einnahmsüberschuß incl. Ausstände ꝛc.	15317	15	-
5. Verkaufswerth der vorräthigen Religionsbücher	39708	44	-
6. Ankaufspreis des Geld- und Urkundenschrankes	475	—	-
Summa .	402022	52	-
Davon ab das Cautionskapital des Rechners	3000	—	-
Bleibt Activ-Vermögen	399022	52	-
Der Stand am 1. Januar 1870 war	396432	12	3
Demnach Mehrung in 1870	2590	39	1

Im Jahre 1870 erhielten 90 Pfarrerswittwen, 66 einfache Waisen und 19 Doppelwaisen die normalmäßige Pension; dann 10 Theologie studirende Pfarrerssöhne angemessene Stipendien.

Speier, den 24. Februar 1872.

Königlich Bayerisches protestantisches Consistorium.

Glaser.

Dimroth.

Hiezu eine außerordentliche Beilage.

Außerordentliche Beilage zu Nro. 22

des

Kreis-Amtsblattes der Pfalz vom Jahre 1872.

Schematismus

des

ärztlichen Personales in der Pfalz

am

Schlusse des Jahres 1871.

I. Schematismus sämmtlicher Civilärzte.

Num. ourr.	Landgericht.	Wohnort.	Namen.	Eigenschaft.	Geburtsort.
1	Annweiler Einw.-Zahl. Flächenraum. (15,160; 5 □M.)	Annweiler	Gergens, Franz	k. Bezirksarzt	Regensburg
2	"	"	Gauch, Julius	pract. Arzt	Jettenbach
3	"	Albersweiler	André, Adolph	"	Rockenhausen
4	Bergzabern (23,056; $3\frac{4}{16}$ □M.)	Bergzabern	Kieffer, Max	k. Bezirksarzt	Haardt
5	"	"	Weiß, Friedrich sen.	pract. Arzt	Speier
6	"	"	Strähler, Alfred	"	Lambsborn
7	"	Billigheim	Arch, Ludwig	"	Jugenheim
8	"	Ingenheim	Sommer, Bernhard	"	Frankenthal
9	"	Klingenmünster (Kreis-Irrenanstalt)	Dick, Hermann	dirig. Oberarzt der Anstalt	Speier
10	"	"	Löchner, Rudolph	2. Arzt der Anstalt	Dürkheim
11	"	"	Feldkirchner, Joh.	Assistenzarzt	Nürnberg
12	"	Steinfeld	Guckert, Joseph	pract. Arzt	Steinfeld
13	Blieskastel (26,196; $3\frac{5}{16}$ □M.)	Blieskastel	Wittenmaier, Martin	k. Bezirksarzt	Blieskastel
14	"	"	Schäffer, Heinrich	pract. Arzt	Speier
15	"	St. Ingbert	Kriezer, Joseph	"	Winnweiler
16	"	"	Rink, Jacob	"	Landau
17	"	Gersheim	Helffer, Andreas	"	Pirmasens
18	"	Ensheim	Diehl, Julius	"	Winnweiler
19	Dahn (9351; $4\frac{4}{16}$ □M.)	Dahn	Dick, Julius	k. Bezirksarzt	Kaiserslautern
20	Dürkheim (28,078; $4\frac{4}{15}$ □M.)	Dürkheim	Herberger Wilhelm	"	Kempten (Schwaben)
21	"	"	Kaufmann, Veit	pract. Arzt	Neuleiningen
22	"	"	Löchner, Johann	"	Dürkheim
23	"	"	Schäfer, Christian	"	Göllheim
24	"	Deidesheim	Happertsberger, Joh.	"	Grünstadt
25	"	"	Herberger, Adolph	"	Kaiserslautern
26	"	Freinsheim	George, Adolph	"	Blieskastel
27	"	"	Fleischmann, Carl	"	Rockenhausen
28	"	Wachenheim	Fries, Wilhelm	"	Winnweiler
29	"	"	Weiß, Edmund	"	Pirmasens
30	Edenkoben (23,806; 3 □M.)	Edenkoben	Felsenthal, Adolph	"	Reipoltskirchen
31	"	"	Kalbfuß, C. Heinrich	k. Bezirksarzt	Neunkirchen
32	"	"	Hahn, Franz sen.	pract. Arzt	Edenkoben
33	"	"	Keller, Eduard	"	Rheinzabern
34	"	Edesheim	Habermehl, Joseph	"	Hainfeld
35	"	Gleisweiler	Schneider, Ludwig	"	Landau
36	"	"	Schneider, Ed. jun.	"	Gleisweiler

Geburtszeit. Jahr	Monat.	Tag.	Familienstand.	Promotion.	Proberelation (oder Schlußprüfung)	Staats-Concurs (oder Schlußprüfung)	Praxislicenz.	Eintritt in den Staatsdienst.	Bemerkungen.
1803	März	30	verh.	1823	1826	1825	1825	1836	
1834	Dezember	29	ledig	1863	—	1863	1865	—	
1837	Januar	30	verh.	1862	—	1862	1865	—	
1820	November	15	„	1847	—	1847	1847	1856	K. bayer. Verdienstkreuz für die Jahre 187071.
1809	Januar	11	„	1831	1833	1833	1832	—	Desgleichen.
1837	März	31	„	1863	—	1863	1864	—	Desgleichen.
1837	Juni	24	ledig	1862	—	1862	1864	—	
1806	November	12	„	1832	1833	—	1834	—	
1814	Juni	25	verh.	1836	1838	1838	1838	1849	Verdienstkreuz wie oben.
[illegible]	März	15	„	1861	—	1862	1864	—	Allerhöchste Anerkennung und Dank für Pflege Verwundeter.
1847	Januar	9	ledig	1870	—	1871	1871	—	
1830	März	21	„	1858	—	1858	1859	—	
1824	November	23	verh.	1849	—	1851	1852	1863	Verdienstkreuz.
1840	October	9	„	--	—	1866	1867	—	
1834	August	14	„	1859	—	1859	1860	—	Verdienstkreuz
1806	November	2	„	1830	1833	—	1833	—	Arzt des Polizeigerichtsgefängnisses.
1817	Februar	20	„	1830	1841	1843	1843	—	
1842	April	2	„	1868	—	1869	1869	—	Verdienstkreuz.
1820	September	27	„	1846	—	1848	1848	1863	
1804	August	28	„	1827	1829	1829	1836	1836	Verdienstkreuz
1828	Juni	18	ledig	1850	—	1852	1852	—	Desgleichen.
1805	April	2	verh	1833	1835	1835	1836	—	Desgleichen.
1812	März	25	„	1836	1838	1838	1838	—	Desgleichen.
1816	Dezember	16	ledig	1840	1844	1844	1844	—	
1837	id.	30	verh	1863	—	1863	1865	—	Verdienstkreuz.
1838	September	19	„	1862	—	1862	1865	—	
1839	Juli	17	ledig	1860	—	1862	1863	—	
1805	Mai	13	verh.	1830	1832	1832	1833	—	
1839	April	15	ledig	1865		1865	1866	—	
1812	März	9	verh.	1841	1842	—	1842	—	
1811	Januar	20	„	1831	1836	1836	1836	1849	Verdienstkreuz.
1817	Dezember	27	„	1840	1842	—	1843	—	
1834	Juli	20	„	1859	—	1859	1860	—	Verdienstkreuz.
1831	Dezember	6	„	1863	—	1863	1865	—	
1812	September	7	„	1838	1839	1839	1839	—	Wasserheilanstalt.
1844	Februar	26	ledig	1869	—	1869	1870	—	

Num. curr.	Landgericht.	Wohnort.	Namen.	Eigenschaft.	Geburtsort.
36	Edenkoben	Rhodt	Jäger, Franz K.	pract. Arzt	Annweiler
37	Frankenthal (21,904; $2\frac{6}{10}$ □M.)	Frankenthal	Bettinger, Julius	k. Bezirksarzt und Medicinalrath	Zweibrücken
38	"	"	Zöller, Wilhelm	pract. Arzt	"
39	"	"	Hilgard, Carl	"	Freinsheim
40	"	"	Herberth, Carl	"	Frankenthal
41	"	Lambsheim	Groß, Ludwig	"	Lambsheim
42	Germersheim (25,541; $3\frac{1}{10}$ □M.)	Germersheim	Schmauß, Gottfried	k. Bezirksarzt	Würzburg
43	"	Weingarten	Müller, Hermann	pract. Arzt	Effingen
44	Göllheim (9833; $2\frac{8}{10}$ □M.)	Göllheim	Kuby, Wilhelm	k. Bezirksarzt	Zweibrücken
45	"	"	Ullmann, Friedrich	pract. Arzt	Tiefenthal
46	"	Albisheim	Beckerle, Peter	"	Stetten
47	"	Kerzenheim	Gemündt, Adolph	"	Herxheim
48	Grünstadt (22,380; $2\frac{3}{10}$ □M.)	Grünstadt	Götel, Carl	"	Grünstadt
49	"	"	Schunk, Conrad jun.	"	Neustadt
50	"	"	Kolbeck, Ferd.	"	Bamberg
51	"	"	Schunk, Ernst sen.	k. Bezirksarzt	Münchberg (Franken)
52	"	Dirmstein	Herold, Carl	pract. Arzt	Zweibrücken
53	"	"	Bennighof, Joh.	"	Germersheim
54	"	Wattenheim	Eppelsheim, Ed.	"	Dürkheim
55	"	"	Boys, Ad.	"	Germersheim
56	Homburg (10,695; $2\frac{4}{10}$ □M.)	Homburg	Martin, Carl	k. Bezirksarzt	Bayreuth
57	Hornbach (9960; $2\frac{1}{10}$ □M.)	Hornbach	Dosenheimer, Max	"	Ungstein
58	Kaiserslautern (33,663; $6\frac{1}{10}$ □M.)	Kaiserslautern	Braun, Friedrich	"	Germersheim
59	"	"	Chandon, Carl	pract. Arzt	Waldmohr
60	"	"	Jacob, Carl	"	Kaiserslautern
61	"	"	Lerß, Ferdinand	"	Glanmünchweiler
62	"	"	Schanbein, Carl	"	Kaiserslautern
63	"	"	Schanbein, Joseph	"	"
63½	"	"	Kolb, Carl	"	Speier
64	"	Trippstadt	Wirsching, Franz	"	Germersheim
65	Kandel (26,755; $5\frac{4}{10}$ □M.)	Kandel	Baumann, Ph. J. W.	k. Bezirksarzt	Zweibrücken
66	"	"	Vogt, Heinrich	pract. Arzt	Obermiesau
67	"	"	Weiß, Carl jun.	"	Bergzabern
68	"	Schaidt	Getto, Johann	"	Schaidt
69	"	Rheinzabern	Kreichgauer, Nicolaus	"	Edigheim
70	Kirchheim (14,471; $3\frac{1}{10}$ □M.)	Kirchheim	v. Liederskron, Leopold	k. Bezirksarzt	Erlangen

Geburtszeit.			Familienstand.	Promotion.	Probe-relation oder Schlußprüfung.	Staats-Concurs	Praxislicenz.	Eintritt in den Staatsdienst.	Bemerkungen.
Jahr	Monat.	Tag.							
1846	Mai	6	ledig	1869	—	1871	1871	—	Mitglied des k. Kreismedicinal-Ausschusses.
1802	März	31	verh.	1824	1826	1826	1828	1828	Aerztlicher Vorstand des Badercurses.
1826	October	3	ledig	1849	—	1851	1852		
1844	März	7	„	1868	—	1869	1869	—	
1846	Mai	6	„	1869	—	1870	1871	—	Assistenzarzt im Kreisarmenhause mit Praxislicenz intra muros der Stadt
1825	August	24	„	1850	—	1852	1853	—	
1829	„	19	„	1854	—	1854	1855	1860	Hospitalarzt, Mitglied des Kreismedicinal-Ausschusses.
1828	„	27	„	1851	—	1852	1853	—	
1829	April	24	„	1851	—	1852	1852	1865	Erhielt als Regimentsarzt à la suite das eiserne Kreuz II. Klasse am weißen Bande und das bayer. Militärkreuz.
1836	„	6	„	1860	—	1860	1863	—	Allerhöchste Anerkennung und Dank.
1837	August	14	„	1867	—	1867	1867	—	
1833	Mai	15	„	1858	—	1858	1861	—	
1839	August	12	„	1862	—	1862	1863	—	
1840	Dezember	9	„	1866	—	1866	1866	—	
1830	Juni	27	„	1858	—	1858	1860	—	
1806	„	28	„	1830	1832	1832	1832	1843	
1818	Mai	6	verh.	1842	—	1844	1844	—	
1812	October	15	„	1842	—	1844	1844	—	
1837	Mai	19	ledig	1861	—	1861	1864	—	Verdienstkreuz.
1841	October	29	verh	1866	—	1867	1867	—	
1819	Juli	16	„	1843	—	1852	1843	1856	Verdienstkreuz
1818	November	3	„	1843	—	1844	1845	1867	
1818	März	16	„	1840	1842	1852	1843	1860	Arzt des Bezirksgerichtsgefängnisses, Verdienstkreuz.
1832	Mai	12	„	1855	—	1855	1858	—	Gefängnißarzt seit 14. Juni 1860, Verdienstkreuz.
1818	Juni	8	„	1841	1843	—	1843	—	
1844	Juni	21	„	1867	—	1868	1868	—	
1833	Juni	14	„	1857	—	1859	1862	—	
1840	April	20	ledig	1866	—	1867	1867	—	
1840	Dezember	16	„	1862	—	1871	1871	—	
1843	Februar	3	„	1867	—	1868	1868	—	Besoldeter Armenarzt für Trippstadt und Elmstein.
1799	Januar	20	„	1821	1823	1823	1824	1824	
1842	April	2	verh	1866	—	1867	1868	—	
1840	October	30	„	1866	—	1867	1867	—	
1814	Dezember	2	„	1839	1841	—	1841	—	
1831	November	10	„	1857	1859	—	1861	—	
1816	Mai	14	„	1837	1839	1839	1839	1858	Allerhöchste Anerkennung und Dank.

Num. curr.	Landgericht.	Wohnort.	Namen.	Eigenschaft.	Geburtsort.
71	Kirchheim	Kirchheim	Wolff, Lazarus	pract. Arzt	Kaßstadt
72	„	„	Zahn, Carl jun.	„	Edenkoben
73	Kusel (18,587; $3\frac{6}{10}$ □M.)	Kusel	Haase, Carl	k. Bezirksarzt	Zell
74	„	„	Schickendanz, Emil	pract. Arzt	Landau
75	Landau (33,091; $3\frac{4}{10}$ □M.)	Landau	Beutner, Adolph jun.	„	Bergzabern
76	„	„	Bopp, Ludwig	k. Bezirksarzt	München
77	„	„	Eichhorn, Julius	pract. Arzt	Landau
78	„	„	Hitschler, Johann	„	„
79	„	„	Pauli, Eduard	„	„
80	„	„	Ziegler, Adolph	„	Kreuth (Oberbayern)
81	„	„	Schupp, Friedrich	„	Landau
82	„	„	Trapp, August	„	„
83	„	Offenbach	Kämmerer, Julius	„	Edesheim
84	„	Essingen	Dörr, Joh. Adam	„	Essingen
85	„	Herxheim	Schmitt, Eduard	„	Germersheim
86	Landstuhl (18,911; $4\frac{1}{10}$ □M.)	Landstuhl	Heußler, Franz Joseph	k. Bezirksarzt	Aschaffenburg
87	„	„	Geizer, Hermann	pract. Arzt	Landstuhl
88	Lauterecken (9390; $1\frac{1}{10}$ □M.)	Lauterecken	Schmabl, Ludwig	k. Bezirksarzt	Frankenthal
89	Ludwigshafen (32,659; $3\frac{2}{10}$ □M.)	Ludwigshafen	David, Nathan	pract. Arzt	Kindenheim
90	„	„	Schneider, August	„	Edenkoben
91	„	„	Rey, Ludwig	„	Schiersfeld
92	„	„	Knaps, Carl	k. Bezirksarzt	Blieskastel
93	„	Mutterstadt	Löchner, Friedrich	pract. Arzt	Dürkheim
94	„	„	Heuck, Otto	„	Oggersheim
95	„	„	Huber, Carl	„	Kusel
96	„	Oggersheim	Hummel, Michael	„	Herxheim
97	„	„	Demuth, Johann	„	Blieskastel
98	Neustadt (39,068; $5\frac{4}{10}$ □M.)	Neustadt	Heraucourt, Ferdinand	„	Oberotterbach
99	„	„	Laforet, Ludwig	„	Edenkoben
100	„	„	Reisch, Franz Joseph	k. Bezirksarzt	Sulzberg (Schwaben)
101	„	„	Stempel, Ludwig	pract. Arzt	Haardt
102	„	„	Rupprecht, Georg	„	Neustadt
103	„	„	Hauck, Gustav	„	Pirmasens
104	„	„	Rheinwald, Wilhelm	„	Lachen
105	„	Haßloch	Schröder, Nicolaus	„	Dürkheim
106	„	„	Leberle, Wilhelm	„	Hambach
107	„	Lambrecht	Humbert, Theodor	„	Lachen
108	„	Mußbach	Schwab, Bernhard	„	Grünstadt

Geburtszeit. Jahr	Monat.	Tag.	Familienstand.	Promotion.	Proberelation oder Schlußprüfung.	Staats-Concurs	Praxislicenz.	Eintritt in den Staatsdienst.	Bemerkungen.
1814	Januar	23	verh.	1836	1838	—	1838	-	
1846	Juni	21	ledig	1870	—	1871	1871	—	
1799	Januar	2	verh.	1833	1831	1831	1831	1834	Allerhöchste Anerkennung und Dank.
1838	Juli	21	ledig	1864	—	1864	1865	—	Desgleichen.
1825	Mai	25	verh.	1847	—	1851	1851	—	
1810	Februar	6	"	1831	1833	1833	1834	1836	Erhielt am Schlusse des Jahres den Verd.-Ord. vom h. Mich. I. Kl.
1820	November	2	"	1845	—	1847	1847	—	
1830	Januar	6	"	1855	—	1855	1856	—	
1831	October	10	"	1854	1852	1854	1855	—	
1831	August	7	"	1857	—	1857	1859	—	Bisher l. Bataillonsarzt.
1811	November	15	"	1834	1836	1836	1839	—	
1835	August	31	"	1859	—	1859	1861	-	
1844	März	17	ledig	1869	—	1871	1871	—	
1817	"	5	ver	1848	—	1848	1848	—	
1830	November	7	"	1857	—	1857	1858	—	
1820	Februar	3	"	1845	—	1846	1847	1852	
1828	November	30	"	1858	1858	1858	1859	—	
1830	Juli	30	"	1854	—	1854	1855	1870	
1812	Mai	12	"	1839	1843	—	1848	—	
1822	August	27	"	1846	—	1846	1848	—	Verdienstkreuz.
1834	Juli	23	"	1857	—	1857	1858	—	Desgleichen.
1823	Februar	4	"	1849	—	1849	1850	1858	Verdienstkreuz für 1870/71.
1830	Januar	14	"	1855	—	1855	1856	—	
1831	November	6	ledig	1857	—	1857	1857	—	
1843	März	23	"	1867	—	1868	1869	—	
1809	Januar	29	verh.	1849	—	1849	1849	—	
1844	"	4	ledig	1868	—	1869	1870	—	
1832	November	11	verh.	1856	—	1856	1857	—	
1817	März	5	"	1841	1842	1844	1843	—	
1808	Juli	13	ledig	1832	1834	1834	1837	1847	Verdienstkreuz. Mitglied des Kreismedicinal-Ausschusses.
1817	Februar	17	verh.	1840	1841	1841	1841	—	
1824	Dezember	14	"	1847	—	1849	1849	—	
1834	Februar	9	"	1853	—	1859	1861	—	Verdienstkreuz.
1801	März	3	"	1848	—	1848	1849	—	
1836	October	1	"	1860	—	1860	1863	—	
1825	Juli	16	ledig	1847	1851	1851	1852	—	
1832	November	23	verh.	1857	—	1859	1862	—	
1820	Juni	5	"	1842	—	1844	1844	—	

Num. curr.	Landgericht.	Wohnort.	Namen.	Eigenschaft.	Geburtsort.
109	Obermoschel (15,109; $2\frac{9}{16}$ □M.)	Obermoschel	Frank, Joseph	k. Bezirksarzt	Kallstadt
110	″	Alsenz	Herold, Georg	pract. Arzt	Zweibrücken
111	Otterberg (12,624; $2\frac{4}{16}$ □M.)	Otterberg	Frantz, Wilhelm	k. Bezirksarzt	Gerbach
112	″	″	Andig, Friedrich	pract. Arzt	Burggreppach (Unterfr.)
113	Pirmasens (22,258; $5\frac{4}{16}$ □M.)	Pirmasens	Gaggel, Carl	″	Würzburg
114	″	″	Bruch, Ludwig	″	Pirmasens
115	″	″	Didier, Carl	k. Bezirksarzt	Homburg
116	Rockenhausen (10,551; $2\frac{9}{16}$ □M.)	Rockenhausen	Karsch, Friedrich	″	Rockenhausen
117	″	″	Lotz, Carl	pract. Arzt	Obermoschel
117½	″	Gaugrehweiler	Renner, Hugo	″	Winnweiler
118	Speier (26,680; $2\frac{4}{16}$ □M.)	Speier	Heine, Joseph	k. Kreismedicinal-Rath	Würzburg
119	″	″	David, Adolph	pract. Arzt	Speier
120	″	″	Mühlhäuser, F. A.	″	″
121	″	″	Mäzele, Emil	″	″
122	″	″	Rockher, Michael	k. Bezirksarzt	München
123	″	″	Weiß, Gg. Friedrich	pract. Arzt	Speier
124	″	Schifferstadt	Bachmann, Franz	″	Dirmstein
125	Waldfischbach (10,487; $3\frac{9}{16}$ □M.)	Waldfischbach	Reiser, Georg	k. Bezirksarzt	Germersheim
126	″	Waldhalben	Simon, Carl	pract. Arzt	Zweibrücken
127	Waldmohr (18,225; $3\frac{9}{16}$ □M.)	Waldmohr	Heynich, Hermann	k. Bezirksarzt	Burghausen
128	″	″	Koch, Friedrich	pract. Arzt	Ungstein
129	″	Mittelbexbach	Bartholomä, Carl	″	Bayreuth
130	″	Glanmünchweiler	König, Adolph	″	Speier
131	Winnweiler (12,945; $2\frac{4}{16}$ □M.)	Winnweiler	Röhrig, Georg	k. Bezirksarzt	Marnheim
132	″	″	Schworm, Georg	pract. Arzt	Ebertsheim
133	″	Sembach	Müller, Ludwig,	″	Altleiningen
134	Wolfstein (11,744; $2\frac{4}{16}$ □M.)	Wolfstein	Krafft, Eduard	k. Bezirksarzt	″
135	″	″	Remlein, Conrad	pract. Arzt	Geiselbach (Unterfranken)
136	Zweibrücken (21,832; 3 □M.)	Zweibrücken	Erbelding, Johann	″	Zweibrücken
137	″	″	Heck, Friedrich	″	″
138	″	″	Herold, Friedrich	″	″
139	″	″	Rausch, Philipp	k. Bezirksarzt	St. Ingbert

Geburtszeit. Jahr	Geburtszeit. Monat.	Geburtszeit. Tag.	Familienstand.	Promotion.	Proberelation oder Schlußprüfung.	Staats-Concurs oder Schlußprüfung.	Praxisliccenz.	Eintritt in den Staatsdienst.	Bemerkungen.
1812	Januar	12	verh.	1838	1840	1844	1840	1858	Allerhöchste Anerkennung und Dank.
1824	Dezember	23	„	1848	—	1849	1850	—	
1826	November	25	„	1851	—	1852	1853	1859	
1844	Dezember	15	ledig	1869	—	1871	1871	—	
1843	Februar	3	„	1867	—	1868	1868	—	
1842	März	2	verh.	1866	—	1866	1866	—	
1813	Dezember	30	„	1837	1839	1839	1840	1851	
1832	October	29	„	1855	—	1855	1856	1864	Allerhöchste Anerkennung und Dank.
1834	August	25	„	1859	—	1859	1861	—	
1842	Januar	2	„	1867	—	1868	1868	—	
1803	November	28	ledig	1825	1827	1827	1829	1836	Verdienstkreuz.
1830	August	30	verh	1855	—	1855	1856	—	Desgleichen.
1813	September	4	„	1835	1836	1836	1837	—	Desgleichen.
1841	Dezember	20	ledig	1865	—	1866	1867	—	Desgleichen.
1805	August	5	verh.	1830	1833	1833	1836	1838	Desgleichen. Mitglied des Kreismedicinal-Ausschusses.
1821	Mai	12	„	1843	—	1845	1845	—	Verdienstkreuz.
1809	„	22	„	1836	1836	1837	1838	—	
1830	„	10	„	1854	—	1854	1854	1868	
1813	October	12	„	1837	1839	—	1839	—	
1813	Februar	8	„	1840	1842	1844	1843	1863	Früher k. Bataillonsarzt.
1808	November	5	„	1845	—	1845	1845	—	
1841	„	10	„	1868	—	1868	1868	—	Knappschaftsarzt. Erhielt Verdienstkreuz 1870/71.
1845	August	26	ledig	1869	—	1871	1871	—	Allerhöchste Anerkennung und Dank.
1811	April	17	verh.	1837	1839	1839	1839	1855	
1843	Februar	26	ledig	1868	—	1869	1869	—	
1830	Dezember	25	„	1867	—	1867	1867	—	
1823	Februar	10	verh.	1852	—	1854	1854	1864	
1805	Mai	30	„	1829	1836	—	1836	—	Pensionirter Bataillonsarzt.
1806	April	22	„	1828	—	1830	1830	—	Hospitalarzt.
1823	Juli	10	„	1846	—	1848	1848	—	Verdienstkreuz.
1836	Dezember	16	„	1838	1838	1838	1839	—	Hausarzt in der Strafanstalt.
1831	„	29	„	1856	—	1856	1857	—	Verdienstkreuz.

X

Alphabetisches Namens-Verzeichniß der Civilärzte.

	№
Anding	112
* André	3
* Anz	7
Bachmann	124
* Bartholomä	129
* Baumann	65
* Beckerle	46
* Bennighof	53
** Bettinger	37
* Beutner	75
** Bopp sen.	76
Boyé, Ad.	65
** Braun	58
* Bruch	114
** Chandon	59
* David, Nathan	89
* David, Adolph	119
* Demuth	97
* Dick, Hermann	9
* Dick, Julius	19
* Dibler	115
* Diehl	18
* Dörr	84
* Dosenheimer	57
* Eichhorn	77
* Eppelsheim	54
** Erbelding	136
* Feldkirchner	11
* Felsenthal	30
* Fleischmann jun.	27
* Frank	109
* Franz	111
* Fries, Wilh.	28
* Gaggel	113
* Gauch	2
* George	28
* Gemündt	47
* Gergens	1
Getto	68
** Götel	48
* Groß	41
* Geiger	87
* Guckert	12
* Haase	73
* Habermehl	34
Happertsberger	24
* Hauck, Gust.	103
* Heck	137
* Heine	118
Helffer	17
* Heraucourt	98
* Herberger, Wilh.	20
* Herberger, Adolph	25
* Herberth	40
* Herold, Carl	52
* Herold, Georg	110
* Herold, Friedrich	138
* Herz	61
* Hauck, Otto	94
* Heynich	127
* Heusler	86
* Hilgard	39
* Hitschler	78
Huber	95
* Humbert	107
* Hummel	96
Jäger	36½
** Jacob	60
* Kämmerer	83
* Kalbfuß	31
* Karsch	116
*** Kaufmann	21
* Keller	33
* Kieffer	4
* Knaps	92
Koch, Fried.	128
* König	130
Kolb	63½
* Kolbeck	50
* Krafft	134
* Kreichgauer	69
* Krieger	15
* Kuby	44
Laforet	99
* Lederle	106
* v. Liederskron	70
* Löchner sen.	22
* Löchner, Fried. jun.	93
* Löchner, Rudolph	10
* Lotz	117
* Martin	56
Mühlhäuser	120
* Müller, Ludw.	133
* Müller, Herm.	43
* Nägele	121
* Rey	91

*) Die Vorstände des ärztlichen Kreisvereins sind mit 3 Sternchen unter den übrigen Mitgliedern desselben bezeichnet; die der Bezirksvereine mit 2.

	№		№		№
* Rockher	122	* Schickendanz	74	* Stempel	101
** Pauli, Ed.	79	* Schmitt	85	Strähler	6
** Rausch	139	* Schmahl	88	* Trapp	82
Remlein	135	* Schmauß	42	* Ullmann	45
* Reisch	100	* Schneider, A.	90	* Vogt	68
* Reiser	125	* Schneider, Ludwig	35	* Weiß, Fr.	5
Renner	117½	Schneider, Ed. jun.	36	* Weiß, Edm.	29
Rheinwald	104	* Schröder	105	* Weiß, Carl jun.	67
Rink	16	* Schunk, Ernst sen.	51	* Weiß	123
* Rörig	131	Schunk, Conr. jun.	49	Wiersching	64
* Rupprecht	102	* Schupp	81	* Wittenmayer	13
* Schäfer	23	* Schwab	108	* Wolff, Lazar.	71
* Schäffer	14	Schworm	132	Zahn jun.	72
* Schandein, Carl	62	* Simon	126	* Zahn	32
Schandein, Joseph	63	* Sommer	8	* Ziegler	80
				** Zöller	38

Am Schlusse des Jahres 1871 befanden sich im Regierungsbezirke der Pfalz mit 615,104 Einwohnern incl. Militär

1 Kreismedicinalrath,
1 dirigirender Oberarzt der Kreis-Irrenanstalt Klingenmünster,
31 Bezirksärzte (darunter 12 erster Klasse),
109 practische Aerzte,
11 active Militärärzte,
3 vom Pensionsstande,

157 zur Praxis berechtigte Aerzte; es trifft sonach beiläufig auf 3918 Einwohner 1 Arzt.

Die Summe der Civilärzte stellt sich auf 141 mit nachstehenden Personalveränderungen:

Von practischen Aerzten gestorben 2: Dr. Fischer in Burrweiler, Schwaiger in Mülzheim. Uebergesiedelt in jenseitige Kreise 1: Dr. Hopff von Rheinzabern.

Die Wohnsitze haben gewechselt 7: Dr. Renner von Oggersheim nach Gaugrehweiler, Boyé von Alsenz und Eppelsheim von Deidesheim nach Wattenheim, Gemündt von Wattenheim nach Kerzenheim, Bennighof von Frankenthal nach Dirmstein, Weiß jun. von Kirchheim nach Langenkandel, Huber von Tölz (Oberbayern) nach Mutterstadt.

Neu in die Praxis getreten 9: Dr. Feldkirchner aus Nürnberg als Assistenzarzt in Klingenmünster, Schneider jun. in Gleisweiler, Jäger in Rhodt, Herberth in Frankenthal, Kämmerer in Offenbach, Anding aus Unterfranken in Otterberg, König in Glanmünchweiler, Zahn jun. in Kirchheim, Kolb in Kaiserslautern.

II. Verzeichniß

der activen und pensionirten Militärärzte in der Pfalz.

№	Charge.	Namen.	Abtheilung.	Bemerkungen.
		Commandantschaftsbezirk Germersheim.		
1	Stabsarzt	Bauer, Dr. Anton	Gouvernement	
2	Regimentsarzt	Schweickfeger, Dr. Robert	"	
3	Bataillonsarzt	Frohwein, Dr. Otto	5. Inf.-Regim.	
4	"	Schlagintweit, Dr. Theodor	8. Inf.-Regim.	
5	"	Strauß, Dr. Ludwig	9. Inf.-Regim.	
6	"	Paur, Dr. Carl	2. Artill.-Reg.	Zur Zeit dem Festungsartillerie-Commando dahier zugetheilt.
7	"	Feuerbach, Dr. Anselm	3. Jäger.-Bat.	Zur Zeit beim hiesigen Festungs-Gouvernement commandirt.
		Commandantschaftsbezirk Landau.		
8	Regimentsarzt	Deisch, Dr. August	Commandantschaft	
9	Bataillonsarzt	Römer, Dr. Friedrich	2. Artill.-Reg.	
10	"	Hugel, Dr. Emil	7. Inf.-Regim.	
11	Unterarzt	Köck, Franz	—	Vom Pensionsstande.
		Commandantschaftsbezirk Speier.		
12	Bataillonsarzt	Gutmann, Dr. Julius	2. Uhlan.-Reg.	Zur Zeit der hiesigen Commandantschaft zugetheilt.
13	Regimentsarzt	Hofmann, Dr. Erdmann	—	Vom Pensionsstande.
		Commandantschaftsbezirk Zweibrücken.		
14	Regimentsarzt I. Klasse	Pohl, Dr. Wilhelm	Commandantschaft	Commandirt seit 24. August 1871 u. beim 4. Chev.-Reg. verwendet
15	Bataillonsarzt	Diepold, Dr. Andreas	Zur Zeit bei der Occupations-Armee	
16	"	Baader, Dr. Anton	—	Vom Pensionsstande.

III. Schematismus

des niederärztlichen Personals und der Sanitäts-Anstalten.

Landgericht.	Zahl der vorhandenen							Zahl der vorhandenen			
	Bader älterer Ordnung.	Magister-Chirurgen.	Land-Aerzte.	Chirurgen.	Bader neuerer Ordnung	Zahn-Aerzte.	Heb-ammen.	Apotheken.	Thier-Aerzte.	Krankenanstalten für den Kreis.	Krankenanstalten lokale.
Annweiler	—	—	—	—	3	—	16	1	1	—	1
Bergzabern	—	—	—	—	3	—	31	3	1	1	1
Blieskastel	1	—	—	—	6	—	16	2	2	—	1
Dahn	—	—	—	—	1	—	10	1	1	—	—
Dürkheim	6	—	—	—	12	1	25	5	3	—	2
Edenkoben	1	—	—	—	6	—	23	2	1	—	1
Frankenthal	—	—	—	—	12	—	18	2	1	1	1
Germersheim	1	—	—	1	10	—	23	2	1	—	1
Göllheim	—	—	—	—	4	—	10	2	1	—	—
Grünstadt	4	—	—	—	7	—	21	4	2	—	—
Homburg	1	—	—	—	2	—	7	1	1	—	1
Hornbach	—	—	—	—	2	—	8	1	1	—	—
Kaiserslautern	—	—	—	—	10	2	15	2	1	—	1
Kandel	—	—	—	—	9	—	28	2	1	—	—
Kirchheimbolanden	—	—	—	—	3	—	16	2	1	—	—
Kusel	5	—	—	1	2	—	14	2	2	—	—
Landau	—	—	—	—	17	—	30	4	2	—	2
Landstuhl	—	—	—	—	4	—	11	1	1	—	1
Lauterecken	—	—	—	—	2	—	7	1	1	—	—
Ludwigshafen	—	—	—	—	14	1	28	1	2	—	1
Neustadt	6	—	2	—	19	2	29	5	2	—	1
Obermoschel	—	—	—	—	9	—	13	2	1	—	1
Otterberg	—	—	—	—	3	—	9	1	1	—	—
Pirmasens	2	—	—	—	8	—	16	2	2	—	—
Rockenhausen	—	—	—	—	6	—	9	2	1	—	—
Speier	2	—	—	—	12	—	16	3	1	—	1
Waldfischbach	1	—	—	—	2	—	9	2	1	—	—
Waldmohr	—	—	—	—	2	—	11	2	1	—	—
Winnweiler	1	—	—	—	4	—	13	2	1	—	—
Wolfstein	3	—	—	—	1	—	11	1	1	—	—
Zweibrücken	7	—	—	—	2	—	18	3	1	—	1
Summa	41	—	2	2	197	6	511	66	40	2	18

Von Thierärzten sind zur Zeit zwei im Elsaß verwendet.

In Alsenz wurde eine Filialapotheke von Diehl gegründet.

Königlich Bayerisches

Kreis-Amtsblatt der Pfalz.

№ 23. Speier, den 11. März 1872.

Inhalt:

pr. den 16. Februar 1872.

Königlich Allerhöchste Verordnung,

die Amtskleidung der Staats-Baubeamten betr.

Ludwig II.,

von Gottes Gnaden König von Bayern,

Pfalzgraf bei Rhein,

Herzog von Bayern, Franken und in Schwaben rc. rc.

Wir finden Uns bewogen, im Anschlusse an Unsere Verordnung vom 23. Januar dieses Jahres, die Organisation des Staatsbauwesens betr., über die Amtskleidung der Staatsbaubeamten Nachstehendes zu bestimmen:

I.

Farbe und Form des Rockes, sowie der Beinkleider, dann die übrigen Zugehörungen der Amtskleidung bemessen sich vorbehaltlich der Bestimmungen unter Ziffer II und III nach den bisherigen Vorschriften.

II.

Die Stickerei des Rockes ist von Gold wie folgt:

1. Der Oberbaudirector hat die Stickerei nach der anliegenden Zeichnung Ziffer 1 am Kragen, dann an den Taschenklappen und Aermelaufschlägen zu tragen.

2. Die Oberbauräthe tragen die Stickerei nach anliegender Zeichnung Ziffer 2 am Kragen, an den Taschenklappen und Aermelaufschlägen;

3. die Bauräthe der obersten Baubehörde und die Kreis-Bauräthe tragen dieselbe Stickerei am Kragen, an den Taschenklappen und Aermelaufschlägen.

4. Der Assessor der obersten Baubehörde und die Kreis-Bauassessoren tragen die Stickerei nach anliegender Zeichnung Ziffer 3 am Kragen, und die einfache Guir-

lande hieron nach anliegender Zeichnung Ziffer 4 an den Taschenklappen und Aermelaufschlägen.

5. Die Bauamtmänner tragen dieselbe Stickerei (Ziffer 3) am Kragen und an den Aermelaufschlägen, an den Taschenklappen dagegen keine Stickerei

6. Die Bauamtsassessoren endlich tragen dieselbe Stickerei am Kragen, an den Aermelaufschlägen jedoch nur einfache Randeinfassung (lisière).

III.

Der Oberbaudirector und die Oberbauräthe tragen zwei Epauletten von Gold und zwar ersterer Bouillons-, letztere Faden-Epauletten.

IV.

Bei Dienstreisen sind dunkelblaue Schirmmützen mit in Gold gestickten Löwen und mit der für die entsprechende Dienstesclasse der inneren Verwaltung vorgeschriebenen Einfassung zu gebrauchen.

Unser Staatsministerium des Innern ist mit dem Vollzuge dieser Verordnung beauftragt.

München, den 3. Februar 1872.

Ludwig.

v. Pfeufer.

Auf Königlich Allerhöchsten Befehl:
Der General-Secretär:
Ministerialrath v. Dubois.

Königlich Allerhöchste Verordnung,

die Bezüge der Staatsbaubediensteten betr.

Ludwig II.,

von Gottes Gnaden König von Bayern.

Pfalzgraf bei Rhein,

Herzog von Bayern, Franken und in Schwaben rc. rc.

Wir finden Uns bewogen, mit Rücksicht auf Unsere Verordnung vom 23. Januar ds. Js. — die Organisation

des Staatsbauwesens betreffend — die Besoldungen und Functionsbezüge des Baupersonals, dann die Vergütungen für den Aufwand bei Geschäftsreisen und die Bureau-Regie-Aversen festzusetzen, wie folgt:

a) Besoldungen.

1. Für den Oberbaudirector 3000 fl.,
2. für die Oberbauräthe 2400 fl.,
3. für die Bauräthe bei der obersten Baubehörde und den Kreisregierungen die Gehaltsklassen von 2000 und 2200 fl.,
4. für die Bauassessoren bei der obersten Baubehörde und den Kreisregierungen die Gehaltsklassen von 1400 und 1600 fl.,
5. für die Bauamtmänner die Gehaltsklassen von 1600, 1800 und 2000 fl.,
6. für die Bauamtsassessoren die Gehaltsklassen von 1000, 1200 und 1400 fl.,

b) Functionsbezüge.

1. Für die Baupraktikanten bei den Kreisregierungen den Funktionsbezug von 800 fl.,
2. für die Baupraktikanten der Bauämter:
   a) bei Verwendung zu Bureauarbeiten eine Taggebühr von 2 fl.
   b) bei Verwendung für Bauführungen eine solche von 3 fl 30 kr.

c) Vergütung für den Aufwand bei Geschäftsreisen.

1. Für den Oberbaudirector 11 fl. Taggebühr und Vergütung der Reiseauslagen;
2. für die Oberbauräthe 9 fl. Taggebühr und Vergütung der Reiseauslagen;
3. für die Bauräthe bei der obersten Baubehörde und den Kreisregierungen 8 fl. Taggebühr und Vergütung der Reiseauslagen;
4. für die Bauassessoren bei der obersten Baubehörde und den Kreisregierungen 6 fl. Taggebühr und Vergütung der Reiseauslagen;

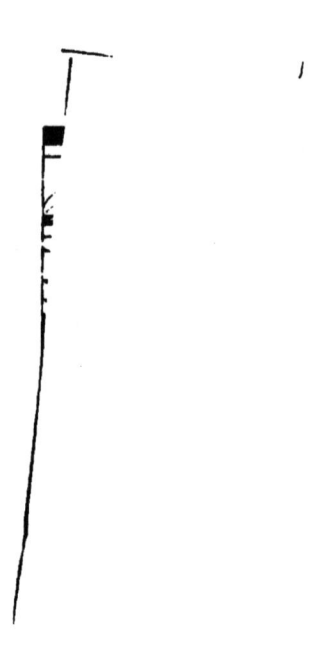

5. für die Bauamtmänner 6 fl. Taggebühr und Vergütung der Reiseauslagen;
6. für die Bauamtsassessoren 5 fl. Taggebühr und Vergütung der Reiseauslagen;
7. für die Baupraktikanten 3 fl. Taggebühr und Vergütung der Reiseauslagen.

d) Bureau-Regie-Aversen.

1. Das Regie-Aversum der obersten Baubehörde 4875 fl.,
2. für jeden Baurath bei den Kreisregierungen 700 fl.,
3. für jedes Bauamt
   a) mit 1 Assessor 850 fl.,
   b) mit zwei Assessoren am Amtssitz 960 fl.,
   c) ferner wegen eines jeden exponirten Assessors noch eine Zulage von 30 fl.,
4. für jeden exponirten Bauamtsassessor 220 fl.

Sämmtliche Vorrückungen in höhere Gehaltsklassen auf Grund erprobten Wohlverhaltens bleiben von Unserer besonderen Allerhöchsten Genehmigung abhängig.

Die Ansätze der Functionsbezüge, der Vergütung für den Aufwand bei Geschäftsreisen und der Bureau-Regie-Aversa lit. b, c, d sind widerruflicher Natur.

Unsere Staatsministerien des Innern und der Finanzen sind mit dem Vollzuge dieser Verordnung beauftragt, welche mit dem 1. April d. Js. in Wirksamkeit zu treten hat.

München, den 18. Februar 1872.

Ludwig.

v. Pfretzschner. v. Pfeufer.

Auf Königlich Allerhöchsten Befehl:
der General-Secretär:
Ministerialrath v. Dubois.

Bekanntmachung,

das Gesuch der Stadt Günzburg um die unmittelbare Unterordnung unter die Kreisregierung, hier die Errichtung eines Stadt- und Landgerichtes zu Günzburg betr.

Staatsministerium der Justiz.

Seine Majestät der König haben unterm 16. Februar 1872 im Hinblicke auf § 5 der Allerhöchsten Verordnung vom 24. Februar 1862, den Vollzug des Gerichtsverfassungsgesetzes betr., anzuordnen geruht, daß an Stelle des in der Stadt Günzburg bestehenden Landgerichtes für den diesem Gerichte durch die vorbezeichnete Allerhöchste Verordnung zugewiesenen Gerichtssprengel vom 1. April 1872 anfangend ein Stadt- und Landgericht trete und daß die für das Landgericht Günzburg ernannten Beamten und Bedienfteten die Bezeichnung als Stadt- und Landgerichts-Beamte, beziehungsweise Bedienstete, zu führen haben.

München, den 19. Februar 1872.

Auf Seiner Majestät des Königs Allerhöchsten Befehl:
Dr. Fäustle.
Durch den Minister:
Der General-Secretär:
Ministerialrath v. Schebler.

Nro. 4851 K. pr. den 8. März 1872

(Die katholische Pfarrstelle in Wachenheim betr.)

Im Namen Seiner Majestät des Königs.

Durch den Tod des bisherigen Pfarrers ist die katholische Pfarrei Wachenheim, im Amts- und Decanatsbezirke Neustadt gelegen, in Erledigung gekommen.

Dieselbe zählt im Hauptorte mit vier Höfen 581 Parochianen und erträgt an:

	fl.	kr.
1. Staatsgehalt	182	51
2. Anschlag der Pfarrwohnung . . .	23	30

	fl.	kr.
3. Ertrag des Pfarrgutes	123	30
4. Geldbezügen von Gemeinden und Stiftungen	159	14
im Ganzen .	489	5

Durch Staatszuschuß wird dieses Einkommen auf 800 fl. erhöht.

Für Verbesserung des Pfarrgutes bestehen zwei Ratificationsguthaben, welche vorbehaltlich definitiver Festsetzung im Ganzen auf 341 fl. veranschlagt sind und in jährlichen Raten bis 1. Januar 1880 abgetragen sein müssen.

Bewerber um diese Pfarrei haben ihre Gesuche binnen fünf Wochen bei Vermeidung der Nichtbeachtung der unterfertigten Stelle vorzulegen.

Speier, den 4. März 1872.

Königlich Bayerische Regierung der Pfalz,

Kammer des Innern.

v. Braun.

Schild.

Nro. 4915 E. pr. den 8. März 1872

(Die Wiederbesetzung der Lehrstelle für Mathematik und Physik an der Kreisgewerbschule zu Würzburg betr.)

Im Namen Seiner Majestät des Königs.

An der Kreisgewerbschule zu Würzburg ist die Lehrstelle für Mathematik und Physik in Erledigung gekommen.

Bewerber um diese Stelle haben ihre Gesuche, belegt mit Nachweisen über genossene Vorbildung und erlangte Befähigung, Alter, Religion und Familie, sowie über tadelloses Verhalten

innerhalb drei Wochen

bei dem k. Rectorate der Kreisgewerbschule Würzburg einzureichen.

Der mit dieser Stelle verbundene Functionsbezug besteht in 700 fl. jährlich, welcher mit Einrechnung der normalmäßigen Theuerungs- und Alterszulagen bis zu 1400 fl. steigt. Zugleich wird bemerkt, daß den bereits längere Zeit wirkenden Lehrern im Falle der Versetzung an die Kreisgewerbschule zu Würzburg nach Maßgabe der für die Alterszulagen geltenden Scala der Bezug ihres vollen, dem Dienstalter entsprechenden Gehaltes gewährt werden wird.

Würzburg, den 2. März 1872.

Königl. Regierung von Unterfranken u. Aschaffenburg,

Kammer des Innern.

Graf von Luxburg.

Kohlmüller.

---

pr. den 4. März 1872.

Bekanntmachung,

die VI. Verloosung der 4 procentigen Prämien-Anleihe von 1866 betr.

Bei der heute vorgenommenen sechsten Serien-Ziehung der 4 prozentigen Prämien-Anleihe von 1866 sind gemäß dem Tilgungs- und Verloosungsplane (Reggsbl. 1866 S. 1469, Amtsbl. d. Pf. S. 1560) nachstehende 47 Serien gezogen worden:

Serien-Nr. 143. 169. 185. 203. 249. 267.
361. 368. 376. 461. 587. 686. 729.
810. 901. 941. 1014. 1143. 1186. 1202.
1243. 1327. 1451. 1530. 1548. 1554. 1565.
1609. 1710. 1858. 1996. 2073. 2121. 2220.
2270. 2326. 2344. 2422. 2456. 2552. 2556.
2721. 2853. 3096. 3135. 3157. 3177.

Dieß wird mit dem Bemerken zur öffentlichen Kenntniß gebracht, daß die Prämien-Ziehung

am 1. Mai l. J.

Vormittags 9 Uhr,

im Neubau der k. Staatsschuldentilgungs-Commission am Maximiliansplatz (Saal Nr. 80 über 2 Stiegen) stattfindet.

München, den 1. März 1872.

Kgl. Bayer. Staatsschulden-Tilgungs-Commission.

Frhr. v. Lobkowitz.

Weichlein.

Nro. 4943 B. pr. den 7. März 1872.

Verzeichniß

der im Monat Februar 1872 bestätigten Unteragenten.

Name	Stand	Wohnort	Name und Art der Gesellschaft.	Bemerkungen.
des Agenten.				
Ruelius, Wilh.	Kaufmann	Ludwigshafen	Expedientenhaus Zembsch u. Lothe in Bremen.	
Rheinstein, Ludw. u. Comp.	Kaufleute	Obermoschel	Desgleichen.	
Hauck, Maximilian	Kaufmann	Ludwigshafen	Lebensversicherungsbank in Gotha.	
Marotte, Johann	Kaufmann	Blieskastel	Expedientenhaus J. H. Ropers in Bremen.	
Barth, Otto	Lehrer	Winningen	Desgleichen.	
Peters, Johann	Kaufmann	St. Ingbert	Hamburg-Amerikanische Packetfahrt-Actiengesellschaft in Hamburg, dann Expedientenh: Mühlenbrock, Meyer u. Comp. in Bremen, Steinmann u. Comp. in Antwerpen, Wambersie u. Sohn in Rotterdam, D. und Mac Iver in Liverpool und J. M. Faaß in Havre.	
Sieber, Gerhard	—	Iggelheim	Desgleichen	
Berg, Jacob	Lehrer	Göllheim	td.	
Schumacher, Carl	Kaufmann	Landstuhl	td.	
Bender, Ludwig	td.	Dürkheim	td.	
Cammisar, Ferdinand	td.	Rheinzabern	td.	
Haas, Isaak	Handelsmann	Külzheim	Expedientenhäuser: Carl Ludwig Bödecker in Bremen, Gustav Böhme u. Comp. in Hamburg, Baltischer Lloyd in Stettin und die Inmanlinie in Antwerpen.	
König, Heinrich	Geschäftsmann	Dürkheim	Desgleichen.	

Militär-Dienstesnachrichten.

Seine Majestät der König haben allergnädigst geruht:

unterm 30. Januar l. Js. den Majoren Ottmar Lindig vom 13. Infanterie-Regiment Kaiser Franz Joseph von Oesterreich — und Ludwig Eberhard, Commandanten der Kriegsschule, — dann dem Hauptmann Ulrich Grafen von Brockdorff des genannten Regiments für das kgl. preuß. Eiserne Kreuz 2. Classe, — ferner den Regierungsräthen und vormaligen Civil-Commissären bei den Etappen-Commandos, Carl von Näcker — und Ludwig von Stefenelli, — dem Secretär bei der General-Direction der Verkehrs-Anstalten und vormaligen Feldpost-Inspector Anton Treu, — dem Regiments-Veterinärarzt Michael Hofbauer vom 2. Chevaulegers-Regiment Taxis — und dem Landwehrarzt Dr. Julius Michel vom 30. Landwehr-Bataillon für dieselbe Decoration am weißen Bande, — endlich den nachbenannten Unteroffizieren und Mannschaften des 4. Infanterie-Regiments König Carl von Württemberg für die königlich württembergische goldene beziehungsweise silberne Militär-Verdienstmedaille und zwar:

a) für die goldene:

den Feldwebeln Johann Buchbinder, — Georg Schnabel — und Friedrich Sutor, — dann dem Regiments-Tambour Daniel Schmidt;

b) für die silberne:

den Feldwebeln Georg Gerhart, — Friedrich Auracher — und Nicolaus Schmitt, — dem Auditoriats-Actuar Theodor Müller, — den Sergeanten Friedrich Karg — und Amandus Huth, — dem Corporal Ludwig Heinz, — dem Gefreiten Martin Weißbrod, — den Gemeinen Johann Breivogel, — Wilhelm Denuell, — Jacob Reiland — und Jacob Niederhöfer, die Erlaubniß zur Annahme und zum Tragen zu ertheilen;

unterm 4. Februar l. Js. dem Regimentsquartiermeister Friedrich Friedl von der Intendantur des 1. Armee-Divisions-Commandos die Erlaubniß zur Annahme und zum Tragen des königlich preußischen Eisernen Kreuzes 2. Classe am weißen Bande zu ertheilen;

unterm 7. Februar l. Js. dem Major Franz Martin vom Infanterie-Leib-Regiment für das Comthurkreuz 2. Classe des k. sächsischen Albrechts-Ordens, — und dem Oberlieutenant Friedrich Windisch vom Geniestab für das königlich preußische Eiserne Kreuz 2. Classe die Erlaubniß zur Annahme und zum Tragen zu ertheilen.

Seine Majestät der König haben durch Allerhöchste Entschließung vom 17. Februar lauf. Js. allergnädigst zu genehmigen geruht, daß auf Grund der mit Verordnungsblatt Nr. 6 bekannt gegebenen Friedenseintheilung der Armee das 1. Uhlanen-Regiment Kronprinz Friedrich Wilhelm des Deutschen Reiches und von Preußen von Dillingen nach Bamberg (1 Escadron nach Neustadt a. d. A.), das 2. Chevaulegers-Regiment Taxis hingegen von Bamberg und Neustadt a. d. A. nach Dillingen verlegt werde.

Dieser Garnisonswechsel ist am 1. October lauf. Js. in Vollzug zu setzen, bis zu welchem Zeitpunkte die genannten Regimenter in ihren bisherigen Brigadeverbänden verbleiben.

Seine Majestät der König haben allergnädigst geruht:

unterm 16. Februar lauf. Js. dem Oberlieutenant Gottfried Bürklein vom 2. Infanterie-Regiment Kronprinz die Erlaubniß zur Annahme und zum Tragen des königlich preußischen Eisernen Kreuzes 2. Classe zu ertheilen.

Dienstesnachrichten.

Seine Majestät der König haben Sich unterm 8. Februar l. Js. zum Vollzuge der Allerhöchsten

Verordnung vom 23 Januar 1872 bezüglich der Organisation des Staatsbauwesens allergnädigst bewogen gefunden, die bisherigen Baubeamten Friedrich Haas in Kaiserslautern und Carl Bleßmann in Kirchheimbolanden in Anwendung des § 19 Abs. 2 der IX. Beilage zur Verfassungs-Urkunde vom 1. April l. Js. an für immer in den wohlverdienten Ruhestand treten zu lassen.

Seine Majestät der König haben Sich allergnädigst bewogen gefunden, unterm 14. Februar l. Js. zum Rathe der Regierung von Schwaben und Neuburg, Kammer des Innern, den Geheimen Secretär im Staatsministerium des Innern, Otto Schmalix, und

den rechtskundigen Bürgermeister von Erlangen, Dr. August Papellier, zum Regierungs-Assessor im Staatsministerium des Innern in provisorischer Eigenschaft zu ernennen.

Durch höchste Entschließung des k. Staatsministeriums der Finanzen vom 18. Februar 1872, Nr. 2173, wurde der bisherige k. Forstamts-Assistent Wilhelm Schröder zu Pirmasens auf Ansuchen, vom 1. März 1872 anfangend, in gleicher Diensteseigenschaft zum k. Forstamte Elmstein versetzt.

Durch Beschluß der k. Regierung der Pfalz, Kammer des Innern, vom 20. Februar 1872, wurde die Wahl des bisherigen I. Adjunkten Ludwig Schaaf als Bürgermeister der Gemeinde Oggersheim bestätigt.

Durch Beschluß der k. Regierung der Pfalz, Kammer des Innern, vom 20. Februar 1872, wurde die Wahl des bisherigen Gemeinderathsmitgliedes Friedrich Frank als Adjunct der Gemeinde Imsbach bestätigt.

Durch Beschluß der k. Regierung der Pfalz, Kammer des Innern, vom 20. Februar 1872, wurde die Wahl

des Gemeinderathsmitgliedes Daniel Kreutz VI. als Adjunkt der Gemeinde Haschbach bestätigt.

Durch Beschluß der k. Regierung der Pfalz, Kammer des Innern, vom 24. Februar 1872, wurde die Wahl des bisherigen Gemeinderathsmitgliedes Friedrich Frey zum I. Adjunkten der Gemeinde Homburg bestätigt.

Durch Beschluß k. Regierung der Pfalz, Kammer des Innern, vom 24. Februar 1872, wurde die Wahl des bisherigen Gemeinderathsmitgliedes Michael Babilon zum Adjunkten der Gemeinde Schönau bestätigt.

Durch Beschluß der k. Regierung der Pfalz, Kammer des Innern, vom 24. Februar l. J., wurde die Wahl des Gemeinderaths-Mitgliedes Adam Gilcher als Adjunkt der Gemeinde Ulmet bestätigt.

Durch Beschluß der k. Regierung der Pfalz, Kammer des Innern, vom 21. Februar 1872, wurde der Lehrer Jacob Wemmert von Welchweiler zum Lehrer an der protestantischen deutschen Schule zu Haschbach, vom 1. März 1872 an, ernannt.

Durch Beschluß der k. Regierung der Pfalz, Kammer des Innern, vom 21. Februar l. J., wurde der Schulverweser Joseph Moses zum Lehrer an der israelitischen Schule zu Schwegenheim, vom 1. März 1872 an, ernannt.

Durch Beschluß der k. Regierung der Pfalz, Kammer des Innern, vom 24. Februar 1872, wurde der Lehrer Philipp Schreyer in Staudernbühl zum Lehrer an der protestantischen deutschen Schule zu Mühlheim, vom 4. März 1872 an, ernannt.

Durch Beschluß k. Regierung der Pfalz, Kammer des Innern, vom 24. Februar 1872, wurde der katholiſche Schulverweſer Johannes Böſer von Elmſtein zum Schullehrer an der deutſchen Schule in Burrweiler, vom 1. März 1872 an, ernannt.

Gewerbsprivilegien-Verleihungen.

Den Nachbenannten wurden Gewerbsprivilegien verliehen, und zwar:

unterm 8. Februar l. Js. dem Paul Riemſchneider in Leith bei Edinburg auf ein neues Einfettungsmittel für Wolle, Hanf, Flachs, Jutte und andere Faſerſtoffe für den Zeitraum von zwei Jahren, vom 8. Februar 1872 anfangend, und

dem Alois Frey in München auf eine verbeſſerte automatiſche Maſchine, um Getreide und andere Gegenſtände zu wägen und zu regiſtriren, für den Zeitraum von vier Jahren, vom 8. Februar 1872 anfangend, dann

unterm 9. Februar l. Js. dem Kupferſchmiedmeiſter Johann Kuhn in München auf die von ihm erfundene, eigenthümlich conſtruirte Gartenlampe für den Zeitraum von einem Jahre, vom 9. Februar 1872 anfangend, und

unterm 15. Februar l. Js. dem Hermann Hollefreund aus Havelberg, z. Z. in Peſt, auf den von ihm erfundenen Univerſal-Maiſch-Verzuckerungs- und Kühl-Apparat für Spiritus-Fabrikation für den Zeitraum von zwei Jahren, vom 15. Februar 1872 anfangend.

Gewerbsprivilegien-Verlängerungen.

Das dem Mechanikus Georg Kißling in Nürnberg unterm 15. Januar 1866 verliehene Privilegium auf die von ihm erfundene neu conſtruirte Univerſalkluppe mit vier Schneidſtählen und Gewindbohrer wurde in Folge rechtzeitig nachgeſuchter Verlängerung für den Zeitraum

von zwei Jahren, vom 15. Januar 1872 anfangend, ferner

das dem Georg William Wigner in London unterm 11. Februar 1871 verliehene und bis dahin 1875 laufende Privilegium auf

a) eine von ihm erfundene Miſchung zum Reinigen von Düngwaſſer;

b) auf Apparate zum Sammeln und Trocknen von Niederſchlägen und Abſätzen

für den Zeitraum von zwei Jahren, vom 11. Februar 1875 anfangend, und

das dem Albert Emil Reinhard von Paris unterm 16. März 1867 verliehene und bis dahin 1873 laufende Privilegium auf ein neues Verfahren beim Ordnen von unächten Blattmetallen, insbeſondere von ſolchem Blattgold und Blattſilber in Heftchen für den Zeitraum von neun Jahren, vom 16. März 1873 anfangend, verlängert.

Einziehung eines Gewerbsprivilegiums.

Vom k. Staatsminiſterium des Innern, Abtheilung für Landwirthſchaft, Handel und Gewerbe, wurde die Einziehung des dem Bauſchaffner Wilhelm Broc in Homburg unterm 7. Auguſt 1869 verliehenen und unterm 23. Auguſt 1869 ausgeſchriebenen Patentes auf eigenthümlich conſtruirte Zimmeröfen und Luftheizöfen wegen nicht gelieferten Nachweiſes über Ausführung dieſer Erfindung in Bayern verfügt.

Verſchiedene Nachrichten.

Zur Unterhaltung der Anlagen und Wege bei der Schloßruine Hardenburg iſt durch die k. Regierung der Pfalz, Kammer des Innern, ein Beitrag von 36 fl. bewilligt worden.

Mit einer zu Seite 782 und 783 gehörigen Abbildung.

Königlich Bayerisches

Kreis-Amtsblatt

der Pfalz.

№ 24. Speier, den 15. März 1872.

Inhalt:

Bekanntmachung,

die Erhebung, Controle und Verrechnung der Gebühren für das Eichen und Stempeln, dann für die bloße Prüfung der Maaße, Gewichte, Waagen und sonstigen Meßwerkzeuge betreffend.

Staatsministerium des Innern, Abtheilung für Landwirthschaft, Handel und Gewerbe.

Im Vollzuge des § 33 Abs. 2 der Allerhöchsten Verordnung vom 23. November 1869 — die Normal-Eichungs-Commission, die Verificatoren u. s. w. betreffend —, dann der Allerhöchsten Verordnung vom 7. Februar 1872 — die Gebührentaxe der Eichanstalten für Maaß und Gewicht betreffend — werden unter Aufhebung der Bekanntmachung des vormaligen k. Staatsministeriums des Handels und der öffentlichen Arbeiten vom 31. Dezember 1869 nachstehende Vorschriften erlassen:

I.

Die Gebühren für die Eichung und Stempelung, dann für die bloße Prüfung der Maaße, Gewichte, Waagen und sonstigen Meßwerkzeuge mit Ausnahme jener der Gemeinden, welche zur polizeilichen Controle dienen, werden nach der durch die Allerhöchste Verordnung vom 7. Februar 1872 erlassenen Gebührentaxe berechnet und von dem Verificator in Empfang genommen.

Der Tarif muß in dem Eichlokale angeschlagen sein oder zur Einsicht aufliegen.

II.

Der Verificator ist verpflichtet, über sämmtliche Einnahmen ein Register nach Anleitung des am Ende dieser Bekanntmachung enthaltenen Musters Nr. 1 zu führen.

Dieses Einnahme-Register muß von der betreffenden Districtspolizeibehörde gezifferet sein.

Das erste und letzte Blatt hat den Stempel dieser Behörde zu tragen.

III.

Der Eintrag von Einnahmen für geeichte und abgestempelte Gegenstände erfolgt durch Ausfüllung des Formulars Nr. 1.

Bei den seltener vorkommenden Einträgen von Einnahmen für Gegenstände, welche nur geprüft und ungestempelt zurückgegeben wurden, sind in demselben Formulare die Worte „gegen“ und „gestempelt“ zu streichen und dafür mit Tinte beizufügen die Worte „für die bloße Prüfung erhoben“, so daß der Satz lautet: Heut ꝛc. wurden von ꝛc. zur Eichung und Stempelung vorgelegt und nachstehende Gebühren für die bloße Prüfung erhoben.

IV.

Der Verificator ist verbunden, über die Zahl und Beschaffenheit der geeichten und gestempelten, dann der nur geprüften und ungestempelt zurückgegebenen Maaße, Gewichte, Waagen und sonstigen Meßwerkzeuge, sowie über den Betrag der erhobenen Gebühren Bescheinigungen auszustellen.

Die Bescheinigungen über geeichte und gestempelte Gegenstände und über deren Gebührenbetrag (Eichscheine nach Abschnitt I Nro 8 A der Instruction zur Eichordnung vom 14 Dezember 1871) sind nach Anleitung der am Ende dieser Bekanntmachung enthaltenen Muster Nr. 2 und 3 auszustellen.

Bei Bescheinigungen über nur geprüfte und ungestempelt zurückgegebene Gegenstände (Rückgabescheine nach Abschnitt I Nr. 8 B der Instruction) ist dagegen im Formulare Nr 2 zwischen den beiden ersten Worten „der“ und „Maaße“ einzuschalten „unzulässig befundenen“; außdem sind die Worte „Eichung und Stempelung“ deutlich mit dem Worte „Prüfung“ zu überschreiben, so daß der Satz lautet: Verzeichniß der unzulässig befundenen Maaße, Gewichte und Waagen, für deren Prüfung die hier ausgeworfenen Gebühren bezahlt wurden.

Im Formulare Nr. 3 sind lediglich die Worte „Eichung und Stempelung“ durch das Wort „Prüfung“ zu ersetzen.

Die ausgefertigten Bescheinigungen werden durch einen wellenförmigen Schnitt vom Register getrennt.

V.

Alle Vierteljahre hat der Verificator das Einnahmeregister der betreffenden Districtspolizeibehörde in Vorlage zu bringen, welche dasselbe zu revidiren und abzuschließen hat.

Der nach Abzug der Besoldung und Entschädigung des Verificators verbleibende Betrag ist von dem Verificator an jene Gemeinden oder Districte abzuliefern, welchen derselbe in Gemäßheit des § 34 der Allerhöchsten Verordnung vom 23. November 1869 — die Normal-Eichungs-Commission, die Verificatoren u. s. w. betreffend — überlassen ist.

VI.

Zeigen sich in der Buchführung und Geschäftsbehandlung Mängel, so ist die Districtspolizeibehörde verpflichtet, den Verificator darauf aufmerksam zu machen und zur Beseitigung aufzufordern.

Bleiben derartige Aufforderungen unbeachtet, so ist hierüber Anzeige an die vorgesetzte k. Regierung, Kammer des Innern, zu erstatten, welche sodann die weitere sachgemäße Verfügung zu treffen hat.

Hat der Verificator unterlassen, den Betrag der erhobenen Gebühren in das Register einzutragen, oder hat derselbe die erhobenen Gebühren nur theilweise in Einnahme gestellt, so tritt, vorbehaltlich der etwa veranlaßten strafrechtlichen Einschreitung, nach Umständen Entlassung ein.

München, den 18. Februar 1872.

Auf Seiner Königlichen Majestät Allerhöchsten Befehl:

v. Pfeufer.

Durch den Minister:
Der General-Secretär
Ministerialrath v. Dubois.

Regierungsbezirk

. . . .

Amtsbezirk . . . .

Einnahme-Register

über die

Gebühren für das Eichen und Stempeln der Maaße, Gewichte und Waagen.

Gegenwärtiges Register, enthaltend . . . . . Blätter, wovon das erste und letzte mit dem Siegel der unterfertigten Behörde versehen und die übrigen von derselben gezifferi sind, dient dem Verificator für Maaß und Gewicht des Bezirkes . . . . zur Eintragung aller durch ihn gerichten und gestempelten Maaße, Gewichte und Waagen und der dafür erhobenen Gebühren.

. . . . den 187

1. Blatt.

Nr. Heute den 187 wurden von . . . . wohnhaft in . . . . zur Eichung und Stempelung vorgelegt und gegen nachstehende Gebühren gestempelt. Partial fl. kr.	fl.	kr.	VERIFICATION FÜR MAASS UND GEWICHT.	Verzeichniß der Maaße, Gewichte und Waagen, für deren Eichung und Stempelung die hier ausgeworfenen Gebühren bezahlt wurden.	fl.	kr.
(Muster Nr. 1.) Total				(Muster Nr. 2.) Im Ganzen . . .		
Nr. Heute den 187 wurden von . . . . wohnhaft in . . . . zur Eichung und Stempelung vorgelegt und gegen nachstehende Gebühren gestempelt. Partial fl. kr.				Verzeichniß der Maaße, Gewichte und Waagen, für deren Eichung und Stempelung die hier ausgeworfenen Gebühren bezahlt wurden.	fl.	kr.
Total				Im Ganzen . . .		
Nr. Heute den 187 wurden vou . . . . wohnhaft in . . . . zur Eichung und Stempelung vorgelegt und gegen nachstehende Gebühren gestempelt. Partial fl. kr.				Verzeichniß der Maaße, Gewichte und Waagen, für deren Eichung und Stempelung die hier ausgeworfenen Gebühren bezahlt wurden.	fl.	kr.
Total				Im Ganzen . . .		
Seitenbetrag . . .						

Einnahm-Register Nr.

Von . . . .

(Muster Nr. 3.)

wohnhaft in . . . .
wurden unterm Heutigen für Eichung und Stempelung der jenseits angegebenen Maaße, Gewichte und Waagen die da verzeichneten Gebühren im Ganzen mit . . . .
. . . . bezahlt, worüber diese Quittung.

Gegeben zu . . . .
den . . ten 187

Der Verificator des Bezirks.

Einnahm-Register Nr.

Von . . . .
. . . .
wohnhaft in . . . .
wurden unterm Heutigen für Eichung und Stempelung der jenseits angegebenen Maaße, Gewichte und Waagen die da verzeichneten Gebühren im Ganzen mit . . . .
. . . . bezahlt, worüber diese Quittung.

Gegeben zu . . . .
den . . ten 187

Der Verificator des Bezirks.

Einnahm-Register Nr.

Von . . . .
. . . .
wohnhaft in . . . .
wurden unterm Heutigen für Eichung und Stempelung der jenseits angegebenen Maaße, Gewichte und Waagen die da verzeichneten Gebühren im Ganzen mit . . . .
. . . . bezahlt, worüber diese Quittung.

Gegeben zu . . . .
den . . ten 187

Der Verificator des Bezirks.

Nro. 5723 R. pr. den 15. März 1872

(Untersuchung gegen Julius Karg aus Gyula, Comitats Bekes in Ungarn, wegen Amtsuntreue betr.)

An

sämmtliche kgl. Bezirksämter, Bürgermeisterämter, Polizeicommissäre, Adjunkten und Gendarmerie-Stationen des Regierungsbezirkes.

Im Namen Seiner Majestät des Königs.

Die k. Bezirksämter, Bürgermeisterämter, Polizeicommissäre, Adjunkten und Gendarmerie-Stationen werden auf das im Abdrucke folgende Ausschreiben des k. Staatsministeriums des Innern aufmerksam gemacht mit dem Auftrage, entsprechend nachzuforschen und ein etwaiges Ergebniß anzuzeigen.

Speier, den 12. März 1872.

Königlich Bayerische Regierung der Pfalz,

Kammer des Innern.

v. Braun.

Metschnabl.

Staatsministerium des Innern.

Nach Mittheilung der k. k. österreichisch-ungarischen Gesandtschaft dahier hat sich in der Kasse des k. ungarischen Steueramtes in Gyula, Bekés'er Comitats, ein Abgang von 20,000 fl. ergeben, und ist der bei jenem Steueramte als Steuereinnehmer bedienstete Julius Karg spurlos verschwunden.

Unter Mittheilung einer Personalbeschreibung dieses Individuums werden die k. Regierungen, Kammern des

Innern, beauftragt, Spähe zu verfügen und ein etwaiges Ergebniß anzuzeigen.

München, den 5. März 1872.

Auf Seiner Königlichen Majestät allerhöchsten Befehl:

v. Pfeufer.

Durch den Minister:
Der General-Secretär:
Ministerialrath v. Dubois.

Personalbeschreibung des Julius Karg.

Stand: verheirathet, Vater von zwei Töchtern,
Alter: 32 – 33 Jahre,
Beschäftigung: Steuereinnehmer zu Gyula,
Statur: mittel,
Gesicht: rund, blaß,
Augen: blau,
Haare: blond (wenig kahlköpfig),
Schnurr- und Backenbart: blond,
Zähne: schwarz,
Mund und Nase: proportionirt,
Körperhaltung: vorgebeugt,
Stimme: ruhig und mild,
Anzug: meist ungarisch, runder Hut.

Dienstesnachrichten.

Durch Beschluß k. Regierung der Pfalz, Kammer des Innern, vom 28. Februar 1872, wurde der katholische Schulverweser Jacob Zickgraf von Iggelheim zum Schulverweser an der deutschen Schule zu Annweiler, vom 16. März 1872 an, ernannt.

Durch Beschluß der k. Regierung der Pfalz, Kammer des Innern, vom 29. Februar 1872, wurde der katholische Schulverweser Theodor Adler von Esthal zum Schulverweser an der deutschen Schule zu St. Martin, vom 16. März 1872 an, ernannt.

Uebersicht

der Schulversäumnisse und Verfolgung der strafbaren in den deutschen Schulen der Pfalz im Schuljahr 1870/71.

Kantone.	Zahl der sämmtlichen Werktagsschulen.	Zahl der Werktagsschüler.	Zahl der Sonntagsschüler.	Zahl der schuldbaren Schulversäumnisse.	Zahl der entschuldbaren Schulversäumnisse.	Betrag der ausgesprochenen Schulstrafen. fl.	kr.	Hievon wurden wirklich erhoben fl.	kr.	Vom Bezirksamte wurden ex off. ausgesprochen. fl.	kr.	In wie vielen Gemeinden dies geschehen	Bezirksamtliche Verwarnungen.	Zahl der polizeigerichtlichen Einschreitungen	Zahl der Verurtheilungen.	Summe der ausgesprochenen Arreststrafen.
Annweiler	43	2767	663	21881	30517	634	24	479	6	18	18	11	20	34	33	70
Bergzabern	60	3305	925	16712	26880	496	52	423	51	80	4	20	7	8	7	15
Frankenthal	51	3135	632	20510	28194	675	41	502	5	24	38	2	435	447	409	381
Grünstadt	61	3748	1019	30028	27782	608	35	476	43	8	6	2	128	52	52	90
Germersheim	64	3551	1035	21049	13644	366	3	246	25	27	21	4	98	17	5	8
Kandel	66	4152	1267	31694	18551	472	52	288	44	3	21	2		32	12	26
Homburg	31	1946	538	24147	22180	315	7	214	9			—	91	138	138	232
Landstuhl	57	3349	1005	45006	43168	688	1	479	56	20	24	1	63	12	12	17
Waldmohr	57	2888	880	26119	22792	608	30	439	[illegible]			—	151	30	30	52
Kaiserslautern	74	8095	1340	88081	74058	2979	2	628	22	30	1	11	240	128	120	95
Otterberg	32	2267	501	24436	23264	722	47	277	3	18	6	5	35	13	11	23
Winnweiler	38	2242	644	15219	23782	489	49	259	22	92	3	20	37	16	14	15
Göllheim	32	1446	663	8714	12058	303	2	273	15	45	3	8	17	2	2	2
Kirchheimbol.	42	2234	653	11884	22737	412	6	180	48	71	35	10	43	7	3	3
Obermoschel	39	2561	653	17006	29038	492	59	260	27	173	45	19	55	1	—	—
Rockenhausen	33	1782	512	12152	18960	307	21	185	25	40	35	10	26	3	2	7
Kusel	66	3173	851	18116	22862	505	15	392	19	23	24	24	202	24	14	12
Lauterecken	32	1013	451	11652	14638	327	5	159	27	96	52	10	16	—	—	—
Wolfstein	39	2109	742	12404	15149	416	37	316	35	8	50	3	87	5	5	4
Edenkoben	62	3846	1163	17242	16912	501	3	390	38	17	8	13	85	15	14	11
Landau	75	4884	1267	26024	43785	562	6	409	54	32	37	13	227	76	23	26
Dürkheim	68	4499	1100	39977	43766	619	17	358	30	—	—	—	195	262	200	165
Neustadt	85	5775	1763	60647	60798	7?8	44	411	52	36	8	2	102	41	34	54
Dahn	27	1809	475	12852	15776	229	37	196	41	30	39	14	99	108	98	115
Pirmasens	59	3729	838	51416	17177	1242	4	611	1	114	57	22	201	187	181	181
Waldfischbach	30	1835	480	14165	8542	429	27	312	10	40	8	20	69	27	23	20
Ludwigshafen	67	4642	1187	47039	45603	1222	2	770	28	355	24	13	165	55	41	60
Speier	54	3838	1127	19376	27770	673	11	412	27	49	37	10	90	39	19	8
Bitesfastel	31	2143	673	21361	32271	388	20	851	19	123	50	8	86	38	42	48
Hornbach	30	1807	454	12878	16567	578	20	432	19	223	11	12	36	4	4	—
St. Ingbert	31	2367	698	21149	27558	1444	24	207	18	707	5	5	125	44	33	93
Zweibrücken	50	3354	726	28028	38931	1242	20	563	52	700	43	21	40	6	6	4
Gesammtsumme	1575	98111	27215	426944	882282	22011	31	11902	20	3239	10	328	3030	1880	1579	1785

Bemerkungen: Auf einem Schüler (Werk- und Sonntagsschule zusammen) treffen hiernach im Durchschnitt 7 schuldbare und ebensoviele entschuldbare Versäumnisse; im Kanton Kaiserslautern 12 schuld- und 11 entschuldbare; im Kanton Dürkheim 4 schuldbare und 6 entschuldbare.

Königlich Bayerisches

Kreis-Amtsblatt der Pfalz.

№ 25. Speier, den 18. März 1872.

Inhalt:

Ad Nrm. Exh. 1446 E pr den 4. März 1872.

Königl. Bayer. Pfälzische Eisenbahnen.

Bekanntmachung,

Specialbestimmungen zu dem Betriebsreglement der Eisenbahnen Deutschlands für den Verkehr der Pfälzischen Bahnen betr.

Im Nachstehenden werden die durch höchste Entschließung des k. Staatsministeriums des Handels und der öffentlichen Arbeiten vom 28. Dezember v. J. genehmigten Zusatzbestimmungen zu dem am 1. Januar l. J. auf den bayerischen Eisenbahnen in Kraft getretenen Betriebs Reglements für die Eisenbahnen Deutschlands (Kreis-Amtsblatt der Pfalz vom Jahre 1872 pag. 177 ff.) bekannt gegeben, welche neben diesem Reglement im internen Verkehre der Pfälzischen Eisenbahnen für die Beförderung von Personen rc. und Gütern zur Anwendung kommen.

Ludwigshafen, den 6. Februar 1872.

Die Direction der Pfälzischen Eisenbahnen.

v. Jaeger.

A.

Beförderung von Personen, Reisegepäck, Leichen, Fahrzeugen und lebenden Thieren.

I. Allgemeine Bestimmungen.

II. Besondere Bestimmungen.

a) Beförderung von Personen.

Zu § 7.

8. Tarifvorschriften A. und F.

Die Bestellung eines Extrazuges muß mindestens 24 Stunden vorher unter Angabe der Anzahl und Gattung der erforderlichen Wagen gemacht werden. Bei der Zurücknahme derselben bleibt der Besteller für die Kosten der Anordnung und Beischaffung des erforderlichen Fahrmaterials verhaftet.

Zu § 8.

Die Abonnementsbillets, welche auf den Namen des Inhabers ausgestellt werden, unterliegen den dafür gegebenen besonderen Bestimmungen.

Zu § 10.

Die einfachen Billets können zu jedem fahrplanmäßigen Zuge des durch Abstempelung darauf bemerkten Tages benützt werden; jedoch haben für die Schnellzüge nur die hiezu besonders bestimmten Billets Giltigkeit.

Retourbillets kommen nur bei den im Tarif angegebenen Stationen zur Anwendung. Dieselben haben Giltigkeit für den Tag der Ausgabe und den nächstfolgenden Tag in allen fahrplanmäßigen Zügen, soweit sie die entsprechende Wagenclasse führen, und es berechtigen demnach Retourbillets der 1. und 2. Classe auch zur Fahrt mit Schnellzügen.

Die Lostrennung der für die Hinfahrt giltigen Coupons der zweitheiligen Retourbillets darf nur vom Schaffner geschehen, einzelne getrennte Coupons haben für die Hinfahrt keine Giltigkeit.

Der Rückfahrtscoupon, welchem auf der Kehrseite der Datumsstempel beigefügt wird, wird erst auf der Rückfahrt coupirt und eingezogen. Die Reisenden haben sich hiebei stets selbst zu vergewissern, daß ihnen der richtige für die Rückfahrt bestimmte Coupon jeweils verbleibt.

Unter Beobachtung obiger Bestimmung für die einfachen Billets über die Vormerkung der verlängerten Giltigkeit und mit der gleichen Beschränkung bezüglich des Gepäcks darf die Fahrt bei Retourbillets innerhalb ihrer Giltigkeitsfrist nur je einmal bei der Hin- und Rückreise unterbrochen werden.

Wer in einem Schnellzuge mit einem Billet gewöhnlicher Fahrt betroffen wird, hat die in § 14 vorgesehene Taxe zu entrichten.

Die Reisenden sind verpflichtet, die Richtigkeit der Billets sofort bei der Empfangnahme zu prüfen.

Zu § 11.

Wer mit dem Billet einer niedrigeren Classe in einer höheren betroffen wird, hat die im § 14 vorgesehene Taxe zu entrichten.

Zu § 12.

Auf den Anfangsstationen eines Curses ist die Bestellung ganzer Wagenabtheilungen in 1. und 2. Classe gegen Lösung so vieler Fahrbillets, als die Abtheilung Plätze enthält, eine halbe Stunde vor Abgang des Zuges zulässig.

Den Inhabern ganzer Wagenabtheilungen ist gestattet, ein oder zwei Kinder unter 10 Jahren unentgeltlich mitfahren zu lassen.

Zu § 13.

Ist die Beförderung kranker Personen in einem Personenwagen nicht thunlich, so stellt die Bahnverwaltung hiefür gegen die im Tarife vorgesehene Taxe einen besonderen Transportwagen zur Verfügung.

S. Tarifvorschriften A. Abs. 3.

Zu § 14.

Reisende, welche durch Mitnahme von Hunden oder aus andern Gründen den Mitreisenden lästig werden, können jederzeit aus den Wartesälen ausgewiesen werden.

Unkenntlich gemachte Billets werden als ungiltig betrachtet.

Zu § 17.

Jeder Reisende ist verpflichtet, selbst darauf zu achten, daß er seinen Bestimmungsort nicht verfehle.

Zu § 21.

Für die Anschlüsse der Seitenlinien und Nachbarbahnen wird auch bei Verabfolgung directer Billets keine Verbindlichkeit übernommen.

b) Die Beförderung des Reisegepäcks.

Zu § 24.

S. Tarifvorschriften B.

Traglasten werden nach den hiefür gegebenen besonderen Bestimmungen und zwar ohne Garantie befördert.

Zu § 26.

Ein Freigewicht wird nicht gestattet.

Zu § 27.

Das Gewicht des Handgepäcks darf 20 Pfund nicht übersteigen.

Zu § 28.

Das Lagergeld beträgt per Tag und Stück 7 Kreuzer.

Zu § 29.

Für Handgepäck, welches Eisenbahnbediensteten zur Aufbewahrung übergeben wird, übernimmt die Bahnverwaltung keine Haftung.

Zu § 31.

Auf Haltestellen kann weder Interesse-Declaration noch Versicherung des Gepäcks stattfinden, auch wird das auf Haltestellen aufgenommene Gepäck bis zum Zeitpunkt der Expedirung als zum Transport übernommen nicht angesehen.

Zu § 33.

Nach Ablauf der festgesetzten Frist werden die Gegenstände durch die Bahnverwaltung veräußert und der Erlös zu Gunsten der Unterstützungskasse für die Angestellten der Pfälzischen Bahnen vereinnahmt.

c) Beförderung von Leichen.

Zu § 34.

S. Tarifvorschriften C.

Die Aufgabe findet mittelst Transportscheines bei der Güterexpedition statt.

Es bleibt dem Ermessen der Verwaltung vorbehalten, den Zug zu bestimmen, mit welchem die Beförderung stattfinden soll.

d) Beförderung von Equipagen und andern Fahrzeugen.

Zu § 35.

S. Tarifvorschriften D.

Equipagen ꝛc. mit Begleitung werden unter Vorausbezahlung der Fracht bei der Gepäckexpedition gegen Empfang eines Transportscheines zur Beförderung mit Personenzügen, ohne Begleitung bei der Gepäckexpedition mittelst Frachtbriefes zur Beförderung mit Güterzügen aufgegeben und kommen in beiden Fällen die Taxen des Equipagen- und Fahrzeuge-Tarifs zur Erhebung.

Die auf eigenen Rädern laufenden Eisenbahnfahrzeuge werden nur mittelst Frachtbriefes befördert.

Den Locomotiven und Tendern muß vom Versender ein Begleiter beigegeben werden, welcher für das Schmieren derselben zu sorgen hat und freie Fahrt erhält, soferne er auf jenen seinen Platz einnimmt.

Den Eisenbahnwagen kann ein Begleiter beigegeben oder ein solcher Seitens der Expedition gefordert werden, welcher freie Fahrt erhält, dann aber auch das Schmieren der Wagen auf Kosten des Versenders zu besorgen hat.

Fehlt ein Begleiter, so übernimmt die Verwaltung die Sorge für das Schmieren der Wagen, jedoch ohne Verantwortlichkeit für etwaiges Warmlaufen der Achslager und dessen Folgen.

Das Auf- und Abladen der Fahrzeuge ist durch den Aufgeber und Empfänger vorzunehmen, welche auch die zur Befestigung etwa erforderlichen Utensilien, wie Stränge, Unterlagen u. dgl. auf ihre Kosten zu beschaffen haben.

Zu § 36.

Das Standgeld beträgt 14 Kreuzer per Stück und Stunde.

c) Beförderung von lebenden Thieren.

Zu § 40.

C. Tarifvorschriften E.

Für kleineres Vieh xc., bei dessen Beförderung es der Begleitung nicht bedarf, kommt die Eilfrachttaxe nach dem Gewicht zur Erhebung.

Zu § 41.

Hunde müssen im Innern der Bahnhöfe an der Leine geführt und durch die Eigenthümer in die Hundebehälter gebracht und von da abgeholt werden.

Zu § 42.

Das Standgeld beträgt per Stück und Stunde 14 Kreuzer.

Zu § 43.

Das Standgeld beträgt 7 Kreuzer per Stück und Stunde.

B.

Beförderung von Gütern.

Zu § 2.

Ohne eine solche Erklärung des Versenders werden beispielsweise Zucker in losen Broden, Felle ohne Emballage in bloßer Umschnürung, nicht verpackte kleine Guß- und Eisentheile u. dgl. zur Beförderung nicht angenommen.

Cigarren und Fleischwaaren werden nur in verschnürter und versiegelter oder plombirter Verpackung übernommen.

Leere Säcke werden nur dann zur Beförderung angenommen, wenn die einzelnen Colli mit starker Schnur kreuzweise umwickelt und mit dauerhaft befestigten Etiquetten von Holz oder starkem Pappdeckel versehen sind, auf welchen die in den Frachtbrief eingestellte Signatur der Colli deutlich angegeben ist.

Fässer mit Flüssigkeiten sind am Spund- und Zapfloche zu verblechen; ausgenommen hievon sind Gebinde mit Bier; Fässer, in welchen Most, oder noch nicht vergohrener neuer Wein versendet wird, dürfen nicht luftdicht verschlossen und müssen mit zweckmäßigen Büchsen von Blech oder Holz, welche den Austritt der Luft aus den Fässern zulassen (Mostpfeifen) versehen sein.

Gefüllte Fässer, deren Beschaffenheit bei der Aufgabe aus irgend einem Grunde, namentlich wegen Schmutzes u. dgl. nicht erkennbar ist, insbesondere beschmutzte Oel- und Syrupfässer, werden nur dann zum Transport zugelassen, wenn der Versender die nicht erkennbare Beschaffenheit der Fässer im Frachtbriefe anerkennt.

Güter, welche nicht verpackt sind und sich zum Zusammenladen mit anderen Gegenständen nicht eignen, wie z. B. einige Arten Abfälle, Dünger, Erden, Erze, Steine, Brennmaterialien, Tabak in Büscheln, Langholz, Heu u. s. w., werden nur in ganzen Wagenladungen übernommen.

Zu § 3.

Zu I. Nr. 2. Postzwangspflichtig sind:

alle versiegelten oder sonst verschlossenen Briefe, Briefpackete und Zeitungen.

Werden nicht postzwangspflichtige Gegenstände nach dem Auslande, in welchem sie dem Postzwange unterliegen, aufgegeben, so hat die Grenzstation das Recht, dieselben unter Erhebung der bis dahin erwachsenen Fracht und Spesen an einen Spediteur zur Weiterbeförderung mit der Post auf Gefahr des Absenders abzugeben.

Zu II. A. 12. Die Beförderung von Gold- und Silberbarren, Platina, Edelmetall und gemünztem Geld wird unter nachstehenden Bedingungen übernommen.

1. Die Aufgabe der Sendungen muß stets mit einem Eilgutfrachtbriefe erfolgen.

2. Jeder Transport muß mindestens 12 Tagesstunden vor der Aufgabe unter Vorlage einer Abschrift des Fracht-

briefes bei der Versandt-Expedition angemeldet und zu der von dieser zu bestimmenden Zeit aufgeliefert werden.

3. Das Gut wird nur in dauerhaften, fest verschlossenen Fässern oder Kisten, von welchen jede mindestens 30 Pfund wiegen muß, angenommen.

Die Colli müssen versiegelt, die Siegel in einer Versenkung, überhaupt so angebracht sein, daß weder eine Entfernung des Inhalts ohne Verletzung derselben stattfinden kann, noch deren Beschädigung bei der Handhabung oder durch den Transport zu befürchten steht.

Der Frachtbrief muß einen Abdruck des Siegels enthalten.

4. Die Sendungen sind zu ihrem vollen Werthe durch Angabe desselben auf dem Frachtbriefe zu versichern. Als Frachtzuschlag wird neben der Eilfrachttaxe $^1/_{10}$ pro Mille (somit für je 100 Gulden = 0,6 kr.) unter Abrundung des zu erhebenden Betrages auf ganze Groschen und mit einer Minimaltaxe von 30 Kreuzer erhoben.

5. Der Adressat hat das Gut innerhalb 2 Stunden nach Ankunft am Bestimmungsorte gegen Legitimation, Frachtzahlung und Quittungsleistung abzunehmen.

Bei nicht rechtzeitiger Abnahme des Gutes hat derselbe zur Deckung der Kosten einer besonderen Bewachung desselben für jede angefangene Stunde der Verspätung und pro angefangene 1000 Gulden der Sendung 3 Kreuzer Conventionalstrafe, in minimo 1 Gulden als Lagergeld zu zahlen.

6. Die Empfangsstation hat das Gut sofort nach dessen Eingang dem Adressaten zu avisiren; doch wird auch dem Versender zur Pflicht gemacht, den Adressaten von dem Eintreffen rechtzeitig per Telegraph oder auf andere Weise in Kenntniß zu setzen.

Im Falle der Begleitung des Transportes ist dem Begleiter, welcher ein Fahrbillet zu lösen hat, ein von der Versandt-Expedition abzustempelnder Duplicat-Frachtbrief mitzugeben und wird das Gut dann nur gegen Rückgabe desselben ausgeliefert.

Ohne Werthangabe kann Geld auch als Gepäck aufgegeben und behandelt werden, wenn es der Aufgeber bei sich behalten will und das Unterbringen der Colli im Personenwagen nach Größe und Verpackungsweise derselben zulässig ist. In diesem Falle bleibt das Geld gegen Vorausablieferung des Gepäckscheines in Verwahrung der Reisenden und hört damit alle Verantwortlichkeit der Bahn auf.

Der Transport in Extrazügen bleibt besonderer Verständigung zwischen dem Versender und der Bahnverwaltung vorbehalten.

Zu II. A. 13. Gemälde und andere Kunstgegenstände, deren Werth in den Frachtbriefen angegeben ist, sind von der Beförderung ausgeschlossen.

Zu II. C. Siehe Tarifvorschriften I. 2. l.

Für leere Kisten, Körbe, Ballons in Körben und sonstige Fastagen, welche zu ermäßigten Sätzen nur gelegentlich befördert werden, sowie alle nur bedingungsweise zum Transport zugelassenen Gegenstände werden die gewöhnlichen Lieferfristen verdoppelt.

Zu II. Die Aufgabe aller nur bedingungsweise zur Beförderung zugelassenen Gegenstände als Bahnhofrestant-Gut ist nicht zulässig.

Zu § 4.

Bei Gütern, welche durch den Versender zu verladen sind, erfolgt die Abstempelung des Frachtbriefes erst nach vollständig vollendeter Verladung.

Zu § 5.

Zu Ziffer 2. Der Frachtbrief liefert der Bahn gegenüber keinen Beweis über den Inhalt der Colli.

Besondere Clauseln über die Verladungs- und Beförderungsweise, welche in den Frachtbriefen enthalten sind, wie z. B. „Tonnen aufrecht zu stellen“, „Gut vor Sonne zu schützen“, haben für die Eisenbahn keine Verbindlichkeit.

Zu Ziffer 2 al. 2: Als unzulässig werden namentlich solche Frachtbriefe zurückgewiesen:

a) welche theilweise versiegelt oder sonst verschlossen sind,

b) auf deren Adresse zwei oder mehr Eisenbahnstationen genannt sind, ohne daß klar ersichtlich ist, auf welcher derselben das Gut ausgeliefert werden soll,

c) Frachtbriefe mit irgendwie undeutlichem oder unvollständigem Inhalte, insbesondere mit Correcturen, Rasuren oder auslöschbaren (z. B. mit Bleistift geschriebenen) Einträgen;

Correcturen der Gewichtsangaben werden ausnahmsweise zugelassen, wenn die richtig gestellte Zahl mit Worten ausgedrückt und vom Absender unterschriftlich beglaubigt ist;

d) Frachtbriefe, nach welchen das Gut über einen Theil der Transportstrecke als Eilgut und über einen andern als Frachtgut gehen soll (siehe Zus.-Best. zu § 11 Ziff. 2);

e) Frachtbriefe, welche sonstigen Bestimmungen des gegenwärtigen Paragraphen oder anderen Vorschriften des Reglements widersprechen.

In den sub a—e genannten Fällen wird auch das mit den unzulässigen Frachtbriefen ausgelieferte Gut zurückgewiesen oder es bleibt bis zum Eingange des vervollständigten oder berichtigten neuen Frachtbriefes auf Gefahr des Aufgebers liegen und hat derselbe nach Ablauf der ersten 24 Stunden von der Aufgabezeit das nach den Bestimmungen des § 15 zu berechnende Lagergeld zu entrichten.

Zu Ziff. 3. Der Inhalt der Colli muß in dem Frachtbriefe speciell, der Natur des Gutes entsprechend, benannt sein. Frachtbriefe mit nur allgemeinen Bezeichnungen, wie „Effecten", „Chemikalien", „ätherische Oele", „Kaufmannsgut", „Meßgut", „Heirathsgut", „Steuergut" u. dgl. werden zurückgewiesen.

Die genaue Angabe der Adresse ist insbesondere bei Sendungen nach größeren Städten unerläßlich. Frachtbriefe zu Sendungen nach letzteren Orten müssen auch die Wohnung des Adressaten angeben.

Für Irrthümer und ihre Folgen, die aus mangelhaften oder undeutlichen Adressen entstehen, kommt die Eisenbahnverwaltung nicht auf.

Ist der Absender an dem Stationsorte, wo er die Güter aufgibt, nicht ansässig, so hat er seiner Unterschrift im Frachtbriefe seinen eigentlichen Wohnort beizufügen.

Wird bei der Anlieferung von gar nicht oder mangelhaft gezeichneten Güterstücken das Signiren derselben durch die Expedition verlangt, so ist für jedes zu signirende Colli eine Gebühr von 2 Kreuzer zu entrichten.

Zu Ziff. 4. Bei unrichtiger Angabe des Gewichtes oder Inhaltes wird außer der Nachzahlung der etwa verkürzten Fracht vom Abgangs- bis zum Bestimmungsorte als Conventionalstrafe der fünffache Betrag der nachzuzahlenden Fracht erhoben. Wie für die Fracht, so haftet auch für die Conventionalstrafen das Frachtgut als Pfand.

Zu Ziff. 5. Die Ausstellung eigener Aufnahmsscheine findet nicht statt.

Bei Gütern, welche Versender oder Empfänger selbst auf- und abzuladen haben, wird über Gewicht und Menge eine Bescheinigung nicht ertheilt.

Zu Ziff. 7. Frachtbriefe, welche den unter Ziff. 7 getroffenen Bestimmungen entgegen keine Eisenbahnstation bezeichnen, werden unbedingt zurückgewiesen.

Zu Ziff. 8. Für die Ausfertigung eines Frachtbriefes durch die Güter-Expedition sind incl. Formular 3 kr. zu vergüten, für Anfertigung eines Duplicates wird 1 Kreuzer berechnet.

Zu § 6.

Außer den Zoll- und Steuerpapieren muß auch der Zoll- bezw. Bleiverschluß nach Ort und Zahl im Frachtbriefe genau verzeichnet sein.

Güterstücke, deren zollamtlicher Verschluß verletzt

oder mangelhaft ist, werden zum Transporte nicht angenommen, sondern sogleich an den Aufgeber zurückgewiesen.

Die Anmeldung unter zollamtlichem Verschlusse angekommener Güter bei der betr. Zollbehörde am Orte der Bestimmung ist lediglich Sache des Empfängers. Die unter zollamtlichem Verschlusse angekommenen Stücke nebst den begleitenden Urkunden werden jedoch nur an bekannte und am Stationsorte ansässige Empfangsberechtigte, gegen besondere Bescheinigung abgegeben, und sind die Empfänger verpflichtet, dieselben unmittelbar dem competenten Zollamte vorzuführen.

Unter zollamtlichem Verschlusse angekommene Stücke, welche an unbekannte oder am Empfangsorte nicht ansässige Empfänger adressirt sind, werden nebst den dazu gehörigen Urkunden dem competenten Zollamte durch die Verwaltung auf Kosten der Empfänger zugeführt.

Auf Stationen, woselbst sich eine Zollstelle im Bahnhofe befindet, übergibt die Güterexpedition sofort unmittelbar die unter Zollcontrole angekommenen Güter nebst den zugehörigen Papieren der Zollbehörde und setzt den Adressaten durch Avis von der Ankunft des Gutes behufs Erledigung der Zollformalitäten und Empfangnahme desselben in Kenntniß.

Für die Besorgung der Zollformalitäten und Anfertigung der erforderlichen Zollbegleitpapiere durch die Expeditionen wird eine nach besonderem, in den Expeditionslocalen aufliegenden Tarife zu berechnende Gebühr erhoben.

Zu § 7.

1. Die Fracht für Transporte zwischen den Stationen der Pfälzischen Eisenbahnen wird nach dem Frachtbriefe in Verbindung mit den Tarifvorschriften und dem Waarenverzeichnisse berechnet.

2. Ueber das Abholen und die Zustellung der Güter siehe Tarifvorschriften Ziff. II.

3. Sendungen unter $^1/_2$ Centner werden stets für $^1/_2$ Centner berechnet. Als Minimaltaxe für eine Sendung in Eilfracht werden 12 kr., für eine Sendung in gewöhnlicher Fracht 6 kr. erhoben.

4. Die Ermittelung des Gewichtes geschieht in der Regel durch wirkliche Verwiegung auf der Versandtstation; bei den in Anlage D bezeichneten Gütern kann dieselbe auch durch Berechnung nach den dort angegebenen Normalsätzen erfolgen, was jedoch nur dann zulässig ist, wenn eine Verwiegung nicht stattfinden kann.

5. Wägegeld wird erhoben:

a) wenn die Nachwiegung auf ausdrückliches Verlangen des Versenders oder Empfängers erfolgt.

b) wenn bei dienstlicher Nachwiegung eine unrichtige Gewichtsdeclaration constatirt wird.

Als Wägegeld ist bei Einzelgut für jeden angefangenen Centner 1 Kreuzer und für eine Wagenladung der Betrag von 15 Kreuzern zu entrichten.

Das am Wagen angeschriebene Gewicht desselben wird bei Verwiegung des geladenen Wagens als giltige Tara Seitens der Bahn angenommen.

6. Enthält ein Frachtbrief Güter verschiedener Tarifsätze, ohne daß sie dem Gewichte nach getrennt sind, so wird von dem Gesammtgewichte der höchste dieser Tarifsätze erhoben; sind zwei oder mehrere Arten einer Gütergattung verschieden tarifirt und der Frachtbrief bezeichnet nicht genau die Art, so wird die Fracht nach dem höheren Tarifsatze berechnet und überhaupt in sonstigen Zweifelsfällen über die Classification stets der höchste der betreffenden Tarifsätze angewendet.

7. Im Falle der Ueberlastung eines vom Versender beladenen Wagens ist außer dem Ersatze des dadurch etwa herbeigeführten Schadens und außer der Nachzahlung der verkürzten Fracht vom Abgangs- bis zum Bestimmungsorte der fünffache Betrag der nachzuzahlenden Fracht als Conventionalstrafe zu entrichten.

Wird die Ueberlastung auf der Versandt- oder einer Unterwegsstation entdeckt, so hat die Eisenbahn das Recht, das Mehrgewicht auf Kosten und Gefahr des Versenders oder des Empfängers abwerfen und für die Lagerung das zu § 15 des Reglements festgesetzte Lagergeld mit einem Minimalbetrage von 1 Gulden erheben zu lassen.

Welche Güter von den Versendern bezw. Empfängern auf- und abzuladen sind, ist in den Tarifvorschriften Ziff. III bestimmt.

Zu § 8.

Bei der Aufgabe müssen beispielsweise folgende Gegenstände frankirt werden:

Fleisch, frische Würste und Därme, Fische, Austern, Krebse, Geflügel, Wildpret, Hefe, Bierzeug, lebende Blumen und Eis, sowie auch lebende Thiere; außerdem im Winter (vom 1. October bis 1. April) alle dem raschen Verderben durch Frost unterliegenden Gegenstände, wie frisches Obst, Kartoffeln u. dgl.

Auch für zu versendende gebrauchte Emballagen, wie leere Kisten, Körbe, Ballons in Körben und sonstige Fastagen muß die Fracht bei der Aufgabe entrichtet werden, sofern der Werth dieser Güter nach dem Ermessen der übernehmenden Expedition die Hin- und Rückfracht nicht sicher deckt.

Versender und Empfänger sind zur Nachzahlung zu wenig erhobener Fracht verpflichtet.

Zu § 9.

Die Provision beträgt ¼ % vom Betrage der Nachnahme.

Die zu erhebenden Provisionsbeträge werden wie die Frachten abgerundet.

Als niedrigster Provisionsbetrag werden 3 kr. erhoben.

Nachnahmebeträge von 18 kr. und darunter, sowie Nachnahmen tarifmäßiger Nebengebühren, als Roll-, Wäge-, Lagergelder u. s. w., sind provisionsfrei.

Die Nachnahmen der Aufgeber werden denselben baar verabfolgt, sobald die Aufgabestation von der Bestimmungsstation über die erfolgte Zahlung benachrichtigt ist.

Die Nachnahmebeträge müssen in dem Frachtbriefe mit Buchstaben ausgedrückt sein.

Zu § 10.

Güter, welche nach dem Tarife der Wagenladungsclassen zu befördern sind, sollen vor dem Verbringen auf die Station bei der betreffenden Expeditionsstelle angemeldet werden. Von und nach Haltestellen können keine Wagenladungen, sondern nur solche Güter zum Transporte angenommen werden, welche leicht in Unterwegswagen ein- und ausgeladen werden können.

Größere Partien und schwere Güterstücke sind an die zunächst gelegenen größeren Stationen zu verweisen.

Zu § 11.

Für die Uebernahme und Abgabe von Gütersendungen sind die Expeditionslocale vom 1. April bis 30. September von 7 Uhr Morgens bis 7 Uhr Abends, vom 1. October bis 31. März von 8 Uhr Morgens bis 6 Uhr Abends mit Ausschluß einer durch Anschlag in den Expeditionslocalen bestimmten Mittagszeit dem Publikum geöffnet.

Die Expedition einer Sendung auf einem Theile der Beförderungsstrecke als Eilgut und auf einem andern Theile als Frachtgut ist unzulässig. (Siehe Zus.-Best. zu § 5.)

Gegenstände, deren Beschaffenheit, Form, Umfang oder Gewicht nach dem Ermessen der Expedition des Aufgabeortes die Beförderung mit den Personenzügen nicht thunlich macht, werden als Eilgut nicht angenommen.

Die Bestellung von Wagen hat mittelst bestimmter Anmeldezettel zu erfolgen, welche die Anzahl der bestellten Wagen, die Centnerzahl und Gattung der Ladung, sowie den Bestimmungsort enthalten und vom Besteller unterzeichnet sein müssen.

Die Beladung der Wagen muß vom Versender bezw. Besteller innerhalb 24 Stunden von der Bereitstellung an vollzogen sein. Die Güter der Specialtarife, sowie Steinkohlen und Coaks müssen jedoch innerhalb 6 Tagesstunden nach der Bereitstellung vollständig verladen sein. Unter Tagesstunden ist die Zeit von 7 Uhr Vor- bis 7 Uhr Nachmittags verstanden. Es bleibt vorbehalten, diese kürzere Beladungsfrist auch für Güter anderer Tarifclassen festzusetzen und nöthigenfalls noch zu verringern.

Zu § 12.

Als Lieferfristen gelten die reglementsmäßigen Maximallieferfristen.

Der Lauf der Lieferfristen ruht auch an allen Sonn- und gesetzlichen Feiertagen nach Ankunft des Gutes auf der Bestimmungsstation, sowie während der Andauer von Hindernissen, welche die Eisenbahnverwaltung nicht beseitigen konnte.

Zu § 13.

Außer den etwa erwachsenen Spesen können für das Auf- und Abladen je 1/3 Kreuzer für jeden angefangenen Centner mit einem Minimalbetrage von 3 kr. erhoben werden.

Verlangt in dem betr. Falle der Aufgeber die Rücksendung des Gutes, so hat er auch für den Rückweg die tarifmäßige Fracht zu entrichten.

Die Eisenbahn ist befugt, falls der Bahntransport durch Naturereignisse oder sonstige Zufälle, wie Kriegsereignisse u. dgl., zeitweilig gehindert ist, nach ihrer Wahl entweder als Spediteur das Gut weiter zu befördern oder vom Vertrage zurückzutreten, bezw. mit dem Gute so zu verfahren, wie im § 16 für uneinbringliche Güter vorgeschrieben ist.

Zu § 14.

Nachträglichen Anordnungen des Versenders wird die Bahn unter den in Abs. 1 und 2 dieses § vorgesehenen Voraussetzungen ohne Weiteres und insbesondere ohne Ausstellung eines neuen Frachtbriefes Folge leisten, sofern dieselben auf Rücksendung und Rückgabe des Gutes oder aber auf Abgabe an einen anderen Empfänger am nämlichen Bestimmungsorte lauten. Im ersteren Falle ist die Hin- und Rückfracht für die etwa schon zurückgelegte Transportstrecke, sowie ein nach den Bestimmungen des § 15 zu berechnendes Reugeld zu entrichten.

Ist dagegen die Beförderung an einem andern Bestimmungsort beabsichtigt, so muß der Versender die Waare erst am ursprünglichen Bestimmungsorte oder am Aufgabsorte gegen Entrichtung der darauf haftenden Taxen in Empfang nehmen und dieselbe sodann mit neuem Frachtbriefe aufgeben.

Ueber An- und Abfuhr der Güter siehe Tarifvorschriften Ziff. II.

Die Avisirung der Güter erfolgt längstens binnen 24 Stunden nach Ankunft derselben auf der Bestimmungsstation, insoferne solche überhaupt eintritt, und ist diese Avisirungsfrist gewährt, sobald innerhalb derselben die schriftliche Nachricht über die Ankunft der Güter (Avis) dem Boten, der Post oder der sonst üblichen Gelegenheit oder in der Behausung oder dem Geschäftslocale der am Bestimmungsorte selbst wohnenden Empfänger übergeben ist.

Die Kosten der Avisirung trägt der Empfänger.

Ueber die Frist zur Abholung der Bahnhof restante gestellten Güter siehe Zus.-Best. zu § 15.

Die Fristen, binnen welchen Güter, deren Abladen von den Wagen durch die Empfänger selbst zu besorgen ist, auszuladen und abzuholen sind, wird ebenfalls auf 24 Stunden festgesetzt und sind die Güter im Laufe dieser Frist während der vorgeschriebenen Geschäftsstunden zu beziehen.

Die Frist zur Entladung und Abführung der Güter der Specialtarife, sowie von Steinkohlen und Coaks wird jedoch auf 6 Tagesstunden (siehe Zus.-Best. zu § 11) festgesetzt. Außerdem bleibt es der Verwaltung vorbehalten, diese kürzere Beladungsfrist auch für Güter anderer Tarifclassen einzuführen und nöthigenfalls auch zu verringern.

Die Fristen, welche zum Abholen der Güter oder zur Entladung der hiezu bereit gestellten Wagen, bezw. zum Wegführen der vom Empfänger selbst zu entladenden Güter bestimmt sind, laufen von der Zeit der Uebergabe der Benachrichtigung über Ankunft dieser Güter an den Boten, die Post, bezw. die sonst übliche Gelegenheit oder von der Zeit der Abgabe der Benachrichtigung in der Behausung oder dem Geschäftslocale der am Stationsorte selbst wohnenden Empfänger an.

Für besonders verlangte Gewichtsermittelung der angekommenen Güter wird das nach den Bestimmungen des § 7 zu berechnende Wägegeld erhoben.

Zu § 15.

Das Reugeld, welches (neben der tarifmäßigen Fracht für die von dem Gute etwa zurückgelegte Strecke) in dem Falle zu erheben ist, wenn vom Absender die Zurückgabe der Güter verlangt wird, beträgt 3 Kreuzer per Centner, jedoch in maximo die Hälfte der Fracht für die vom Gute nicht zurückgelegte Bahnstrecke.

Die Berechnung der unter Ziff. 2 vorgesehenen Conventionalstrafe und des Lagergeldes tritt ein, wenn innerhalb 24 Stunden bezw. 6 Tagesstunden (Zus.-Best. zu § 11) von Bereitstellung der Wagen an die Verladung nicht vollständig und ordnungsmäßig vollzogen und die Güter zur Abfertigung gebracht sind.

Die Berechnung der Conventionalstrafe für nicht entladene, zur Entladung bereit gestellte Wagen und die Berechnung des Lagergeldes beginnt sofort, wenn innerhalb der in § 14 angegebenen bezw. vorbehaltenen Fristen die zur Entladung bereit gestellten Wagen nicht vollständig entladen und die zur betreffenden Sendung gehörenden Güter nicht vollständig vom Bahnhofe abgeführt sind.

Die Berechnung des Lagergeldes und der Wagenstrafmiethe für die unter Ziff. 5 genannten Güter beginnt nach Ablauf von 24 bezw. 6 Stunden nach Ankunft derselben.

Nicht an der Station wohnende Empfänger haben

keinen Anspruch auf Verlängerung der Entladungsfristen, müssen daher für ihre rechtzeitige Benachrichtigung durch die Absender Sorge tragen oder das Gut an eine an der Station wohnende Person adressiren lassen, beziehungsweise eine solche zur Empfangnahme des Avisbriefes und des Gutes bei der Güterexpedition legitimiren.

Das Lagergeld beträgt für jeden angefangenen Centner und für jeden auch nur begonnenen Tag 1 Kreuzer und wird auch dann berechnet, wenn die Güter haben im Freien lagern müssen. Der geringste als Lagergeld zu erhebende Betrag ist 3 Kreuzer.

An Wagen-Strafmiethe ist für jeden blos angebrochenen oder verstrichenen Tag pro Wagen 1 Gulden 45 Kreuzer zu entrichten.

Die Eisenbahnverwaltung kann überdies bei Verzögerung der begonnenen Beladung durch die Versender oder der Abladung durch die Empfänger die Entladung der Wagen auf Kosten derselben vornehmen lassen oder einen Spediteur damit beauftragen; bewirkt sie die Entladung selbst, so wird für jeden angefangenen Centner ½ Kreuzer berechnet.

Die nach den Bestimmungen dieses Paragraphen zur Erhebung kommenden Gebühren haften als Spesen auf dem Gut.

Zu § 16.

Die Frist, innerhalb deren Bahnhof-restant-Güter abzuholen sind und nach deren Ablauf dieselben daher auf Gefahr und Kosten des Versenders lagern, wird auf 24 Stunden nach der Ankunft festgesetzt.

Die Verweigerung der Annahme hat der Adressat sogleich bei Vorzeigung des Frachtbriefes auf demselben unter Angabe des Grundes schriftlich zu erklären.

Reicht im Falle des Verkaufes (al. 3 und 4) der Erlös zur Deckung der Fracht u. s. w. nicht hin, so ist der Versender zur Zahlung des verbleibenden Restes verpflichtet.

Zu § 17.

Ansprüche wegen Ersatzleistung sind bei der Direction oder bei der Empfangs- bezw. Versandtstation — immer aber schriftlich — anzubringen.

Zu § 22.

Ueber die Bedeckung der Güter, sowie deren Beförderung in offenen Wagen siehe Tarifvorschriften Ziff. IV.

Welche Güter von den Absendern, bezw. Empfängern, auf- und abzuladen sind, bestimmen die Tarifvorschriften. (Ziff. III.)

Bezüglich des den Fahrzeugen der Eisenbahn zugefügten Schadens haften die Absender und Empfänger für ihre Leute und für andere Personen, deren sie sich beim Auf- und Abladen bedienen.

Zu den Gefahren, welche durch die Begleitung der Güter abgewendet werden sollen, sind alle diejenigen zu rechnen, welche nicht aus einer von der Eisenbahn zu vertretenden Beschädigung oder gewaltsamen Behandlung des zum Transport benützten Fahrzeuges entstehen.

Zu § 23.

Durch die höhere Werthdeclaration wird ein Anspruch auf Entschädigung für solche Verluste und Beschädigungen, für welche nach den Bestimmungen des Reglements überhaupt keine Entschädigung gewährt wird, nicht begründet.

Der Frachtzuschlag wird von je 3 zu 3 Kreuzern abgerundet. Zur Berechnung desselben wird der Betrag des declarirten Werthes auf je volle 100 fl. aufwärts abgerundet. Als Minimalzuschlag kommen 3 Kreuzer zur Erhebung.

Die Werthdeclaration wird nur dann als verbindlich angesehen, wenn die Werthsumme im Frachtbriefe an der dazu bestimmten Stelle mit Buchstaben eingeschrieben ist.

Aus der Angabe eines höheren Werthes auf den Frachtbriefen an der dazu bestimmten Stelle folgt unter allen Umständen und selbst in den Fällen, in welchen der Zusatz gemacht ist:

„Versichert bei der N. N. Gesellschaft" die Verpflichtung der Versender, bezw. Empfänger, zur Zahlung der reglementsmäßigen Vergütung und zwar unbeschadet der für die Eisenbahn aus der gedachten Versicherung bei der N. N. Gesellschaft erwachsenden Rechte.

Von der Werthversicherung sind Güter, welche ohne Garantie oder blos gegen Revers nach Anlage A übernommen werden, sowie solche, die dem schnellen Verderben unterliegen, wie Fleisch, frische Würste, Fische, Geflügel, Austern, Krebse, Wildpret, Hefe, Bierzeug, lebende Blumen und Eis ausgeschlossen.

Zu § 25.

Der Frachtzuschlag beträgt für je 5 Gulden der declarirten Summe, angefangene 5 Gulden für voll gerechnet, $^1/_4$ Kreuzer, Bruchkreuzer werden für voll gerechnet, der geringste Frachtzuschlag beträgt 3 Kreuzer.

Ist ein Interesse rechtzeitiger Lieferung declarirt, so gilt letztere als gewahrt, wenn das Gut rechtzeitig avisirt wurde.

Dienstesnachrichten.

Seine Majestät der König haben, zufolge höchsten Rescriptes des k. Staatsministeriums des Innern für Kirchen- und Schulangelegenheiten vom 24. Februar 1872, allergnädigst geruht, den Sprachlehrer M. Cölestin Colin an der Gewerbschule zu Landau in der Pfalz zum wirklichen Lehrer der neueren Sprachen an der genannten Anstalt, vom 1. März 1872 an, in widerruflicher Weise zu ernennen.

Seine Majestät der König haben gemäß höchster Entschließung des k. Staatsministeriums der Finanzen vom 25. Februar 1872 Allergnädigst zu genehmigen geruht, daß der Steuer- und Gemeinde-Einnehmer Oswald Arnold von Rodalben wegen Krankheit und hierdurch herbeigeführter Functions-Unfähigkeit von seiner bisherigen Stelle — unter Vorbehalt der Wiederverwendung für den Fall wiederkehrender Functionsfähigkeit — enthoben werde.

Durch höchste Entschließung des k. Staatsministeriums des Innern für Kirchen- und Schulangelegenheiten vom 2. März 1872 wurde der geprüfte Lehramts-Candidat und dermalige Gymnasial-Assistent zu Schweinfurt, Carl Roth, zum Studienlehrer an der isolirten Lateinschule in Pirmasens ernannt.

Durch Beschluß k. Regierung der Pfalz, Kammer des Innern, vom 5. März 1872, wurden die Functionen eines katholischen Distrikts-Schulinspectors für den Kanton Otterberg dem k. katholischen Pfarrer Carl Cremer in Otterberg übertragen.

Durch Beschluß k. Regierung der Pfalz, Kammer des Innern, vom 5. März 1872, wurde der k. protestantische Pfarrer Sturz zu Zweibrücken auf sein Ansuchen von der Function eines protestantischen Distrikts-Schulinspectors für den Kanton Zweibrücken enthoben und dieselbe dem k. protestantischen Pfarrer Candidus in Breitfurt übertragen.

Durch Beschluß der k. Regierung der Pfalz, Kammer des Innern, vom 2. März 1872, wurde der israelitische Lehrer Jakob Eisemann von Blieskastel zum Lehrer an der obern israelitischen Schule zu Jugenheim, vom 20. März 1872 an, ernannt.

Pfälzische Eisenbahnen.

pr. den 15. März 1872.

Betriebs-Ergebniß.

Ergebniß	Personen-Transport.			Güter-Transport.				Kohlen-Transport.			Gesammt-Einnahme	
	Frequenz	Einnahme		Centner	Pf.	Einnahme		Centner	Einnahme			
		fl	kr			fl	kr		fl	kr	fl	kr
im Februar 1872 .	203813	144294	46	2532606	80	205102	42	2100582	190014	7	539411	35
" " 1871 .	196221	123679	34	2179386	50	203275	2	1943660	175401	17	502355	53
Differenz	7392 mehr.	20615 mehr.	12	353220 mehr.	30	1827 mehr.	40	156922 mehr.	14612 mehr.	50	37055 mehr.	42
in den verflossenen 2 Monaten des Jahres 1872	417770	291963	20	4785627	90	398499	40	4273924	392080	28	1082543	28
in den gleichen Mon. 1871	422454	266924	35	3632535	50	368178	2	3859107	352724	42	987827	19
Differenz	4678 weniger.	25038 mehr.	45	1153092 mehr.	40	30321 mehr.	38	414817 mehr.	39355 mehr.	46	94716 mehr.	9

Königlich Bayerisches

Kreis-Amtsblatt der Pfalz.

№ 26. Speier, den 19. März 1872.

Inhalt:

Bekanntmachung,

den Abschluß eines Vertrages zwischen Bayern und Württemberg einerseits und Italien andererseits, wegen gegenseitigen Schutzes der Rechte an literarischen Erzeugnissen und Werken der Kunst betr.

Staatsministerium des Königlichen Hauses und des Aeußern.

Nachdem Seine Majestät der König der am 28. Juni 1870 zwischen Bayern und Württemberg einerseits und Italien andererseits abgeschlossenen Uebereinkunft wegen gegenseitigen Schutzes der Rechte an literarischen Erzeugnissen und Werken der Kunst die Allerhöchste Genehmigung zu ertheilen geruht haben, und die Auswechslung der Ratificationen stattgefunden hat, so wird diese Uebereinkunft aus besonderer Ermächtigung Seiner Majestät des Königs durch den nachstehenden Abdruck mit dem Beifügen zur öffentlichen Kenntniß gebracht, daß die vereinbarten Bestimmungen nach getroffener Abrede im Königreiche Bayern mit dem 15. dieses Monats in Wirksamkeit treten.

München, den 1. März 1872.

Auf Seiner Königlichen Majestät Allerhöchsten Befehl:

Graf von Hegnenberg-Dux.

Durch den Minister:
Der General-Secretär
Ministerialrath Dr. Pretzl.

Uebereinkunft

zwischen

Bayern und Württemberg einer- und Italien andrerseits, wegen gegenseitigen Schutzes der Rechte an literarischen Erzeugnissen und Werken der Kunst.

Vom 28. Juni 1870.

Seine Majestät der König von Bayern und Seine Majestät der König von Württemberg einer- und Seine Majestät der König von Italien andrerseits, gleichmäßig von dem Wunsche beseelt, im gemeinsamen Einverständniß solche Maßregeln zu treffen, welche Ihnen zum gegenseitigen Schutze der Rechte an literarischen Erzeugnissen und Werken der Kunst vorzugsweise geeignet erschienen sind, haben den Abschluß einer Uebereinkunft zu diesem Zwecke beschlossen und zu Ihren Bevollmächtigten ernannt, nämlich:

Seine Majestät der König von Bayern den Herrn Wilhelm Ritter von Doenniges, Allerhöchstihren außerordentlichen Gesandten und bevollmächtigten Minister am königlich italienischen Hofe, und

Seine Majestät der König von Württemberg den Herrn Adolph Freiherrn von Ow, Allerhöchstihren außerordentlichen Gesandten und bevollmächtigten Minister am königlich italienischen Hofe, und

Seine Majestät der König von Italien den Herrn Emil Ritter Visconti Venosta, Mitglied des Parlaments und Allerhöchstihren Minister der auswärtigen Angelegenheiten,

welche nach Austausch ihrer in guter und gehöriger Form befundenen Vollmachten über nachstehende Artikel übereingekommen sind.

Artikel 1.

Die Urheber von Büchern, Broschüren und anderen Schriften, von musikalischen Compositionen und Arrangements, von Werken der Zeichenkunst, der Malerei, der

Bildhauerei, des Kupferstichs, der Lithographie und allen anderen ähnlichen Erzeugnissen aus dem Gebiete der Literatur oder Kunst sollen in jedem der genannten Länder gegenseitig sich der Vortheile zu erfreuen haben, welche daselbst dem Eigenthum an Werken der Literatur oder Kunst gesetzlich eingeräumt sind oder eingeräumt werden. Sie sollen denselben Schutz und dieselbe Rechtshilfe gegen jede Beeinträchtigung ihrer Rechte genießen, als wenn diese Beeinträchtigung gegen die Urheber solcher Werke begangen wäre, welche zum ersten Mal in dem Lande selbst veröffentlicht worden sind.

Es sollen ihnen jedoch diese Vortheile gegenseitig nur so lange zustehen, als ihre Rechte in dem Lande, in welchem die erste Veröffentlichung erfolgt ist, in Kraft sind und sie sollen in dem anderen Lande nicht über die Frist hinaus dauern, welche für den Schutz der einheimischen Autoren gesetzlich festgestellt ist.

Artikel 2.

Es soll gegenseitig erlaubt sein, in jedem der genannten Länder Auszüge aus Werken, welche zum ersten Mal in dem anderen Lande erschienen sind, zu veröffentlichen, vorausgesetzt, daß diese Veröffentlichungen ausdrücklich für den Schulgebrauch oder Unterricht bestimmt und eingerichtet und in der Landessprache mit erläuternden Anmerkungen oder mit Uebersetzungen zwischen den Zeilen oder am Rande versehen sind.

Artikel 3.

Der Genuß des im Artikel 1 festgestellten Rechts ist dadurch bedingt, daß in dem Ursprungslande die zum Schutze des Eigenthums an Werken der Literatur oder Kunst gesetzlich vorgeschriebenen Förmlichkeiten erfüllt sind.

Für die Bücher, Karten, Kupferstiche, Stiche anderer Art, Lithographien oder musikalischen Werke, welche zum ersten Mal in dem einen der genannten Länder veröffentlicht sind, soll die Ausübung des Eigenthumsrechtes in dem anderen Lande außerdem dadurch bedingt sein, daß in diesem letzteren die Förmlichkeit der Eintragung vorgängig auf folgende Weise erfüllt ist.

Wenn das Werk zum ersten Male in Bayern oder Württemberg erschienen ist, so muß es zu Florenz auf dem Ministerium des Ackerbaues, der Gewerbe und des Handels eingetragen sein.

Wenn das Werk zum ersten Male in Italien erschienen ist, so muß es zu München auf dem Staatsministerium des Innern für Kirchen- und Schulangelegenheiten und zu Stuttgart auf dem Ministerium des Innern eingetragen sein.

Die Eintragung soll auf die schriftliche Anmeldung der Betheiligten erfolgen. Diese Anmeldung kann beziehungsweise an die genannten Ministerien oder an die Gesandtschaften in genannten Ländern gerichtet werden.

Die Anmeldung muß bei Werken, welche nach Eintritt der Wirksamkeit der gegenwärtigen Uebereinkunft erscheinen, binnen drei Monaten nach dem Erscheinen, bei vorher erschienenen Werken binnen drei Monaten nach dem Eintritt der Wirksamkeit der gegenwärtigen Uebereinkunft eingereicht werden.

Für die in Lieferungen erscheinenden Werke soll die dreimonatliche Frist erst mit dem Erscheinen der letzten Lieferung beginnen, es sei denn, daß der Autor die Absicht, sich das Recht der Uebersetzung vorzubehalten, nach Maßgabe der Bestimmungen im Artikel 6 zu erkennen gegeben hat, in welchem Falle jede Lieferung als ein besonderes Werk angesehen werden soll.

Die Förmlichkeit der Eintragung, welche letztere in besondere, zu diesem Zwecke geführte Register erfolgt, soll weder auf der einen noch auf der anderen Seite Anlaß zur Erhebung irgend einer Gebühr geben.

Die Betheiligten erhalten eine urkundliche Bescheinigung über die Eintragung; diese Bescheinigung wird kostenfrei ausgestellt werden vorbehaltlich der gesetzlichen Stempel-Abgabe.

Die Bescheinigung soll den Tag der Anmeldung enthalten; sie soll in der ganzen Ausdehnung der beiderseitigen Gebiete Glauben haben, und das ausschließliche Recht des Eigenthums und der Vervielfältigung so lange beweisen, als nicht irgend ein Anderer ein besser begründetes Recht vor Gericht erstritten haben wird.

Artikel 4.

Die Bestimmungen des Artikels 1 sollen gleiche Anwendung auf die Darstellung oder Aufführung dramatischer oder musikalischer Werke finden, welche, nach Eintritt der Wirksamkeit gegenwärtiger Uebereinkunft, zum ersten Male in einem der genannten Länder veröffentlicht, aufgeführt oder dargestellt werden.

Artikel 5.

Den Originalwerken werden die in einem der genannten Länder veranstalteten Uebersetzungen inländischer oder fremder Werke ausdrücklich gleichgestellt. Demzufolge sollen diese Uebersetzungen, rücksichtlich ihrer unbefugten Vervielfältigung in dem andern Gebiete, den in Artikel 1 festgesetzten Schutz genießen. Es ist indeß wohlverstanden, daß der Zweck des gegenwärtigen Artikels nur dahin geht, den Uebersetzer in Beziehung auf seine eigene Uebersetzung zu schützen, keineswegs aber, dem ersten Uebersetzer irgend eines in todter oder lebender Sprache geschriebenen Werkes das ausschließliche Uebersetzungsrecht zu übertragen, ausgenommen in dem im folgenden Artikel vorgesehenen Falle und Umfang.

Artikel 6.

Der Autor eines jeden in einem der genannten Länder veröffentlichten Werkes, welcher sich das Recht auf die Uebersetzung vorbehalten hat, soll, von dem Tage des ersten Erscheinens der mit seiner Ermächtigung herausgegebenen Uebersetzung seines Werkes an gerechnet, fünf Jahre lang das Vorrecht genießen, gegen die Veröffentlichung jeder, ohne seine Ermächtigung veranstalteten Uebersetzung dusselben Werkes in dem andern Gebiete geschützt zu sein, und zwar unter folgenden Bedingungen:

1. Das Originalwerk muß in einem der genannten Länder auf die binnen drei Monaten, vom Tage des Erscheinens in dem anderen Lande an gerechnet, erfolgte Anmeldung eingetragen werden, nach Maßgabe der Bestimmungen des Artikels 3.

2. Der Autor muß an der Spitze seines Werkes die Absicht, sich das Recht der Uebersetzung vorzubehalten, angezeigt haben.

3. Die erwähnte mit seiner Ermächtigung veranstaltete Uebersetzung muß innerhalb Jahresfrist, vom Tage der nach Maßgabe der vorstehenden Bestimmung erfolgten Anmeldung des Originals an gerechnet, wenigstens zum Theil, und binnen einem Zeitraum von drei Jahren, vom Tage der Anmeldung an gerechnet, vollständig erschienen sein.

4. Die Uebersetzung muß in einem der genannten Länder veröffentlicht und nach Maßgabe der Bestimmungen des Artikels 3 eingetragen werden.

Bei den in Lieferungen erscheinenden Werken soll es genügen, wenn die Erklärung des Autors, daß er sich das Recht der Uebersetzung vorbehalten habe, auf der ersten Lieferung ausgedrückt ist.

Diese Erklärung muß auf der ersten Lieferung eines jeden Bandes wiederholt werden, wenn die in Lieferungen erscheinenden Werke aus mehreren Bänden bestehen.

Es soll jedoch hinsichtlich der, für die Ausübung des ausschließlichen Uebersetzungsrechtes in diesem Artikel festgesetzten fünfjährigen Frist, jede Lieferung als ein besonderes Werk angesehen werden, jede derselben soll auf die binnen drei Monaten, von ihrem ersten Erscheinen in dem einen Gebiete an gerechnet, erfolgte Anmeldung in dem anderen Gebiete eingetragen werden.

Der Autor dramatischer Werke, welcher sich für die Uebersetzung derselben oder die Aufführung der Uebersetzung das in den Artikeln 4 und 6 bestimmte ausschließ-

liche Recht vorbehalten will, muß seine Uebersetzung drei Monate nach der Eintragung des Originalwerkes erscheinen oder aufführen lassen.

Artikel 7.

Wenn der Urheber eines im Artikel 1 bezeichneten Werkes das Recht zur Herausgabe oder Vervielfältigung einem Verleger in dem Gebiete eines der vertragenden Theile mit der Maßgabe übertragen hat, daß die Exemplare oder Ausgaben des solchergestalt herausgegebenen oder vervielfältigten Werkes in dem anderen Gebiete nicht verkauft werden dürfen, so sollen die in dem einen Gebiete erschienenen Exemplare oder Ausgaben in dem anderen Gebiete als unbefugte Nachbildung angesehen und behandelt werden.

Die Werke, auf welche sich diese Bestimmung bezieht, sollen in genannten Ländern zur Durchfuhr nach einem dritten Lande unbehindert zugelassen werden.

Artikel 8.

Die gesetzlichen Vertreter oder Rechtsnachfolger der Autoren, Uebersetzer, Componisten, Zeichner, Maler, Bildhauer, Kupferstecher, Lithographen u. s. w. sollen gegenseitig in allen Beziehungen derselben Rechte theilhaftig sein, welche die gegenwärtige Uebereinkunft den Autoren, Uebersetzern, Componisten, Zeichnern, Malern, Bildhauern, Kupferstechern und Lithographen selbst bewilligt.

Artikel 9.

Ungeachtet der in den Artikeln 1 und 5 der gegenwärtigen Uebereinkunft enthaltenen Bestimmungen dürfen Artikel, welche aus den in einem der genannten Länder erscheinenden Journalen oder periodischen Sammelwerken entnommen sind, in den Journalen oder periodischen Sammelwerken des anderen Landes abgedruckt oder übersetzt werden, wenn nur die Quelle, aus der die Artikel geschöpft worden sind, dabei angegeben wird.

Inzwischen soll diese Befugniß auf den Abdruck von Artikeln aus Journalen oder periodischen Sammelwerken, welche in dem andern Lande erschienen sind, in dem Falle keine Anwendung finden, wenn die Autoren in dem Journal oder in dem Sammelwerke selbst, in welchem sie dieselben haben erscheinen lassen, förmlich erklärt haben, daß sie deren Abdruck untersagen.

In keinem Fall soll diese Untersagung bei Artikeln politischen Inhaltes Platz greifen können.

Artikel 10.

Der Verkauf und das Feilbieten von Werken oder Gegenständen, welche im Sinne der Artikel 1, 4, 5 und 6 auf unbefugte Weise vervielfältigt sind, ist, vorbehaltlich der im Artikel 12 enthaltenen Bestimmung in dem Gebiet der vertragenden Theile verboten, sei es, daß die unbefugte Vervielfältigung in einem der genannten Länder oder irgend einem fremden Lande stattgefunden hat.

Artikel 11.

Im Falle von Zuwiderhandlungen gegen die Bestimmungen der voranstehenden Artikel soll mit Beschlagnahme der nachgebildeten Gegenstände verfahren werden und die Gerichte sollen auf die durch die beiderseitigen Gesetzgebungen bestimmten Strafen in derselben Weise erkennen, als wenn die Zuwiderhandlung gegen ein Werk oder Erzeugniß inländischen Ursprungs gerichtet wäre.

Die Merkmale, welche die unbefugte Nachbildung begründen, sollen durch die Gerichte des einen oder des anderen Landes nach der in jedem der genannten Länder bestehenden Gesetzgebung bestimmt werden.

Artikel 12.

Man wird in den genannten Ländern im Verwaltungswege die nöthigen Anordnungen zur Verhütung aller Schwierigkeiten und Verwickelungen treffen, in welche die Verleger, Buchdrucker oder Buchhändler genannter Länder durch den Besitz und Verkauf solcher Vervielfältigungen der im Eigenthum von Unterthanen des anderen

Gebietes befindlichen, noch nicht zum Gemeingut gewordenen Werke gerathen könnten, welche sie vor Eintritt der Wirksamkeit gegenwärtiger Uebereinkunft veranstaltet oder eingeführt haben, oder welche gegenwärtig ohne Ermächtigung des Berechtigten veranstaltet oder abgedruckt werden.

Diese Anordnungen sollen sich auch auf Clichés, Holzstöcke und gestochene Platten aller Art, sowie auf lithographische Steine erstrecken, welche sich in den Magazinen bei den deutschen oder italienischen Verlegern oder Druckern befinden und deutschen oder italienischen Originalien ohne Ermächtigung des Berechtigten nachgebildet sind.

Indessen sollen diese Clichés, Holzstöcke und gestochene Platten aller Art, sowie die lithographischen Steine nur innerhalb vier Jahre, vom Beginne der Wirksamkeit der gegenwärtigen Uebereinkunft an gerechnet, benutzt werden dürfen.

Artikel 13.

Die zur Einfuhr erlaubten Bücher sollen beiderseits über alle Zollämter zugelassen werden, welche gegenwärtig hierzu ermächtigt sind oder künftig hierzu ermächtigt werden.

Artikel 14.

Die Bestimmungen der gegenwärtigen Uebereinkunft sollen in keiner Beziehung das einem jeden der vertragenden Theile zustehende Recht beeinträchtigen, durch Maßregeln der Gesetzgebung oder innern Verwaltung den Vertrieb, die Darstellung oder das Feilbieten eines jeden Werkes oder Erzeugnisses, in Betreff dessen die befugte Behörde das Recht auszuüben haben würde, zu gestatten, zu überwachen oder zu untersagen.

Diese Uebereinkunft soll in keiner Weise das Recht der vertragenden Theile beschränken, die Einfuhr solcher Bücher zu verbieten, welche nach ihren inneren Gesetzen oder in Gemäßheit ihrer Verabredungen mit anderen Staaten für Nachdrücke erklärt sind oder erklärt werden.

Artikel 15.

Um die Ausführung der gegenwärtigen Uebereinkunft zu erleichtern, verpflichten sich die vertragenden Theile, sich in möglichst kurzer Frist gegenseitig von allen gegenwärtig geltenden Gesetzen und Verordnungen Mittheilung zu machen, welche auf das literarische und künstlerische Urheberrecht Bezug haben, und ebenso von allen Aenderungen, welche etwa in der hierauf bezüglichen Gesetzgebung der genannten Länder eintreten sollten.

Zugleich behalten sich die vertragenden Theile das Recht vor, in übereinstimmender Weise an der gegenwärtigen Uebereinkunft jede Veränderung vorzunehmen, deren Nützlichkeit sich im Wege der Erfahrung herausstellen sollte.

Artikel 16.

Gegenwärtige Uebereinkunft soll zwei Monate nach dem Austausch der Ratifications-Urkunde in Kraft treten.

Sie soll bis zum 30. Juni 1875 in Kraft bleiben. Wenn keiner der vertragenden Theile zwölf Monate vor dem Ablauf dieses Termins seine Absicht, sie außer Kraft zu setzen, erklärt, soll sie bis zum Ablauf eines Jahres von dem Tage an in Wirksamkeit bleiben, an welchem der Eine oder der Andere der vertragenden Theile dieselbe gekündigt haben wird.

Artikel 17.

Gegenwärtige Uebereinkunft soll ratificirt und die Ratifications-Urkunden sollen so bald als möglich in Florenz ausgetauscht werden.

Zu Urkund dessen haben die beiderseitigen Bevollmächtigten dieselbe unterzeichnet und ihre Siegel beigedrückt.

So geschehen zu Florenz den 28. Juni 1870.

(gez.) W. v. Doenniges.
(gez.) Baron A. d'Ow.
(gez.) Visconti Venosta.
(L. S.) (L. S.) (L. S.)

Bekanntmachung,

die XLIII. Verloosung der Grundrentenschuld betreffend.

Zum Vollzuge der gesetzlichen Bestimmungen über die Tilgung der Grundrenten-Ablösungs-Schuld wird in Folge höchsten Rescriptes des k. Staatsministeriums der Finanzen vom 29. Februar l. Js. die 43. Verloosung der Grundrenten-Ablösungs-Schuldbriefe im Capitalsbetrage von

150,000 fl.

Freitag den 15. März l. J.,
Vormittags 9 Uhr,

im Neubau der k. Staatsschuldentilgungs-Commission (Saal Nr. 89 über 2 Stiegen) nach dem unterm 14. Januar 1851 (Reggsbl. S. 35—39, Amtsbl. S. 82) veröffentlichten Verloosungsplane vorgenommen.

Die verloosten Schuldbriefe treten mit dem 1. Juni 1872 außer Verzinsung.

Mit der baaren Heimzahlung der gezogenen Schuldbriefe wird sogleich nach erfolgter Bekanntmachung der Verloosungs-Ergebnisse begonnen, und es ist von diesem Zeitpunkte an auch die Wiederanlage der verloosten Capitalien bei dem 4½-prozentigen Eisenbahn-Anlehen vom Jahre 1856 gestattet.

Die 4-procentigen Zinsen der verloosten Schuldbriefe werden bis zum Ende desjenigen Monats, in welchem die baare Rückzahlung oder die Wiederanlage erfolgt, in keinem Falle aber länger als bis zum 31. Mai 1872 vergütet.

Der Zinsengenuß von den neuen 4½-procentigen Eisenbahn-Obligationen beginnt mit dem Tage, an welchem die verloosten Schuldbriefe zur Umschreibung übergeben werden.

München, den 2. März 1872.

Kgl. Bayer. Staatsschulden-Tilgungs-Commission.

Frhr. v. Lobkowitz.

Diebel.

Bekanntmachung,

die X. Verloosung des neuen allgemeinen Anlehens vom Jahre 1857 betr.

In Gemäßheit höchsten Rescripts des k. Staatsministeriums der Finanzen vom 29. Februar l. J. findet zum Vollzuge der gesetzlichen Bestimmungen

Samstag den 16. März l. J.,
Vormittags 9 Uhr,

im Neubaue der k. Staatsschuldentilgungs-Commission (Saal Nr. 89 über 2 Stiegen) die X. Verloosung des neuen allgemeinen Anlehens à 4½ % vom Jahre 1857 statt.

Die vorzunehmende Verloosung umfaßt einen Capitalsbetrag von

210,000 fl.

und es werden zu diesem Behufe nach dem Verloosungsplane vom 4. März 1863 (Reggsbl. v. J. 1863 S. 335—340, Amtsbl. d. Pf. S. 298)

zwei Endnummern für jede Abtheilung (Serie) zu 1000 Cataster-Nummern der Obligationen Lit. A zu 1000 fl., Lit. B zu 500 fl. und Lit. C zu 100 fl. gezogen.

Die verloosten Obligationen treten mit dem 1. Juni 1872 außer Verzinsung.

Mit der baaren Heimzahlung der gezogenen Obligationen wird sogleich nach erfolgter Bekanntmachung der Verloosungs-Ergebnisse begonnen, und es ist von diesem Zeitpunkte an auch die Wiederanlage der verloosten Capitalien bei dem 4½ %igen Eisenbahn-Anlehen vom Jahre 1856 gestattet.

Die Zinsen der verloosten Obligationen werden bis zum Ende desjenigen Monates, in welchem die baare Rückzahlung oder die Wiederanlage erfolgt, in keinem Falle aber länger als bis zum 31. Mai 1872 vergütet.

Der Zinsengenuß von den neuen 4½ %igen Eisenbahn-Obligationen beginnt mit dem Tage, an welchem die verloosten Obligationen zur Umwechslung übergeben werden.

München, den 2. März 1872.

Kgl. Bayer. Staatsschulden-Tilgungs-Commission.
Frhr. v. Lobkowitz.

Diebel.

Dienstesnachrichten.

Gemäß höchster Entschließung des k. Staatsministeriums der Finanzen vom 25. Februar 1872 haben Seine Majestät der König Allergnädigst zu genehmigen geruht, daß

a) der Steuer- und Gemeinde-Einnehmer Christian Wilhelm Heck von Limbach, seiner Bitte entsprechend, auf die erledigte Steuer- und Gemeinde-Einnehmerei Neustadt a/H. versetzt und

b) die hienach sich erledigende Steuer- und Gemeinde-Einnehmerei Limbach dem geprüften Einnehmerei-Candidaten Ludwig Ottnat von Homburg übertragen werde; dann daß

c) der Steuer- und Gemeinde-Einnehmer Philipp Mittelkauf von Gangrehweiler, seinem Ansuchen entsprechend, auf die erledigte Steuer- und Gemeinde-Einnehmerei Albersweiler versetzt und

d) die hienach sich erledigende Steuer- und Gemeinde-Einnehmerei Gangrehweiler dem geprüften Einnehmerei-Candidaten Ludwig Mattern in Ruhbach übertragen werde.

Durch höchstes Rescript des k. Staatsministeriums des Innern für Kirchen- und Schulangelegenheiten vom 28. Februar 1872 wurde die an der lateinischen Schule in Grünstadt erledigte Lehrstelle für Realien dem bisherigen Reallehrer an der isolirten Lateinschule zu Annweiler, Dr. Carl Wilhelm Faber, auf sein Ansuchen und in widerruflicher Weise übertragen.

Durch Beschluß der k. Regierung der Pfalz, Kammer des Innern, vom 4. März 1872, wurde die Wahl des bisherigen Adjunkten Jacob Adam zum Bürgermeister und des Gemeinderathsmitgliedes Johannes Nußbaum zum Adjunkten der Gemeinde Oberotterbach bestätigt.

Durch Beschluß der k. Regierung der Pfalz, Kammer des Innern, vom 5. März 1872, wurde der Schulverweser Jacob Ehresmann in Kaiserslautern zum Lehrer an der protestantischen deutschen Schule dortselbst, vom 1. März 1872 an, ernannt.

Durch Beschluß der k. Regierung der Pfalz, Kammer des Innern, vom 9. März 1872, wurde der Lehrer Johannes Scherrer in Landau zum Lehrer an der II. Knabenschule dortselbst, vom 11. März 1872 an, ernannt.

Gewerbsprivilegien-Verleihungen.

Den Nachgenannten wurden Gewerbsprivilegien verliehen, und zwar:

unterm 12. Februar 1872 dem Ludwig Löwe u. Comp. in Berlin auf die von ihnen erfundenen neuen Einrichtungen an Nähmaschinen für den Zeitraum von vier Jahren, vom 12. Februar 1872 anfangend,

unterm 22. Februar l. J. dem David Forbes von York Place und dem Alfred Paston Price von Lincoln's Inn Fields in der Grafschaft Middlesex, auf Verbesserungen in der Behandlung von Abzugscanälen und der Fabrication von Düngmitteln, für den Zeitraum von fünf Jahren, vom 22. Februar 1872 anfangend, dann

unterm 23. Februar l. J. dem Banquier Eduard Le Pelletier in Paris, auf ein für Eisenbahnprojecte berechnetes Schiff in kreisförmiger Gestalt, für den Zeitraum von zwei Jahren, vom 23. Februar 1872 anfangend, und

dem John Cocking von London, auf die von ihm erfundene Zubereitung eines für chirurgische Verbandstücke geeigneten Filzes, für den Zeitraum von zwei Jahren, vom 23. Februar 1872 anfangend, endlich

unterm 24. Februar l. J. dem Frederik Wilkinson zu Manchester, auf das von ihm erfundene Verfahren, der Baumwolle vor dem Verspinnen ein verbessertes weißes Lustre zu geben, für den Zeitraum von vier Jahren, vom 24. Februar 1872 anfangend.

Einziehung von Gewerbsprivilegien.

Vom k. Staatsministerium des Innern, Abtheilung für Landwirthschaft, Handel und Gewerbe, wurde die Einziehung der dem Thomas und William Louis Winans in London unterm 3. October 1870 verliehenen und unterm 13. October 1870 ausgeschriebenen beiden vierjährigen Patente

a) auf Verbesserungen im Legen und Reguliren, dann

b) in der Herstellung der Verbindung der Eisenbahnschienen, ferner

des dem k. k. österreichischen Rathe A. Heinrich zu Wien unterm 21. August 1870 verliehenen, unterm 10. September 1870 ausgeschriebenen, unterm 27. Februar 1871 für weitere zwei Jahre verlängerten Patentes auf das von ihm erfundene, für jedwede Gattung von Tracen, Steigungs-Verhältnissen, Spuren und Bahnsystemen anwendbare Locomotivsystem, und

des dem Mechaniker Adolph Pearl von New-York unterm 21. Februar 1871 verliehenen und unterm 3. März 1871 ausgeschriebenen fünfjährigen Patentes auf Verbesserungen in der Fabrikation von Einlagen oder Füllungen für Cigarren und in der Bereitung von Tabak für dieselben — wegen nicht gelieferten Nachweises über Ausführung dieser Erfindungen in Bayern — verfügt.

Königlich Bayerisches

Kreis-Amtsblatt

der Pfalz.

№ 27. Speier, den 26. März 1872.

Inhalt:

Bekanntmachung,

den Vollzug des Reichsgesetzes vom 11. Juni 1870 über das Urheberrecht an Schriftwerken rc., hier die Bildung der Sachverständigen-Vereine betr.

Staatsministerium der Justiz und Staatsministerium des Innern für Kirchen- und Schulangelegenheiten.

Zum Vollzuge der §§ 31 und 49 des Reichsgesetzes vom 11. Juni 1870, betreffend das Urheberrecht an Schriftwerken, Abbildungen, musikalischen Compositionen und dramatischen Werken, sowie im Anschlusse an die von dem Reichskanzleramte am 4. November 1871 erlassene Instruction (Bayerisches Regierungsblatt Seite 1921, Justizministerialblatt Seite 345, Amtsbl. d. Pf. 1872 S. 1), wird in Bezug auf die zu bildenden literarischen und musikalischen Sachverständigen-Vereine bestimmt, was folgt:

I.

Der literarische sowie der musikalische Sachverständigen-Verein für Bayern haben ihren Sitz in München.

II.

Die vorgeschriebene gerichtliche Beeidigung der Mitglieder beider Vereine (§ 3 der Instruction des Reichskanzleramtes vom 4. November 1871) ist in öffentlicher Sitzung desjenigen Bezirksgerichts vorzunehmen, in dessen Sprengel das einzelne zu beeidigende Vereinsmitglied seinen Wohnsitz hat.

Das die Beeidigung vollziehende Bezirksgericht hat dieselbe in dem nach Art. 5 Ziffer 16 der Allerhöchsten Verordnung vom 16. Juni 1870, die Dienstesvorschriften über die innere Einrichtung der Gerichtsschreibereien betreffend (Justizministerialblatt von 1870 Seite 228), zu führenden Register zu beurkunden und eine von Amtswegen auszufertigende beglaubigte Abschrift des bezüglichen Eintrags an den Vorsitzenden des betreffenden Vereins abzugeben.

III.

Jedem der beiden Vereine wird ein Siegel überwiesen, welches das königliche Wappen in der für die Unterbehörden vorgeschriebenen Form, sowie die Umschrift:

„Literarischer (Musikalischer) Sachverständigen-Verein für Bayern"

enthält.

IV.

Die Leitung der Geschäfte des Vereins steht dem Vorsitzenden zu. Von demselben sind auch Siegel und Acten des Vereins zu verwahren.

Bei Verhinderung des Vorsitzenden tritt in dessen Functionen der für ihn ernannte Stellvertreter ein.

V.

Berufen werden:

A. In den literarischen Sachverständigen-Verein:

1. als ordentliches Mitglied und Vorsitzender der k. Universitätsprofessor und Director der Hof- und Staatsbibliothek Dr. Carl Felix Halm in München;
2. als ordentliches Mitglied und Stellvertreter des Vorsitzenden der k. Universitäts-Professor Dr. Jul. W. von Planck in München;
3. als weitere ordentliche Mitglieder:
   a) der k. Professor der Kupferstecherkunst an der Akademie der bildenden Künste Johann Leonhard Raab in München;
   b) der Schriftsteller Paul Heyse in München;
   c) der Buchhändler Adolph Enke in Erlangen;
   d) der Buchhändler Rudolph Oldenbourg sen. in München;
   e) der Buchhändler Ernst Rohmer in Nördlingen;
4. als stellvertretende Mitglieder:
   a) der vormalige Advocat Dr. Max Joseph Ruhwandl in München;
   b) der Buchhändler Adolph Köllner in Nürnberg;

B. in den musikalischen Sachverständigen-Verein:

1. als ordentliches Mitglied und Vorsitzender der kgl. General-Intendant Carl Freiherr von Perfall;
2. als ordentliches Mitglied und Stellvertreter des Vorsitzenden der k. General-Musikdirector Franz Lachner in München;
3. als weitere ordentliche Mitglieder:
   a) der k. Professor Joseph Rheinberger in München;
   b) der k. Hofcapellmeister Franz Wüllner in München;
   c) der Componist Robert Freiherr von Hornstein in München;
   d) der Domcapellmeister Carl Kammerlander in Augsburg;
   e) der Musikalienhändler Wilhelm Schmid in München;
4. als stellvertretende Mitglieder:
   a) der kgl. Professor Dr. Georg Herzog in Erlangen;
   b) der Musikalienhändler Eduard Spitzweg in München.

München, den 2. März 1872.

Auf Seiner Majestät des Königs Allerhöchsten Befehl:

v. Lutz. Dr. Fäustle.

Durch den Minister:
der General-Secretär:
Ministerialrath v. Schebler.

Ad Kam. Reg. 4851 R. pr. den 9. März 1872.

(Aufnahme eines neuen Prioritäts-Anlehens durch die pfälzische Ludwigsbahn betr.)

Im Namen Seiner Majestät des Königs.

Nachstehend wird die höchste Entschließung des k. Staatsministeriums des Königl. Hauses und des Aeußern, dann der Finanzen, vom 27. Februar l. J., durch welche die pfälzische Ludwigsbahn zur Emission eines 4½procentigen Prioritäts-Anlehens im Betrage von 3,500,000 fl. ermächtigt worden ist, zur allgemeinen Kenntniß gebracht.

Speier, den 7. März 1872.

Königlich Bayerische Regierung der Pfalz,
Kammer des Innern.
v. Braun.

Schild.

Genehmigungs-Urkunde

über die Emission eines 4½procentigen Prioritäts-Anlehens der Actiengesellschaft der pfälzischen Ludwigsbahn im Betrage von 3,500,000 fl. zur Vermehrung des Fahrmaterials, dann zur Herstellung von Rhein-Uferbauten, Lände- und Ladevorrichtungen, sowie von sonstigen Erweiterungsbauten.

Staatsministerium des Königlichen Hauses und des Aeußern, dann der Finanzen.

Nachdem Seine Majestät der König auf Grund des § 26 der Gesellschafts-Statuten unterm 20. Januar 1872 allergnädigst zu genehmigen geruht haben, daß die pfälzische Ludwigsbahn ein neues Prioritäts-Anlehen von 3,500,000 fl. (drei Millionen fünfhunderttausend Gulden) zur Vermehrung des Fahrmaterials, dann zur Herstellung von Rheinuferbauten, Lände- und Ladevorrichtungen, sowie von sonstigen Erweiterungsbauten aufnehme und daß über die näheren Modalitäten der Aufnahme, Verzinsung und Tilgung dieses Anlehens mit Allerhöchster Ermächtigung eine besondere Ministerial-Urkunde ausgefertigt werde, so wird hiermit, dem Ansuchen des Verwaltungsrathes der pfälzischen Bahnen entsprechend, auf Grund Allerhöchster Ermächtigung über die Bedingungen der Aufnahme, Verzinsung und Tilgung des bezeichneten Prioritäts-Anlehens das Nachstehende bestimmt, jedoch ohne hierdurch den Inhabern der Prioritätsobligationen in Ansehung ihrer Befriedigung von Seite des Staates eine andere Sicherheit, als die im folgenden § 2 erwähnte Zinsen-Gewährleistung zu geben oder Rechten Dritter zu präjudiziren.

§ 1. Das Prioritäts-Anlehen, welches zu vorbezeichnetem Zwecke der genannten Actiengesellschaft nach Maßgabe des Bedürfnisses zu begeben gestattet wird, ist auf die Summe von 3,500,000 fl. (drei Millionen fünfhunderttausend Gulden) südd. Währung festgesetzt.

§ 2. Das gesammte Anlehen im bezeichneten Betrage von 3,500,000 fl., dessen Verzinsung und Amortisirung zunächst aus den Gesammt-Erträgnissen der vereinigten pfälzischen Bahnen nach Maßgabe der Fusions-Grundlagen Ziffer IV. lit. a und V. B (Kreis-Amtsblatt der Pfalz Nr. 21 und 66 pro 1870) sicher gestellt ist, und für welches die k. Staatsregierung innerhalb der Gesetze vom 25. August 1843, betr. die Uebernahme der Zinsengewährschaft für die Ludwigshafen-Bexbacher Eisenbahn, und 29. April 1869, betr. die pfälzischen Eisenbahnen, die Zinsengewährleistung bis 31. Dezember 1904 übernimmt, wird in Prioritätsobligationen der pfälzischen Ludwigsbahngesellschaft in nachfolgenden Partialen, und zwar:

Lit. D.	in 2000 Stück	zu 1000 fl.,	zusammen:	2,000,000 fl.
„ E.	in 2500	„ „ 500 fl.,	„	1,250,000 fl.
„ F.	in 2500	„ „ 100 fl.,	„	250,000 fl.
zusammen	in 7000 Stück	mit	. . . . . .	3,500,000 fl.

ausgefertigt.

Jeder Obligation werden, nach jährlich 4½ %. halbjährige Zins-Coupons per 1. October und 1. April, beginnend per 1. October 1872, für die Dauer von zehn Jahren nebst einem Talon zur Erhebung weiterer Coupons nach Ablauf von 10 Jahren beigegeben. Die Erneuerung der Couponsbogen mit Talons findet daher alle zehn Jahre statt und wird rechtzeitig besonders bekannt gemacht.

Die Obligationen erhalten fortlaufende Nummern und werden nach dem für die Maxbahn-Prioritäten in Anwendung gekommenen Schema angefertigt, von dem k. Commissär, dem Vorstande des Verwaltungsrathes und dem Director unterzeichnet.

Auf der Rückseite der Obligationen wird die gegenwärtige Ministerial-Urkunde abgedruckt.

§ 3. Die halbjährigen Zinscoupons, nach dem Schema der Maxbahn-Prioritäten-Coupons angefertigt, werden nach Verfall bei der Directions-Hauptkassa der pfälzischen Bahnen in Ludwigshafen am Rhein, sowie bei sämmtlichen Banquiers und sonstigen öffentlich bekannt gemachten Zahlungsstellen der Gesellschaft in gutem, gangbarem Gelde ohne jeglichen Abzug eingelöst; Zinscoupons, welche innerhalb 5 Jahren nach der Verfallzeit zur Zahlung nicht präsentirt werden, sind ungiltig und fallen die betreffenden Zinsbeträge der Gesellschaftskasse anheim.

§ 4. Die Inhaber der Prioritäts-Obligationen sind im Betrage des darin verschriebenen Partialcapitales und der dafür zu zahlenden Zinsen Gläubiger der pfälzischen Ludwigsbahngesellschaft im neunten Range und besitzen in dieser Eigenschaft ein unbedingtes Vorzugsrecht vor allen Stammactien nebst deren Zinsen und Dividenden an dem gesammten beweglichen und unbeweglichen Vermögen der pfälzischen Ludwigsbahn-Gesellschaft, sowie an dem Gesammterträgniß der vereinigten pfälzischen Eisenbahnen nach Maßgabe der allseitig genehmigten Grundlagen für die Vereinigung der pfälzischen Eisenbahngesellschaften. Eine weitere Vermehrung des Gesellschaftscapitals der Ludwigsbahn durch Emission von Actien oder Prioritäten darf nur unter der Bedingung erfolgen, daß

den auf Grund der gegenwärtigen Genehmigungs-Urkunde emittirten Prioritäts-Obligationen nebst Zinsen ebenmäßig das Vorzugsrecht vor allen späteren Emissionen der Ludwigsbahn eingeräumt wird. Werden durch die Gesellschaft Grundstücke, welche zur eigentlichen Bahnanlage, zu Stationen und sonstigen dauernden Zwecken des Unternehmens dienen, mit Genehmigung der k. Staatsregierung veräußert, so müssen die aus solcher Veräußerung eingehenden Gelder, wenn sie nicht eine sonstige Verwendung zum bleibenden Interesse des Unternehmens finden, zur Heimzahlung der Prioritäts-Obligationen verwendet werden. Diese Beschränkung bezieht sich jedoch nicht auf die außerhalb der Bahn und der Bahnhöfe befindlichen Grundstücke.

§ 5. Die Prioritäts-Obligationen unterliegen, vom Jahre 1876 anfangend, der Amortisation, welche innerhalb 49 Jahren gemäß dem nachfolgenden Tilgungsplane bewerkstelligt werden soll.

Tilgungsplan

zur Amortisation eines Capitales von 3,500,000 fl.
innerhalb 49 Jahren.

per 1. October der Jahre	Zurückzuzahlende Capitals-Beträge.
1876	17,700 fl.
1877	18,700 fl.
1878	19,600 fl.
1879	20,500 fl.
1880	21,600 fl.
1881	22,700 fl.
1882	23,900 fl.
1883	25,000 fl.
1884	26,300 fl.
1885	27,600 fl.
1886	29,000 fl.
1887	30,500 fl.
1888	32,000 fl.
1889	33,700 fl.
1890	35,400 fl.

per 1. October der Jahre		Zurückzuzahlende Capitals-Beträge.
1891	. . . .	37,100 fl.
1892	. . . .	39,000 fl.
1893	. . . .	41,000 fl.
1894	. . . .	43,100 fl.
1895	. . . .	45,300 fl.
1896	. . . .	47,600 fl.
1897	. . . .	50,000 fl.
1898	. . . .	52,600 fl.
1899	. . . .	55,200 fl.
1900	. . . .	58,000 fl.
1901	. . . .	60,900 fl.
1902	. . . .	64,000 fl.
1903	. . . .	67,200 fl.
1904	. . . .	70,600 fl.
1905	. . . .	74,200 fl.
1906	. . . .	77,900 fl.
1907	. . . .	81,900 fl.
1908	. . . .	86,000 fl.
1909	. . . .	90,400 fl.
1910	. . . .	95,000 fl.
1911	. . . .	99,800 fl.
1912	. . . .	104,900 fl.
1913	. . . .	110,200 fl.
1914	. . . .	115,700 fl.
1915	. . . .	121,600 fl.
1916	. . . .	127,700 fl.
1917	. . . .	134,200 fl.
1918	. . . .	141,100 fl.
1919	. . . .	148,100 fl.
1920	. . . .	155,700 fl.
1921	. . . .	163,500 fl.
1922	. . . .	171,800 fl.
1923	. . . .	180,500 fl.
1924	. . . .	104,000 fl.
	Total . .	3,500,000 fl.

Die Rückzahlung geschieht nach Maßgabe obiger Scala aus dem Gesammterträgniß der vereinigten pfälzischen Bahnen, beziehungsweise eventuell aus dem speciellen Erträgniß der pfälzischen Ludwigsbahn, unbeschadet größerer und früherer Rückzahlungen, wozu die Gesellschaft mit Genehmigung der k. Staatsregierung berechtigt ist.

Die zur Verzinsung des Anlehens erforderlichen Beträge, sowie die Amortisationsquoten werden sofort aus dem Gesammterträgniß der vereinigten Bahnen berichtigt, wogegen aber auch die Activzinsen der bezüglichen Capitalsbeträge à conto des Betriebes vereinnahmt werden.

Gemäß obigem Tilgungsplane können die Prioritäts-Obligationen von ihrer Emission an bis zum 1. October 1876 weder amortisirt, noch gekündiget, noch convertirt werden. Die Rückzahlung derselben wird drei Monate vor dem Eintritte der Abtragungsfrist durch notarielle Verloosung, wie bei den früheren Prioritäten bestimmt und bekannt gemacht. Nach stattgehabter Verloosung ist bei der Einlösung die Obligation mit den noch übrigen Zinscoupons und dem Talon einzuliefern und werden hierbei etwa fehlende Coupons am Capitale in Abzug gebracht.

§ 6. Der k. Regierungscommissär bei den pfälzischen Bahnen ist mit Ueberwachung der genauen Einhaltung vorstehender Bestimmungen beauftragt.

So gegeben unter dem Siegel des Staatsministeriums des Königlichen Hauses und des Aeußern.

München, den 27. Februar 1872.

Auf Seiner Königlichen Majestät allerhöchsten Befehl:

v. Hegnenberg. v. Pfretzschner.

(L. S.)

Durch den Minister:
Der General-Secretär
Ministerialrath Dr. Preßele.

Ad Nrm. Exh. 4866/I. pr. den 9. März 1872.

(Das Prioritäts-Anlehen der pfälzischen Nordbahnen vom Jahre 1871 betr.)

Im Namen Seiner Majestät des Königs.

Unter Bezugnahme auf die mit Regierungs-Ausschreiben vom 8. Juli 1871 zur allgemeinen Kenntniß gebrachte höchste Genehmigungs-Urkunde für die Actien-Gesellschaft der pfälzischen Nordbahnen zur Emission eines fünfprozentigen Prioritäts-Anlehens im Betrage von 9,452,000 Gulden vom 15. Februar 1871 (Kreisamtsblatt pro 1871 pag. 1077 u. ff.) wird nachstehend eine Nachtrags-Urkunde hiezu vom 29. Februar l. J. veröffentlicht.

Speier, den 7. März 1872.

Königlich Bayerische Regierung der Pfalz,
Kammer des Innern.
In Abwesenheit des Königl. Regierungs-Präsidenten:
v. Lamotte.

Schild

Nachtrags-Bestimmung

zur Ministerial-Urkunde vom 15. Februar 1871, die Emission eines fünfprozentigen Prioritäts-Anlehens der pfälzischen Nordbahn-Gesellschaft im Betrage von 9,452,000 fl. betr.

Staatsministerium des Königlichen Hauses und des Aeußern, dann der Finanzen.

Nachdem der Verwaltungsrath der pfälzischen Bahnen nachgesucht hat, ihn zu ermächtigen, den zur Zeit noch unbegebenen Rest des fünfprozentigen 9,452,000 fl. Prioritäten-Anlehens der Aktiengesellschaft der pfälzischen Nordbahnen zu 6,452,000 fl., über dessen Emission die ministerielle Genehmigungs-Urkunde vom 15. Februar 1871 ausgefertigt worden ist (Kreisamtsblatt der Pfalz Nr. 49 pro 1871), ganz oder theilweise mit einem Zinsfuße von vier ein halb Prozent zu emittiren, ohne daß jedoch hiedurch die Einheit und Zusammengehörigkeit des ganzen Anlehens und insbesondere auch die Tilgung desselben

nach dem Plane vom 15. Februar 1871 (§ 4 der Genehmigungs-Urkunde) alterirt werde, so wird dem genannten Verwaltungsrathe auf Grund Allerhöchster Genehmigung die nachgesuchte Ermächtigung in der erbetenen Weise hiemit ertheilt, gleichzeitig aber bestimmt, daß

1. bei Emission 4½ prozentiger Prioritäten den Inhabern solcher Obligationen unter Aufrechthaltung aller sonstigen Anlehensbedingungen nach der Urkunde vom 15. Februar 1871 und namentlich des Tilgungsplanes in § 4 dieser Urkunde Ansprüche gegen die pfälzischen Bahngesellschaften und eventuell die Staatskasse nur nach Maßgabe des Zinsfußes von vier ein halb Prozent zustehen;

2. die unterm 15. Februar 1871 ertheilte und für den Nominalbetrag von 6,452,000 fl. (sechs Millionen vierhundert fünfzig zwei Tausend Gulden) noch bestehende Ermächtigung zur Emission fünfprozentiger Prioritäten mit demjenigen Nominalbetrage, in dem auf Grund gegenwärtiger Nachtragsbestimmung 4½ prozentige Prioritäts-Obligationen begeben werden, und zur gleichen Zeit erlischt, in der diese Begebung nach dem Zinsfuße von 4½ erfolgt;

3. gegenwärtige Nachtragsbestimmung neben der Genehmigungs-Urkunde vom 15. Februar 1871 auf der Rückseite der 4½ prozentigen Prioritäts-Obligationen abgedruckt werde und

4. der I. Regierungs-Commissär bei den pfälzischen Bahnen die genaue Einhaltung vorstehender Anordnungen gleichmäßig zu überwachen habe.

So gegeben unter dem Siegel des Staatsministeriums des Königlichen Hauses und des Aeußern.

München, den 29. Februar 1872.

Auf Seiner Königlichen Majestät Allerhöchsten Befehl:
v. Hegnenberg. v. Pfretzschner.
(L. S.)

Durch den Minister:
Der General-Secretär
Ministerialrath Dr. Preßele.

Nro. 5720 L. pr. den 18. März 1872.

(Die Schiffbrücke bei Mainz betr.)

Im Namen Seiner Majestät des Königs.

Aus Anlaß einer höchsten Entschließung des Staatsministeriums des Innern vom 5. l. Mts. wird hiemit im Interesse der Schifffahrt und zur Verhütung von Unglücksfällen verfügt, daß die Führer und Steuerleute der Segelschiffe jedes zu Thal gehenden Schiffes, welches nicht sofort von dem an der festen Eisenbahnbrücke über den Rhein bei Mainz bereit gehaltenen Dampfboote der hessischen Ludwigs-Eisenbahngesellschaft durch die Brücke geschleppt zu werden vermag, einstweilen und bis solches geschehen kann, etwas oberhalb der Brücke, gegenüber der bei Wiesenau gelegenen Brauerei, vor Anker ziehen zu lassen haben.

Die betreffenden k. Bezirksämter werden angewiesen, die bei dieser Verfügung betheiligten Schiffmeister hievon geeignet zu verständigen.

Speier, den 17. März 1872.

Königlich Bayerische Regierung der Pfalz,
Kammer des Innern.
v. Braun.

Schild.

Nro. 5761 L. pr. den 20. März 1872.

(Die Erledigung und Wiederbesetzung der Lehrstelle für die mathematischen Fächer und für Physik an der Gewerbschule zu Weiden betr.)

Im Namen Seiner Majestät des Königs.

An der Gewerbschule zu Weiden ist die Lehramts-Verwesersstelle für die mathematischen Fächer und für Physik mit einem primitiven Normalbezuge von jährlich 700 fl. in Erledigung gekommen.

Bewerber um diese Stelle haben ihre Gesuche, belegt mit Nachweisen über genossene Vorbildung und erlangte

Befähigung, bisherige Verwendung, Alter, Religion und Familie, sowie über tadelloses Verhalten in sittlicher und staatsbürgerlicher Beziehung

bis zum 31. d. M. bei dem k. Rectorate der Gewerbschule in Weiden einzureichen.

Regensburg, den 13. März 1872.

Königl. Regierung der Oberpfalz und von Regensburg,
Kammer des Innern.
v. Bracher.

Kloz, Sekr.

---

pr. den 20. März 1872.

(Schwurgerichtssitzungen der Pfalz pro II. Quartal 1872 betr.)

Im Namen Seiner Majestät des Königs von Bayern.

Ordonnanz.

Das Präsidium des Königl. Bayer. Appellationsgerichts der Pfalz,

Nach Ansicht und in Gemäßheit der Art. 16 und 20 des Gesetzes vom 20. April 1810, 79 und 80 des Decretes vom 6. Juli 1810, sowie der Verordnung vom 27. Juli 1815, Art. 4,

Beschließt,

daß das Schwurgericht der Pfalz für das II. Quartal 1872 am Montag den zehnten Juni nächsthin in der Stadt Zweibrücken eröffnet werden soll;

Ernennt

den Königl. Appellationsgerichtsrath Ludwig Alois Molitor, um solches zu präsidiren, für Verhinderungsfälle aber den k. Appellationsgerichtsrath Friedrich Kiesser;

Verfügt,

daß gegenwärtige Ordonnanz nach Vorschrift der Artikel

88 und 89 des Decrets vom 6. Juli 1810 öffentlich bekannt gemacht werden soll.

Gegeben am Königl. Appellationsgerichte der Pfalz zu Zweibrücken am zwölften März 1872.

Unterzeichnet: Dr. v. Weis.

Für richtige Ausfertigung:
Thoma, Obergerichtschreiber.

Vorstehende Ordonnanz wird hiermit, gesetzlicher Vorschrift gemäß, veröffentlicht.

Zweibrücken, den 13. März 1872.

Königl. Bayer. Ober-Staatsanwalt.
Löw.

---

pr. den 22. März 1872.

Erste Bekanntmachung.

Königl. Bayer. Pfälzische Eisenbahnen.

Die Herren Actionäre der 3 vereinigten Pfälzischen Eisenbahnen werden in Gemäßheit der §§ 40 und 45 der Gesellschafts-Satzungen und der im gemeinschaftlichen Nachtrage publizirten Zusätze zu diesen §§ zu der im Bahnhof-Gebäude zu Ludwigshafen am Rhein abzuhaltenden

Ordentlichen Generalversammlung
auf Samstag, den 27. April 1872,
Morgens 10 Uhr,

ergebenst eingeladen.

Tagesordnung:

1. Geschäftsbericht der Direction.
2. Verbescheidung der Jahresrechnungen gemäß § 45 Ziffer 2 der Satzungen.
3. Verfügung über den vorhandenen Reinertrag, beziehungsweise Festsetzung der Dividende nach Maßgabe der Fusionsgrundlagen Nr. IV und Nr. IX.
4. Erneuerungswahl für die 4 nach dem Dienstalter austretenden Mitglieder des gemeinschaftlichen Verwaltungsrathes gemäß Ziffer I der Fusions-Grundlagen und § 52, beziehungsweise Zusatz zu § 47 der Satzungen.
5. Wahl eines neuen Mitgliedes des Verwaltungsrathes an die Stelle des verstorbenen Mitgliedes Herrn Gottlieb Löw von Landstuhl gemäß § 49 alinea 2 der Satzungen.

Dabei wird ad Ziffer 2 der Tagesordnung bemerkt, daß die Verbescheidung der Betriebsrechnung durch die Allgemeine Generalversammlung der Actionäre sämmtlicher Gesellschaften, die Verbescheidung der Baurechnungen dagegen durch die besonderen Generalversammlungen der einzelnen Bahngesellschaften vollzogen wird.

Diejenigen Herren Actionäre der 3 vereinigten Bahngesellschaften, welche dieser Versammlung beiwohnen wollen, haben sich längstens bis zum 20. April l. J. auf dem Bureau der Direction zu Ludwigshafen am Rhein über ihren Actienbesitz entweder durch Vorzeigung der Originalactien oder ein nach Nummern geordnetes, amtlich beglaubigtes Verzeichniß auszuweisen, wogegen die erforderlichen Einlaßkarten abgegeben werden.

Nach den Fusionsbestimmungen wird in der gemeinschaftlichen Generalversammlung jede Actie der Ludwigsbahn für 2 Actien gerechnet.

Ludwigshafen, den 21. März 1872.

Der Vorstand des Verwaltungsrathes der Pfälzischen Bahnen.
Mahla.

Hiezu folgt: „Betrachtungen über Mittel zur Förderung der Gewerbthätigkeit in Anwendung auf die Pfalz, geschrieben von v. B....“